U0085484

增訂十一版

大法官解釋彙編 I

三民書局

國家圖書館出版品預行編目資料

大法官解釋彙編 I／－－增訂十一版一刷.－－臺
北市：三民，2015
　　面；　　公分
　　含索引
　　ISBN 978-957-14-6044-4　（平裝）
　　1.中華民國憲法 2.憲法解釋

581.24　　　　　　　　　　　　104012842

© 　大法官解釋彙編 I

發 行 人	劉振強
著作財產權人	三民書局股份有限公司
發 行 所	三民書局股份有限公司
	地址　臺北市復興北路386號
	電話　(02)25006600
	郵撥帳號　0009998-5
門 市 部	(復北店)臺北市復興北路386號
	(重南店)臺北市重慶南路一段61號
出版日期	初版一刷　1995年4月
	增訂九版一刷　2011年7月
	增訂十版一刷　2013年3月
	增訂十一版一刷　2015年8月
編　　號	S 584380

行政院新聞局登記證局版臺業字第○二○○號

有著作權‧不准侵害

ISBN　978-957-14-6044-4　（平裝）

增訂十一版序

　　憲法為國家最高規範，法律牴觸憲法者無效，而法律與憲法有無牴觸發生疑義時須予以解釋，此即由司法院大法官所掌理。

　　近幾年來，隨著社會經濟發展迅速，法治觀念益臻進步，聲請司法院大法官釋憲之案件與日俱增，為配合收錄近年來大法官解釋及其理由書，本書內容不斷予以更新補充，以期符合實用。

　　本書第一冊收錄第一號解釋至第五五○號解釋，第二冊則收錄第五五一號以下之解釋，每號解釋內容之相關條文亦列舉於後；除第一號解釋至第七九號解釋外，均詳附解釋理由書，對於讀者查閱相關內容應有所助益。本書雖經多次校對，縝密為之，仍恐未臻精確，尚祈讀者不吝指正，曷勝感幸。

編輯部　謹識
中華民國一百零四年七月

目　次

增訂十一版序

大法官解釋彙編 I

釋字第一號解釋　（憲七五）　　　　　　　　三十八年一月六日公布

立法委員依憲法第七十五條之規定不得兼任官吏，如願就任官吏，應即辭去立法委員，其未經辭職而就任官吏者，顯有不繼續任立法委員之意思，應於其就任官吏之時，視為辭職。

釋字第二號解釋　（憲七八）　　　　　　　　三十八年一月六日公布

憲法第七十八條規定司法院解釋憲法並有統一解釋法律及命令之權。其於憲法則曰解釋，其於法律及命令則曰統一解釋，兩者意義顯有不同。憲法第一百七十三條規定憲法之解釋由司法院為之，故中央或地方機關於其職權上適用憲法發生疑義時，即得聲請司法院解釋，法律及命令與憲法有無牴觸發生疑義時亦同。至適用法律或命令發生其他疑義時，則有適用職權之中央或地方機關，皆應自行研究以確定其意義而為適用，殊無許其聲請司法院解釋之理由。惟此項機關適用法律或命令時，所持見解與本機關或他機關適用同一法律或命令時，所已表示之見解有異者，苟非該機關依法應受本機關或他機關見解之拘束或得變更其見解，則對同一法律或命令之解釋，必將發生歧異之結果，於是乃有統一解釋之必要，故限於有此種情形時，始得聲請統一解釋。本件行政院轉請解釋，未據原請機關說明，所持見解與本機關或他機關適用同一法律時所已表示之見解有異，應不予解釋。

釋字第三號解釋　（憲七一）　　　　　　　四十一年五月二十一日公布

監察院關於所掌事項是否得向立法院提出法律案，憲法無明文規定，而同法第八十七條則稱，考試院關於所掌事項，得向立法院提出法律案。論者因執「省略規定之事項應認為有意省略」以及「明示規定其一者應認為排除其他」之拉丁法諺，認為監察院不得向立法院提案，實則此項法諺並非在任何情形之下均可援用，如法律條文顯有闕漏，或有關法條尚有解釋之餘地時，則此項法諺，即不復適用。我國憲法間有闕文，例如憲法上由選舉產生之機關，對於國民大會代表及立法院立法委員之選舉，憲法則以第三十四條、第六十四條第二項載明「以法律定之」，獨對於監察院監察委員之選舉，則並無類似之規定，此項闕文自不能認為監察委員之選舉，可無需法律規定或憲法對

此有意省略或故予排除，要甚明顯。

憲法第七十一條，即憲草第七十三條，原規定「立法院開會時，行政院院長及各部會首長得出席陳述意見」，經制憲當時出席代表提出修正，將「行政院院長」改為「關係院院長」。其理由為「考試院、司法院、監察院就其主管事項之法律案，關係院院長自得列席立法院陳述意見」，經大會接受修正如今文，足見關係院院長係包括立法院以外之各院院長而言。又憲法第八十七條即憲草第九十二條，經出席代表提案修正，主張將該條所定「考試院關於所掌事項提出法律案時，由考試院秘書長出席立法院說明之」，予以刪除。其理由即為「考試院關於主管事項之法律案，可向立法院提送，與他院同。如須出席立法院說明，應由負責之院長或其所派人員出席，不必於憲法中規定秘書長出席」，足徵各院皆可提案，為當時制憲代表所不爭。遍查國民大會實錄及國民大會代表全部提案，對於此項問題，曾無一人有任何反對或相異之言論，亦無考試院應較司法、監察兩院有何特殊理由，獨需提案之主張。

我國憲法依據　孫中山先生創立中華民國之遺教而制定，載在前言。依憲法第五十三條（行政）、第六十二條（立法）、第七十七條（司法）、第八十三條（考試）、第九十條（監察）等規定，建置五院。本憲法原始賦予之職權，各於所掌範圍內，為國家最高機關獨立行使職權，相互平等，初無軒輊；以職務需要言，監察、司法兩院各就所掌事項，需向立法院提案，與考試院同。考試院對於所掌事項，既得向立法院提出法律案，憲法對於司法、監察兩院，就其所掌事項之提案，亦初無有意省略，或故予排除之理由。法律案之議決，雖為專屬立法院之職權，而其他各院關於所掌事項，知之較稔，得各向立法院提出法律案，以為立法意見之提供者，於理於法均無不合。

綜上所述，考試院關於所掌事項，依憲法第八十七條既得向立法院提出法律案，基於五權分治平等相維之體制，參以該條及第七十一條之制訂經過，監察院關於所掌事項得向立法院提出法律案，實與憲法之精神相符。

釋字第四號解釋　（憲七五）　　　　　　　　四十一年六月二十日公布

聯合國韓國委員會我國副代表，既係由政府派充，且定有一年任期，不問其機構為臨時抑屬常設性質，應認其係憲法第七十五條所稱之官吏。

釋字第五號解釋　（刑一〇）　　　　　　　　四十一年八月十六日公布

行憲後各政黨辦理黨務人員，不能認為刑法上所稱之公務員。

釋字第六號解釋　（公服一四）　　　　　　　四十一年九月二十九日公布

公務員對於新聞紙類及雜誌之發行人、編輯人，除法令別有規定外，依公務員服務法第十四條第一項之規定，不得兼任。

釋字第七號解釋　（公服一四，律師三〇，刑一〇）

　　　　　　　　　　　　　　　　　　　　四十一年九月二十九日公布

行憲後，各政黨各級黨部之書記長，不得認為公務員。

釋字第八號解釋　（刑一〇，國營三）　　　四十一年十月二十七日公布

原呈所稱之股份有限公司，政府股份既在百分之五十以上，縱依公司法組織亦係公營事業機關。其依法令從事於該公司職務之人員，自應認為刑法上所稱之公務員。

釋字第九號解釋　（憲一七二，司法院大法官會議規則四，刑訴三七四）

　　　　　　　　　　　　　　　　　　　　四十一年十月二十七日公布

一、裁判如有違憲情形，在訴訟程序進行中，當事人自得於理由內指摘之。

二、來文所稱第二點，未據說明所持見解與本機關或其他機關所已表示之見解有何歧異，核與大法官會議規則第四條之規定不合，礙難解答。

釋字第十號解釋　（戰時交通器材防護條例一、一二）

　　　　　　　　　　　　　　　　　　　　四十一年十一月二十二日公布

公私營事業機關所敷設之鐵道，事實上已負公共運輸責任，又同受交通主管機關之監督管理者，其器材被盜，在戰時自得適用戰時交通器材防護條例之規定，至輕便軌道（俗稱抬車線），既有別於通常鐵道，即不得併予援用。

釋字第十一號解釋　（公服一四）　　　　四十一年十一月二十二日公布

公務員不得兼任新聞紙類及雜誌之編輯人、發行人，業經本院釋字第六號解釋有案。至社長、經理、記者及其他職員，依公務員服務法第十四條第一項之規定，自亦不得兼任。

釋字第十二號解釋　（民九八三）　　　　四十一年十二月二十日公布

某甲收養某丙，同時以女妻之，此種將女抱男習慣，其相互間原無生理上之血統關係，自不受民法第九百八十三條之限制。

釋字第十三號解釋 （憲八一） 四十二年一月三十一日公布

憲法第八十一條所稱之法官，係指同法第八十條之法官而言，不包含檢察官在內。但實任檢察官之保障，依同法第八十二條及法院組織法第四十條第二項之規定，除轉調外，與實任推事同。

釋字第十四號解釋 （憲九七） 四十二年三月二十一日公布

查憲法與本問題有關之第九十七條、第九十八條、第九十九條，係由憲法草案第一百零二條、第一百零三條、第一百零四條而來。第一百零二條原稱：監察院對於行政院、或其各部會人員，認為有違法失職情事，得提出彈劾案。第一百零三條則為中央及地方行政人員之彈劾。第一百零四條則為法官及考試院人員之彈劾。在制憲會議中，若干代表認為監察院彈劾權行使之對象，應包括立法委員、監察委員在內。曾經提出修正案數起，主張將第一百零二條行政院或其各部會人員，改為各院及其各部會人員，包括立法院、監察院人員在內，並將第一百零四條有關法官及考試院人員之條文刪去。討論結果，對此毫無疑義之修正文均未通過，即所以表示立監委員係屬除外。若謂同時復以中央公務人員字樣，可藉解釋之途徑，使立監委員包括在內，殊難自圓其說。在制憲者之意，當以立監委員為直接或間接之民意代表，均不認其為監察權行使之對象。至立監兩院其他人員，與國民大會職員、總統府及其所屬機關職員，自應屬監察權行使範圍。故憲法除規定行政、司法、考試三院外，復於第九十七條第二項及第九十八條另有中央公務人員之規定。

國民大會代表為民意代表，其非監察權行使對象更不待言。憲法草案及各修正案，對於國大代表均無可以彈劾之擬議，與立監委員包括在內之各修正案不予採納者，實為制憲時一貫之意思。

自治人員之屬於議事機關者，如省縣議會議員，亦為民意代表，依上述理由，自亦非監察權行使之對象。

釋字第十五號解釋 （憲一〇三） 四十二年四月二十四日公布

國民大會代表，代表國民行使政權，自係公職。依憲法第一百零三條之規定，監察委

員不得兼任。查憲法第一百條及第二十七條，將對於總統、副總統之彈劾與罷免劃分，由監察院與國民大會分別行使。若監察委員得兼任國民大會代表，由同一人行使彈劾權與罷免權，是與憲法劃分其職權之原意相違，其不應兼任更屬明顯。再查憲法草案第二十六條第一款及第二款，原列立法委員、監察委員得為國民大會代表，嗣有代表多人認為於理無當，提出修正案若干起，制憲大會依綜合審查委員會之意見，將該條第一、第二兩款刪去，亦可為不得兼任之佐證。

釋字第十六號解釋　（強執一，行執四，森林五四）　四十二年五月十五日公布

強制執行法施行後，強制執行僅得由法院為之，行政官署依法科處之罰鍰，除依法移送法院辦理外，不得逕就抗不繳納者之財產而為強制執行。本院院解字第三三零八號解釋，仍應適用。

釋字第十七號解釋　（憲一〇三）　　　　　　四十二年五月十五日公布

國立編譯館編纂，按照該館組織條例規定，係屬公職，依憲法第一百零三條，監察委員不得兼任。

釋字第十八號解釋　（司法院大法官會議規則四，民一〇五二）

　　　　　　　　　　　　　　　　　四十二年五月二十九日公布

查大法官會議第九次會議，臨時動議第一案決議「中央或地方機關，對於行憲前司法院所為之解釋發生疑義聲請解釋時，得認為合於司法院大法官會議規則第四條之規定」，本案最高法院對本院院字第七五零號解釋發生疑義，依照上項決議，自應予以解答。

夫妻之一方，於同居之訴判決確定後，仍不履行同居義務，在此狀態繼續存在中，而又無不能同居之正當理由者，裁判上固得認為合於民法第一千零五十二條第五款情形。至來文所稱某乙與某甲結婚後，歸寧不返，迭經某甲託人邀其回家同居，某乙仍置若罔聞。此項情形，尚難遽指為上項條款所謂以惡意遺棄他方之規定。

釋字第十九號解釋　（憲一〇三）　　　　四十二年六月三日公布

憲法第一百零三條所稱不得兼任其他公職，與憲法第七十五條之專限制兼任官吏者有別，其含義不僅以官吏為限。

釋字第二十號解釋　（憲一〇三）　　　　　　　　四十二年七月十日公布

省黨部、省婦女工作委員會,均係人民團體,其主任委員及理事,自非憲法第一百零三條所謂公職。至醫務人員,既須領證書始得執業,且經常受主管官廳之監督,其業務與監察職權顯不相容,應認係同條所稱之業務。公立醫院為國家或地方醫務機關,其院長及醫生並係公職,均在同條限制之列。

釋字第二十一號解釋　（憲二九、四七）　　　　　四十二年七月十日公布

憲法第四十七條規定總統任期為六年,同法第二十九條規定國民大會於每屆總統任滿前九十日集會。憲法實施以後,首屆總統係於民國三十七年五月二十日就職,應至民國四十三年五月二十日任滿。所謂任滿前九十日,應自總統任滿前一日起算,以算足九十日為準。

釋字第二十二號解釋　（憲六二、一〇三）　　　　四十二年八月四日公布

立法委員、監察委員係依法行使憲法所賦予之職權,自屬公職,既依法支領歲費、公費,應認為有給職。

釋字第二十三號解釋　（商標三、二六）　　　　　四十二年八月四日公布

商標法第三條前段規定,二人以上於同一商品,以相同或近似之商標各別呈請註冊時,應准在中華民國境內實際最先使用並無中斷者。註冊係為審查准駁之實質標準,如利害關係人在同法第二十六條審定後之六個月公告期間內,另以與他人審定商標相同或近似之商標呈請註冊,並以自己之商標實際使用在先而未中斷為理由,對他人已審定商標提出異議,自應依異議程序及同法第三條規定辦理。

釋字第二十四號解釋　（憲七五、一〇三,公服二四）四十二年九月三日公布

公營事業機關之董事、監察人及總經理與受有俸給之文武職公務員,均適用公務員服務法之規定,應屬於憲法第一百零三條、第七十五條所稱公職及官吏範圍之內,監察委員、立法委員均不得兼任。

釋字第二十五號解釋　（憲七五、一〇三,公服二四）四十二年九月三日公布

一、省銀行之董事及監察人,均為公營事業機關之服務人員,立法委員、監察委員不

得兼任，已見本院釋字第二十四號解釋。

二、來文所列第一、第三、第四、第五各點，事屬統一法令解釋問題，既未據說明所持見解，與本機關或他機關所已表示之見解有何歧異，核與大法官會議規則第四條之規定不合，礙難解答。

釋字第二十六號解釋　　（民九四九、九五〇，典押當業管理規則一七）

四十二年十月九日公布

典押當業，既係受主管官署管理，並公開營業，其收受典押物，除有明知為贓物而故為收受之情事外，應受法律之保護。典押當業管理規則第十七條之規定，旨在調和回復請求權人與善意占有人之利害關係，與民法第九百五十條之立法精神，尚無違背，自不發生與同法第九百四十九條之牴觸問題。

釋字第二十七號解釋　　（司法院大法官會議規則四，公服一四、二四）

四十二年十一月二十七日公布

查大法官會議第二十九次會議臨時動議第一案決議「中央或地方機關，就其職權上適用法律或命令，對於本會議所為之解釋發生疑義，聲請解釋時，得認為合於本會議規則第四條之規定」。本件係對於本院釋字第六及第十一兩號解釋。發生疑義，依照上項決議，認為應予解答。

公營事業機關服務人員均適用公務員服務法，為該法第二十四條所明定，中央信託局係國營事業機關，其依法令在該局服務人員，自屬公務員服務法上之公務員，仍應受本院釋字第六號及第十一號解釋之限制。

釋字第二十八號解釋　　（民一〇七七、一〇八三，刑訴二一四）

四十二年十二月十六日公布

最高法院對於非常上訴所為之判決，係屬終審判決，自有拘束該訴訟之效力。惟關於本件原附判決所持引用法條之理由，經依大法官會議規則第十七條向有關機關徵詢意見，據最高法院覆稱，該項判決係以司法院院字第二七四七號及院解字第三零零四號解釋為立論之根據。復據最高法院檢察署函復，如該項判決所持見解，係由大院行憲前之解釋例演繹而來，亦請重為適當之解釋，以便今後統一適用各等語。是本件係對於行憲前，本院所為上述解釋發生疑義，依四十一年八月十六日本會議第九次會議臨

時動議第一案之決議，認為應予解答。

養子女與本生父母及其兄弟姊妹，原屬民法第九百六十七條所定之直系血親與旁系血親。其與養父母之關係，縱因民法第一千零七十七條所定，除法律另有規定外，與婚生子女同而成為擬制血親。惟其與本生父母方面之天然血親仍屬存在。同法第一千零八十三條所稱養子女自收養關係終止時起，回復其與本生父母之關係。所謂回復者，係指回復其相互間之權利義務，其固有之天然血親，自無待於回復。

當養父母與養子女利害相反，涉及訴訟時，依民事訴訟法第五百八十二條規定，其本生父母得代為訴訟行為，可見雖在收養期間，本生父母對於養子女之利益，仍得依法加以保護。就本件而論，刑事訴訟法第二百十四條（現行法第二百三十五條）後段所稱被害人之血親得獨立告訴，尤無排斥其天然血親之理由，本院院字第二七四七號及院解字第三零零四號解釋，僅就養父母方面之親屬關係立論，初未涉及其與本生父母方面之法律關係，應予補充解釋。

釋字第二十九號解釋　　（憲三〇）　　　　　　四十二年十二月二十九日公布
國民大會遇有憲法第三十條列舉情形之一，召集臨時會時，其所行使之職權，仍係國民大會職權之一部分，依憲法第二十九條召集之國民大會，自得行使之。

釋字第三十號解釋　　（憲二七、六二、七五）　　　　四十三年一月十五日公布
憲法第七十五條雖僅限制立法委員不得兼任官吏，但並非謂官吏以外任何職務即得兼任，仍須視其職務之性質與立法委員職務是否相容。同法第二十七條規定，國民大會複決立法院所提之憲法修正案，並制定辦法行使創制、複決兩權，若立法委員得兼國民大會代表，是以一人而兼具提案與複決兩種性質不相容之職務，且立法委員既行使立法權，復可參與中央法律之創制與複決，亦顯與憲法第二十五條及第六十二條規定之精神不符，故立法委員不得兼任國民大會代表。

釋字第三十一號解釋　　（憲六五、九三）　　　　四十三年一月二十九日公布
憲法第六十五條規定，立法委員之任期為三年；第九十三條規定監察委員之任期為六年。該項任期本應自其就職之日起，至屆滿憲法所定之期限為止。惟值國家發生重大變故，事實上不能依法辦理次屆選舉時，若聽任立法、監察兩院職權之行使陷於停頓，則顯與憲法樹立五院制度之本旨相違，故在第二屆委員未能依法選出集會與召集以前，

自應仍由第一屆立法委員、監察委員繼續行使其職權。

釋字第三十二號解釋　（民九八三）　　　　四十三年三月二十六日公布

本院釋字第十二號解釋所謂將女抱男之習慣，係指於收養同時以女妻之，而其間又無血統關係者而言。此項習慣實屬招贅行為，並非民法上之所謂收養。至被收養為子女後，而另行與養父母之婚生子女結婚者，自應先行終止收養關係。

釋字第三十三號解釋　（憲九七、九八）　　　　四十三年四月二日公布

查民意代表並非監察權行使對象，業經本院釋字第十四號解釋有案。省縣議會為民意代表機關，其由議員互選之議長，雖有處理會務之責，但其民意代表身分並無變更，應不屬憲法第九十七條第二項及第九十八條所稱之公務人員。至議長處理會務如有不當情事，應由議會本身予以制裁。

釋字第三十四號解釋　（民九八三）　　　　四十三年四月二十八日公布

母之養女與本身之養子係輩分不相同之擬制血親，依民法第九百八十三條第一項第二款之規定，不得結婚。本院釋字第十二號解釋與此情形有別，自不能援用。

釋字第三十五號解釋　（行執四，強執四）　　　　四十三年六月十四日公布

對人民財產為強制執行，非有強制執行法第四條所列之執行名義，不得為之。行政機關依法科處罰鍰之公文書，如法律定有送由法院強制執行或得移送法院辦理者，自得認為同法第四條第六款所規定之執行名義，否則不能逕據以為強制執行。

釋字第三十六號解釋　（刑二一一、二一六、二二〇）

　　　　四十三年六月二十三日公布

稅務機關之稅戳蓋於物品上，用以證明繳納稅款者，依刑法第二百二十條之規定，應以文書論。用偽造稅戳蓋於其所私宰之牛肉，從事銷售，成立刑法第二百十六條之行使偽造公文書罪，應依同法第二百十一條處斷。本院院解字第三三六四號解釋所謂公印文書之印字當係衍文。

釋字第三十七號解釋　（強執一七，刑訴四七五）　四十三年七月二十三日公布

執行機關執行特種刑事案件沒收之財產，對於受刑人所負債務，固非當然負清償之責。惟揆諸憲法第十五條保障人民財產權之精神，如不知情之第三人，就其合法成立之債權有所主張時，依刑事訴訟法第四百七十五條（現行法第四百七十一條）之規定，應依強制執行法有關各條規定辦理。

釋字第三十八號解釋　　（憲二三、八〇、一二四、一二五）

四十三年八月二十七日公布

憲法第八十條之規定，旨在保障法官獨立審判不受任何干涉。所謂依據法律者，係以法律為審判之主要依據，並非除法律以外，與憲法或法律不相牴觸之有效規章，均行排斥而不用。至縣議會行使縣立法之職權時，若無憲法或其他法律之根據，不得限制人民之自由權利。

釋字第三十九號解釋　　（民一二五，民訴一〇四，提存一一，刑訴一一九）

四十三年八月二十七日公布

依法應予發還當事人各種案款，經傳案及限期通告後，仍無人具領者，依本院院解字第三二三九號解釋，固應由法院保管設法發還。惟此項取回提存物之請求權，提存法既未設有規定，自應受民法第一百二十五條消滅時效規定之限制。

釋字第四十號解釋　　（海關緝私三二，行訴一）　　四十三年十月六日公布

行政訴訟法第一條規定，人民因中央或地方官署之違法處分，致損害其權利者，得依法定程序提起行政訴訟，是僅人民始得為行政訴訟之原告。臺灣省物資局依其組織規程，係隸屬於臺灣省政府之官署，與本院院解字第二九九零號解釋所稱之鄉鎮自治機關不同，自不能類推適用此項解釋。至海關緝私條例第三十二條，對於提起行政訴訟之原告，並無特別規定，要非官署所得引為提起行政訴訟之根據。

釋字第四十一號解釋　　（國營三）　　四十三年十月二十日公布

國營事業轉投於其他事業之資金，應視為政府資本。如其數額超過其他事業資本百分之五十者，該其他事業即屬於國營事業管理法第三條第一項第三款之國營事業。

釋字第四十二號解釋　　（憲一八）　　四十三年十一月十七日公布

憲法第十八條所稱之公職，涵義甚廣，凡各級民意代表、中央與地方機關之公務員、及其他依法令從事於公務者皆屬之。

釋字第四十三號解釋　（刑訴四〇、一九九、二四五）

四十三年十二月二十九日公布

來呈所稱：原判誤被告張三為張四，如全案關係人中，別有張四其人，而未經起訴，其判決自屬違背法令，應分別情形，依上訴非常上訴及再審各程序糾正之。如無張四其人，即與刑事訴訟法第二百四十五條（現行法第二百五十五條）之規定未符，顯係文字誤寫，而不影響於全案情節與判決之本旨，除判決宣示前，得依同法（舊）第四十條增刪予以訂正外，其經宣示或送達者，得參照民事訴訟法第二百三十二條，依刑事訴訟法第一百九十九條（現行法第二百二十條），由原審法院依聲請或本職權以裁定更正，以昭鄭重。

釋字第四十四號解釋　（民四二一）　　　四十四年二月二十一日公布

契約當事人雙方約定以白米給付房租，核與民法第四百二十一條第二項尚無牴觸，除其他法令別有禁止之規定外，自非法所不許。

釋字第四十五號解釋　（刑七四）　　　四十四年三月十一日公布

主刑宣告緩刑之效力，依本院院字第七八一號解釋，雖及於從刑，惟參以刑法第三十九條所定「得專科沒收」與第四十條所定「得單獨宣告沒收」，足證沒收雖原為從刑，但與主刑並非有必然牽連關係。其依法宣告沒收之物，或係法定必予沒收者，或係得予沒收而經認定有沒收必要者，自與刑法第七十四條所稱以暫不執行為適當之緩刑本旨不合，均應不受緩刑宣告之影響。

釋字第四十六號解釋　（審計二七、三九，國營一七，所得稅一九）

四十四年五月九日公布

審計部對於各機關編送之決算有最終審定權。徵收機關核定公營事業之所得額與審計部審定同一事業之盈餘如有歧異，自應以決算書所載審計部審定之數目為準。

釋字第四十七號解釋　（刑訴五、八、二九四）　　　四十四年六月二十日公布

刑事訴訟法（舊）第八條之主要用意，係避免繫屬於有管轄權之數法院對於同一案件均予審判之弊。據來呈所稱某甲在子縣行竊，被在子縣法院提起公訴後復在丑縣行竊，其在丑縣行竊之公訴部分，原未繫屬於子縣法院，自不發生該條之適用問題。又丑縣法院係被告所在地之法院，對於某甲在子縣法院未經審判之前次犯行，依同法（舊）第五條之規定，得併案受理，其判決確定後，子縣法院對於前一犯行公訴案件，自應依同法第二百九十四條第一款規定（現行法第三百零二條），諭知免訴之判決。

釋字第四十八號解釋 （刑訴二三四、二三九） 四十四年七月十一日公布

一、告訴乃論之罪，其告訴不合法或依法不得告訴而告訴者，檢察官應依刑事訴訟法第二百三十四條第一項（現行法第二百五十五條）之規定為不起訴處分。如未經告訴自不生處分問題，院字第二二九二號解釋所謂應予變更部分，自係指告訴不合法及依法不得告訴而告訴者而言。

二、告訴不合法之案件，經檢察官為不起訴處分後，如另有告訴權人合法告訴者，得更行起訴，不受刑事訴訟法第二百三十九條（現行法第二百六十條）之限制。

釋字第四十九號解釋 （印花稅三六） 四十四年七月二十七日公布

印花稅法所定罰鍰，係純粹行政罰。納稅義務人如有違法事實，應依法按其情節輕重，分別科處罰鍰。其違法行為之成立，並不以故意為要件，本院院字第一四六四號解釋，係就當時特定情形立論，應予變更。

釋字第五十號解釋 （軍刑五） 四十四年八月十三日公布

頂替他人姓名而服兵役，係屬違法行為，自難認其有軍人身分，本院院字第二六八四號解釋仍應予以維持。

釋字第五十一號解釋 （兵役二○，軍刑五，軍審一）

四十四年八月十三日公布

士兵未經核准離營已逾一個月者，依兵役法第二十條第一項第三款規定已失現役軍人身分，如其另犯他罪依非軍人之例定其審判機關，本院院字第二八二二號解釋應予變更。

釋字第五十二號解釋　　（法組四〇，公務員請假規則一〇）

　　　　　　　　　　　　　　　　　　　　四十四年八月二十日公布

實任檢察官依法院組織法第四十條第二項規定，除轉調外應受保障，並經本院釋字第十三號解釋有案。惟此項保障係適用於能執行職務之檢察官，其因病請假逾一定期間事實上不能執行職務者，在未經依據此項保障精神另定辦法前，自得依公務員請假規則第十條暫令退職。

釋字第五十三號解釋　　（刑訴二五一、二五二）　　四十四年九月二十三日公布

檢察官發見原告訴人為誣告者固得逕就誣告起訴，毋庸另對被誣告人為不起訴處分。但原告訴人對原告訴事件如有聲請時，檢察官仍應補為不起訴處分書。

釋字第五十四號解釋　　（遺產稅法八）　　　　　　四十四年十月二十四日公布

現行遺產稅法既無明文規定溯及既往，則該法第八條但書對於繼承開始在該法公布以前之案件自不適用。

釋字第五十五號解釋　　（民債施一四，民八九三，強執四）

　　　　　　　　　　　　　　　　　　　　四十四年十月二十四日公布

質權人因有民法第八百九十三條情形而拍賣質物者，仍應依照本院院字第九八零號解釋辦理，如不自行拍賣而聲請法院拍賣時，即應先取得執行名義。

釋字第五十六號解釋　　（刑八三、八五，公任一七）

　　　　　　　　　　　　　　　　　　　　四十四年十一月二十一日公布

公務員被判褫奪公權而其主刑經宣告緩刑者，在緩刑期內除別有他項消極資格之限制外，非不得充任公務員。

釋字第五十七號解釋　　（民一一四〇、一一七六）　　四十五年一月六日公布

民法第一千一百四十條所謂代位繼承，係以繼承人於繼承開始前死亡或喪失繼承權者為限。來文所稱某甲之養女乙拋棄繼承，並不發生代位繼承問題，惟該養女乙及其出嫁之女，如合法拋棄其繼承權時，其子既為民法第一千一百三十八條第一款之同一順序繼承人，依同法第一千一百七十六條第一項前段規定，自得繼承某甲之遺產。

釋字第五十八號解釋 　（民九八三、一〇八〇、一〇八一）

四十五年二月十日公布

查民法第一千零八十條終止收養關係須雙方同意並應以書面為之者，原係以昭鄭重。如養女既經養親主持與其婚生子正式結婚，則收養關係人之雙方同意變更身分已具同條第一項終止收養關係之實質要件，縱其養親未踐行同條第二項之形式要件旋即死亡，以致踐行該項程式陷於不能，則該養女之一方，自得依同法第一千零八十一條第六款聲請法院為終止收養關係之裁定，以資救濟。

釋字第五十九號解釋 　（公司二三）　　　　四十五年三月二十一日公布

依公司法第二十三條（現行法第十六條）之規定公司除依其他法律或公司章程規定以保證為業務者外，不得為任何保證人。公司負責人如違反該條規定以公司名義為人保證，既不能認為公司之行為，對於公司自不發生效力。

釋字第六十號解釋 　（刑訴三六八）　　　　四十五年四月二日公布

最高法院所為之確定判決有拘束訴訟當事人之效力，縱有違誤，亦僅得按照法定途徑聲請救濟。惟本件關於可否得以上訴於第三審法院，在程序上涉及審級之先決問題，既有歧異見解，應認為合於本會議規則第四條之規定予以解答。查刑法第六十一條所列各罪之案件，經第二審判決者不得上訴於第三審法院，刑事訴訟法第三百六十八條（現行法第三百七十六條）定有明文，倘第二審法院判決後檢察官原未對原審法院所適用之法條有所爭執而仍上訴，該案件與其他得上訴於第三審之案件亦無牽連關係。第三審法院不依同法第三百八十七條予以駁回，即與法律上之程式未符。至案件是否屬於刑法第六十一條所列各罪之範圍，尚有爭執者，應視當事人在第二審言詞辯論終結前是否業已提出。如當事人本已主張非刑法第六十一條所列各罪，第二審仍為認係該條各罪之判決者，始得上訴於第三審法院。

釋字第六十一號解釋 　（軍刑九三、九五）　　　　四十五年八月十三日公布

軍人逃亡如僅佩帶本人符號，尚難認為與陸海空軍刑法第九十五條所謂攜帶其他重要物品之情形相當，應以普通逃亡論罪，本院院字第二零四四號關於該部分之解釋應予變更。

釋字第六十二號解釋 （律師三七） 四十五年八月十三日公布

律師法第三十七條所稱之司法人員，依律師法施行細則第十二條之規定雖列有書記官在內，然此係指依法院組織法任用並辦理司法事務之書記官而言。主計機關派駐各法院辦理會計事務之書記官，自不包括在內。

釋字第六十三號解釋 （刑一九五，妨害國幣三）四十五年八月二十九日公布

妨害國幣懲治條例第三條所稱偽造變造之幣券，係指國幣幣券而言。新臺幣為地方性之幣券，如有偽造變造情事，應依刑法處斷。

釋字第六十四號解釋 （法律施行日期條例一） 四十五年九月十四日公布

法律施行日期條例第一條所謂依限應到達各主管官署之日，係指依法律施行到達日期表所列之日期而言。凡明定自公布日施行之法律，除依法另有規定外，仍應自該表所列之日起發生效力。

釋字第六十五號解釋 （監督寺廟條例三） 四十五年十月一日公布

監督寺廟條例第三條第二款所謂地方公共團體，係指依法令或習慣在一定區域內辦理公共事務之團體而言。

釋字第六十六號解釋 （刑八三、八五，公任一七，考試八）

四十五年十一月二日公布

考試法第八條第一項第二款及公務人員任用法第十七條第二款所列情事，均屬本院釋字第五十六號解釋所謂他項消極資格，其曾服公務而有貪污行為經判決確定者，雖受緩刑之宣告，仍須俟緩刑期滿而緩刑之宣告並未撤銷時，始得應任何考試或任為公務人員。

釋字第六十七號解釋 （會計師二） 四十五年十一月十四日公布

凡在政府機關曾任薦任審計職務三年以上經銓敘合格者，均應認為合於會計師法第二條第一項第四款之規定。

釋字第六十八號解釋 （刑二，懲叛五，罪犯赦免減刑令）

四十五年十一月二十六日公布

凡曾參加叛亂組織者，在未經自首或有其他事實證明其確已脫離組織以前，自應認為係繼續參加。如其於民國三十八年六月二十一日懲治叛亂條例施行後仍在繼續狀態中，則因法律之變更並不在行為之後，自無刑法第二條之適用。至罪犯赦免減刑令原以民國三十五年十二月三十一日以前之犯罪為限，如在以後仍在繼續犯罪中，即不能援用。

釋字第六十九號解釋　（公服一四）　　　　　　四十五年十二月五日公布

公務員服務法第十四條第二項所謂依法令兼職者不得兼薪及兼領公費，當係指兼職之公務員僅能支領本職之薪及公費而言。其本職無公費而兼職有公費者，自得支領兼職之公費。

釋字第七十號解釋　（民一○七七、一一四二）　　四十五年十二月十七日公布

養子女與養父母之關係為擬制血親，本院釋字第二十八號解釋已予說明。關於繼承人在繼承開始前死亡時之繼承問題，與釋字第五十七號解釋繼承人拋棄繼承之情形有別。來文所稱養子女之婚生子女，養子女之養子女以及婚生子女之養子女，均得代位繼承。至民法第一千零七十七條所謂法律另有規定者，係指法律對於擬制血親定有例外之情形而言，例如同法第一千一百四十二條第二項之規定是。

釋字第七十一號解釋　（公服一四）　　　　　　四十六年一月九日公布

本院釋字第六號及第十一號解釋，係依公務員服務法第十四條第一項所定限制而為解釋。如公務員於公餘兼任外籍機構臨時工作，祇須其工作與本職之性質或尊嚴有妨礙者，無論是否為通常或習慣上所稱之業務，均應認為該條精神之所不許。

釋字第七十二號解釋　（商標施三○）　　　　　四十六年一月二十三日公布

商標局應送達於呈請人或關係人之書件，如呈請人或關係人係在淪陷區域，即屬無從送達之件，自得依商標法施行細則第三十條第二項之規定於公報公示之。

釋字第七十三號解釋　（刑一○）　　　　　　　四十六年三月十三日公布

依公司法組織之公營事業縱於移轉民營時已確定其盈虧及一切權利義務之移轉日期，仍應俟移轉後之民股超過百分之五十以上時，該事業方得視為民營。惟在尚未實行交

接之前，其原有依法令服務之人員，仍係刑法上之公務員。

釋字第七十四號解釋　　（憲二八）　　　　　　　四十六年三月二十二日公布
國民大會代表係各在法定選舉單位當選，依法集會代表全國國民行使政權。而省縣議
會議員乃分別依法集會行使屬於各該省縣之立法權。為貫徹憲法分別設置各級民意機
關賦予不同職權之本旨，國民大會代表自不得兼任省縣議會議員。

釋字第七十五號解釋　　（憲二八）　　　　　　　　四十六年四月八日公布
查制憲國民大會對於國民大會代表不得兼任官吏及現任官吏不得當選為國民大會代表
之主張，均未採納。而憲法第二十八條第三項僅限制現任官吏不得於其任所所在地之
選舉區當選為國民大會代表，足見制憲當時，並無限制國民大會代表兼任官吏之意，
故國民大會代表非不得兼任官吏。

釋字第七十六號解釋　　（憲二五、六二、九〇）　　四十六年五月三日公布
我國憲法係依據　孫中山先生之遺教而制定，於國民大會外並建立五院，與三權分立
制度本難比擬。國民大會代表全國國民行使政權，立法院為國家最高立法機關，監察
院為國家最高監察機關，均由人民直接間接選舉之代表或委員所組成，其所分別行使
之職權，亦為民主國家國會重要之職權，雖其職權行使之方式，如每年定期集會、多
數開議、多數決議等，不盡與各民主國家國會相同，但就憲法上之地位及職權之性質
而言，應認國民大會、立法院、監察院共同相當於民主國家之國會。

釋字第七十七號解釋　　（憲一六四）　　　　　　四十六年六月二十四日公布
憲法第一百六十四條所謂教育科學文化之經費，在市縣不得少於其預算總額百分之三
十五，原係指編製預算時，在歲出總額所占之比例數而言。至追加預算實因預算執行
中具有預算法第五十三條所定情事始得提出者，自不包括在該項預算總額之內。

釋字第七十八號解釋　　（三七五減租一七）　　　　四十六年八月九日公布
耕地租約在租佃期限未屆滿前，非有耕地三七五減租條例第十七條所定各款情形不得
終止。如承租人自動放棄耕作權時，依同條第二款規定，亦須確有因遷徙或轉業之正
當理由。

釋字第七十九號解釋　（會計師二）　　　　　　　四十六年十月七日公布

本院釋字第六十七號解釋所謂銓敘合格一語，係指經銓敘部銓敘合格者而言。其在國防部擔任薦任審計職務三年以上並經銓敘部審查登記者，亦應認為合於會計師法第二條第一項第四款之規定。

釋字第八十號解釋　（懲叛一〇）　　　　　　四十七年十一月二十六日公布

一、參加叛亂組織案件，在戒嚴地域犯之者，依懲治叛亂條例第十條後段之規定，既不論身分概由軍事機關審判，則有無參加叛亂組織及是否繼續之事實，均應由有權審判之軍事機關認定之。

二、本院釋字第六十八號解釋，係為曾參加叛亂組織，未經自首或無其他事實證明其確已脫離組織者而發。如已由有權審判之軍事機關認其不屬於懲治叛亂條例上之犯罪，自不適用。

　　解釋理由書

本件係因同一案件軍事機關謂其參加匪偽活動係在懲治叛亂條例施行前，其後又無繼續為匪工作情事，故以不起訴處分認其不屬於懲治叛亂條例上之犯罪，而司法機關以本院釋字第六十八號解釋載有，凡曾參加叛亂組織者在未經自首或有其他事實證明其確已脫離組織以前，自應認為係繼續參加等語，謂該案仍有懲治叛亂條例上之罪嫌。為解決此爭議，自應先審究此項案件在法律上究應以何方認定為主，茲查參加叛亂組織案件在戒嚴地域犯之者，依懲治叛亂條例第十條後段之規定既不論身分概由軍事機關審判之，則關於軍事機關所為不屬於懲治叛亂條例上犯罪之認定，在未經合法變更前即難否認其效力，至本院釋字第六十八號解釋所謂應認係繼續參加云云，係為曾參加叛亂組織未經自首或無其他事實證明其確已脫離組織者而發，如已由有權審判之軍事機關認其不屬於懲治叛亂條例上之犯罪，即不發生釋字第六十八號解釋上之問題。

釋字第八十一號解釋　（憲一〇三）　　　　　　四十七年十二月十七日公布

民營公司之董事、監察人及經理人所執行之業務，應屬於憲法第一百零三條所稱執行業務範圍之內。

　　解釋理由書

各監察委員不得兼任其他公職或執行業務，為憲法第一百零三條所明定，其所以於不得兼任其他公職之外並不得執行業務者，乃為貫徹監察權之行使，保持監察委員之超

然地位，故亦予以限制，民營公司董事監察人及經理人均為執行民營公司業務之人，其所執行之業務與監察委員職權之行使自不相宜，應屬於憲法第一百零三條所稱監察委員不得執行業務之範圍。

釋字第八十二號解釋　（刑二一二、二一八）　　　四十八年六月十七日公布

偽造公印，刑法第二百十八條既有獨立處罰之規定，且較刑法第二百十二條之處罰為重，則於偽造刑法第二百十二條之文書同時偽造公印者，即難僅論以該條之罪，而置刑法第二百十八條處刑較重之罪於不問。本院院解字第三零二零號第三項解釋於立法本旨並無違背，尚無變更之必要。

解釋理由書

查司法院大法官會議第一百十八次會議議決：「中央或地方機關就職權上適用憲法法律或命令對於本法院所為之解釋發生疑義聲請解釋時，本會議得依司法院大法官會議法第四條或第七條之規定再行解釋」，本件係最高法院對於本院院解字第三○二○號第三項解釋發生疑義，依照上項決議認為應予以解釋。

按刑法第二百十二條係就公私特種文書之偽造及變造而為規定，偽造公印刑法第二百十八條既有獨立處罰之規定，則於偽造刑法第二百十二條之文書同時偽造公印者，即難僅論以該條之罪而置刑法第二百十八條之罪於不問。本院院解字第三○二○號解釋於立法本旨並無違背要難謂為不當，且依照刑法第二百十八條規定偽造公印者尚處以五年以下有期徒刑，倘於偽造同法第二百十二條之文書而又偽造公印者反依同法第二百十二條之規定僅處以一年以下有期徒刑拘役或三百元以下之罰金，尤恐輕重失衡，有違立法之本意。

基上理由，本院院解字第三○二○號第三項解釋尚無變更之必要。

釋字第八十三號解釋　（提存四、八）　　　四十八年十月二十一日公布

地方法院所在地有代理國庫之銀行時，法院收受提存之金錢、有價證券或貴重物品，應交由該銀行之國庫部門保管，並依提存法第八條之規定給付利息。

解釋理由書

查提存法第四條第二項特別規定交由代理國庫之銀行保管者，其目的在保障利害關係人之利益，交由代理國庫銀行之國庫部門保管，自較交由該行之營業部門保管更有保障，又查提存金應給付利息為提存法第八條所明定，茲經財政部函復國庫保管提存款

亦可計息，衡之提存法第八條之規定正相符合，自以交由該行之國庫部門保管為宜。

釋字第八十四號解釋 （刑八三、八五，公懲一七）四十八年十二月二日公布
公務員依刑事確定判決受褫奪公權刑之宣告者，雖同時諭知緩刑，其職務亦當然停止。

解釋理由書
公務員依刑事確定判決受褫奪公權刑之宣告者，當然停止其職務，因罪科刑諭知緩刑者，須緩刑期滿緩刑之宣告未經撤銷時，其刑之宣告始失其效力，此觀於公務員懲戒法第十七條第二款、刑法第七十六條之規定甚明，依刑事確定判決受褫奪公權刑之宣告者，雖同時諭知緩刑，在緩刑期內宣告既未失其效力，自難謂為其停職原因業經消滅，按之首開規定，公務員之職務當然停止，本院釋字第五十六號解釋並不排除公務員懲戒法第十七條第二款之適用。

釋字第八十五號解釋 （憲三〇、一七四）　　　四十九年二月十二日公布
憲法所稱國民大會代表總額，在當前情形，應以依法選出而能應召集會之國民大會代表人數為計算標準。

解釋理由書
本件准行政院及國民大會秘書處先後以國民大會代表不能改選，其出缺者亦多無可遞補，國民大會第三次會議行將集會，即需依據國民大會代表總額計算集會人數，對於國民大會代表總額之計算標準發生疑義聲請解釋，查憲法及法律上所稱之國民大會代表總額在國民大會第一次會議及第二次會議時雖均以依法應選出代表之人數為其總額，但自大陸淪陷國家發生重大變故已十餘年，一部分代表行動失去自由，不能應召出席會議，其因故出缺者又多無可遞補，而憲法所設立之機構原期其均能行使職權，若因上述障礙致使國民大會不能發揮憲法所賦予之功能，實非制憲者始料所及，當前情況較之以往既顯有重大變遷，自應尊重憲法設置國民大會之本旨，以依法選出而能應召在中央政府所在地集會之國民大會代表人數為國民大會代表總額，其能應召集會而未出席會議者，亦應包括在此項總額之內。

釋字第八十六號解釋 （憲七七）　　　　　四十九年八月十五日公布
憲法第七十七條所定司法院為國家最高司法機關，掌理民事、刑事之審判，係指各級法院民事、刑事訴訟之審判而言。高等法院以下各級法院既分掌民事、刑事訴訟之審

判，自亦應隸屬於司法院。

解釋理由書

憲法第七十七條所定司法院為國家最高司法機關，掌理民事刑事訴訟之審判，其所謂審判自係指各級法院民事刑事訴訟之審判而言，此觀之同法第八十二條所定司法院及各級法院之組織以法律定之，且以之列入司法章中，其蘄求司法系統之一貫已可互證，基此理由則高等法院以下各級法院及分院自應隸屬於司法院，其有關法令並應分別予以修正，以期符合憲法第七十七條之本旨。

釋字第八十七號解釋　　（民一○七三）　　　　四十九年十二月九日公布

收養子女違反民法第一千零七十三條收養者之年齡應長於被收養者二十歲以上之規定者，僅得請求法院撤銷之，並非當然無效。本院院解字第三一二零號第五項就此部分所為之解釋應予維持。

解釋理由書

按收養子女違反民法第一千零七十三條規定年齡之限制，業經本院院解字第三一二○號第五項參照本院院字第二二七一號解釋，以違反該條規定年齡限制之收養子女，民法雖未設有類於撤銷結婚之規定，但結婚與收養子女同為發生身分關係之行為，關於撤銷違法結婚之規定在違法之收養亦有同一之法律理由，應類推適用，況民事訴訟法第五百七十九條以下就撤銷收養之訴規定其特別訴訟程序，應以民法上認有撤銷收養之訴為前提，民法上既別無關於撤銷收養之訴之規定，則前開認為違法之收養，應類推適用關於違法結婚之撤銷程序之解釋，徵諸民法頒行後制定施行之民事訴訟法猶併就撤銷收養之訴規定其特別程序之法意，洵難謂為不當，解釋在案，此項解釋行之已久，若驟予變更，足使以前已經取得是項收養身分關係之多數人在家庭或社會發生種種糾紛，甚至遭受無窮損害。至聲請解釋原函所指收養者別有非法利益之意圖，則屬民法第七十二條之問題，要與原解釋僅就違反民法第一千零七十三條規定收養年齡限制所為之解釋不生影響，不得以為聲請變更原解釋之論據。

釋字第八十八號解釋　　（民七二五，中華民國四十八年短期公債發行條例三）

四十九年十二月二十一日公布

民法第七百二十五條所定之公示催告程序，乃以保障無記名證券合法持有人之利益。中華民國四十八年短期公債發行條例第三條僅有「不得掛失」之規定，自不能據以排

除上開民法條文之適用。

解釋理由書

查所謂「不得掛失」係指不得向無記名證券發行人掛失止付而言，至公示催告係指無記名證券之最後持有人於喪失其所持之證券時，得聲請法院以公示催告權利關係人向法院申報權利，經除權判決後復對發行人主張證券上之權利，故掛失與公示催告有別，根據前開理由，中華民國四十八年短期公債發行條例第三條「不得掛失」之規定，應祇能據以認定發行人對持有人不負掛失止付之義務，該條例既無排除民法第七百二十五條之明文，自難祇據該條例「不得掛失」之規定，遂謂持有人不得聲請公示催告。

釋字第八十九號解釋　　（法組一，臺灣省放領公有耕地扶植自耕農實施辦法一五，行訴一）　　　　　　　　　　　　　　五十年二月十日公布

行政官署依臺灣省放領公有耕地扶植自耕農實施辦法將公有耕地放領於人民，其因放領之撤銷或解除所生之爭執，應由普通法院管轄。

解釋理由書

查臺灣省放領公有耕地扶植自耕農實施辦法係政府為扶植自耕農而將公有耕地放領於耕作人，私有耕作其是否承領，承領人本可自由選擇，並非強制，其放領行為屬於代表國家與承領人訂立私法上之買賣契約，經依該辦法第十四條第四款發給承領證書買賣契約即行成立，人民對於是項契約之撤銷或解除而發生之爭執，自應循民事訴訟程序以求解決。至因實施耕者有其田條例土地收回所生之爭執，向由行政法院管轄，此為最高法院及行政法院所不爭，自無庸解釋。

釋字第九十號解釋　　（憲八、三三、七四、一○二，刑訴八八）
　　　　　　　　　　　　　　　　　　　五十年四月二十六日公布

一、憲法上所謂現行犯，係指刑事訴訟法第八十八條第二項之現行犯及同條第三項以現行犯論者而言。

二、遇有刑事訴訟法第八十八條所定情形，不問何人均得逕行逮捕之，不以有偵查權人未曾發覺之犯罪為限。

三、犯瀆職罪收受之賄賂，應認為刑事訴訟法第八十八條第三項第二款所稱之贓物。賄賂如為通貨，依一般觀察，可認為因犯罪所得而其持有並顯可疑為犯罪人者，亦有上述條款之適用。

解釋理由書

㈠憲法第八條既有現行犯之逮捕由法律另定之明文，刑事訴訟法第八十八條第一項規定現行犯不問何人得逕行逮捕之，其第二項復謂犯罪在實施中或實施後即時發覺者為現行犯，而其第三項並規定有下列情形之一者以現行犯論，一為被追呼為犯罪人者，二為因持有兇器贓物或其他物件或於身體衣服等處露有犯罪痕跡顯可疑為犯罪人者，是憲法第八條所稱之現行犯，係包括刑事訴訟法第八十八條第三項以現行犯論者在內，憲法其他各條所稱之現行犯其涵義亦同，殊難謂為應將以現行犯論者排除在外，蓋在憲法上要不容有兩種不同意義之現行犯並存。㈡案件在偵查中如發覺其他犯罪之人，固得依法傳拘，但遇有刑事訴訟法第八十八條所定情形，則不問何人均得逕行逮捕之，不以有偵查權人未曾發覺之犯罪為限，因該條規定旨在防止犯人逃亡湮滅罪證，並未設有此項限制。㈢犯瀆職罪收受之賄賂，雖非刑法贓物罪之贓物，但係因犯罪所得，應認為刑事訴訟法第八十八條第三項第二款所稱之贓物，賄賂如為通貨，原有代替物之性質，若依一般觀察可認為因犯罪所得而其持有並顯可疑為犯罪人者，自亦有上述條款之適用。

釋字第九十一號解釋　（民九八三、一○八○）　　　五十年六月二十一日公布

養親死亡後，養子女之一方無從終止收養關係，不得與養父母之婚生子女結婚。但養親收養了女時，本有使其與婚生子女結婚之真意者不在此限。

解釋理由書

查被收養為子女後而另行與養父母之婚生子女結婚者，應先終止收養關係，已有本院釋字第三十二號解釋可據，倘養親死亡而其生前又無本院釋字第五十八號解釋所謂主持養子女與其婚生子女結婚情事，則在養子女一方自無從終止收養關係，其與養親之婚生子女結婚即非法律所許，然此亦僅限於有民法上之收養關係者而言，若按其實情在收養時養親本有使其與婚生子女結婚之真意，如將女抱男或將男抱女等非民法上之所謂收養（參照本院釋字第三十二號解釋前段），自不受此限制。

釋字第九十二號解釋　（公服二四）　　　　　　　五十年八月十六日公布

公營事業機關代表民股之董事、監察人，應有公務員服務法之適用。

解釋理由書

公營事業機關服務人員均適用公務員服務法為該法第二十四條所明定，其代表民股之

董事監察人既係公營事業機關之服務人員,自亦不能除外(參照本院釋字第二十四號及第二十七號解釋)。至本院院解字第三四八六號解釋係國營事業管理法公布前所為之解釋,對於政府資本超過百分之五十之事業自不適用。

釋字第九十三號解釋　(民六六)　　　　　五十年十二月六日公布

輕便軌道除係臨時敷設者外,凡繼續附著於土地而達其一定經濟上之目的者,應認為不動產。

解釋理由書

查民法第六十六條第一項所謂定著物指非土地之構成分,繼續附著於土地而達一定經濟上目的不易移動其所在之物而言,輕便軌道除係臨時敷設者外,其敷設出於繼續性者,縱有改建情事,有如房屋等,亦不失其為定著物之性質,故應認為不動產。

釋字第九十四號解釋　(律師二,公懲二五,公任一七,刑三六、三七,司法院大法官會議法四、七)　　　　　五十一年二月十四日公布

公務員因同一行為經宣告褫奪公權者,其應受撤職之懲戒處分已為褫奪公權所吸收,初非無律師法第二條第四款之適用,本院院字第二六五八號解釋應予補充。

解釋理由書

按刑法第三十六條第一款規定褫奪公權係褫奪為公務員之資格,其效果原較撤職之懲戒處分為重,公務員既因同一行為經宣告褫奪公權,則其應受撤職之懲戒處分即為褫奪公權所吸收,在程序上自無庸再為懲戒處分,此觀於公務員懲戒法第二十五條之規定至為明顯,實難排除律師法第二條第四款之適用,本院院字第二六五八號解釋應予補充。

釋字第九十五號解釋　(公任一七)　　　　　五十一年二月二十八日公布

公務人員任用法第十七條第二款所定之限制,即在任用後發生者,亦有其適用。

解釋理由書

查公務人員任用法第十七條係規定公務人員不得具有之消極資格,與公務員懲戒法第二條所定懲戒原因之限於違法廢弛職務或其他失職行為者其意旨顯有不同,其有公務人員任用法第十七條第二款所定之情形者既不得任為公務人員,則於被任為公務人員後而始發生該項情事時,依立法本意自非不得免去其現職,至公務人員因貪污行為經

判決確定受緩刑之宣告者，依本院釋字第六十六號解釋，於緩刑期滿再任公務人員時，其所受降級減俸之懲戒處分仍應依法執行（參照本院院字第二四五一號解釋）。

釋字第九十六號解釋 　（刑三一、一二二）　　　　五十一年六月二十七日公布

刑法第一百二十二條第三項之行賄行為，性質上不屬於瀆職罪，其幫助或教唆者亦同。

解釋理由書

查刑法瀆職罪以具有特定身分之人為犯罪主體，刑法第一百二十二條第三項所規定之行賄行為其犯罪主體既不須具特定身分，而其犯罪構成要件處罰及刑之減免均與公務員受賄行為不同，乃係獨立犯罪，並不適用刑法第三十一條第一項之規定（參照本院院字第二七二九號解釋），幫助或教唆行賄應分別適用刑法第二十九條、第三十條之規定，更無適用刑法第三十一條第一項規定之餘地，行賄人之行求交付賄賂不問對方之承諾或收受與否，均獨立構成犯罪，而對於賄賂要求之期約非必構成犯罪，故行賄行為與受賄行為二者性質不同，其間並無必要共犯之關係，亦不適用一般關於共犯之規定，依上開說明，應不屬於瀆職罪之內，刑法第一百二十二條將行賄行為與受賄行為並列者，乃為立法上之便利，其情形正與第一百三十二條第三項並列非公務員洩漏國防以外之秘密罪相同。

釋字第九十七號解釋 　（公文程式一、二、三、四、六）

五十一年九月七日公布

行政官署對於人民所為之行政處分，製作以處分為內容之通知。此項通知原為公文程式條例所稱處理公務文書之一種，除法律別有規定者外，自應受同條例關於公文程式規定之適用及限制，必須其文書本身具備法定程式，始得謂為合法之通知。

解釋理由書

行政官署對於人民所為之行政處分製作以處分為內容之通知，此項通知係因處理公務所作成，核與公文程式條例所謂公文書之性質相當，除法律別有規定者外，其應受關於公文程式規定之適用及限制至為明顯，在法律別無規定時必須其文書本身具備法定程序始為合法，此為公文程式條例第一條、第二條第一項第五款、第三條、第四條及第六條各規定所生之當然解釋。

釋字第九十八號解釋 　（刑五〇、五三，刑訴四八一）

五十一年十月十七日公布

裁判確定後另犯他罪，不在數罪併罰規定之列。雖緩刑期內更犯者，其所科之刑，亦應於緩刑撤銷後合併執行。

解釋理由書

查數罪併罰依刑法第五十條之規定，應以裁判確定前犯數罪者為限，倘為裁判確定後所犯，則與數罪併罰規定無涉，其所科之刑僅得與前科合併執行，其於緩刑期內更故意犯罪受有期徒刑以上刑之諭知者，應於撤銷前罪緩刑之宣告後合併執行其刑，無庸依刑法第五十三條、刑事訴訟法第四百八十一條定其應執行之刑。

釋字第九十九號解釋　（妨害國幣三）　　　　五十一年十二月十九日公布

臺灣銀行發行之新臺幣，自中央銀行委託代理發行之日起，如有偽造變造等行為者，亦應依妨害國幣懲治條例論科。

解釋理由書

臺灣銀行發行之新臺幣原係地方性之貨幣，惟自中央銀行委託臺灣銀行代理發行後，其印鑄存儲由中央銀行辦理，發行費用由中央銀行負擔，發行之資產及負債均屬中央銀行，公私會計之處理復以新臺幣計算，是新臺幣自中央銀行委託臺灣銀行代理發行之日起允宜認為具有妨害國幣懲治條例所稱國幣之功能，如有偽造、變造等行為者，亦應依該條例論科，以維護動員戡亂時期國家財政經濟上之重大利益，本院釋字第六十三號解釋，合予補充說明。

釋字第一○○號解釋　（公司二四六、二六四）　五十二年二月二十七日公布

公司法第二百四十六條第二項（現行法第二百七十七條第二項）及第二百六十四條（現行法第三百十六條）所定股東會之出席股東人數與表決權數，均係指所需之最低額而言。如公司訂立章程規定股東出席人數及表決權數，較法定所需之最低額為高時，自非法所不許。

解釋理由書

查公司法第二百四十六條第二項規定股東會之決議應有代表股份總數三分之二以上之股東出席及出席股東過半數之同意，第二百六十四條規定股東會之決議應有代表股份總數四分之三以上之股東出席及出席股東表決權過半數之同意，均係對股東出席人數及表決權數僅限定其最低額，而於最低額之提高並無限制，故公司如訂立章程規定股

東會股東出席人數及表決權數較法定所需最低額為高時，自非法所不許。

釋字第一○一號解釋　　（公服二四）　　　　　五十二年五月二十二日公布

本院釋字第九十二號解釋，所稱公營事業機關代表民股之董事、監察人，應有公務員
服務法之適用者，係指有俸給之人而言。

　　解釋理由書

查公營事業機關代表民股之董事監察人，既係公營事業機關之服務人員，依公務員服
務法第二十四條之規定，自應有公務員服務法之適用。惟該條係以公營事業機關受有
俸給之服務人員為限，如代表民股之董事監察人，未受有俸給者，自無該法之適用。
本院釋字第九十二號解釋，應予補充說明。

釋字第一○二號解釋　　（刑一四、一八三，海商四○）

　　　　　　　　　　　　　　　　　　　五十二年八月十四日公布

船舶發生海難，輪船公司董事長、總經理，並不因頒發開航通知書，而當然負刑法上
業務過失責任。但因其過失催促開航，致釀成災害者，不在此限。

　　解釋理由書

海商法第四十條規定：「船舶之指揮，僅由船長負其責任。」惟因船長受僱於輪船公司，
在業務範圍內，自應受其指揮監督，故海員服務規則第二十八條規定：「船舶開船或移
泊，必須取得所屬公司或代理處開航通知書或移泊通知書始可開航或移泊。」此項開航
通知書係通知可以開航，輪船開航，後雖發生海難，輪船公司之董事長、總經理，並
不因執行業務頒發開航通知書，而當然負刑法上業務過失責任。但因其過失催促開航，
致釀成災害者，不在此限。

釋字第一○三號解釋　　（刑二，懲私二）　　　五十二年十月二十三日公布

行政院依懲治走私條例第二條第二項專案指定管制物品及其數額之公告，其內容之變
更，對於變更前走私行為之處罰，不能認為有刑法第二條之適用。

　　解釋理由書

刑法第二條所謂法律有變更，係指處罰之法律規定有所變更而言。行政院依懲治走私
條例第二條第二項專案指定管制物品及其數額之公告，其內容之變更，並非懲治走私
條例處罰規定之變更，與刑法第二條所謂法律有變更不符，自無該條之適用。

釋字第一〇四號解釋　（商標二）　　　　　五十三年三月十一日公布

商標法第二條第八款所稱世所共知，係指中華民國境內，一般所共知者而言。

解釋理由書

商標法為中央立法以全國為適用範圍，商標註冊之效力亦及於全國，此觀於同法第三條各項均有中華民國境內之規定可以概見，故商標法第二條第八款所謂世所共知，應指中華民國境內，一般所共知者而言，本院院字第一〇〇八號解釋之二，係對修正前商標法第二條第六款所為之解釋應予補明。

釋字第一〇五號解釋　（憲二三，出版四〇、四一）　　五十三年十月七日公布

出版法第四十條第四十一條所定定期停止發行或撤銷登記之處分，係為憲法第二十三條所定必要情形，而對於出版自由所設之限制，由行政機關逕行處理，以貫徹其限制之目的，尚難認為違憲。

解釋理由書

出版法第四十條及第四十一條所定對於違法出版品定期停止發行或撤銷登記之處分，係依憲法第二十三條規定之必要情形，對於出版自由所設之限制，此點聲請解釋來文亦有相同之見解。而憲法對於違法出版品之處分方式並無限制，出版法為貫徹其限制之目的，採用行政處分方式，尚難謂為違憲。且上開各條所規定之處分要件，甚為嚴格，行政機關僅能根據各該條所列舉之要件，予以處分，受處分人尚得提起訴願及向行政法院提起行政訴訟，請求救濟，亦足以資保障。

釋字第一〇六號解釋　（國家總動員法一六、一八）五十四年二月十二日公布

國家總動員法第十六條、第十八條所得加以限制之規定，並非僅指政府於必要時，祗能對全體人民或全體銀行、公司、工廠之行使債權履行債務加以限制，亦得對特定地區或特種情形之某種事業為之。行政院依上開法條規定頒發重要事業救濟令，明定凡合於該令所定情形，及所定種類事業之股份有限公司，均得適用，尚難認為於法有違。至對於債權行使及債務履行，所加限制之範圍，雖應按實際情形處理，難有具體標準，然應以達成該法所定任務之必要者為其限度。

解釋理由書

國家總動員法第十六條及第十八條並非限定政府於必要時，祗能對全體人民或全體銀行、公司、工廠之行使債權履行債務加以限制，亦得對特定地區或具有某種情形之銀

行、公司、工廠為之，國家總動員法實施綱要對此亦有闡明。行政院依據上開法條，所頒重要事業救濟令，規定股份有限公司組織之重要生產、公用、或交通事業，其產品或服務為國內所需要，或確有外銷市場者，倘因事故，有停工之虞，但有重建可能及價值者，得向事業主管機關請求救濟，以及政府於救濟時，得附帶限制其債權債務。凡合於該令所定情形及所定種類事業之股份有限公司，均可有其適用，尚難認為於法有違。至政府對於行使債權履行債務所得加以限制之範圍，雖按實際需要情形而異，殊難有具體標準，然應以達成國家總動員法所定任務之必要者為其限度。

釋字第一○七號解釋　（民一二五）　　　　　五十四年六月十六日公布

已登記不動產所有人之回復請求權，無民法第一百二十五條消滅時效規定之適用。

解釋理由書

查民法第七百六十九條、第七百七十條，僅對於占有他人未登記之不動產者許其得請求登記為所有人，而關於已登記之不動產，則無相同之規定，足見已登記之不動產，不適用關於取得時效之規定，為適應此項規定，其回復請求權，應無民法第一百二十五條消滅時效之適用。復查民法第七百五十八條規定：「不動產物權，依法律行為而取得、設定、喪失、及變更者，非經登記不生效力。」土地法第四十三條規定：「依本法所為之登記，有絕對效力。」若許已登記之不動產所有人回復請求權，得罹於時效而消滅，將使登記制度，失其效用。況已登記之不動產所有權人，即列名於登記簿上，必須依法負擔稅捐，而其占有人又不能依取得時效取得所有權，倘所有權人復得因消滅時效喪失回復請求權，將仍永久負擔義務，顯失情法之平。本院院字第一八三三號解釋，係對未登記不動產所有人之回復請求權而發。至已登記不動產所有人回復請求權，無民法第一百二十五條消滅時效規定之適用，應予補充解釋。

釋字第一○八號解釋　（刑訴二三七）　　　　五十四年七月二十八日公布

告訴乃論之罪，其犯罪行為有連續或繼續之狀態者，其六個月之告訴期間，應自得為告訴之人，知悉犯人最後一次行為或行為終了之時起算。本院院字第一二三二號解釋應予變更。

解釋理由書

告訴乃論之罪，其犯罪行為有連續或繼續之狀態者，其六個月之告訴期間，若自得為告訴之人最初知悉犯人之時起算，則難免發生犯罪行為尚在連續或繼續狀態之中。而

告訴期間業已屆滿，不得告訴之情事，亦非情理之平。故其告訴期間，應自知悉犯人最後一次之行為或行為終了之時起算。

本院解釋，除因法令內容變更而失效者外，在未經變更前，仍有其效力，不得牴觸，合併指明。

釋字第一〇九號解釋　（刑二八）　　　　　　　五十四年十一月三日公布

以自己共同犯罪之意思，參與實施犯罪構成要件以外之行為，或以自己共同犯罪之意思，事先同謀，而由其中一部分人實施犯罪之行為者，均為共同正犯。本院院字第一九〇五號、第二〇三〇號之一、第二二〇二號前段等解釋，其旨趣尚屬一致。

解釋理由書

共同正犯，係共同實施犯罪行為之人，在共同意思範圍內，各自分擔犯罪行為之一部，相互利用他人之行為，以達其犯罪之目的，其成立不以全體均行參與實施犯罪構成要件之行為為要件；參與犯罪構成要件之行為者，固為共同正犯；以自己共同犯罪之意思，參與犯罪構成要件以外之行為，或以自己共同犯罪之意思，事前同謀，而由其中一部分人實行犯罪之行為者，亦均應認為共同正犯，使之對於全部行為所發生之結果，負其責任。本院院字第一九〇五號解釋，係指事前同謀，事後得贓，推由他人實施；院字第二〇三〇號解釋之一，係謂事前同謀，而自任把風，皆不失為共同正犯；院字第二二〇二號解釋前段，所謂警察巡長與竊盜串通，窩藏贓物，並代為兜銷，應成立竊盜共犯，如係以自己犯罪之意思，並參與其實施，則屬竊盜共同正犯。上述三號解釋，惟因聲請內容不同，而釋示之語句有異，但其旨趣，則無二致，應併指明。

釋字第一一〇號解釋　（土地二三三、二四七）五十四年十二月二十九日公布

㈠需用土地人及土地所有人對於被徵收土地之應補償費額，均未表示異議者，主管地政機關不得援用土地法第二百四十七條逕自廢棄原公告之估定地價，而提交標準地價評議委員會評定之。

㈡需用土地人不於公告完畢後十五日內將應補償地價及其他補償費額繳交主管地政機關發給完竣者，依照本院院字第二七〇四號解釋，其徵收土地核准案固應從此失其效力。但於上開期間內，因對補償之估定有異議，而由該管縣市地政機關依法提交標準地價評議委員會評定，或經土地所有人同意延期繳交有案者，不在此限。

㈢徵收土地補償費額經標準地價評議委員會評定後，應由主管地政機關即行通知需用

土地人，並限期繳交轉發土地所有人，其限期酌量實際情形定之，但不得超過土地法第二百三十三條所規定十五日之期限。

　　解釋理由書

一、查被征收土地補償費額，其地價已依法規定者，應依其法定地價補償之。但雖有法定地價，而其所有權經過移轉者，依其最後移轉者之地價。其未經依法規定地價者，其補償費額，由該管地政機關估定之。如對於估定地價有異議時，該管地政機關應提交標準地價評議委員會評定之，此為土地法第二百三十九條及第二百四十七條所明定。依此規定，如需用土地人及土地所有人對於估定價額均未表示異議，則主管地政機關自無權逕行廢棄原公告地價，而提交標準地價評議委員會另行評定之。

二、依照本院院字第二七〇四號解釋，需用土地人不於公告完畢後十五日內繳交補償費者，其徵收土地核准案，固應失其效力，但在上開法定期間內，因對於補償之估定有異議，而由該管市縣地政機關依法提交標準地價評議委員會評定，則補償額尚待評定，或於上開法定期間內，需用土地人經土地所有人同意延期繳交有案者，亦無害於土地所有人之利益，其徵收土地核准案自不因之失其效力。

三、徵收土地補償費之發給期限，土地法第二百三十三條特加規定者，其目的在防止徵收土地核准案久懸不決，及減少土地所有人之損害，而保障其私權。至因公告之估定地價發生異議，由主管地政機關提交標準地價評議委員會另行評定時，同法對於其所評定之地價繳交發給期限，雖無規定，惟基於上開理由，主管徵收機關於該委員會評定後，應即通知需用土地人並限期繳交轉發土地所有人，其期間亦不得超過土地法第二百三十三條所定之十五日。

本件准行政、監察兩院先後聲請解釋，其疑義之重點相同，應予合併解釋，特此敘明。

釋字第一一一號解釋　　（公退四、五）　　　　　　　五十五年一月五日公布

本院院解字第三八二七號解釋所稱認為聲請退休或命令退休，僅就其事件在中華民國三十二年公布之公務員退休法施行中發生者有其適用。

　　解釋理由書

本院院解字第三八二七號解釋，係對民國三十二年公布施行之公務員退休法第十一條，所謂退職之涵義所為之解釋，厥後法律內容迭有變更此項解釋，僅適用於該法有效期間內所發生，應認為聲請退休或命令退休之事件，在該法施行中合於認為聲請退休或認為命令退休者，自得據此聲請退休金，但自辭職獲准免職或裁遣之次月起，已經過

五年者，不在此限。

釋字第一一二號解釋　（行執一一）　　　五十五年四月二十七日公布

行政官署對於違反行政執行法第四條所定行為或不行為義務者，經依該法規定，反覆科處罰鍰，而仍不履行其義務時，尚非該法第十一條所稱不能行間接強制處分。自難據以遽行直接強制處分。

解釋理由書

本案據來文所述情形，既經依法反覆科處罰鍰，即非行政執行法第十一條所稱之不能行間接處分。如義務人仍不履行其行為或不行為之義務時，應由行政官署曉諭，告誡繼續科罰，以促其履行義務，不能遽行施以直接強制處分。

釋字第一一三號解釋　（公服二四）　　　五十五年五月十一日公布

雇員之管理，除法令別有規定外，準用公務員服務法之規定。本院院解字第二九零三號所為雇員不受公務員服務法第十三條第一項限制之解釋，不再有其適用。

解釋理由書

雇員雖非公務員服務法第二十四條所稱受有俸給之文武職公務員，但究同屬依法令從事於公務之人員。公務人員任用法第二十一條第二項既明定：「雇員管理規則由考試院定之」。而考試院所據以頒行之雇員管理規則第十三條後段又規定：「公務員服務法各規定，於雇員適用之。」則其管理，除法令別有規定外，自應準用公務員服務法之規定。本院院解字第二九○三號解釋，係於民國三十四年六月就當時有效之關係法令所為之解釋，現在法令既有變更，其中關於雇員不受公務員服務法第十三條第一項之規定限制，應不再有其適用。

釋字第一一四號解釋　（公懲四）　　　五十五年七月六日公布

公務員懲戒法第四條第二項所定休職期滿之復職，不因其在懲戒處分議決前，曾被停止職務，而排除其適用。

解釋理由書

公務員懲戒法第十六條第三項之復職，係復懲戒處分議決前被停之職，第四條第二項之復職，係於休職處分執行後回復被休之職，二者性質不同。休職期滿，許其復職，既為公務員懲戒法第四條第二項所明定。則凡受休職處分者，自不因其在懲戒處分議

決前，曾被停止職務，而排除其適用。

釋字第一一五號解釋　　（法組二，訴願一，實施耕者有其田條例一七、二一，行訴一）

五十五年九月十六日公布

政府依實施耕者有其田條例所為之耕地徵收與放領，人民僅得依行政救濟程序請求救濟，不得以其權利受有損害為理由，提起民事訴訟，請求返還土地。普通法院對此事件所為之相反判決，不得執行。

解釋理由書

政府依實施耕者有其田條例所為之耕地徵收或放領，均係基於公權力之行為，耕地所有權人或承領人及各利害關係人認為有錯誤時，不問其錯誤之形態與原因，俱應分別依同條例第十七條第一項第二款、第二十一條第三款申請更正。對政府就更正申請所為之核定，如仍有不服，應依訴願法第一條，行政訴訟法第一條，循行政訟爭程序以提起訴願再訴願及行政訴訟，藉圖救濟。自不得更以其權利受有損害為理由，向普通法院提起民事訴訟，請求返還土地。普通法院對此事件所為之相反判決不得執行。

釋字第一一六號解釋　　（所得稅八八）

五十五年九月三十日公布

支付國外廠商分期付款，訂有利息者，其利息所得，仍應由扣繳義務人於給付時扣繳應納稅款。

解釋理由書

中華民國四十五年一月一日施行之所得稅法第八十六條第三款明定所得稅款之納稅義務人，為取得利息人，並不限於自然人，營利事業取得利息，亦不例外。依同法第八十五條第一項之規定，扣繳義務人仍應扣繳稅款，不因取得利息人非自然人，而免除其扣繳之義務，因而支付國外廠商分期付款，訂有利息者，其利息所得，仍應由扣繳義務人於給付時扣繳之。

釋字第一一七號解釋　　（憲三四，第一屆國民大會代表出缺遞補補充條例三、四）

五十五年十一月九日公布

第一屆國民大會代表出缺遞補補充條例第三條第一款及第四條之規定，與憲法尚無牴觸。

解釋理由書

憲法第三十四條明定國民大會代表之選舉罷免，以法律定之。第一屆國民大會代表出缺遞補補充條例係國民大會代表選舉罷免法及同法施行條例之補充規定。其第三條第一款所定行踪不明三年以上，並於政府公告期限內未向指定機關親行聲報者視同因故出缺，第四條所定候補人有此情形者喪失其候補資格，乃因中央政府遷臺後，為適應國家之需要而設，與憲法有關條文尚無抵觸。

釋字第一一八號解釋 （刑訴四〇） 五十五年十二月七日公布

本院釋字第四十三號解釋之更正裁定，不以原判決推事之參與為必要。

解釋理由書

本院釋字第四十三號解釋所稱得以裁定更正之刑事判決，係以該判決中之文字顯屬誤寫者而言。此項更正，既不影響於全案情節與判決之本旨，其裁定自不以原判決推事之參與為必要。

釋字第一一九號解釋 （民八六六） 五十六年二月一日公布

所有人於其不動產上設定抵押權後，復就同一不動產上與第三人設定典權，抵押權自不因此而受影響。抵押權人屆期未受清償，實行抵押權拍賣抵押物時，因有典權之存在，無人應買，或出價不足清償抵押債權，執行法院得除去典權負擔，重行估價拍賣。拍賣之結果，清償抵押債權有餘時，典權人之典價，對於登記在後之權利人，享有優先受償權。執行法院於發給權利移轉證書時，依職權通知地政機關塗銷其典權之登記。

解釋理由書

所有人於其不動產上設定抵押權後，復就同一不動產上與第三人設定典權，固為民法第八百六十六條所認許。但抵押權不因此而受影響，亦為同條但書所明定。此項設定在後之典權，倘有影響於抵押權，對於抵押權人不生效力。為兼顧抵押權人及典權人之利益，抵押權人屆期未受清償，實行抵押權拍賣抵押物時，因有典權之存在，無人應買，或出價不足清償抵押債權，執行法院始得除去典權負擔，重行估價拍賣。拍賣之結果，清償抵押債權有餘時，典權人之典價，對於登記在後之權利人，享有優先受償權。執行法院於發給權利移轉證書時，依職權通知地政機關塗銷其典權之登記。本院院字第一四四六號解釋，應予補充釋明。

釋字第一二〇號解釋 （憲一〇三） 五十六年三月一日公布

新聞紙雜誌發行人執行之業務，應屬於憲法第一百零三條所稱業務範圍之內。

解釋理由書

監察委員，職司風憲，居於超然地位，故憲法第一百零三條有不得執行業務之規定。新聞紙雜誌之發行，須經行政官署核准，新聞紙雜誌發行人，所執行之業務，須受行政官署監督，與監察職權，顯不相容。自屬於憲法第一百零三條所稱業務範圍之內。

釋字第一二一號解釋　　（刑四一、四二）　　　　　五十六年五月十日公布

刑法第四十一條之易科罰金，第四十二條第二項之易服勞役，其折算一日之原定金額，如依戡亂時期罰金、罰鍰、裁判費、執行費、公證費提高標準條例提高二倍，應為以三元、六元或九元折算一日。

解釋理由書

刑法第四十一條之易科罰金，第四十二條第二項之易服勞役，其折算一日之原定金額，所稱一元以上，三元以下，係謂以一元、二元或三元折算一日，此證諸同法第三十三條第五款罰金為一元以上，第七十二條因刑之加重、減輕，而有不滿一元之額數者不算，等規定自明。主管院經依戡亂時期罰金、罰鍰、裁判費、執行費、公證費提高標準條例第二條與第四條規定核定將其提高二倍後，即應為三元、六元或九元，審判上須就上項數額擇一折算，不得就三元以上，九元以下範圍內，諭知非原定金額提高二倍之數額。至刑法第四十二條第三項比例折算之規定，係就例外情形而設，未容混淆，併予指明。

釋字第一二二號解釋　　（憲三二、七三、一〇一）　　　五十六年七月五日公布

地方議會議員在會議時所為之言論，應如何保障，憲法未設有規定。本院院解字第三七三五號解釋，尚不發生違憲問題。

解釋理由書

憲法對於地方議會議員在會議時所為之言論，應如何保障，並未設有規定。本院院解字第三七三五號解釋，係對縣參議員在會議時濫用言論免責權者而發，尚不發生違憲問題。省縣市議會議員如無濫用情事，其言論之保障，自不受影響。

釋字第一二三號解釋　　（刑八三、八五）　　　　　五十七年七月十日公布

審判中之被告經依法通緝者，其追訴權之時效，固應停止進行，本院院字第一九六三

號解釋並未有所變更。至於執行中之受刑人經依法通緝，不能開始或繼續執行時，其行刑權之時效亦應停止進行，但仍須注意刑法第八十五條第三項之規定。

解釋理由書

按審判期日，除有特別規定外，被告不到庭者，不得審判。被告逃亡或藏匿者，得通緝之。此為刑事訴訟法第二百八十一條（舊法第二百六十條）及第八十四條所明定。審判中之被告因有到庭受審判之必要而逃亡或藏匿，經依法通緝者，審判之程序因而不能開始或繼續，則其追訴權之時效，自應停止進行；但須注意刑法第八十三條第三項之規定。本院院字第一九六三號第一項就此部分所為之解釋，迄今並未有所變更。又按刑之執行，為強制受刑人到場，得依法通緝之。此徵諸刑事訴訟法第四百六十九條（舊法第四百七十三條）及第四百八十條（舊法第四百八十四條）以及其他有關執行各條之規定，至為明顯。受刑人因有到場受執行之必要而逃亡或藏匿，經依法通緝，不能開始或繼續執行時，依刑法第八十五條第一項之規定，行刑權之時效，自亦應停止其進行。惟關於停止原因繼續存在之期間，仍須注意有同條第三項之適用。如達於第八十四條第一項各款所定期間四分之一者，其停止原因視為消滅。此時如仍未行使而另無停止之原因，即恢復時效之進行。

釋字第一二四號解釋 （三七五減租一五） 五十七年八月二十三日公布

依耕地三七五減租條例第十五條第一項之規定，承租人於耕地出賣或出典時，有優先承受之權。必須出租人將賣典條件以書面通知承租人後，始有表示承受或放棄承受之可言。此項規定，自不因承租人事先有拋棄優先承受權之意思表示而排除其適用。

解釋理由書

查耕地三七五減租條例第十五條第一項規定：「耕地出賣或出典時，承租人有優先承受之權。出租人應將賣典條件以書面通知承租人。承租人在十五日內未以書面表示承受者，視為放棄。」其立法意旨乃本於憲法所定扶植自耕農之基本國策，使承租人於耕地出賣或出典時，依當時之賣典條件，有優先承受之權，並就賣典條件通知承租人，限定以書面為之，以確保承租人之權益。其優先承受之權，係於耕地出賣或出典時始行發生，且必須出租人將賣典條件以書面通知承租人後，始得表示承受或放棄承受。此項規定，自不因承租人事先有拋棄優先承受權之意思表示而排除其適用。無論其意思表示係向出租人或向其他承租人為之，其時既無賣典之情事與條件，則法定之優先承受權尚未發生，自無所謂消滅或喪失之問題。嗣後如遇耕地出賣或出典時，出租人仍

應依上開條項之規定，將賣典條件以書面通知承租人。承租人未於十五日內以書面表示承受者，始發生視為放棄之效果。

釋字第一二五號解釋　（三七五減租一七）　　　　五十七年十月三十日公布

依耕地三七五減租條例訂立之租約，在租佃期限未屆滿前，得終止之情形，同條例第十七條已有規定，無土地法第一百十四條及民法第四百三十八條有關終止租約規定之適用。

解釋理由書

關於耕地租賃契約之終止，土地法及民法雖均設有規定，唯耕地三七五減租條例第十七條明文規定，耕地租佃期限未屆滿前，非有左列情形之一，不得終止。是出租人終止租約，僅限於有該條各款所定情形之一者始得為之，文義至為明顯。依同條例第一條前段，應無適用土地法第一百十四條及民法第四百三十八條規定以終止租約之餘地。至承租人違反上開民法及土地法之規定出租人得依法請求回復原狀或損害賠償，或本於耕地三七五減租條例第十六條第二項主張租約無效，均屬別一問題，併此指明。

釋字第一二六號解釋　（貨物稅三、八）　　　　五十八年二月二十一日公布

依照貨物稅條例，新稅貨物有市場批發價格者，其完稅價格，為未經含有稅款及運費之出廠價格。其無市場批發價格，而由產製廠商所支出之運費已包含於出廠價格之內者，其完稅價格，自不得扣除是項運費計算課徵。

解釋理由書

按新稅貨物市場批發價格內尚未含有稅款者，得暫以出廠價格為完稅價格，貨物稅條例第八條定有明文，而出廠價格原未含有稅款及運費，亦為同條例第三條第一款（四）之所明定。但新稅貨物無市場批發價格，而由產製廠商自行支出之運費，已包含於出廠價格之內者，與市場批發價格內由批發商支出之運費，顯有不同，其完稅價格，自不得將此項運費予以扣除。

釋字第一二七號解釋　（公任一五）　　　　五十八年九月五日公布

公務人員犯貪污罪，緩刑期滿，緩刑之宣告未經撤銷，或犯他罪，刑期執行完畢始被發覺者，均仍應予免職。

解釋理由書

曾服公務有貪污行為者，一經判決確定即不得為公務人員，此為公務人員任用法第十五條第二款所明定，雖同時諭知緩刑但確定判決之效力並未喪失，當時即應免除其職務，縱於緩刑期滿，緩刑之宣告未經撤銷始被發覺，亦不得不予以免職。公務人員犯貪污罪外之內亂罪、外患罪經判決確定者，不得為公務人員。犯其他罪受拘役以上刑之宣告在執行中者，其職務當然停止，停職原因未消滅者不得為公務人員。公務人員任用法第十五條第一款、第三款後段，公務員懲戒法第十七條第三款亦有明文。在判決確定或刑開始執行之時既已不得為公務人員，其原有之職務即應予以免除。不應因刑期執行完畢始被發覺而排斥各該條款之適用。

釋字第一二八號解釋　　（訴願一，行訴一，三七五減租一九）

五十九年四月十七日公布

行政機關就耕地三七五減租條例第十九條所為耕地准否收回自耕之核定與調處，出租人、承租人如有不服，應循行政爭訟程序請求救濟。

　　解釋理由書

查耕地三七五減租條例第十九條第一項規定：「耕地租約期滿時,如有左列情形之一者,出租人不得收回自耕」，並列舉不得收回自耕之三款情形，其耕地准否收回自耕，乃應依同條例第六條第一項及由同條第二項授權訂定之臺灣省及臺北市有關耕地租約登記辦法之規定，由該管鄉鎮（區）（市）公所審查，報經縣市政府核備後，辦理登記，該管行政機關所為之審查核定，係屬行政處分；又依該條例第十九條第二項之規定，出租人如確不能維持其一家生活，而同時因出租人收回耕地，致承租人失其家庭生活依據者，鄉鎮（區）公所耕地租佃委員會所為之調處，既係對於耕地租約已滿期時准否收回自耕事件所為發生法律效果之單方行為，自亦係行政處分。且此項調處之對外行文，依同條例第三條授權所制定之臺灣省各縣（市）（局）鄉（鎮）（區）公所耕地租佃委員會組織規程第十三條，臺北市各區公所耕地租佃委員會組織規程第十三條規定以鄉（鎮）或區公所之名義行之，足見此項調處應由鄉鎮區公所以行政機關之地位為之，其為行政處分，更為明顯。復查該條例第十九條第二項并無如同條例第二十六條第一項移由司法機關審理之規定，故出租人或承租人對耕地准否收回自耕之核定與調處，如有不服，自應依訴願法第一條，行政訴訟法第一條循行政訴爭程序以提起訴願再訴願行政訴訟之程序請求救濟。

釋字第一二九號解釋　　（刑一八）　　　　　　　　五十九年十月三十日公布

未滿十四歲人參加叛亂組織，於滿十四歲時，尚未經自首，亦無其他事實證明其確已脫離者，自應負刑事責任。本院釋字第六十八號解釋並應有其適用。

　　解釋理由書

未滿十四歲人之行為不罰，刑法第十八條第一項固有明文規定。但參加叛亂組織之行為具有繼續性，未滿十四歲人參加叛亂組織，於滿十四歲時，尚未經自首，亦無其他事實證明其確已脫離者，其行為既在繼續狀態中，自應負刑事責任。本院釋字第六十八號解釋並應有其適用。至於有無免減原因，係事實問題，應由有權機關認定之，不屬解釋範圍。

釋字第一三○號解釋　　（憲八）　　　　　　　　六十年五月二十一日公布

憲法第八條第二項所定「至遲於二十四小時內移送」之時限，不包括因交通障礙，或其他不可抗力之事由所生不得已之遲滯，以及在途解送等時間在內。惟其間不得有不必要之遲延，亦不適用訴訟法上關於扣除在途期間之規定。

　　解釋理由書

憲法第八條第二項規定：「人民因犯罪嫌疑被逮捕拘禁時，其逮捕拘禁機關應將逮捕拘禁原因，以書面告知本人及其本人指定之親友，並至遲於二十四小時內移送法院審問。」旨在保障人民身體之自由，時限至為嚴格。惟事實上有因必要之途程需有在途時間，或因交通障礙及其他不可抗力之事由，致發生不得已之遲滯者。如不問任何情形，必須將此等時間一併計入二十四小時之範圍，既為事實所不能，當非制憲之本旨。自應解為均不包括於該項時限之內。但其間不得有不必要之遲延，應儘可能妥速到達，庶符憲法切實保障人身自由之用意。至於民事訴訟法第一百六十二條或刑事訴訟法第六十六條關於扣除在途期間之規定，係為便利於法定期間內為訴訟行為之人，其住居所或事務所不在法院所在地者而設，由司法行政最高機關定之。向以各法院管轄區域內最遠地區為全境概括計算之標準，按其距離法院之里程及交通狀況而從寬酌定其日期。核與上開憲法規定之性質與主旨有別，自無適用之餘地。

釋字第一三一號解釋　　（公服一四）　　　　　　六十年九月二十四日公布

公務員服務法上之公務員，不得兼任私立學校之董事長或董事，但法律或命令規定得兼任者，不在此限。本院院字第二三二○號解釋應予補充釋明。

解釋理由書

查「董事就法人一切事務，對外代表法人」，為民法第二十七條第二項所明定。私立學校，係教育事業，負作育人才之責任，其任務，與會館、慈善事業等財團法人有別；學校之主要事項，均須董事長及董事決定（參看私立學校規程第十九條及第二十條。）其所擔任之職務，自難謂為非公務員服務法第十四條所稱之業務，除法律或命令基於事實需要規定得由公務員兼任者外，無論私立學校，已未為財團法人之設立登記，其董事長或董事均非公務員服務法上之公務員所得兼任，以符合公務員服務法限制公務員不得兼任他項職務之立法本旨，本院院字第二三二〇號解釋，應予補充釋明。至私立學校規程有關公務員為私立學校之創辦人，得充任為董事，自係合於同法第十四條除外之規定，如有其他事實需要，亦自得以法令規定公務員得以兼任，併予說明。

釋字第一三二號解釋　（民一二五、三二六）　　六十一年二月二十一日公布

本院釋字第三十九號解釋所謂之提存，不包括債務人為債權人依民法第三百二十六條所為之清償提存在內。惟清償提存人如依法得取回其提存物時，自仍有民法第一百二十五條規定之適用。

解釋理由書

本院釋字第三十九號解釋，係就院解字第三二三九號解釋之適用疑義，而為解釋，其所稱「依法應予發還當事人各種案款」及「此項取回提存物之請求權」，當僅指保管提存而言，並不包括債務人為債權人依民法第三百二十六條所為之清償提存在內，此參照院解字第三二三九號解釋所稱：「應發還當事人具領之刑事案件繳納之保證金及民事繳案各種款項，仍應由法院保管，設法發還」等語，更屬明顯。惟清償提存人如有提存法第十一條或第十三條得取回其提存物之情形時，其行使取回請求權之期間，提存法既無特別規定，自仍有民法第一百二十五條之適用。至於聲請機關原函謂清償提存後之通知，非提存之生效要件，民法第三百三十條之十年期間，應自提存之翌日起算等語，與最高法院四十七年臺上字第一七〇二號判例見解上並無歧異，亦難認為係對本院第三十九號解釋發生疑義，該部分無屬解釋，併予指明。

釋字第一三三號解釋　（刑四七）　　六十一年六月九日公布

本院院解字第三五三四號解釋所稱「免除其刑」係指因赦免權作用之減刑而免除其刑者而言，不包括其他之免除其刑在內。

解釋理由書

刑法第四十七條明文規定受有期徒刑之執行完畢，或受無期徒刑或有期徒刑一部之執行，而赦免後，五年以內再犯有期徒刑以上罪者為累犯；所謂赦免，經本院院解字第三五三四號解釋係指特赦及免除其刑者而言，不包括大赦在內。其所稱免除其刑，係指基於赦免權作用之減刑而免除其刑而言。其他如刑法第二十三條但書、第二十四條第一項但書、第二十六條但書、第二十七條等所規定之免除其刑，既非基於赦免權之作用而係應依刑事訴訟法論知免刑之判決，並無徒刑之執行，與累犯之構成要件無關，自不包括在內。本院上開解釋應予補充釋明。

釋字第一三四號解釋　（刑訴二七三、三〇三、三二〇、三二八）

六十一年十二月一日公布

自訴狀應按被告人數提出繕本，其未提出而情形可以補正者，法院應以裁定限期補正，此係以書狀提起自訴之法定程序，如故延不遵，應論知不受理之判決。惟法院未將其繕本送達於被告，而被告已受法院告知自訴內容，經為合法之言詞辯論時，即不得以自訴狀繕本之未送達而認為判決違法。本院院字第一三二〇號解釋之㈡應予補充釋明。

解釋理由書

按自訴狀應按被告人數提出繕本，刑事訴訟法第三百二十條第三項（舊條文第三百十二條第三項）定有明文。其未提出而情形可以補正者，法院應以裁定限期命其補正，此為以書狀提起自訴之法定程序，如故延不遵，自應論知不受理之判決（參照同法第三百四十三條準用第二百七十三條）亦為本院院字第一三二〇號解釋之㈡所明示。至自訴狀繕本之送達，屬於法院之職責，法院固應速將繕本送達於被告，惟如有先行傳喚或拘提之必要者，同法第三百二十八條但書有例外之明文。且如被告已受告知被訴之內容，案經合法之言詞辯論而為判決時，自亦難以繕本之未送達而認判決為違法。從而本院院字第一三二〇號解釋之㈡應予補充釋明。

釋字第一三五號解釋　（民訴四六七、四九六，刑訴三七六、四二〇、四四一）

六十二年六月二十二日公布

民刑事訴訟案件下級法院之判決，當事人不得聲明不服而提出不服之聲明，或未提出不服之聲明而上級法院誤予廢棄或撤銷發回更審者，該項上級法院之判決及發回更審後之判決，均屬重大違背法令，固不生效力，惟既具有判決之形式，得分別依上訴、

再審、非常上訴及其他法定程序辦理。

　　解釋理由書

當事人對於民刑事案件下級法院之判決，不得聲明不服而提出不服之聲明，上級法院依民事訴訟法第四百四十四條或刑事訴訟法第三百六十七條、第三百九十五條之規定，原應予以駁回而竟誤將下級法院之判決予以廢棄或撤銷發回更審；又當事人對於下級法院之判決並未提出不服之聲明而上級法院誤予廢棄或撤銷發回更審者，該項上級法院判決及發回更審後之判決均屬重大違背法令，固不生效力，惟既具有判決之形式，未確定者得依上訴程序辦理，已確定者得分別依再審、非常上訴及其他法定程序辦理之。

釋字第一三六號解釋　　（民事訴訟費用法二三）　　　　六十二年八月三日公布

假扣押假處分之執行，得依民事訴訟費用法第二十三條之規定，徵收執行費，於本案確定執行徵收執行費時，予以扣除。本院院解字第三九九一號解釋應予變更。

　　解釋理由書

按假扣押、假處分之執行，均為民事強制執行之一種，民事訴訟費用法第二十三條關於徵收執行費之規定，自亦有其適用。本院院解字第三九九一號解釋認為假扣押、假處分之執行，無須徵收執行費者，當以本案將來判決確定或和解成立執行時，既須徵收執行費，則在此等保全程序之執行，自無須先行徵收為理由。然若聲請人以後不依據本案判決聲請執行，或其本訴被駁回時，則此項執行費即再無徵收之機會，與上開法條不合。自以在保全程序執行中，得命繳納，於本案確定執行徵收執行費時，予以扣除，較為平允。上開解釋與此見解有異部分，應予變更。

釋字第一三七號解釋　　（憲八〇）　　　　　　六十二年十二月十四日公布

法官於審判案件時，對於各機關就其職掌所作有關法規釋示之行政命令，固未可逕行排斥而不用，但仍得依據法律表示其合法適當之見解。

　　解釋理由書

法官於審判案件時，對於各機關就其職掌所作有關法規釋示之行政命令，或為認定事實之依據，或須資為裁判之基礎，固未可逕行排斥而不用。惟各種有關法規釋示之行政命令，範圍廣泛，為數甚多。其中是否與法意偶有出入，或不無憲法第一百七十二條之情形，未可一概而論。法官依據法律，獨立審判，依憲法第八十條之規定，為其

應有之職責。在其職責範圍內，關於認事用法，如就系爭之點，有為正確闡釋之必要時，自得本於公正誠實之篤信，表示合法適當之見解。

釋字第一三八號解釋　　（刑八〇、八三）　　　　　　　六十三年五月十日公布

案經提起公訴或自訴，且在審判進行中，此時追訴權既無不行使之情形，自不發生時效進行之問題。

解釋理由書

按刑法時效章內關於追訴權時效之規定，首於第八十條第一項明定：追訴權，因左列期間內不行使而消滅。可見追訴權時效之進行，係以不行使為法定之原因，行使則無時效進行之可言，至為明顯。刑事訴訟程序中之提起公訴或自訴，以及於審判進行中之實行公訴或由自訴人所為追訴之行為，無不屬於追訴權之行使。詳核來文，所謂已提起公訴或自訴，且事實上在進行審判中者，亦即意指追訴權原未消滅，而現尚在依法行使中者而言。依照前開說明，此時既無不行使之情形，自不發生時效進行之問題。至於追訴權於不行使時，本應有時效之進行。惟如遇有法律上之原因而係不能行使時，刑法則於第八十三條另設停止進行之規定。本院院字第一九六三號第一項即係本於該條之規定而為解釋，釋字第一二三號解釋前段則重申前開解釋並未有所變更。其於追訴權行使時，有無時效進行之問題，並不屬於各該號解釋之範圍，合併說明。

釋字第一三九號解釋　　（民七六二、八八〇、八八二、九一八）

六十三年十月四日公布

不動產所有人於同一不動產設定典權後，在不妨害典權之範圍內，仍得為他人設定抵押權。本院院字第一九二號解釋毋庸變更。

解釋理由書

按典權乃支付典價，占有他人之不動產，而為使用收益之權，與抵押權之係不移轉占有，為擔保債務之履行而設之擔保物權，其性質並非不能相容。不動產所有人於同一不動產設定典權後，其所有權尚未喪失，在不妨害典權之範圍內，再與他人設定抵押權，民法物權編既無禁止規定，自難認為不應准許。本院院字第一九二號解釋毋庸變更。

釋字第一四〇號解釋　　（刑訴二五八、二六〇、三〇三）

六十三年十一月十五日公布

案經起訴繫屬法院後，復由檢察官違法從實體上予以不起訴處分，經告訴人合法聲請再議，上級法院首席檢察官或檢察長，應將原不起訴處分撤銷。

解釋理由書

案經起訴繫屬法院後，即應依法審判，若檢察官復從實體上予以不起訴處分，該項處分，顯係重大違背法令，應屬無效。告訴人對於該無效處分合法聲請再議時，上級法院首席檢察官或檢察長，應將該項已具有形式上效力之處分，予以撤銷，俾資糾正。

釋字第一四一號解釋　　（民八一九）　　　　　　六十三年十二月十三日公布

共有之房地，如非基於公同關係而共有，則各共有人自得就其應有部分設定抵押權。

解釋理由書

按「各共有人得自由處分其應有部分」，為民法第八百十九條第一項所明定。除基於公同關係而共有者另有規定外，如共有物為不動產，各共有人本於前開規定，既得自由處分其應有部分，則遇有不移轉占有而供擔保之必要時，自得就其應有部分設定抵押權。至於同條第二項所謂「共有物之處分、變更、及設定負擔，應得全體共有人之同意」，係指共有人以共有物為處分、變更、或設定負擔之標的，並非就各共有人之應有部分而言。此比照第一項得自由處分之規定，法意至為明顯。本院院字第一五一六號解釋，應予補充釋明。

釋字第一四二號解釋　　（營業稅四一）　　　　　六十四年二月七日公布

營利事業匿報營業額逃漏營業稅之事實發生在民國五十四年十二月三十日修正營業稅法全文公布施行生效之日以前者，自該日起五年以內未經發現，以後即不得再行課徵。

解釋理由書

查營業稅法第四十一條：「營利事業查報營業額逃漏營業稅，於事實發生之日起五年內未經發現者，以後不得再行課徵」之規定，係民國五十四年十二月三十日修正舊營業稅法全文時所增訂，從而逃稅事實發生在該法條增訂以前者，因行為當時施行之營業稅法無課徵期間之限制，故無論經過時間之久暫均得課徵，而逃稅事實發生在該法條增訂以後者，則依該法條規定於事實發生之日起五年內未經發現者，以後即不得再行課徵，是在該法修正公布施行之日以前雖逃漏多年未經發現之營業額仍須課徵，而在該法修正公布施行之日以後，雖逃漏僅五年未經發現之營業額反不得課徵，既屬有失

公平，與增訂該第四十一條之立法精神亦有未符，因此營利事業匿報營業額逃漏營業稅之事實發生在民國五十四年十二月三十日修正全文公布施行之營業稅法生效日以前者，乃宜自該日起算，五年以內未經發現者，以後即不得再行課徵，以期平允。

釋字第一四三號解釋　（刑三三九）　　　　　　六十四年六月二十日公布

關於購買火車票轉售圖利，是否構成詐欺罪，要應視其實際有無以詐術使人陷於錯誤，具備詐欺罪之各種構成要件而定。如自己並不乘車，而混入旅客群中，買受車票，並以之高價出售者，仍須視其實際是否即係使用詐術，使售票處因而陷於錯誤，合於詐欺罪之各種構成要件以為斷。本院院解字第二九二〇號暨第三八〇八號解釋，據來文所稱之套購，應係意指使用詐術之購買而言。惟後一解釋，重在對於旅客之詐財；前一解釋，重在對於售票處之詐欺得利；故應分別適用刑法第三百三十九條第一項及第二項之規定。

解釋理由書

關於購買火車票轉售圖利，是否構成詐欺罪，應視具體事實，有無具備詐欺罪之各種構成要件，分別情形以定之。如來文所附原函之設問，有謂「自己並不乘車，而混入一般旅客群中買受車票，並以之高價出售」之情形，因車票之種類不同，限制購買之寬嚴亦不一致，故仍須視其實際是否即係使用詐術，使售票處因而陷於錯誤，合於詐欺罪之各種構成要件以為斷。如於要件有所未備，縱依其他法令有予限制或禁止之必要，尚難遽執刑法上之詐欺罪以相繩。本院院解字第二九二〇號暨三八〇八號解釋，所據當時來文有用套購之一詞，其涵義即係指使用詐術之購買而言。此徵之前一解釋引為合於詐術之要件，殊甚明顯，惟後一解釋係重在對於旅客以詐術使其財物之交付；前一解釋，則重在對於售票處以詐術取得財產上不法之利益；故應分別適用刑法第三百三十九條第一項及第二項之規定。

釋字第一四四號解釋　（刑四一、五一，刑訴三〇九）

六十四年十二月五日公布

數罪併罰中之一罪，依刑法規定得易科罰金，若因與不得易科之他罪併合處罰結果而不得易科罰金時，原可易科部分所處之刑，自亦無庸為易科折算標準之記載。

解釋理由書

按刑事判決關於有期徒刑或拘役易科罰金折算標準之記載，需以所犯最重本刑為三年

以下有期徒刑以下之刑之罪，而受六月以下有期徒刑或拘役之宣告者，始得為之，刑法第四十一條定有明文。若所犯為數罪併罰，其中之一罪雖得易科罰金，但因與不得易科之他罪合併處罰之結果，於定執行刑時，祇須將各罪之刑合併裁量，不得易科罰金合併執行，應無刑事訴訟法第三百零九條第二款之適用，故本院院字第二七○二號解釋明示無庸為易科罰金折算標準之記載，此非僅指定執行刑部分而言，即原可易科部分所處之刑，亦無庸為此記載。故有「法院竟於合併處罰判決確定後，又將其中之一部以裁定諭知易科罰金，其裁定應認為無效」之釋示。縱他罪因上訴改判無罪確定或經赦免者，所餘得易科罰金之罪，如因被告身體、教育、職業或家庭等關係執行顯有困難時，被告及檢察官均有聲請易科之權，本院院字第一三五六號解釋有案，法院自可於此時依法為適當之諭知。

釋字第一四五號解釋　　（刑二三四）　　　　　　　六十五年四月三十日公布
本院院字第二○三三號解釋，所謂多數人，係包括特定之多數人在內，至其人數應視立法意旨及實際情形已否達於公然之程度而定。應予補充釋明。

　　解釋理由書
本院院字第二○三三號解釋，既謂「刑法分則中公然二字之意義，祇以不特定人或多數人得以共見共聞之狀況為已足」則自不以實際上果已共見共聞為必要，但必在事實上有與不特定人或多數人得以共見或共聞之狀況方足認為達於公然之程度，所謂多數人係包括特定之多數人在內，此觀於該號解釋及當時聲請解釋之原呈甚明。至特定多數人之計算，以各罪成立之要件不同，罪質亦異，自應視其立法意旨及實際情形已否達於公然之程度而定。本院上開解釋，應予補充釋明。

釋字第一四六號解釋　　（刑訴四四一、四四五）　六十五年七月二十三日公布
刑事判決確定後，發見該案件認定犯罪事實與所採用證據顯屬不符，自屬審判違背法令，得提起非常上訴；如具有再審原因者，仍可依再審程序聲請再審。

　　解釋理由書
刑事判決確定後，發現該案件認定犯罪事實與其所採用之證據顯屬不符，如係文字誤寫，而不影響於全案情節與判決之本旨者，得依本院釋字第四十三號解釋予以更正外，均屬審判違背法令，得提起非常上訴，由非常上訴審依刑事訴訟法第四百四十五條第二項準用第三百九十四條之規定，就原確定判決所確認之事實，以糾正其法律錯誤，

如因審判違背法令，致影響於事實之確定，具有再審原因者，仍可依再審程序聲請再審。

釋字第一四七號解釋　（民一〇〇一、一〇五二）

六十五年十二月二十四日公布

夫納妾，違反夫妻互負之貞操義務，在是項行為終止以前，妻主張不履行同居義務，即有民法第一千零一條但書之正當理由；至所謂正當理由，不以與同法第一千零五十二條所定之離婚原因一致為必要。本院院字第七七〇號解釋㈡所謂妻請求別居，即係指此項情事而言，非謂提起別居之訴，應予補充解釋。

解釋理由書

查司法院大法官會議第一百十八次會議議決：「中央或地方機關就職權上適用憲法、法律或命令對於本院所為之解釋發生疑義聲請解釋時，本會議得依司法院大法官會議法第四條或第七條之規定再行解釋」，本件係最高法院對於本院院字第七七〇號解釋㈡發生疑義，依照上項決議，認為應予解釋。按民法第一千零一條規定，夫妻互負同居之義務，但有不能同居之正當理由者，不在此限。夫納妾，違反夫妻互負之貞操義務，在是項行為終止以前，妻主張不履行同居義務，即有上開法條但書規定之正當理由，所謂正當理由，不以與同法第一千零五十二條所定離婚之原因一致為必要；惟其婚姻關係既仍存續，在不能同居之理由消滅時，自仍應履行同居之義務。本院院字第七七〇號解釋㈡所謂妻請求別居，即係指妻得主張不履行同居義務而言，非謂如外國別居立法例之得提起別居之訴，應予補充解釋。

釋字第一四八號解釋　（憲一五，都市計畫二一）　六十六年五月六日公布

主管機關變更都市計畫，行政法院認非屬於對特定人所為之行政處分，人民不得對之提起行政訴訟，以裁定駁回。該項裁定，縱與同院判例有所未合，尚不發生確定終局裁判適用法律或命令是否牴觸憲法問題。

解釋理由書

本件聲請解釋意旨略稱：內政部核准臺北市政府將景美區溪子口小段都市主要計畫之住宅區變更為機關用地，並用以設置瀝青混凝土拌合場，破壞環境安寧，影響人民生存權利，係違背憲法之行政處分，經訴願、再訴願，並提起行政訴訟，行政法院不為實體之審理，而以裁定駁回（六十五年度裁字第一〇三號），認該項裁定適用法律有牴

觸憲法之疑義等情。果主管機關變更都市計畫，行政法院認非屬於對特定人所為之行政處分，人民不得對之提起行政訴訟，不為實體之審理，而以程序不合裁定駁回，該項裁定，縱與同院五十九年判字第一九二號判例有所未合，亦僅係能否依法聲請再審以資救濟，尚不發生確定終局裁判適用法律或命令是否牴觸憲法問題。

釋字第一四九號解釋 　（民訴九一，民事訴訟費用法一八）

六十六年六月十七日公布

當事人對於更審判決，提起上訴時，其第一次上訴應繳之裁判費尚未繳納或未繳足額，法院應向第一次上訴人徵足。如於該事件之裁判有執行力後，仍未繳足，應依職權以裁定確定裁判費之數額，命負擔訴訟費用之一造補繳之。本院院解字第二九三六號解釋㈡有關裁判費部分，應予補充。

解釋理由書

裁判費，為國家應徵收之一種規費。法院應切實核定訴訟標的之價額計徵之，不得任命當事人有漏繳或少繳情事，始符合民事訴訟法所採有償主義之原則。本院院解字第二九三六號解釋㈡部分揭示：關於更審判決之上訴，雖發現第一次上訴應繳之裁判費，確未足額，亦不得命第一次上訴人補繳。此項解釋，係指法院對於第一次上訴要件有無欠缺，不得再為調查，並非裁判費勿庸徵足。故當事人對於更審判決，提起上訴時，其第一次上訴應繳之裁判費尚未繳納或未繳足額，法院應向第一次上訴人徵足，如於該事件之裁判有執行力後，仍未繳足，應依職權以裁定確定裁判費之數額，命負擔訴訟費用之一造補繳之。本院院解字第二九三六號解釋㈡有關裁判費部分，應予補充。

釋字第一五〇號解釋 　（憲二六、六四、六五、九一，動員戡亂時期臨時條款六②，立法院立法委員選舉罷免法二九、四五）　　六十六年九月十六日公布

動員戡亂時期臨時條款第六項，並無變更憲法所定中央民意代表任期之規定。行政院有關第一屆立法委員遇缺停止遞補之命令，與憲法尚無牴觸。

解釋理由書

本件聲請人聲請意旨略稱：憲法第六十五條雖規定：「立法委員之任期為三年」，但民國六十一年三月二十三日公布之動員戡亂時期臨時條款第六項第二款規定：則將憲法有關中央民意代表之日期，一律延長至「大陸光復地區次第辦理中央民意代表之選舉」為止，與之牴觸之法令，均應失效。聲請人等為第一屆立法委員候補人，經依該條款

聲請遞補，並提起訴願、再訴願及行政訴訟，均被援引行政院所為停止遞補之命令，予以駁回，侵害聲請人等憲法上所保障之權利，聲請予以解釋。按立法委員之任期為三年，憲法第六十五條著有明文，立法委員出缺時，由候補人依次遞補，其任期至原任任期屆滿之日為止，參照立法院立法委員選舉罷免法第二十九條及同法第四十五條之規定至為明顯。是第一屆立法委員於民國四十年五月七日任期屆滿之後，已無從遞補。第一屆立法委員於任期屆滿後，因國家發生重大變故，事實上不能依法改選，為維護憲法樹立五院制度之本旨，在第二屆立法委員未能依法選出集會以前，繼續行使其職權，經本院釋字第三十一號解釋有案。依次解釋，第一屆立法委員任期屆滿之際，已任立法委員者，始能繼續行使其職權。民國六十一年三月二十三日公布之動員戡亂時期臨時條款第六項第二款所稱：第一屆中央民意代表依法行使職權，與本院上開解釋法意相同。同款所稱：「第一屆中央民意代表，係經全國人民選舉所產生。」在立法委員，乃指民國三十七年當選及民國四十年五月七日前已依法遞補暨依民國五十五年三月二十二日公布之動員戡亂時期臨時條款第五項規定增選之立法委員而言。至前引同項款：「大陸光復地區次第辦理中央民意代表之選舉」一語，與憲法第六十五條後段：「立法委員選舉於每屆任滿前三個月內完成之」相若，乃為選舉時期之規定，而據同項規定：總統得訂頒辦法充實中央民意機構，不受憲法第二十六條、第六十四條及第九十一條之限制。其非變更第一屆中央民意代表任期之規定，尤為顯然。依上說明行政院臺四十（內）字第二三三七號令暨有關第一屆立法委員之任期於民國四十年五月七日屆滿，此後遇有缺額，應停止遞補之命令，與憲法尚無牴觸。

釋字第一五一號解釋　（憲一九，貨物稅稽徵規則一二五、一二八）

六十六年十二月二十三日公布

查帳徵稅之產製機車廠商所領蓋有「查帳徵稅代用」戳記之空白完稅照，既係暫代出廠證使用，如有遺失，除有漏稅情事者，仍應依法處理外，依租稅法律主義，稅務機關自不得比照貨物稅稽徵規則第一百二十八條關於遺失查驗證之規定補徵稅款。

解釋理由書

按查帳徵稅之一般廠商遺失查驗證時，貨物稅稽徵規則第一百二十八條固有「應按該項查驗證應貼貨件之稅價計補稅款結案」之規定，惟稅務機關加蓋「查帳徵稅代用」戳記之空白完稅照，係暫代出廠證使用，遺失時，同規則並無按遺失查驗證補稅之明文，其第一百二十五條復另有處理之規定；從而查帳徵稅之產製機車廠商所領蓋有「查

帳徵稅代用」戳記之空白完稅照，如有遺失，除有漏稅情事者，仍應依法處理外，依租稅法律主義，稅務機關自不得比照貨物稅稽徵規則第一百二十八條關於遺失查驗證之規定補徵稅款。

釋字第一五二號解釋　　（刑五六）　　　　　　　　六十七年五月十二日公布

刑法第五十六條所謂「同一之罪名」，係指基於概括之犯意，連續數行為，觸犯構成犯罪要件相同之罪名者而言。本院院字第二一八五號解釋，關於「同一之罪名」之認定標準及成立連續犯之各例，與上開意旨不合部分，應予變更。

解釋理由書

按刑法第五十六條規定：「連續數行為而犯同一之罪名者，以一罪論。但得加重其刑至二分之一。」故連續犯之成立，其要件有三：㈠基於概括之犯意。㈡連續數行為。㈢犯同一之罪名。所謂「同一之罪名」，係指基於概括之犯意，連續數行為，觸犯構成犯罪要件相同之罪名者而言。蓋連續數行為所成立之數個犯罪，其構成要件相同，而非基於概括之犯意者，固不成立連續犯；其係基於概括之犯意者，仍分別處罰，則失之苛刻；如基於概括之犯意，連續數行為所侵害之法益性質相同而其構成犯罪要件互異者，亦按連續犯論處，又失之寬縱，難以遏阻犯罪，維持社會安寧秩序及刑罰之公平。本院院字第二一八五號解釋，關於「同一之罪名」之認定標準及成立連續犯之各例，與上開意旨不合部分，應予變更。

釋字第一五三號解釋　　（憲一六，民訴一二一）　　　六十七年七月七日公布

提起抗告，未繳納裁判費者，審判長應定期命其補正，不得逕以裁定駁回，最高法院五十年臺抗字第二四二號判例，雖與此意旨不符，惟法院就本案訴訟標的未為裁判，當事人依法既得更行起訴，則適用上開判例之確定裁定，尚不發生確定終局裁判所適用之法律或命令是否牴觸憲法問題。

解釋理由書

本件聲請意旨略稱：聲請人與臺灣電力股份有限公司清償退休金事件，不服第一審法院駁回其訴之裁定，提起抗告，未繳納裁判費，第二審法院未命補正，逕以裁定駁回，經提起再抗告，最高法院援引五十年臺抗字第二四二號判例，亦以同一理由裁定駁回，使其訴訟權遭受侵害且有違憲疑義等情，聲請解釋。

查人民有請願、訴願及訴訟之權，為憲法第十六條所明定，所謂訴訟權，乃人民司法

上之受益權，不僅指人民於其權利受侵害時，得提起訴訟而已，法院尤應多加尊重，便利其申訴之機會，不得予以妨礙，民事訴訟法第一百二十一條第一項規定「書狀不合程式或其他欠缺者，審判長應定期間命其補正」即本此意。提起抗告，未繳納裁判費者，其情形尚非不可補正，審判長應定期命抗告人補正，不得逕以裁定駁回。最高法院五十年度臺抗字第二四二號判例謂：「提起抗告之未繳納裁判費用者，可不定期命其補正」，雖與上開意旨不符，惟各級法院就本案訴訟標的既未予裁判，即於當事人之請求事項，不生實體上之確定力，依法自非不得更行起訴，以求救濟，則適用上開判例之確定裁定，尚不發生確定終局裁判所適用之法律或命令是否牴觸憲法問題。

釋字第一五四號解釋　（憲一六、二三，行訴二四、二九，法組二五，民訴五〇三，行政法院處務規程二四）　　六十七年九月二十九日公布

行政法院四十六年度裁字第四十一號判例所稱：「行政訴訟之當事人對於本院所為裁定，聲請再審，經駁回後，不得復以同一原因事實，又對駁回再審聲請之裁定，更行聲請再審。」旨在遏止當事人之濫訴，無礙訴訟權之正當行使，與憲法並無牴觸。

解釋理由書

本件聲請意旨略稱：聲請人承租葉吉顯之耕地，臺灣省桃園縣楊梅鎮公所辦理訂立三七五租約時，將其中兩筆之出租人誤載為葉吉瑞，並漏列其餘三筆，因葉吉顯死亡，不能協同更正，乃依照規定單獨聲請辦理，該公所置之不理，經訴願、再訴願並提起行政訴訟，為行政法院六十六年度判字第十七號判決駁回。經以「適用法令顯有錯誤」為理由，訴請再審，為同院同年度裁字第九十九號裁定駁回；復以「不適用法令」為理由，對該裁定聲請再審，亦為同院同年度裁字第一五九號裁定適用同院四十六年度裁字第四十一號判例駁回，妨害聲請人之訴訟權，有牴觸憲法第十六條之疑義，爰依司法院大法官會議法第四條第一項第二款之規定聲請解釋。

按司法院大法官會議法第四條第一項第二款關於確定終局裁判所適用之「法律或命令」，乃指確定終局裁判作為裁判依據之法律或命令或相當於法律或命令者而言。依法院組織法第二十五條規定：「最高法院各庭審理案件，關於法律上之見解，與本庭或他庭判決先例有異時，應由院長呈由司法院院長召集變更判例會議決定之。」及行政法院處務規程第二十四條規定：「各庭審理案件關於法律上之見解，與以前判例有異時，應由院長呈由司法院院長召集變更判例會議決定之。」足見最高法院及行政法院判例，在未變更前，有其拘束力，可為各級法院裁判之依據，如有違憲情形，自應有司法院大

法官會議法第四條第一項第二款之適用，始足以維護人民之權利，合先說明。

憲法第十六條所謂人民有訴訟之權，乃人民司法上之受益權，指人民於其權利受侵害時，有提起訴訟之權利，法院亦有依法審判之義務而言。惟此項權利，依憲法第二十三條規定，為防止妨害他人自由，避免緊急危難，維持社會秩序，或增進公共利益所必要者，得以法律限制之。裁判確定後，當事人即應遵守，不容輕易變動，故再審之事由，應以法律明定者為限。行政法院四十六年度裁字第四十一號判例所稱：「行政訴訟之當事人對於本院所為裁定，聲請再審經駁回後，不得復以同一原因事實，又對駁回再審聲請之裁定，更行聲請再審。」係對於當事人以原裁定之再審事由，再對認該事由為不合法之裁定聲請再審，認為顯不合於行政訴訟法之規定者而言，旨在遏止當事人之濫訴，無礙訴訟權之正當行使，與憲法並無牴觸。

釋字第一五五號解釋　（憲一八、八三、八五）六十七年十二月二十二日公布

考試院為國家最高考試機關，得依其法定職權訂定考試規則及決定考試方式；「六十三年特種考試臺灣省基層公務人員考試規則」第八條關於實習之規定暨「六十三年特種考試臺灣省基層公務人員考試錄取人員實習辦法」之核定，均未逾越考試院職權之範圍，對人民應考試之權亦無侵害，與憲法並不牴觸。

解釋理由書

本件聲請意旨略以聲請人參加六十三年特種考試臺灣省基層公務人員考試錄取後，未經實習，請求發給及格證書，主管機關以六十三年特種考試臺灣省基層公務人員考試規則第八條暨其錄取人員實習辦法為依據，不予發給，惟該規則及實習辦法，係屬行政規章，其中所列經實習後始為完成考試程序一節，與考試法及其施行細則牴觸，致侵害其於憲法上所保障之人民有應考試服公職之權，經依法定程序向行政法院提起訴訟。該院仍基於上開規則第八條及其實習辦法之規定，以六十七年度判字第二六五號判決駁回。此項確定終局判決所適用之法令，顯有違憲之處等情，依司法院大法官會議法第四條第一項第二款之規定，聲請解釋憲法。

查考試院為國家最高考試機關，掌理考試等事項，為憲法第八十三條所賦與之職權，自得本此職權，訂定考試規則及酌採適當之考試方式。六十三年特種考試臺灣省基層公務人員考試規則第八條暨考試錄取人員實習辦法所定之「實習」，乃實地學習之意，與考試法施行細則第六條所稱之「學習」同，係考察試驗應考人才能之一種適當方法，使其對於任職後之業務有所瞭解，俾能勝任，故必須實習成績及格後，始發給考試及

格證書，仍為考試程序之一部，與「試用」有別，此項實習，未逾越考試院職權之範圍，且對於該次考試所有錄取人員一律適用，與憲法第八十五條所定考試制度之精神，尚無違背。至依上述考試規則第八條於規定實習原則後，將實習之事項，委由臺灣省政府擬定辦法，核定實施，其委任行為，亦難謂為對人民應考試之權有所侵害，與憲法第十八條並不牴觸。再本件聲請人指摘上述考試規則第八條暨實習辦法有無牴觸考試法並違反典試法及監試法，其制定程序是否合法等，均非解釋憲法問題，依司法院大法官會議法第四條第一項第二款應不予解釋，合併敘明。

釋字第一五六號解釋　（憲一五、一七二，都市計畫二六，訴願一、二，行訴一）

六十八年三月十六日公布

主管機關變更都市計畫，係公法上之單方行政行為，如直接限制一定區域內人民之權利、利益或增加其負擔，即具有行政處分之性質，其因而致特定人或可得確定之多數人之權益遭受不當或違法之損害者，自應許其提起訴願或行政訴訟以資救濟，本院釋字第一四八號解釋應予補充釋明。

解釋理由書

本件前經本院大法官會議釋字第一四八號解釋：「主管機關變更都市計劃，行政法院認非屬於對特定人所為之行政處分，人民不得對之提起行政訴訟。以裁定駁回。該項裁定，縱與同院判例有所未合，尚不發生確定終局裁判適用法律或命令，是否牴觸憲法問題。」聲請人等據以向行政法院聲請再審。復經行政法院以原裁定與該院判例並無不合等理由，從程序上予以駁回。聲請人等乃再請本院解釋。

按本院大法官會議第六百零七次會議議決：「人民對於本院就其聲請解釋案件所為之解釋，聲請補充解釋，經核確有正當理由應予受理者，得依司法院大法官會議法第四條第一項第二款之規定，予以解釋。」本件聲請，依照上項決議，認為應予補充解釋。

主管機關變更都市計畫，係公法上之單方行政行為，如直接限制一定區域內人民之權利、利益、或增加其負擔，即具有行政處分之性質，其因而致使特定人或可得確定之多數人之權益遭受不當或違法之損害者，依照訴願法第一條、第二條第一項及行政訴訟法第一條之規定，自應許其提起訴願或行政訴訟，以資救濟。始符憲法保障人民訴願權或行政訴訟權之本旨。此項都市計畫之個別變更，與都市計畫之擬定、發布及擬定計畫機關依規定五年定期通盤檢討所作必要之變更（都市計畫法第二十六條參照），並非直接限制一定區域內人民之權益或增加其負擔者，有所不同。行政法院五十九年

判字第一九二號判例，認為：「官署依其行政權之作用，就具體事件所為之單方行政行為，發生公法上具體效果者，不問其對象為特定之個人或某一部分有關係之人民，要不能謂非行政處分。人民如因該行政處分致權利或利益受有損害，自得提起訴願以求救濟；此與官署對於一般人民所為一般性之措施或雖係就具體事件，而係為抽象之規定，不發生公法上具體之效果，影響其權利或利益者不同。本件被告官署變更已公布之都市計畫，……原告以此項變更計畫，將使其所有土地降低其價值，損害其權益，對被告官署此項變更都市計畫之行為，提起訴願，自非法所不許。」其意旨，與此尚屬相符。而同院受理聲請人等因變更都市計畫所提起之行政訴訟事件有無理由，未為實體上之審究，即以主管機關變更都市計畫非屬於對特定人所為之行政處分，人民對之不得提起訴願或行政訴訟等理由，將聲請人等之請求以五年度裁字第一〇三號裁定予以駁回，則與上述意旨有所未合。本院釋字第一四八號解釋，應予補充釋明。

釋字第一五七號解釋 （私校一六、二〇、二一、五一，私立學校規程一七，公服一四，民二七）　　　　　　　　　　　　六十八年四月十三日公布

私立學校法施行後，對於私立學校不具監督權之公務員，除法律或命令另有規定外，亦不得兼任私立學校之董事長或董事，本院釋字第一三一號解釋，仍應有其適用。

解釋理由書

私立學校，負作育人才之重任，其主要業務，依法均須董事長及董事決定（參看私立學校法第二十條、第二十一條、第五十一條及民法第二十七條）。此項業務，要難謂非公務員服務法第十四條所稱之業務。公務員對國家負有忠實服務之義務，為保持其超然地位及防止兼任其他業務有礙其本身職務之執行，除法律或命令規定得由公務員兼任者外，不得兼任他項公職或業務。如主管機關基於實際需要，認為有准許兼任私立學校董事長或董事之必要時，自得另以法令規定之。本院釋字第一三一號解釋所指不得兼任私立學校董事長或董事之公務員，並非僅以現任主管教育行政機關人員或對私立學校具有監督權之公務員為限。私立學校法第十六條：「現任主管教育行政機關人員或對私立學校具有監督權之公務員，不得兼任董事」之規定，係擴大前私立學校規程第十七條所定：「……現任有關主管教育行政機關人員，不得兼任董事」之禁止範圍，並未排除公務員服務法第十四條規定之適用，故私立學校法施行後，對於私立學校不具監督權之公務員，除法律或命令另有規定外，亦不得兼任私立學校之董事長或董事，本院釋字第一三一號解釋，仍應有其適用。

釋字第一五八號解釋　（刑一二二，貪污一一、一二，公任一五）

六十八年六月二十二日公布

行賄行為，不論行賄人之身分如何，其性質均與貪污行為有別，不適用公務人員任用法第十五條第二款之規定，本院釋字第九十六號解釋仍予維持。

解釋理由書

按行賄行為，其犯罪主體不以有特定身分為必要，雖與公務人員受賄之貪污行為具有對行關係，但其犯罪構成要件、處罰及刑之減免均不相同。故其行為之性質與貪污行為有別。戡亂時期貪污治罪條例第十一條第一項之規定，旨在就對於依據法令從事公務之人員及受公務機關委託承辦公務之人行賄而加重處罰，並非變更行賄行為之性質。縱因其情節輕微，而其行求期約或交付財物在三千元以下者，依同條例第十二條第二項適用有較輕處罰之刑法或其他法律，致適用法律有所差異，亦不能因此之故與貪污行為混為一談，自不適用公務人員任用法第十五條第二款之規定，本院釋字第九十六號解釋，與此主旨並無不同，仍應予以維持。

釋字第一五九號解釋　（刑訴二二○、三一五、四七○、四七一）

六十八年九月二十一日公布

刑事訴訟法第三百十五條所定：「將判決書全部或一部登報，其費用由被告負擔」之處分，法院應以裁定行之。如被告延不遵行，由檢察官準用同法第四百七十條及第四百七十一條之規定執行。本院院字第一七四四號解釋，應予補充。

解釋理由書

按犯刑法偽證及誣告罪章或犯妨害名譽及信用罪章之罪者，因被害人或其他有告訴權人之聲請，得將判決書全部或一部登報，其費用由被告負擔，刑事訴訟法第三百十五條（舊刑事訴訟法第三百零七條）設有規定。此項判決，係指確定判決而言。如經被害人或其他有告訴權人聲請將該判決書登報，法院就其聲請所為之處分，刑事訴訟法既未規定須經判決，依同法第二百二十條規定，應由法院以裁定行之。被告如延不遵行，由檢察官準用同法第四百七十條及第四百七十一條之規定執行，本院院字第一七四四號解釋，應予補充。

釋字第一六○號解釋　（憲一、一六、二三，民訴四六六）

六十八年十二月二十一日公布

民事訴訟法第四百六十六條第一項：「對於財產權上訴之第二審判決，如因上訴所得受之利益，不逾八千元者，不得上訴」之規定，與憲法並無牴觸。

　　解釋理由書

按憲法第十六條所謂人民有訴訟之權，乃人民在司法上之受益權，指人民於其權利受侵害時，有提起訴訟之權利，法院亦有依法審判之義務而言，經本院大法官會議釋字第一五四號解釋理由釋明在案。此項權利之行使，究應經若干審級，憲法並未設有明文，自應衡量訴訟案件之性質，以法律為合理之規定，非必任何案件均須經相同審級，始與憲法相符。民事訴訟法第四百六十六條第一項對於財產權上訴訟之第二審判決，如因上訴所得受之利益，不逾八千元者，不得上訴於第三審之規定，即係本此意旨所定之訴訟制度，對所有當事人一體適用，以發揮定分止爭之功能，尚難謂於訴訟權之行使，有何妨礙。至上開規定，將來有無更張之必要，係屬立法上待酌之問題，不能以此指為違憲。

綜上說明，民事訴訟法第四百六十六條第一項之規定與憲法第一條、第十六條及第二十三條並無牴觸。

釋字第一六一號解釋　　（中標一三）　　　　　　六十九年一月十八日公布

中央法規標準法第十三條所定法規生效日期之起算，應將法規公布或發布之當日算入。

　　解釋理由書

按法規明定自公布或發布日施行者，自公布或發布之日起算至第三日起發生效力，中央法規標準法第十三條定有明文，其所謂「自公布或發布之日起算至第三日」之文義，係將法規公布或發布之當日算入至第三日起發生效力，此項生效日期之計算，既為中央法規標準法所明定，自不適用民法第一百二十條第二項之規定。

釋字第一六二號解釋　　（憲七七、八〇、八一）　　六十九年四月二十五日公布

一、行政法院院長、公務員懲戒委員會委員長，均係綜理各該機關行政事務之首長，自無憲法第八十一條之適用。

二、行政法院評事、公務員懲戒委員會委員，就行政訴訟或公務員懲戒案件，分別依據法律，獨立行使審判或審議之職權，不受任何干涉，依憲法第七十七條、第八十條規定，均應認係憲法上所稱之法官。其保障，應本發揮司法功能及保持法官職位安定之原則，由法律妥為規定，以符憲法第八十一條之意旨。

解釋理由書

一、行政法院院長、公務員懲戒委員會委員長，均係綜理各該機關行政事務之首長。行政法院院長兼任評事，並得充庭長，乃擔任院長職務之結果；公務員懲戒委員會委員長，並不參與懲戒案件之審議，均非憲法第八十條所稱之法官，無終身職之可言。故行政法院院長、公務員懲戒委員會委員長，自無憲法第八十一條之適用。

二、司法院為國家最高司法機關，掌理民事、刑事、行政訴訟之審判及公務員之懲戒。憲法第七十七條定有明文。行政法院評事、公務員懲戒委員會委員，就行政訴訟或公務員懲戒案件，分別依據法律，獨立行使審判或審議之職權，不受任何干涉，依同法第八十條規定，均應認係憲法上所稱之法官。而憲法第八十一條所稱之法官，係指同法第八十條之法官而言，業經本院釋字第十三號解釋有案。惟憲法第八十一條「法官為終身職」之保障規定，固在使法官能依法獨立行使職權，無所顧忌，但非謂法官除有同條所定之免職、停職等情事外，縱有體力衰弱致不能勝任職務者，亦不能停止其原職務之執行而照支俸給，故行政法院評事及公務員懲戒委員會委員之保障，應本發揮司法功能及保持法官職位安定之原則，由法律妥為規定，以符憲法第八十一條之意旨。至法官任用資格應如何求其適當，俾能善盡職責，乃屬立法時考慮之問題，併予敘明。

釋字第一六三號解釋　　（平均地權七七，所得稅一四）

六十九年六月二十日公布

出租耕地經依法編為建築用地者，出租人為收回自行建築或出售作為建築使用，而終止租約時，依法給與承租人該土地地價三分之一之補償金，於依具體事實，扣除必要費用及實際所受損失後，如仍有所得，應依所得稅法第十四條第一項第九類課徵所得稅。

解釋理由書

出租耕地經依法編為建築用地，出租人為收回自行建築或出售作為建築使用，而終止租約時，非出於承租人之自由意思，為兼顧其生活，減少租佃糾紛，以利都市建設，因於民國五十七年二月十二日修正公布之實施都市平均地權條例第五十六條第二項規定，出租人「除應補償承租人為改良土地所支付之費用，及尚未收穫之農作改良物外，並應給與該土地申報地價三分之一之補償。」該條例於民國六十六年二月二日修正為平均地權條例，並於第七十七條第一項將上開規定修正為：「耕地出租人依前條規定終止

租約收回耕地時，除應補償承租人為改良土地所支付之費用及尚未收穫之農作改良物外，其為自行建築者，應就終止租約當期之公告土地現值，預計土地增值稅，並按該公告土地現值，減除預計土地增值稅後餘額三分之一給予補償；其為出售供他人建築者，給與該土地繳納土地增值稅後餘額三分之一之補償」，以補償租約終止後，承租人如有遷徙、轉業或其他支出之必要費用及其租約預期存續期間實際所受損失；此等金額，自非對承租人應課徵所得稅之所得。故上項補償金，於依具體事實，扣除必要費用及實際所受損失後，如仍有所得，應依所得稅法第十四條第一項第九類課徵所得稅。

釋字第一六四號解釋　（民一二五、七六七）　　　六十九年七月十八日公布

已登記不動產所有人之除去妨害請求權，不在本院釋字第一〇七號解釋範圍之內，但依其性質，亦無民法第一百二十五條消滅時效規定之適用。

解釋理由書

按民法第七百六十七條規定，所有人對於無權占有或侵奪其所有物者之返還請求權，對於妨害其所有權者之除去請求權及對於有妨害其所有權之虞者之防止請求權，均以維護所有權之圓滿行使為目的，其性質相同，故各該請求權是否適用消滅時效之規定，彼此之間，當不容有何軒輊。如為不同之解釋，在理論上不免自相矛盾，在實際上亦難完全發揮所有權之功能。「已登記不動產所有人之回復請求權，無民法第一百二十五條消滅時效規定之適用」，業經本院釋字第一〇七號解釋在案。已登記不動產所有人之除去妨害請求權，有如對於登記具有無效原因之登記名義人所發生之塗銷登記請求權，若適用民法消滅時效之規定，則因十五年不行使，致罹於時效而消滅，難免發生權利上名實不符之現象，真正所有人將無法確實支配其所有物，自難貫徹首開規定之意旨。故已登記不動產所有人之除去妨害請求權，雖不在上開解釋範圍之內，但依其性質，亦無民法第一百二十五條消滅時效規定之適用。

釋字第一六五號解釋　（憲三二、七三、一〇一）　　六十九年九月十二日公布

地方議會議員在會議時就有關會議事項所為之言論，應受保障，對外不負責任。但就無關會議事項所為顯然違法之言論，仍難免責。本院釋字第一二二號解釋，應予補充。

解釋理由書

憲法第七十八條規定：「司法院解釋憲法，並有統一解釋法律及命令之權。」中央或地方機關就職權上適用憲法、法律或命令，對於本院所為之解釋發生疑義聲請解釋時，

本會議得依司法院大法官會議法第四條或第七條之規定再行解釋，業經本會議第一一八次會議決議在案。本件前經監察院以本院「院解字第三七三五號對縣參議員發言責任之解釋及內政部依據該項解釋所為之釋示，顯屬違憲，且不應適用於行憲今日之臺灣省議會及各縣市議會議員。」函請予以解釋。經以釋字第一二二號解釋後，監察院依上開決議，聲請補充解釋，應予受理，合先說明。

憲法第三十二條、第七十三條及第一百零一條，對於國民大會代表、立法委員及監察委員在會議時或院內所為之言論及表決，分別特設對外不負責任之規定，旨在保障中央民意代表在會議時之言論及表決之自由，俾能善盡言責。關於地方民意代表言論之保障，我國憲法未設規定，各國憲法亦多如此。未設規定之國家，有不予保障者，如日本是（參考日本最高裁判所昭和四十二年五月二十四日大法庭判決），有以法規保障者，如我國是。地方議會為發揮其功能，在其法定職掌範圍內具有自治、自律之權責，對於議員在會議時所為之言論，並宜在憲法保障中央民意代表言論之精神下，依法予以適當之保障，俾得善盡表達公意及監督地方政府之職責。惟上項保障，既在使地方議會議員順利執行職務，自應以與議案之討論、質詢等有關會議事項所為之言論為限，始有免責之權，如與會議事項無關，而為妨害名譽或其他顯然違法之言論，則係濫用言論免責權；而權利不得濫用，乃法治國家公法與私法之共同原則，即不應再予保障。故地方議會議員在會議時就有關會議事項所為之言論，應受保障，對外不負責任。但就無關會議事項所為顯然違法之言論，仍難免責。本院釋字第一二二號解釋應予補充。

釋字第一六六號解釋　（憲八）　　　　　　六十九年十一月七日公布

違警罰法規定，由警察官署裁決之拘留、罰役，係關於人民身體自由所為之處罰，應迅改由法院依法定程序為之，以符憲法第八條第一項之本旨。

解釋理由書

按人民身體之自由，應予保障，除現行犯之逮捕由法律另定外，非經司法或警察機關依法定程序不得逮捕拘禁，非由法院依法定程序不得審問處罰。憲法第八條第一項定有明文。是警察機關對於人民僅得依法定程序逮捕或拘禁，至有關人民身體自由之處罰，則屬於司法權，違警罰法所定由警察官署裁決之拘留、罰役，既係關於人民身體自由所為之處罰，即屬法院職權之範圍，自應由法院依法定程序為之，惟違警行為原非不應處罰，而違警罰法係在行憲前公布施行，行憲後為維護社會安全及防止危害，主管機關乃未即修改，迄今行憲三十餘年，情勢已有變更，為加強人民身體自由之保

障，違警罰法有關拘留、罰役由警察官署裁決之規定，應迅改由法院依法定程序為之，以符憲法第八條第一項之本旨。

釋字第一六七號解釋 （公司一〇六，契稅二） 七十年三月十三日公布

有限公司依公司法規定變更其組織為股份有限公司，其法人人格之存續不受影響，就該公司之不動產權利變更為股份有限公司之名義時，無契稅條例第二條第一項之適用，依租稅法律主義，自不應課徵契稅。但非依法變更組織者，其不動產權利之移轉，不在此限。

解釋理由書

本件聲請，雖在公司法於六十九年五月九日修正前，惟涉及有限公司變更組織規定適用疑義，仍有解釋之必要，故予受理，合先說明。

查不動產之買賣、承典、交換、贈與、分割或因占有而取得所有權者，均應購用公定契紙，申報繳納契稅，契稅條例第二條第一項定有明文。有限公司依公司法規定變更組織為股份有限公司者，其不動產權利變更為股份有限公司之名義，並非該條所定應申報納稅之範圍。蓋有限公司依公司法第一百零六條、第一百五十六條第三項、第四百十一條及第四百十五條規定，變更組織為股份有限公司，僅係有限公司為鼓勵大眾投資，促進經濟發展，而改變其組織形態而已，並非另行設立新公司，故其法人人格之存續，不受影響，原屬有限公司之權利或義務，自應由變更後之股份有限公司繼續享有或負擔，即使其權利係與不動產有關，亦無不同。此種情形，觀之公司法於六十九年五月九日修正時，就上列有限公司變更其組織為股份有限公司之實質要件，未予修正，僅刪除此項變更為有限公司之解散原因，亦不再準用公司合併之規定，並明定應辦理變更登記，以澄清實務上之疑義，甚為顯然。因之有限公司依公司法規定變更其組織為股份有限公司時，就該公司之不動產權利變更為股份有限公司之名義，無契稅條例第二條第一項之適用，依租稅法律主義，自不應課徵契稅。但非依法變更，而有不動產權利移轉之事實者，仍應依法處理。

釋字第一六八號解釋 （刑訴三〇二，三〇三） 七十年五月八日公布

已經提起公訴或自訴之案件，在同一法院重行起訴者，應諭知不受理之判決，刑事訴訟法第三百零三條第二款，定有明文。縱先起訴之判決，確定在後，如判決時，後起訴之判決，尚未確定，仍應就後起訴之判決，依非常上訴程序，予以撤銷，諭知不受理。

解釋理由書

按一事不再理，為我刑事訴訟法之基本原則。已經提起公訴或自訴之案件，在同一法院重行起訴者，應諭知不受理之判決，為同法第三百零三條第二款所明定。蓋同一案件，既經合法提起公訴或自訴，自不容在同一法院重複起訴，為免一案兩判，對於後之起訴，應以形式裁判終結之。而同法第三百零二條第一款所定，案件曾經判決確定者，應諭知免訴之判決，必係法院判決時，其同一案件，已經實體判決確定，始有該條款之適用，此由該條款明定：「曾經判決確定者」觀之，洵無庸疑。故法院對於後之起訴，縱已為實體判決，並於先之起訴判決後，先行確定，但後起訴之判決，於先起訴判決時，既未確定，即無既判力，先起訴之判決，依法不受其拘束，無從依同法第三百零二條第一款之規定為免訴之諭知，其所為實體判決，自不能因後起訴之判決先確定，而成為不合法。從而，後之起訴，依上開第三百零三條第二款之規定，本不應受理，倘為實體判決，難謂合法，如已確定，應依非常上訴程序，予以撤銷，諭知不受理。

釋字第一六九號解釋　　（憲一七二）　　　　　　　七十年七月三十一日公布

聲請人指為違憲之命令，於其請求裁判之事項發生時，業經廢止者，該命令既已失其效力，縱令法院採為裁判之依據，亦僅係可否依訴訟程序請求救濟，尚不發生是否牴觸憲法問題。

解釋理由書

本件聲請解釋意旨略稱：聲請人於民國六十三年間，向臺灣省林務局玉山林區管理處聲請退休，該處所發給之退休金，未將「專業補助費」列入退休俸額內計算，係依行政院令頒「六十年度軍公教人員待遇調整辦法」第十一條辦理，經訴請給付，最高法院六十七年度臺上字第一四六四號判決亦適用該辦法第十一條為聲請人敗訴之判決確定。該項命令，有牴觸公務人員退休法第八條及憲法第一百七十二條之疑義，聲請解釋。

查憲法第一百七十二條所稱命令與憲法或法律牴觸者無效，係指命令尚屬有效，而其內容牴觸憲法或法律者而言。上開辦法，業經行政院於六十二年六月十五日以臺六十二人政肆字第一九五〇〇號函令自六十二年七月一日起廢止，並經臺灣省政府於同月二十七日以府人丙字第六八七六五號函轉知所屬機關，該辦法既已於聲請人退休前廢止，其退休金之計發，亦非依該辦法辦理，有臺灣省政府農林廳林務局於七十年六月

十八日七十林人字第二四二〇三號復函可稽。是聲請人指為違憲之上述命令，於其請求裁判之事項發生時，業經廢止，失其效力，縱令法院採為裁判之依據，亦僅係可否依訴訟程序請求救濟，尚不發生是否牴觸憲法問題。

釋字第一七〇號解釋　　（憲一六，行訴一四）　　　　七十年九月二十五日公布

行政訴訟法第十四條第一項：「行政法院審查訴狀，認為不應提起行政訴訟或違背法定程序者，應附理由以裁定駁回之」之規定，與憲法第十六條並無牴觸。

　　解釋理由書

人民有訴訟之權，憲法第十六條固定有明文，惟訴訟如何進行，應另由法律定之。查行政訴訟法第十四條第一項：「行政法院審查訴狀，認為不應提起行政訴訟或違背法定程序者，應附理由以裁定駁回之」之規定，係明示行政法院對於當事人提出之訴狀所載事項，依有關法律之規定，予以審查（如行政訴訟法第一條、違警罰法第四十七條第二項），認為不應提起行政訴訟或其提起違背法定程序者，所定之處理方式，並為使當事人明瞭緣由，應附述理由，故本條非屬限制訴訟權之規定，與憲法第十六條保障人民訴訟權之本旨，無牴觸之可言。

釋字第一七一號解釋　　（民一〇九〇）　　　　七十年十月二十三日公布

民法第一千零九十條：「父母濫用其對於子女之權利時，其最近尊親屬或親屬會議，得糾正之。糾正無效時，得請求法院宣告停止其權利之全部或一部」之規定，所稱其最近尊親屬之「其」字，係指父母本身而言，本院院字第一三九八號解釋，應予維持。

　　解釋理由書

查司法院大法官會議第一百十八次會議議決：「中央或地方機關就職權上適用憲法、法律或命令，對於本院之解釋發生疑義，聲請解釋時，本會議得依司法院大法官會議法第四條或第七條之規定，再行解釋。」本件係最高法院對於本院院字第一三九八號解釋適用發生疑義，聲請解釋，依照上項決議應予解釋，合先說明。

按民法第一千零九十條規定：「父母濫用其對於子女之權利時，其最近尊親屬或親屬會議，得糾正之。糾正無效時，得請求法院宣告停止其權利之全部或一部。」該條文中所稱「其最近尊親屬」之「其」字，與上下文中所用有關「其」字綜合觀察，乃係指父母本身而言，至為明顯。蓋關於父母濫用其對子女之權利，須要糾正時，除依法得由親屬會議為之外，所稱其最近尊親屬之糾正，基於我國倫常觀念，自以輩分較高於被

糾正人之尊親屬行之，方屬相當。如認「其最近尊親屬」之「其」字，係指被濫用權利之子女言，則子女之最近尊親屬為父母，成為糾正人，而濫用權利之人，亦為父母，成為被糾正人，於理不合。倘以父或母之一方對子女有濫權行為，另一方居於超然地位，固有差異；但父與母地位平等，既無尊卑之分，曷能為有效之糾正；至此種情形，尚應注意其他法律（例如兒童福利法）之適用，以達保護子女權益之目的。故本院院字第一三九八號解釋應予維持。

釋字第一七二號解釋 　（更正戶籍登記出生年月日辦法三）

七十年十二月十八日公布

內政部令頒「更正戶籍登記出生年月日辦法」第三條第一項第六款及同條第二項，申請更正戶籍登記之出生年月日所提出之其他足資證明文件，以可資採信之原始證件為限之規定，旨在求更正之正確，並未逾越內政部法定職權，對憲法所保障人民之工作權及服公職之權，亦無侵害，尚難謂為與憲法有何牴觸。

解釋理由書

按憲法第一百七十二條規定：「命令與憲法或法律牴觸者無效。」又中央法規標準法第七條規定：各機關依其法定職權或基於法律授權，得訂定命令，並於發布後，即送立法院。是各機關發布之命令，於不牴觸憲法或法律及不侵害人民權利之範圍內，即屬其職權之正當行使。戶籍法第三十六條僅規定，戶籍登記事項有錯誤或脫漏時，應為更正之登記，戶籍法施行細則第十九條第一項第十四款亦僅定：更正登記，非過錄錯誤者，申請人應於申請時提出證明文件。至人民申請更正戶籍出生年月日之登記，究應提出何種證明文件，方可採信，法律未設規定，內政部係戶籍行政之中央主管機關，為求全國戶政機關處理此類事件之正確，乃頒訂更正戶籍登記出生年月日辦法，並於民國六十五年二月十六日及六十七年五月十二日先後修正發布時，均經報行政院核備並送請立法院查照。其第三條第一項第六款及同條第二項所定，申請更正戶籍登記之出生年月日提出之其他足資證明文件，以經該管戶政事務所主任查明屬實，足以確定其戶籍登記出生年月日確屬錯誤，可資採信之原始證件為限，旨在求其更正之正確，並未逾越內政部法定職權範圍，係屬行政權之正當行使；對於憲法所保障人民之工作權及服公職之權，亦無所侵害，尚難謂為與憲法有何牴觸。

釋字第一七三號解釋 　（憲一九，土稅五）

七十一年三月五日公布

土地為無償移轉者，土地增值稅之納稅義務人為取得所有權人，土地稅法第五條第一項第二款定有明文。共有土地之分割，共有人因分割所取得之土地價值，與依其應有部分所算得之價值較少而未受補償時，自屬無償移轉之一種，應向取得土地價值增多者，就其增多部分課徵土地增值稅。財政部（六七）臺財稅第三四八九六號函，關於徵收土地增值稅之部分，與首開規定並無不符，亦難認為與憲法第十九條有所牴觸。

解釋理由書

本件財政部（六七）臺財稅第三四八九六號函，係對於徐明夫六十七年五月二十三日請示之釋答，經該部分知所屬財稅機關，為行政法院七十年度判字第二二五號確定終局判決所適用，具有命令性質，聲請人聲請解釋，核與司法院大法官會議法第四條第一項第二款規定相符，應予受理，合先說明。

按土地為無償移轉者，土地增值稅之納稅義務人為取得所有權人，土地稅法第五條第一項第二款定有明文，同條第二項復規定，所稱無償移轉，指遺贈及贈與等方式之移轉，並非以遺贈及贈與為限，此觀其下列有「等方式之移轉」六字甚明。共有土地之分割，係各共有人以其應有部分相互移轉而取得分得部分之單獨所有權，共有人取得土地之價值超過其應有部分，而未對於取得土地價值少於其應有部分之共有人補償者，自屬無償移轉之一種，應向取得土地價值增多者就其增多部分課徵土地增值稅，以免土地之自然漲價，不能歸公。至平均地權條例施行細則第六十五條第一項：「共有土地分割者，分割後各共有人取得之土地價值，與依原持有比例所算得之價值相等時，免徵土地增值稅，但其價值不等時，應向取得之土地價值減少者，就其減少部分課徵土地增值稅」及土地稅法施行細則第四十二條第二項：「共有土地照原有持分比例計算所得之價值分割者，不徵土地增值稅。但不依原有持分比例計算所得之價值分割者，應向取得土地價值減少者，就其減少部分課徵土地增值稅」各規定，就取得土地價值減少而未受補償者言，與上開法律之規定不合，自難適用。財政部（六七）臺財稅第三四八九六號函：「共有土地辦理分割後，各人取得之土地價值，按分割時之公告現值計算與依原持有比例所算得之價值不等，而彼此間又無補償之約定者，依照遺產及贈與稅法第五條第二款規定：『以顯著不相當之代價讓與財產、免除或承擔債務者，其差額部分』以贈與論，應依法課徵贈與稅，此時，取得土地價值增多者，為受贈人，應由稅捐稽徵機關就其增多部分，課徵土地增值稅。」其理由雖有未洽，但關於向無償移轉而取得所有權人徵收土地增值稅之部分，核與土地稅法第五條第一項第二款及同條第二項規定並無不符，自不受上開施行細則規定之影響，亦難認為與憲法第十九條有所

牴觸。又共有土地因分割而移轉，其共有人所取得之土地價值與依其應有部分所算得之價值相等，如於分割時該土地有漲價情形，應否課徵土地增值稅，不在聲請解釋範圍內，無庸解釋，併予敘明。

釋字第一七四號解釋　（貪污六、一二）　七十一年四月十六日公布

本院解釋，其所依據之法令內容變更者，在未經變更解釋前，若新舊法令之立法本旨一致，法理相同，解釋之事項尚存或解釋之內容有補充新法之功用者，仍有其效力。依法令從事公務之人員侵占職務上持有之非公用私有財物者，為貪污行為，應分別按戡亂時期貪污治罪條例第六條第三款或第四款論罪。如其情節輕微，而其所得或所圖得財物在三千元以下者，應有同條例第十二條第一項之適用。本院院解字第三○八○號及院解字第三○一五號解釋，應予補充解釋。

　　解釋理由書

查本院釋字第一○八號解釋於其解釋理由書中明示：「本院解釋，除因法令內容變更而失效者外，在未經變更前，仍有其效力，不得牴觸。」其所謂因法令內容變更而失效，係指解釋所依據之法令業已失效，解釋之內容復與現行法令牴觸者而言。若解釋未經變更前，而有新舊法令之立法本旨一致，法理相同，解釋之事項尚存或解釋之內容有補充新法之功用等情形者，仍有其效力。本件聲請解釋機關，對本院院解字第三○一五號及院解字第三○八○號解釋所依據之懲治貪污條例業已廢止，於戡亂時期貪污治罪條例頒行後，可否援用，發生疑義，聲請解釋，合先釋明。

按依法令從事公務人員之貪污行為，利用職務圖利之行為繁多，難以列舉，戡亂時期貪污治罪條例於除列舉者外，並於第六條第三款及第四款設有概括規定，其立法旨在貫徹嚴懲貪污，以澄清吏治。該二款規定，依特別法優於普通法之原則，應先於刑法之規定而適用。公務人員侵占職務上持有之非公用私有財物者，為貪污行為，同條例既無處罰專條，自應視其是否主管或監督之事務等情節，分別按上開二款規定論罪。查該二款規定，與失效之懲治貪污條例第四條第六款及第七款之立法本旨相同，本院院解字第三○八○號及院解字第三○一五號解釋，對現行法仍有補充之功用，自不因懲治貪污條例廢止而失其效力。惟如其情節輕微，而其所得或所圖得財物在三千元以下者，應有戡亂時期貪污治罪條例第十二條第一項規定之適用，併予補充解釋。

釋字第一七五號解釋　（憲七七）　七十一年五月二十五日公布

司法院為國家最高司法機關，基於五權分治彼此相維之憲政體制，就其所掌有關司法機關之組織及司法權行使之事項，得向立法院提出法律案。

　　解釋理由書

查司法院關於所掌事項，是否得向立法院提出法律案，本院釋字第三號解釋，雖係就監察院可否提出法律案而為之解釋，但其第三段載有：「我國憲法依據孫中山先生創立中華民國之遺教而制定，載在前言。依憲法第五十三條（行政）、第六十二條（立法）、第七十七條（司法）、第八十三條（考試）、第九十條（監察）等規定，建置五院，本憲法原始賦予之職權，各於所掌範圍內為國家最高機關，獨立行使職權，相互平等，初無軒輊。以職務需要言，監察、司法兩院各就所掌事項需向立法院提案，與考試院同，考試院對於所掌事項，既得向立法院提出法律案，憲法對於司法、監察兩院就其所掌事項之提案，亦初無有意省略或故予排除之理由。法律案之議決，雖為專屬立法院之職權，而其他各院關於所掌事項，知之較稔，得各向立法院提出法律案，以為立法意見之提供者，於法於理，均無不合。」等語，業已明示司法院得向立法院提出法律案。

蓋司法院為國家最高司法機關，基於五權分治，彼此相維之憲政體制，並求法律之制定臻於至當，司法院就所掌事項，自有向立法院提出法律案之職責。且法律案之提出，僅為立法程序之發動，非屬最後之決定，司法院依其實際經驗與需要為之，對立法權與司法權之行使，當均有所裨益。次按尊重司法，加強司法機關之權責，以保障人民之權利，乃現代法治國家共赴之目標，為期有關司法法規，更能切合實際需要，而發揮其功能，英美法系國家最高司法機關，多具有此項法規之制定權；大陸法系國家，亦有類似之制度。晚近中南美各國憲法，復有明定最高司法機關得為法律案之提出者。足見首開見解，不僅合乎我國憲法之精神，並為世界憲政之趨勢。

且自審檢分隸後，司法院所掌業務日益繁重，為利司法之改進，符合憲法第七十七條、第七十八條、第八十二條，設置司法院及各級法院，掌理民事、刑事、行政訴訟之審判，及公務員之懲戒；並由司法院行使解釋憲法，暨統一解釋法令之職權，以貫徹弘揚憲政之本旨，司法院就其所掌有關司法機關之組織及司法權行使之事項，得向立法院提出法律案。

釋字第一七六號解釋　（刑五、二一〇、二一二、二一五、二一六）

　　　　　　　　　　　　　　　　　　七十一年八月十三日公布

刑法第五條第五款所列第二百十六條之罪，不包括行使第二百十條、第二百十二條及第二百十五條之文書，但包括行使第二百十三條之文書。

解釋理由書

我國刑法，以屬地主義為原則，雖兼採保護主義；但中華民國人民在中華民國領域外犯罪，除第五條及第六條所列各罪外，以其最輕本刑為三年以上有期徒刑者，始適用之，此觀之同法第七條自明。第二百十六條雖規定：行使第二百十條至第二百十五條之文書者，依偽造、變造文書或登載不實事項或使登載不實事項之規定處斷；但第五條第五款之設，重在保護國家之公務信守，故僅列第二百十一條、第二百十四條。依此意旨其所列第二百十六條之罪，自不包括行使第二百十條、第二百十二條及第二百十五條之文書。蓋第五條第五款，既不列第二百十條、第二百十二條及第二百十五條之偽造、變造或登載不實事項之文書，即無獨適用於其行使之理，此與第五條第五款僅適用於第二百十八條之偽造公印罪，而不列第二百十七條之偽造印章罪，同其旨趣。至第二百十三條公務員登載不實罪，係以公務員為其犯罪主體，乃於第六條第三款另設規定。此項公文書，既在保護之列，行使之者，無論是否為公務員，均應處罰，故第五條第五款所列第二百十六條之罪，包括行使第二百十三條之文書。

釋字第一七七號解釋　（民訴四九六）　　　　　七十一年十一月五日公布

確定判決消極的不適用法規，顯然影響裁判者，自屬民事訴訟法第四百九十六條第一項第一款所定適用法規顯有錯誤之範圍，應許當事人對之提起再審之訴，以貫徹憲法保障人民權益之本旨。最高法院六十年度臺再字第一七〇號判例，與上述見解未洽部分，應不予援用。惟確定判決消極的不適用法規，對於裁判顯無影響者，不得據為再審理由，就此而言，該判例與憲法並無牴觸。

本院依人民聲請所為之解釋，對聲請人據以聲請之案件，亦有效力。

解釋理由書

最高法院六十年度臺再字第一七〇號判例稱：「民事訴訟法第四百九十六條第一項第一款所謂適用法規顯有錯誤者，係指確定判決所適用之法規顯然不合於法律規定，或與司法院現尚有效及大法官會議之解釋，或本院尚有效之判例顯然違反者而言，並不包括消極的不適用法規之情形在內，此觀該條款文義，並參照同法第四百六十八條將判決不適用法規與適用不當二者並舉之規定自明。」依此見解，當事人對於消極的不適用法規之確定裁判，即無從依再審程序請求救濟。

查判決適用法規顯有錯誤,係指應適用之法規未予適用,不應適用之法規誤予適用者而言,民事訴訟法第四百九十六條第一項第一款,原係參照有關民事訴訟法第三審上訴理由及刑事訴訟法非常上訴之規定所增設,以貫徹憲法保障人民權益之本旨。按民事第三審上訴及刑事非常上訴係以判決或確定判決違背法令為其理由,而違背法令則兼指判決不適用法規及適用不當而言,從而上開條款所定:「適用法規顯有錯誤者」,除適用法規不當外,並應包含消極的不適用法規之情形在內。惟確定判決消極的不適用法規,須於裁判之結果顯有影響者,當事人為其利益,始得依上開條款請求救濟。倘判決不適用法規而與裁判之結果顯無影響者,即無保護之必要,自不得據為再審理由。

綜上所述,確定判決消極的不適用法規,顯然影響裁判者,自屬民事訴訟法第四百九十六條第一項第一款所定適用法規顯有錯誤之範圍,應許當事人對之提起再審之訴,以貫徹憲法保障人民權益之本旨,最高法院六十年度臺再字第一七〇號判例,與上述見解未洽部分,應不予援用。惟確定判決消極的不適用法規,對於裁判顯無影響者,不得據為再審理由,就此而言,該判例與憲法並無牴觸。次查人民聲請解釋,經解釋之結果,於聲請人有利益者,為符合司法院大法官會議法第四條第一項第二款,許可人民聲請解釋之規定,該解釋效力應及於聲請人據以聲請之案件,聲請人得依法定程序請求救濟。

釋字第一七八號解釋 (刑訴一七) 七十一年十二月三十一日公布

刑事訴訟法第十七條第八款所稱推事曾參與前審之裁判,係指同一推事,就同一案件,曾參與下級審之裁判而言。

解釋理由書

按刑事訴訟法為確定國家具體刑罰權之程序法,以發現實體真實,俾刑罰權得以正確行使為目的,為求裁判之允當,因有特殊原因足致推事執行職務有難期公平之虞時,特設迴避之規定。其第十七條第八款所定:推事曾參與前審之裁判者,應自行迴避,不得執行職務,乃因推事已在下級審法院參與裁判,在上級審法院再行參與同一案件之裁判,當事人難免疑其具有成見,而影響審級之利益。從而該款所稱推事曾參與前審之裁判,係指同一推事,就同一案件,曾參與下級審之裁判而言。惟此不僅以參與當事人所聲明不服之下級審裁判為限,並應包括「前前審」之第一審裁判在內。至曾參與經第三審撤銷發回更審前裁判之推事,在第三審復就同一案件參與裁判,以往雖

不認為具有該款迴避原因，但為貫徹推事迴避制度之目的，如無事實上困難，該案件仍應改分其他推事辦理。

釋字第一七九號解釋　（憲七，民訴施九）　　　七十二年二月二十五日公布

民事訴訟法施行法第九條所定上訴人有律師為訴訟代理人，而未繳納裁判費者，法院得不定期間命其補正，乃在避免延滯訴訟，與人民訴訟權之行使及人民在法律上地位之平等，尚無妨礙。對於第三審或第二審確定判決提起再審之訴，應否準用上開規定，係裁判上適用法律之問題，要難認為牴觸憲法。

　　解釋理由書

本件聲請意旨略稱：聲請人委任律師為訴訟代理人，對最高法院七十年臺上字第一一二八號判決，提起再審之訴，因未繳納裁判費，經最高法院適用民事訴訟法施行法第九條規定，不命補正，逕認其再審之訴為不合法，而以七十年臺再字第一三一號裁定駁回之，聲請人認為該確定終局裁定所適用之上開法條，有牴觸憲法之疑義，聲請解釋。

按憲法第十六條所謂人民有訴訟之權，固指人民於其權利受侵害時，有提起訴訟之權利，法院亦有依法審判之義務而言。惟訴訟權之行使，應循法定程式，而有欠缺者，為顧及當事人未必具備訴訟法上之知識，故設補正之規定，以保障其權益。但當事人如已委任律師為訴訟代理人提起上訴，須繳納裁判費，乃法定程式，應為其訴訟代理人所熟知；為避免延滯訴訟，民事訴訟法施行法第九條授與法院斟酌應否命補正之權，所為得不命補正之規定，於人民訴訟權之行使，尚無妨礙。

次按憲法第七條所稱中華民國人民無分男女、宗教、種族、階級、黨派，在法律上一律平等，並非不許法律基於人民之年齡、職業、經濟狀況及彼此間之特別關係等情事，而為合理之不同規定。故民事訴訟法施行法第九條，亦無礙於憲法對於人民平等權之保障。

民事訴訟法施行法第九條有關上訴之規定，對於第三審或第二審確定判決，提起再審之訴應否準用，係裁判上適用法律之問題。雖該條規定，關係人民權益之保護，法院引用時，應慎予裁量，要難認為牴觸憲法。

釋字第一八〇號解釋　（憲一五、一九、一四三，平均地權四七，土稅三〇）

七十二年五月六日公布

平均地權條例第四十七條第二項、土地稅法第三十條第一項關於土地增值稅徵收及土地漲價總數額計算之規定，旨在使土地自然漲價之利益歸公，與憲法第十五條、第十九條及第一百四十三條並無牴觸。惟是項稅款，應向獲得土地自然漲價之利益者徵收，始合於租稅公平之原則。

解釋理由書

按土地價值非因施以勞力資本而增加者，應由國家徵收土地增值稅，歸人民共享之，憲法第一百四十三條第三項揭示甚明，是土地增值稅應依照土地自然漲價總數額計算，向獲得其利益者徵收，始符合漲價歸公之基本國策及租稅公平之原則。平均地權條例第四十七條第一項規定：「土地所有權移轉或設定典權時，權利人及義務人應於訂定契約之日起一個月內，檢同契約及有關文件共同申請土地權利變更或設定典權登記，並同時申報其土地移轉現值，無義務人時，由權利人申報之」，同條第二項規定：「前項申報人所申報之土地移轉現值，經主管機關審核，其低於申報當期之公告土地現值者，得照其申報之移轉現值收買，或照公告土地現值徵收土地增值稅，其不低於申報當期之公告土地現值者，照申報移轉現值徵收土地增值稅。」從而土地所有權人移轉土地所有權或設定典權時，於訂定契約之日起一個月內聲請登記，並申報其土地移轉現值，經主管機關審核，低於當期公告土地現值者，得照價收買或照公告土地現值徵收土地增值稅；其不低於當期公告土地現值者，則照申報移轉現值徵收土地增值稅，與土地之自然漲價，藉課徵土地增值稅以達收歸公用之目的並無違背。又土地稅法第三十條第一項規定：「土地漲價總數額之計算，以納稅義務人及權利人申請移轉或申報設定典權時，該土地之公告現值為計算基礎，但申報之土地實際移轉現值超過公告現值者，應以自行申報之移轉現值為計算基礎」。其所謂公告現值，係指在同法第四十九條所定期限內申請移轉或申報設定典權時之土地公告現值而言，核與上述平均地權條例第四十七條規定之意旨亦相符合。至納稅義務人及權利人未於規定期間內申請登記繳納土地增值稅，嗣後再申請登記繳納時，除依法處罰或加計利息外，如土地公告現值有不同者，其因自然漲價所生之差額利益，既非原納稅義務人所獲得，就此差額計算應納之部分土地增值稅，即應於有法定徵收原因時，另向獲得該項利益者徵收，始屬公平。如裁判上適用前開法條之見解有所不同，乃法律見解是否允洽問題，要難謂法律之規定牴觸憲法。

綜上所述，平均地權條例第四十七條第二項、土地稅法第三十條第一項關於土地增值稅徵收及土地漲價總數額計算之規定，旨在使土地自然漲價之利益歸公，與憲法第一

百四十三條並無牴觸，亦無違反憲法第十五條及第十九條之可言。惟是項稅款，應向獲得土地自然漲價之利益者徵收，始合於租稅公平之原則。

釋字第一八一號解釋　（刑訴四四七）　七十二年七月一日公布

非常上訴，乃對於審判違背法令之確定判決所設之救濟方法。依法應於審判期日調查之證據，未予調查，致適用法令違誤，而顯然於判決有影響者，該項確定判決，即屬判決違背法令，應有刑事訴訟法第四百四十七條第一項第一款規定之適用。

解釋理由書

按刑事訴訟為確定國家具體刑罰權之程序，以發現真實，使刑罰權得以正確行使為宗旨。非常上訴，乃對審判違背法令之確定判決予以救濟之方法。所謂審判違背法令，可分為判決違法與訴訟程序違法，在訴訟法上各有其處理方式；前者為兼顧被告之利益，得將原判決撤銷另行判決，具有實質上之效力，後者則僅撤銷其程序而已。惟二者理論上雖可分立，實際上時相牽連，故依法應於審判期日調查之證據，未予調查，致適用法令違誤，而顯然於判決之結果有影響者，倘不予以救濟，則無以維持國家刑罰權之正確行使，該項確定之判決即屬判決違背法令，非僅訴訟程序違背法令，應有刑事訴訟法第四百四十七條第一項第一款規定之適用。

釋字第一八二號解釋　（憲一六，強執一八）　七十二年八月二十六日公布

強制執行程序開始後，除法律另有規定外，不停止執行，乃在使債權人之債權早日實現，以保障人民之權利。最高法院六十三年度臺抗字第五十九號判例，認債務人或第三人不得依假處分程序聲請停止執行，係防止執行程序遭受阻礙，抵押人對法院許可拍賣抵押物之裁定，主張有不得強制執行之事由而提起訴訟時，亦得依法聲請停止執行，從而上開判例即不能謂與憲法第十六條有所牴觸。

解釋理由書

強制執行法第十八條第一項規定：「強制執行程序開始後，除法律另有規定外，不停止執行。」乃防止債務人或第三人任意聲請停止執行，致執行程序難於進行，債權人之債權不能早日實現。抵押權人聲請拍賣抵押物，經法院為許可強制執行之裁定而據以聲請強制執行，抵押人對該裁定提起抗告或依同法第十四條提起異議之訴時，法院得依同法第十八條第二項為停止強制執行之裁定，抵押人如以該裁定成立前實體上之事由主張該裁定不得為執行名義而提起訴訟時，其情形較裁定程序為重，依「舉輕明重」

之法理，參考公證法第十一條第三項及非訟事件法第一百零一條第二項規定，並兼顧抵押人之利益，則抵押人自得依強制執行法第十八條第二項規定聲請為停止強制執行之裁定。假處分，乃債權人就金錢請求以外之請求欲保全強制執行，或當事人於有爭執之法律關係聲請定暫時狀態之程序，並非停止執行之法定事由，最高法院六十三年度臺抗字第五十九號判例，認債務人或第三人不得依假處分程序聲請停止執行，係防止執行程序遭受阻礙，抵押人對法院許可拍賣抵押物之裁定，主張有不得強制執行之事由而提起訴訟時，既得依法聲請停止執行，從而上開判例即不能謂與憲法第十六條有所牴觸。

釋字第一八三號解釋　（司法院大法官會議法四）　　七十二年十月七日公布

本院釋字第一七七號解釋文所稱「本院依人民聲請所為之解釋」，係指人民依司法院大法官會議法第四條第一項第二款之規定，聲請所為之解釋而言。至本院就中央或地方機關行使職權適用憲法、法律或命令發生疑義或爭議時，依其聲請所為解釋之效力，係另一問題。

　　解釋理由書

按人民於其憲法上所保障之權利，遭受不法侵害，經依法定程序，提起訴訟，對於確定終局裁判所適用之法律或命令，發生有牴觸憲法之疑義者，得聲請解釋憲法，司法院大法官會議法第四條第一項第二款定有明文。依此規定，人民聲請解釋憲法之要件有三：⑴須人民於其憲法上所保障之權利，遭受不法侵害。⑵須依法定程序提起訴訟。⑶須對於確定終局裁判所適用之法律或命令，發生有牴觸憲法之疑義。三項要件具備，始得為之。故人民聲請解釋憲法係以曾受法院之確定終局裁判為必要，從而本院釋字第一七七號解釋之解釋文所稱「本院依人民聲請所為之解釋」，係指人民依司法院大法官會議法第四條第一項第二款之規定，聲請所為之解釋而言，該項解釋之效力，及於該聲請人所據以聲請解釋之案件，俾得依法定程序請求救濟。至本院就中央或地方機關行使職權適用憲法、法律或命令發生疑義或爭議時，依其聲請所為解釋之效力，係另一問題。

釋字第一八四號解釋　（審計三四、三六、七一，決算二七）

七十二年十二月二十三日公布

地方政府依審計法第三十四條第四項規定編製之年度總決算，經審計機關審核後所提

出之審核報告,地方各級議會準用決算法第二十七條對之審議時,固得通知審計機關提供資料,但不包括審計機關依審計法第三十六條及第七十一條審定之原始憑證在內。

解釋理由書

審計法第三十四條第一項規定:「政府於會計年度結束後,應編製總決算,送審計機關審核。」決算法第二十六條規定:「審計長於中央政府總決算送達後三個月內,完成其審核,編造最終審定數額表,並提出其審核報告於立法院。」同法第二十七條第二項規定:「立法院審議時,審計長應答復質詢,並提供資料。對原編造決算之機關,於必要時,亦得通知其列席備詢,或提供資料」。至地方政府年度總決算之編造、審核、審議,依審計法第三十四條第四項、決算法第三十一條第二項,則準用上開各規定。

決算法第二十七條所稱「提供資料」,係指為審議總決算審核報告之需要而提供有關審核報告之資料而言,自不包括審計機關依法已審定之原始憑證在內。蓋審計權屬於監察院(憲法第九十條),於監察院設審計長(憲法第一百零四條),並於全國各地方設審計機關,由審計人員依法獨立行使之(審計部組織法第十四條、審計法第三條至第五條及第十條)。各機關應照會計法及會計制度之規定,編製會計報告,連同原始憑證,依限送該管審計機關審核(審計法第三十六條),其所謂「原始憑證」,乃指「證明事項經過,而為造具記帳憑證所根據之憑證」(會計法第五十一條第一款及第五十二條),各機關人員對於財務上行為應負之責任,經審定後,亦即解除(審計法第七十一條)。地方議會準用決算法第二十七條審議地方政府年度總決算之審核報告時,通知審計機關提供之資料,係以審核報告中有關預算之執行、政策之實施及特別事件之審核、救濟等事項為限,與審計機關於審核會計報告時所根據之原始憑證,並無直接關係。

基上所述,地方政府依審計法第三十四條第四項規定編製之年度總決算,經審計機關審核後所提出之審核報告,地方各級議會準用決算法第二十七條對之審議時,固得通知審計機關提供資料,但不包括審計機關依審計法第三十六條及第七十一條審定之原始憑證在內。

釋字第一八五號解釋　(憲七八)　　　　　七十三年一月二十七日公布

司法院解釋憲法,並有統一解釋法律及命令之權,為憲法第七十八條所明定,其所為之解釋,自有拘束全國各機關及人民之效力,各機關處理有關事項,應依解釋意旨為之,違背解釋之判例,當然失其效力。確定終局裁判所適用之法律或命令,或其適用法律、命令所表示之見解,經本院依人民聲請解釋認為與憲法意旨不符,其受不利確

定終局裁判者，得以該解釋為再審或非常上訴之理由，已非法律見解歧異問題。行政法院六十二年判字第六一〇號判例，與此不合部分應不予援用。

解釋理由書

憲法第七十八條規定，司法院解釋憲法，並有統一解釋法律及命令之權，旨在使司法院負闡明憲法及法令正確意義之責，其所為之解釋，自有拘束全國各機關及人民之效力，各機關處理有關事項時，應依解釋意旨為之，違背解釋之判例，當然失其效力。法律與憲法牴觸者無效，命令與憲法或法律牴觸者無效，為憲法第一百七十一條第一項及第一百七十二條所明定。確定終局裁判所適用之法律或命令，或其適用法律、命令所表示之見解發生有牴觸憲法之疑義，經本院依人民聲請解釋認為確與憲法意旨不符時，是項確定終局裁判即有再審或非常上訴之理由。蓋確定終局裁判如適用法規顯有錯誤或違背法令，得分別依再審、非常上訴及其他法定程序辦理，為民、刑事訴訟法及行政訴訟法所明定，並經本院釋字第一三五號及第一七七號解釋在案。故業經本院解釋之事項，其受不利裁判者，得於解釋公布後，依再審或其他法定程序請求救濟。行政法院六十二年判字第六一〇號判例稱：「行政訴訟法第二十四條規定，有民事訴訟法第四百九十六條所列各款情形之一者，當事人對於本院判決，固得提起再審之訴，惟民事訴訟法第四百九十六條第一項第一款所謂適用法規顯有錯誤，係指原判決所適用之法規與該案應適用之現行法規相違背或與解釋、判例有所牴觸者而言。至於法律上見解之歧異，再審原告對之縱有爭執，要難謂為適用法規錯誤，而據為再審之理由。」按確定終局裁判於裁判時所適用之法規或判例，經本院依人民聲請解釋認為與憲法意旨不符時，依上所述，是項確定終局裁判，即有再審或非常上訴之理由，其受不利確定終局裁判者，如以該解釋為理由而請求再審，受訴法院自應受其拘束，不得再以其係法律見解之歧異，認非適用法規錯誤，而不適用該解釋。行政法院上開判例，與此不合部分應不予援用。

釋字第一八六號解釋　　（民訴五六四、五六五，民七二〇、七二一、七二五）

七十三年三月九日公布

宣告股票無效之除權判決經撤銷後，原股票應回復其效力。但發行公司如已補發新股票，並經善意受讓人依法取得股東權時，原股票之效力，即難回復。其因上述各情形喪失權利而受損害者，得依法請求損害賠償或為不當得利之返還。本院院字第二八一一號解釋，應予補充。

解釋理由書

除權判決宣告證券無效後，其聲請人對於依證券負義務之人，得主張證券上之權利，持有證券人即不得本於原證券行使權利（民事訴訟法第五百六十四條第一項、第五百六十五條第一項）。而宣告證券無效之除權判決經撤銷後，除權判決之效力溯及消滅，原證券自應回復有效。股票為證券之一種，宣告股票無效之除權判決經撤銷後，原股票應回復其效力；但發行公司如已補發新股票，並經善意受讓人依法取得股東權時，為維護證券交易之安全，符合民事訴訟法第五百六十五條第二項規定之意旨，原股票之持有人既不能行使股票上之權利，其股票之效力，即難回復。其因上述各情形喪失權利而受損害者，得依法請求損害賠償或為不當得利之返還。本院院字第二八一一號解釋，應予補充。

釋字第一八七號解釋　（憲一六）　七十三年五月十八日公布

公務人員依法辦理退休請領退休金，乃行使法律基於憲法規定所賦予之權利，應受保障。其向原服務機關請求核發服務年資或未領退休金之證明，未獲發給者，在程序上非不得依法提起訴願或行政訴訟。本院院字第三三九號及院字第一二八五號解釋有關部分，應予變更。行政法院五十年判字第九十八號判例，與此意旨不合部分，應不再援用。

解釋理由書

司法院大法官會議法第四條第一項第二款所稱確定終局裁判所適用之法律或命令，乃指確定終局裁判作為裁判依據之法律或命令或相當於法律或命令者而言，業經本院釋字第一五四號解釋於其解釋理由書內明示在案。本件聲請應予受理，合先說明。按憲法第十六條所謂人民有訴願及訴訟之權，乃指人民於其權利受侵害時，有提起訴願或訴訟之權利，受理訴願機關或受理訴訟法院亦有依法審查決定或裁判之義務而言。此項權利，間因其具有公務員身分而有所差別，如公務員關於其職務之執行，有遵守法律，服從長官所發命令之義務，除長官所發命令顯然違背法令或超出其監督範圍外，下屬公務員縱有不服，亦僅得向該長官陳述意見，要無援引訴願法提起訴願之餘地（參照公務員服務法第一條、第二條及本院院字第三一一號解釋）。從而除有此類特殊情形外，憲法或法律所保障之公務員權利，因主管機關之違法或不當之行政處分，致受損害時，尚非均不得循行政或司法程序尋求救濟。

公務人員依法辦理退休請領退休金，乃行使法律基於憲法規定所賦予之權利，應受保

障。其向原服務機關請求核發服務年資或未領退休金、退職金之證明，未獲發給者，在程序上非不得依法提起訴願或行政訴訟。又本件解釋僅認公務員非均不得依法定程序提起訴願或行政訴訟，至原服務機關應否核發上開證明，乃實體上問題，仍應由各該機關依法辦理，不在本件解釋範圍之內。

釋字第一八八號解釋　（司法院大法官會議法七）　　七十三年八月三日公布

中央或地方機關就其職權上適用同一法律或命令發生見解歧異，本院依其聲請所為之統一解釋，除解釋文內另有明定者外，應自公布當日起發生效力。各機關處理引起歧見之案件及其同類案件，適用是項法令時，亦有其適用。惟引起歧見之該案件，如經確定終局裁判，而其適用法令所表示之見解，經本院解釋為違背法令之本旨時，是項解釋自得據為再審或非常上訴之理由。

　　解釋理由書

司法院大法官會議法第七條中央或地方機關就其職權上適用同一法律或命令所發生之歧見得聲請統一解釋之規定，係基於憲法第七十八條司法院有統一解釋法律及命令之權，使本院負責闡釋法律及命令之正確意義，俾為各機關適用該項法令之準據而設。本院依其聲請所為之解釋，除解釋文內另有明定者外，應自公布當日起發生效力。本院就法律或命令所為之統一解釋，既為各機關適用法令之準據，於其處理引起歧見之案件及同類案件，適用是項法令時，自亦應有其適用。惟引起歧見之該案件，如經確定終局裁判，而其適用法令所表示之見解，經本院解釋為違背法令之本旨時，即屬適用法規顯有錯誤或違背法令，為保護人民之權益，應許當事人據該解釋為再審或非常上訴之理由，依法定程序請求救濟。

釋字第一八九號解釋　（憲一五三、一五四，工廠施三六）

　　　　　　　　　　　　　　　　　　　七十三年十月五日公布

臺灣省工廠工人退休規則關於工人自願退休之規定，與憲法尚無牴觸。

　　解釋理由書

按憲法第一百五十三條第一項規定：「國家為改良勞工及農民之生活，增進其生產技能，應制定保護勞工及農民之法律，實施保護勞工及農民之政策」。第一百五十四條規定：「勞資雙方應本協調合作原則，發展生產事業。勞資糾紛之調解與仲裁，以法律定之」。省政府為保護勞工、促進勞資協調合作，於執行有關之中央法令時，如因其未臻周全，

於不牴觸之範圍內，尚非不得訂定單行法規。內政部依工廠法第七十六條訂定之工廠法施行細則，於第三十六條第十二款，已規定工廠依工廠法第七十五條訂定工廠規則時，應載明有關退休、撫卹、資遣、福利事項。臺灣省政府所訂定之臺灣省工廠工人退休規則關於工人自願退休之規定，即在維持工人退休後之生活，而與首述憲法規定實施保護勞工之政策無違，同時亦在促進工廠工人新陳代謝，提高生產效率及鼓勵工人專業服務，有利於工廠之經營，而符合憲法有關勞資雙方應本協調合作原則發展生產事業規定之精神，故與憲法尚無牴觸。

釋字第一九〇號解釋　　（憲一五、一九、一四三，平均地權四八）

七十三年十一月二日公布

平均地權條例第四十八條第二款之規定，旨在促使納稅義務人按期納稅，防止不實之申報，以達漲價歸公之目的，與憲法第十五條、第十九條及第一百四十三條第三項各規定，均無牴觸。

解釋理由書

平均地權條例第四十八條「土地所有權移轉時，未於規定期限內申請權利變更登記並申報土地移轉現值者，依左列規定處理：一、由主管機關以書面通知權利人及義務人，限於十日內補行申請申報。二、權利人及義務人不依前款之規定辦理，或其申報之土地移轉現值，低於當期之公告土地現值者，主管機關應通知當事人以公告土地現值為其土地移轉現值，徵收土地增值稅」之規定，乃在促使納稅義務人按期納稅，防止不實之申報，以達漲價歸公之目的，與憲法第一百四十三條第三項所定「土地價值非因施以勞力資本而增加者，應由國家徵收土地增值稅，歸人民共享之」之本旨相符，亦無牴觸憲法第十五條、第十九條之可言。至未依規定期限報稅，經主管機關核課土地增值稅，其因自然漲價所生之差額利益，應向獲得該項利益者徵收，業經本院釋字第一八〇號解釋有案，併予說明。

釋字第一九一號解釋　　（憲一五，藥師一五，藥物藥商管理法二三）

七十三年十一月三十日公布

行政院衛生署於六十九年七月十八日所發衛署藥字第二八六四〇三號函，關於藥師開設藥局從事調劑外，並經營藥品之販賣業務者，應辦理藥商登記及營利事業登記之命令，旨在管理藥商、健全藥政，對於藥師之工作權尚無影響，與憲法第十五條並無牴觸。

解釋理由書

按政府為管理藥商、健全藥政，對於經營藥商業務者，於藥物藥商管理法第二十三條第一項規定：「凡申請為藥商者，應申請省（市）衛生主管機關核准登記，繳納執照費，領有許可執照後，方准營業……」，並於營業稅法第七條規定：「營利事業應於開始營業前，向該管稽徵機關申請營業登記……」，故凡從事藥商業務者，均須辦理藥商登記與營業登記，始符立法本意。又藥師法第十五條第一項規定之藥師業務，計有藥品販賣、調劑、鑑定、藥品製造之監製等七種，如藥師僅從事藥品調劑工作，事屬專門職業範圍，僅須辦理藥師登記即可；倘藥師專營或兼營藥品販賣，則係經營藥商業務，具有營利性質，縱屬藥師之業務範圍，已為藥師之登記，仍難排除藥物藥商管理法及營業稅法之適用，應辦理藥商登記與營業登記，方符管理藥商之本旨。

綜上說明，足見行政院衛生署於六十九年七月十八日發布之衛署藥字第二八六四○三號函所稱：「藥師開設藥局從事調劑外，依現行法規仍得經營藥品之零售、批發、及輸入、輸出等業務，其經營之業務，如與藥物藥商管理法所稱藥品販賣業務無殊，自應辦理藥商登記及營利事業登記」之命令，旨在依法管理藥商、健全藥政。藥師從事藥品販賣業務，只須申辦有關登記，即可開業，對其工作權尚無影響，與憲法第十五條並無牴觸。

釋字第一九二號解釋　（憲一六，民訴四三八、四八三）

七十三年十二月十四日公布

法院命補繳裁判費，係訴訟程序進行中所為之裁定，依民事訴訟法第四百八十三條規定不得抗告之判例，乃在避免訴訟程序進行之延滯，無礙人民訴訟權之適當行使，與憲法第十六條並無牴觸。

解釋理由書

按人民於其權利受侵害時，有提起訴訟之權利，法院亦有依法審判之義務，前經本院大法官會議釋字第一五四號、第一六○號解釋理由書釋明在案。訴訟權之行使，必須循法定程序為之，民事訴訟法第四百八十三條規定：「訴訟程序進行中所為之裁定，除別有規定外，不得抗告」，乃在簡化程序，避免延滯。此種裁定，如牽涉終結本案之裁判者，於對該裁判聲明不服時，參照民事訴訟法第四百三十八條規定，可並受上級法院之裁判，法院命補繳裁判費之裁定，最高法院二十九年抗字第一二七號判例，雖認

為不得抗告，但法院如以未繳裁判費，認原告起訴不合法，為駁回其訴之裁定，原告以裁判費數額有爭執為抗告理由時，抗告法院仍須就該事實及命補繳裁判費之裁定當否一併審究，於人民訴訟權之行使並無影響。從而法院命補繳裁判費，係訴訟程序進行中所為之裁定，依民事訴訟法第四百八十三條規定不得抗告之上開判例，乃在避免訴訟程序進行之延滯，無礙人民訴訟權之適當行使，與憲法第十六條並無牴觸。

釋字第一九三號解釋　（憲七、一七一、一七二，行訴二四，民訴四九六）

七十四年二月八日公布

行政法院六十二年判字第六一○號判例，除一部分業經本院釋字第一八五號解釋為不應再予援用外，其餘部分與憲法第七條並無牴觸；至本院釋字第一七七號解釋所稱：「本院依人民聲請所為之解釋，對聲請人據以聲請之案件，亦有效力」，於聲請人以同一法令牴觸憲法疑義而已聲請解釋之各案件，亦可適用。

解釋理由書

按憲法第一百七十一條第二項及第一百七十二條規定，法律與憲法牴觸者無效，命令與憲法或法律牴觸者無效，乃指法律之內容與憲法牴觸，命令之內容與憲法或法律牴觸者而言。確定終局裁判所適用之法律或命令，具有上述情事者，即屬適用法規錯誤或審判違背法令，如發生牴觸憲法之疑義，經人民聲請本院解釋認與憲法意旨不符，其受不利裁判者，得於解釋公布後，依法定程序請求救濟，經本院釋字第一七七號及第一八五號解釋在案。

行政法院六十二年判字第六一○號判例謂：「行政訴訟法第二十四條規定，有民事訴訟法第四百九十六條所列各款情形之一者，當事人對於本院判決，固得提起再審之訴，惟民事訴訟法第四百九十六條第一項第一款所謂適用法規顯有錯誤，係指原判決所適用之法規與該案應適用之現行法規相違背，或與解釋、判例有所牴觸者而言。至於法律上見解之歧異，再審原告對之縱有爭執，要難謂為適用法規錯誤，而據為再審之理由。」係在說明原判決所適用之法規，與判決當時該案應適用之有效法規、解釋、判例有所牴觸，始為具備「適用法規顯有錯誤」之再審要件，以兼顧人民權益之保障及法律秩序之安定。該項判例，除業經本院釋字第一八五號解釋認為：「確定終局裁判所適用之法律或命令，或其適用法律、命令所表示之見解，經本院依人民聲請解釋認為與憲法意旨不符，其受不利確定終局裁判者，得以該解釋為再審或非常上訴之理由，已非法律見解歧異問題。行政法院六十二年判字第六一○號判例，與此不合部分應不予

援用」部分外，其餘部分，與憲法第七條並無牴觸。

至本院釋字第一七七號解釋文所稱：「本院依人民聲請所為之解釋，對聲請人據以聲請之案件，亦有效力。」旨在使聲請人聲請解釋憲法之結果，於聲請人有利者，得依法定程序請求救濟，聲請人如有數案發生同一法令牴觸憲法疑義，應合併聲請解釋，其於解釋公布前先後提出符合法定要件而未合併辦理者，當一併適用。上開解釋，係指本院依人民聲請所為之解釋，於聲請人以同一法令牴觸憲法疑義而已聲請解釋之各案件，亦可適用，與憲法第七條規定，自無不合。

釋字第一九四號解釋　（憲七、二三，戡亂時期肅清煙毒條例五）

七十四年三月二十二日公布

戡亂時期肅清煙毒條例第五條第一項規定：販賣毒品者，處死刑，立法固嚴，惟係於戡亂時期，為肅清煙毒，以維護國家安全及社會秩序之必要而制定，與憲法第二十三條並無牴觸，亦無牴觸憲法第七條之可言。

解釋理由書

戡亂時期肅清煙毒條例為特別刑法，其第五條第一項：「販賣、運輸、製造毒品或鴉片者，處死刑」之規定，立法固嚴，惟因戡亂時期，倘不澈底禁絕煙毒，勢必危害民族健康、國家安全及社會秩序，故該項規定與憲法第二十三條並無牴觸。又該條例第五條第一項規定，並不因男女、宗教、種族、階級、黨派之不同而異其適用，亦無牴觸憲法第七條之可言。至聲請人指摘最高法院七十二年度臺覆字第二三號確定終局裁判，係以聲請人之自白及共同被告之不利自白，作為有罪判決之唯一證據等情，不在解釋憲法範圍以內，併予敘明。

釋字第一九五號解釋　（憲一九，獎勵投資條例施行細則二五，所得稅七、一五）

七十四年五月三十一日公布

中華民國六十七年之獎勵投資條例施行細則第二十五條第二項之規定，有欠明晰，易滋所得稅法第十五條之誤用，致與獎勵投資條例之立法精神有所不符，惟尚不發生牴觸憲法第十九條之問題。

解釋理由書

憲法第十九條規定：「人民有依法律納稅之義務」，中華民國六十六年七月二十六日公布之獎勵投資條例第十七條第一項第一、二兩款，對於非中華民國境內居住之個人而

有由中華民國境內之公司分配與股東之盈餘所得者，准其依同條項各該款之規定，就源扣繳所得稅，不適用所得稅法結算申報之規定，原在藉減輕投資人之稅負，提高華僑及外人投資之意願，以達成吸引國外資本之立法目的。是獎勵投資條例有關所得稅部分，乃所得稅法之特別法，其因投資而受獎勵之人民之納稅義務，自應以上開獎勵投資條例為主要根據。

夫妻雙方如居留國外，分別依法申請投資，並經核准，而均合於上開獎勵投資條例第十七條第一項第一款之規定，雖夫妻之一方因擔任投資事業之董事、監察人或經理人，為經營管理其投資事業，於一課稅年度內在中華民國境內居留一百八十三天，認為應依所得稅法第七條第二項第二款之規定，視同中華民國境內居住之個人而辦理結算申報綜合所得稅，但他方既合獎勵投資條例第十七條第一項第一款之規定，即應有單獨享受此項獎勵之權利，其分配之盈餘所得，自應就源扣繳所得稅，不適用結算申報之規定，始合國家獎勵投資之目的。

中華民國六十七年之獎勵投資條例施行細則第二十五條第二項規定：「本條例第十七條所稱公司分配之盈餘或合夥人應分配之盈餘所得，依法應由在中華民國境內之個人申報者，不適用免辦結算申報之規定」，意義有欠明晰，致適用此項施行細則，易於導致所得稅法第十五條「納稅義務人之配偶……有前條各類所得者，應由納稅義務人合併申報課稅」規定之誤用；使分別依法請准投資之夫妻，必須就其投資事業分配之盈餘所得，合併申報所得稅，增加投資人之稅負，與上開獎勵投資條例之立法精神有所不符，惟尚不發生牴觸憲法第十九條之問題。

釋字第一九六號解釋　　（憲一九，土稅六、三二、三四、四九、五八，土稅施三四）

七十四年六月十四日公布

土地稅法施行細則第三十四條規定：「依本法第三十二條規定計算土地漲價總數額時，應按土地權利人及義務人向當地地政事務所申報移轉現值收件當時最近一個月已公告之一般躉售物價指數調整原規定地價及前次移轉時核計土地增值稅之現值」，旨在使土地漲價總數額之計算，臻於公平合理，與憲法第十九條並無牴觸。

　　解釋理由書

土地出賣人出賣未經整理劃分之土地，無從依限申請權利變更登記及申報移轉現值，繳納土地增值稅，而已將土地交付買受人使用，俟地政機關整理劃分完畢，可辦土地權利變更登記時，土地公告現值提高，其因自然漲價所生之利益，既非出賣人即原納

稅義務人所獲得，而為買受人所享有。該部分之土地增值稅，依本院大法官會議釋字第一八〇號解釋，應於其後有法定徵收原因時，向獲得該項利益者徵收，始合於租稅公平之原則。

土地所有權移轉時，土地增值稅應按其土地漲價總數額徵收之（土地稅法第二十八條），遇一般物價有變動時，土地漲價總數額，依土地稅法第三十二條規定，原規定地價及前次移轉時核計土地增值稅之現值，均應按政府發布之物價指數調整後計算之，期在消除因通貨膨脹所虛增之土地增值，使土地漲價總數額，能與實情相符合。而土地稅法施行細則，係依土地稅法第五十八條所訂定，其第三十四條規定：「依本法第三十二條規定計算土地漲價總數額時，應按土地權利人及義務人向當地地政事務所申報移轉現值收件當時最近一個月已公告之一般躉售物價指數調整原規定地價及前次移轉時核計土地增值稅之現值」，所稱收件當時，係指土地稅法第四十九條所規定之時期而言，旨在使土地漲價總數額之計算，臻於公平合理，與憲法第十九條並無牴觸。

釋字第一九七號解釋　（行訴二八～三〇）　　　七十四年七月二十六日公布

行政法院六十一年裁字第二十三號判例略以：原判決適用法規有無錯誤，當事人於收受判決之送達時，即已知悉，不生知悉在後之問題。此項判例，並未涉及本院就確定終局裁判適用之法規依人民聲請而為解釋後，該聲請人據以依法請求再審期間之計算，尚不發生牴觸憲法問題。

　　解釋理由書

行政法院之裁判，具有法定再審事由者，當事人得請求再審，但應於裁判送達時起二個月內為之，其事由發生在後或知悉在後者，前項期間自發生或知悉時起算，行政訴訟法第二十九條及第三十條規定甚明。當事人主張再審之事由，發生在後或知悉在後者，應由法院依職權調查認定之。行政法院七十二年度裁字第二十七號裁定所依據之同院六十一年度裁字第二十三號判例略以：原判決適用法規有無錯誤，其事由於判決效力發生之時，即已存在，而當事人於收受判決之送達時，即已知悉，不生知悉在後之問題。此項判例，並未涉及本院就確定終局裁判適用之法規依人民聲請而為解釋後，該聲請人據以依法請求再審期間之計算，尚不發生牴觸憲法問題。

釋字第一九八號解釋　（憲一九，所得稅二、七、七一）

　　　　　　　　　　　　　　　　　　七十四年八月三十日公布

所得稅法第七條第二項，係明定同法所稱「中華民國境內居住之個人」之意義，以便利納稅義務人依法自行辦理結算申報，符合租稅法律主義，與憲法第十九條並無牴觸。

　　解釋理由書

按憲法第十九條規定「人民有依法律納稅之義務」，乃揭示「租稅法律主義」之原則。所得稅法係規定國家對於人民課徵所得稅之法律，依同法第二條第一項及第七十一條規定，凡中華民國境內居住之個人，均應就其全年綜合所得或營利事業所得，辦理結算申報。又同法第七條第二項規定：「本法稱中華民國境內居住之個人，指左列二種：一、在中華民國境內有住所，並經常居住中華民國境內者。二、在中華民國境內無住所，而於一課稅年度內在中華民國境內居留合計滿一百八十三天者」，乃以納稅義務人在中華民國境內有無住所為標準，分別就「中華民國境內居住之個人」乙詞所設定義，兩款情形不同，不容彼此混淆。故依第一款規定，祇須納稅義務人在中華民國境內有住所，並有經常居住之事實，縱於一課稅年度內未居住屆滿一百八十三天，亦應認其為「中華民國境內居住之個人」，從而該項規定與租稅法律主義並無違背。綜上所述，所得稅法第七條第二項係明定同法所稱「中華民國境內居住之個人」之意義，以便利納稅義務人依法自行辦理結算申報，符合租稅法律主義之本旨，與憲法第十九條並無牴觸。

釋字第一九九號解釋　　（國大組四，宣誓條例三，動員戡亂時期臨時條款六）

　　　　　　　　　　　　　　　　　七十四年九月二十七日公布

國民大會組織法第四條規定之宣誓，係行使職權之宣誓，依動員戡亂時期臨時條款增加名額選出之國民大會代表，既與國民大會原有代表依法共同行使職權，自應依上開規定宣誓。

　　解釋理由書

查公職人員之宣誓，旨在使宣誓人就其行使職權，應恪遵憲法、盡忠職務及自我約束之事項與決心，予以公開表示，俾昭信守。

國民大會組織法第四條第一項規定：「國民大會代表，於國民大會舉行開會式時，應行宣誓，其誓詞如左：某某謹以至誠，恪遵憲法，代表中華民國人民依法行使職權，謹誓」，係指國民大會代表於開會行使職權時，應行宣誓而言，惟該條與宣誓條例第三條具有特別法與普通法之關係，此就宣誓條例第三條第一項對國民大會代表之宣誓，設有除外規定，甚為明瞭，基於特別法優於普通法之原則，國民大會代表之宣誓，自應

適用國民大會組織法第四條之規定，毋庸另依宣誓條例之規定宣誓。動員戡亂時期臨時條款乃依憲法所定程序而制定，依該條款增加名額選出之國民大會代表，既與國民大會原有代表依法共同行使職權，自應依國民大會組織法第四條規定宣誓。

釋字第二○○號解釋　（寺廟登記規則一一，監督寺廟條例五、六、一一）

七十四年十一月一日公布

寺廟登記規則第十一條撤換寺廟管理人之規定，就募建之寺廟言，與監督寺廟條例第十一條立法意旨相符，乃為保護寺廟財產，增進公共利益所必要，與憲法保障人民財產權之本旨，並無牴觸。

解釋理由書

按監督寺廟條例第五條規定：「寺廟財產及法物，應向該管地方官署呈請登記。」同條例第六條規定：「寺廟財產及法物為寺廟所有，由住持管理之。寺廟有管理權之僧道，不論用何名稱認為住持。但非中華民國人民，不得為住持。」違反上述規定者，依同條例第十一條前段規定，「該管官署得革除其住持之職」。寺廟管理者雖非僧道，亦未用住持名稱，如實係對寺廟有管理權之人，依上述第六條立法意旨，自仍有上述第十一條之適用。

內政部依法定職權訂定寺廟登記規則，其第十一條規定：「寺廟於通告後逾期延不登記及新成立寺廟不聲請登記者，應強制執行登記，如無特殊理由，並得撤換其住持或管理人」，就募建之寺廟言，與前開監督寺廟條例之立法意旨相符，乃為保護寺廟財產，增進公共利益所必要，與憲法保障人民財產權之本旨，並無牴觸。至募建寺廟之住持或管理人經革除後更換問題，業經本院院字第一七八八號解釋在案。本件解釋，係就募建寺廟而為，其他寺廟不在解釋範圍，併此說明。

釋字第二○一號解釋　（憲一六）

七十五年一月三日公布

公務人員依法辦理退休請領退休金，非不得提起訴願或行政訴訟，經本院釋字第一八七號解釋予以闡釋在案。行政法院五十三年判字第二二九號判例前段所稱：「公務員以公務員身分受行政處分，純屬行政範圍，非以人民身分因官署處分受損害者可比，不能按照訴願程序提起訴願」等語，涵義過廣，與上開解釋意旨不符部分，於該解釋公布後，當然失其效力。至上開判例，有關軍人申請停役退伍事件部分，並未涉及公務人員依法辦理退休請領退休金，與本件聲請意旨無關，不在解釋範圍。

解釋理由書

按公務人員依法辦理退休請領退休金，乃行使法律基於憲法規定所賦予之權利，應受保障，如有爭議，在程序上非不得依法提起訴願或行政訴訟。本院院字第三三九號及院字第一二八五號解釋有關部分，應予變更；行政法院五十年判字第九十八號判例，與此意旨不合部分，應不再援用等事項，經本院釋字第一八七號解釋予以闡釋在案。行政法院五十三年判字第二二九號判例前段所稱：「公務員以公務員身分受行政處分，純屬行政範圍，非以人民身分因官署處分受損害者可比，不能按照訴願程序提起訴願」等語，未就因公務人員身分所受行政處分之內容分別論斷，涵義過廣，與上開解釋意旨不符部分，於該解釋公布後，依本院釋字第一八五號解釋，當然失其效力。至上開判例，有關軍人申請停役退伍事件部分，並未涉及公務人員依法辦理退休請領退休金，與本件聲請意旨無關，不在解釋範圍。

釋字第二〇二號解釋　（刑三三、五〇、五一）　　七十五年二月十四日公布

裁判確定後另犯他罪，不在數罪併罰規定之列，業經本院釋字第九十八號解釋闡釋在案，故裁判確定後，復受有期徒刑之宣告者，前後之有期徒刑，應予合併執行，不受刑法第五十一條第五款但書關於有期徒刑不得逾二十年之限制。至刑法第三十三條第三款但書乃係就實質上或處斷上一罪之法定刑加重所為不得逾二十年之規定，與裁判確定後另犯他罪應合併執行之刑期無關，本院院字第六二六號解釋有關第五部分，已無從適用。

受前項有期徒刑之合併執行而有悛悔實據者，其假釋條件不應較無期徒刑為嚴，宜以法律明定之。

解釋理由書

按刑法第五十一條第五款規定：「宣告多數有期徒刑者，於各刑中之最長期以上，各刑合併之刑期以下，定其刑期，但不得逾二十年。」此乃指數罪併罰，定其應執行之刑，必以合於同法第五十條之規定為前提，亦即須以一人所犯數罪均在裁判確定前者為條件。關於數罪合併處罰之範圍，有以裁判宣告前所犯之罪為限者，有以裁判確定前所犯之罪為限者，有以執行未完畢前所犯之罪為限者等立法例。民國十七年舊刑法第六十九條係採第一例，現行刑法第五十條改採第二例，既已摒除第三例不予採用，自不能資為解釋法律之依據。裁判確定後另犯他罪，不在數罪併罰之列，業經本院釋字第九十八號解釋闡釋在案，若於裁判確定後，復因犯罪受有期徒刑之宣告者，既與前述

定執行刑之規定不合，即應與前一確定裁判之刑，合併執行，自不受首開不得逾二十年之限制。否則，凡經裁判確定應執行徒刑二十年者，即令一再觸犯法定本刑為有期徒刑之罪，而猶得享無庸執行之寬典，有違一罪一刑之原則，對於公私法益之保障及社會秩序之維護，顯有未週，且與公平正義之旨相違背，殊非妥適。

至刑法第三十三條第三款規定有期徒刑為「二月以上，十五年以下。但遇有加減時，得減至二月未滿，或加至二十年。」乃係對於實質上或處斷上一罪之法定刑加重所為不得逾二十年之限制，與裁判確定後另犯他罪應合併執行之刑期無關。綜上所述，本院院字第六二六號解釋有關第五部分，已無從適用。惟有期徒刑，本較無期徒刑為輕，受有期徒刑之合併執行而有悛悔實據者，為貫徹教育刑之目的，其假釋條件，自不應較無期徒刑為嚴，宜以法律明定之。

釋字第二○三號解釋　　（臺灣省省縣市立各級學校教職員遴用辦法五二）

七十五年二月二十八日公布

臺灣省政府於中華民國六十七年八月二十四日修正發布之臺灣省省縣市立各級學校教職員遴用辦法，其第五十二條關於各學校對於聘約期限屆滿不續聘之教員，應開具名冊，敘明原由，報請主管教育行政機關備查之規定，旨在督促學校對教員之不續聘，應審慎辦理，與憲法並無牴觸。

解釋理由書

臺灣省政府於中華民國六十七年八月二十四日修正發布之臺灣省省縣市立各級學校教職員遴用辦法，其第五十二條規定：「專科以上學校及中小學對於聘約期限屆滿之教員不予續聘者，應開具名冊，敘明理由，報請主管教育行政機關備查」，此乃學校對於聘約期滿之教員不予續聘之程序，其明示應列冊並敘述如何不為續聘之原因，向主管上級機關報備者，旨在督促學校對教員之不續聘，應審慎辦理，與憲法第十五條及第一百六十五條保障人民生存權及教育工作者生活之意旨並無牴觸。至臺灣省政府教育廳六十六年五月九日教四字第三○九七八號及同年七月十五日教四字第四一四一○號函，並非原確定判決所依據之法令，核與人民聲請解釋之規定不合，不生解釋憲法問題，併此敘明。

釋字第二○四號解釋　　（憲一五、二二，票據一二六、一二八、一四一）

七十五年四月十一日公布

票據法第一百四十一條第二項有關刑罰之規定，旨在防止發票人濫行簽發支票，確保支票之流通與支付功能，施行以來，已有被利用以不當擴張信用之缺失，唯僅係該項規定是否妥善問題，仍未逾立法裁量之範圍，與憲法第十五條及第二十二條尚無牴觸。

解釋理由書

按支票限於見票即付，有相反之記載者，其記載無效，票據法第一百二十八條第一項定有明文。故支票為支付證券，貴在現實支付，有代替現金之功用，為交易上之重要工具，因此同法第一百二十六條明定：「發票人應照支票文義擔保支票之支付」。為防止發票人於資金不足時濫行簽發支票，同法第一百四十一條第二項復明定：「發票人簽發支票時，故意將金額超過其存數或超過付款人允許墊借之金額，經執票人提示不獲支付者，處三年以下有期徒刑、拘役或科或併科該不足金額以下之罰金。」予以刑罰制裁，以確保支票之流通與現實支付之功能，維持交易之安全。

至記載實際發票日後之日期為發票日之支票，票據法第一百二十八條第二項明定：「支票在票載發票日前，執票人不得為付款之提示」，惟在票載發票日前簽發之支票，並未禁止其流通轉讓，是項支票之性質，與同條第一項見票即付之支票，固非完全相同，為加強其功能，於是項支票到票載日期因資金不足，不獲支付時，亦適用同法第一百四十一條第二項科處刑罰。然以刑罰制裁確保支票之流通，易使執票人在收受支票時，忽視發票人之信用。施行以來，已有被利用以不當擴張信用之缺失，唯僅係該項規定是否妥善問題，仍未逾立法裁量之範圍，與憲法第十五條及第二十二條尚無牴觸。又支票雖為無因證券，發票人仍得以其與執票人間所存抗辯之事由，對抗執票人。支票發票人認有對抗執票人之事由，而使該項支票未獲兌現時，該項對抗之事由，是否涉及票據法第一百四十一條第二項所定犯罪故意有無之認定，刑事法院如未調查，遽依該項規定科處刑罰，亦係裁判妥適與否問題，與該項規定是否牴觸憲法無關，併此敘明。

釋字第二〇五號解釋　（憲七、一八）　　　七十五年五月二十三日公布

七十二年特種考試退除役軍人轉任公務人員考試，原係因應事實上之特殊需要，有其依序安置退除役官兵就業之特定目的。其應考須知內所載乙等考試及格人員之分發以軍官為限，前經安置就業之現職人員不予重新分發之規定，係主管機關依有關輔導退除役官兵就業法令而為，旨在使考試及格者依原定任用計畫分別得以就業或取得任用資格，與憲法保障人民平等權及應考試服公職之權之規定尚無牴觸。至該項考試中乙

等考試之應考人，既包括士官在內，而分發則以軍官為限，不以考試成績之順序為原則，雖未盡妥洽，亦不生牴觸憲法問題。

解釋理由書

按中華民國人民，無分男女、宗教、種族、階級、黨派，在法律上一律平等，為憲法第七條所明定，其依同法第十八條應考試服公職之權，在法律上自亦應一律平等。惟此所謂平等，係指實質上之平等而言，其為因應事實上之需要，及舉辦考試之目的，就有關事項，依法酌為適當之限制，要難謂與上述平等原則有何違背。

特種考試退除役軍人轉任公務人員考試，依國軍退除役官兵輔導條例第十二條規定，在使退除役官兵取得擔任公職之資格，其須分發任用者，則依當時適用之考試法第十五條規定，應與任用計畫相配合，由行政院國軍退除役官兵輔導委員會（以下簡稱輔導會）依其職掌辦理。故七十二年特種考試退除役軍人轉任公務人員考試規則第九條規定：本考試及格人員之分發，由行政院人事行政局會同輔導會，依考試及格人員分發辦法及有關輔導就業之規定辦理。其中考試及格人員分發辦法第二條對於公務人員特種考試及格人員即以「需要分發任用」者為限。至其所謂有關輔導就業之規定，則包括國軍退除役官兵輔導條例施行細則第二條第二項及國軍退除役官兵就業安置辦法第三條、第四條等有關規定在內。依其規定，輔導會為適應國軍待退員額之需求，配合安置能量，得視實際情形，訂定安置順序。是輔導會本此職權，洽請舉辦此次特種考試，原係因應事實上之特殊需要，有其依序安置退除役官兵就業之特定目的。其應考須知內所載乙等考試及格人員之分發，以軍官為限，前經安置就業之現職人員不予重新分發之規定，係主管機關依有關輔導退除役官兵就業法令而為，旨在使此次考試及格之退除役官兵，在原任用計畫範圍內者得以分發就業；其不在原任用計畫範圍內者亦取得擔任公職之任用資格，遇機得以任用或升遷，依首開說明，與憲法保障人民平等權及應考試服公職之權之規定尚無牴觸。

至該項考試中乙等考試之應考人，既包括士官在內，而分發則以軍官為限，不以考試成績之順序為原則，雖未盡妥洽，亦不生牴觸憲法問題。

釋字第二〇六號解釋　　（憲一五、二二、二三、一五二，醫師一八、二八之一）

七十五年六月二十日公布

醫師法第二十八條之一規定：「未取得合法醫師資格為醫療廣告者，由衛生主管機關處以五千元以上五萬元以下罰鍰」，旨在禁止未取得合法醫師資格者為屬於醫師業務之醫

療廣告，既未限制鑲牙生懸掛鑲補牙業務之市招，自不致影響其工作機會，與憲法第十五條、第二十二條、第二十三條及第一百五十二條之規定，尚無牴觸。

解釋理由書

依鑲牙生管理規則第六條、第七條之規定，鑲牙生應以鑲補牙為其業務，不得施行口腔外科及治療牙病。至牙周病之防治，屬於牙醫師之業務，鑲牙生自不得為之。如鑲牙生懸掛齒科或牙科市招，標明牙周病或齲齒之防治，即係逾越鑲補牙之業務範圍，而屬於牙醫師業務之醫療廣告。

按國家為維護國民健康，避免貽誤病人就醫機會，於醫師法第十八條禁止醫師為不正當之廣告，並於同法第二十八條之一規定：「未取得合法醫師資格為醫療廣告者，由衛生主管機關處以五千元以上五萬元以下罰鍰」，後一規定旨在禁止未取得合法醫師資格者為屬於醫師業務之醫療廣告，既未限制鑲牙生懸掛鑲補牙業務之市招，自不致影響其工作機會，與憲法第十五條、第二十二條、第二十三條及第一百五十二條之規定，尚無牴觸。

釋字第二〇七號解釋　（私校五一）　　　　　七十五年七月十八日公布

民意代表可否兼任他職，須視憲法或與憲法不相牴觸之法規有無禁止規定，或該項職務之性質與民意代表之職權是否相容而定。私立學校校（院）長責重事繁，私立學校法第五十一條第三項規定：「校（院）長應專任，除擔任本校（院）教課外，不得兼任他職」，旨在健全校務以謀教育事業之發展；省及院轄市議會議員、議長自不得兼任之。其在本解釋公布前已兼任者，應於兩項職務中辭去其一項職務。

解釋理由書

民意代表可否兼任他職，須視憲法或與憲法不相牴觸之法規有無禁止規定，或該項職務之性質與民意代表之職權是否相容而定。本院釋字第十五號解釋：監察委員不得兼任國民大會代表；釋字第七十五號解釋：國民大會代表非不得兼任官吏；釋字第三十號解釋：立法委員不得兼任官吏，但非謂官吏以外任何職務即得兼任，仍須視其職務之性質與立法委員職務是否相容，性質不相容之職務，立法委員不得兼任，均係本於斯旨。

私立學校（院）負有作育人才之重任，其校（院）長依私立學校法第五十一條第一項規定，依據法令綜理校（院）務，執行董事會之決議，並受主管教育行政機關之監督，責重事繁，非專心從事，難以克盡厥職，為防止兼任其他職務，有礙本身職務之執行，

同條第三項遂明定:「校(院)長應專任,除擔任本校(院)教課外,不得兼任他職」,旨在健全校務以謀教育事業之正常發展。

省(市)議會議員,參照本院釋字第十四號解釋之意旨,均為民意代表,其職權除議決省(市)單行法規、省(市)預算、省(市)財產之處分及審議省(市)決算等事項外,並須聽取省(市)政府之施政報告及提出質詢,其擔任議長者,尚須綜理會務及主持會議,職責尤為繁重,若再兼任私立學校校(院)長,不僅分心旁騖,影響校務,且易致權責混淆,二者有其不相容之處,故省(市)議會議員、議長,自不得兼任之。其在本解釋公布前已兼任者,應於兩項職務中辭去其一項職務。

釋字第二○八號解釋　　(平均地權一一、七六、七七,民訴四九六)

七十五年八月十五日公布

為貫徹扶植自耕農與自行使用土地人及保障農民生活,以謀國計民生均足之基本國策,平均地權條例第十一條規定,依法徵收及撥用之土地為出租耕地時,應就扣除土地增值稅後,補償地價餘款之三分之一補償耕地承租人,其所稱耕地承租人指承租耕地實際自任耕作之自然人及合作農場而言。惟在本解釋公布前,法院就該法條文義所持裁判上之見解,尚難認係適用法規顯有錯誤,不得據為再審理由,併予說明。

解釋理由書

為貫徹憲法上扶植自耕農與自行使用土地人及保障農民生活,以謀國計民生均足之基本國策,平均地權條例第十一條、第七十六條及第七十七條規定,徵收私有出租耕地,撥用公有出租耕地,或終止租約收回出租耕地作為建築使用時,私有土地所有權人、公有耕地原管理機關或需地機關應就扣除土地增值稅後補償地價餘款之三分之一,補償耕地承租人,以避免佃農因耕地喪失不能從事農作物之種植而生活失據,並使合作經營農場者之權益同受保障。故上開平均地權條例第十一條所稱應受地價補償之耕地承租人,係指承租耕地,實際自任耕作之自然人及合作農場而言,不包括非耕地租用而從事耕作,或耕地租用而未自任耕作者在內。

本件行政院依職權聲請統一解釋,本院雖據前開理由,依平均地權條例第十一條之立法意旨,認其所稱承租人,係指實際自任耕作之自然人及合作農場而言,惟在本解釋公布前,法院就該法條文義所持裁判上之見解,尚難認係適用法規顯有錯誤,不得據為再審理由,併予說明。

釋字第二〇九號解釋　（民訴四九六、五〇〇）　　七十五年九月十二日公布

確定終局裁判適用法律或命令所持見解，經本院解釋認為違背法令之本旨時，當事人如據以為民事訴訟再審之理由者，其提起再審之訴或聲請再審之法定不變期間，參照民事訴訟法第五百條第二項但書規定，應自該解釋公布當日起算，惟民事裁判確定已逾五年者，依同條第三項規定，仍不得以其適用法規顯有錯誤而提起再審之訴或聲請再審，本院釋字第一八八號解釋應予補充。

　　解釋理由書

司法院有解釋憲法並有統一解釋法律及命令之權，為憲法第七十八條所明定。此項規定，乃賦與本院解決憲法上之疑義或爭議，並闡釋法律及命令正確意義之職權。中央或地方機關就其職權上適用同一法律或命令發生見解歧異，本院依其聲請所為之統一解釋，就引起歧見之該案件，如經確定終局裁判，而其適用法令所表示之見解，經本院解釋為違背法令之本旨時，是項解釋自得據為再審或非常上訴之理由。但如經本院解釋，認法院就法條文義所持裁判上見解，非屬適用法規顯有錯誤者，仍不得據為再審理由，經本院釋字第一八八號及釋字第二〇八號解釋末段釋明在案。

確定終局裁判適用法律或命令所持見解，經本院解釋為違背法令之本旨時，當事人如認有民事訴訟法第四百九十六條第一項第一款之再審理由，提起再審之訴或聲請再審者，其起訴或聲請之法定不變期間，參照同法第五百條第二項但書規定，應自該解釋公布當日起算，始足保障人民之權利，惟確定終局裁判適用法規錯誤，係原確定裁判所生之瑕疵，故民事裁判確定已逾五年者，依同法第五百條第三項規定，仍不得以其適用法規顯有錯誤而提起再審之訴或聲請再審，俾兼顧法律秩序之安定性，本院釋字第一八八號解釋應予補充。

釋字第二一〇號解釋　（憲一九，獎勵投資條例二三，獎勵投資條例施行細則二七）　　　　　　　　　　　　　　　七十五年十月十七日公布

中華民國六十九年十二月三十日修正公布之獎勵投資條例第二十三條第三項第一款，關於限額免納所得稅之利息，係規定「除郵政存簿儲金及短期票券以外之各種利息」，並未排除私人間無投資性之借款利息，而中華民國七十年八月三十一日發布之獎勵投資條例施行細則第二十七條認該款「所稱各種利息，包括公債、公司債、金融債券、金融機構之存款及工商企業借入款之利息」，財政部（七〇）臺財稅字第三七九三〇號函並認「不包括私人間借款之利息。」縱符獎勵投資之目的，惟逕以命令訂定，仍與當

時有效之首述法條「各種利息」之明文規定不合，有違憲法第十九條租稅法律主義之本旨。

　　解釋理由書

按人民有依法律納稅之義務，為憲法第十九條所明定，所謂依法律納稅，兼指納稅及免稅之範圍，均應依法律之明文。至主管機關訂定之施行細則，僅能就實施母法有關事項而為規定，如涉及納稅及免稅之範圍，仍當依法律之規定，方符上開憲法所示租稅法律主義之本旨。

中華民國六十九年十二月三十日修正公布之獎勵投資條例第二十三條第三項第一款，關於限額免納所得稅之利息，係規定「除郵政存簿儲金及短期票券以外之各種利息」，並未排除私人間無投資性之借款利息，而中華民國七十年八月三十一日發布之獎勵投資條例施行細則第二十七條認該款「所稱各種利息，包括公債、公司債、金融債券、金融機構之存款及工商企業借入款之利息」，財政部（七〇）臺財稅字第三七九三〇號函並認「不包括私人間借款之利息」。縱符獎勵投資之目的，惟逕以命令訂定，仍與當時有效之前述法條「各種利息」之明文規定不合，有違憲法第十九條租稅法律主義之本旨。至獎勵投資條例第二十三條第三項，於中華民國七十三年十二月三十日修正，關於限額免納所得稅之利息，改採列舉規定後，已不包括私人間其他借款之利息，上述施行細則第二十七條關於免稅利息範圍之規定，亦已修正刪除，該財政部函自不再適用，由於本院釋字第一七七號解釋文第二項明示「本院依人民聲請所為之解釋，對聲請人據以聲請之案件，亦有效力」，本件聲請人據以聲請之行政訴訟確定終局裁判所適用之法令，雖已失效，仍有解釋之必要，併此說明。

釋字第二一一號解釋　　（憲七、一六，海關緝私四九）

七十五年十二月五日公布

憲法第七條所定之平等權，係為保障人民在法律上地位之實質平等，並不限制法律授權主管機關，斟酌具體案件事實上之差異及立法之目的，而為合理之不同處置。海關緝私條例第四十九條：「聲明異議案件，如無扣押物或扣押物不足抵付罰鍰或追繳稅款者，海關得限期於十四日內繳納原處分或不足金額二分之一保證金或提供同額擔保，逾期不為繳納或提供擔保者，其異議不予受理」之規定，旨在授權海關審酌具體案情，為適當之處分，以防止受處分人藉故聲明異議，拖延或逃避稅款及罰鍰之執行，為貫徹海關緝私政策、增進公共利益所必要，與憲法第七條及第十六條尚無牴觸。又同條

例所定行政爭訟程序，猶有未盡周詳之處，宜予檢討修正，以兼顧執行之保全與人民訴願及訴訟權之適當行使。

解釋理由書

按憲法第七條規定：「中華民國人民，無分男女、宗教、種族、階級、黨派，在法律上一律平等。」係為保障人民在法律上地位之實質平等，並不限制立法機關在此原則下，為增進公共利益，以法律授權主管機關，斟酌具體案件事實上之差異及立法之目的，而為合理之不同處置。海關緝私條例第四十九條：「聲明異議案件，如無扣押物或扣押物不足抵付罰鍰或追繳稅款者，海關得限期於十四日內繳納原處分或不足金額二分之一保證金或提供同額擔保，逾期不為繳納或提供擔保者，其異議不予受理」之規定，其中「得」字以下部分，旨在授權海關妥慎斟酌聲明異議案件之具體案情，而為應否限期命受處分人提供擔保之裁量，以防止受處分人藉故聲明異議，拖延或逃避稅款及罰鍰之執行。非謂不問有無必要海關均得命受處分人繳納保證金或提供擔保。此項規定雖使受處分人之救濟機會，受有限制，但既係針對無扣押物或扣押物不足抵付罰鍰或追繳稅款之受處分人，在原處分並無顯屬違法或不當之情形下，藉故聲明異議者而設，乃為貫徹海關緝私政策、增進公共利益所必要，與憲法第七條及第十六條尚無牴觸。至受處分人對於海關先命繳納保證金或提供擔保之處分提起訴願及行政訴訟時，受理訴願之機關或行政法院應依前開說明，審酌該處分是否合法適當，於此情形，如海關追繳或處分之原處分顯屬違法或不當者，上級行政機關得本於行政監督權為適當之處置，乃屬當然。又海關緝私條例所定行政爭訟程序，有未盡週詳之處，致執行上易生偏差，宜予檢討修正，以兼顧執行之保全與人民訴願及訴訟權之適當行使，併此指明。

釋字第二一二號解釋　（財劃二、二二，工程受益費徵收條例二、五）

七十六年一月十六日公布

各級政府興辦公共工程，由直接受益者分擔費用，始符公平之原則，工程受益費徵收條例本此意旨，於第二條就符合徵收工程受益費要件之工程，明定其工程受益費為應徵收，並規定其徵收之最低限額，自係應徵收。惟各級地方民意機關依同條例第五條審定工程受益費徵收計畫書時，就該項工程受益費之徵收，是否符合徵收要件，得併予審查。至財政收支劃分法第二十二條第一項係指得以工程受益費作為一種財政收入，而為徵收工程受益費之相關立法，不能因此而解為上開條例規定之工程受益費係得徵

收而非應徵收。

解釋理由書

各級政府興辦公共工程，由直接受益者分擔費用，始符公平之原則。工程受益費徵收條例本此意旨，於第二條就工程受益費明定為應徵收。此項規定，係以政府建築或改善特定公共工程而有直接受益者為要件，並明定其徵收之最低限額。則符合徵收工程受益費要件之工程，其工程受益費自係應徵收。惟各級地方政府徵收工程受益費，應依同條例第五條第一項規定，擬具徵收計畫書，包括工程計畫、經費、預算、受益範圍及徵收費率等，送經各該級民意機關決議後，報請上級政府備案。各級地方民意機關依同條第二項規定，審定該項工程受益費徵收計畫書時，就該項工程受益費之徵收，是否符合徵收要件，得併予審查。如將工程受益費徵收案予以延擱或否決，該工程經費收支預算應併同延緩或註銷之。至財政收支劃分法乃關於各級政府財政收支如何劃分、調劑及分類之立法。其第二十二條第一項規定得徵收工程受益費，係指得以工程受益費作為一種財政收入，而為徵收工程受益費之相關立法。不能因此而解為上開條例規定之工程受益費係得徵收，而非應徵收。

釋字第二一三號解釋　（憲一五、一六，民訴四九七，專利二六、一〇一、一一〇，行訴二八）　　　　　　　　　　七十六年三月二十日公布

一、中華民國四十九年五月十二日修正公布之專利法第一百零一條有關新型專利異議程序之規定，及同法第一百十條準用同法第二十六條第一項關於專利之申請及其他程序延誤法定期間者，其行為為無效之規定，旨在審慎專利權之給予，並防止他人藉故阻礙，使專利申請案件早日確定，不能認係侵害人民之訴訟權及財產權，與憲法尚無牴觸。

二、行政訴訟法第二十八條未將民事訴訟法第四百九十七條所稱「確定之判決，如就足影響於判決之重要證物，漏未斟酌」之情形列為再審原因，雖有欠周全，惟行政法院受理再審之訴，審查其有無前揭第二十八條所列各款之再審原因時，對於與該條再審原因有關而確定判決漏未斟酌之重要證物，仍應同時併予審酌，乃屬當然。行政法院四十九年裁字第五十四號、五十年裁字第八號、五十四年裁字第九十五號等判例，認民事訴訟法第四百九十七條（修正前第四百九十三條）所定再審之原因，不得援以對於行政訴訟判決提起再審之訴，與上述意旨無違，尚難認與憲法保障人民訴訟權之規定牴觸。

三、行政法院二十七年判字第二十八號及三十年判字第十六號判例，係因撤銷行政處分為目的之訴訟，乃以行政處分之存在為前提，如在起訴時或訴訟進行中，該處分事實上已不存在時，自無提起或續行訴訟之必要；首開判例，於此範圍內，與憲法保障人民訴訟權之規定，自無牴觸。惟行政處分因期間之經過或其他事由而失效者，如當事人因該處分之撤銷而有可回復之法律上利益時，仍應許其提起或續行訴訟，前開判例於此情形，應不再援用。

解釋理由書

一、國家為促進產業之發達，對於新發明具有產業上利用價值者或對於物品之形狀構造或裝置首先創作合於實用之新型者，均依法給予專利權，以鼓勵發明與創作。專利權之給予，關係專利申請權人及利害關係人之權益，對公眾之利益亦有影響。為期專利之審查公正周全，審慎專利權之給予，中華民國四十九年五月十二日修正公布之專利法規定，經審查認為可予專利之發明或創作，應先行公告，並於第一百零一條規定：「公告中之新型，任何人認為有違反本法第九十五條至第九十七條之規定，或利害關係人認為違反本法第十二條之規定者，得自公告之日起六個月內，備具聲請書，附具證件，向專利局提起異議，請求再審查」，旨在使公眾或利害關係人得依異議程序，對於公告中之新型專利，請求再予審查，防止對不應給予專利權之案件給予專利。然因此項異議程序易被利用以阻礙專利申請案之確定，謀取不法利益，故為兼顧專利申請權人之權益，於同法第一百十條規定，準用第二十六條第一項，關於專利之申請及其他程序，延誤法定或指定之期間者，其行為無效。此項規定，對聲明保障經專利局認為有正當理由者，既有同條項但書排除其適用，自不妨礙異議權之正當行使，且為防止他人藉故阻礙，使專利申請案件早日確定所必要，不能認係侵害人民之訴訟權與財產權，與憲法尚無牴觸。至上開法條規定，提起異議者，應備具聲請書，附具證件，係關於異議程序之程式，尚非對於行政訴訟兼採職權調查主義所為之限制，併予說明。

二、再審乃法院就已裁判確定之訴訟事件，更為審理及裁判之程序；為維護裁判之確定力，提起再審之訴或聲請再審之原因，自應以法律明文規定者為限。行政訴訟法第二十八條，未將民事訴訟法第四百九十七條所稱「確定之判決，如就足影響於判決之重要證物，漏未斟酌」之情形列為再審原因，就行政法院兼具法律審與事實審之功能，且行政訴訟係採一審終結之現制，參酌民、刑事訴訟法均將此種情形定為再審原因之意旨而言，雖有欠週全；惟行政法院受理再審之訴，審查其有無前揭第二十八條所列各款之再審原因時，對於與該條再審原因有關而確定判決漏未斟酌之重要證物，仍應

同時併予審查，乃屬當然。行政法院四十九年裁字第五十四號、五十年裁字第八號、五十四年裁字第九十五號等判例，認民事訴訟法第四百九十七條（修正前第四百九十三條）所定再審之原因，不得援以對於行政訴訟判決提起再審之訴，與上述意旨無違，尚難認與憲法保障人民訴訟權之規定牴觸。

三、行政訴訟，乃人民因中央或地方機關之違法行政處分，認為損害其權利，請求司法救濟之方法。我國現行行政訴訟法所規定之行政訴訟，係以撤銷訴訟為主，旨在撤銷違法之行政處分，使其自始歸於無效，藉以排除其對人民權利所造成之損害。行政法院二十七年判字第二十八號及三十年判字第十六號判例所謂：「行政訴訟原以官署之處分為標的，倘事實上原處分已不存在，則原告之訴因訴訟標的之消滅，即應予以駁回」及「當事人請求標的消滅，其訴訟關係即應視為終結」各等語。係因撤銷行政處分為目的之訴訟，乃以行政處分之存在為前提，如在起訴時或訴訟進行時，該處分事實上已不存在時，自無提起或續行訴訟之必要，首開判例，於此範圍內，與憲法第十六條保障人民訴訟權之規定，自無牴觸。惟行政處分因期間之經過或其他事由而失效，其失效前所形成之法律效果，如非隨原處分之失效而當然消滅者，當事人因該處分之撤銷而有可回復之法律上利益時，仍應許其提起或續行訴訟，前開判例於此情形，應不再援用。

釋字第二一四號解釋　　（憲一四、一四五，合作社五、一○，銀行二六、二九）

　　　　　　　　　　　　　　　　七十六年四月十七日公布

信用合作社經營部分銀行業務，屬於金融事業，應依法受國家之管理。行政院五十三年七月二十四日臺五十三財字第五一四八號關於「信用合作社在鄉鎮不得再設立」之命令及財政部五十九年六月五日以臺財錢字第一三九五七號令訂定之「金融主管機關受託統一管理信用合作社暫行辦法」，乃係依其法定職權及授權，斟酌社會經濟與金融之實際需要，為管理金融機構所採之措施，參酌銀行法第二十六條、第二十九條，合作社法第五條、第十條各規定意旨，與憲法第十四條及第一百四十五條第二項並無牴觸。

　　解釋理由書

按人民有結社之自由，固為憲法第十四條所明定，合作事業應受國家之獎勵與扶助，亦為憲法第一百四十五條第二項所規定，惟金融機構應依法受國家之管理，憲法第一百四十九條定有明文。設立合作社雖屬結社之一種，但經營合作社法第三條第四款業

務之合作社，其貸放資金與收受存款等事項，本為銀行業務，故信用合作社乃屬金融事業，自應依法受國家之管理。銀行法第二十六條規定：「中央主管機關得視國內經濟、金融情形，於一定區域內限制銀行或其分支機構之增設」。同法第二十九條第一項，亦有除法律另有規定外，非銀行不得經營銀行業務之明文。合作社法第五條對於經營存放款業務之合作社，收受非社員之存款，更設有限制，而合作社之設立，依同法第十條，主管機關並得為准否之批示。綜合上述各規定意旨，行政院基於國家最高行政機關之職權，於五十三年七月二十四日以臺五十三財字第五一四八號令，規定「信用合作社在鄉鎮不得再設立」，並於五十九年一月二十三日以臺五十九財字第〇六〇八號令及六十年十二月十八日以臺六十財字第一二二八九號令，將信用合作社之管理，委託金融主管機關統一辦理，財政部乃於五十九年六月五日以臺財錢字第一三九五七號令頒及六十年臺財錢字第二九一八號令修正「金融主管機關受託統一管理信用合作社暫行辦法」，均係行政院及財政部依據法定職權及授權關係，斟酌當時社會經濟與金融之實際需要，為管理金融機構所採之措施，與憲法第十四條及第一百四十五條第二項並無牴觸。至信用合作社之設立條件及管理事項，應視社會經濟與金融之實際情形，隨時檢討依法調整，乃屬當然。

釋字第二一五號解釋　　（憲一五、一四三，市區道路條例一〇、一一，土地二一五）

七十六年四月二十九日公布

市區道路條例係為改善市區道路交通，增進公共利益而制定。市區道路所需土地，如為私人所有，依該條例第十條，得依法徵收。同條例第十一條對於用地範圍內之原有障礙建築物，已特別明定其處理程序，並無應予徵收之規定，關於其補償及爭議之救濟程序，既未排除相關法令之適用，足以兼顧人民權利之保障，與憲法第十五條及第一百四十三條並無牴觸。

解釋理由書

按市區道路條例係為市區道路之修築、改善、養護、使用、管理及其經費之籌措而制定，乃增進公共利益所必要。市區道路所需土地，如為私人所有，依該條例第十條，得依法徵收之。同條例第十一條第一項規定：「市區道路用地範圍內原有障礙建築物之拆除、遷讓、補償事項，應於擬訂各該道路修築計畫時，一併規劃列入。」同條第二項、第三項又規定：「修築計畫確定公告後，通知所有權人限期拆除或遷讓，必要時並得代為執行。」「前項限期，不得少於三個月。」依上開規定，對於妨礙建築道路之建築物，

首先規定應將有關拆除遷讓及因此而須負擔之補償事項，一併規劃列入修築計畫，俟包括補償事項在內之修築計畫確定公告後，再通知所有權人，限期拆除或遷讓，必要時並得代為執行，旨在使道路修築計畫得以迅速完成，而特別明定其處理程序，乃為土地法第二百十五條之特別規定。惟仍明定應給予補償，此項補償，應依有關法令辦理，求其合理相當，且對拆除遷讓之通知及補償行為，依法均許利害關係人提起訴願及行政訴訟，以求救濟，足以兼顧人民權利之保障，與憲法第十五條及第一百四十三條並無牴觸。

釋字第二一六號解釋　（憲一五、八〇，關稅三一、五五）

七十六年六月十九日公布

法官依據法律獨立審判，憲法第八十條載有明文。各機關依其職掌就有關法規為釋示之行政命令，法官於審判案件時，固可予以引用，但仍得依據法律，表示適當之不同見解，並不受其拘束，本院釋字第一三七號解釋即係本此意旨；司法行政機關所發司法行政上之命令，如涉及審判上之法律見解，僅供法官參考，法官於審判案件時，亦不受其拘束。惟如經法官於裁判上引用者，當事人即得依司法院大法官會議法第四條第一項第二款之規定聲請解釋。

就關稅未繳清之貨物取得動產抵押權者，其擔保利益自不能存在於該貨物未繳之關稅上，此觀關稅法第三十一條第二項、第三項規定甚明。前司法行政部六十五年十一月十五日臺（六五）函民字第〇九九八二號及六十七年七月二十二日臺（六七）函民字第〇六三九二號函示執行法院，於拍賣關稅記帳之進口貨物時，應將該貨物未繳關稅情形，於拍賣公告內載明，並敘明應由買受人繳清關稅，始予點交，此項函示，核與上開法條意旨相符，不屬同法第五十五條第三項規定之範圍，既未侵害動產抵押權人之權益，亦為確保關稅之稽徵所必要，與憲法保障人民財產權之本旨，並無牴觸。

解釋理由書

法官依據法律獨立審判，不受任何干涉，憲法第八十條載有明文。各機關依其職掌就有關法規為釋示之行政命令，法官於審判案件時，固可予以引用，但仍得依據法律，表示適當之不同見解，並不受其拘束，本院釋字第一三七號解釋即係本此意旨；司法行政機關所發行政上之命令，不影響於審判權之行使，為法院組織法第九十條所明定。司法行政機關自不得提示法律上之見解而命法官於審判上適用，如有所提示亦僅供法官參考，法官於審判案件時，不受其拘束。惟上述各種命令如經法官於裁判上引用者，

當事人即得依司法院大法官會議法第四條第一項第二款之規定聲請解釋。本件聲請，依上開說明，應予受理。

分期繳稅或稅款記帳之進口貨物，於關稅未繳清前，不得轉讓，其經強制執行或專案核准者，准由受讓人繼續分期繳稅或記帳，關稅法第三十一條第二項、第三項規定甚明。依此規定，就未繳清關稅之貨物取得動產抵押權者，其擔保利益自不能存在於該貨物未繳之關稅上，其因強制執行而受讓該項貨物者，如未獲准繼續分期繳稅或記帳，自須繳清稅款，始可取得貨物，此與同法第五十五條第三項規定係指應繳或應補繳之關稅，就上述情形以外之納稅義務人所有財產受償，僅較普通債權優先者不同。前司法行政部六十五年十一月十五日臺（六五）函民字第○九九八二號及六十七年七月二十二日臺（六七）函民字第○六三九二號函提示法院執行，於拍賣關稅記帳之進口貨物時，應將該貨物未繳關稅情形，於拍賣公告內載明，並敘明應由買受人繳清關稅，始予點交，此項函示，核與關稅法第三十一條第二項、第三項之意旨相符，不屬同法第五十五條第三項規定之範圍，既未侵害動產抵押權人之權益，亦為針對關稅特性，確保關稅之稽徵所必要，與憲法保障人民財產權之本旨，並無牴觸。

釋字第二一七號解釋　　（憲一五、一九，土地四三，所得稅一四，民七五八）

七十六年七月十七日公布

憲法第十九條規定人民有依法律納稅之義務，係指人民僅依法律所定之納稅主體、稅目、稅率、納稅方法及納稅期間等項而負納稅之義務。至於課稅原因事實之有無及有關證據之證明力如何，乃屬事實認定問題，不屬於租稅法律主義之範圍。財政部中華民國七十二年二月二十四日（七二）臺財稅字第三一二二九號函示所屬財稅機關，對於設定抵押權為擔保之債權，並載明約定利息者，得依地政機關抵押權設定及塗銷登記資料，核計債權人之利息所得，課徵所得稅，當事人如主張其未收取利息者，應就其事實負舉證責任等語，係對於稽徵機關本身就課稅原因事實之認定方法所為之指示，既非不許當事人提出反證，惟法院於審判案件時，仍應斟酌全辯論意旨及調查證據之結果，判斷事實之真偽，並不受其拘束，尚難謂已侵害人民權利，自不牴觸憲法第十五條、第十九條之規定。

解釋理由書

憲法第十九條規定，人民有依法律納稅之義務，乃在揭示「租稅法律主義」，其主要意旨係指人民僅依法律明定之納稅主體、稅目、稅率、納稅方法及納稅期間等項而負納

稅之義務，課徵租稅固不得違反上述意旨，惟關於個別事件課稅原因事實之有無及有關證據之證明力如何，則屬事實認定問題，不屬於租稅法律主義之範圍。

財政部中華民國七十二年二月二十四日（七二）臺財稅字第三一二二九號函提示所屬財稅機關，內載：「抵押權之設定登記，依民法第七百五十八條及土地法第四十三條規定，具有絕對效力。債權人貸款與債務人，由債務人提供不動產，向地政機關辦妥抵押權設定登記，並載明約定利息者，稽徵機關自得依該登記資料，在抵押權塗銷登記前之年度，依法核計利息所得，依所得稅法第十四條第一項第四類規定課稅，因私人借貸非公司行號可比，其無支付利息之帳冊可稽，無法適用收付實現之原則，當憑其登記文件作有按期收取利息之認定，當事人如主張其未收取利息者，應就其事實負舉證責任，所提出之證據，必須具體且合於一般經驗法則，如僅由債務人私人出具之證明，要不得採認」等語，縱有未盡妥洽之處，惟係對於稽徵機關本身就課稅原因事實之認定方法所為之指示，既非不許當事人提出反證，法院於審判案件時，仍應斟酌全辯論意旨及調查證據之結果，判斷事實之真偽，並不受其拘束，尚難謂已侵害人民權利，自不牴觸憲法第十五條、第十九條之規定。

釋字第二一八號解釋　　（憲一九，所得稅一四，稅徵一）

七十六年八月十四日公布

人民有依法律納稅之義務，憲法第十九條定有明文。國家依法課徵所得稅時，納稅義務人應自行申報，並提示各種證明所得額之帳簿、文據，以便稽徵機關查核。凡未自行申報或提示證明文件者，稽徵機關得依查得之資料或同業利潤標準，核定其所得額。此項推計核定方法，與憲法首開規定之本旨並不牴觸，惟依此項推計核定方法估計所得額時，應力求客觀、合理，使與納稅義務人之實際所得相當，以維租稅公平原則。至於個人出售房屋，未能提出交易時實際成交價格及原始取得之實際成本之證明文件者。財政部於六十七年四月七日所發（六七）臺財稅字第三二二五二號及於六十九年五月二日所發（六九）臺財稅字第三三五二三號等函釋示：「一律以出售年度房屋評定價格之百分之二十計算財產交易所得」，不問年度、地區、經濟情況如何不同，概按房屋評定價格，以固定不變之百分比，推計納稅義務人之所得額自難切近實際，有失公平合理，且與所得稅法所定推計核定之意旨未盡相符，應自本解釋公布之日起六個月內停止適用。

解釋理由書

憲法第十九條規定：「人民有依法律納稅之義務」，國家依據所得稅法課徵所得稅時，無論為個人綜合所得稅或營利事業所得稅，納稅義務人均應在法定期限內填具所得稅結算申報書自行申報，並提示各種證明所得額之帳簿、文據，以便稽徵機關於接到結算申報書後，調查核定其所得額及應納稅額。凡未在法定期限內填具結算申報書自行申報或於稽徵機關進行調查或復查時，未提示各種證明所得額之帳簿、文據者，稽徵機關得依查得資料或同業利潤標準，核定其所得額，所得稅法第七十一條第一項前段、第七十六條第一項、第七十九條第一項、第八十條第一項及第八十三條第一項規定甚明。此項推計核定所得額之方法，與憲法首開規定之本旨並不抵觸。惟依推計核定之方法，估計納稅義務人之所得額時，仍應本經驗法則，力求客觀、合理，使與納稅義務人之實際所得額相當，以維租稅公平原則。至於個人出售房屋，未能提示交易時實際成交價格及原始取得之實際成本之證明文件，致難依所得稅法第十四條第一項第七類第一目計算所得額者，財政部於六十七年四月七日所發（六七）臺財稅字第三二二五二號及於六十九年五月二日所發（六九）臺財稅字第三三五二三號等函釋示：「一律以出售年度房屋評定價格之百分之二十計算財產交易所得」，此時既不以發見個別課稅事實真相為目的，而又不問年度、地區、經濟情況如何不同，概按房屋評定價格，以固定不變之百分比，推計納稅義務人之所得額，自難切近實際，有失公平合理，且與所得稅法所定推計核定之意旨未盡相符，應自本解釋公布之日起六個月內停止適用。臺灣省稅務局於六十七年二月三日所發（六七）稅一字第五九六號函，已為上開財政部函所涵蓋，無庸另行解釋，併予敘明。

釋字第二一九號解釋　　（憲一九，關稅四、三〇，海關管理貨櫃辦法一六）

七十六年九月二十五日公布

財政部中華民國六十五年十月十六日修正發布之海關管理貨櫃辦法，其第十六條係依關稅法第三十條盛裝貨物用之容器進口後在限期內復運出口者免徵關稅，及同法第四條貨物之持有人為納稅義務人之意旨而訂定。此種貨櫃如未於限期內復運出口，則向該貨櫃本身進口當時為其持有人之運送人或其代理人課徵關稅，與憲法第十九條租稅法律主義並無牴觸。

解釋理由書

按自國外進口特別設計，且裝備有供一種或多種運輸方式運送之貨櫃，應徵百分之三十之關稅，中華民國六十九年八月三十日修正公布之海關進口稅則第八六〇八號定有

明文（中華民國七十六年一月十日修正之海關進口稅則已定為免稅）。貨櫃為盛裝貨物用之容器而與船舶分離進口時，已非船舶設備，如依進口當時海關進口稅則規定，應納關稅者，必須於進口後六個月內或於財政部核定之日期前，復運出口，始得免徵關稅；又關稅納稅義務人為收貨人、提貨單或貨物之持有人，關稅法第三十條、第四條亦分別規定甚明。財政部於中華民國六十五年十月十六日修正發布海關管理貨櫃辦法，其第十六條有關貨櫃進口須由其運送人或其代理人向海關簽具貨櫃常年保結，保證於進口後六個月內或海關核定之日期前退運出口，逾期應由運送人或其代理人於三個月內繳納其進口稅捐之規定，係依據上開關稅法第三十條及同法第四條之意旨而訂定，與國際貨櫃報關慣例一致。此種貨櫃如未於限期內復運出口者，則向該貨櫃本身進口當時為其持有人之運送人或其代理人課徵關稅，與憲法第十九條租稅法律主義並無牴觸。至財政部七十二年一月七日（七二）臺財關字第一○二三八號函，並非確定終局裁判所適用之命令，且其內容已為海關管理貨櫃辦法所涵蓋，併此說明。

釋字第二二○號解釋 （憲一六，行訴一，動員戡亂時期勞資糾紛處理辦法八）

七十六年十二月二十三日公布

動員戡亂期間勞資糾紛處理辦法第八條前段規定：「勞資評斷委員會之裁決，任何一方有不服從時，主管機關得強制執行。」係指當事人不依裁決意旨辦理時，該管行政機關得依法為行政上之執行而言，如有爭議，仍得依法定程序請求救濟。是前開規定並未限制人民之訴訟權，與憲法尚無牴觸。至行政法院六十年判字第五六八號判例，不分爭議性質如何，認為上述評斷概為最終之裁決，不容再事爭執，與上開解釋意旨不符，不得再行援用。

解釋理由書

按行政院於中華民國三十六年十一月一日發布之動員戡亂期間勞資糾紛處理辦法第八條前段規定「勞資評斷委員會之裁決，任何一方有不服從時，主管機關得強制執行。」其所謂裁決，乃屬行政處分之性質；所謂強制執行，係指該管行政機關依行政執行法所為之執行。不能因有此行政執行之規定，遂不分爭議之性質如何，而謂其評斷概為最終之裁決，不容再事爭執。當事人如有爭議，仍得依法定程序請求救濟。是上開辦法第八條並未限制人民之訴訟權，與憲法第十六條保障人民訴訟權之規定，尚無牴觸。行政法院六十年判字第五六八號判例稱依照戡亂期間勞資糾紛處理辦法所為之評斷為最終之裁決，一經裁決即不容再事爭執，與前述解釋意旨不符，不得再行援用。

釋字第二二一號解釋　　（憲一九，遺贈稅一七，遺贈稅施一三）

七十七年一月二十七日公布

遺產及贈與稅法施行細則第十三條規定：「被繼承人死亡前因重病無法處理事務期間舉債或出售財產，而其繼承人對該項借款或價金不能證明其用途者，該項借款或價金，仍應列入遺產課稅。」旨在貫徹遺產及贈與稅法第一條及第十七條第一項第八款之規定，以求認定課稅遺產之正確。為防止遺產稅之逃漏及維持課稅之公平所必要，並未增加法律所定人民之納稅義務，與憲法第十九條並無牴觸。至具體案件應稅遺產之有無，仍應依舉證責任分配之法則，分由稅捐稽徵機關或納稅義務人盡舉證責任，併予指明。

解釋理由書

按憲法第十九條規定：「人民有依法律納稅之義務。」遺產及贈與稅法第一條規定：「凡經常居住中華民國境內之中華民國國民死亡時遺有財產者，應就其在中華民國境內境外全部遺產，依本法規定，課徵遺產稅。經常居住中華民國境外之中華民國國民，及非中華民國國民，死亡時在中華民國境內遺有財產者，應就其在中華民國境內之遺產，依本法規定，課徵遺產稅。」遺產繼承人並負有依同法所定稽徵程序申報繳納之義務。同法第十七條第一項第八款復規定，被繼承人死亡前，未償之債務，具有確實證明者，應自遺產總額中扣除。惟被繼承人在重病無法處理事務期間，對外舉債或出售財產，縱屬真實，依一般情形，亦難自行處理其因舉債所得之借款，或因出售財產所得之價金，該項借款或價金，自應由繼承人證明其用途。以防止繼承人用被繼承人名義舉債或出售財產為手段，隱匿遺產。因此為貫徹該第一條及第十七條第一項第八款之規定，同法施行細則第十三條乃規定：「被繼承人死亡前因重病無法處理事務期間舉債或出售財產，而其繼承人對該項借款或價金不能證明其用途者，該項借款或價金，仍應列入遺產課稅。」此項規定，旨在兼顧繼承人之利益及認定課稅遺產之正確，為防止遺產稅之逃漏及維持課稅之公平所必要，並未增加法律所定人民之納稅義務，與憲法第十九條並無牴觸。至具體案件應稅遺產之有無，仍應依舉證責任分配之法則，分由稅捐稽徵機關或納稅義務人盡舉證責任，併予指明。

釋字第二二二號解釋　　（憲一五、一八、二三，中標二、五，證交三七，會計師一二）

七十七年二月十二日公布

財政部證券管理委員會於中華民國七十二年七月七日發布之「會計師辦理公開發行公

司財務報告查核簽證核准準則」，係證券交易法第三十七條第一項授權訂定之命令，其第二條規定：公開發行公司之財務報告，應由聯合會計師事務所之開業會計師二人以上共同查核簽證；第四條則對聯合會計師事務所組成之條件有所規定，旨在使會計師辦理公開發行公司財務報告查核簽證之制度，臻於健全。符合上開法律授權訂定之目的，為保護投資大眾、增進公共利益所必要，與憲法尚無牴觸。惟該準則制定已歷數年，社會環境及證券交易情形，均在不斷演變，會計師檢覈辦法亦經修正，前開準則關於檢覈免試取得會計師資格者，組成聯合會計師事務所之條件，與其他會計師不同之規定，其合理性與必要性是否繼續存在，宜由主管機關檢討修正，或逕以法律定之，以昭慎重，併予指明。

解釋理由書

財政部證券管理委員會依據證券交易法第三十七條第一項授權，於中華民國七十二年七月七日發布「會計師辦理公開發行公司財務報告查核簽證核准準則」，其第二條規定：「公開發行公司之財務報告，應由聯合會計師事務所之開業會計師二人以上共同查核簽證。」第四條規定：「一、聯合會計師事務所應由三人以上之開業會計師組成；其中應高等考試會計師及格或依會計師檢覈辦法檢覈面試及格者，不得少於二分之一；具有三年以上查帳經驗者，不得少於二人。二、助理人員總數不得少於九人；其中具有會計師法第十二條第一、二款資格或高等考試會計審計人員及格者，不得少於三分之二；會計研究所或大學會計系組畢業或高等考試會計師、會計審計人員及格者，不得少於三分之一。三、聯合會計師事務所之開業會計師，至少三人於最近二年度內未受證券交易法所定停止執行簽證之處分，或受會計師法所定停止執行業務之懲戒處分。四、聯合會計師事務所應具有共同之辦公處所。」旨在調和各會計師之學識經驗，提高簽證品質，強化其公信力，使會計師辦理公開發行公司財務報告查核簽證之制度，臻於健全，符合上開法律授權訂定之目的，為保護投資大眾、增進公共利益所必要，與憲法尚無牴觸。惟該準則制定已歷數年，社會環境及證券交易情形，均在不斷演變，會計師檢覈辦法亦經修正，前開準則關於檢覈免試取得會計師資格者，組成聯合會計師事務所之條件，與其他會計師不同之規定，其合理性與必要性是否繼續存在，宜由主管機關檢討修正，或逕以法律定之，以昭慎重，併予指明。

釋字第二二三號解釋　（憲二三，中標五，交通安全九三）

七十七年三月二十五日公布

金門戰地政務委員會七四擇建字第三二一七號函就金門地區行車速度所為之限制，其中有關該地區各路段行車速度，在郊外道路之時速，除限制為六十公里或五十公里者外，其他路段及戰備道不得超過四十公里之規定，乃為因應戰地特殊路況，維護交通安全所必要，與憲法尚無牴觸。

解釋理由書

按道路交通安全規則第九十三條第一項關於行車速度依標誌之規定，意在授權交通主管機關斟酌當地實際狀況，以標誌調整特定路段之行車速度，期能因地制宜，維護交通之安全，無標誌者，則不得超過同項各款之限制。金門戰地政務委員會七四擇建字第三二一七號函就金門地區行車速度所為之限制，其中有關該地區各路段行車速度，在郊外道號之時速，除限制為六十公里或五十公里者外，其他路段及戰備道不得超過四十公里之規定，仍在上開規定授權範圍之內，乃為因應戰地特殊路況，維護交通安全所必要，如當時未及樹立標誌，乃行政措施是否失當之問題，與憲法尚無牴觸。

釋字第二二四號解釋　　（憲七、一六、一九，稅徵三五～三九）

七十七年四月二十二日公布

稅捐稽徵法關於申請復查，以繳納一定比例之稅款或提供相當擔保為條件之規定，使未能繳納或提供相當擔保之人，喪失行政救濟之機會，係對人民訴願及訴訟權所為不必要之限制，且同法又因而規定，申請復查者，須於行政救濟程序確定後始予強制執行，對於未經行政救濟程序者，亦有欠公平，與憲法第七條、第十六條、第十九條之意旨有所不符，均應自本解釋公布之日起，至遲於屆滿二年時失其效力。在此期間，上開規定應連同稅捐之保全與優先受償等問題，通盤檢討修正，以貫徹憲法保障人民訴願、訴訟權及課稅公平之原則。

解釋理由書

稅捐稽徵法第三十五條至第三十八條第一項關於申請復查，以繳納一定比例之稅款或提供相當擔保為條件，及不服復查決定始得提起訴願、行政訴訟之規定，雖使部分稅款迅獲清償或擔保，但僅有資力之人，得享行政救濟之利益，而未能繳納一定比例之稅款或提供相當擔保者則喪失行政救濟機會。且同法又因而於第三十八條第三項及第三十九條規定，申請復查者，須於復查、訴願或行政訴訟確定後，始予強制執行，致申請復查者反可於繳納應繳稅款之半數或三分之一或提供相當擔保後，利用行政救濟程序，長期拖欠未繳部分或趁機隱匿財產，以逃漏其餘稅款，亦難達防止流弊之目的，

係對人民訴願及訴訟權所為不必要之限制，其中第三十九條之規定，對於未經行政救濟程序者，亦有欠公平，且與我國行政救濟制度不因提起救濟程序而停止原處分之原則不合，是上述規定有關解釋文所示部分與憲法第七條、第十六條、第十九條之意旨有所不符，均應自本解釋公布之日起，至遲於屆滿二年時失其效力。在此期間，上開規定，應連同稅捐之保全與優先受償等問題，通盤檢討修正，以貫徹憲法保障人民訴願、訴訟權及課稅公平之原則。

釋字第二二五號解釋　（憲一五，民訴八三）　　七十七年四月二十九日公布

民事訴訟係當事人請求司法機關確定其私權之程序，繳納裁判費乃為起訴之要件，原告於提起訴訟後撤回其訴，自應負擔因起訴而生之訴訟費用。民事訴訟法第八十三條第一項：「原告撤回其訴者，訴訟費用由原告負擔」之規定，與憲法第十五條尚無牴觸。

　　解釋理由書

民事訴訟係當事人為自己之利益，請求司法機關確定其私權之程序，自應由當事人負擔因此所生之費用，方稱公平，故我民事訴訟法採有償主義，以依民事訴訟費用法繳納定額之裁判費為起訴之要件，如起訴不備此項要件，經審判長定期命其補正，而未補正者，法院應依民事訴訟法第二百四十九條第一項第六款裁定駁回。雖此項裁判費及其他訴訟費用，法院為終局裁判時，應依職權裁判命敗訴之當事人或其他引起無益訴訟行為之人負擔，惟訴訟之終結非必經裁判，如原告於起訴後終局判決前，撤回其訴者，既仍得再行起訴，為防止原告濫行起訴，此項訴訟所生之費用，自應由引起訴訟之原告負擔。民事訴訟法第八十三條第一項：「原告撤回其訴者，訴訟費用由原告負擔」之規定，為增進公共利益所必要，與憲法第十五條尚無牴觸。

釋字第二二六號解釋　（工廠一，工廠施三，勞安衛二，臺灣省工廠工人退休規則三）　　　　　　　　　　　　　　　七十七年五月二十日公布

中華民國六十五年六月二十四日內政部發布施行之工廠法施行細則第三條規定：「本法所稱工人，係指受僱從事工作獲致工資者。」臺灣省政府於中華民國六十八年三月二十三日修正臺灣省工廠工人退休規則，其第三條所稱工人，與上開規定相同，並不以從事製造、加工、修理、解體等工作者為限，監察院來函所稱「事務性工人」，如係受僱主僱用而於工廠之作業場所或事業場所從事工作而獲致工資者，亦包括在內。

　　解釋理由書

工廠法所稱工人之含義，法令之規定前後寬嚴有異。按工廠法於中華民國二十一年十二月三十日修正公布時，工廠法施行條例亦於同日修正公布。該施行條例首條揭示：「工廠法第一條所稱工人，係指直接從事生產或輔助其生產工作之工人而言，其僱用員役與生產工作無關者不在此限」，對工人之定義，採取較嚴之規定。惟工廠法於中華民國六十四年十二月十九日再修正時，為適應工業發展之需要，擴大其適用範圍，將工廠法原第一條中之「平時僱用工人在三十人以上者」之限制刪除，改為：「凡用發動機器之工廠，均適用本法」；且於同日廢止已施行四十餘年之上述工廠法施行條例，於新修正之工廠法第七十六條，授權內政部訂定施行細則。中華民國六十五年六月二十四日，內政部基於此授權，發布工廠法施行細則，其第二條後段規定：「所稱工廠，係指凡僱用工人從事製造、加工、修理、解體等作業場所或事業場所。」並為貫徹母法之修正意旨，參照中華民國六十三年四月十六日公布之勞工安全衛生法第二條第一項，而於第三條明定：「本法所稱工人，係指受僱從事工作獲致工資者」，對工人之定義，改採較寬之規定。準此，凡受僱於雇主，在工廠之作業場所或事業場所（事務所）從事工作而獲致工資之工人均屬之，並不以從事製造、加工、修理、解體等工作者為限。臺灣省政府於中華民國六十八年三月二十三日修正臺灣省工廠工人退休規則，其第三條所稱工人，與上開工廠法施行細則第三條之規定相同。來函所稱之「事務性工人」亦包括在內。

釋字第二二七號解釋　　（動擔三八）　　　　　七十七年六月十七日公布

動產擔保交易法第三十八條之罪，係以動產擔保交易之債務人為犯罪主體，並不包括其保證人在內。

解釋理由書

依動產擔保交易法成立之交易，係屬要式行為，應以書面訂立契約，視其為動產抵押、附條件買賣或信託占有，分別載明其應記載之事項，此在該法第五條、第十六條、第二十七條及第三十三條規定甚明。孰為交易之債務人，即依此等契約之記載。至於保證契約，則為第三人與債權人訂立之從契約，並非要式行為。保證人雖負有保證債務，究僅為從屬於被保證之債務，其地位與債務人並不相同。該法第三十八條規定：「動產擔保交易之債務人，意圖不法之利益，將標的物遷移、出賣、出質、移轉、抵押或為其他處分，致生損害於債權人者，處三年以下有期徒刑、拘役或科或併科六千元以下之罰金。」法律既明文限制以債務人為犯罪主體，而未如同法第三十九條或第四十條兼

將第三人併列在內，顯係因特定之債務人關係而始成立之罪，保證人自不包括在內。除其有與債務人共同實施或教唆、幫助之情形，應依刑法第三十一條第一項規定以共犯論之外，不得單獨為該罪之犯罪主體。

釋字第二二八號解釋 （憲七、一六、二三、二四，國賠二、一三）

七十七年六月十七日公布

國家賠償法第十三條規定：「有審判或追訴職務之公務員，因執行職務侵害人民自由或權利，就其參與審判或追訴案件犯職務上之罪，經判決有罪確定者，適用本法規定。」係針對審判與追訴職務之特性所為之特別規定，尚未逾越立法裁量範圍，與憲法並無牴觸。

解釋理由書

憲法第二十四條規定：「凡公務員違法侵害人民之自由或權利者，除依法律受懲戒外，應負刑事及民事責任。被害人民就其所受損害，並得依法律向國家請求賠償。」據此而有國家賠償之立法，此項立法，自得就人民請求國家賠償之要件為合理之立法裁量。國家賠償法第二條第二項前段：「公務員於執行職務行使公權力時，因故意或過失不法侵害人民自由或權利者，國家應負損害賠償責任。」係國家就公務員之侵權行為應負損害賠償責任之一般規定。而同法第十三條：「有審判或追訴職務之公務員，因執行職務侵害人民自由或權利，就其參與審判或追訴案件犯職務上之罪，經判決有罪確定者，適用本法規定。」則係國家就有審判或追訴職務之公務員之侵權行為應負損害賠償責任之特別規定。

依現行訴訟制度，有審判或追訴職務之公務員，其執行職務，基於審理或偵查所得之證據及其他資料，為事實及法律上之判斷，係依其心證及自己確信之見解為之。各級有審判或追訴職務之公務員，就同一案件所形成之心證或見解，難免彼此有所不同，倘有心證或見解上之差誤，訴訟制度本身已有糾正機能。關於刑事案件，復有冤獄賠償制度，予以賠償。為維護審判獨立及追訴不受外界干擾，以實現公平正義，上述難於避免之差誤，在合理範圍內，應予容忍。不宜任由當事人逕行指為不法侵害人民之自由或權利，而請求國家賠償。唯其如此，執行審判或追訴職務之公務員方能無須瞻顧，保持超然立場，使審判及追訴之結果，臻於客觀公正，人民之合法權益，亦賴以確保。至若執行此等職務之公務員，因參與審判或追訴案件犯職務上之罪，經判決有罪確定時，則其不法侵害人民自由或權利之事實，已甚明確，非僅心證或見解上之差

誤而已，於此情形，國家自當予以賠償，方符首開憲法規定之本旨。

按憲法所定平等之原則，並不禁止法律因國家機關功能之差別，而對國家賠償責任為合理之不同規定。國家賠償法針對審判及追訴職務之上述特性，而為前開第十三條之特別規定，為維護審判獨立及追訴不受外界干擾所必要，尚未逾越立法裁量範圍，與憲法第七條、第十六條、第二十三條及第二十四條並無牴觸。

釋字第二二九號解釋　（憲一六，民訴一〇七、三八〇、五〇〇）

七十七年七月二十九日公布

一、民事訴訟法規定之訴訟救助制度，乃在使有伸張或防衛權利必要而無資力支出訴訟費用之人，仍得依法行使其訴訟權。又恐當事人濫用此項制度，進行無益之訴訟程序，徒增訟累，故於該法第一百零七條但書規定「但顯無勝訴之望者，不在此限」。此為增進公共利益所必要，與憲法第十六條並無牴觸。

二、訴訟上和解與確定判決有同一之效力，和解成立後請求繼續審判，將使已終結之訴訟程序回復，為維持法律秩序之安定，自應有期間之限制。民事訴訟法第三百八十條第三項，就同條第二項之請求繼續審判，準用第五百條提起再審之訴不變期間之規定，與憲法第十六條亦無牴觸。

解釋理由書

一、民事訴訟係當事人為自己之利益，請求司法機關確定其私權之程序，自應由當事人負擔因此所生之費用，方稱公平，故我民事訴訟法採有償主義，前經本院釋字第二二五號解釋之解釋理由書釋明在案。對於無資力支出訴訟費用之當事人，則設有訴訟救助制度，使其仍得為伸張或防衛權利而行使其訴訟權。惟依當事人之主張，就形式上觀察，為顯無勝訴可能之訴訟事件，如亦藉此制度進行無益之訴訟程序，則徒增訟累，自應有適當之限制，故民事訴訟法第一百零七條但書規定「但顯無勝訴之望者，不在此限」。此為增進公共利益所必要，與憲法第十六條並無牴觸。

二、訴訟上和解成立，不僅終結訴訟，且依民事訴訟法第三百八十條第一項規定，與確定判決有同一之效力。惟和解有無效或得撤銷之原因者，得依同條第二項規定請求繼續審判，繼續審判之請求有理由時，將使已終結之訴訟程序恢復，並於法院就原訴訟事件另為裁判確定後，原與確定判決有同一效力之和解，亦隨之喪失其效力，為維持法律秩序之安定，確保社會交易之安全，自應有期間之限制。民事訴訟法第三百八十條第三項，就同條第二項之請求繼續審判，準用第五百條提起再審之訴不變期間之

規定，即係本此意旨，與憲法第十六條亦無牴觸。

釋字第二三○號解釋　（憲一六，訴願一、二）　　　　七十七年八月五日公布

提起訴願，依訴願法第一條規定，以有行政處分存在為前提，行政處分之定義，同法第二條亦有明文規定。行政法院六十二年裁字第四十一號判例：「官署所為單純的事實敘述或理由說明，並非對人民之請求有所准駁，既不因該項敘述或說明而生法律上之效果，非訴願法上之行政處分，人民對之提起訴願，自非法之所許」，係前開訴願法條文之當然詮釋，與憲法第十六條並無牴觸。

解釋理由書

人民有訴願及訴訟之權，固為憲法第十六條所明定，惟行政爭訟之進行，仍應依有關法律之規定。訴願法第一條前段：「人民對於中央或地方機關之行政處分，認為違法或不當，致損害其權利或利益者，得依本法提起訴願、再訴願」。第二條第一項：「本法所稱行政處分，謂中央或地方機關基於職權，就特定之具體事件所為發生公法上效果之單方行政行為」。同條第二項：「中央或地方機關對於人民依法聲請之案件，於法定期限內應作為而不作為，致損害人民之權利或利益者，視同行政處分」。係規定訴願之提起，以有行政機關就特定之具體事件所發生公法上效果之行政處分或視同行政處分之情形存在為前提。又行政訴訟法第一條則以人民認為行政處分損害其權利，經依訴願程序請求救濟，仍不服其決定為提起行政訴訟之要件，前開規定乃採取類似行政爭訟制度國家之通例。行政法院六十二年裁字第四十一號判例稱：「官署所為單純的事實敘述或理由說明，並非對人民之請求有所准駁，既不因該項敘述或說明而生法律上之效果，非訴願法上之行政處分，人民對之提起訴願，自非法之所許」。係前開訴願法條文之當然詮釋，並未違背本院釋字第一五六號解釋意旨，亦未限制人民依訴願法應享之權利，與憲法第十六條自無牴觸。

釋字第二三一號解釋　（憲一六四，預算七五）　　　　七十七年十月七日公布

憲法第一百六十四條所謂「預算總額」，係指政府編製年度總預算時所列之歲出總額而言，並不包括因有緊急或重大情事而提出之特別預算在內。

解釋理由書

憲法第一百六十四條前段規定：「教育、科學、文化之經費，在中央不得少於其預算總額百分之十五，在省不得少於其預算總額百分之二十五，在市、縣不得少於其預算總

額百分之三十五」，其中所稱「預算總額」係指各級政府為平常施政而編製年度總預算時所列之歲出總額。此項年度總預算，政府於每一會計年度，各就其歲入、歲出全部彙總編成，且每一會計年度祇辦理一次。至特別預算，就現行預算制度而言，則以具有預算法第七十五條所列各款情事之一者，始得於年度總預算外提出之。此項因應緊急或重大情事而特別編製之預算，自不包括在前述預算總額之內。

釋字第二三二號解釋　　（土地二五，平均地權五六、五八）

七十七年十一月四日公布

公有土地參加依平均地權條例第五十八條之土地所有權人自行組織重劃會辦理市地重劃，其實質意義與主管機關依同條例第五十六條辦理市地重劃，而將公有土地核定屬重劃區範圍予以重劃同，係為實現憲法平均地權之政策而設，並非土地所有權人以自己之意思使權利發生變更之處分行為，自無土地法第二十五條之適用。

　　解釋理由書

依平均地權條例第五十六條至第五十八條規定，都市土地重劃，有由各級主管機關報經上級主管機關核准後辦理者，有由土地所有權人自行組織重劃會經主管機關核准後實施者。後一情形之重劃，乃國家為促進土地利用，擴大市地重劃，獎勵土地所有權人自行組織重劃會辦理市地重劃而設，以免主管機關依前一情形辦理重劃多所勞費，兩者均有公有土地夾雜在內之可能，其在手續上固有所不同，但在實質意義上則均為主管機關准否重劃之行政處分，旨在實現憲法平均地權之政策，促進土地利用效益，加速取得公共設施保留地。在後一情形之重劃，祇須重劃區內私有土地所有權人半數以上，而其所有土地面積超過重劃區私有土地總面積半數以上者之同意，並經主管機關核准即可；在前一情形之重劃，須有重劃地區內私有土地所有權人半數以上，而其所有土地面積超過重劃地區土地總面積半數者表示反對時，主管機關始應予調處，並參酌反對理由修訂重劃計畫書重行報請核定，公告實施，土地所有權人不得再提異議。其中所謂「同意」或「反對」，僅係私有土地所有權人，促使主管機關行使職權或重新斟酌之手段，而與公有土地無涉。且市地重劃交換分配之結果，依上開條例第六十二條前段規定：「市地重劃後，重行分配與原土地所有權人之土地，自分配結果確定之日起，視為其原有之土地」。就此交換分配言，乃係法律規定之效果，並非土地所有權人以自己之意思使權利發生變更之處分行為，亦至明顯。至於土地法第二十五條規定：「省市縣政府對於其所管公有土地，非經該管區內民意機關同意，並經行政院核准，

不得處分或設定負擔或為超過十年期間之租賃」，其所謂「處分」，係指基於土地所有權人自己之意思使權利發生變更之行為而言，並不包括上述參加市地重劃之情形在內；其規定應經「行政院核准」，亦與市地重劃依上開條例規定，由中央或地方主管機關核准者有別。從而公有土地參加上述後一情形之市地重劃，自無土地法第二十五條之適用。

釋字第二三三號解釋 （憲八，刑訴一〇八）　　　七十七年十二月九日公布

刑事訴訟法第一百零八條第一項關於法院裁定延長羈押之規定，與憲法第八條並無牴觸。

解釋理由書

按人民身體之自由應予保障，除現行犯之逮捕由法律另定外，非經司法或警察機關依法定程序，不得逮捕拘禁，憲法第八條第一項前段定有明文。人民因犯罪嫌疑經法院羈押者，為促使依法執行羈押人員審慎將事，刑事訴訟法第一百零八條第一項就羈押期間設有限制，其有繼續羈押必要者，許法院於期間未滿前，以裁定延長之，即為貫徹前開憲法條文之意旨。至憲法第八條第二項之規定，係指人民受法院以外機關之逮捕拘禁而言，不包括刑事訴訟法第一百零八條第一項之法院裁定延長羈押在內，故法院所為之羈押，不發生另以書面告知並據以聲請提審之問題。惟為確切保障人民身體自由，法院所為延長羈押之裁定應依照刑事訴訟法有關規定，及時使被告知悉，併予說明。

釋字第二三四號解釋 （憲一〇七、一四七，財劃一二）

七十八年三月三日公布

國稅與省稅、縣稅之劃分，依憲法第一百零七條第七款規定，由中央立法並執行之。財政收支劃分法第十二條第二項及第三項就有關營業稅與印花稅統籌分配之規定，符合憲法第一百四十七條謀求地方經濟平衡發展之意旨，與憲法並無牴觸。

解釋理由書

按國稅與省稅、縣稅之劃分，由中央立法並執行之；中央為謀省與省間、省為謀縣與縣間之經濟平衡發展，對於貧瘠之省縣應酌予補助，憲法第一百零七條第七款、第一百四十七條著有明文。而直轄於行政院之市，其地位與省相當，財政收支劃分法第十二條第一項規定營業稅及印花稅為省及直轄市稅；同條第二項及第三項復分別規定營

業稅及印花稅，在省應以其總收入百分之五十，由省統籌分配所屬之縣（市）（局）；在直轄市應以其總收入百分之五十，由中央統籌分配省及直轄市；旨在統籌中央及地方之財源，以謀求地方經濟之平衡發展。

營業稅與印花稅雖經劃分為省及直轄市稅，但在通常情形，工廠、礦場大多分布在省屬各縣市，關於教育、衛生、交通、警政及其他公益事項所需費用，勢必增加當地政府之負擔。因營業稅依規定得在總機構所在地繳納，印花稅在總機構所在地繳納情形亦屬較多，而總機構又多設在直轄市區內，致使工廠、礦場所在地之縣市，取得該類稅金較少。財政收支劃分法第十二條第二項及第三項之規定，即係透過統籌分配之方式，合理調劑省市之所得，使較為貧瘠之地區，亦可獲得正常之經濟發展，以達成全民生活均足之目標，符合憲法第一百四十七條之意旨。至憲法第一百零九條第一項第七款所稱由省立法並執行或交由縣執行之省稅，係指依國稅與省縣稅合理劃分之中央立法，已劃歸省自行分配者而言，財政收支劃分法第十二條第二項及第三項之規定，亦與上開憲法條文尚無牴觸。

釋字第二三五號解釋　　（憲九〇、一〇七，審計五）七十八年三月十七日公布

中華民國憲法採五權分立制度，審計權乃屬監察權之範圍，應由中央立法並執行之，此觀憲法第九十條及第一百零七條第十三款規定自明。隸屬於監察院之審計部於省（市）設審計處，並依審計法第五條辦理各該省（市）政府及其所屬機關財務之審計，與憲法並無牴觸。

　　解釋理由書

中華民國憲法採五權分立制度，監察院為國家最高監察機關，行使同意、彈劾、糾舉及審計權；而依憲法所定關於中央之事項，由中央立法並執行之，此觀憲法第九十條及第一百零七條第十三款規定自明。監察院為行使審計權設審計部，掌理監察院組織法第四條第一項各款所定之審計事項，審計權既屬於中央權限，審計部組織法第十四條規定：審計部於各省（市）設審計處，掌理各該政府及其所屬機關之審計事項。審計法第五條並規定：各省（市）政府及其所屬機關財務之審計，由各該省（市）審計處辦理之，均為建立隸屬於中央之統一審計體系，以監督各省（市）預算之執行所必要，與憲法並無牴觸。至憲法第一百十一條係指憲法第一百零七條至第一百十條未列舉之事項而言，審計權憲法已明定屬於中央之權限，自無適用該條之餘地。又中央在地方設置之審計機關，與地方民意機關行使審議決算之審核報告職權時之關係，依決

算法第三十一條規定,本應另以法律定之,僅在法律未制定前,準用現行決算法之規定而已,主管機關應在適當時期訂定地方決算法律,乃屬當然,併此指明。

釋字第二三六號解釋 （憲一五,土地二一九） 七十八年三月十七日公布

土地法第二百十九條規定:「徵收私有土地後,不依核准計畫使用,或於徵收完畢一年後不實行使用者,其原土地所有權人得照原徵收價額收回其土地。」所謂「不依核准計畫使用」或「不實行使用」,應依徵收目的所為土地使用之規劃,就所徵收之全部土地整體觀察之,在有明顯事實,足認屬於相關範圍者,不得為割裂之認定,始能符合公用徵收之立法本旨。行政法院六十八年判字第五十二號判例及行政院五十三年六月三十日臺五十三內四五三四號令,即係本此意旨,與憲法第十五條並不牴觸。

解釋理由書

按人民之財產權應予保障,憲法第十五條定有明文。惟基於憲法第二十三條、第一百零八條第一項第十四款及第一百四十三條第一項前段規定之意旨,國家為公用之需要,得依法徵收人民之土地。土地徵收後,需用土地人,即應在一定期限內,依照核准計畫實行使用,以防止徵收權之濫用,而保障人民私有土地權益。故土地法第二百十九條規定:「徵收私有土地後,不依核准計畫使用,或於徵收完畢一年後不實行使用者,其原土地所有權人得照原徵收價額收回其土地」。上述規定所謂「不依核准計畫使用」或「不實行使用」,應依徵收目的所為土地使用之規劃,就所徵收之全部土地整體觀察之,在有明顯事實,足認屬於相關範圍者,不得為割裂之認定,始能符合公用徵收之立法本旨。行政法院六十八年判字第五十二號(行政法院確定判決誤為六十九年判字第五十二號)判例:「土地法第二百十九條所謂『徵收私有土地後,不依核准計畫使用』,係對於所徵收土地之整體不依原核准計畫使用而言,若就徵收之土地已按原核准計畫逐漸使用,雖尚未達到該土地之全部,但與不依核准計畫使用之情形有間,應無該條之適用」。及行政院五十三年六月三十日臺五十三內四五三四號令:「需地機關是否已於徵收完畢一年後實行使用之認定,應以該項徵收土地之整體為準,而不能仍按徵收前之個別原所有權之各個地區以為認定已否實行使用之準據」各等語,即係本此意旨,與憲法第十五條並不牴觸。至徵收土地是否符合法定要件,其徵收之範圍有無逾越必需之限度,乃該徵收處分是否違法之問題;就所徵收之土地,於如何情形下,始為依核准計畫為整體之使用,乃具體案件事實認定事項;又原土地所有權人依土地法第二百十九條主張收回其土地,有無期間之限制,均不在本件憲法解釋範圍內,併此說明。

釋字第二三七號解釋　　（憲二三，票據一二八，營業稅一二，統一發票使用辦法一七）
七十八年三月十七日公布

支票本為支付證券，得代替現金使用。票據法第一百二十八條第二項雖規定：「支票在票載發票日前，執票人不得為付款之提示」。但票載日期後之支票，仍為見票即付，此觀同條第一項規定自明。財政部六十九年九月二十日修正之統一發票使用辦法第十七條規定：「依本法營業稅分類計徵標的表規定，凡以收款時為開立統一發票之期限者，其所受之遠期支票，得於票載發票日開立統一發票」，係顧及收受未屆票載發票日支票之營業人利益而設，符合當時之營業稅法第十二條第一項之立法意旨，與憲法第二十三條規定，並無牴觸。

　　解釋理由書

營利事業發生營業行為時，應依營業稅法第十二條規定開立統一發票。其以支票為價金之支付者，因支票本為支付證券，得代替現金使用。票據法第一百二十八條第二項雖規定：「支票在票載發票日前，執票人不得為付款之提示」。但票載日期屆至後之支票，仍為見票即付，此觀同條第一項規定自明。

買賣業開立統一發票，係採權責發生制，其開立時限原則上以發貨時為準，但發貨前已收貨款部分，應先行開立；營業稅分類計徵標的表定有明文。在此情形，若以未屆票載發票日之支票支付貨款者，支票既係代替現金使用，得作為支付貨款之工具，財政部於六十九年九月二十日修正之統一發票使用辦法第十七條（現行辦法第十六條）規定：「依本法營業稅分類計徵標的表規定，凡以收款時為開立統一發票之期限者，其所受之遠期支票，得於票載發票日開立統一發票」。因票載發票日屆至後之支票，仍為見票即付，則上述規定顯係顧及收受未屆票載發票日支票之營業人利益而設，符合當時之營業稅法第十二條第一項之立法意旨，與憲法第二十三條規定，並無牴觸。至聲請人指稱稅捐稽徵法第四十四條違憲之部分，實質上係對遲開統一發票是否違反該條規定及應否適用同法第四十八條之一之爭議，並非上述規定有何牴觸憲法之疑義，不在本件受理解釋之範圍，併此說明。

釋字第二三八號解釋　　（刑訴三七九、三八〇）　七十八年三月三十一日公布

刑事訴訟法第三百七十九條第十款所稱「依本法應於審判期日調查之證據」，指該證據在客觀上為法院認定事實及適用法律之基礎者而言。此種證據，未予調查，同條特明定其判決為當然違背法令。其非上述情形之證據，未予調查者，本不屬於上開第十款

之範圍，縱其訴訟程序違背法令，惟如應受同法第三百八十條之限制者，既不得據以提起第三審上訴，自不得為非常上訴之理由。中華民國二十九年二月二十二日最高法院民、刑庭總會議決議關於「訴訟程序違法不影響判決者，不得提起非常上訴」之見解，就證據部分而言，即係本此意旨，尚屬於法無違，與本院釋字第一八一號解釋，亦無牴觸。

解釋理由書

非常上訴，係為統一審判上法律之適用，而對審判違背法令之確定判決所設之特別救濟程序，除刑事訴訟法第三百九十四條外，並無準用第三審上訴程序之規定。依刑事訴訟法第四百四十一條規定，「判決確定後，發現該案件之審判係違背法令者，最高法院之檢察長得向最高法院提起非常上訴」。所謂「案件之審判係違背法令」，包括原判決違背法令及訴訟程序違背法令，後者係指判決本身以外之訴訟程序違背程序法之規定，與前者在實際上時相牽連，如判決前之訴訟程序違背法令，致適用法令違誤，而顯然於判決有影響者，為兼顧被告之利益，仍應認為原判決違背法令而有同法第四百四十七條第一項第一款規定之適用，經本院釋字第一八一號解釋釋明在案。刑事訴訟法第三百七十九條第十款規定：「依本法應於審判期日調查之證據而未予調查者」，其判決當然為違背法令，亦為判決前之訴訟程序違背法令。惟所稱「依本法應於審判期日調查之證據」，指事實審訴訟程序中已存在之證據，而在客觀上為法院認定事實及適用法律之基礎者而言。此種證據，未予調查，同條特明定其判決當然為違背法令。如在客觀上非認定事實及適用法律基礎之證據，既無調查之必要，則為避免訴訟程序延滯，影響公益，自得不予調查，此觀同法第一百七十二條之規定自明。此種未予調查之情形，本不屬於上開第十款之範圍，縱因法院未駁回其調查之聲請，致訴訟程序違背法令，惟如應受同法第三百八十條之限制者，既不得據以提起第三審上訴，自不得為非常上訴之理由。中華民國二十九年二月二十二日最高法院民、刑庭總會議決議關於「訴訟程序違法不影響判決者，不得提起非常上訴」之見解，就證據未踐行調查程序部分而言，即係本此意旨，尚屬於法無違，與本院釋字第一八一號解釋，亦無牴觸。至關於證據未調查致訴訟程序違背法令，是否為同法第三百八十條之限制範圍，乃個案判斷問題，併予說明。

釋字第二三九號解釋　　（憲一七二，中標一五，臺灣省內菸酒專賣暫行條例一）

七十八年五月十二日公布

中華民國四十二年七月七日公布施行之臺灣省內菸酒專賣暫行條例，係以當時包括高雄市在內之臺灣省所屬各縣市為施行區域，高雄市於六十八年七月一日改制為直轄市後，此項法律施行區域並未改變，在未依法定程序變更前，上開仍應繼續適用於改制後之高雄市。

　　解釋理由書

中華民國四十二年七月七日公布施行之臺灣省內菸酒專賣暫行條例係以當時包括高雄市在內之臺灣省所屬各縣市為施行區域，高雄市於六十八年七月一日改制為直轄市後，此項法律施行區域並未改變，在未依法定程序變更前，上開條例仍適用於改制後之高雄市，行政院臺六十八內字第六〇〇八號函發布之「高雄市改制後中央及地方法令規章適用及整理原則」，其第一項第二款所稱：中央法令冠有「臺灣省區」、「臺灣省內」、「臺灣省」名稱者，於改制後之高雄市繼續適用，就臺灣省內菸酒專賣暫行條例而言，符合該條例之立法原意，於中央法規標準法第十五條亦無違背，惟因行政區域變更，致法規名稱與施行區域不符者，宜由有關機關從速依法檢討修正，俾名實相符，併此指明。

釋字第二四〇號解釋　（憲一六、二三，民訴一六二）

七十八年五月十二日公布

民事訴訟法第一百六十二條第一項規定：「當事人不在法院所在地住居者，計算法定期間，應扣除其在途之期間。但有訴訟代理人住居法院所在地，得為期間內應為之訴訟行為者，不在此限」。其但書部分，乃為求當事人為訴訟行為之法定期間實際相同，於人民訴訟權之行使不生影響，與憲法第十六條、第二十三條並無牴觸。

　　解釋理由書

憲法第十六條所定人民之訴訟權，乃人民司法上之受益權，即人民於其權利受侵害時，有訴請救濟之權利，法院亦有依法審判之職責，惟此項權利，依憲法第二十三條之規定，為防止妨礙他人自由，避免緊急危難，維持社會秩序或增進公共利益所必要者，得以法律限制之。就民事訴訟法第四百四十條所定上訴期間之限制而言，乃在使當事人間權利義務關係得於上訴期間屆滿而無合法之上訴時確定。同法第一百六十二條第一項：「當事人不在法院所在地住居者，計算法定期間，應扣除其在途之期間。但有訴訟代理人住居法院所在地，得為期間內應為之訴訟行為者，不在此限」。係以當事人雖不在法院所在地住居，但有訴訟代理人住居法院所在地，且已依民事訴訟法第七十條

第一項但書受有為當事人提起上訴之特別委任者，則其於收受判決後，既有權斟酌應否於法定之不變期間內為當事人提起上訴，自不應扣除在途期間，立法意旨在使距離法院路程、交通情形不盡相同之當事人，及其在法院所在地有無得為訴訟行為之人，為訴訟行為之法定期間實際相同。乃為增進公共利益所必要，且於人民訴訟權之行使不生影響，自難謂與憲法第十六條、第二十三條有何牴觸。

釋字第二四一號解釋　　（憲一五、一九、一七二，平均地權四二，土稅三九）

七十八年五月二十六日公布

財政部中華民國六十六年七月二十五日臺財稅字第三四八一九號函稱：「在六十二年九月六日都市計畫法修正公布前經編為公共設施保留地，並已規定地價；但在該法修正公布後曾發生繼承移轉者，於被徵收時，不適用平均地權條例第四十二條第一項但書規定」，係基於都市計畫法修正公布後，已有因繼承而移轉之事實，於該土地被徵收時，既以繼承開始時之公告土地現值為計算土地漲價總數額之基礎，則其土地增值稅負在一般情形已獲減輕，故應依上開條例第四十二條第一項前段規定減徵土地增值稅百分之四十，不適用同條但書減徵土地增值稅百分之七十之規定。上開財政部函符合前述法條之立法意旨，於租稅法律主義及公平原則無違，並不牴觸憲法。

解釋理由書

國家因興辦公共事業之需要，得依法徵收私有土地，惟對於為公益而犧牲其權利之土地所有權人，除給予地價補償及其他補償費外，並斟酌情形給予相當之租稅優惠，以符公平原則。土地稅法第三十九條第一項及平均地權條例第四十二條第一項均規定：「被徵收之土地，其土地增值稅一律減徵百分之四十。但在中華民國六十二年九月六日都市計畫法修正公布前，經編定為公共設施保留地，並已規定地價，且在該次都市計畫法修正公布後未曾移轉者，其土地增值稅減徵百分之七十」，即係本於上述意旨。土地被徵收者，其土地漲價總數額之計算，通常係以被徵收時之公告土地現值，減去原規定地價或前次移轉現值為準，其經過繼承之土地，則以繼承開始時之公告土地現值作為前次移轉現值。又依上開法條規定，被徵收土地之土地增值稅，一般減徵率為百分之四十，其在中華民國六十二年九月六日都市計畫法修正公布後，未曾移轉者，因經過時間較久，徵收時之公告土地現值與原規定地價相差較大，特給予減徵百分之七十之優惠；其在前開日期以後，有繼承開始之事實者，屬於因繼承而移轉，依法已免徵土地增值稅，而徵收時之公告土地現值與前次移轉現值，在一般情形相差較小，

其稅負已獲減輕，故應依一般減徵率計算土地增值稅，不適用減徵百分之七十之規定。否則，反失其平。財政部中華民國六十六年七月二十五日臺財稅字第三四八一九號函，認為繼承亦屬土地移轉方式之一種，與財產權主體變更即為權利移轉之概念相符，其所稱：「在六十二年九月六日都市計畫法修正公布前經編為公共設施保留地，並已規定地價；但在該法修正公布後曾發生繼承移轉者，於被徵收時，不適用平均地權條例第四十二條第一項但書規定」，即係基於前述旨趣，符合首揭法條之立法意旨，於租稅法律主義及公平原則無違，並不牴觸憲法。

釋字第二四二號解釋　　（憲二二，民九八五、九九二）

七十八年六月二十三日公布

中華民國七十四年六月三日修正公布前之民法親屬編，其第九百八十五條規定：「有配偶者，不得重婚」；第九百九十二條規定：「結婚違反第九百八十五條之規定者，利害關係人得向法院請求撤銷之。但在前婚姻關係消滅後，不得請求撤銷」，乃維持一夫一妻婚姻制度之社會秩序所必要，與憲法並無牴觸。惟國家遭遇重大變故，在夫妻隔離，相聚無期之情況下所發生之重婚事件，與一般重婚事件究有不同，對於此種有長期實際共同生活事實之後婚姻關係，仍得適用上開第九百九十二條之規定予以撤銷，嚴重影響其家庭生活及人倫關係，反足妨害社會秩序，就此而言，自與憲法第二十二條保障人民自由及權利之規定有所牴觸。

解釋理由書

中華民國七十四年六月三日修正公布前之民法親屬編，其第九百八十五條規定：「有配偶者，不得重婚」，旨在建立一夫一妻之善良婚姻制度，其就違反該項規定之重婚，於第九百九十二條規定：「結婚違反第九百八十五條之規定者，利害關係人得向法院請求撤銷之。但在前婚姻關係消滅後，不得請求撤銷」，以資限制。此項規定，並不設除斥期間，乃在使撤銷權人隨時得行使其撤銷權，為維持一夫一妻婚姻制度之社會秩序所必要，與憲法並無牴觸。惟修正公布前民法親屬編未如修正公布後之第九百八十八條規定重婚為無效，則重婚未經撤銷者，後婚姻仍屬有效，而國家遭遇重大變故，在夫妻隔離，相聚無期，甚或音訊全無，生死莫卜之情況下所發生之重婚事件，有不得已之因素存在，與一般重婚事件究有不同，對於此種有長期實際共同生活事實之後婚姻關係，仍得適用上開第九百九十二條之規定予以撤銷，其結果將致人民不得享有正常婚姻生活，嚴重影響後婚姻當事人及其親屬之家庭生活及人倫關係，反足以妨害社會

秩序，就此而言，自與憲法第二十二條保障人民自由及權利之規定，有所牴觸。至此情形，聲請人得依本院釋字第一七七號及第一八五號解釋意旨，提起再審之訴，併予說明。

釋字第二四三號解釋　（憲一六，公服二、二四，公考八）

七十八年七月十九日公布

中央或地方機關依公務人員考績法或相關法規之規定，對公務員所為之免職處分，直接影響其憲法所保障之服公職權利，受處分之公務員自得行使憲法第十六條訴願及訴訟之權。該公務員已依法向該管機關申請復審及向銓敘機關申請再復審或以類此之程序謀求救濟，相當於業經訴願、再訴願程序，如仍有不服，應許其提起行政訴訟，方符有權利即有救濟之法理。行政法院五十一年判字第三九八號、五十三年判字第二二九號、五十四年裁字第十九號、五十七年判字第四一四號判例與上開意旨不符部分，應不再援用。至公務人員考績法之記大過處分，並未改變公務員之身分關係，不直接影響人民服公職之權利，上開各判例不許其以訴訟請求救濟，與憲法尚無牴觸。

行政法院四十年判字第十九號判例，係對公務員服務法第二條及第二十四條之適用，所為之詮釋，此項由上級機關就其監督範圍內所發布之職務命令，並非影響公務員身分關係之不利益處分，公務員自不得訴請救濟，此一判例，並未牴觸憲法。

解釋理由書

公務員之懲戒，依憲法第七十七條規定，屬於司法院職權範圍，司法院設有公務員懲戒委員會，為主管懲戒事項之司法機關。對於公務員所為具有懲戒性質之免職處分，不論其形式上用語如何，實質上仍屬懲戒處分，此項權限之行使及其救濟程序如何規定，方符憲法之意旨，應由有關機關通盤檢討，而為適當之調整。

因公務員身分受行政處分得否提起行政爭訟，應就處分之內容分別論斷，業經本院釋字第一八七號及第二〇一號解釋闡釋在案，中央或地方機關依公務人員考績法或公立學校教職員成績考核辦法，對公務員所為之免職處分，直接影響其憲法所保障服公職之權利，在相關法律修正前，受處分之公務員自得行使憲法第十六條訴願及訴訟之權，於最後請求司法機關救濟。

受免職處分之公務員已依法向該管機關申請復審及向銓敘機關申請再復審，或以類此之程序謀求救濟者，相當於業經訴願、再訴願程序，如仍認為原處分、再復審核定或類似之決定違法損害其權利，應許其提起行政訴訟，方符有權利即有救濟之法理。行

政法院五十一年判字第三九八號判例：「依訴願法第一條規定，提起訴願，唯人民對於中央或地方官署所為不當或違法之處分致損害其權利或利益者，始得為之。至各級公務人員以公務員身分所受主管官署之懲戒處分，則與以人民身分因官署處分而受損害者有別，自不得對之提起訴願。」五十三年判字第二二九號判例：「公務員以公務員身分受行政處分，純屬行政範圍，非以人民身分因官署處分受損害者可比，不能按照訴願程序提起訴願，原告現雖解職，已無公務人員身分，但該項處分既係基於原告之公務人員關係而發生，自仍不能視其為人民受官署之處分而許其對之提起訴願。」五十四年裁字第十九號判例：「行政訴訟之提起，須以官署對人民之處分違法，致損害其權利，經過訴願再訴願而不服其決定者，始得為之。原告以公務人員身分，而受主管官署人事行政上之處分，顯與以人民身分受官署違法處分而損害其權利之情形有別，除有正當理由得向該管監督官署呈請糾正外，自不得依行政訴訟程序以求救濟，且考試院秘書處之通知，亦並非適用訴願程序所為之訴願決定，乃原告遽向本院提起行政訴訟，其起訴自非合法。」五十七年判字第四一四號判例：「公務人員以公務員身分受主管官署或上級官署之處分，純屬人事行政範圍，與以人民身分受官署之處分有別，不得對之提起訴願」。均未分別行政處分之內容，一概限制公務員依法提起訴願及行政訴訟之權利，上開各判例與前述意旨不符部分，應不再援用。至依公務人員考績法僅記大過之處分，並未改變公務員之身分關係，不直接影響人民服公職之權利，上開各判例不許其以訴訟請求救濟，與憲法尚無牴觸。

行政法院四十年判字第十九號判例：「公務員之身分與人民身分不同，下級公務員對於該管上級官署，就其監督範圍內所發布之命令，有服從之義務，不得援引訴願法提起訴願。依法令委任之中小學教職員，受有俸給者，為公務員服務法上之公務員，聘任之教職員則否。」係對公務員服務法第二條及第二十四條之適用，所為之詮釋，此項由上級機關就其監督範圍內所發布之職務命令，並非影響公務員身分關係之不利益處分，公務員自不得訴請救濟，此一判例並未牴觸憲法。

釋字第二四四號解釋　（憲一六，民訴四九六）　七十八年七月二十六日公布

行政法院五十五年度裁字第三十六號判例，認法律上之見解，非為中華民國五十七年二月一日修正前民事訴訟法第四百九十二條第一項第十一款所稱之證物，不得據以提起再審之訴，與憲法並無牴觸。惟民事訴訟法及行政訴訟法於五十七年二月一日及六十四年十二月十二日相繼修正後，已將確定判決適用法規顯有錯誤，列為再審理由，

併予指明。

解釋理由書

按提起再審之訴，乃對於確定終局判決聲明不服之程序，為顧及法律秩序之安定性，自應作相當之限制。行政法院五十五年度裁字第三十六號判例稱：「依司法院大法官會議議決釋字第一一○號及司法院院字第二七○四號解釋所示意旨，原祇謂需用土地人不依規定期限繳交補償地價及其他補償費時，原徵收土地核准案應解為從此失其效力，並不解為原徵收處分因此認為違法，且此種法律上之見解，亦不能認為民事訴訟法第四百九十二條第一項第十一款所稱之證物，尤非同條項第九款所指之確定裁判或行政處分及第十款所指之確定判決或和解調解可比。再審原告提起本件再審之訴，原不具備法定再審之原因，且距原判決送達時已逾年餘之久，自亦無從主張提起再審之訴之不變期間可自事由發生或知悉時起算，其遲行提起再審之訴，自難認為合法。」此項判例之主要意旨，乃在揭示法律上之見解，與以物之存在或狀態為資料之物證有別，不得以之作為發見未經斟酌之證物而提起再審之訴，並非不許依法定再審理由提起再審之訴，與憲法自無牴觸。惟民事訴訟法及行政訴訟法於中華民國五十七年二月一日及六十四年十二月十二日相繼修正後，已將確定判決適用法規顯有錯誤，列為再審理由，併予指明。

釋字第二四五號解釋　　（刑四一，刑訴三○九、四八四）

七十八年七月二十八日公布

受刑人或其他有異議權人對於檢察官不准易科罰金執行之指揮認為不當，依刑事訴訟法第四百八十四條向諭知科刑裁判之法院聲明異議，法院認為有理由而為撤銷之裁定者，除依裁定意旨，得由檢察官重行為適當之斟酌外，如有必要法院自非不得於裁定內同時諭知准予易科罰金，此與本院院解字第二九三九號及院字第一三八七號解釋所釋情形不同。

解釋理由書

刑法第四十一條易科罰金之換刑處分應否准許，依刑事訴訟法第四百五十七條之規定，固由檢察官指揮之，而屬於檢察官之職權。惟檢察官指揮執行如有不當，為保障受刑人之利益，刑事訴訟法第四百八十四條、第四百八十六條分別規定：「受刑人或其法定代理人或配偶以檢察官執行之指揮為不當者，得向諭知該裁判之法院聲明異議」；「法院應就異議之聲明裁定之」。法律既規定此項異議歸由法院裁定，又未限制法院之裁定

內容，則受刑人或其他有異議權人對於檢察官不准易科罰金執行之指揮聲明異議，經法院認為異議有理由而為撤銷檢察官指揮之裁定者，除依裁定意旨，得由檢察官重行為適當之斟酌外，如有必要法院自非不得於裁定內同時諭知准予易科罰金，以達救濟目的。此與同法第四百一十六條，關於法院得撤銷或變更檢察官處分之規定，具有同一之法律上理由。

至本院院解字第二九三九號解釋所謂：「此項易科罰金，如推事於宣示判決後，逕命被告繳納並黏貼司法印紙，自難認為合法之執行，至判決書僅於理由內說明被告應為易科罰金，檢察官執行時，自不受其拘束」，旨在釋示判決之執行為檢察官之職權，執行是否顯有困難，由檢察官就執行時之事實斟酌之。又本院院字第一三八七號解釋「刑法第四十一條之易科罰金，法院祇須依刑事訴訟法第三百零一條第二款於判決主文中諭知其折算標準，無庸就執行有無困難預為認定」，亦係釋示得否易科罰金，應就執行時之事實斟酌之。此與執行異議程序，法院為撤銷檢察官指揮之裁定，得同時准予易科罰金之情形不同。

釋字第二四六號解釋　（憲八三，公俸一、五，公保二四，公保施一五，公退八，公撫四）　　　　　　　　　　　　　　　七十八年九月二十九日公布

公務人員之退休及養老，依法固有請領退休金及保險養老給付之權利，惟其給付標準如何，乃屬立法政策事項，仍應由法律或由法律授權之命令定之。公務人員退休法第八條第二項就同條第一項所稱「其他現金給與之退休金應發給數額，授權考試院會同行政院定之」。公務人員保險法第二十四條授權訂定之同法施行細則第十五條第一項規定「本法第八條及第十四條所稱被保險人每月俸給或當月俸給，暫以全國公教人員待遇標準支給月俸額為準」，而中華民國七十年六月十二日行政院訂頒之全國軍公教人員待遇支給辦法第七條則對工作津貼及軍職幹部服勤加給、主官獎助金，不列入退休（役）保險俸額內計算，以及不服勤人員不予支給加以規定，乃係斟酌國家財力、人員服勤與否或保險費繳納情形等而為者，尚未逾越立法或立法授權之裁量範圍，與憲法並無牴觸。至行政院臺五十九人政肆字第一七八九七號函載「因案停職人員在停職期間，既未正式服勤，關於停職半薪及復職補薪，均不包括工作補助費計支」，則係兼顧有服勤工作始應支給補助費之特性所為之說明，與憲法亦無牴觸。

　　解釋理由書

國家基於憲法第八十三條規定之意旨，制定法律，建立公務人員退休及養老制度。公

務人員依法固有請領退休金及保險養老給付之權利，惟其給付標準如何，乃屬立法政策事項，仍應由法律或由法律授權之命令定之。公務人員退休法第八條第二項就同條第一項所稱「其他現金給與」之退休金應發給數額，授權考試院會同行政院定之。公務人員保險法第二十四條授權訂定之同法施行細則第十五條第一項規定：「本法第八條及第十四條所稱被保險人每月俸給或當月俸給，暫以全國公教人員待遇標準支給月俸額為準」；公務人員俸給法於中華民國七十五年七月十六日修正前後，關於公務員之各種加給及俸點折算俸額標準，亦均有授權主管機關訂定之規定，行政院為實施此項法律，於中華民國七十年六月十二日修正發布全國軍公教人員待遇支給辦法，其第七條則對工作津貼及軍職幹部服勤加給、主官獎助金，不列入退休（役）保險俸額內計算，以及對於不服勤人員不予支給加以規定；銓敘部並曾先後作相關函示（銓敘部（六七）臺楷特二字第〇五七九號函、（六八）臺楷特三字第二三四八三號函）；均係斟酌國家財力、人員服勤與否或為計算養老給付基礎之保險費繳納情形等而為者，得視國民經濟狀況而調整，並非一成不變，尚未逾越立法或立法授權之裁量範圍，與憲法並無牴觸。至行政院臺五十九人政肆字第一七八九七號函載「因案停職人員在停職期間，既未正式服勤，關於停職半薪及復職補薪，均不包括工作補助費計支」，則係兼顧因工作而支給補助費之特性所為之說明，與憲法亦無牴觸。

釋字第二四七號解釋　（憲一九，所得稅八〇、一〇三、一一〇，稅徵二一、三〇）　　　　　　　　　　　　　　　七十八年十月二十七日公布

稽徵機關已依所得稅法第八十條第二項核定各該業所得額標準者，納稅義務人申報之所得額，如在上項標準以上，依同條第三項規定，即以其原申報額為準，旨在簡化稽徵手續，期使徵納兩便，並非謂納稅義務人申報額在標準以上者，即不負誠實申報之義務。故倘有匿報、短報或漏報等情事，仍得依所得稅法第一百零三條、第一百一十條，稅捐稽徵法第二十一條及第三十條等規定，調查課稅資料，予以補徵或裁罰。財政部發布之營利事業所得稅結算申報書面審核案件抽查辦法、營利事業所得稅結算申報查核準則及中華民國五十九年五月十八日臺財稅字第二三七九八號令即係為執行該等法律之規定而訂定，就此而言，與憲法尚無牴觸。惟前述抽查辦法第三條、第四條，查核準則第二條及上開令示，與所得稅法第八十條第三項之規定，文義上易滋誤解，應予檢討修正。

解釋理由書

所得稅法第八十條規定：「稽徵機關接到結算申報書後，應派員調查，核定其所得額及應納稅額。前項調查稽徵機關得視當地納稅義務人之多寡，採分業抽樣調查方法，核定各該業所得額之標準。納稅義務人申報之所得額如在前項規定標準以上，即以其原申報額為準，如不及前項規定標準者，應再個別調查核定之」。旨在解決稽徵機關逐案調查之困難，使其得依結算申報書核定納稅義務人所得額，以簡化稽徵手續，而期徵納兩便，並非謂納稅義務人申報額在標準以上者，即不負誠實申報之義務。故倘有匿報、短報或漏報等情事，仍得依所得稅法第一百零三條、第一百一十條、稅捐稽徵法第二十一條及第三十條等規定，調查課稅資料，予以補徵或裁罰。財政部發布之營利事業所得稅結算申報書面審核案件抽查辦法、營利事業所得稅結算申報查核準則及中華民國五十九年五月十八日臺財稅字第二三七九八號令即係為執行該等法律之規定而訂定，就此而言，與憲法尚無牴觸。

前述營利事業所得稅結算申報書面審核案件抽查辦法第三條及第四條、營利事業所得稅結算申報查核準則第二條，對營利事業申報所得額達各該業所得額標準者，均有實施審查及抽查之字樣；又前述財政部五十九年臺財稅字第二三七九八號令，指示所屬稽徵機關，對申報之所得額已達各該業所得額標準者，應予以書面審核，如項目及數額與規定不符，並予以調整，雖係為防止不實申報所作之規定，但易使人誤以為稽徵機關對所得稅法第八十條第三項前段所稱「納稅義務人申報之所得額如在前項規定標準以上，即以其原申報額為準」之案件，不問有無事實足認其有逃漏稅情事，均得以推測方式逕行調整或變更納稅義務人申報之所得額，在文義上易滋誤解，應予以檢討修正。

釋字第二四八號解釋　　（憲一九，營業稅一三、一七、二四、四○）

七十八年十一月二十四日公布

財政部於中華民國七十三年五月一日核定發布之小規模營利事業營業稅查定作業要點、小規模營利事業查定課徵營業稅費用標準及小規模營利事業查定課徵營業稅專用費用率，係依據中華民國六十九年六月二十九日修正公布施行之營業稅法第十七條而訂定。該法於中華民國七十四年十一月十五日修正公布，並於次年四月一日施行後，財政部另又依據該法第四十條第三項合併訂定營業稅特種稅額查定辦法一種。均係用「費用還原法」，依營業費用除以費用率之計算公式，推計銷售額據以課稅。以簡化對於小規模營業人之課稅手續，既已兼顧不同地區之不同經濟情形，以期切合實際，而

小規模營業人如不願依此特種方法計算稅額，仍得自行申請依一般方法計算稅額，符合租稅公平原則。是上開法令與憲法並無牴觸。

解釋理由書

憲法第十九條規定「人民有依法律納稅之義務」。並未限制法律規定於特定情形下以推計核定方法課稅，前經本院釋字第二一八號解釋闡明其旨。中華民國六十九年六月二十九日修正公布之營業稅法第十七條規定：「第十二條第三項規定規模狹小、交易零星之營利事業，及其他依照財政部規定免予申報營業額之營利事業，由主管稽徵機關依各該業營業狀況，釐訂稅級，根據調查之資料予以查定，每三個月定額課徵一次。前項查定計算公式，由各省（市）政府訂定，報由財政部核定之。」嗣該法於中華民國七十四年十一月十五日修正公布，並於次年四月一日施行，其第十三條第二項規定：「前項小規模營業人，指第十一條、第十二條所列各業以外之規模狹小、平均每月銷售額未達財政部規定標準而按查定課徵營業稅之營業人。」第四十條第一項、第三項分別規定「依第二十一條規定，查定計算營業稅額之典當業及依第二十三條規定，查定計算營業稅額之營業人，由主管稽徵機關查定其銷售額及稅額，每三個月填發繳款書通知繳納一次。」、「前二項查定辦法，由財政部定之」。均屬法律於特定情形下以推計核定方法課稅之規定。財政部依此有關規定，先後於中華民國七十三年五月一日核定發布小規模營利事業營業稅查定作業要點、小規模營利事業查定課徵營業稅費用標準及小規模營利事業查定課徵營業稅專用費用率，及中華民國七十五年七月七日隨營業稅之修正而合併訂定營業稅特種稅額查定辦法一種。前後規定一貫，可相繼適用，即均係用「費用還原法」，依營業費用除以費用率之計算公式，推計銷售額，而據以依法定稅率課稅，以簡化對於小規模營業人之課稅手續。其中營業費用標準，依該查定辦法第五條第三項規定，省（市）主管稽徵機關應視轄區經濟發展情形，按地段或行政區域，擬定等級評定表，報財政部備案，以資兼顧而期切合實際；而小規模營業人如不願依此特種方法計算稅額，並得依前述七十四年十一月十五日修正公布之營業稅法第二十四條第一項「小規模營業人及其他經財政部規定免予申報銷售額之營業人，得申請依照本章第一節規定計算其營業稅額，並依第三十五條規定申報繳納」之規定，自行申請依一般方法計算稅額，使與一般營業人申報繳納之方法完全相同，符合租稅公平原則。是上開法令，自與憲法並無牴觸。至統一發票給獎辦法第八條，並未為確定終局裁判所適用，應不予解釋，合併指明。

釋字第二四九號解釋　　（憲八，刑訴一七八）　　七十八年十一月二十四日公布

告發人為刑事訴訟當事人以外之第三人，法院如認為有命其作證之必要時，自得依刑事訴訟法第一百七十八條關於證人之規定傳喚之，無正當理由而不到場者，並得加以拘提，強制其到場作證，以達發見真實之目的。基此，本院院字第四十七號解釋，認對告發人得適用當時之刑事訴訟法第九十五條即現行刑事訴訟法第一百七十八條之規定辦理，與憲法並無牴觸。

　　解釋理由書

證人係依法院之命，在訴訟上陳述其見聞事實之第三人。此項見聞事實為發見真實之重要根據，且有不可替代性。除法律有特別規定外，不問何人於訴訟程序上，均有作證之義務。是故刑事訴訟法第一百七十八條第一項規定：「證人經合法傳喚，無正當理由而不到場者，得科以五十元以下之罰鍰，並得拘提之；再傳不到者亦同」。俾藉訊問證人而達發見真實之目的。此為維持社會秩序，增進公共利益所必要。告發人為刑事訴訟當事人以外之第三人，法院如於訴訟程序中認有命其陳述見聞事實之必要時，自得以其為證人而依上開規定辦理。本院院字第四十七號解釋，認對告發人得適用當時之刑事訴訟法第九十五條即現行刑事訴訟法第一百七十八條之規定，與憲法並無牴觸。

釋字第二五〇號解釋　　（憲一四〇，兵役二五）　　七十九年一月五日公布

憲法第一百四十條規定：「現役軍人不得兼任文官」，係指正在服役之現役軍人不得同時兼任文官職務，以防止軍人干政，而維民主憲政之正常運作。現役軍人因故停役者，轉服預備役，列入後備管理，為後備軍人，如具有文官法定資格之現役軍人，因文職機關之需要，在未屆退役年齡前辦理外職停役，轉任與其專長相當之文官，既與現役軍人兼任文官之情形有別，尚難謂與憲法牴觸。惟軍人於如何必要情形下始得外職停役轉任文官，及其回役之程序，均涉及文武官員之人事制度，現行措施宜予通盤檢討，由法律直接規定，併此指明。

　　解釋理由書

憲法第一百四十條規定：「現役軍人不得兼任文官」，係指正在服役之現役軍人不得同時兼任文官職務，旨在防止軍人干政，以維民主憲政之正常運作，至已除役、退伍或因停役等情形而服預備役之軍人，既無軍權，自無干政之虞。

依陸海空軍軍官服役條例第十二條第一項第六款、同條例施行細則第九條第一項第八款及第二項規定，常備軍官在現役期間，經核准任軍職以外之公職者，自核准之日起

為外職停役。外職停役人員係服預備役，經層報國防部核定後，通知後備軍人管理機關列入後備管理。依兵役法第二十五條第一款規定，是項停役人員為後備軍人，已無現役軍人身分。如具有文官法定資格之現役軍人，因文職機關之需要，在未屆退役年齡前辦理外職停役，轉任與其專長相當之文官，與現役軍人兼任文官之情形有別，尚難謂與首開憲法規定有何牴觸。

現行陸海空軍軍官服役條例僅有「停役」之規定，並未直接規定「外職停役」，「外職停役」一詞，見之於該條例施行細則第九條第一項第八款、第十條、第十二條等有關規定，而外職停役人員轉任文官後，又得回服現役或晉任軍階，易滋文武不分之疑慮，且軍人於如何必要情形下，始得以外職停役方式轉任文官，其停役及回役之程序如何，均涉及文武官員之人事制度，現行措施宜本憲法精神通盤檢討改進，由法律直接規定，併此指明。

釋字第二五一號解釋　（憲八，違警罰法二八）　　七十九年一月十九日公布

違警罰法規定由警察官署裁決之拘留、罰役，係關於人民身體自由所為之處罰，應迅改由法院依法定程序為之，以符憲法第八條第一項之本旨，業經本院於中華民國六十九年十一月七日作成釋字第一六六號解釋在案。依違警罰法第二十八條規定所為「送交相當處所，施以矯正或令其學習生活技能」之處分，同屬限制人民之身體自由，其裁決由警察官署為之，亦與憲法第八條第一項之本旨不符，應與拘留、罰役之裁決程序，一併改由法院依法定程序為之。前述解釋之拘留、罰役及本件解釋之處分裁決程序規定，至遲應於中華民國八十年七月一日起失其效力，並應於此期限前修訂相關法律。本院釋字第一六六號解釋應予補充。

　　解釋理由書

按人民身體之自由，應予保障，除現行犯之逮捕由法律另定外，非經司法或警察機關依法定程序不得逮捕拘禁，非由法院依法定程序不得審問處罰，憲法第八條第一項定有明文。違警罰法所定之違警罰中，由警察官署裁決之拘留、罰役，係關於人民身體自由所為之處罰，應迅改由法院依法定程序為之，以符上開憲法規定之本旨，前經本院於中華民國六十九年十一月七日作成釋字第一六六號解釋公布在案。

違警罰法第二十八條規定：「因遊蕩或懶惰而有違警行為之習慣者，得加重處罰。並得於執行完畢後，送交相當處所，施以矯正或令其學習生活技能」。其所謂送交相當處所，施以矯正或令其學習生活技能，係附隨於違警罰之一種處分，同屬限制人民之身體自

由。此種處分由警察官署逕為裁決，依前述解釋之同一理由，亦不符憲法第八條第一項之本旨，應與拘留、罰役之裁決程序，一併改由法院依法定程序為之。前述解釋之拘留、罰役及本件解釋之處分裁決程序規定，至遲應於中華民國八十年七月一日起失其效力，並應於此期限前修訂相關法律。本院釋字第一六六號解釋應予補充。

釋字第二五二號解釋　（憲一九，稅徵一、四四，營業稅三二、四八）

七十九年二月十六日公布

財政部中華民國六十九年八月八日（六九）臺財稅字第三六六二四號函，認為營利事業銷售貨物，不對直接買受人開立統一發票，而對買受人之客戶開立統一發票，應依稅捐稽徵法第四十四條規定論處。此項命令，核與上述法律規定，係為建立營利事業正確課稅憑證制度之意旨相符，與憲法尚無牴觸。

解釋理由書

憲法第十九條規定，人民有依法律納稅之義務。國家為促使人民誠實履行上述義務，達成稅負公平之目的，自得採取必要措施，以防止逃漏稅。中華民國七十九年一月二十四日修正公布前之稅捐稽徵法第四十四條規定：「營利事業依法規定應給予他人憑證而未給予，或應自他人取得憑證而未取得者，應就其未給予憑證或未取得憑證，經查明所漏列之金額，處百分之五罰鍰。」係為使營利事業據實給予或取得憑證，俾交易前後手稽徵資料臻於翔實，以建立正確課稅憑證制度，乃實現憲法第十九條意旨所必要。上述稅捐稽徵法第四十四條所謂「依法」，係指依營業稅法第三十二條第一項：「營業人銷售貨物或勞務，應依本法營業人開立銷售憑證時限表規定之時限，開立統一發票交付買受人」之規定而言（舊營業稅法第十二條第一項：「營利事業發生營業行為時，應依本法分類計徵標的表規定之時限，開立統一發票交付買受人」）。而所謂「他人」，則指貨物或勞務之直接買受人或直接銷售人，非指直接買受人或直接銷售人以外之他人。據此，營利事業未依「營業人開立銷售憑證時限表」（舊營業稅法分類計徵標的表）之規定，給予「直接買受人」憑證或自「直接銷售人」取得憑證，即構成稅捐稽徵法第四十四條之違法行為。

財政部中華民國六十九年八月八日（六九）臺財稅字第三六六二四號（臺灣高等法院七十六年度財抗字第八四八號刑事裁定誤寫為第三六六三四號）函釋示，某股份有限公司於六十六年度銷售合板予經銷商時，未依規定開立發票予該經銷商，而以該經銷商之客戶之名義開立統一發票，應依稅捐稽徵法第四十四條規定論處。此項命令，核

與前述法律規定之意旨相符，並未擴張適用，與憲法尚無牴觸。稅捐稽徵法第一條規定：「稅捐之稽徵，依本法之規定；本法未規定者，依其他有關法律之規定」。故稅捐稽徵法與其他稅法規定不相同時，應優先適用稅捐稽徵法。且營業稅法第四十八條有關「營業人開立統一發票應行記載事項未依規定或所載不實」之規定，則係指營業人已依營業稅法第三十二條規定開立統一發票交付買受人，惟其應行記載事項未依規定記載或所載不實，如應書立抬頭而未書立，或應填寫買受人統一編號而未填寫等情形而言，並不包括對於直接買受人不給予憑證之情形在內，更無優先適用營業稅法之問題，併此說明。

釋字第二五三號解釋 （憲一五，強執九一、九二） 七十九年三月二日公布

司法院七十一年十月十八日修正發布之辦理強制執行事件應行注意事項，其中第五十則㈤關於拍賣不動產期日通知書，應記載：「於再行拍賣期日前，債權人聲明願負擔再行拍賣之費用者，仍得照前次拍賣之最低價額承受之」之規定，係依強制執行法第九十一條及第九十二條意旨所為，乃在求人民權利之從速實現，與憲法尚無牴觸。

解釋理由書

司法行政機關所發司法行政上之命令，如經法官於裁判上引用者，當事人得聲請本院大法官會議解釋，業經本院以釋字第二一六號解釋在案，前開辦理強制執行事件應行注意事項，係司法行政機關所發之司法行政上注意命令，既經法官於裁判上引用，依上述解釋意旨，在程序上應予受理。強制執行法第九十一條規定：「拍賣之不動產，無人應買或應買人所出之最高價未達拍賣最低價額，而債權人願承受者，執行法院應依該次拍賣所定之最低價額，將不動產交債權人承受，並發給權利移轉證書，其不願承受或依法不得承受者，由執行法院定期再行拍賣」。「依前項規定再行拍賣時，執行法院應酌減拍賣最低價額，酌減數額不得逾百分之二十」。同法第九十二條規定：「再行拍賣期日，無人應買或應買人所出之最高價，未達於減定之拍賣最低價額者，準用前條之規定；如再行拍賣，其酌減數額，不得逾減定之拍賣最低價額百分之二十」。依上述規定，再行拍賣期日最低價額，應較前次拍賣最低價額為低。

司法院七十一年十月十八日修正發布之辦理強制執行事件應行注意事項，其中第五十則㈤關於拍賣不動產期日通知書，應記載：「於再行拍賣期日前，債權人聲明願負擔再行拍賣之費用者，仍得照前次拍賣之最低價額承受之」之規定，即係因在通常情形，前次拍賣之最低價額，恆較再行拍賣之價額為高，符合上開法律意旨，乃在求債權人

權利之從速實現，並兼顧債務人之利益，與憲法保障人民財產權之本旨，尚無牴觸。前開規定，於兩次拍賣期日相距不久，而再行拍賣期日前，物價平穩之通常情形下，固無不妥，惟物價於此期間內如大幅上漲，若不另行估價拍賣，又無承受之確定期間，即難免有承受價額較市價偏低之可能。有關法令，自應斟酌此項異常狀況檢討修正，併此說明。

釋字第二五四號解釋　　（國大組四）　　　　　　七十九年三月十六日公布

國民大會組織法第四條規定之宣誓，係行使職權之宣誓，業經本院釋字第一九九號解釋釋示在案，國民大會代表未為宣誓或故意不依法定方式及誓詞完成宣誓者，自不得行使職權。本院上開解釋，應予補充。

　　解釋理由書

本件聲請機關係以其對本院釋字第一九九號解釋，尚有疑義，聲請補充解釋，揆諸本院釋字第二十七號解釋意旨，並參照釋字第八十二號、第一百四十七號、第一百六十五號等解釋理由，應予受理，合先說明。

國民大會代表之宣誓，依中華民國憲法第三十四條授權制定之國民大會組織法第四條規定：「國民大會代表，於國民大會舉行開會式時，應行宣誓，其誓詞如左：某某謹以至誠，恪遵憲法，代表中華民國人民依法行使職權，謹誓，國民大會代表宣誓後，應於誓詞簽名」，旨在使宣誓人鄭重公開表示其恪遵憲法，盡忠職務，代表全國國民依法行使職權之決心與誠意，俾昭信守。此項宣誓，依本院釋字第一九九號解釋，係屬行使職權之宣誓。上述宣誓係公法上之要式行為，除誓詞由前開法條明文規定外，其程序及方式，應依宣誓條例第三條至第七條之規定。國民大會代表未為宣誓，違反宣誓之義務，固不得行使職權，如有明確之事證足認其於宣誓時，故意不依法定方式及法定誓詞為之者，不能認已踐行該項法定要式行為，與未宣誓同，自亦不得行使職權。本院上開第一九九號解釋，應予補充。至未依法宣誓之國民大會代表，可否出席會議問題，應由國民大會本議會自律之原則自行處理，併此敘明。

釋字第二五五號解釋　　（土地九〇，都市計畫一五、一七～二三）

　　　　　　　　　　　　　　　　　七十九年四月四日公布

在實施都市計畫範圍內，道路規劃應由主管機關依都市計畫法之規定辦理，已依法定程序定有都市計畫並完成細部計畫之區域，其道路之設置，即應依其計畫實施，而在

循法定程序規劃道路系統時，原即含有廢止非計畫道路之意，於計畫道路開闢完成可供公眾通行後，此項非計畫道路，無繼續供公眾通行必要時，主管機關自得本於職權或依申請廢止之。內政部中華民國六十六年六月十日臺內營字第七三〇二七五號、六十七年一月十八日臺內營字第七五九五一七號，關於廢止非都市計畫巷道函及臺北市非都市計畫巷道廢止或改道申請須知，既與上述意旨相符，與憲法保障人民權利之本旨尚無牴觸。

　　解釋理由書

按城市區域道路溝渠及其他公共使用之土地，依土地法第九十條規定，應依都市計畫法預為規定之。都市計畫之市鎮計畫，應先擬定主要計畫書，表明主要道路及其他公眾運輸系統，主要計畫公布實施後，應繼續完成細部計畫，表明道路系統，其主要計畫及細部計畫，均應送由該管政府或鄉鎮（縣轄市）都市計畫委員會審議，在審議前應公開展覽，於公開展覽期間，任何公民或團體均得提出意見，由都市計畫委員會審議，審議結果並應報請上級政府核定後公布實施。此為都市計畫法第十五條第一項第六款、第十七條至第二十一條、第二十二條第一項第五款及第二十三條所明定。是在實施都市計畫範圍內道路之規劃，既應依上述法定程序確定，任何有關之公民或團體，亦均有機會知悉道路設置之狀況並提出意見，則在該計畫確定後，即應依其計畫實施，而在循法定程序規劃道路系統時，原即含有廢止非計畫道路之意，於計畫道路開闢完成可供公眾通行後，此項非計畫道路，無繼續供公眾通行必要時，主管機關本於職權或依申請廢止之，乃符合都市計畫法立法意旨之行政行為。內政部中華民國六十六年六月十日臺內營字第七三〇二七五號、六十七年一月十八日臺內營字第七五九五一七號，關於廢止非都市計畫巷道函及臺北市非都市計畫巷道廢止或改道申請須知，既與前述意旨相符，與憲法保障人民權利之本旨尚無牴觸。惟廢止有公用地役關係之既成巷道，事涉公眾利益，以於都市計畫有關法規作明確之規定為宜，併予指明。

釋字第二五六號解釋　　（憲一六，民訴三二，行訴六）七十九年四月四日公布

民事訴訟法第三十二條第七款關於法官應自行迴避之規定，乃在使法官不得於其曾參與之裁判之救濟程序執行職務，以維審級之利益及裁判之公平。因此，法官曾參與訴訟事件之前審裁判或更審前之裁判者，固應自行迴避，對於確定終局判決提起再審之訴者，其參與該確定終局判決之法官，依同一理由，於再審程序，亦應自行迴避，惟各法院法官員額有限，參考行政訴訟法第六條第四款規定意旨，其迴避以一次為限，

最高法院二十六年上字第三六二號判例，與上述意旨不符部分，應不再援用，以確保人民受公平審判之訴訟權益。

　　解釋理由書

憲法第十六條規定人民有訴訟之權，旨在確保人民有依法定程序提起訴訟及受公平審判之權益。現行民事訴訟法第三十二條第七款關於法官應自行迴避之規定，即在當事人就法官曾參與之裁判聲明不服時，使該法官於其救濟程序，不得再執行職務，以保持法官客觀超然之立場，而維審級之利益及裁判之公平。因此，法官曾參與該訴訟事件之前審裁判或更審前之裁判者，固應自行迴避；對於確定終局判決提起再審之訴者，其參與該確定終局裁判之法官，依同一理由，於再審程序，亦應自行迴避。但在各法院法官員額有限，而提起再審之訴，又無次數限制之情況下，參照行政訴訟法第六條第四款規定意旨，其迴避以一次為限。例如對於再審確定終局判決及原確定終局判決又合併提起再審之訴者，僅參與再審確定終局判決之法官須迴避，而參與原確定終局判決之法官，則不須再自行迴避。最高法院二十六年上字第三六二號判例謂：「以再審之訴聲明不服之確定終局判決，並非再審程序之前審裁判，推事曾參與此項終局判決者，於再審程序執行職務，不得謂有民事訴訟法第三十二條第七款所定之迴避原因（按該款規定原為：「推事曾參與該訴訟事件之前審裁判或公斷者」，中華民國五十七年二月一日修正為：「推事曾參與該訴訟事件之前審裁判、更審前之裁判或仲裁者」），其與上述意旨不符部分，應不再援用，以維人民受公平審判之訴訟權益。

釋字第二五七號解釋　　（憲一九，貨物稅四）　　　　七十九年四月六日公布

貨物稅條例修正前第四條第一項第十六款㈢，係就「凡用電力調節氣溫之各種冷氣機、熱氣機等」電器類課徵貨物稅之規定。行政院於中華民國六十四年七月二十一日修正發布之貨物稅稽徵規則第一百零三條之一第二項第六款規定，對於國外進口裝配汽車冷暖氣機用之壓縮機，按冷暖氣機類徵收貨物稅，固與貨物稅條例首開條文之用語未盡相符。惟該規則係以此種壓縮機不僅為冷暖氣機之主要機件，且祇能供裝配汽車冷暖氣機之用，仍屬上開條例所規定之電器類範圍，而於冷暖氣機裝配完成後，並不再課徵貨物稅，無加重人民納稅義務之虞。上述規則將汽車冷暖氣機用之壓縮機，依冷暖氣機類課徵貨物稅，亦為簡化稽徵手續，防止逃漏稅捐及維持課稅公平所必要，與憲法第十九條尚無牴觸。

　　解釋理由書

貨物稅條例修正前第四條第一項第十六款(三)，係就「凡用電力調節氣溫之各種冷氣機、熱氣機等」電器類課徵貨物稅之規定。又同條例第十二條及第十六條第二項分別規定：「凡由國外輸入應課貨物稅之貨物，應按照海關估價，加繳納進口稅捐後之總價徵收貨物稅」。「國外輸入之貨物，由海關於徵收關稅時代徵之」。行政院依同條例第二十二條，於中華民國六十四年七月二十一日修正發布之貨物稅稽徵規則第一百零三條之一第二項第六款：「國外進口裝配汽車冷暖氣機用之壓縮機，應按照海關核定之關稅完稅價格加計關稅及其他進口稅捐之總額，乘以四倍作為貨物稅之完稅價格徵收貨物稅，並發給鋁質貨物稅查驗證」，係對於國外進口裝配汽車冷暖氣機用之壓縮機，折算課徵冷暖氣機貨物稅，所為之補充規定，固與貨物稅條例首開條文之用語未盡相符。惟該規則係以此種壓縮機，性質特殊，不僅為冷暖氣機之主要機件，且衹能供裝配汽車冷暖氣機之用，仍屬上開條例修正前第四條第一項第十六款(三)所規定之電器類範圍，而汽車冷暖氣機各組件，又係散裝於汽車內，無單一固定之形體，如不對此種壓縮機，課徵汽車冷暖氣機之貨物稅，則對於以化整為零方式進口之汽車冷暖氣機各部機件，即難以課徵貨物稅，而同時或先後進口其他汽車冷暖氣機用之零組件或進口壓縮機裝配完成汽車冷暖氣機後，均不再課徵貨物稅，其原所課徵者，既屬法有明文之冷暖氣機類之貨物稅，並未新增稅目或變更原定稅率，無加重人民納稅義務之虞，上述規則亦為簡化稽徵手續、防止逃漏稅捐及維持課稅公平所必要，與憲法第十九條尚無牴觸。

釋字第二五八號解釋 （憲二六、一〇九、一一八、一二八、一六四）

七十九年四月六日公布

憲法第一百六十四條關於教育、科學、文化之經費，在中央不得少於其預算總額百分之十五，在省不得少於其預算總額百分之二十五，在市、縣不得少於其預算總額百分之三十五之規定，旨在確定各級政府編製平常施政年度總預算時，該項經費應占歲出總額之比例數，直轄市在憲法上之地位，與省相當；其教育、科學、文化之經費所占預算總額之比例數，應比照關於省之規定。

解釋理由書

憲法第一百六十四條前段明定：「教育、科學、文化之經費，在中央不得少於其預算總額百分之十五，在省不得少於其預算總額百分之二十五，在市、縣不得少於其預算總額百分之三十五」，以確定該項經費在各級政府預算總額中所占之比例數。所稱「預算總額」，則指各級政府為平常施政，而編製年度總預算時所列之歲出總額而言，經本院

釋字第七十七號及釋字第二三一號解釋釋明在案。憲法所稱之「市」，有僅指省轄市者，例如第一百零九條第三款所定「省、市」及第一百二十八條所定之「市」是；有兼指直轄市者，例如第二十六條第一款所定「縣、市」是。憲法第一百十八條既將直轄市之自治，列入第十一章「地方制度」「省」之一節內，則直轄市依法實施自治者，即與省為同級地方自治團體，在憲法上之地位、權責、財源及負擔，與省相當；且直轄市人口密集，在政治、經濟、文化上情形特殊，其環境、衛生、公安及交通等建設，所需經費，恆較縣及省轄市龐大，須將其財源，妥為分配，以免影響市政建設之均衡發展，其教育、科學、文化之經費所占預算總額之比例數，應比照關於省之規定。

釋字第二五九號解釋　（憲一一八）　　　　　七十九年四月十三日公布

直轄市之自治，以法律定之，為憲法第一百十八條所明定。惟上開法律迄未制定，現行直轄市各級組織及實施地方自治事項，均係依據中央頒行之法規行之。為貫徹憲法實施地方自治之意旨，自應斟酌當前實際狀況，制定直轄市自治之法律。在此項法律未制定前，現行由中央頒行之法規，應繼續有效。

解釋理由書

憲法關於地方制度，於其第十一章就省、縣與直轄市有不同之規定，直轄市如何實施地方自治，憲法第一百十八條授權以法律定之。故直轄市實施地方自治，雖無須依省、縣自治相同之程序，惟仍應依憲法意旨，制定法律行之。

憲法規定之地方自治，須循序實施，前述直轄市自治之法律，迄未制定。現行直轄市各級組織及實施地方自治事項，均係依據中央頒行之法規行之，為貫徹憲法實施地方自治之意旨，仍應斟酌當前實際狀況，從速制定直轄市自治之法律，以謀求改進。在此項法律未制定前，直轄市之自治與地方行政事務，不能中斷，現行由中央頒行之法規，應繼續有效。

釋字第二六〇號解釋　（憲一〇八、一一二、一一三）

　　　　　　　　　　　　　　　　七十九年四月十九日公布

依中華民國憲法有關地方制度之規定，中央尚無得逕就特定之省議會及省政府之組織單獨制定法律之依據，現時設置之省級民意機關亦無逕行立法之權限。

解釋理由書

本件聲請機關係就適用憲法關於地方自治立法權限劃分之規定，發生疑義，聲請解釋；

非關法規違憲審查問題，合先說明。關於省縣地方自治事項立法權限之劃分，中華民國憲法第一百零八條、第一百十二條及第一百十三條設有特別規定，依此規定，中央尚無得逕就特定之省議會及省政府之組織，單獨制定法律之依據，現時設置之省級民意機關亦無逕行立法之權限。至行憲後有制憲當時所未料及之情事發生，如何因應，自應由中央盱衡全國之整體需要，兼顧地方之特殊情況，妥速為現階段符合憲法程序之解決。在未依憲法程序解決前，省縣自治及行政事務，不能中斷，依本院釋字第二五九號解釋之同一理由，現行有關臺灣省實施地方自治及省議會、省政府組織之法規，仍繼續有效，併予敘明。

釋字第二六一號解釋　（憲二八，動員戡亂時期臨時條款六）

七十九年六月二十一日公布

中央民意代表之任期制度為憲法所明定，第一屆中央民意代表當選就任後，國家遭遇重大變故，因未能改選而繼續行使職權，乃為維繫憲政體制所必要。惟民意代表之定期改選，為反映民意，貫徹民主憲政之途徑，而本院釋字第三十一號解釋、憲法第二十八條第二項及動員戡亂時期臨時條款第六項第二款、第三款，既無使第一屆中央民意代表無限期繼續行使職權或變更其任期之意，亦未限制次屆中央民意代表之選舉。事實上，自中華民國五十八年以來，中央政府已在自由地區辦理中央民意代表之選舉，逐步充實中央民意機構。為適應當前情勢，第一屆未定期改選之中央民意代表除事實上已不能行使職權或經常不行使職權者，應即查明解職外，其餘應於中華民國八十年十二月三十一日以前終止行使職權，並由中央政府依憲法之精神、本解釋之意旨及有關法規，適時辦理全國性之次屆中央民意代表選舉，以確保憲政體制之運作。

解釋理由書

本件立法院行使審查預算之職權時，對於本院釋字第三十一號解釋、憲法第二十八條第二項及動員戡亂時期臨時條款第六項第二款、第三款之規定，發生適用憲法之疑義，聲請解釋，依本院大法官會議第一一八次會議決議及司法院大法官會議法第四條第一項第一款規定，應予受理，合先說明。

中華民國憲法就中央民意代表，設有任期制度。國民大會代表為六年，立法委員為三年，監察委員為六年，此觀憲法第二十八條第一項、第六十五條及第九十三條之規定甚明。行憲後，國家發生重大變故，第一屆立法委員、監察委員任期屆滿後，事實上不能依法辦理次屆選舉，為免憲法所樹立之五院制度陷於停頓，本院釋字第三十一號

解釋，乃有「在第二屆委員未能依法選出集會與召集以前，自應仍由第一屆立法委員、監察委員繼續行使其職權」之釋示。至於第一屆國民大會代表，則因憲法第二十八條第二項有「每屆國民大會代表之任期，至次屆國民大會代表開會之日為止」之規定，於任期屆滿後，仍繼續行使職權。迨中華民國六十一年三月二十三日修訂動員戡亂時期臨時條款時，復有第六項第二款及第三款「第一屆中央民意代表，係經全國人民選舉所產生，依法行使職權，其增選補選者亦同」、「增加名額選出之中央民意代表，與第一屆中央民意代表，依法行使職權」之規定。

惟民意代表之定期改選，為反映民意，貫徹民主憲政之途徑。前述中央民意代表之繼續行使職權，係因應當時情勢，維繫憲政體制所必要。自中華民國四十三年一月二十九日上開解釋公布以來，第一屆中央民意代表繼續行使職權已達三十餘年。但該解釋並無使第一屆立法委員、監察委員得無限期繼續行使職權或變更其任期之意，而憲法第二十八條第一項已明定：「國民大會代表每六年改選一次」，其第二項之規定顯係為避免政權機關職權之行使因改選而中輟，並非謂國民大會代表得無限期延長任期。上開動員戡亂時期臨時條款第六項第二款及第三款關於第一屆中央民意代表依法行使職權之規定，係因增選補選及增加名額中央民意代表之選出而增列，與前開解釋意旨相同，既非謂未定期改選之中央民意代表得無限期行使職權，亦未限制辦理次屆中央民意代表之選舉。事實上，自中華民國五十八年以來，中央政府已在自由地區辦理中央民意代表之選舉，逐步充實中央民意機構。為適應當前情勢，第一屆未定期改選之中央民意代表除事實上已不能行使職權或經常不行使職權者，應即查明解職外，其餘應於中華民國八十年十二月三十一日以前終止行使職權。

未定期改選之中央民意代表既須終止行使職權，而憲法第二十六條、第六十四條及第九十一條關於中央民意代表選舉之規定，目前事實上仍不能完全適用，中央政府自應依憲法之精神、本解釋之意旨及有關法規，妥為規劃，在自由地區適時辦理含有全國不分區名額之次屆中央民意代表選舉，以確保憲政體制之運作。至現有增加名額選出之中央民意代表其職權之行使，仍至任期屆滿時為止，併此說明。

釋字第二六二號解釋　（憲七七、九〇、九七、九九、一〇〇）

七十九年七月六日公布

監察院對軍人提出彈劾案時，應移送公務員懲戒委員會審議。至軍人之過犯，除上述彈劾案外，其懲罰仍依陸海空軍懲罰法行之。

解釋理由書

司法院為國家最高司法機關，掌理民事、刑事、行政訴訟之審判及公務員之懲戒，憲法第七十七條定有明文。司法院設公務員懲戒委員會，為公務員懲戒之主管機關，此觀司法院組織法第七條規定甚明。

彈劾權在採取三權分立之民主國家，係議會代表人民對政府高級官員之違法或失職，實施民主監督之制度。我國憲法第九十條、第九十七條第二項、第九十九條及第一百條規定之監察院彈劾權，其範圍較廣。而憲法除就總統、副總統之彈劾程序定有明文外，對於一般彈劾案之審議，並未就文職或武職公務員作不同之規定。因此，監察院如就軍人之違法或失職行為成立彈劾案時，自應將該彈劾案連同證據，移送公務員懲戒委員會審議，方符憲法第七十七條之意旨。監察法第八條及公務員懲戒法第十八條，即係依此意旨所為之規定。

至陸海空軍現役軍人之過犯，不涉及刑事範圍者，除彈劾案成立者外，為維護軍事指揮權與賞罰權之合一，確保統帥權及軍令之貫徹執行，其懲罰仍應依陸海空軍懲罰法行之。

釋字第二六三號解釋　（憲一五，刑八、五九、一六七、三四七，懲盜二）

七十九年七月十九日公布

懲治盜匪條例為特別刑法，其第二條第一項第九款對意圖勒贖而擄人者，不分犯罪情況及結果如何，概以死刑為法定刑，立法甚嚴，惟依同條例第八條之規定，若有情輕法重之情形者，裁判時本有刑法第五十九條酌量減輕其刑規定之適用，其有未經取贖而釋放被害人者，復得依刑法第三百四十七條第五項規定減輕其刑，足以避免過嚴之刑罰，與憲法尚無牴觸。

解釋理由書

刑法第三百四十七條第一項規定：「意圖勒贖而擄人者，處死刑、無期徒刑或七年以上有期徒刑」。懲治盜匪條例為特別刑法，其第二條第一項第九款對意圖勒贖而擄人者處死刑之規定，則旨在提高意圖勒贖而擄人罪之刑度，期能遏阻此種犯罪，維護治安，使社會大眾免於遭受擄人勒贖之恐懼。此項規定，不分犯罪之情況及其結果如何，概以死刑為法定刑，立法甚嚴，有導致情法失平之虞，宜在立法上兼顧人民權利及刑事政策妥為檢討。惟依同條例第八條之規定，上述擄人勒贖案件，仍適用刑法總則及刑法分則第一百六十七條、第三百四十七條第五項之規定，裁判時若有情輕法重之情形

者，本有刑法第五十九條酌量減輕其刑規定之適用，其有未經取贖而釋放被害人者，亦得減輕其刑，足以避免過嚴之刑罰。是上開懲治盜匪條例第二條第一項第九款之規定，尚難謂與憲法牴觸。

釋字第二六四號解釋　（憲七○）　　　　　　七十九年七月二十七日公布

憲法第七十條規定：「立法院對於行政院所提預算案，不得為增加支出之提議」，旨在防止政府預算膨脹，致增人民之負擔。立法院第八十四會期第二十六次會議決議：「請行政院在本（七十九）年度再加發半個月公教人員年終工作獎金，以激勵士氣，其預算再行追加」，係就預算案為增加支出之提議，與上述憲法規定牴觸，自不生效力。

解釋理由書

按憲法規定，行政院應提出預算案，由立法院議決之，旨在劃分預算案之提案權與議決權，使行政院在編製政府預算時能兼顧全國財政、經濟狀況與年度施政計畫之需要，並為謀求政府用度合理，避免浪費起見，委由代表人民之立法院議決之，以發揮其監督政府財政之功能。為貫徹上述意旨，憲法第七十條明文規定：「立法院對於行政院所提預算案，不得為增加支出之提議」，以防止政府預算膨脹，致增人民之負擔。立法院第八十四會期第二十六次會議決議：「請行政院在本（七十九）年度再加發半個月公教人員年終工作獎金，以激勵士氣，其預算再行追加」，乃對於行政院所提預算案為增加支出之提議，雖係以委員提案方式作成，實質上仍與前述憲法規定牴觸，自不生效力。

釋字第二六五號解釋　（憲一○、二三，動員戡亂時期國家安全法三，動員戡亂時期國家安全法施行細則一二）　　　　　　七十九年十月五日公布

動員戡亂時期國家安全法第三條第二項第二款關於入境限制之規定，乃為維持社會秩序所必要，與憲法並無牴觸。至該法施行細則第十二條第六款前段，關於未在自由地區居住一定期間，得不予許可入境之規定，係對主管機關執行上述法律時，提供認定事實之準則，以為行使裁量權之參考，與該法確保國家安全、維護社會安定之立法意旨尚屬相符。惟上述細則應斟酌該法第三條第二項第二款規定之意旨，隨情勢發展之需要，檢討修正。

解釋理由書

人民有居住及遷徙之自由，固為憲法第十條所規定，但為防止妨礙他人自由、避免緊急危難、維持社會秩序或增進公共利益所必要者，仍得以法律限制之，此觀憲法第二

十三條規定甚明。動員戡亂時期國家安全法第一條明示該法係動員戡亂時期為確保國家安全、維護社會安全而制定。其中第三條第二項第二款關於有事實足認為有妨害國家安全或社會安定之重大嫌疑者，得不予許可入出境之規定，即係對於人民遷徙自由所為之限制。就入境之限制而言，當國家遭遇重大變故，社會秩序之維持與人民遷徙之自由發生衝突時，採取此種入境限制，既為維持社會秩序所必要，與憲法並無牴觸。至該法施行細則第十二條第六款前段在中華民國七十七年十一月十八日行政院修正發布前，關於「離開淪陷區後，未在自由地區連續住滿五年（已修正為四年）」者，得不予許可入境之規定，係對主管機關執行上述法律規定時，提供認定事實之一種準則，以為行使行政裁量權之參考，並非凡有此情形，一律不予許可入境。故其條文定為「得」不予許可，而非「應」不予許可，與該法確保國家安全、維護社會安定之立法意旨尚屬相符。惟上述細則應斟酌該法第三條第二項第二款規定之意旨，隨情勢發展之需要，檢討修正。

釋字第二六六號解釋　（憲一六）　　　　　　　七十九年十月五日公布

依公務人員考績法所為之免職處分，因改變公務員身分關係，直接影響人民服公職之權利，依本院釋字第二四三號解釋，得許受處分之公務員提起行政訴訟。對於未改變公務員身分之其他考績結果有所不服，仍不許以行政訴訟請求救濟。惟公務人員基於已確定之考績結果，依據法令規定為財產上之請求而遭拒絕者，影響人民之財產權，參酌本院釋字第一八七號及第二〇一號解釋，尚非不得依法提起訴願或行政訴訟，行政法院四十八年判字第十一號判例與上述意旨不符部分，應不再援用。至是否係基於已確定之考績結果所得為之財產上請求，係事實問題，應就具體事件依法認定，不在本件解釋範圍，併予說明。

　　解釋理由書

公務員因其身分而受行政處分，致依法應享之權利受損害者，得否提起行政訴訟，應視處分之內容而定，方符憲法保障人民權利之本旨，此觀本院釋字第一八七號、第二〇一號解釋，甚為明顯。依公務人員考績法對公務員所為之免職處分，改變公務員之身分，直接影響其憲法上保障之服公職權利，依本院釋字第二四三號解釋，得許受處分之公務員提起行政訴訟。至對於未改變公務員身分之其他考績結果，有所不服，則仍不許以行政訴訟請求救濟。惟公務人員基於已確定之考績結果，依據法令規定為財產上之請求而遭拒絕者，影響人民之財產權，參酌本院上開各解釋意旨，尚非不得依

法提起訴願或行政訴訟。行政法院四十八年判字第十一號判例:「提起訴願,限於人民因官署之處分違法或不當,而損害其權利或利益者,方得為之。至若基於特別權力關係所生之事項,或因私法關係發生爭執,則依法自不得提起訴願。原告原任被告官署(澎湖縣馬公鎮公所)幹事,係屬編制外人員,縱令仍可視為自治團體之公吏,其與被告官署間亦屬處於特別權力關係,如因補發薪津事項對被告官署處置有所不服,僅得向該管監督機關請求救濟,要不得援引訴願法提起訴願。至原告原服務被告官署之事業課撤銷,經改以水廠技工僱用後,則純屬私經濟關係之僱傭關係,原告對停職期間薪津如有爭執,自屬就私法關係有所爭執,顯亦不得提起訴願。」與上述意旨不符部分,應不再援用。至是否係基於已確定之考績結果所得為之財產上請求,係事實問題,應就具體事件依法定程序認定之,不屬本件解釋範圍,併予說明。

釋字第二六七號解釋　(憲一九,房屋稅一五)　　七十九年十月十一日公布

房屋稅條例第十五條第二項第一款規定,政府平價配售之平民住宅房屋稅減半徵收,旨在對於低收入人民之住宅給予租稅優惠,財政部依據此項立法意旨,參酌當時社會經濟狀況,於中華民國六十四年十月二十七日以臺財稅字第三七六三九號函,說明此種平民住宅之涵義,與憲法尚無牴觸。

　　解釋理由書

人民有依法律納稅之義務,為憲法第十九條所明定。所謂依法律納稅,兼指納稅及免稅之範圍,均應依法律之明文。惟法律條文適用時發生疑義者,主管機關自得為符合立法意旨之闡釋。

房屋稅條例第十五條第二項第一款規定,政府平價配售之平民住宅房屋稅減半徵收,旨在對於低收入人民(貧民)之住宅,給予租稅優惠,以減輕其負擔,此觀立法院審查報告之有關說明即可瞭然。此所謂平民住宅,既以政府平價配售予低收入人民(貧民)者為限,自不包括雖由政府出售而非平價配售之住宅在內。財政部為免適用此項減稅法律,發生疑義,乃依據上述立法原意,參酌當時社會經濟狀況,於中華民國六十四年十月二十七日,以臺財稅字第三七六三九號函示:「平價配售之平民住宅必須符合下列要件:一、配售住宅每戶建坪不得超過十二坪。二、合乎政府訂定配住人身分標準配售予平民而非標售者。三、平價住宅之售價不大於興建成本,其貸款興建之利息部分,由政府負擔者。」以說明此種平民住宅之涵義,作為認定事實之準則,既未逾越上開法律之規定,與憲法尚無牴觸。至此種平民住宅之認定標準,因社會經濟狀況

之演變，自應隨時為合理之調整。事實上財政部其後對於特定情形之住宅如為配合拆除違章建築，而配售與拆除戶之整建住宅等，亦已先後另訂認定標準，併予敘明。

釋字第二六八號解釋 （憲一八、一七二，考試七，考試施九）

七十九年十一月九日公布

中華民國五十一年八月二十九日修正公布之考試法第七條規定：「公務人員考試與專門職業及技術人員考試，其應考資格及應試科目相同者，其及格人員同時取得兩種考試之及格資格」，如認此項規定有欠週全，應先修正法律，而在法律未修正前，考試院於中華民國七十一年六月十五日修正發布之考試法施行細則第九條第二項則規定：「公務人員考試及格人員，同時取得專門職業及技術人員考試及格資格者，其考試總成績，須達到專門職業及技術人員考試之錄取標準」，增設法律所無之限制，顯與首述法律使及格人員同時取得兩種資格之規定不符，並有違憲法保障人民權利之意旨，依憲法第一百七十二條之規定，應不予適用。

解釋理由書

憲法第十八條規定人民有應考試、服公職之權。人民依法參加考試，為取得公務人員任用資格或專門職業及技術人員執業資格之必要途徑，此觀憲法第八十六條規定甚明。此種資格關係人民之工作權，自為憲法所保障之人民權利，不得遽以命令限制之。中華民國五十一年八月二十九日修正公布之考試法第七條規定：「公務人員考試與專門職業及技術人員考試，其應考資格及應試科目相同者，其及格人員同時取得兩種考試之及格資格」，原為避免欲取得兩種考試及格資格之應考人分別應試之煩。惟兩種考試之錄取標準，法律並無必須相同之限制，則兩種考試所訂錄取標準不同時，對於經公務人員考試錄取者，尚難不予兼取專門職業及技術人員考試及格資格。如認此項規定有欠週全，應先修正法律，考試院雖曾擬具於同條增設：「但公務人員考試及格人員，其考試成績，未達專門職業及技術人員考試錄取標準者，不得兼取其及格資格」之修正草案，送請立法院審議，然經立法院於六十九年十一月四日議決，維持該法第七條條文，不予修正（見立法院公報第六十九卷八十九期第二至十八頁）。而考試院則於七十一年六月十五日修正發布考試法施行細則第九條第二項規定：「公務人員考試及格人員，同時取得專門職業及技術人員考試及格資格者，其考試總成績，須達到專門職業及技術人員考試之錄取標準」，增設法律所無之限制，致同為公務人員考試錄取人員，而有不能同時取得兩種考試及格資格之情形，顯與當時有效之上述法律使考試及格人

員同時取得兩種資格之規定不符，並有違憲法保障人民權利之意旨，依憲法第一百七十二條之規定，應不予適用。

釋字第二六九號解釋　　（憲一六，勞基八四，訴願一，行訴一、九）

七十九年十二月七日公布

依法設立之團體，如經政府機關就特定事項依法授與公權力者，以行使該公權力為行政處分之特定事件為限，有行政訴訟之被告當事人能力。行政法院六十年裁字第二三二號判例，與此意旨不符部分，嗣後不再援用。至關於勞動基準法第八十四條之爭執，究應提起行政訴訟，或提起民事訴訟，與上開判例無涉，不在本件解釋範圍內；其當事人如已提起民事訴訟經判決確定者，自無訴訟權受侵害之可言，併此說明。

解釋理由書

人民對於中央或地方機關之行政處分，認為違法或不當，致損害其權利或利益者，得依法提起訴願、再訴願、行政訴訟，此觀訴願法第一條、行政訴訟法第一條第一項之規定自明。故行政爭訟之被告，原則上應為作成處分或決定之政府機關，行政訴訟法第九條亦有明文。政府機關以外之團體，原不得作為行政訴訟之被告。惟依法設立之團體，如經政府機關就特定事項依法授與公權力者，在其授權範圍內，既有政府機關之功能，以行使該公權力為行政處分之特定事件為限，當有行政訴訟之被告當事人能力。行政法院六十年度裁字第二三二號判例謂：「依公司法規定設立之公營事業機構，既非官署，自無被告當事人能力，若對之提起行政訴訟，即為法所不許。」概認非官署之團體無被告當事人能力，與上述意旨不符部分，嗣後不再援用。至關於勞動基準法第八十四條之爭執，究應依行政訴訟程序或依民事訴訟程序解決，與上開判例無涉，不在本件解釋範圍內；其當事人如已另行提起民事訴訟經判決確定者，自無訴訟權受侵害之可言，併此說明。

釋字第二七〇號解釋　　（憲一四四，勞基八四，公任三三，公退二，公退施二）

七十九年十二月七日公布

公營事業人員之任用，依公務人員任用法第三十三條，應另以法律定之。在此項法律制定前，依公務人員退休法第二條及該法施行細則第二條規定，公營事業人員無從依公務人員退休法辦理退休。行政院於中華民國七十年一月二十三日核定修正發布之「經濟部所屬事業人員退休、撫卹及資遣辦法」第十七條第二項有關訂定分等限齡退休標

準之規定，在公營事業人員任用及退休法律制定前，乃為促進經濟部所屬國營事業人事新陳代謝及企業化經營而設，不生牴觸憲法問題，惟公營事業人員之任用及退休，關係此等人員之權利義務，仍應從速以法律定之。

解釋理由書

公用事業及其他有獨占性之企業，以公營為原則，其經法律許可者，得由國民經營之，憲法第一百四十四條定有明文，但公營事業人員之任用及退休，是否適用以文官為規範對象之公務人員有關法律，憲法並未明文規定，立法機關自得在不牴觸憲法精神範圍內，以法律定之。

公務人員退休法第二條規定：「本法所稱退休之公務人員，係指依公務人員任用法律任用之現職人員」。公務人員退休法施行細則第二條又規定：「本法第二條所稱公務人員在任用法律，指銓敘部所據以審定資格或登記者皆屬之」。而公務人員任用法第三十三條則規定，公營事業人員之任用，另以法律定之。由此可知，在上述任用法律制定施行前，公營事業人員無從依公務人員退休法辦理退休。勞動基準法第八十四條規定：「公務員兼具勞工身分者，其有關任（派）免、薪資、獎懲、退休、撫卹及保險（含職業災害）等事項，應適用公務員法令之規定。但其他所定勞動條件優於本法規定者，從其規定。」其所謂「應適用公務員法令之規定」，亦非使公營事業人員之任用或退休，在上述相關法律未制定前，逕行適用公務人員任用法或公務人員退休法，而排除現行有關法令之適用。行政院於中華民國七十年一月二十三日核定修正發布之「經濟部所屬事業人員退休、撫卹及資遣辦法」第十七條第二項規定，各事業得按職位工作性質及職責情形，訂定分等限齡退休標準報請本部核准酌予提前，但職員不得少於五十五歲，工人不得少於五十歲。此項規定，在公營事業人員任用及退休法律制定施行前，乃為促進經濟部所屬國營事業人事新陳代謝及企業化經營而設，不生牴觸憲法問題。惟公營事業人員之任用及退休，關係此等人員之權利義務，仍應從速以法律定之。

釋字第二七一號解釋　（憲八，刑訴一）　　　　七十九年十二月二十日公布

刑事訴訟程序中不利益於被告之合法上訴，上訴法院誤為不合法，而從程序上為駁回上訴之判決確定者，其判決固屬重大違背法令，惟既具有判決之形式，仍應先依非常上訴程序將該確定判決撤銷後，始得回復原訴訟程序，就合法上訴部分進行審判。否則即與憲法第八條第一項規定人民非依法定程序不得審問處罰之意旨不符。最高法院二十五年上字第三二三一號判例，於上開解釋範圍內，應不再援用。

解釋理由書

憲法第八條第一項規定：「人民身體之自由應予保障，除現行犯之逮捕由法律另定外，非經司法或警察機關依法定程序，不得逮捕、拘禁。非由法院依法定程序，不得審問處罰」。又刑事訴訟法第一條第一項規定：「犯罪，非依本法或其他法律所定之訴訟程序，不得追訴、處罰」。刑事訴訟程序因判決確定而終結者，不論為實體上之判決或程序上之判決，均生法律上之羈束力，其有重大違背法令之情形者，依本院釋字第一三五號解釋，雖不生效力，惟就不利益於被告之合法上訴所為駁回上訴之程序上判決，依本院院字第七九〇號解釋意旨，在未經法定程序撤銷其判決前，自不得回復原訴訟程序，逕行審問處罰。

刑事訴訟程序之實施，應保障當事人之合法訴訟權，並兼顧被告對於裁判效力之信賴及國家刑罰權之正確行使。刑事訴訟程序中不利益於被告之合法上訴，上訴法院誤為不合法，而從程序上為駁回上訴之判決確定者，其判決固屬重大違背法令，惟既具有判決之形式，足使被告信賴其羈束力，依上開說明，仍應先依非常上訴程序將該確定判決撤銷後，始得回復原訴訟程序，就合法上訴部分進行審判。否則即與憲法第八條第一項規定人民非依法定程序不得審問處罰之意旨不符。最高法院二十五年上字第三二三一號判例，認此種駁回上訴之程序上判決，不發生實質上之確定力，得再逕行為實體上裁判，於上開解釋範圍內，應不再援用。

釋字第二七二號解釋　　（憲九，戒嚴八～一〇，動員戡亂時期國家安全法九）

八十年一月十八日公布

人民除現役軍人外，不受軍事審判，憲法第九條定有明文。戒嚴法第八條、第九條規定，非現役軍人得由軍事機關審判，則為憲法承認戒嚴制度而生之例外情形。解嚴後，依同法第十條規定，對於上述軍事機關之判決，得於解嚴之翌日起依法上訴，符合首開憲法規定之意旨。惟動員戡亂時期國家安全法第九條第二款前段規定，戒嚴時期戒嚴地域內經軍事審判機關審判之非現役軍人刑事案件已確定者，於解嚴後不得向該管法院上訴或抗告，係基於此次戒嚴與解嚴時間相隔三十餘年之特殊情況，並謀裁判之安定而設，亦為維持社會秩序所必要。且對有再審或非常上訴原因者，仍許依法聲請再審或非常上訴，已能兼顧人民權利，與憲法尚無牴觸。至戒嚴非屬於此次特殊情況者，無本解釋之適用，合併指明。

解釋理由書

人民除現役軍人外，不受軍事審判，憲法第九條定有明文。戒嚴為應付戰爭或叛亂等非常事變，維護國家安全、社會安定之不得已措施，在戒嚴時期接戰地域內普通法院不能處理之案件，均由軍事機關審判，此為憲法承認戒嚴制度而生之例外情形，亦為戒嚴法第八條、第九條之內容。惟恐軍事審判對人民權利之保障不週，故戒嚴法第十條規定，解嚴後許此等案件依法上訴於普通法院，符合首開憲法規定之意旨。政府為因應動員戡亂之需要，自中華民國三十七年十二月十日起，先後在全國各地區實施戒嚴（臺灣地區自三十八年五月二十日起戒嚴），雖戒嚴法規定之事項，未全面實施，且政府為尊重司法審判權，先於四十一年發布「臺灣地區戒嚴時期軍法機關自行審判及交法院審判案件劃分辦法」，並逐次縮小軍法機關自行審判之範圍，復於四十五年制定「軍事審判法」取代「陸海空軍審判法」及其有關軍事審判程序之法令，以求軍事審判之審慎。惟算至七十六年七月十五日宣告臺灣地區解嚴時止，戒嚴期間達三十餘年，情況至為特殊。動員戡亂時期國家安全法第九條規定，戒嚴時期戒嚴地域內經軍事審判之非現役軍人刑事案件，於解嚴後，其審判程序尚未終結者及刑事裁判尚未執行或在執行中者，均分別移送該管檢察官或法院處理。其已確定之刑事案件，不得向該管法院上訴或抗告，則係基於此次長期戒嚴，因時過境遷，事證調查困難之特殊情況，為謀裁判之安定而設，亦為維持社會秩序所必要。且對有再審或非常上訴原因者，仍許依法聲請再審或非常上訴，已能兼顧人民權利，與憲法尚無牴觸。至戒嚴非屬於此次特殊情況者，無本解釋之適用，合併指明。

釋字第二七三號解釋 （憲一六，都市計畫二三）　　　　八十年二月一日公布

內政部於中華民國六十八年五月四日修正發布之都市計畫樁測定及管理辦法第八條後段「經上級政府再行複測決定者，不得再提異議」之規定，足使人民依訴願法及行政訴訟法提起行政救濟之權利受其限制，就此部分而言，與憲法第十六條之意旨不符，應不予適用。

　　解釋理由書

憲法第十六條規定人民有訴願及訴訟之權，乃指人民於其權益受侵害時，有提起訴願或訴訟之權利，受理訴願之機關或受理訴訟之法院亦有依法決定或裁判之義務而言。此項權利，不得以行政命令予以限制。都市計畫法第二十三條規定，都市計畫之細部計畫核定發布實施後，應於一年內，豎立樁誌、計算座標、辦理地籍分割測量等事項，內政部基於上述規定，乃於六十八年五月四日修正發布都市計畫樁測定及管理辦法。

依該辦法第六條及第八條之規定，土地權利關係人如認為樁位測定錯誤時，雖得申請複測及再複測，但第八條後段則有「經上級政府再行複測決定者，不得再提異議」之規定。行政法院七十七年度裁字第八十六號裁定，依文義解釋認所謂不得再提異議，含有不得訴願及提起行政訴訟之意，就此部分而言，足使人民依訴願法及行政訴訟法提起行政救濟之權利受其限制。

按因樁位測定錯誤，致特定土地權利關係人之權益遭受侵害時，雖上述辦法已有複測及再複測之救濟途徑，然其限制人民訴願及行政訴訟之權利部分，則與憲法保障人民權利之意旨不符，應不予適用。

釋字第二七四號解釋　　（憲二三，公保二一，公保施六八）

八十年二月二十二日公布

考試院於中華民國五十一年七月二十五日修正發布之公務人員保險法施行細則第六十八條規定：「被保險人請准保留保險年資者，其時效以五年為限，逾期再行參加保險者，以新加入保險論」，與當時有效之公務人員保險法第二十一條第二項：「合於前項退費規定，不為申請退費而申請保留保險年資者，續保時，其原有年資全部有效」之規定不符，增加法律所無之期間限制，有違憲法保障人民權利之意旨，應不予適用。

解釋理由書

中華民國四十七年一月二十九日公布之公務人員保險法第二十一條第一項、第二項規定：「被保險人離職，迄未領取任何保險給付者，得向承保機關申請退還其自付部分之保險費，其復行任職，再投保者，以新加入保險論。合於前項退費規定，不為申請退費而申請保留保險年資者，續保時，其原有年資全部有效」。同法第二十四條固授權有關機關訂定該法之施行細則，但未授權限制被保險人保留保險年資之實體上權利。考試院於中華民國五十一年七月二十五日修正公布之公務人員保險法施行細則第六十八條則規定：「被保險人請准保留保險年資者，其時效以五年為限，逾期再行參加保險者，以新加入保險論」，增加法律所無之期間限制，有違憲法保障人民權利之意旨，應不予適用。

釋字第二七五號解釋　　（憲二三）　　　　　　　　八十年三月八日公布

人民違反法律上之義務而應受行政罰之行為，法律無特別規定時，雖不以出於故意為必要，仍須以過失為其責任條件。但應受行政罰之行為，僅須違反禁止規定或作為義

務，而不以發生損害或危險為其要件者，推定為有過失，於行為人不能舉證證明自己無過失時，即應受處罰。行政法院六十二年度判字第三〇號判例謂：「行政罰不以故意或過失為責任條件」，及同年度判字第三五〇號判例謂：「行政犯行為之成立，不以故意為要件，其所以導致偽報貨物品質價值之等級原因為何，應可不問」，其與上開意旨不符部分，與憲法保障人民權利之本旨牴觸，應不再援用。

　　解釋理由書

人民因違反法律上義務而應受之行政罰，係屬對人民之制裁，原則上行為人應有可歸責之原因，故於法律無特別規定時，雖不以出於故意為必要，仍須以過失為其責任條件。但為維護行政目的之實現，兼顧人民權利之保障，應受行政罰之行為，僅須違反禁止規定或作為義務，而不以發生損害或危險為其要件者，推定為有過失，於行為人不能舉證證明自己無過失時，即應受處罰。行政法院六十二年度判字第三〇號判例謂：「行政罰不以故意或過失為責任條件」，及同年度判字第三五〇號判例謂：「行政犯行為之成立，不以故意為要件，其所以導致偽報貨物品質價值之等級原因為何，應可不問」，失之寬泛。其與上開意旨不符部分，與憲法保障人民權利之本旨牴觸，應不再援用。

釋字第二七六號解釋　　（合作社五五）　　　　　　八十年三月八日公布

合作社法第五十五條第一項第六款規定之解散命令，乃解散合作社之處分，對於此種處分之要件及程序如何，該法未為明確之規定，宜由主管機關妥為檢討修正。內政部於中華民國六十九年二月二十六日修正發布之合作事業獎勵規則，關於合作事業成績考列戊等者，由縣市合作社主管機關令飭解散之規定，應配合上開法律一併檢討修正。

　　解釋理由書

合作社法第五十五條第一項規定：「合作社因左列各款情事之一而解散：一、章程所定解散之事由發生。二、社員大會之解散決議。三、社員不滿七人。四、與他合作社合併。五、破產。六、解散之命令。」其中第六款「解散之命令」，乃解散合作社，消滅其法人人格之處分。惟此種處分之要件及程序，該法未為明確之規定，宜由主管機關妥為檢討修正。內政部於中華民國六十九年二月二十六日修正發布之合作事業獎勵規則，關於合作事業成績考列戊等者，由縣市合作社主管機關令飭解散之規定，目的雖屬正當，惟合作社法既待檢討修正，仍應配合一併檢討修正。

釋字第二七七號解釋　　（憲一〇七、一〇九、一一〇、一四七，財劃七、一二）

八十年三月二十二日公布

財政收支劃分法第七條後段關於省及直轄市、縣（市）（局）稅課立法，由中央制定各該稅法通則，以為省、縣立法依據之規定，係中央依憲法第一百零七條第七款為實施國稅與省稅、縣稅之劃分，並貫徹租稅法律主義而設，與憲法尚無牴觸。因此中央應就劃歸地方之稅課，依財政收支劃分法前開規定，制定地方稅法通則，或在各該稅法內訂定可適用於地方之通則性規定，俾地方得據以行使憲法第一百零九條第一項第七款及第一百十條第一項第六款賦予之立法權。目前既無地方稅法通則，現行稅法又有未設上述通則性規定者，應從速制定或增訂。在地方未完成立法前，仍應依中央有關稅法辦理。至中央與地方財政收支劃分之規定，中央自應斟酌實際情形，適時調整，以符憲法兼顧中央與地方財政均衡之意旨，併予說明。

　　解釋理由書

財政收支劃分法第七條規定：「省及直轄市、縣（市）（局）稅課立法，以本法有明文規定者為限，並由中央制定各該稅法通則，以為省、縣立法之依據」，其後段部分，係中央依憲法第一百零七條第七款為實施國稅與省稅、縣稅之劃分，並貫徹租稅法律主義而設，與憲法尚無牴觸。憲法第一百零九條第一項第七款及第一百十條第一項第六款規定，省稅及縣稅由省縣立法並執行之，係指地方得依國稅與省縣稅合理劃分之中央立法，就已劃歸省縣之稅課，自行立法並執行之。因此中央應就劃歸地方之稅課，依財政收支劃分法前開規定，制定地方稅法通則，或在各該稅法內訂定可適用於地方之通則性規定，俾地方得據以行使憲法賦予之立法權。目前既無地方稅法通則，現行稅法又有未設上述通則性規定者，應從速制定或增訂。在地方未完成立法前，有關地方稅課之中央立法繼續有效，仍應依其規定辦理。至財政收支劃分之規定，中央自應斟酌經濟發展及稅課來源等實際情形，適時調整，以符憲法兼顧中央與地方財政均衡之意旨；又財政收支劃分法第十二條第二項及第三項就有關營業稅與印花稅統籌分配之規定，符合憲法第一百四十七條謀求地方經濟平衡發展之意旨，與憲法並無牴觸，業經本院釋字第二三四號解釋釋示在案，併此說明。

釋字第二七八號解釋　　（憲八五，教員任用二一）　　八十年五月十七日公布

中華民國七十九年十二月十九日修正公布之教育人員任用條例第二十一條規定，學校職員之任用資格，應經學校行政人員考試及格或經高普考試相當類科考試及格，與憲

法第八十五條所定公務人員非經考試及格不得任用之意旨相符。同條關於在該條例施行前已遴用之各類學校現任職員,其任用資格「適用各該原有關法令」之規定,並不能使未經考試及格者取得與考試及格者相同之公務人員任用資格,因之,僅能繼續在原學校任職。考試院對此類學校職員,仍得以考試定其資格。

解釋理由書

憲法第八十五條規定,公務人員之選拔,應實行公開競爭之考試制度,非經考試及格者,不得任用,乃明示考試用人之原則。中華民國七十九年十二月十九日修正公布之教育人員任用條例第二十一條規定,學校職員之任用資格,應經學校行政人員考試及格或經高普考試相當類科考試及格,與上述意旨相符。中華民國七十四年五月一日公布施行之該條第一項、第二項規定:「學校職員之任用資格,除技術人員、主計人員、人事人員分別適用各該有關法律之規定外,應經學校行政人員考試及格,或經高普考試相當類科考試及格。」「本條例施行前已遴用之學校現任職員,除已依法取得任用資格者外,應由考試院限期辦理考試,以定其資格,其考試辦法,由考試院會同行政院定之。未通過考試者,得繼續任原職至其離職為止」,係為兼顧考試用人原則及該條例施行前遴用之學校現任職員未經考試及格者之原有權益。七十九年十二月十九日該條修正時,將原第一項、第二項合併修正為:「學校職員之任用資格,除技術人員、主計人員、人事人員及本條例施行前已遴用之各類學校現任職員,分別適用各該原有關法令之規定外,應經學校行政人員考試及格,或經高普考試相當類科考試及格。」其所謂本條例施行前已遴用之各類學校現任職員,分別適用各該原有關法令之規定,係例外規定,並不能使未經考試及格者取得與考試及格者相同之公務人員任用資格,因之,僅能繼續在原學校任職。此類學校職員,既未具有法定考試及格之任用資格,對於願應試者,考試院仍得依其法定職權舉辦相關考試,以定其資格。

釋字第二七九號解釋 (勞保五、六、八、一五)   八十年五月十七日公布

勞工保險條例第十五條,有關各類勞工保險費,由省(市)政府補助之規定,所稱「省(市)政府」,係指該省(市)有勞工為同條第二款至第四款規定之被保險人者而言,與該省(市)政府是否直接設立勞工保險局無關。

解釋理由書

本件聲請解釋機關臺北市議會審查臺北市政府預算,認該府依行政院勞工委員會對勞工保險條例之規定所持見解,編列勞工保險補助預算,與該條例第五條規定不合,聲

請統一解釋，依司法院大法官會議法第七條規定，應予受理，合先說明。

勞工保險條例第十五條規定，同條例第六條第一項第七款、第八款、第八條第一項第四款及第九條之一所定各類勞工保險費由省（市）政府分別予以百分之二十或百分之四十之補助，旨在減輕轄區內，無一定雇主或自營作業而參加職業工會、漁會，參加海員總工會或船長公會為會員之外僱船員，或被裁減資遣人員而自願繼續參加勞工保險等勞工之保險費負擔，藉以保障勞工生活、促進社會安全，係省（市）政府在勞工福利上應負之義務。所稱「省（市）政府」，係指該省（市）有上述勞工參加勞工保險為被保險人者而言。至同條例第五條規定：「在中央勞工保險局未成立前，得劃分地區，委由各該區內勞工人數較多之省（市）政府直接設勞工保險局，辦理勞工保險業務……」係為兼顧現實情況而設，與該省（市）政府是否直接設立勞工保險局無關。

釋字第二八○號解釋　　（憲八三，公退施三一）　　　八十年六月十四日公布

領取一次退休金之公教人員，再任依契約僱用而由公庫支給報酬之編制外員工，其退休金及保險養老給付之優惠存款每月所生利息，如不能維持退休人員之基本生活（例如低於編制內委任一職等一級公務人員月俸額），其優惠存款自不應一律停止。銓敘部中華民國七十四年六月十二日（七四）臺華特三字第二二八五四號函，與上述意旨不符部分，應停止適用。

　　解釋理由書

公務人員應盡忠職守，為民服務，國家對於公務人員亦應照顧其生活，於其年老退休時，給予適當之退休年金，以保障其退休後之生活，方符憲法第八十三條設置國家機關掌理公務人員退休、養老等事項之意旨。退休公務人員退休金優惠存款辦法，係依考試院發布之公務人員退休法施行細則第三十一條規定所訂定，為政府在公務人員待遇未能普遍提高或年金制度未建立前之過渡措施，其目的在鼓勵領取一次退休金之公務人員儲存其退休金，藉適當之利息收入，以維持其生活。銓敘部於中華民國七十四年六月十二日以（七四）臺華特三字第二二八五四號函示，退休人員如再任各機關學校約聘僱人員、技工、工友、臨時僱工等由公庫支給待遇之公職，不得續存優惠存款，係為維護退休制度及避免公庫重複負擔，就通常情形而言，固屬適當。惟領取一次退休金之公教人員，再任依契約僱用而由公庫支給報酬之編制外員工者，多係基層人員，其原領退休金及養老給付為數較少，早期退休者尤然。若其全部退休金及保險養老給付之優惠存款每月所生利息，不能維持退休公教人員生活，例如低於委任一職等一級

公務人員月俸額者，尚難認為已足以保障其退休後之基本生活，其再任上述約僱員工，所得不多，僅係彌補性質，自不應一律停止其優惠存款，此與非基層人員退休，或再任由公庫支給報酬之非約僱人員不同，不能相提並論。銓敘部前開函釋，與上述意旨不符部分，應停止適用。

釋字第二八一號解釋　（憲二三，關稅三五之一、五一之一）

八十年六月二十八日公布

關稅法第三十五條之一第二項規定：「保稅工廠所製造或加工之產品及依前項規定免徵關稅之原料，非經海關核准並按貨品出廠形態報關繳稅，不得出廠內銷。」同法第五十一條之一規定：「違反第三十五條之一第二項之規定，將保稅工廠之產品或免徵關稅之原料出廠內銷者，以私運貨物進口論，依海關緝私條例有關規定處罰。」旨在防止逃漏關稅，維持課稅公平，為增進公共利益所必要，與憲法並無牴觸。

解釋理由書

按原料為貨物之一種，自國外進口原料，本應依法徵收關稅。惟國家為鼓勵進口原料，在國內製造或加工為產品後外銷，以促進經濟發展，富裕民生，特在關稅法第三十五條之一第一項規定：「外銷品製造廠商，得經海關核准登記為海關管理保稅工廠，其進口原料存入保稅工廠製造或加工產品外銷者，得免徵關稅。」保稅工廠之廠商，如欲改變原意，將保稅工廠所製造或加工之產品及存入保稅工廠免徵關稅之原料出廠內銷，則已與自外國進口產品及原料內銷者相同，自應經海關核准並補徵關稅後方得為之。關稅法第三十五條之一第二項規定：「保稅工廠所製造或加工之產品及依前項規定免徵關稅之原料，非經海關核准並按貨品出廠形態報關繳稅，不得出廠內銷。」及第五十一條之一規定：「違反第三十五條之一第二項之規定，將保稅工廠之產品或免徵關稅之原料出廠內銷者，以私運貨物進口論，依海關緝私條例有關規定處罰。」旨在防止逃漏關稅，維持課稅公平，為增進公共利益所必要，與憲法並無牴觸。

釋字第二八二號解釋　（憲增修五）　　　八十年七月十二日公布

國民大會代表，依憲法所定職務之性質，不經常集會，並非應由國庫定期支給歲費、公費等待遇之職務，故屬無給職。本院釋字第七十六號解釋所稱：「就憲法上之地位及職權之性質而言，應認國民大會、立法院、監察院共同相當於民主國家之國會」，非謂各該機關在我國憲法上之性質、職權或其人員之待遇相同。本院上開解釋，應予補充。

至國民大會代表在特定情形下，例如集會行使職權時，所得受領之報酬，亦應與其他中央民意代表之待遇，分別以法律明定其項目及標準，始得據以編列預算支付之。

國民大會代表，在同一時期所得受領之報酬，應歸一律。依動員戡亂時期臨時條款增加名額選出之國民大會代表，其所得受領之報酬，應與第二屆國民大會代表相同，乃屬當然。

本解釋自中華民國八十一年一月一日起生效。

　　解釋理由書

國民大會代表依憲法第二十七條至第三十條所定職務之性質，不經常集會，亦未禁其兼任公職或執行業務，並非應由國庫定期支給歲費、公費等待遇之職務，故屬無給職。本院釋字第七十六號解釋所稱：「就憲法上之地位及職權之性質而言，應認國民大會、立法院、監察院共同相當於民主國家之國會」，非謂各該機關在我國憲法上之性質、職權或其人員之待遇相同。本院上開解釋，應予補充。至國民大會代表在特定情形下，例如集會行使職權時，所得受領之報酬、以及其他中央民意代表所得受領之待遇，均涉及人民之納稅負擔，自應分別以法律明定其適當之項目及標準，始得據以編列預算支付之。

國民大會代表，在同一時期，所得受領之報酬，依平等原則，應歸一律。依動員戡亂時期臨時條款增加名額選出之國民大會代表，其所得受領之報酬，應與第二屆國民大會代表相同，乃屬當然。

本解釋有關法律之制定或修正，尚需相當之時間，爰定本解釋自中華民國八十一年一月一日起生效。

釋字第二八三號解釋　　（憲四〇，赦免三）　　　　　　八十年八月六日公布

總統依憲法第四十條及赦免法第三條後段規定所為罪刑宣告無效之特赦，對於已執行之刑，不生溯及既往之效力。其經宣告褫奪公權者，自赦免令生效之日起，回復其公權。至因有罪判決確定而喪失之公職，有向將來回復之可能者，得由當事人聲請主管機關，依有關法律處理之。

　　解釋理由書

中華民國憲法第四十條規定：「總統依法行使大赦、特赦、減刑及復權之權。」赦免法第三條規定：「受罪刑宣告之人經特赦者，免除其刑之執行，其情節特殊者，得以其罪刑之宣告為無效。」總統依上述憲法第四十條及赦免法第三條後段規定所為罪刑宣告無

效之特赦，為維持法律秩序之安定，及依法執行而生之既成效果，對於已執行之刑，應不生溯及既往之效力。惟罪刑之宣告，既自赦免令生效之日起為無效，其經宣告褫奪公權者，亦應自赦免令生效之日起，回復其公權。至因有罪判決確定而喪失之公職，有向將來回復之可能者，得由當事人聲請主管機關依本解釋意旨及有關法律處理之。

釋字第二八四號解釋 　（憲二三，交通處罰六二）　　八十年九月十三日公布

道路交通管理處罰條例第六十二條第二項規定：「汽車駕駛人如肇事致人受傷或死亡，應即採取救護或其他必要措施，並向警察機關報告，不得逃逸，違者吊銷其駕駛執照。」旨在增進行車安全，保護他人權益，以維持社會秩序，為憲法第二十三條之所許，與憲法尚無牴觸。

　　解釋理由書

道路交通事故發生後，有受傷或死亡之情形者，應即時救護或採必要之措施，以防損害範圍之擴大。如駕駛人於肇事後，隨即駕車逃離現場，不僅使肇事責任認定困難，更可能使受傷之人喪失生命，自有從嚴處理之必要。道路交通管理處罰條例第六十二條第二項規定：「汽車駕駛人如肇事致人受傷或死亡，應即採取救護或其他必要措施，並向警察機關報告，不得逃逸，違者吊銷其駕駛執照。」旨在增進行車安全，保護他人權益，以維持社會秩序，為憲法第二十三條之所許，與憲法尚無牴觸。至汽車駕駛人於交通事故發生時，是否因不知其已肇事而離開現場，乃個別案件之事實認定及法律適用問題，不在本案解釋範圍，併予指明。

釋字第二八五號解釋 　（憲一五，教休八）　　　八十年九月二十七日公布

學校教職員退休條例所稱月薪額，性質上本無從包括「公教人員之眷屬喪葬補助費」，行政院中華民國六十九年四月十六日臺六十九人政肆字第七四九八號函未將此項補助費列入退休金之範圍，與該條例之立法意旨無違。又中央公教人員生活津貼支給要點，係行政院為安定現職公教人員生活而訂定，乃主管機關依職權所為之裁量措施，原不適用於非現職人員，退休人員自不得據以請領眷屬喪葬補助費，上述行政院函及要點與憲法均無牴觸。

　　解釋理由書

學校教職員退休條例所稱月薪額，同條例第八條明定包括實領本薪及其他現金給與，性質上本無從包括並非按月給付而於特定事故發生時始得支領之眷屬喪葬補助費。行

政院中華民國六十九年四月十六日臺六十九人政肆字第七四九八號函未將此項補助費列入退休金之範圍，與上開條例之立法意旨無違。又同院七十七年六月三十日臺七十七人政肆字第二三三九一號函發布之中央公教人員生活津貼支給要點，係為安定公教人員生活而訂定，乃主管機關依職權所為之裁量措施，該要點第四點明定，以各機關學校預算員額內之現職人員為適用對象，其所定「公教人員之眷屬喪葬補助費」，退休人員自不得請領。上述行政院函及要點與憲法均無抵觸。至主管機關為照顧退休人員之生活，衡量國家財力及各項津貼之性質，於法定退休給與以外酌予補助，亦屬行政權之裁量範圍，非所有津貼均應比照現職人員辦理，併此說明。

釋字第二八六號解釋　　（憲一五、一四三，平均地權三五、三六，平均地權施五三）

　　　　　　　　　　　　　　　　　　　　　八十年十一月二十九日公布

憲法第一百四十三條第三項規定：「土地價值非因施以勞力資本而增加者，應由國家徵收土地增值稅，歸人民共享之」，旨在實施土地自然漲價歸公政策。中華民國六十六年二月二日修正公布之平均地權條例第三十五條、第三十六條第一項、第二項及同年四月一日行政院發布之同條例施行細則第五十三條規定，土地所有權人於申報地價後之土地自然漲價，應依照土地漲價總數額，減去土地所有權人為改良土地已支付之全部費用後之餘額計算，徵收土地增值稅；其間縱有因改良土地而增加之價值，亦因認定及計算不易，難以將之與自然漲價部分明確劃分，且土地增值稅並未就漲價部分全額徵收，已足以兼顧其利益，與憲法第十五條及第一百四十三條第三項規定之意旨尚無抵觸。

　　解釋理由書

憲法第一百四十三條第三項規定：「土地價值非因施以勞力資本而增加者，應由國家徵收土地增值稅，歸人民共享之」，旨在實施土地自然漲價歸公政策。中華民國六十六年二月二日修正公布之平均地權條例第三十五條前段規定：「為實施漲價歸公，土地所有權人自行申報地價後之土地自然漲價，應徵收土地增值稅」。同條例第三十六條第一項前段及第二項規定：「土地增值稅之徵收，應依照土地漲價總數額計算，於土地所有權移轉或設定典權時行之」、「前項土地漲價總數額，應減去土地所有權人為改良土地已支付之全部費用」。同年四月一日行政院發布之同條例施行細則第五十三條第一項前段及第二項復規定：「依本條例第三十六條第二項規定應減去之費用，包括改良土地費、工程受益費及土地重劃負擔總費用。」「依前項規定減去之費用，應由土地所有權人於

土地增值稅繳納前，提出工程受益費繳納收據、工務（建設）機關發給之改良土地費用證明書或地政機關發給之土地重劃負擔總費用證明書」。是土地所有權人於申報地價後之土地自然漲價，應依照土地漲價總數額，減去土地所有權人為改良土地已支付之全部費用後之餘額計算，徵收土地增值稅。其間縱有因改良土地而增加之價值，亦因認定及計算不易，難以將之與自然漲價部分明確劃分，且土地增值稅並未就漲價部分全額徵收，已足以兼顧其利益，與憲法第十五條及第一百四十三條第三項規定之意旨尚無牴觸。至計算土地自然漲價數額時，應如何核實訂定扣減改良土地費用之標準，本可有從嚴從寬之抉擇，而此與增值稅稅率之調整及是否另徵所得稅有密切關連，應由有關機關隨稅捐稽徵技術之進步，在立法得裁量之範圍內，適時通盤檢討改進，併予指明。

釋字第二八七號解釋　（憲一九，稅徵二八）　　　八十年十二月十三日公布

行政主管機關就行政法規所為之釋示，係闡明法規之原意，固應自法規生效之日起有其適用。惟在後之釋示如與在前之釋示不一致時，在前之釋示並非當然錯誤，於後釋示發布前，依前釋示所為之行政處分已確定者，除前釋示確有違法之情形外，為維持法律秩序之安定，應不受後釋示之影響。財政部中華民國七十五年三月二十一日臺財稅字第七五三〇四四七號函說明四：「本函發布前之案件，已繳納營利事業所得稅確定者，不再變更；尚未確定或已確定而未繳納或未開徵之案件，應依本函規定予以補稅免罰」，符合上述意旨，與憲法並無牴觸。

解釋理由書

行政機關基於法定職權，就行政法規所為之釋示，係闡明法規之原意，性質上並非獨立之行政命令，固應自法規生效之日起有其適用。惟對同一法規條文，先後之釋示不一致時，非謂前釋示當然錯誤，於後釋示發布前，主管機關依前釋示所為之行政處分，其經行政訴訟判決而確定者，僅得於具有法定再審原因時依再審程序辦理；其未經訴訟程序而確定者，除前釋示確屬違法，致原處分損害人民權益，由主管機關予以變更外，為維持法律秩序之安定，應不受後釋示之影響。財政部中華民國七十五年三月二十一日臺財稅字第七五三〇四四七號函說明四：「本函發布前之案件，已繳納營利事業所得稅確定者，不再變更，尚未確定或已確定而未繳納或未開徵之案件，應依本函規定予以補稅免罰」，符合上述意旨，與憲法並無牴觸。又稅捐稽徵法第二十八條之規定，係指適用法令錯誤或計算錯誤溢繳稅款者，納稅義務人得於五年之法定期間內，申請

退還。故課稅處分所依據之行政法規釋示，如有確屬違法情形，其已繳稅款之納稅義務人，自得依此規定申請退還。惟若稽徵機關作成課稅處分時，適用當時法令並無錯誤，則已確定之課稅處分，自不因嗣後法令之改變或適用法令之見解變更而受影響，應無上開規定之適用，乃屬當然。至財政部中華民國六十九年三月二十八日發布之臺財稅字第三二五五二號函，並非本件確定終局裁判所適用之法律或命令，聲請人當時繳納稅款，亦因未請求行政救濟，行政法院無從就該函為應否適用之判斷，故不在本件解釋範圍。

釋字第二八八號解釋　　（憲一六，貨物稅二〇）　　　八十年十二月十三日公布

中華民國七十九年一月二十四日修正前之貨物稅條例第二十條第三項：「受處分人提出抗告時，應先向該管稅務稽徵機關提繳應納罰鍰或其沒入貨價之同額保證金，或覓具殷實商保」之規定，使未能依此規定辦理之受處分人喪失抗告之機會，係對人民訴訟權所為不必要之限制，與憲法第十六條保障人民訴訟權之意旨有所牴觸。

　　解釋理由書

憲法第十六條所保障人民之訴訟權，應包括對下級法院裁判不服時之上訴或抗告權，除有憲法第二十三條所定必要情形外，不得加以限制。中華民國七十九年一月二十四日修正前之貨物稅條例第二十條第一項前段規定：「依本條例應處罰鍰及沒入貨物之處分者，由該管稅務稽徵機關移送法院裁定」。同條第二項規定，「受處分人不服法院裁定時，得於接到法院裁定通知書十日內提出抗告」，但同條第三項則規定：「受處分人提出抗告時，應先向該管稅務稽徵機關提繳應納罰鍰或其沒入貨價之同額保證金，或覓具殷實商保」。此項規定雖為防止受處分人任意提起抗告，拖延繳納罰鍰而設；惟抗告並無停止執行之效力，是上述第三項之規定，使未能依此規定辦理之受處分人喪失抗告之機會，係對人民訴訟權所為不必要之限制，與憲法第十六條保障人民訴訟權之意旨有所牴觸。

釋字第二八九號解釋　　（憲一九，財務案件處理辦法）

　　　　　　　　　　　　　　八十年十二月二十七日公布

稅法規定由法院裁定之罰鍰，其處理程序應以法律定之，以符合憲法保障人民權利之意旨。本院院解字第三六八五號、第四〇〇六號解釋及行政院於中華民國六十一年十月十二日修正發布之財務案件處理辦法，係法制未備前之措施，均應自本解釋公布之

日起,至遲於屆滿二年時失其效力。

解釋理由書

國家因人民違反稅法而課處罰鍰,雖屬行政處分性質之行政秩序罰,惟基於立法政策之考量,亦非不可於稅法規定由法院以裁定為之。法院依此規定所應處理之罰鍰裁定案件,乃為民事、刑事訴訟案件以外之其他訴訟案件,而由於法院組織法修正前,普通法院管轄之訴訟案件,僅有民事與刑事兩種,實務上依本院以往解釋將之歸於刑事訴訟程序處理,並由行政院於中華民國四十三年十月二日發布財務案件處理辦法為處理之準據,實為法制未完備前之不得已措施,此種情形不宜任其長久繼續存在。上述稅法規定由法院裁定之罰鍰,其處罰及救濟程序自應以法律定之,以符憲法保障人民權利之意旨。惟為顧及有關法律之制定尚需相當時間,本院院解字第三六八五號及第四○○六號解釋謂:「法院罰鍰裁定確定後,不得以發現新證據聲請更正原裁定」、「抗告法院所為違反稅法之裁定,縱有錯誤,在現行法上尚無補救之途」,暨六十一年十月十二日修正發布之上述財務案件處理辦法,均應自本解釋公布之日起,至遲於屆滿二年時失其效力。在此期間,主管機關應本民事、刑事及行政訴訟程序各有不同之意旨,並參酌行政訴訟制度及財務案件執行程序之改革,就有關法律通盤檢討修正,併此說明。

釋字第二九○號解釋　　(憲一三○,公職選罷三二)

八十一年一月二十四日公布

中華民國七十八年二月三日修正公布之動員戡亂時期公職人員選舉罷免法(八十年八月二日法律名稱修正為公職人員選舉罷免法)第三十二條第一項有關各級民意代表候選人學、經歷之限制,與憲法尚無牴觸。惟此項學、經歷之限制,應隨國民之教育普及加以檢討,如認為仍有維持之必要,亦宜重視其實質意義,並斟酌就學有實際困難者,而為適當之規定,此當由立法機關為合理之裁量。人民對於行政處分有所不服,應循訴願及行政訴訟程序請求救濟。惟現行國家賠償法對於涉及前提要件之行政處分是否違法,其判斷應否先經行政訴訟程序,未設明文,致民事判決有就行政處分之違法性併為判斷者,本件既經民事確定終局判決,故仍予受理解釋,併此說明。

解釋理由書

憲法第一百三十條規定:「中華民國國民年滿二十歲者,有依法選舉之權;除本憲法及法律別有規定者外,年滿二十三歲者,有依法被選舉之權」,是法律對於被選舉權之具

體行使，於合理範圍內，並非完全不得定其條件。中華民國七十八年二月三日修正公布之動員戡亂時期公職人員選舉罷免法（八十年八月二日法律名稱修正為公職人員選舉罷免法）第三十二條第一項有關各級民意代表候選人學、經歷之限制，雖與其他國家不盡相同，但為提昇各級民意代表機關之議事功能及問政品質，衡諸國情，尚難謂其與憲法有所牴觸。惟國民之教育日益普及，選舉人對於候選人選擇之能力相對提高，此項對各級民意代表候選人學、經歷之限制是否仍應繼續維持，宜參酌其他民主國家之通例，隨時檢討，如認有繼續維持之必要，亦應重視其實質意義，並斟酌就學有實際困難之人士（例如因身體或其他原因其接受學校教育顯較一般國民有難於克服之障礙者），由立法機關為合理之裁量，而作適當之規定。人民對於行政處分有所不服，應循訴願及行政訴訟程序請求救濟。惟現行國家賠償法對於涉及前提要件之行政處分是否違法，其判斷應否先經行政訴訟程序，未設明文，致民事判決有就行政處分之違法性併為判斷者，本件既經民事確定終局判決，故仍予受理解釋，併此說明。

釋字第二九一號解釋　（憲一五，民七六八～七七二）

八十一年二月二十八日公布

取得時效制度，係為公益而設，依此制度取得之財產權應為憲法所保障。內政部於中華民國七十七年八月十七日函頒之時效取得地上權登記審查要點第五點第一項規定：「以建物為目的使用土地者，應依土地登記規則第七十條提出該建物係合法建物之證明文件」，使長期占有他人私有土地，本得依法因時效取得地上權之人，因無從提出該項合法建物之證明文件，致無法完成其地上權之登記，與憲法保障人民財產權之意旨不符，此部分應停止適用。至於因取得時效完成而經登記為地上權人者，其與土地所有權人間如就地租事項有所爭議，應由法院裁判之，併此說明。

解釋理由書

民法第七百六十八條至第七百七十二條關於因時效而取得所有權或其他財產權之規定，乃為促使原權利人善盡積極利用其財產之社會責任，並尊重長期占有之既成秩序，以增進公共利益而設。此項依法律規定而取得之財產權，應為憲法所保障。以有建築物為目的而因時效完成取得他人私有土地之地上權登記請求權，與該建於他人土地上之建築物，是否為「合法建物」無關。如非「合法建物」，應依有關建築管理法規處理。而地上權之登記與建築物之登記，亦屬兩事。關於土地登記規則第七十條第一項規定應提出使用執照；第二項規定：「實施建築管理前建造之建物，無使用執照者，如建物

與基地同屬一人所有者，應提出建築主管機關或鄉鎮市區公所之證明文件或實施建築管理前繳納房屋稅、水電費之憑證。建物與基地非屬同一人所有者，並另附使用基地之證明文件。」係指「合法建物」之登記而言。內政部於中華民國七十七年八月十七日函頒之時效取得地上權登記審查要點，其第五點將此「合法建物」登記之規定，移用於地上權之登記，而於其第一項為「以建物為目的使用土地者，應依土地登記規則第七十條提出該建物係合法建物之證明文件」之規定，使已證明係以行使地上權之意思而長期和平繼續占有他人私有土地，本得依法因時效取得地上權之占有人，因無從提出該項合法建物之證明文件，致無法完成其地上權之登記，與憲法保障人民財產權之意旨不符，此部分應停止適用。至因時效完成而經登記為地上權人者，土地所有權人既未喪失其所有權，而仍須承受稅捐等之負擔，為平衡雙方權益，參照民法第八百七十六條之法理，當事人如就地租事項有所爭議，應由法院裁判之，併此說明。

釋字第二九二號解釋 　（憲二三，破產九九）　　八十一年二月二十八日公布

破產法第九十九條規定：「破產債權，非依破產程序不得行使」，乃使破產人之全體債權人，除法律別有規定外，得就屬於破產財團之財產，受平均之分配。債權人對於此種財產開始或續行民事強制執行程序，有礙他債權人公平受償，自應予以限制。此項限制，係防止妨礙他人行使權利所必要，為憲法第二十三條規定之所許。司法院於中華民國七十一年十月十八日修正之辦理強制執行事件應行注意事項第九則㈠規定：「債務人如受破產之宣告，其屬於破產財團之財產，除債權人行使別除權者外，應即停止強制執行程序，並通知債權人」，乃提示首開法律及同法第一百零八條規定之意旨，並未就人民權利之行使增設限制，與憲法尚無牴觸。

解釋理由書

債權人為實現其債權，雖有請求國家強制債務人履行之權利，惟此項權利之行使，須依法定程序為之。如有憲法第二十三條規定之事由，並得以法律限制之。債務人之財產，為全體債權人債權之共同擔保，如不足清償債務而受破產宣告時，依破產法第九十八條規定，對於破產人之債權，在破產宣告前成立者，除有別除權者外，均為破產債權；同法第一百零八條第一項、第二項規定：「在破產宣告前，對於債務人之財產有質權、抵押權或留置權者，就其財產有別除權」。「有別除權之債權人，不依破產程序而行使其權利」。又依強制執行法第十八條第一項規定：「強制執行程序開始後，除法律另有規定外，不停止執行」。反之，如法律另有規定，則不在此限。故破產法第九十

九條規定:「破產債權,非依破產程序不得行使」,乃使無別除權之全體破產債權人得就屬於破產財團之財產,受平均之分配,債權人對於應屬破產財團之財產開始或續行民事強制執行程序,有礙他債權人公平受償,自應予以限制。此項限制,亦為上述強制執行法所稱「法律另有規定」之法定停止執行事由,係防止妨礙他人行使權利所必要,為上開憲法規定之所許。司法院於中華民國七十一年十月十八日修正之辦理強制執行事件應行注意事項第九則(一)規定:「債務人如受破產之宣告,其屬於破產財團之財產,除債權人行使別除權者外,應即停止強制執行程序,並通知債權人」,乃提示上開破產法及強制執行法各規定之意旨,並未增加人民行使權利之限制或增加人民之義務,與憲法尚無牴觸。

釋字第二九三號解釋　（銀行四八）　八十一年三月十三日公布

銀行法第四十八條第二項規定「銀行對於顧客之存款、放款或匯款等有關資料,除其他法律或中央主管機關另有規定者外,應保守秘密」,旨在保障銀行之一般客戶財產上之秘密及防止客戶與銀行往來資料之任意公開,以維護人民之隱私權。惟公營銀行之預算、決算依法應受議會之審議,議會因審議上之必要,就公營銀行依規定已屬逾期放款中,除收回無望或已報呆帳部分,仍依現行規定處理外,其餘部分,有相當理由足認其放款顯有不當者,經議會之決議,在銀行不透露個別客戶姓名及議會不公開有關資料之條件下,要求銀行提供該項資料時,為兼顧議會對公營銀行之監督,仍應予以提供。

解釋理由書

中華民國七十八年七月十七日修正公布之銀行法第四十八條第二項規定:「銀行對於顧客之存款、放款或匯款等有關資料,除其他法律或中央主管機關另有規定者外,應保守秘密」。旨在保障銀行之一般客戶財產上之秘密及防止客戶與銀行往來資料之任意公開,以維護人民之隱私權。此項保密規定,依中央主管機關財政部歷來函釋,不適用於監察、司法、警察及稅務等機關之必要查證。至於各級民意機關要求所屬公營銀行提供相關資料者,該部七十九年七月十八日臺財融字第七九○一八九四八五號函說明二則謂:「立法院及各省市議會召開秘密會議時,各公營銀行仍以提供左列資料為限:(一)逾期放款及催收款年度查實及會計科目所列總數。(二)個別客戶已完成訴訟程序,收回無望之催收款。(三)已報審計單位而尚未核准轉銷呆帳戶資料。(四)已報審計單位並經核准轉銷呆帳戶之資料。」此雖係基於銀行業務上之考慮而設,惟公營銀行之預算、決

算依法應受議會之審議，議會因審議上之必要，就公營銀行依規定已屬逾期放款中（包括七十五年一月十日財政部修正發布之「公營銀行逾期放款、催收款及呆帳處理辦法」所稱之逾期放款、催收款及呆帳），除收回無望或已報呆帳部分，仍依現行規定處理外，其餘部分，有相當理由足認其放款顯有不當者，經議會之決議，在銀行不透露個別客戶姓名及議會不公開有關資料之條件下，要求銀行提供該項資料時，為兼顧議會對公營銀行之監督，仍應予以提供。

釋字第二九四號解釋 （憲二三，出版七） 八十一年三月十三日公布

出版法第七條規定：「本法稱主管官署者，在中央為行政院新聞局，在地方為省（市）政府及縣（市）政府。」行政院新聞局於中華民國七十六年七月二十二日發布之「出版品管理工作處理要點」，其中規定，在直轄市成立出版品協調執行會報兼辦執行小組業務，以市政府新聞處長為召集人，印製工作檢查證，交由執行小組成員包括市政府所屬新聞處、警察局、教育局及社會局等單位人員使用，此項檢查證僅供市政府所屬機關執行人員識別身分之用，非謂憑此檢查證即可為法所不許之檢查行為，此部分規定，並未逾越執行程序範圍，不生牴觸憲法之問題。至其規定，將工作檢查證發給非市政府所屬機關人員使用部分，則與上開意旨不符，不得再行適用。

解釋理由書

出版法第七條規定：「本法稱主管官署者，在中央為行政院新聞局，在地方為省（市）政府及縣（市）政府。」依同法第三十六條至第四十三條規定，出版品如有違反本法規情形，主管官署得為警告、罰鍰、禁止出售散布進口或扣押沒入、定期停止發行、撤銷登記等行政處分。而出版品登載事項之內容，牽涉甚廣，行政院新聞局為執行上述法律規定，乃於中華民國七十六年七月二十二日，以（七六）銘版二字第○九二二五號函發布「出版品管理工作處理要點」，其中規定，在直轄市成立出版品協調執行會報，兼辦執行小組業務，以市政府新聞處長為召集人，印製工作檢查證，交由市政府所屬新聞處、警察局、教育局、社會局等單位所組成執行小組之人員，以為執行出版品管理工作時，識別身分之用，非謂憑此檢查證即可為法所不許之檢查行為。此部分規定，並未逾越執行程序範圍，不生牴觸憲法問題。至上述要點將工作檢查證發給非市政府所屬機關人員使用之規定，則與上開意旨不符，不得再行適用。又本件僅就發給工作檢查證部分而為解釋，關於出版品管理之其他事項，不在解釋範圍之內，併此說明。

釋字第二九五號解釋　　（憲一六，訴願一）　　　　八十一年三月二十七日公布

財政部會計師懲戒覆審委員會對會計師所為懲戒處分之覆審決議，實質上相當於最終之訴願決定，不得再對之提起訴願、再訴願。被懲戒人如因該項決議違法，認為損害其權利者，應許其逕行提起行政訴訟，以符憲法保障人民訴訟權之意旨。

　　解釋理由書

憲法保障人民之訴願權，其目的在使為行政處分之機關或其上級機關自行矯正其違法或不當處分，以維護人民之權益，若法律規定之其他行政救濟途徑，已足達此目的者，則在實質上即與訴願程序相當，自無須再踐行訴願程序。訴願法第一條：「人民對於中央或地方機關之行政處分，認為違法或不當，致損害其權利或利益者，得依本法提起訴願、再訴願。但法律另有規定者，從其規定。」其但書規定即係包括上述情形在內，惟並非謂未經提起訴願或再訴願，縱已用盡其他相當於訴願、再訴願之行政救濟程序，亦不得續行行政訴訟。財政部依會計師法規定，設置會計師懲戒委員會及懲戒覆審委員會。會計師懲戒委員會因財政部交付懲戒而對會計師所為之懲戒決議，係行政處分，被懲戒之會計師有所不服，對之聲請覆審，實質上與訴願相當。會計師懲戒覆審委員會所為覆審決議，相當於最終之訴願決定，無須再對之提起訴願、再訴願。依上開說明，被懲戒人如因該項決議違法，認為損害其權利者，應許其逕行提起行政訴訟，以符憲法第十六條保障人民訴訟權之意旨。

釋字第二九六號解釋　　（憲一九，所得稅一四）　　八十一年三月二十七日公布

法院依強制執行法所為之拍賣，其賣得之價金應依所得稅法第十四條第一項第七類規定，減除成本費用後計算財產交易所得，併同其他各項所得課稅，財政部中華民國六十六年十一月二日臺財稅字第三七三六五號函釋尚未逾越所得稅法之規定，與憲法第十九條並不牴觸。

　　解釋理由書

憲法第十九條規定，人民有依法律納稅之義務。凡有中華民國來源所得之個人，應就其中華民國來源所得，依所得稅法之規定，課徵綜合所得稅；又財產及權利因交易而取得之所得，應計入個人之綜合所得總額，課徵綜合所得稅，所得稅法第二條第一項及第十四條第一項，分別著有明文。法院依強制執行法對債務人之財產所為之拍賣，其賣得之價金，於減除原始取得之成本，及因取得、改良及移轉該項資產而支付之一切費用後，如有餘額，仍為財產交易所得，自應依所得稅法第十四條第一項第七類之

規定，計入債務人之綜合所得總額，課徵綜合所得稅。財政部中華民國六十六年十一月二日臺財稅字第三七三六五號函，以房屋為法院查封拍賣，仍應依稅法規定，依拍賣之價額，減除成本費用後計算財產交易所得，併同其他各項所得課稅，尚未逾越所得稅法之規定，與憲法第十九條並不牴觸。

釋字第二九七號解釋　（憲一六，刑訴三一九）　八十一年四月二十四日公布

人民有訴訟之權，憲法第十六條固定有明文，惟訴訟如何進行，應另由法律定之，業經本院釋字第一七〇號解釋於解釋理由書闡明在案。刑事訴訟乃實現國家刑罰權之程序，刑事訴訟法既建立公訴制度，由檢察官追訴犯罪，又於同法第三百十九條規定：「犯罪之被害人得提起自訴」，其所稱「犯罪之被害人」，法律並未明確界定其範圍，自得由審判法院依具體個別犯罪事實認定之，最高法院七十年臺上字第一七九九號判例所表示之法律上見解，尚難認與憲法有何牴觸。

解釋理由書

人民有訴訟之權，憲法第十六條固定有明文，惟訴訟如何進行，應另由法律定之，業經本院釋字第一七〇號解釋於解釋理由書闡明在案。刑事訴訟乃實現國家刑罰權之程序，刑事訴訟法第二百二十八條第一項規定：「檢察官因告訴、告發、自首或其他情事知有犯罪嫌疑者，應即開始偵查。」第二百五十一條第一項規定：「檢察官依偵查所得之證據，足認被告有犯罪嫌疑者，應提起公訴。」既建立公訴制度由檢察官追訴犯罪，犯罪之被害人原得向檢察官告訴，由檢察官依法定程序偵查起訴，而同法第三百十九條又規定：「犯罪之被害人得提起自訴」，其所稱「犯罪之被害人」，係指犯罪之直接被害人而言，但在侵害國家法益或社會法益兼有侵害個人法益之犯罪，何種情形下，個人為直接被害人，法律並未明確界定其範圍，自得由審判法院依具體個別犯罪事實認定之，其不得適用自訴之規定者，當然仍應適用公訴之規定，既無礙於國家刑罰權之實現，亦無訴訟權受限制之問題，最高法院七十年臺上字第一七九九號判例稱：「上訴人自訴被告涉嫌刑法上公務員圖利罪，其所保護之法益，為公務員對國家服務之忠信規律及國家之利益，縱其犯罪結果，於私人權益不無影響，但其直接被害者仍為國家法益，而非私人權益，雖因被告之行為致上訴人受有損害，亦屬間接之被害，而非直接被害，依照上開說明，即不得提起自訴」，其所表示之見解，尚難認與憲法有何牴觸。惟犯罪被害人得提起自訴之範圍，應妥為檢討，明確規定，併此指明。

釋字第二九八號解釋　　（憲七七）　　　　　　　　八十一年六月十二日公布

憲法第七十七條規定，公務員之懲戒屬司法院掌理事項。此項懲戒得視其性質於合理範圍內以法律規定由其長官為之。但關於足以改變公務員身分或對於公務員有重大影響之懲戒處分，受處分人得向掌理懲戒事項之司法機關聲明不服，由該司法機關就原處分是否違法或不當加以審查，以資救濟。有關法律，應依上述意旨修正之。本院釋字第二四三號解釋應予補充。至該號解釋，許受免職處分之公務員提起行政訴訟，係指受處分人於有關公務員懲戒及考績之法律修正前，得請求司法救濟而言。

解釋理由書

憲法第七十七條規定：「司法院為國家最高司法機關，掌理民事、刑事、行政訴訟之審判及公務員之懲戒」，由是可知司法院為公務員懲戒之最高機關，非指國家對公務員懲戒權之行使，一律均應由司法院直接掌理。公務員之懲戒乃國家對其違法、失職行為之制裁，此項懲戒為維持長官監督權所必要，自得視懲戒處分之性質，於合理範圍內，以法律規定由長官為之。但關於足以改變公務員身分或對於公務員有重大影響之懲戒處分，受處分人得向掌理懲戒事項之司法機關聲明不服，由該司法機關就原處分是否違法或不當加以審查，以資救濟。有關公務員懲戒及公務員考績之法律，應依上述意旨修正之。本院釋字第二四三號解釋應予補充。至該號解釋，許受免職處分之公務員提起行政訴訟，係指受處分人於有關法律修正前，得請求司法救濟之程序而言。又具法定資格始得任用，並受身分保障之公務員，因受非懲戒性質之免除現職處分，經循行政程序未獲救濟時，受處分之公務員，仍得依本院釋字第二四三號解釋意旨，依法提起行政訴訟，請求救濟，併此指明。

釋字第二九九號解釋　　（憲二七，憲增修五、一一）

八十一年六月二十六日公布

中央民意代表之待遇或報酬，應視其職務之性質，分別以法律規定適當之項目與標準，始得據以編列預算支付之，以建立民意代表依法支領待遇之制度，本院釋字第二八二號解釋已明示其旨。該解釋所稱國民大會代表為無給職，係指國民大會代表非應由國庫經常固定支給歲費、公費或相當於歲費、公費之給與而言，並非在任何情形下，均毫無報酬之意。其所稱國民大會代表在特定情形下得受領報酬，主要係指集會行使職權時得受領各項合理之報酬，故舉以為例。至其他何種特定情形得受領報酬，係屬立法裁量問題，應由立法機關本此意旨，於制定有關國民大會代表報酬之法律時，連同

與其行使職權有直接關係而非屬於個人報酬性質之必要費用，如何於合理限度內核實開支，妥為訂定適當項目及標準，以為支給之依據。於修訂其他民意代表待遇之法律時，亦同。本院上開解釋，應予補充。

解釋理由書

本件立法院及國民大會因適用本院釋字第二八二號解釋，對該解釋所稱「無給職」及「特定情形下得受領報酬」發生疑義，先後聲請補充解釋，依本院大法官會議第一一八次會議決議及司法院大法官會議法第四條第一項第一款規定，應予受理；又該解釋係專就中央民意代表之待遇或報酬而為，合先說明。中央民意代表之待遇或報酬，無論名稱為何，均涉及人民之納稅負擔，且為國家之重要事項，應視其職務之性質，分別先以法律規定適當之項目與標準，始得據以編列預算支付之，而國民大會代表之報酬，迄今尚無法律依據，其他中央民意代表之待遇，雖於四十餘年前有「立法委員暨監察委員歲費公費支給暫行條例」之制定，然與實際支給情形亦不相符，均待通盤檢討修訂，以建立民意代表依法支領待遇之制度，中華民國八十年七月十二日公布之本院釋字第二八二號解釋即係本此意旨。該解釋為預留立法所需之時間，特定自八十一年一月一日起生效。其所稱國民大會代表為無給職，係指國民大會代表非應由國庫經常固定支給歲費、公費或相當於歲費、公費之給與而言，並非在任何情形下，均毫無報酬之意。國民大會臨時集會之次數及其職權，雖因憲法增修條文之規定而有所變動，然國民大會代表在憲法上職務之性質，基本上並無變更，所稱國民大會代表在特定情形下得受領報酬，主要係指集會行使職權時得受領各項合理之報酬，故舉以為例。至其他何種特定情形得受領報酬，係屬立法裁量問題，應由立法機關本此意旨，於制定有關國民大會代表報酬之法律時，連同與其行使職權有直接關係之郵電、交通等非屬於個人報酬性質之必要費用，及在任期內保險費用之補助，如何於合理限度內核實開支，妥為訂定適當項目及標準，以為支給之依據。於修訂其他民意代表待遇之法律時，亦同。本院上開解釋應予補充。又依動員戡亂時期臨時條款增加名額選出之國民大會代表，於八十年十二月三十一日以前已受領之報酬，雖與第一屆國民大會代表相同，惟其於八十一年一月一日以後，既與第二屆國民大會代表共同行使職權，依上開解釋意旨應建立民意代表依法支領待遇之制度，基於公益與平等原則之考量，其得受領之報酬，自應與第二屆國民大會代表相一致，併此說明。

釋字第三○○號解釋　（憲八，破產七一、一五二～一五九，強執二二、二四，

刑訴一〇一、一〇八）　　　　　　　　　　　八十一年七月十七日公布

破產法第七十一條第一項規定「破產人有逃亡或隱匿、毀棄其財產之虞時，法院得簽發押票將破產人羈押。」為保全破產財團之財產，維護全體債權人之權益，俾破產程序得以順利完成，固有此必要。惟同條第二項「羈押期間不得超過一個月，但經破產管理人提出正當理由時，法院得准予展期，每次展期以一個月為限」之規定，其中但書對羈押展期之次數未加適當限制部分，與憲法保障人民身體自由之本旨不合，應儘速加以修正，至遲應於本解釋公布之日起屆滿一年時停止適用。在法律修正前適用上開現行規定，應斟酌本解釋意旨，慎重為之。至破產人有破產法第一百五十二條至第一百五十九條犯罪嫌疑者應移送檢察官偵查，於有必要時由檢察官依法羈押，乃另一問題，併此說明。

　　解釋理由書

破產法第七十一條第一項「破產人有逃亡或隱匿、毀棄其財產之虞時，法院得簽發押票將破產人羈押」之規定，旨在保全破產財團之財產，維護全體債權人之權益，俾破產程序得以順利完成，固有其必要。惟同條第二項則規定「羈押期間不得超過一個月，但經破產管理人提出正當理由時，法院得准予展期，每次展期以一個月為限」。按對人民身體自由之拘束，除因犯罪受無期徒刑之宣告確定者外，現行法律中有關人身自由之拘束，均有期間之限制。例如強制執行程序中對於債務人顯有逃亡之虞或就應供強制執行之財產有隱匿或處分之情事者，強制執行法第二十二條規定執行法院對於債務人無相當擔保者，得拘提管收之。同法第二十四條則規定，管收期限不得逾三個月，且有管收新原因發生而對債務人再行管收時，以一次為限。又刑事訴訟程序中，對於被告如認有逃亡或有事實足認為有逃亡之虞者，或有事實足認為有湮滅、偽造、變造證據或勾串共犯或證人之虞者等情形之一時，刑事訴訟法第一百零一條規定於必要時得羈押之。同法第一百零八條則規定，羈押被告，偵查中不得逾二月，審判中不得逾三月，但有繼續羈押之必要者，延長羈押期間每次不得逾二月，偵查中以一次為限，如所犯最重本刑為十年以下有期徒刑以下之刑者，審判中第一審第二審以三次為限，第三審以一次為限。破產法上之羈押，其主要目的既在保全破產財團之財產，該法第七十一條第二項但書關於羈押展期次數未加限制之規定，與上開其他法律規定兩相比較，顯欠妥當，易被濫用，有違憲法保障人民身體自由之本旨。應就羈押之名稱是否適當、展期次數或總期間如何限制，以及於不拘束破產人身體自由時，如何予以適當管束暨違反管束時如何制裁等事項通盤檢討，儘速加以修正，至遲應於本解釋公布之

日起屆滿一年時停止適用。在法律修正前適用上開現行規定，應斟酌本解釋意旨，慎重為之。至破產人有破產法第一百五十二條至第一百五十九條犯罪嫌疑者應移送檢察官偵查，於有必要時由檢察官依法羈押，乃另一問題，併此說明。

釋字第三〇一號解釋　　（憲二三，教員任用三一，教員任用施一九）

八十一年七月二十四日公布

教育人員任用條例第三十一條第三款關於因案停止職務，其原因尚未消滅者，不得為教育人員之規定，乃因其暫不適宜繼續執行教育職務，此為增進公共利益所必要，與憲法並無牴觸。惟因案停止職務之教師，於聘期屆滿後，經法定程序確定為無刑事及行政責任，並經原學校依規定再予聘任者，其中斷期間所失之權益，如何予以補償，應由主管機關檢討處理之。

解釋理由書

教育人員任用條例第三十一條第三款關於因案停止職務，其原因尚未消滅者，不得為教育人員之規定，乃因此等人員在停職期間，難以專心任職，足以影響教育工作之正常進行，有暫不適宜繼續執行教育職務之情形存在。故上開規定，為增進公共利益所必要，與憲法並無牴觸。惟依現行法律規定，學校教師有採聘任制度者，其因案停止職務之教師於聘期屆滿後，經法定程序確定為無刑事及行政責任，並經原學校再予聘任者，足證事已澄清，自原聘期屆滿至再予聘任之一段期間，其所失之權益，如何補償，現行法令未設規定，有所疏漏，應由主管機關檢討處理之。至教育人員任用條例施行細則第十九條第一項規定：「各級學校對聘約期限屆滿之教師不予續聘時，應於聘期屆滿一個月前，書面通知當事人，並報經主管教育行政機關備查」，乃規定學校對於聘約期限屆滿之教師不予續聘之程序，以督促學校對於教師之不續聘，應審慎辦理。此種情形，業經本院釋字第二〇三號解釋認與憲法並無牴觸在案，適用此項規定之見解，亦不屬憲法解釋範圍，併予說明。

釋字第三〇二號解釋　　（憲一六，刑訴三七七）　　八十一年八月十四日公布

刑事訴訟法第三百七十七條規定：「上訴於第三審法院，非以判決違背法令為理由，不得為之」，旨在合理利用訴訟程序，以增進公共利益，尚未逾越立法裁量範圍，與憲法第十六條並無牴觸。

解釋理由書

憲法第十六條固規定人民有訴訟之權，惟此項權利應依如何之程序行使，審級如何劃分，應否將第三審法院定為法律審，使司法訴訟程序之利用臻於合理，屬立法裁量問題，應由立法機關以法律妥為規定。刑事訴訟法第三百七十七條規定：「上訴於第三審法院，非以判決違背法令為理由，不得為之」。其限制第三審上訴之理由，即係基於上述意旨，為增進公共利益所必要，並未逾越立法裁量範圍，為憲法第二十三條之所許，與憲法第十六條保障人民訴訟權之本旨並無抵觸。

釋字第三○三號解釋　（憲一五，公司九、三八七、四○三）

八十一年八月十四日公布

公司法第四百零三條第一項規定：「公司及外國公司登記事項如有變更時，應於變更後十五日內，向主管機關申請為變更之登記」，此項變更登記，依同條第二項之意旨，應由公司負責人申請，乃因公司為法人，自應由其代表人為之，以確保交易安全，與憲法並無抵觸。

解釋理由書

公司為獨立之權利義務主體，其組織及資金等事項，如有變更，應依法定程序登載於主管機關設置之簿冊，以備公眾閱覽抄錄。公司法第四百零三條第一項規定：「公司及外國公司登記事項如有變更時，應於變更後十五日內，向主管機關申請為變更之登記」，此項變更登記，依同條第二項及第三百八十七條之意旨，應由公司負責人申請，乃因公司為法人，自應由其代表人為之，以確保交易安全，與憲法並無抵觸。至公司負責人申請登記事項如有虛偽情事，乃其應否依公司法第九條第二項負刑事責任之問題，併予指明。

釋字第三○四號解釋　（憲一五，民二二六、八六六、八六七、八七三）

八十一年八月十四日公布

民法第八百六十六條規定：「不動產所有人設定抵押權後，於同一不動產上得設定地上權及其他權利。但其抵押權不因此而受影響」，如其抵押權因設定地上權或其他權利而受影響者，本院院字第一四四六號解釋認為對於抵押權人不生效力，抵押權人聲請拍賣抵押物時，執行法院自可依法逕予執行，乃因抵押權為物權，經登記而生公示之效力，在登記後就抵押物取得地上權或其他使用收益之權利者，自不得使登記在先之抵押權受其影響，如該項地上權或其他使用收益之權利於抵押權無影響時，仍得繼續存

在，已兼顧在後取得權利者之權益，首開法條及本院解釋與憲法並無牴觸。

解釋理由書

民法第八百六十六條規定：「不動產所有人設定抵押權後，於同一不動產上得設定地上權及其他權利。但其抵押權不因此而受影響」，如其抵押權因設定地上權或其他權利而受影響者，本院院字第一四四六號解釋認為對於抵押權人不生效力，抵押權人聲請拍賣抵押物時，執行法院自可依法逕予執行，乃因抵押權為物權，經登記而生公示之效力，在抵押權登記後就抵押物取得地上權或其他使用收益之權利者，自不得使登記在先之抵押權受其影響。故所有人於抵押權設定後，在抵押物上所設定之地上權或其他使用收益之權利於抵押權有影響者，在抵押權人聲請拍賣抵押物時，發生無人應買或出價不足清償抵押債權之情形，即須除去該項權利而為拍賣，並於拍定後解除被除去權利者之占有而點交於拍定人，乃為使抵押權人得依抵押權設定時之權利狀態而受清償所必要。反之，如該項地上權或其他使用收益之權利於抵押權無影響時，仍得繼續存在，已兼顧在後取得權利者之權益。民法第八百六十六條但書之規定及本院院字第一四四六號解釋，與憲法保障人民權利之意旨，並無牴觸。

釋字第三〇五號解釋 （憲一六，公司二七，訴願一，行訴一、九，民訴二四七、四六九）

八十一年十月二日公布

人民就同一事件向行政法院及民事法院提起訴訟，均被以無審判之權限為由而予駁回，致其憲法上所保障之訴訟權受侵害，而對其中一法院之確定終局裁判所適用之判例，發生有牴觸憲法之疑義，請求本院解釋，本院依法受理後，並得對與該判例有牽連關係之歧異見解，為統一解釋。本件行政法院判決所適用之判例與民事法院確定終局裁判，對於審判權限之見解歧異，應依上開說明解釋之。公營事業依公司法規定設立者，為私法人，與其人員間，為私法上之契約關係，雙方如就契約關係已否消滅有爭執，應循民事訴訟途徑解決。行政法院六十年度裁字第二三二號判例，認為此種公司無被告當事人能力，其實質意義為此種事件不屬行政法院之權限，與憲法尚無牴觸。至於依公司法第二十七條經國家或其他公法人指派在公司代表其執行職務或依其他法律逕由主管機關任用、定有官等、在公司服務之人員，與其指派或任用機關之關係，仍為公法關係，合併指明。

解釋理由書

人民就同一事件向行政法院及民事法院提起訴訟，均被法院以無審判之權限為由而予

駁回，致其憲法上所保障之訴訟權受侵害，而對其中一法院之確定終局裁判所適用之判例，發生有牴觸憲法之疑義，請求本院解釋，本院依法受理後，並得對與該判例有牽連關係之歧異見解，為統一解釋。本件行政法院判決所適用之判例與民事法院確定終局裁判，對於審判權限之見解有所歧異，應依上開說明解釋之。

公營事業之組織形態不一。如決策上認某種公營事業應採公司組織之形態，則係基於該種公營事業，適於以企業理念經營之判斷，自應本於企業自主之精神及企業所有與企業經營分離之原則為之。而在法律上，公營事業依公司法規定設立公司者，雖可簡稱為公營公司，但其性質仍為私法人，具有獨立之人格，自為權利義務之主體，享受權利，負擔義務。因之，公營公司與其人員間，係以私法人地位依其人事規章，經由委任（選任、聘任或僱用）之途徑，雙方成立私法上之契約關係，其對於人員之解任行為，並非行使公權力之結果，而係私法上終止契約之意思表示，契約關係因而消滅。縱令公營公司人員之任免考核事項，法令定為應由政府機關參與決定，此種內部行為亦係政府機關與公營公司間之另一監督關係，並不影響公營公司與其人員間契約關係之存在。倘雙方就此契約關係已否消滅有爭執，自應循民事訴訟途徑解決，而不屬行政法院之權限範圍。行政法院六十年度裁字第二三二號判例，認此種公營公司，無行政訴訟之被告當事人能力，係本於以往僅中央或地方機關，始有行政訴訟被告當事人能力之見解，此種見解，與本院釋字第二六九號解釋意旨不符部分，已不再援用，其實質意義，為此種事件不屬行政法院之權限範圍，既未限制人民民事訴訟之救濟途徑，與憲法尚無牴觸。至於依公司法第二十七條經國家或其他公法人指派在公司代表其執行職務或依其他法律逕由主管機關任用、定有官等、在公司服務之人員，與其指派或任用機關之關係，仍為公法關係，合併指明。

釋字第三○六號解釋　（憲一六，刑訴三四六、三六二、三六七、三八四）

八十一年十月十六日公布

本院院解字第三○二七號解釋及最高法院五十三年臺上字第二六一七號判例，謂刑事被告之原審辯護人為被告之利益提起上訴，應以被告名義行之，在此範圍內，與憲法保障人民訴訟權之意旨，尚無牴觸。但上開判例已指明此係程式問題，如原審辯護人已為被告之利益提起上訴，而僅未於上訴書狀內表明以被告名義上訴字樣者，其情形既非不可補正，自應依法先定期間命為補正，如未先命補正，即認其上訴為不合法者，應予依法救濟。最高法院與上述判例相關連之六十九年臺非字第二○號判例，認該項

程式欠缺之情形為無可補正，與前述意旨不符，應不予援用。

解釋理由書

中華民國二十四年一月一日公布之中華民國刑事訴訟法第三百三十八條（五十六年一月二十八日修正時名稱改為刑事訴訟法，條次改為第三百四十六條）規定：「原審之代理人或辯護人得為被告之利益而上訴。但不得與被告明示之意思相反。」司法院據此於三十四年十一月二十二日作成院解字第三〇二七號解釋：「刑事被告之原審辯護人，雖得依刑事訴訟法第三百三十八條，為被告利益提起上訴，但既非獨立上訴，無論是否為公設辯護人，其上訴均應以被告名義行之。」最高法院五十三年臺上字第二六一七號判例要旨亦謂：「刑事被告之原審辯護人雖得為被告利益提起上訴，但既非獨立上訴，其上訴應以被告名義行之。若以自己名義提起上訴，即屬違背法律上之程式。」在此範圍內，被告之上訴權，非僅未受限制，且因有原審辯護人之代為上訴，而可節省勞費、減少貽誤，與憲法保障人民訴訟權之意旨，尚無牴觸。但此種由原審辯護人以被告名義提起之上訴，係該辯護人之行為，而非被告之行為。其上訴書狀已否表明以被告名義上訴字樣，非被告所能注意。如上訴書狀未為此表明，上開判例亦指明乃係違背程式，其情形既非不可由原為上訴行為之該辯護人補正，依現行刑事訴訟法第三百六十二條但書、第三百六十七條但書、第三百八十四條但書等有關規定，法院或審判長，自仍應定期間先命補正。以免僅因辯護人對於上訴程式之疏忽，而使被告之上訴權受不測之損害。如未先命補正，即認其上訴為不合法而遽予駁回者，自應予以依法救濟。最高法院與上開判例相關連之六十九年臺非字第二〇號判例謂：「原第二審選任之辯護律師，雖得為被告利益提起上訴，但其上訴係本於代理權作用，並非獨立上訴。乃竟不以被告名義行之，而以其自己名義提起，其上訴即難謂為合法。既無可補正，原第二審法院未定期間先命補正，亦難謂於法有違。」其中認該項程式欠缺之情形為無可補正部分，與前述意旨不符，應不予援用。

釋字第三〇七號解釋　（憲一〇八～一一〇，警察一六）

八十一年十月三十日公布

警察制度，依憲法第一百零八條第一項第十七款規定，由中央立法並執行之或交由省縣執行之，中央就其交由省縣執行之事項，自得依法定程序編列預算，省縣無須重複編列。但省警政及縣警衛之實施，依憲法第一百零九條第一項第十款、第一百十條第一項第九款規定，則屬省縣之權限，省縣得就其業務所需經費依法定程序編列預算，

如確屬不足時，得依警察法第十六條第二項規定呈請補助，省（直轄市）由中央補助，縣（市）由省補助。

解釋理由書

本件係屬憲法第一百零八條至第一百十條列舉事項權限爭議之解釋，非關違憲審查問題，合先說明。警察制度，依憲法第一百零八條第一項第十七款規定，由中央立法並執行之或交由省縣執行之，中央就其交由省縣執行之事項，自得依法定程序編列預算支付之，省縣無須重複編列。

憲法第一百零九條第一項第十款規定「省警政之實施」，由省立法並執行之或交由縣執行之；第一百十條第一項第九款規定「縣警衛之實施」，由縣立法並執行之。省警政及縣警衛之實施事項，既屬省縣之權限，省縣自得就其業務所需經費，依法定程序編列預算。惟省警政及縣警衛之實施，其中有須全國一致或涉及中央權限者，因此，中央依憲法第一百零八條第一項第十七款制定之警察法第十六條第一項規定：「地方警察機關預算標準，由中央按各該地區情形分別規劃之。」省警政及縣警衛之實施，其所需經費之預算，須依上述標準編列，如確屬不足時，得依同條第二項規定呈請補助，省（直轄市）由中央補助，縣（市）由省補助。地方對於此項補助，雖不得變更其用途，省（直轄市）縣（市）議會仍得依法監督其執行。

釋字第三○八號解釋　（教員任用三四，公服一、二四）

八十一年十一月十三日公布

公立學校聘任之教師不屬於公務員服務法第二十四條所稱之公務員。惟兼任學校行政職務之教師，就其兼任之行政職務，則有公務員服務法之適用。本院院解字第二九八六號解釋，應予補充。至專任教師依教育人員任用條例第三十四條規定，除法令另有規定外，仍不得在外兼職。

解釋理由書

公立學校聘任之教師係基於聘約關係，擔任教學研究工作，與文武職公務員執行法令所定職務，服從長官監督之情形有所不同，故聘任之教師應不屬於公務員服務法第二十四條所稱之公務員。惟此類教師如兼任學校行政職務，就其兼任之行政職務，仍有公務員服務法之適用。本院院解字第二九八六號解釋：「委任之公立中小學校教職員及縣立圖書館長受有俸給者，均為公務員服務法上之公務員，其聘任之教職員則否。」其中關於聘任之教師部分，應予補充。至教師之行為仍受國家其他有關法令及聘約之拘

束，並應有其倫理規範。專任教師依教育人員任用條例第三十四條規定，除法令另有規定外，不得在外兼課或兼職。

釋字第三〇九號解釋 （憲一九，所得稅八三之一）

八十一年十一月二十七日公布

中華民國七十一年十二月三十日修正公布之所得稅法第八十三條之一規定：「稽徵機關或財政部指定之調查人員進行調查時，如發現納稅義務人有重大逃漏稅嫌疑，得視案情需要，報經財政部核准，就納稅義務人資產淨值、資金流程及不合營業常規之營業資料進行調查。」「稽徵機關就前項資料調查結果，證明納稅義務人有逃漏稅情事時，納稅義務人對有利於己之事實，應負舉證之責。」係對有重大逃漏稅嫌疑之案件，以法律明定其調查方法，如依調查結果，認為足以證明有逃漏稅情事時，並許納稅義務人提出反證，以維護其權益，與憲法尚無牴觸。

解釋理由書

中華民國七十一年十二月三十日修正公布之所得稅法增列第八十三條之一規定：「稽徵機關或財政部指定之調查人員進行調查時，如發現納稅義務人有重大逃漏稅嫌疑，得視案情需要，報經財政部核准，就納稅義務人資產淨值、資金流程及不合營業常規之營業資料進行調查。」「稽徵機關就前項資料調查結果，證明納稅義務人有逃漏稅情事時，納稅義務人對有利於己之事實，應負舉證之責。」係對有重大逃漏稅嫌疑之案件，以法律明定稽徵機關得就納稅義務人之資產淨值、資金流程及不合營業常規之營業資料等間接證據進行調查，而核算其所得額，如依調查結果，經合理之判斷，認為足以證明有逃漏稅情事時，並許納稅義務人就有利於己之事實提出反證，以維護其權益，與憲法尚無牴觸。此項規定僅為發見真實而設，不生溯及既往問題，併此指明。

釋字第三一〇號解釋 （憲二二，勞保二〇、三三、五八）

八十一年十二月十一日公布

勞工保險條例規定之傷病給付，乃對勞工因傷病不能工作，致未能取得原有薪資所為之補助，與老年給付係對勞工因退職未能獲取薪資所為之給付，兩者性質相同，其請領老年給付者，自不應重複請領傷病給付。內政部中華民國六十九年六月十三日臺內社字第一七七三一號函示：「被保險人退職，依規定退保，並請領老年給付者，自不得再依勞工保險條例第二十條規定，請領傷病給付」，與上述意旨相符，尚不牴觸憲法。

解釋理由書

依勞工保險條例第三十三條規定：「被保險人遭遇普通傷害或普通疾病住院診療不能工作，以致未能取得薪資，正在治療中者，自不能工作之第四日起，發給普通傷害補助費及普通疾病補助費」，顯見傷病給付，乃對勞工因傷病不能工作，致未能取得原有薪資所為之補助。而同條例第五十八條第一項各款規定，被保險人參加保險之年資合計達一定年限，而退職者，得請領之老年給付，亦係對勞工因退職未能獲取薪資所為之給付，兩者性質相同，其請領老年給付者，自不應重複請領傷病給付。至勞工保險條例第二十條第一項前段規定「被保險人在保險有效期間所發生之傷病事故，於保險效力停止後，必須連續請領傷病給付或住院診療給付者，一年內，仍可享有該項保險給付之權利」，其中所稱保險效力之停止，並非以退職為唯一原因，如被保險人退職，且已請領老年給付者，自應依前開說明辦理。內政部中華民國六十九年六月十三日臺內社字第一七七三一號函示：「被保險人退職，依規定退保，並請領老年給付者，自不得再依勞工保險條例第二十條規定，請領傷病給付」，與上述意旨相符，尚不牴觸憲法。

釋字第三一一號解釋　（憲一三，平均地權三八，土稅三一，遺贈稅一〇、四四，稅徵四八之一）　　　　　　　　　　八十一年十二月二十三日公布

遺產稅之徵收，其遺產價值之計算，以被繼承人死亡時之時價為準，遺產及贈與稅法第十條第一項前段定有明文。對逾期申報遺產稅者，同項但書所為：如逾期申報日之時價，較死亡日之時價為高者，以較高者為準之規定，固以杜絕納稅義務人取巧觀望為立法理由，惟其以遺產漲價後之時價為遺產估價之標準，與同法第四十四條之處罰規定並列，易滋重複處罰之疑慮，應從速檢討修正。至稅捐稽徵法第四十八條之一第一項但書規定加計利息，一併徵收，乃因納稅義務人遲繳稅款獲有消極利益之故，與憲法尚無牴觸。

解釋理由書

繼承因被繼承人死亡而開始，被繼承人死亡，繼承人即承受被繼承人財產上之一切權利義務，繼承人繳納遺產稅之義務亦應自此時發生，遺產及贈與稅法第十條第一項前段規定：遺產價值之計算，以被繼承人死亡時之時價為準，即係本此意旨。對逾期申報遺產稅者，同項但書所為：如逾期申報日之時價，較死亡日之時價為高者，以較高者為準之規定，固以杜絕納稅義務人取巧觀望為其立法理由。惟其將繼承人已取得遺產權利後所增加之財產價值，亦列入遺產範圍，從高估價，與同法第四十四條另規定

納稅義務人未依限辦理遺產稅申報者，按核定應納稅額加處一倍至二倍之罰鍰，兩者並列，又未設擇一適用之規定，易滋重複處罰之疑慮。而因繼承取得之土地，再行移轉者，就其土地漲價之部分徵收土地增值稅，依土地稅法第三十一條第二項及平均地權條例第三十八條第二項後段，則又以繼承開始時公告現值為計算之基準，相關法令應如何配合，均應從速檢討修正。至稅捐稽徵法第四十八條之一第一項但書規定：「其補繳之稅款，應自該項稅捐原繳納期限截止之次日起，至補繳之日止，就補繳之應納稅捐，依原應繳納稅款期間屆滿之日郵政儲金匯業局之一年期定期存款利率，按日加計利息，一併徵收」，乃因納稅義務人遲繳稅款獲有消極利益之故，與憲法尚無牴觸。

釋字第三一二號解釋　（憲一五、一六、八三，訴願一，行訴一，中央公教人員福利互助辦法）　　　　　　　　　　八十二年一月二十九日公布

公務人員之公法上財產請求權，遭受損害時，得依訴願或行政訴訟程序請求救濟。公務人員退休，依據法令規定請領福利互助金，乃為公法上財產請求權之行使，如有爭執，自應依此意旨辦理。本院釋字第一八七號、第二○一號及第二六六號解釋應予補充。

解釋理由書

人民之財產權應予保障，憲法第十五條定有明文。此項權利不應因其被任命為公務人員，與國家發生公法上之忠勤服務關係而受影響。公務人員之財產權，不論其係基於公法關係或私法關係而發生，國家均應予以保障，如其遭受損害，自應有法律救濟途徑，以安定公務人員之生活，使其能專心於公務，方符憲法第八十三條保障公務人員之意旨。

行政院發布之中央公教人員福利互助辦法或其他機關自行訂定之福利互助有關規定，係各機關為安定公務人員生活之行政目的而實施之法令，並有提供公款予以補助者，具有公法性質。現行司法救濟程序，既採民事訴訟與行政爭訟區分之制度，公務人員退休，依據上述法令規定，請領福利互助金，乃屬公法上財產請求權之行使，如遭有關機關拒絕，將影響其憲法所保障之財產權，依上開意旨，自應許其提起訴願或行政訴訟，以資救濟。至行政法院五十三年判字第二二九號判例前段所稱：「公務員以公務員身分受行政處分，純屬行政範圍，非以人民身分因官署處分受損害者可比，不能按照訴願程序提起訴願」等語，不問處分之內容如何，一律不許提起訴願，與上述意旨不符，應不再援用，迭經本院解釋在案。本院釋字第一八七號、第二○一號及第二六

六號解釋應予補充。

釋字第三一三號解釋　（憲二三，民航八七、九二）八十二年二月十二日公布
對人民違反行政法上義務之行為科處罰鍰，涉及人民權利之限制，其處罰之構成要件
及數額，應由法律定之。若法律就其構成要件，授權以命令為補充規定者，授權之內
容及範圍應具體明確，然後據以發布命令，始符憲法第二十三條以法律限制人民權利
之意旨。民用航空運輸業管理規則雖係依據民用航空法第九十二條而訂定，惟其中因
違反該規則第二十九條第一項規定，而依同規則第四十六條適用民用航空法第八十七
條第七款規定處罰部分，法律授權之依據，有欠明確，與前述意旨不符，應自本解釋
公布日起，至遲於屆滿一年時，失其效力。

　　解釋理由書
對人民違反行政法上義務之行為科處罰鍰，涉及人民權利之限制，其處罰之構成要件
及數額，應由法律定之。若法律就其構成要件，授權以命令為補充規定者，授權之內
容及範圍應具體明確，然後據以發布命令，始符合憲法第二十三條以法律限制人民權
利之意旨。民用航空運輸業管理規則雖係依據民用航空法第九十二條授權而訂定，惟
其中第二十九條第一項：「民用航空運輸業不得搭載無中華民國入境簽證或入境證之旅
客來中華民國」，係交通部於中華民國七十七年九月十五日修正時，為因應解除戒嚴後
之需要而增訂。民用航空業因違反此項規定而依同規則第四十六條適用民用航空法第
八十七條第七款處罰部分，法律授權之依據，有欠明確，與前述意旨不符，應自本解
釋公布日起，至遲於屆滿一年時，失其效力。至民用航空法第八十七條第七款規定：
「其他違反本法或依本法所發布命令者」，一律科處罰鍰（同法第八十六條第七款亦同），
對應受行政罰制裁之行為，作空泛而無確定範圍之授權，自亦應一併檢討，併此指明。

釋字第三一四號解釋　（憲二九、三〇、一七四，憲增修六、一一，動員戡亂時
期臨時條款四、五）　　　　　　　　　　　　八十二年二月二十五日公布
憲法為國家根本大法，其修改關係憲政秩序之安定及國民之福祉至鉅，應使國民預知
其修改之目的並有表達意見之機會。國民大會臨時會係依各別不同之情形及程序而召
集，其非以修憲為目的而召集之臨時會，自不得行使修改憲法之職權，本院釋字第二
十九號解釋應予補充。

　　解釋理由書

國民大會遇有憲法第三十條列舉情形之一，召集臨時會時，其所行使之職權，仍係國民大會職權之一部分，依憲法第二十九條召集之國民大會，自得行使之，前經本院釋字第二十九號解釋釋示在案。該項解釋係就國民大會依憲法第二十九條定期集會時得行使之職權所為之釋示，非謂國民大會臨時會不問召集之原因及程序如何，均得行使國民大會之全部職權。

憲法為國家根本大法，舉凡國體、政體、人民之權利義務及中央與地方權限之劃分等重大事項，均賴憲法有所明定。故憲法之修改關係憲政秩序之安定及國民之福祉至鉅，應使全國國民預知其修改之目的並有表達意見之機會，國民大會代表亦得藉此瞭解民意之所在，俾其行使職權能符合全國國民之合理期待與信賴。憲法第一百七十四條第二款規定，立法院擬定提請國民大會複決之憲法修正案，應於國民大會開會前半年公告之。行憲以來國民大會於中華民國三十七年五月十日公布之動員戡亂時期臨時條款第四項明定，第一屆國民大會應由總統至遲於三十九年十二月二十五日以前召集臨時會，討論有關修改憲法各案；四十九年三月十一日修改之同條款第四項及第五項規定，由總統擇期召集國民大會臨時會討論有關修改憲法各案；憲法增修條文第六條規定，國民大會應於第二屆國民大會代表選出後三個月內由總統召集臨時會修改憲法，及第十二條第二項規定，總統、副總統選舉之方式，由總統於中華民國八十四年五月二十日前召集國民大會臨時會以憲法增修條文定之，均係本此意旨而為。國民大會依憲法第一百七十四條第一款修改憲法，固無集會前半年公告之規定，但國民大會臨時會係依各別不同之情形及程序而召集，與國民大會依憲法第二十九條所定之定期集會不同。若其召集之目的非為修改憲法，自不得於因其他事項召集之臨時會，規避憲法關於召集程序之限制而逕行修改憲法。從而總統依憲法增修條文第十一條第一項、第二項及第十五條所召集之國民大會臨時會，不得行使修改憲法之職權，本院釋字第二十九號解釋，應予補充。

釋字第三一五號解釋　　（憲一九，公司二三八、二三九、二四一，所得稅三、四、二四，獎勵投資條例二五）　　　　　　　　八十二年三月十二日公布

關於公司超過票面金額發行股票之溢額所得，應否免稅及免稅之範圍如何，立法機關依租稅法律主義，得為合理之裁量。獎勵投資條例第二十五條僅規定：「生產事業依公司法規定，將發行股票超過票面金額之溢價作為公積時，免予計入所得額」，行政院中華民國五十六年十二月七日臺經字第九四九四號令及財政部同年月十日臺財稅發字第

一三○五五號令乃釋示，非生產事業之上述溢額所得並無免稅規定，不在免稅之列，與憲法所定之租稅法律主義尚無牴觸。

解釋理由書

依所得稅法第三條第一項及第四條規定，凡在中華民國境內經營之營利事業，其各項所得，除法律有免稅之規定外，應依所得稅法課徵營利事業所得稅。公司超過票面金額發行股票所得之溢額，就所得稅法第二十四條第一項及公司法第二百三十九條第一項但書、第二百四十一條規定綜合觀之，既超出公司登記資本額之範圍，而彙積為資本公積，此項公積又可供發給新股之用，應屬公司之所得。立法機關自得就其應否免稅及免稅之範圍如何，為合理之裁量。獎勵投資條例第二十五條僅規定：「生產事業依公司法規定，將發行股票超過票面金額之溢價作為公積時，免予計入所得額」，行政院中華民國五十六年十二月七日臺經字第九四九四號令及財政部同年月十日臺財稅發字第一三○五五號令釋示：「公司法第二百三十八條對資本公積，並無免稅之規定，至其他法律如獎勵投資條例對某類事業某種所得有免稅條款者，方得據以免稅」，符合上開意旨，與憲法第十九條所定租稅法律主義尚無牴觸。至其後公布之促進產業升級條例，將免稅範圍擴大至不以生產事業為限，係配合經濟發展之新情勢而為之立法裁量，亦不得因而認在前之立法裁量為違憲。

釋字第三一六號解釋　（憲一五五，公保三、一三、一四，公保施五一、五八）

八十二年五月七日公布

公務人員保險法第三條規定之疾病、傷害與殘廢，乃屬不同之保險事故。被保險人在保險有效期間發生殘廢事故時，自應依同法第十四條予以殘廢給付。其於領取殘廢給付後，承保機關在何種情形下仍應負擔其醫療費用，係另一問題。銓敘部七十九年十月六日（七九）臺華特一字第○四七○七七七號函謂「植物人」之大腦病變可終止治療，如屬無誤，則已合於殘廢給付之條件，乃又以其引起之併發症無法終止治療為由而不予核給，將殘廢給付與疾病、傷害給付混為同一保險事故，增加法律所無之條件，與憲法實施社會保險照顧殘廢者生活，以保障人民權利之意旨尚有不符，應不再援用。惟「植物人」之大腦病變縱可終止治療，其所需治療以外之專門性照護，較殘廢給付更為重要，現行公務人員保險就專業照護欠缺規定，應迅予檢討改進。又大腦病變之「植物人」於領取殘廢給付後，如因大腦病變以外之其他傷病而有治療之必要者，既非屬同一傷病之範圍，承保機關仍應負擔醫療費用，乃屬當然，併予說明。

解釋理由書

公務人員保險為社會保險之一種。國家為謀社會福利，應實施社會保險制度，人民之老弱殘廢，無力生活，及受非常災害者，國家應予以適當之扶助與救濟，為憲法第一百五十五條所明定。而得否請領殘廢保險給付，涉及憲法上人民權利之保障。公務人員保險法第三條就保險事故之範圍，分為生育、疾病、傷害、殘廢、養老、死亡及眷屬喪葬七項，其中疾病、傷害與殘廢，乃不同之保險事故。依同法施行細則第五十八條第一項規定，被保險人發生保險事故，致成殘廢，經醫治終止，無法矯正，確屬成為永久殘廢者，即應依同法第十四條規定，按殘廢之標準予以現金給付。同法第十三條第五項第四款，雖限制因傷病而致殘廢經領取殘廢給付後，不得以同一傷病再申請診療，亦即承保機關就同一傷病不再負擔其醫療費用。惟此乃另一疾病或傷害保險事故之保險給付問題，與已發生殘廢之保險事故應予以殘廢之給付無關，且上述法律規定之「同一傷病」，同法施行細則第五十一條第二項則採列舉規定，其內容為㈠傷病部位與原殘廢部位相同者㈡傷病名稱與原殘廢之傷病名稱相同者㈢傷病情況尚未超過原殘廢等級編號範圍者。並未將非同一傷病之各種感染及併發症，亦併列為「同一傷病」之範圍，且各種疾病與傷害，如在非殘廢人亦可能發生者，更無從擴張解釋為「同一事故」。銓敘部七十九年十月六日（七九）臺華特一字第〇四七〇七七七號函謂「植物人」之大腦病變可終止治療，如屬無誤，則已合於殘廢給付之條件，乃又以其引起之併發症無法終止治療為由而不予核給，將殘廢給付與疾病、傷害給付混為同一保險事故，增加法律所無之條件，與憲法實施社會保險照顧殘廢者生活，以保障人民權利之意旨尚有不符，應不再援用。惟「植物人」之大腦病變縱可終止治療，其所需治療以外之專門性照護，較殘廢給付更為重要，現行公務人員保險就專業照護欠缺規定，應迅予檢討改進。又大腦病變之「植物人」於領取殘廢給付後，如因大腦病變以外之其他傷病而有治療之必要者，既非屬同一傷病之範圍，承保機關仍應負擔醫療費用，乃屬當然，併予說明。

釋字第三一七號解釋　　（憲一五，所得稅七、八八、八九、九二、一一一）

八十二年五月二十一日公布

中華民國七十六年十二月三十日修正公布之所得稅法第一百十一條第二項，關於私人團體或事業，違反第八十九條第三項之規定，未依限填報或未據實申報者，處該團體或事業五百元罰鍰之規定，係對稅款扣繳義務人違反法律上作為義務所為之制裁，以

確實掌握課稅資料，為增進公共利益所必要，與憲法並無牴觸。

解釋理由書

依所得稅法規定，應自付與納稅義務人之給付中扣繳所得稅款之人，為扣繳義務人。扣繳義務人應就納稅義務人之所得，於給付時依規定之扣繳率或扣繳辦法扣取稅款，在法定之期限內，向國庫繳清，並開具扣繳憑單彙報該管稽徵機關，其未達起扣點者，並應依限將受領人之姓名及相關資料向該管稽徵機關申報，中華民國七十六年十二月三十日修正公布之所得稅法第七條第五項、第八十八條、第九十二條、第八十九條第三項規定甚明。

同法第一百十一條第二項，關於私人團體或事業，違反第八十九條第三項之規定，未依限填報或未據實申報者，處該團體或事業五百元罰鍰之規定，係對扣繳義務人未盡其法律上應盡之義務時所為之制裁。此項扣繳或申報義務，乃法律規定之作為義務，其目的在使國家得以確實掌握課稅資料，為增進公共利益所必要，與憲法並無牴觸。

釋字第三一八號解釋 　（所得稅一五、一七）　　　八十二年五月二十一日公布

中華民國五十二年一月二十九日修正公布之所得稅法第十五條、第十七條第一項，關於納稅義務人應與其有所得之配偶及其他受扶養親屬合併申報課徵綜合所得稅之規定，就申報之程序而言，與憲法尚無牴觸。惟合併課稅時，如納稅義務人與有所得之配偶及其他受扶養親屬合併計算稅額，較之單獨計算稅額，增加其稅負者，即與租稅公平原則有所不符。首開規定雖已於中華民國七十八年十二月三十日作部分修正，主管機關仍宜隨時斟酌相關法律及社會經濟情況，檢討改進。

解釋理由書

中華民國五十二年一月二十九日修正公布之所得稅法第十五條、第十七條第一項關於綜合所得稅之納稅義務人應與其有所得之配偶及其他受扶養之親屬合併申報課稅之規定，乃以減少申報及稽徵件數，節省徵納雙方勞費為目的。就合併申報之程序而言，為增進公共利益所必要，與憲法尚無牴觸。惟合併課稅時，如納稅義務人與有所得之配偶及其他受扶養親屬合併計算稅額，較之單獨計算稅額，增加其稅負者，即與租稅公平原則有所不符。首開規定雖已於中華民國七十八年十二月三十日作部分修正，主管機關仍宜隨時斟酌相關法律及社會經濟情況，就其免稅額及扣除額等規定，通盤檢討改進。

釋字第三一九號解釋 （憲一八，典試二三，應考人申請複查考試成績處理辦法八）
八十二年六月四日公布

考試機關依法舉行之考試，其閱卷委員係於試卷彌封時評定成績，在彌封開拆後，除依形式觀察，即可發見該項成績有顯然錯誤者外，不應循應考人之要求任意再行評閱，以維持考試之客觀與公平。考試院於中華民國七十五年十一月十二日修正發布之「應考人申請複查考試成績處理辦法」，其第八條規定「申請複查考試成績，不得要求重新評閱、提供參考答案、閱覽或複印試卷。亦不得要求告知閱卷委員之姓名或其他有關資料」，係為貫徹首開意旨所必要，亦與典試法第二十三條關於「辦理考試人員應嚴守秘密」之規定相符，與憲法尚無牴觸。惟考試成績之複查，既為兼顧應考人之權益，有關複查事項仍宜以法律定之。

解釋理由書

考試機關依法舉行之考試，設典試委員會以決定命題標準、評閱標準、審查標準、錄取標準以及應考人考試成績之審查等事項，並由監察院派監察委員監試，在監試委員監視下，進行試題之封存，試卷之彌封、點封，應考人考試成績之審查以及及格人員之榜示與公布。如發現有潛通關節、改換試卷或其他舞弊情事，均由監試人員報請監察院依法處理之，此觀典試法及監試法有關規定甚明。

前項考試，其閱卷委員係於試卷彌封時評定成績，在彌封開拆後，除依形式觀察，即可發見該項成績有顯然錯誤者外，如循應考人之要求，任意再行評閱，縱再行彌封，因既有前次閱卷委員之計分，並可能知悉應考人為何人，亦難以維持考試之客觀與公平。考試院於中華民國七十五年十一月十二日修正發布之「應考人申請複查考試成績處理辦法」，其第八條規定「申請複查考試成績，不得要求重新評閱、提供參考答案、閱覽或複印試卷。亦不得要求告知閱卷委員之姓名或其他有關資料」，係為維持考試之客觀與公平及尊重閱卷委員所為之學術評價所必要，亦與典試法第二十三條關於「辦理考試人員應嚴守秘密」之規定相符，而如發見有試卷漏閱等顯然錯誤之情形，該辦法第七條又設有相當之補救規定，與憲法尚無牴觸。惟考試成績之複查，既為兼顧應考人之權益，有關複查事項仍宜以法律定之。

釋字第三二○號解釋 （戰士授田三，戰士授田施三）
八十二年六月十八日公布

戰士授田憑據處理條例，係為收回已依反共抗俄戰士授田條例領取之戰士授田憑據，

分別情形給予不同基數之補償金而制定。該授田條例雖於中華民國四十年十月十八日生效，但依其第五條、第十一條第二項規定之意旨，關於作戰受傷致成殘廢，並不以該日以後發生者為限。戰士授田憑據處理條例施行細則第三條第一項謂殘廢以四十年十月十八日以後發生者，始發給殘廢標準之補償金，致在該日以前作戰受傷致成殘廢，而已領有授田憑據之人員，失其依該條例所定殘廢標準領取補償金之機會，與法律規定不符，有違憲法保障人民權利之意旨，應不予適用。至此項人員負傷所由致之作戰，其範圍如何，應由主管機關依各該條例立法意旨予以界定，乃屬當然。

解釋理由書

中華民國七十九年四月二十三日制定公布之戰士授田憑據處理條例第一條規定：「反共抗俄戰士授田條例及其施行細則廢止後，為收回戰士授田憑據，特制定本條例。」同條例第三條第一項本文並規定：「每份戰士授田憑據發給一至十個基數之補償金；每一個基數之金額為新臺幣五萬元，除陣亡或公亡戰士之家屬及作戰受傷致成殘廢及年逾五十五歲未享退休給與、未輔導就養、就業之自謀生活者，給與最高十個基數外，餘由行政院就補償對象分別訂定之」。該授田條例雖於中華民國四十年十月十六日公布，十八日生效，但其中關於發給授田憑據時，有無殘廢之認定，依該授田條例第五條、第十一條第二項規定之意旨，並不限於以該日以後發生之狀況為準。而戰士授田憑據處理條例本係就以前已領有授田憑據之既存事實或依其第十條視同已發給授田憑據擬制之既存事實，賦予依一定程序發給補償金之效果，別無所謂溯及既往之問題。其關於殘廢之既存事實，該處理條例亦無僅以四十年十月十八日以後發生者為限之限制。乃該處理條例施行細則第三條第一項第三款竟規定：「作戰受傷致成殘廢之戰士，指於四十年十月十八日反共抗俄戰士授田條例公布日後，作戰受傷，經核定為三等殘以上，並辦理傷殘撫卹有案者」，致在該日以前作戰受傷致成殘廢，而已領有授田憑據之人員，失其依上述殘廢標準領取補償金之機會，與法律規定不符，有違憲法保障人民權利之意旨，應不予適用。至此項人員負傷所由致之作戰，其範圍如何，應由主管機關斟酌上述授田條例第二條關於戰士之定義及處理條例第三條第一項但書關於總補償金額之限制等整體意旨，予以界定，乃屬當然。

釋字第三二一號解釋　　（憲一六，關稅二三）　　　　　八十二年六月十八日公布

中華民國七十五年六月二十九日修正公布之關稅法第二十三條之規定，使納稅義務人未能按海關核定稅款於期限內全數繳納或提供相當擔保者，喪失行政救濟之機會，係

對人民訴訟權所為不必要之限制，與憲法第十六條保障人民訴訟權之意旨有所牴觸。

解釋理由書

有關稅捐案件申請複查時，以繳納一定比例之稅款或提供擔保為條件之規定，使未能繳納稅款或擔保之人喪失法律救濟之機會，係對人民訴願及訴訟權所為不必要之限制，與憲法第十六條之意旨有所不符，業經本院釋字第二二四號及第二八八號分別釋示在案。中華民國七十五年六月二十九日修正公布之關稅法第二十三條第一項：「納稅義務人如不服海關對其進口貨物核定之稅則號別、完稅價格或應補繳稅款或特別關稅者，得於收到海關填發稅款繳納證之日起十四日內，按稅款繳納證所列稅額繳納全部稅款，依規定格式，以書面向海關聲明異議，請求複查。但納稅義務人得經海關核准，提供相當擔保，免繳上開稅款」，第二項：「納稅義務人未依前項規定期限繳納稅款或提供擔保者，視為未請求複查」之規定，雖為防止受處分人任意請求複查以拖延繳納稅款，但依我國行政救濟制度，提起行政救濟並無停止原處分執行之效力，致上述規定，徒使未能於規定期限內繳納全部稅款或提供相當擔保之納稅義務人喪失行政救濟之機會，係對人民訴訟權所為不必要之限制，與憲法第十六條保障人民訴訟權之意旨有所牴觸。

釋字第三二二號解釋　　（土地二一七、二一九）　　八十二年六月十八日公布

中華民國三十五年四月二十九日修正公布之土地法第二百十七條規定：「徵收土地之殘餘部分面積過小，或形勢不整，致不能為相當之使用時，所有權人得要求一併徵收」，對於要求一併徵收之期間未予明定，內政部為貫徹同法第二百十九條關於徵收完畢後限一年內使用之意旨，六十八年十月九日臺內地字第三〇二七四號函謂：「要求一併徵收，宜自協議時起，迄於徵收完畢一年內為之，逾期應不受理」，係為執行上開土地法第二百十七條所必要，與憲法並無牴觸。

解釋理由書

中華民國三十五年四月二十九日修正公布之土地法第二百十七條規定：「徵收土地之殘餘部分面積過小，或形勢不整，致不能為相當之使用時，所有權人得要求一併徵收」，對於要求一併徵收之期間則未予明定，惟同法第二百十九條規定：「徵收私有土地後，不依核准計畫使用，或於徵收完畢一年後不實行使用者，其原土地所有權人得照原徵收價額收回其土地」（上述土地法條文均已於七十八年十二月二十九日修正），是以土地所有權人要求一併徵收，自不能無期間之限制，其期間亦不能較第二百十九條所定

者為長，否則需地機關無從於法定期間內依核准之徵收計畫實行使用，於增進公共利益，迅速確定人民權利，均有妨礙，內政部為貫徹上開第二百十九條之意旨，六十八年十月九日臺內地字第三〇二七四號函謂：「要求一併徵收，宜自協議時起，迄於徵收完畢一年內為之，逾期應不受理」，係為執行上開土地法第二百十七條所必要，與憲法並無抵觸。

釋字第三二三號解釋　（憲一六、一八，後備軍人轉任公職考試比敘條例施行細則一〇，訴願一，行訴一）　　　　　　　　八十二年六月十八日公布

各機關擬任之公務人員，經人事主管機關任用審查，認為不合格或降低原擬任之官等者，於其憲法所保障服公職之權利有重大影響，如經依法定程序申請復審，對復審決定仍有不服時，自得依法提起訴願或行政訴訟，以謀求救濟。行政法院五十九年度判字第四〇〇號判例，與上開意旨不符部分，應不再援用。

解釋理由書

因公務員身分受行政處分得否提起行政爭訟，應視處分之內容而定，其足以改變公務員身分或對於公務員有重大影響之懲戒處分，受處分之公務員並得向該管司法機關聲明不服，業經本院釋字第一八七號、第二〇一號、第二四三號、第二六六號、第二九八號及第三一二號解釋分別釋示在案。各機關擬任之公務人員，經人事主管機關任用審查，認為不合格或降低原擬任之官等者，於其憲法所保障服公職之權利有重大影響，如經依法定程序申請復審，對復審決定仍有不服時，自得依法提起訴願或行政訴訟，以謀求救濟。行政法院五十九年度判字第四〇〇號判例：「人事主管機關對於公務員任用資格所為之審定及任用之准駁，非官署對人民之行政處分可比，公務員對之如有不服，自可向其本機關長官轉請復審外，不得對之提起訴願」，與上開意旨不符部分，應不再援用。

至本件聲請人就有關後備軍人轉任公職考試比敘條例施行細則第十條第五項部分，未經確定終局裁判，核與規定不合，應不受理，併此說明。

釋字第三二四號解釋　（憲二三，海關管理貨櫃辦法二六）

八十二年七月十六日公布

財政部中華民國七十四年六月十八日修正發布之海關管理貨櫃辦法，其第二十六條前段，關於貨櫃集散站由於非人力所不能抗拒之原因，致貨物短少時，海關得於一定期

間停止受理其申報進儲業務之規定，旨在確保海關對於存站貨物之監視效果，防止走私，為增進公共利益所必要。惟上述一定期間，未設最長期間之限制，究須如何規範，應參酌航業法第六十三條之規定，以法律或法律授權之命令定之，並應於中華民國八十三年十二月三十一日以前制定施行，逾期上開規定應停止適用。又該辦法尚涉及公法契約之問題，關於公法契約之基本規範，亦宜由有關機關儘速立法，妥為訂定。

解釋理由書

貨櫃集散站之營業，除須由交通部核發許可證外，並應經海關登記，航業法第五十一條設有規定。因其與海關通關查驗及緝私之職務執行有密切關連，故財政部訂有海關管理貨櫃辦法，定明以貨櫃裝運之進口貨物，卸存於貨櫃集散站者，集散站對之負保管責任，受關員之監視或抽核。放行時，應憑海關核准之文件，始得提貨出站。並由業者向海關立具保結，表示遵守該辦法之有關規定。財政部於中華民國七十四年六月十八日修正發布該辦法，於其第二十六條前段規定：「貨櫃集散站對存站貨物負保管責任。如發現有冒領、頂替、變更標記、號碼、包裝或偽造證件矇混提運出站，或其他非人力所不能抗拒之原因，致貨物短少時，除應由貨櫃集散站負責繳納進口稅捐及依海關緝私條例或其他有關法令規定處理外，並得於一定期間停止受理其申報貨櫃及貨物之進儲業務。」就其「停止受理」部分言，此種存站貨物短少之情形一旦發生，即有發生走私等不法情事之可能。海關為確保其對於存站貨物之監視抽核，防止走私，自得為此「停止受理」之處分，以促使集散站改善其設施或管理，避免損害之繼續發生或擴大。既為增進公共利益所必要，亦為海關執行其通關查驗及緝私之法定職務所當為。惟該辦法就「停止受理」之一定期間，未設最長期間之限制，究須如何規範，應參酌航業法第六十三條之規定，以法律或法律授權之命令定之，以符憲法第二十三條之意旨。此項法律應於八十三年十二月三十一日以前制定施行，逾期上開關於「停止受理」之規定，即停止適用。又業者既須向海關立具保結，尚涉及公法契約問題，關於公法契約之基本規範，亦宜由有關機關儘速立法，妥為訂定，俾符依法行政原則。至上開規定內關於由集散站負責繳納進口稅捐部分，以該短少之貨物，集散站為「短少」事故發生當時之持有人，自應依本院釋字第二一九號解釋辦理，毋庸再作解釋，併予指明。

釋字第三二五號解釋　　（憲五七、六七、九五～九七，憲增修一五）

八十二年七月二十三日公布

本院釋字第七十六號解釋認監察院與其他中央民意機構共同相當於民主國家之國會，於憲法增修條文第十五條規定施行後，監察院已非中央民意機構，其地位及職權亦有所變更，上開解釋自不再適用於監察院。惟憲法之五院體制並未改變，原屬於監察院職權中之彈劾、糾舉、糾正權及為行使此等職權，依憲法第九十五條、第九十六條具有之調查權，憲法增修條文亦未修改，此項調查權仍應專由監察院行使。立法院為行使憲法所賦予之職權，除依憲法第五十七條第一款及第六十七條第二項辦理外，得經院會或委員會之決議，要求有關機關就議案涉及事項提供參考資料，必要時並得經院會決議調閱文件原本，受要求之機關非依法律規定或其他正當理由不得拒絕。但國家機關獨立行使職權受憲法之保障者，如司法機關審理案件所表示之法律見解、考試機關對於應考人成績之評定、監察委員為糾彈或糾正與否之判斷，以及訴訟案件在裁判確定前就偵查、審判所為之處置及其卷證等，監察院對之行使調查權，本受有限制，基於同一理由，立法院之調閱文件，亦同受限制。

　　解釋理由書

我國憲法並無國會之名稱，前以國際聯繫有須用國會名義者，究應由何機關代表國會發生疑義，本院依聲請作成之釋字第七十六號解釋，亦祇謂「國民大會、立法院、監察院共同相當於民主國家之國會」，並以其均由人民直接間接選舉之代表或委員所組成，就憲法上之地位及職權性質而言，應認為相當於民主國家之國會，作為解釋之基本理由。茲憲法關於監察委員由人民間接選舉產生，對司法院、考試院之人事同意權以及因中央民意代表身分所享有之言論免責權等規定，因憲法增修條文第十五條之規定而停止適用。基於上述憲法增修條文之規定，監察院第二屆監察委員係由總統提名經國民大會同意後任命，已非中央民意機構，其地位及職權亦有所變更，上開解釋自不再適用於監察院。

憲法於國民大會之外，設立五院分掌行政、立法、司法、考試、監察五權，均為國家最高機關，彼此職權，並經憲法予以劃分，與外國三權分立制度，本不完全相同，其中何者相當於民主國家之國會，於五院職權之劃分並無必然之關連，憲法增修條文既未對五院體制有所改變，亦未增加立法院之職權，則監察院對於中央及地方公務人員認為有失職或違法情事，得提出之糾舉、彈劾及限於對行政院及其有關部會得提出之糾正，以及為行使此等職權，依憲法第九十五條、第九十六條具有之調查權，既未修改，自仍應專由監察院行使。

為使立法院發揮其功能，憲法於第五十七條第一款規定，「行政院有向立法院提出施政

方針及施政報告之責，立法委員在開會時有向行政院院長及行政院各部會首長質詢之權」，於第六十七條第二項規定，「各種委員會得邀請政府人員及社會上有關係人員到會備詢」，則立法委員本得於開會時為質詢或詢問，經由受質詢人或應邀列席人員就詢問事項於答覆時所說明之事實或發表之意見，而明瞭有關事項。如仍不明瞭，得經院會或委員會之決議，要求有關機關就議案涉及事項提供參考資料，必要時並得經院會決議調閱文件原本，以符憲法關於立法委員集會行使職權之規定，受要求之機關非依法律規定或其他正當理由不得拒絕。但國家機關獨立行使職權受憲法之保障者，例如法官依據法律獨立審判，不受任何干涉，考試委員、監察委員獨立行使職權，憲法第八十條、第八十八條、憲法增修條文第十五條第六項均有明文保障；而檢察官之偵查與法官之刑事審判，同為國家刑罰權正確行使之重要程序，兩者具有密切關係，除受檢察一體之拘束外，其對外獨立行使職權，亦應同受保障。本院釋字第十三號解釋並認實任檢察官之保障，除轉調外，與實任推事（法官）同，可供參證。上述人員之職權，既應獨立行使，自必須在免於外力干涉下獨立判斷。故如司法機關審理案件所表示之法律見解、考試機關對於應考人成績之評定、監察委員為糾彈或糾正與否之判斷，以及訴訟案件在裁判確定前就偵查、審判所為之處置及其卷證等，監察院對之行使調查權，本受有限制，基於同一理由，立法院之調閱文件，亦同受限制。

釋字第三二六號解釋　　（都市計畫三、三二、四二，水利八三）

八十二年十月八日公布

都市計畫法第四十二條第一項第一款所稱之河道，係指依同法第三條就都市重要設施作有計畫之發展，而合理規劃所設置之河道而言。至於因地勢自然形成之河流，及因之而依水利法公告之原有「行水區」，雖在都市計畫使用區之範圍，仍不包括在內。

解釋理由書

都市計畫係指在一定地區內有關都市生活之經濟、交通、衛生、保安、國防、文教、康樂等重要設施，作有計畫之發展，並對土地使用作合理之規劃而言，都市計畫法第三條定有明文。同法第四十二條第一項第一款所稱之河道，係指依首開規定合理規劃所設置，且依其第二項規定「應儘先利用適當之公有土地」之河道。足見此種河道所使用之土地原非河道，依都市計畫之設置始成為河道之公共設施用地，至由於地理形勢自然形成之河流及因之而依水利法公告之原有行水區土地，雖在都市計畫使用區之範圍，既非依都市計畫法所設置，自不屬上述之公共設施用地，縱將之改稱為河道，

亦同。其依都市計畫法第三十二條所劃定之使用區或特定專用區，乃為使用管制事項而設，與公共設施用地之設置，二者並不相同。

釋字第三二七號解釋　　（憲二三，所得稅九二、一一四）

八十二年十月八日公布

所得稅法第一百十四條第二款前段：「扣繳義務人已依本法扣繳稅款，而未依第九十二條規定之期限按實填報或填發扣繳憑單者，除限期責令補報或填發外，應按扣繳稅額處百分之二十之罰鍰，但最低不得少於一千五百元；逾期自動申報或填發者，減半處罰」，旨在掌握稅源資料，維護租稅公平，就違反此項法律上作為義務應予制裁部分，為增進公共利益所必要，與憲法尚無牴觸。惟對於扣繳義務人已將所扣稅款依限向國庫繳清，僅逾期申報或填發扣繳憑單者，仍依應扣繳稅額固定之比例處以罰鍰，又無合理最高額之限制，應由有關機關檢討修正。

　　解釋理由書

中華民國七十八年十二月三十日修正公布之所得稅法第一百十四條第二款前段：「扣繳義務人已依本法扣繳稅款，而未依第九十二條規定之期限按實填報或填發扣繳憑單者，除限期責令補報或填發外，應按扣繳稅額處百分之二十之罰鍰，但最低不得少於一千五百元；逾期自動申報或填發者，減半處罰。」乃對扣繳義務人未於法定期限填報或填發之制裁規定。其就違反義務者，課以一定之制裁，係為貫徹扣繳制度，督促扣繳義務人善盡其應盡之作為義務，俾稽徵機關得以掌握稅源資料，達成維護租稅公平並確保國庫收入之必要手段，並非徒然增加扣繳義務人之負擔，就違反此項法律上作為義務應予制裁部分而言，為增進公共利益所必要，與憲法尚無牴觸。惟對於扣繳義務人已將所扣稅款依限向國庫繳清，僅逾期申報或填發扣繳憑單者，仍依應扣繳稅額固定之比例處以罰鍰，又無合理最高額之限制，有導致處罰過重之情形，應由有關機關檢討修正。

釋字第三二八號解釋　　（憲四）　　　　　八十二年十一月二十六日公布

中華民國領土，憲法第四條不採列舉方式，而為「依其固有之疆域」之概括規定，並設領土變更之程序，以為限制，有其政治上及歷史上之理由。其所稱固有疆域範圍之界定，為重大之政治問題，不應由行使司法權之釋憲機關予以解釋。

　　解釋理由書

國家領土之範圍如何界定，純屬政治問題；其界定之行為，學理上稱之為統治行為，依權力分立之憲政原則，不受司法審查。我國憲法第四條規定，「中華民國領土，依其固有之疆域，非經國民大會之決議，不得變更之」，對於領土之範圍，不採列舉方式而為概括規定，並設領土變更之程序，以為限制，有其政治上及歷史上之理由。其所稱「固有之疆域」究何所指，若予解釋，必涉及領土範圍之界定，為重大之政治問題。本件聲請，揆諸上開說明，應不予解釋。

釋字第三二九號解釋　（憲四、三八、五八、六三、一四一）

八十二年十二月二十四日公布

憲法所稱之條約係指中華民國與其他國家或國際組織所締結之國際書面協定，包括用條約或公約之名稱，或用協定等名稱而其內容直接涉及國家重要事項或人民之權利義務且具有法律上效力者而言。其中名稱為條約或公約或用協定等名稱而附有批准條款者，當然應送立法院審議，其餘國際書面協定，除經法律授權或事先經立法院同意簽訂，或其內容與國內法律相同者外，亦應送立法院審議。

解釋理由書

總統依憲法之規定，行使締結條約之權；行政院院長、各部會首長，須將應行提出於立法院之條約案提出於行政院會議議決之；立法院有議決條約案之權，憲法第三十八條、第五十八條第二項、第六十三條分別定有明文。依上述規定所締結之條約，其位階同於法律。故憲法所稱之條約，係指我國（包括主管機關授權之機構或團體）與其他國家（包括其授權之機構或團體）或國際組織所締結之國際書面協定，名稱用條約或公約者，或用協定等其他名稱而其內容直接涉及國防、外交、財政、經濟等之國家重要事項或直接涉及人民之權利義務且具有法律上效力者而言。其中名稱為條約或公約或用協定等名稱而附有批准條款者，當然應送立法院審議，其餘國際書面協定，除經法律授權或事先經立法院同意簽訂，或其內容與國內法律相同（例如協定內容係重複法律之規定，或已將協定內容訂定於法律）者外，亦應送立法院審議。其無須送立法院審議之國際書面協定，以及其他由主管機關或其授權之機構或團體簽訂而不屬於條約案之協定，應視其性質，由主管機關依訂定法規之程序，或一般行政程序處理。外交部所訂之「條約及協定處理準則」，應依本解釋意旨修正之，乃屬當然。

至條約案內容涉及領土變更者，並應依憲法第四條之規定，由國民大會議決之。而臺灣地區與大陸地區間訂定之協議，因非本解釋所稱之國際書面協定，應否送請立法院

審議，不在本件解釋之範圍，併此說明。

釋字第三三〇號解釋　　（憲一九，民六，遺贈稅二三，遺贈稅施二一）

八十二年十二月二十四日公布

遺產及贈與稅法第二十三條第一項前段規定，被繼承人死亡遺有財產者，納稅義務人應於被繼承人死亡之日起六個月內，向戶籍所在地主管稽徵機關辦理遺產稅申報。其受死亡之宣告者，在判決宣告死亡前，納稅義務人無從申報，故同法施行細則第二十一條就被繼承人為受死亡之宣告者，規定其遺產稅申報期間應自判決宣告之日起算，符合立法目的及宣告死亡者遺產稅申報事件之本質，與憲法第十九條意旨，並無牴觸。

解釋理由書

人之權利能力，始於出生，終於死亡，其死亡遺有財產者，主管稽徵機關應依法對之課徵遺產稅，為民法第六條、遺產及贈與稅法第一條第一項所明定。死亡宣告固與自然死亡有別，然其亦為人之權利能力消滅之原因，則無不同。遺產及贈與稅法第二十三條第一項前段規定，被繼承人死亡遺有財產者，納稅義務人應於被繼承人死亡之日起六個月內，向戶籍所在地主管稽徵機關辦理遺產稅申報，而失蹤人受死亡之宣告，係以判決內所確定死亡之時，推定其為死亡，其時間必在法院判決宣示之前。在判決宣示前，失蹤人之財產是否遺產猶未確定，其遺產稅納稅義務人無從辦理遺產稅申報，稽徵機關之核課權，亦不能開始行使。故遺產及贈與稅法施行細則第二十一條規定：「本法第二十三條規定之遺產稅申報期間，如被繼承人為受死亡之宣告者，應自判決宣告之日起計算」，以便徵納雙方遵循，符合立法之目的及宣告死亡者遺產稅申報事件之本質（事物之本質 Natura rerum, Natur der Sache, Nature of things），與憲法第十九條意旨，並無牴觸。惟被繼承人受死亡之宣告者，其繼承人申報遺產稅期間之起算日，以及遺產估價之基準，既均與人民依法納稅之義務有關，宜以法律定之，以杜爭議。至關於遺產及贈與稅法第十條第一項但書牴觸憲法疑義部分，本院釋字第三一一號解釋已有釋示，併予說明。

釋字第三三一號解釋　　（憲一七、一三三，憲增修一、二、四，大法官審案三〇，公職選罷六九）

八十二年十二月三十日公布

依中華民國憲法增修條文第四條規定，僑居國外國民及全國不分區之中央民意代表，係按該次選舉政黨得票總數比例方式產生，而非由選舉區之選民逐以投票方式選出，

自無從由選舉區之選民以投票方式予以罷免，公職人員選舉罷免法第六十九條第二項規定：「全國不分區、僑居國外國民選舉之當選人，不適用罷免之規定」，與憲法並無牴觸。惟此種民意代表如喪失其所由選出之政黨黨員資格時，自應喪失其中央民意代表之資格，方符憲法增設此一制度之本旨，其所遺缺額之遞補，應以法律定之。

解釋理由書

中華民國憲法增修條文第四條規定，國民大會代表、立法院立法委員之選舉罷免，依公職人員選舉罷免法之規定辦理之。僑居國外國民及全國不分區名額，採政黨比例方式選出之。僑居國外國民及全國不分區名額選出者，既係按政黨比例方式產生，而非由選舉區之選民逕以投票方式選出，自無從依憲法第一百三十三條規定，由原選舉區選民以投票方式，予以罷免。人民之罷免權亦因此而受限制。公職人員選舉罷免法第六十九條第二項規定：「全國不分區、僑居國外國民選舉之當選人，不適用罷免之規定」，即係本於上述意旨，與憲法並無牴觸。

憲法增修條文第一條、第二條及第四條增設按政黨比例方式選出僑居國外國民及全國不分區中央民意代表之規定，旨在使中央民意機關有部分代表，於行使職權時，不為地區民意所侷限，而能體察全國民意之所在，發揮維護國家整體利益之功能；並使政黨在其所得選票總數比例分配之全國不分區當選名額內，選出才德俱優，聲譽卓著之黨員任中央民意代表，為國家民主憲政建設，貢獻其心力。惟此種民意代表既係由所屬政黨依其得票比例分配名額而當選，如喪失其所由選出之政黨黨員資格時，即失其當選之基礎，自應喪失其中央民意代表之資格（參照司法院大法官審理案件法第三十條第一項，關於被宣告解散之政黨，其依政黨比例方式產生之民意代表喪失其資格之規定），方符憲法增設此一制度之本旨。至其所遺缺額之遞補，應由法律定之，以維政黨政治之正常運作。

釋字第三三二號解釋　（教休六）　　　　八十二年十二月三十日公布

學校教職員退休條例第六條所稱「繼續服務」，係指學校之教員或校長，於辦理退休時之職務，與其連續任職二十年之資歷相銜接而無間斷之情形而言。

解釋理由書

學校教職員退休條例第六條規定：「教員或校長服務滿三十年，並有連續任職二十年之資歷，成績優異而仍繼續服務者，一次退休金之給與，依第五條之規定，增加其基數，但最高總數以八十一個基數為限；月退休金之給與，以增至百分之九十五為限」，與一

般公務員退休給與之最高總數限制相較，一次退休金最多可增加二十個基數，月退休金最多可增加原定計算百分比之百分之五。乃因一般公務員退休給與之最高總數，一次退休金為六十一個基數，服務年資滿三十年者，即可獲得，再繼續服務，於退休給與並無增益。故增設上述增加退休給與之規定，使服務已滿三十年之教員或校長，祇須繼續服務，每繼續服務一年，即可增加一次退休金二個基數。全部服務年資達四十年，並合於「連續任職二十年之資歷，成績優異而仍繼續服務」之條件時，共可增加二十個基數，連同原有之六十一個基數，合計為八十一個基數，以鼓勵教員或校長，秉持敬業精神，久於其任，並藉以防止其他人員，於將欲退休時，中途轉任教員或校長，以圖獲得較優之退休給與。條文中以「成績優異而仍繼續服務」一語，緊接於「並有連續任職二十年之資歷」之後，即係此意。從而，其所稱「繼續服務」，自係指學校之教員或校長，於辦理退休時之職務，與其連續任職二十年之資歷相銜接而無間斷之情形而言。至於前已連續任職教員或校長二十年之後，轉任督學或其他具有專業性之教育行政工作，嗣再任教員或校長辦理退休者，應否另設規定，則係立法問題，併予指明。

釋字第三三三號解釋　　（幼教一二）　　　　　　　八十三年一月十四日公布

教育部於中華民國七十九年五月十五日發布之（七九）人字第二二〇六四號函釋：「曾任各級政府設立之托兒所教保人員，服務當時如已具幼稚園教師資格，其服務年資於轉任公立幼稚園教師時，得每滿一年提敘一級支薪，並應受本職最高薪之限制」。其就提敘以具有幼稚園教師資格者之服務年資為限，與憲法並無牴觸。

　　解釋理由書

托兒所與幼稚園，雖均關係兒童學前階段身心健全之發展，惟幼稚園尚應實施學前之健康、生活與倫理教育，與托兒所之任務有所不同，而幼稚園教師之資格，於中華民國七十年十一月六日公布之幼稚教育法第十二條設有明文規定，故擔任公立托兒所教保人員，以具有上述法律規定之資格者為限，其年資於轉任公立幼稚園教師時，始得據以提敘。教育部於民國七十九年五月十五日發布之（七九）人字第二二〇六四號函釋：「曾任各級政府設立之托兒所教保人員，服務當時如已具幼稚園教師資格，其服務年資於轉任公立幼稚園教師時，得每滿一年提敘一級支薪，並應受本職最高薪之限制」，符合上述意旨，與憲法並無牴觸。

釋字第三三四號解釋　（財劃三四）　　　　八十三年一月十四日公布

廣義之公債，係指包括政府賒借在內之一切公共債務而言。而中央政府建設公債發行條例所稱之公債，則指依法以債票方式發行之建設公債。惟為維護國家財政之健全，國家全部舉債之上限，宜綜合考量以法律定之，併予指明。

　　解釋理由書

本件係立法院因與行政院間，就其職權上適用中央政府建設公債發行條例第二條所持之見解，彼此有異，聲請本院統一解釋，符合司法院大法官審理案件法第七條第一項第一款之規定，應予受理，並經本院依同法第十三條第一項通知聲請機關立法院及關係機關行政院指派代表，於中華民國八十二年十二月二十三日到場，在憲法法庭行言詞辯論，並邀請財經學者到庭陳述意見，合先說明。

本件聲請解釋機關主張略稱：現行中央政府建設公債發行條例第二條對公債發行總餘額設有限制，性質上乃政府就其債務負擔對人民承諾之上限，旨在防止人民稅負過重及避免政府之財政危機。如政府一年以上之賒借，不列入上述條例之公債未償總餘額內，則將使法律設限之規定，形同具文，政府支出亦將因此而漫無限制，且得以逃避立法機關之監督。至於財政收支劃分法第三十四條之規定，係強調各級議會之職權，不得作為一年以上賒借之法源依據，政府支應建設及軍事採購等支出，而向銀行賒借一年以上之借款數額，應受中央政府建設公債發行條例第二條上限規定之限制等語。

關係機關主張略稱：中央政府建設公債發行條例所稱之公債，依立法意旨及文義解釋，當然係指依該條例發行之公債而言。其所設上限，自亦僅對此種建設公債有其適用，並不及於賒借。且財政收支劃分法第三十四條第一項，將公債與一年以上賒借並列，亦足見兩者不可混為一談，中央政府一年以上賒借即係依該法規定編入預算與公債收入分列科目，一併送請立法院審議，並無不受立法機關監督或藉故規避之情形等語。

本院斟酌聲請機關及關係機關之主張暨學者陳述之意見，作成本解釋，其理由如左：按政府在預算收支上發生入不敷出，不能平衡時，基於財政上之需要，並於承諾定期還本付息之條件下，向個人、商業團體、金融機構、外國政府或國際組織借款，均屬廣義之公債，而狹義之公債，則指以發行債票方式之募款而言，政府舉債方法以及應受之法律規範各國有其不同之制度。我國關於公債之發行，訂有中央政府建設公債發行條例及其他為特定建設制定之公債發行條例（例如中央政府興建臺灣北部區域第二高速公路建設公債發行條例）；國庫券之發行，除國庫法外，尚有國庫券發行條例；對國外借款則另行制定政府發展經濟社會向國外借款及保證條例；一年期以上之賒借，

則見諸財政收支劃分法之規定。其中中央政府建設公債發行條例係專就中央政府為籌集建設資金，而依法發行之無記名式或記名式債票或其他憑證（該條例第六條參照）所設規定，該條例第二條所稱「未償總餘額」，自係指根據上述方式發行之建設公債未償總餘額，並不包括中央政府依其他法律發行之短期債票或聲請解釋機關所指政府向銀行賒借一年以上之借款在內。惟賒借與發行公債均屬政府之公共債務，其為政府財政之工具實質上並無差異，而政府發行建設公債、短期債票或向國外借款均有特為制定之法律加以規範，並訂有最高額度或依年度總預算訂有比例上之限制。中央政府一年以上之賒借，雖係依財政收支劃分法第三十四條第一項之規定，編列預算送由立法院審議，完成法定程序後，向銀行等機構借貸，但賒借最高數額既不適用中央政府建設公債發行條例上限之規定，又無其他法律之限制，將使中央政府建設公債發行條例上限之規定，形同具文，與前述政府其他舉債須受不同法律限制之情形相較，亦有失均衡。此項一年以上之賒借僅以編列年度預算方式，接受立法機關之審議，難免有捨發行公債以規避法律限制之情形。為維護國家財政之健全，國家全部舉債之上限，宜綜合考量以法律定之，併予指明。

釋字第三三五號解釋　　（憲一五，民三二七、三三〇，提存八、一〇，提存施七、一五）　　　　　　　　　　　　　　　　　　　　八十三年一月二十八日公布

民法第三百三十條規定：「債權人關於提存物之權利，自提存後十年間不行使而消滅，其提存物屬於國庫」、提存法施行細則第七條前段規定：「關於民法第三百三十條所規定之期間，自提存之翌日起算」，旨在使提存物之權利狀態早日確定，以維持社會秩序之安定，與憲法並無牴觸。惟提存物歸屬國庫，影響債權人之財產權，故提存之事實應由提存人依法通知債權人或由提存所將提存通知書送達或公告，其未踐行上述程序者，應於前述期間屆滿前相當期間內，補行送達或公告。上開施行細則應通盤檢討修正，以保障人民之財產權。

解釋理由書

民法第三百三十條規定：「債權人關於提存物之權利，自提存後十年間不行使而消滅，其提存物屬於國庫」、提存法施行細則第七條前段規定：「關於民法第三百三十條所規定之期間，自提存之翌日起算」，乃因提存之後，債權人本得隨時受取提存物，若竟久不受取，不特提存所須為無期限之保管，且使權利狀態久不確定，對於社會經濟亦有不良影響。上開規定，旨在使提存物之權利狀態早日確定，為維持社會秩序所必要，

與憲法並無牴觸。惟依民法第三百二十七條第二項規定，提存人於提存後應即通知債權人；提存法第八條規定，聲請提存，如係清償提存，應附具提存通知書；同法第十條第二項、第三項規定，提存所接到提存書後，認為應予提存者，應將提存通知書送達債權人，如應為公示送達而提存人不為聲請者，應由提存所公告之；同法施行細則第十五條規定，不能確知孰為債權人而為提存者，提存所應將提存通知書公告之。因提存物歸屬國庫，影響債權人之財產權，故提存之事實應由提存人通知債權人或由提存所將提存通知書送達或公告，其未踐行上述程序者，應於前述期間屆滿前相當期間內，補行送達或公告。其未補行者提存物雖仍屬於國庫，但如合於國家賠償法之規定者，債權人仍得依法請求國家賠償。上開施行細則應依上述意旨並斟酌有關事項，通盤檢討修正，以保障人民之財產權。

釋字第三三六號解釋 （憲二三、一四三，土地二一四，都市計畫五、六、二六～二九、四九、五〇、五〇之一） 八十三年二月四日公布

中華民國七十七年七月十五日修正公布之都市計畫法第五十條，對於公共設施保留地未設取得期限之規定，乃在維護都市計畫之整體性，為增進公共利益所必要，與憲法並無牴觸。至為兼顧土地所有權人之權益，主管機關應如何檢討修正有關法律，係立法問題。

解釋理由書

主管機關為實現都市有計畫之均衡發展，依都市計畫法在都市計畫地區範圍內設置公共設施用地，以為都市發展之支柱。此種用地在未經取得前，為公共設施保留地。同法第六條、第五十一條等有關規定，限制土地使用人為妨礙保留目的之使用。而都市計畫有其整體性，乃預計二十五年內之發展情形訂定之，同法第五條規定甚明。足見上述公共設施保留地與都市計畫之整體，具有一部與全部之關係。除非都市計畫變更，否則殊無從單獨對此項保留地預設取得之期限，而使於期限屆滿尚未取得土地時，視為撤銷保留，致動搖都市計畫之整體。而都市計畫之變更，同法第二十六條至第二十九條設有一定之程序，非「取得期限之預設」所能取代。此與土地法第二百十四條所定保留徵收期滿不徵收時，視為撤銷之情形，有所不同，兩者更無特別法與普通法之關係可言。是同法於中華民國七十七年七月十五日修正公布之第五十條，對於公共設施保留地未設取得期限之規定，乃在維護都市計畫之整體性，而都市計畫之實施，則為增進公共利益所必要，與憲法第二十三條及第一百四十三條並無牴觸。至都市計畫

既係預計二十五年內之發展情形而為訂定，依都市計畫法第二十六條規定，每五年至少應通盤檢討一次。其中公共設施保留地，經通盤檢討，如認無變更之必要，主管機關本應儘速取得之，以免長期處於保留狀態。若不為取得（不限於徵收一途），則土地所有權人既無法及時獲得對價，另謀其他發展，又限於都市計畫之整體性而不能撤銷使用之管制，致減損土地之利用價值。其所加於土地所有權人之不利益將隨時間之延長而遞增。雖同法第四十九條至第五十條之一等條文設有加成補償、許為臨時建築使用及免稅等補救規定，然非分就保留時間之久暫等情況，對權利受有個別損害，而形成特別犧牲(Sonderopfer)者，予以不同程度之補償。為兼顧土地所有權人之權益，如何檢討修正有關法律，係立法問題，合併指明。

釋字第三三七號解釋　　（營業稅五一，稅徵四四）　　八十三年二月四日公布

營業稅法第五十一條第五款規定，納稅義務人虛報進項稅額者，除追繳稅款外，按所漏稅額處五倍至二十倍罰鍰，並得停止其營業。依此規定意旨，自應以納稅義務人有虛報進項稅額，並因而逃漏稅款者，始得據以追繳稅款及處罰。財政部中華民國七十六年五月六日臺財稅字第七六三七三七六號函，對於有進貨事實之營業人，不論其是否有虛報進項稅額，並因而逃漏稅款，概依首開條款處罰，其與該條款意旨不符部分，有違憲法保障人民權利之本旨，應不再援用。至首開法條所定處罰標準，尚未逾越立法裁量範圍，與憲法並無牴觸。

　　解釋理由書

違反稅法之處罰，有因逃漏稅捐而予處罰者，亦有因違反稅法上之作為或不作為義務而予處罰者，營業稅法第五十一條第一項本文規定：「納稅義務人有左列情形之一者，除追繳稅款外，按所漏稅額處五倍至二十倍罰鍰，並得停止其營業。」依其意旨，乃係就漏稅行為所為之處罰規定，因之，對同條項第五款之「虛報進項稅額者」加以處罰，自應以有此行為，並因而發生漏稅之事實為處罰要件，此與稅捐稽徵法第四十四條僅以未給付或未取得憑證為處罰要件，不論具有無虛報進項稅額並漏稅之事實者，尚有不同。財政部七十六年五月六日臺財稅字第七六三七三七六號函未明示上述意旨，對於有進貨事實之營業人，不論是否有虛報進項稅額，並因而逃漏稅款，概依首開條款處罰，其與該條款意旨不符部分有違憲法保障人民權利之意旨，應不再援用。至營業稅法第五十一條之處罰，乃在防止漏稅，以達正確課稅之目的，其處罰標準，尚未逾越立法裁量範圍，與憲法尚無牴觸。

營利事業銷售貨物，不對直接買受人開立統一發票，應依稅捐稽徵法第四十四條規定論處，財政部六十九年八月八日（六九）臺財稅字第三六二四號函所採之見解，業經本院大法官會議釋字第二五二號解釋，認與憲法並無牴觸。營業人買受貨物，不向直接出賣人取得統一發票，依同一法理，適用稅捐稽徵法第四十四條處罰，與上開解釋意旨相符。此項行為罰與漏稅罰，其處罰之目的不同，處罰之要件亦異，前者係以有此行為即應處罰，與後者係以有漏稅事實為要件者，非必為一事。其違反義務之行為係漏稅之先行階段者，如處以漏稅罰已足達成行政上之目的，兩者應否併罰，乃為適用法律之見解及立法上之問題，併予說明。

釋字第三三八號解釋　（憲一六、一八，公俸七）八十三年二月二十五日公布

主管機關對公務人員任用資格審查，認為不合格或降低原擬任之官等者，於其憲法所保障服公職之權利有重大影響，公務員如有不服，得依法提起訴願及行政訴訟，業經本院釋字第三二三號解釋釋示在案。其對審定之級俸如有爭執，依同一意旨，自亦得提起訴願及行政訴訟。行政法院五十七年判字第四一四號及五十九年判字第四〇〇號判例應不再援用。本院上開解釋，應予補充。

　　解釋理由書

公務員因其身分而受行政處分者，得否提起訴願及行政訴訟，應就其處分內容分別論斷，迭經本院釋字第一八七號、第二〇一號、第二四三號、第二六六號及第三一二號解釋闡釋在案。關於足以改變公務員身分或對於公務員有重大影響之懲戒處分，受處分人如有不服，得向掌理懲戒事項之司法機關聲明不服，亦經本院釋字第二九八號解釋釋示甚明。又主管機關對公務人員任用資格審查，認為不合格或降低原擬任之官等者，於其憲法所保障服公職之權利有重大影響，公務員如有不服，得依法提起訴願及行政訴訟，業經本院著有釋字第三二三號解釋。其對審定之級俸如有爭執，依同一意旨，自亦得提起訴願及行政訴訟。行政法院五十七年判字第四一四號及五十九年判字第四〇〇號判例應不再援用。本院釋字第三二三號解釋，應予補充。

釋字第三三九號解釋　（憲一九，貨物稅一二、一八）

八十三年二月二十五日公布

中華民國六十年一月九日修正公布之貨物稅條例第十八條第一項，關於同條項第十二款，應貼於包件上或容器上之完稅或免稅照證，不遵規定實貼者，不問有無漏稅事實，

概處比照所漏稅額二倍至十倍之罰鍰之規定（現已修正），顯已逾越處罰之必要程度，不符憲法保障人民權利之意旨；財政部六十六年十二月二十日臺財稅字第三八五七二號函釋「凡未按規定貼查驗證者，不再問其有無漏稅，均應按該條文規定以漏稅論處」，均應不予援用。

解釋理由書

中華民國六十年一月九日修正公布之貨物稅條例第十八條第一項，關於同條項第十二款，應貼於包件上或容器上之完稅或免稅照證，不遵規定實貼者，沒入其貨物，並處比照所漏稅額二倍至十倍罰鍰之規定（現已修正），固為防止逃漏稅款，以達核實課徵之目的，惟租稅秩序罰，有行為罰與漏稅罰之分，如無漏稅之事實，而對單純違反租稅法上作為或不作為之義務者，亦比照所漏稅額處罰，顯已逾越處罰之必要程度，不符憲法保障人民權利之意旨。財政部六十六年十二月二十日臺財稅字第三八五七二號函，本於上開規定釋示：「凡未按規定貼查驗證者，不再問其有無漏稅，均應按該條文規定以漏稅論處」，均應不予援用。

釋字第三四〇號解釋　　（憲七，公職選罷三八、五〇）

八十三年二月二十五日公布

公職人員選舉罷免法第三十八條第二項規定：「政黨推薦之區域、山胞候選人，其保證金減半繳納。但政黨撤回推薦者，應全額繳納」，無異使無政黨推薦之候選人，須繳納較高額之保證金，形成不合理之差別待遇，與憲法第七條之意旨有違，應不再適用。

解釋理由書

中華民國人民無分黨派，在法律上一律平等，憲法第七條定有明文。人民登記為各類公職候選人時，應繳納保證金，其數額由選舉委員會先期公告，但村里長候選人免予繳納，中華民國八十年八月二日修正公布之公職人員選舉罷免法第三十八條第一項亦有明文規定。同條第二項則規定：「政黨推薦之區域、山胞候選人，其保證金減半繳納。但政黨撤回推薦者，應全額繳納」，無異使無政黨推薦之候選人，須繳納較政黨推薦之候選人為高之保證金。如主管機關公告之保證金過高時，則有意參選者，僅或結合少數人員，即可依法以備案方式成立政黨，再以政黨推薦名義減輕其負擔，反足使小黨林立，無助於政黨政治之健全發展。是上開公職人員選舉罷免法之規定，係對人民參政權所為不必要之限制，形成不合理之差別待遇，與首開憲法第七條規定意旨不符，應自本解釋公布之日起不再適用。

至公職人員選舉罷免法第五十條第五項後段，關於未經所屬政黨推薦或經政黨推薦後撤回之候選人，不刊登其黨籍之規定，於人民憲法上所保障之權利並無侵害可言，併此說明。

釋字第三四一號解釋　（憲七、一八）　　　　　　八十三年三月十一日公布

七十九年特種考試臺灣省基層公務人員考試規則係考試院依其法定職權訂定，該規則第三條規定，本項考試採分區報名、分區錄取及分區分發，並規定錄取人員必須在原報考區內服務滿一定期間，係因應基層機關人力需求及考量應考人員志願，所採之必要措施，與憲法第七條平等權之規定，尚無牴觸。

解釋理由書

考試院為國家最高考試機關，得依其法定職權訂定考試規則，如未逾越其職權範圍，或侵害人民應考試之權利，即無牴觸憲法之可言，業經本院釋字第一五五號解釋釋示在案。又中華民國人民在法律上一律平等為憲法第七條所明定，人民依同法第十八條應考試服公職之權，在法律上自亦應一律平等。惟此所謂平等，係指實質上之平等而言，其為因應事實上之需要，及舉辦考試之目的，就有關事項，依法酌為適當之限制，要難謂與上述平等原則有何違背，亦經本院釋字第二○五號解釋闡釋甚明。七十九年特種考試臺灣省基層公務人員考試規則係考試院依其法定職權訂定，該規則第三條規定，本項考試採分區報名、分區錄取及分區分發，並限定錄取人員必須在原報考區內服務滿一定期間，係因應基層機關人力需求及考量應考人員志願，所採之必要措施，其與考試主管機關，於同一時間在各縣市報考區內，分別為設置於各該區內省級以下之行政機關及公營事業機構進用人員舉行特種考試之情形相當。該項考試典試委員會基於職權，參酌各縣市提報之缺額及應考人員之考試成績，分別決定各考區各類科之錄取標準，致同一類科各考區錄取標準有所不同，乃屬當然，並為應考人員所預知，與憲法第七條平等權之規定，尚無牴觸。

釋字第三四二號解釋　（憲三七、六二、六三、七二、七三、一七○，憲增修九，中標一二、一三，大法官審案一三）　　　　　　八十三年四月八日公布

立法院審議法律案，須在不牴觸憲法之範圍內，依其自行訂定之議事規範為之。法律案經立法院移送總統公布者，曾否踐行其議事應遵循之程序，除明顯牴觸憲法者外，乃其內部事項，屬於議會依自律原則應自行認定之範圍，並非釋憲機關審查之對象。

是以總統依憲法第七十二條規定，因立法院移送而公布之法律，縱有與其議事規範不符之情形，然在形式上既已存在，仍應依中央法規標準法第十三條之規定，發生效力。法律案之立法程序有不待調查事實即可認定為牴觸憲法，亦即有違反法律成立基本規定之明顯重大瑕疵者，則釋憲機關仍得宣告其為無效。惟其瑕疵是否已達足以影響法律成立之重大程度，如尚有爭議，並有待調查者，即非明顯，依現行體制，釋憲機關對於此種事實之調查受有限制，仍應依議會自律原則，謀求解決。關於依憲法增修條文第九條授權設置之國家安全會議、國家安全局及行政院人事行政局之組織法律，立法院於中華民國八十二年十二月三十日移送總統公布施行，其通過各該法律之議事錄，雖未經確定，但尚不涉及憲法關於法律成立之基本規定。除此之外，其曾否經議決通過，因尚有爭議，非經調查，無從確認。依前開意旨，仍應由立法院自行認定，並於相當期間內議決補救之。若議決之結果與已公布之法律有異時，仍應更依憲法第七十二條之規定，移送總統公布施行。

解釋理由書

依民主憲政國家之通例，國家之立法權屬於國會，國會行使立法權之程序，於不牴觸憲法範圍內，得依其自行訂定之議事規範為之，議事規範如何踐行係國會內部事項。依權力分立之原則，行政、司法或其他國家機關均應予以尊重，學理上稱之為國會自律或國會自治。又各國國會之議事規範，除成文規則外，尚包括各種不成文例規，於適用之際，且得依其決議予以變通，而由作此主張之議員或其所屬政黨自行負擔政治上之責任。故國會議事規範之適用，與一般機關應依法規嚴格執行，並受監督及審查之情形，有所不同。

立法院為國家最高立法機關，由人民選舉之立法委員組織之，代表人民行使立法權，憲法第六十二條定有明文。立法院行使職權之程序，憲法雖未詳加規定，惟其審議法律案，須依議事規範為之，而議事規範係由立法院組織法、議事規則及議事慣例等構成，與一般民主憲政國家國會所享有之自律權，並無二致。立法院於審議法律案過程中，曾否踐行其議事規範所定程序乃其內部事項，除牴觸憲法者外，屬於議會依自律原則應自行認定之範圍，並非釋憲機關審查之對象，此在各國實務上不乏可供參考之先例。美國聯邦最高法院一八九〇年裁判認為：法案經國會兩院議長署名送請總統批准並交付國務卿者，即應認該法案已經國會通過，無須審酌國會兩院之議事錄及有關文件。此係基於權力分立，各部門平等，互相尊重之意旨，司法機關就此等事項之審查權應受限制（見 Field v. Clark, 143 U.S. 649）。日本最高裁判所一九六二年裁判認為：

警察法修正案既經參眾兩院議決，並循法定程序公布，法院唯有尊重兩院之自主性，不應就上訴論旨所指有關制定該法議事程序之事實加以審理，進而判斷其有效或無效（日本最高裁判所大法庭一九六二年三月七日判決）。德國聯邦憲法法院一九七七年裁判亦認為：議會之議事規範除牴觸憲法者外，有關議事進行及紀律等事項，均屬議會自律之範圍。法律在審議過程中曾經不同黨派之議員參與協商，提付表決時又無基本爭議，則於表決時，不論出席人數如何，若未有至少五人以上議員之質疑，而經確認其無決議能力，即於決議之效力不生影響 (BVerfGE 44, 308ff.)。此等判例所含國會議事實務之細節，雖因各國制度有異，難期一致，然其尊重議會自律之理念，則並無不同。是以總統依憲法第七十二條規定，因立法院移送而公布之法律，縱有與其議事程序不符之情形，然在形式上既已存在，依中央法規標準法第十三條之規定，仍生效力。法律因牴觸憲法而無效，固不以其內容牴觸憲法者為限，即其立法程序有不待調查事實即可認定為牴觸憲法之重大瑕疵者（如未經憲法第六十三條之議決程序），則釋憲機關仍得宣告其為無效。然如其瑕疵是否已達足以影響法律成立之重大程度，尚有爭議，並有待於調查者，則事實尚未明顯。依司法院大法官審理案件法第十三條第二項規定，大法官解釋憲法得準用憲法法庭之規定行言詞辯論，乃指法律問題之辯論，與宣告政黨違憲事件得調查證據之言詞辯論，有所不同，即非釋憲機關所能審究，且若為調查事實而傳喚立場不同之立法委員出庭陳述，無異將政治議題之爭執，移轉於司法機關，亦與憲法第七十三條之意旨有違，應依議會自律原則，仍由立法院自行認定之。關於依憲法增修條文第九條授權設置之國家安全會議、國家安全局及行政院人事行政局三機關，其組織應以法律定之。行政院提出各該機關組織之法律草案後，立法院於同條第三項所定期限屆滿前審議，並經總統於中華民國八十二年十二月三十日依立法院同日（八二）院臺議字第四○一八、四○一九及四○二○號咨文公布施行。其通過各該法律之議事錄，雖未經確定，但非議事日程上之討論事項，尚不涉及憲法關於法律成立之基本規定，亦即並非足以影響各該法律成立之重大瑕疵。至除此之外，其瑕疵是否已達重大程度，則尚有爭議，立法院當時議事情形混亂，導致議事錄迄未確定，各該法律案曾否經實質議決，自非明顯，更無公眾週知之可言。依前開說明，應由立法院於相當期間內議決補救之。若議決之結果與已公布之法律有異時，應更依憲法第七十二條之規定，移送總統公布施行。其生效日期，則得依中央法規標準法第十二條及第十三條之規定決定之。

釋字第三四三號解釋　　（憲一九、二三，遺贈稅三〇，遺贈稅施四三）

八十三年四月二十二日公布

依遺產及贈與稅法第三十條第二項規定，遺產稅本應以現金繳納，必須現金繳納確有困難時，始得以實物抵繳。是以申請以實物抵繳，是否符合上開要件及其實物是否適於抵繳，自應由稅捐稽徵機關予以調查核定。同法施行細則第四十三條規定，抵繳之實物以易於變價或保管，且未經設定他項權利者為限。財政部中華民國七十一年十月四日（七一）臺財稅字第三七二七七號函謂已成道路使用之土地，非經都市計畫劃為道路預定地，而由私人設置者，不得用以抵繳遺產稅，係因其變價不易，符合上開法律規定之意旨，均為貫徹稅法之執行，並培養誠實納稅之風氣所必要，與憲法尚無牴觸。

解釋理由書

遺產及贈與稅法第三十條第二項「遺產稅或贈與稅應納稅額在三十萬元以上，納稅義務人確有困難，不能一次繳納現金時，得於前項規定納稅期限內，向該管稽徵機關申請核准，分二期至六期繳納，每期間隔以不超過二個月為限，並得以實物一次抵繳」之規定，明示遺產稅本應以現金繳納，必須現金繳納確有困難，始得以實物抵繳。是以實物抵繳，既有現金繳納確有困難之前提要件，稅捐稽徵機關就此前提要件是否具備，及其實物是否適於抵繳，自應予以調查核定，而非謂納稅義務人不論在何種情形下，均得指定任何實物以供抵繳。而以實物抵繳之目的，原在可期待其變為現金，使其結果與以現金繳納同。同法施行細則第四十三條因之設有「納稅義務人依本法第三十條第二項規定申請抵繳稅款之實物，以易於變價或保管，且未經設定他項權利者為限」之規定，意指在可供扣押之實物中，有易於變價與不易於變價之分時，應以易於變價者而為抵繳。其中所謂「易於變價」，雖與「保管」同列，然非擇一即可，而排除稅捐稽徵機關之認定權限。倘其實物雖非不易於保管，但無從變價以供抵繳遺產稅之用者，如許抵繳，則國家反增無意義之保管負擔，即與母法意旨相違。財政部七十一年十月四日（七一）臺財稅字第三七二七七號函釋說明「本部（七一）臺財稅字第三一六一〇號函釋『納稅義務人申請以遺產中之道路預定地或既成道路土地抵繳遺產稅款者，無論該土地是否已經當地縣市政府列入徵收補償計畫，均准予抵繳』，其所稱既成道路土地，係指依都市計畫劃為道路預定地，且事實上已形成道路使用之土地而言，至非經都市計畫劃為道路預定地，而由私人設置之道路土地，不得比照辦理」，亦係基於同一意旨。其就非經都市計畫劃為道路預定地，而由私人設置之道路土地，所以認為不得比照辦理，乃因該項土地既非都市計畫中之道路預定地，主管機關並無徵收之

義務，即屬不易出售變價之物。自無許其抵繳遺產稅之理。上開規定及財政部函釋，均為貫徹上開稅法之執行，並培養誠實納稅之風氣所必要，與憲法尚無牴觸。至納稅義務人之實物除禁止扣押者外，如全部均為不易於變價者，則已無易於變價與不易於變價之分，此時得否以實物抵繳，係於調查核定時，另一應考量之問題。合併指明。

釋字第三四四號解釋　（憲一五，土地二一五、二四一）

八十三年五月六日公布

臺北市辦理徵收土地農林作物及魚類補償遷移費查估基準，係臺北市政府基於主管機關之職權，為執行土地法第二百四十一條之規定而訂定，其中有關限制每公畝種植花木數量，對超出部分不予補償之規定，乃為防止土地所有人於徵收前故為搶植或濫種，以取得不當利益而設，為達公平補償目的所必要，與憲法並無牴觸。但如有確切事證，證明其真實正常種植狀況與基準相差懸殊時，仍應由主管機關依據專業知識與經驗，就個案妥慎認定之，乃屬當然，併此說明。

解釋理由書

國家為公益之目的，依法徵收人民之土地，其土地改良物被一併徵收時，依土地法第二百四十一條規定，應受之補償費，由該管市、縣地政機關會同有關機關估定之。既須估定，自應就被徵收之土地改良物實際具體狀況為之。但因土地法第二百十五條第一項第四款及第三項有「農作改良物之種類、數量顯與正常種植情形不相當者」，不予一併徵收之規定，而土地所有人或其他使用土地之人，間有於知悉其土地改良物將被徵收時，故為搶植或濫種，意圖取得不當利益之情事，臺北市政府基於主管機關之職權，為執行上述法律規定，訂定臺北市辦理徵收土地農林作物及魚類補償遷移費查估基準，其中關於限制每公畝種植花木數量，對超出部分不予補償之規定，乃為防止上述情事，以達公平補償目的所必要，與憲法並無牴觸。惟該基準限制之數量，乃係斟酌一般情形而為規定，在個別案件，如有確切事證，證明其與真實正常種植狀況相差懸殊時，仍應由主管機關依據專業知識與經驗，審究其有無搶植或濫種之情形，妥慎認定，乃屬當然，併此說明。

釋字第三四五號解釋　（憲一〇、二三，關稅二五之一，稅徵二四，限制欠稅人或欠稅營利事業負責人出境實施辦法二、五）　八十三年五月六日公布

行政院於中華民國七十三年七月十日修正發布之「限制欠稅人或欠稅營利事業負責人

出境實施辦法」，係依稅捐稽徵法第二十四條第三項及關稅法第二十五條之一第三項之授權所訂定，其第二條第一項之規定，並未逾越上開法律授權之目的及範圍，且依同辦法第五條規定，有該條所定六款情形之一時，應即解除其出境限制，已兼顧納稅義務人之權益。上開辦法為確保稅收，增進公共利益所必要，與憲法尚無牴觸。

　　解釋理由書

稅捐稽徵法第二十四條第三項規定：「納稅義務人欠繳應納稅捐達一定金額者，得由司法機關或財政部，函請內政部入出境管理局，限制其出境；其為營利事業者，得限制其負責人出境。但其已提供相當擔保者，應解除其限制。其實施辦法，由行政院定之。」關稅法第二十五條之一第三項亦有相同意旨之規定，行政院於中華民國七十三年七月十日修正發布之「限制欠稅人或欠稅營利事業負責人出境實施辦法」，即係依上開法律明文授權所訂定。其第二條第一項規定：「在中華民國境內居住之個人或在中華民國境內之營利事業，其已確定之應納稅捐或關稅，逾法定繳納期限尚未繳納，其欠繳稅款及已確定之罰鍰單計或合計，個人在新臺幣五十萬元以上，營利事業在新臺幣一百萬元以上者，由稅捐稽徵機關或海關報請財政部，函請內政部入出境管理局，限制該欠稅人或欠稅營利事業負責人出境」，並未逾越上開法律授權之目的及範圍，且依同辦法第五條規定，有該條所定六款情形之一時，應即解除其出境限制，已兼顧納稅義務人之權益。上開辦法限制出境之規定，為確保稅收，增進公共利益所必要，與憲法第十條、第二十三條規定，均無牴觸。

釋字第三四六號解釋　　（憲一九，財劃一八，國教一六、一八）

八十三年五月六日公布

憲法第十九條規定人民有依法律納稅之義務，係指有關納稅之義務應以法律定之，並未限制其應規定於何種法律。法律基於特定目的，而以內容具體、範圍明確之方式，就徵收稅捐所為之授權規定，並非憲法所不許。國民教育法第十六條第一項第三款及財政收支劃分法第十八條第一項關於徵收教育捐之授權規定，依上開說明，與憲法尚無牴觸。

　　解釋理由書

憲法第十九條規定人民有依法律納稅之義務，前經本院釋字第二一七號解釋明其意旨。有關納稅義務之事項，固宜於名為稅法之法律中規定之，惟憲法並未限制其應規定於何種法律，而立法機關就某種稅捐是否課徵，認為宜授權主管機關裁量，因而以目的

特定、內容具體及範圍明確之方式，所為之授權規定，亦非憲法所不許。國民教育法為支應辦理國民教育所需經費，於其第十六條第一項第三款規定：「省（市）政府就省（市）、縣（市）地方稅部分，在稅法及財政收支劃分法規定限額內籌措財源，逕報行政院核定實施，不受財政收支劃分法第十八條第一項但書之限制。」財政收支劃分法第十八條第一項但書規定：「但直轄市、縣（市）（局）為籌措教育科學文化支出財源，得報經行政院核准，在第十六條所列縣（市）（局）稅課中不超過原稅捐率百分之三十徵收地方教育捐。」依其立法意旨，係因法律所定有關地方稅之稅捐率，有其伸縮彈性，本已由地方民意機關通過決定，無須於徵收不超過原稅捐率百分之三十地方教育捐時，再經地方民意機關同意，以免發生困難。並非謂行政機關可提高其經地方民意機關通過決定之原稅捐率；而祇係授權主管機關在法律所定不超過原稅捐率百分之三十之範圍內，得逕行核定實施而已。其情形合於上述目的特定、內容具體及範圍明確之授權要件，與憲法尚無牴觸。至為籌措國民教育經費來源，是否祇對多種地方稅中之某種稅加徵一定比率之教育捐，則屬行政機關在法律授權範圍內依法裁量之問題，應由行政機關通盤斟酌並隨時檢討改進之，乃屬當然，合併指明。

釋字第三四七號解釋　（憲一五、二三，土地三〇，三七五減租一九）

八十三年五月二十日公布

內政部中華民國七十五年十一月二十五日及七十九年六月二十二日修正發布之自耕能力證明書之申請及核發注意事項，係基於主管機關之權限，為執行土地法第三十條及耕地三七五減租條例第十九條等規定而訂定，其中關於申請人住所與所承受農地或收回農地之位置，有所限制，係本於當時農地農有並自耕之土地政策，兼顧一般耕作工具之使用狀況而設，作為承辦機關辦理是項業務之依據，與憲法尚無牴觸。至上開注意事項所定以住所或現耕農地與所承受之農地是否屬同一縣市或毗鄰鄉鎮，為認定能否自耕之準據，仍應斟酌農業發展政策之需要、耕作方式及交通狀況之改進，隨時檢討修正，以免損害實際上有自耕能力農民之權益，併此說明。

解釋理由書

私有農地之移轉，其承受人以能自耕者為限，又收回出租農地，自耕之出租人須有自任耕作之能力，分別為土地法第三十條、耕地三七五減租條例第十九條所明定。內政部基於主管機關之權限，為執行上述法律及農業發展條例等規定，訂有自耕能力證明書之申請及核發注意事項，其中關於申請人住所與所承受農地或收回農地之位置，有

所限制，並於修訂前述注意事項時，屢經調整。中華民國七十五年十一月二十五日修正發布之上開注意事項第三點第四款規定：申請人之住所與其承受農地非在同一或毗鄰鄉（鎮、市、區）者，視為不能自耕，不准核發證明書，但交通路線距離在十五公里以內者，不在此限。此項規定嗣於七十九年六月二十二日修正為第六點第一項第二款，其內容為：承受農地與申請人之住所應在同一縣市或不同縣市毗鄰鄉（鎮、市、區）範圍內者，始得核發證明書，均係本於當時農地農有並自耕之土地政策，兼顧一般耕作工具之使用狀況而設，作為承辦機關辦理是項業務之依據，與憲法尚無牴觸。至上開注意事項所定以住所或現耕農地與所承受之農地是否在同一縣市或毗鄰鄉鎮，為認定能否自耕之準據，仍應斟酌農業發展政策之需要、耕作方式及交通狀況之改進，隨時檢討修正，以免損害實際上有自耕能力農民之權益，併此說明。

釋字第三四八號解釋　　（憲二三）　　　　　　八十三年五月二十日公布

行政院中華民國六十七年元月二十七日臺（六七）教字第八二三號函核准，由教育部發布之「國立陽明醫學院醫學系公費學生待遇及畢業後分發服務實施要點」，係主管機關為解決公立衛生醫療機構醫師缺額補充之困難而訂定，並作為與自願接受公費醫學教育學生，訂立行政契約之準據。依該要點之規定，此類學生得享受公費醫學及醫師養成教育之各種利益，其第十三點及第十四點因而定有公費學生應負擔於畢業後接受分發公立衛生醫療機構服務之義務，及受服務未期滿前，其專業證書先由分發機關代為保管等相關限制，乃為達成行政目的所必要，亦未逾越合理之範圍，且已成為學校與公費學生間所訂契約之內容。公費學生之權益受有限制，乃因受契約拘束之結果，並非該要點本身規定之所致。前開要點之規定，與憲法尚無牴觸。

解釋理由書

行政機關基於其法定職權，為達成特定之行政上目的，於不違反法律規定之前提下，自得與人民約定提供某種給付，並使接受給付者負合理之負擔或其他公法上對待給付之義務，而成立行政契約關係。有關機關為解決公立醫療機構醫師缺額補充之困難，以公費醫學教育方式，培養人才，教育部遂報奉行政院於中華民國六十七年元月二十七日核准，以臺（六七）教字第八二三號函發布「國立陽明醫學院醫學系公費學生待遇及畢業後分發服務實施要點」，作為處理是項業務之依據。該要點第十三點內規定「服務未期滿，不予核定有關機關頒發之各項證書或有關證明。其專業證書，先由分發機關代為保管」，於第十四點規定「公費畢業生於規定服務期間，不履行其服務之義務者，

除依第十三點規定辦理外，並應償還其在學期間所享受之公費」，均為確保自願享受公費待遇之學生，於畢業後，照約接受分發公立衛生醫療機構完成服務，以解決上述困難，達成行政目的所必要，亦未逾越合理之範圍。此項規定並作為與自願接受公費醫學教育學生訂立行政契約之準據，且經學校與公費學生訂立契約（其方式如志願書、保證書之類）後，即成為契約之內容，雙方當事人自應本誠信原則履行契約上之義務。從而公費學生之權益受有限制，乃因受契約拘束之結果，並非該要點本身規定之所致。前開要點之規定，與憲法尚無牴觸。

釋字第三四九號解釋　　（憲一五，民八二三，土地四三）

八十三年六月三日公布

最高法院四十八年度臺上字第一〇六五號判例，認為「共有人於與其他共有人訂立共有物分割或分管之特約後，縱將其應有部分讓與第三人，其分割或分管契約，對於受讓人仍繼續存在」。就維持法律秩序之安定性而言，固有其必要，惟應有部分之受讓人若不知悉有分管契約，亦無可得而知之情形，受讓人仍受讓與人所訂分管契約之拘束，有使善意第三人受不測損害之虞，與憲法保障人民財產權之意旨有違，首開判例在此範圍內，嗣後應不再援用。至建築物為區分所有，其法定空地應如何使用，是否共有共用或共有專用，以及該部分讓與之效力如何，應儘速立法加以規範，併此說明。

解釋理由書

民法上之法律行為，有債權行為與物權行為，除法律有特別規定外，前者於特定人間發生法律上之效力，後者於以公示方法使第三人得知悉之狀態下，對任何第三人均發生法律上之效力。故動產以交付為公示方法，不動產以登記為公示方法，而以之作為權利取得、喪失、變更之要件，以保護善意第三人。如其事實為第三人明知或可得而知，縱為債權契約，其契約內容仍非不得對第三人發生法律上之效力。最高法院四十八年度臺上字第一〇六五號判例，認為「共有人於與其他共有人訂立共有物分割或分管之特約後，縱將其應有部分讓與第三人，其分割或分管契約，對於受讓人仍繼續存在」，就維持法律秩序之安定性而言，固有其必要，惟應有部分之受讓人若不知悉有分管契約，亦無可得而知之情形，受讓人仍受讓與人所訂分管契約之拘束，有使善意第三人受不測損害之虞，與憲法保障人民財產權之意旨有違，上述判例在此範圍內，嗣後應不再援用。至建築物為區分所有，其法定空地應如何使用，是否共有共用或共有專用，以及該部分讓與之效力如何，應儘速立法加以規範，併此說明。

釋字第三五〇號解釋 　（憲一五，民七六八、七六九～七七二，土登四八、四九）

八十三年六月三日公布

內政部於中華民國七十七年八月十七日函頒之時效取得地上權登記審查要點第八點第一項、第二項規定，占有人申請登記時，應填明土地所有權人或管理人之姓名及住址等項，係因地上權為存在於所有權上之限制物權，該規定之本身乃保護土地所有權人之權益所必要，與憲法並無牴觸。惟如未予填明，依土地登記規則第四十八條第二款、第四十九條第一項第四款規定，應命補正，不補正者駁回其登記之申請。是前開要點乃為該規則之補充規定，二者結合適用，足使能確實證明在客觀上有不能查明所有權人或管理人之姓名、住址而為補正之情形者，因而無法完成其地上權之登記，即與憲法保障人民財產權之意旨有違，在此範圍內，應不予援用。

解釋理由書

民法第七百六十八條至第七百七十二條關於因時效而取得所有權或其他財產權之規定，乃為促使原權利人善盡積極利用其財產之社會責任，並尊重長期占有之既成秩序，以增進公共利益而設，此項依法律規定而取得之財產權，應為憲法所保障，業經本院釋字第二九一號解釋闡述甚明。內政部於七十七年八月十七日以臺內地字第六二一四六四號函頒之時效取得地上權登記審查要點第八點第一項、第二項規定：「占有人申請登記時，應填明土地所有權人之現住址及登記簿所載之住址。如土地所有權人死亡者，應填明其繼承人及該繼承人之現住址」；「土地所有權人為祭祀公業、寺廟或神明會，而其管理人已死亡，應俟管理人變更登記後，於申請書內填明新管理人之姓名、住址」，係因地上權為存在於所有權上之限制物權，該規定之本身乃保護土地所有權人之權益所必要，與憲法並無牴觸。惟如未予填明，依土地登記規則第四十八條第二款、第四十九條第一項第四款規定，應命補正，不補正者駁回其登記之申請。是前開要點乃為該規則之補充規定，二者結合適用，足使能確實證明在客觀上有不能查明所有權人或管理人之姓名、住址而為補正之情形者，因而無法完成其地上權之登記，即與憲法保障人民財產權之意旨有違，在此範圍內，應不予援用。

釋字第三五一號解釋 　（憲一五，公營八，勞基一六）

八十三年六月十七日公布

公營事業移轉民營條例第八條第二項係就不隨同移轉之從業人員所作之規定，其第三項則係就繼續留用之從業人員所作之規定，依該第三項前段規定，僅在就繼續留用人

員之原有年資辦理結算範圍內，始依前項（第二項）所定結算標準辦理。綜觀該條全文立法意旨，在移轉民營當時，對於繼續留用人員之給與，並不包括第二項關於加發六個月薪給在內，以維持不隨同移轉人員與繼續留用人員待遇之平衡。

解釋理由書

本件依立法院中華民國八十二年七月五日（八二）臺院議字第二三一七號函意旨，係聲請統一解釋，合先說明。

公營事業移轉民營條例第八條第二項「公營事業轉為民營型態時，其從業人員不願隨同移轉者或因前項但書約定未隨同移轉者，應辦理離職。其離職給與，應依勞動基準法退休金標準給付，不受年齡與工作年資限制，並加發移轉時薪給標準六個月薪給及一個月預告工資；其不適用勞動基準法者，得比照適用之」，係就不隨同移轉之從業人員所作之規定。其第三項「移轉為民營後繼續留用人員，得於移轉當日由原事業主就其原有年資辦理結算，其結算標準依前項規定辦理，但不發給預告工資。其於移轉之日起五年內資遣者，按從業人員移轉民營當時或資遣時之薪給標準，擇優核給資遣給與，並按移轉民營當時薪給標準加發六個月薪給及一個月預告工資」，則係就繼續留用（隨同移轉）從業人員所作之規定。其中前段既謂「就其原有年資辦理結算，其結算標準依前項（第二項）規定辦理」，而非謂「就其原有年資及加發薪給辦理結算，其結算標準依前項（第二項）規定辦理」，自係限在年資結算範圍內，始依前項（第二項）規定辦理，而非謂連同加發薪給亦應依前項（第二項）規定辦理。又因加發薪給與加發預告工資性質不同，前者並未規定於勞動基準法，後者則已規定於勞動基準法第十六條第三項。而第二項所定之文字，有「應依勞動基準法退休金標準給付，不受年齡與工作年資限制」等語，為表達繼續留用人員，不得依勞動基準法之規定請求加發預告工資之用意，故特於第三項前段設「但不發給預告工資」之限制。至於加發薪給則原為勞動基準法之所無，不虞繼續留用人員援該法以請求，即無須於第三項贅增「但不發給六個月薪給」之明文。此種按原有年資辦理結算之繼續留用人員，雖不獲加發薪給及預告工資，但依第三項後段規定，則係於移轉之日起五年內資遣時再一併如數加發之，使原從業人員於移轉民營當時離職者與其後五年內資遣（離職）者，所受之離職優惠給與一致，以維持兩者待遇之平衡。若謂繼續留用者於移轉民營當時辦理原有年資結算之際，亦可如同離職者獲得加發六個月薪給，則祇須於留用後五年內之任何一日（包括留用後之第二日）資遣，均可重複獲得加發六個月薪給，成為雙重離職優惠，無異鼓勵原從業人員於移轉民營當時不離職，而延後於五年內之任何一日再離

職（資遣），增加公營事業移轉民營之困擾，顯非立法之本意。本件係就現行法律依其文義及論理所為之統一解釋，不涉及立法問題，併此說明。

釋字第三五二號解釋　（憲八六，土地三七之一）　八十三年六月十七日公布

土地登記專業代理人係屬專門職業，依憲法第八十六條第二款規定，其執業資格應依法考選銓定之。中華民國七十八年十二月二十九日修正公布之土地法第三十七條之一第二項規定，符合上開意旨，與憲法並無牴觸。

解釋理由書

土地登記涉及人民財產權益，其以代理當事人申辦土地登記為職業者，須具備相關之專業知識與經驗，始能勝任，是故土地登記專業代理人係屬專門職業。憲法第八十六條第二款規定，專門職業人員之執業資格，應依法考選銓定之。中華民國七十八年十二月二十九日修正公布之土地法第三十七條之一第二項規定：「土地登記專業代理人，應經土地登記專業代理人考試或檢覈及格。但在本法修正施行前，已從事土地登記專業代理業務，並曾領有政府發給土地代書人登記合格證明或代理他人申辦土地登記案件專業人員登記卡者，得繼續執業，未領有土地代書人登記合格證明或登記卡者，得繼續執業五年」，旨在建立健全之土地登記專業代理人制度，符合上開憲法規定之意旨。且該法對修正施行前，已從事土地登記專業代理業務，並依照當時法規取得合格證明或登記卡者，准予繼續執業。至於實際上已從事土地登記代理業務，而未取得合格證明或登記卡者，本無合法權利可言。而上開法條既定有五年之相當期間，使其在此期間內，自行決定是否參加考試或檢覈，或改業，已充分兼顧其利益，並無法律效力溯及既往之問題。綜上所述，前開土地法之規定，與憲法並無牴觸。

釋字第三五三號解釋　（憲一六，訴願二三，行訴一二）

八十三年七月一日公布

人民向行政法院請求停止原處分之執行，須已依法提起行政訴訟，在訴訟繫屬中者始得為之，此觀行政訴訟法第十二條（修正前第十一條）之規定甚明。行政法院四十七年度裁字第二十六號判例與此意旨相符，並未限制人民之訴訟權，與憲法尚無牴觸。

解釋理由書

行政訴訟法第十二條（修正前第十一條）規定，「原處分或決定之執行，除法律另有規定外，不因提起行政訴訟而停止。但行政法院或為處分或決定之機關，得依職權或依

原告之請求停止之」。依此規定，人民向行政法院請求停止原處分之執行，須已依法提起行政訴訟，在訴訟繫屬中者，始得為之。在提起行政訴訟前，如認原處分之執行，將發生難於回復之損害，且有急迫情事，而有停止原處分執行之必要時，得依訴願法第二十三條但書規定，聲請原處分機關或受理訴願之機關，停止其執行。如該機關拒絕停止執行或逾法定期間不為停止執行與否之處置，聲請人自得於對原處分或原決定之本案爭訟中一併表示不服，如受有損害，並得依法請求賠償，尚無先行請求行政法院停止其執行之必要。行政法院四十七年度裁字第二十六號判例：「向本院請求停止原處分之執行，須已依法提起行政訴訟在訴訟繫屬中者，始得為之。若事件尚未經再訴願程序，則既不許提起行政訴訟，自更不得向本院請求停止原處分之執行」，與上述意旨相符，並未限制人民之訴訟權，與憲法尚無牴觸。至為謀公共利益與個人利益之調和，而受處分人或利害關係人又能釋明其一經執行將有不能回復之重大損害，應否許其在提起行政訴訟前，聲請行政法院就其所爭執之法律關係定暫時狀態，應於行政訴訟制度改進時，一併循立法途徑解決之，以資兼顧，合併指明。

釋字第三五四號解釋　　（憲七，戰士授田一〇）　　　　八十三年七月一日公布

在臺離營之無職軍官，依行政院於中華民國四十八年七月十四日核准由國防部發布之陸海空軍無軍職軍官處理辦法等相關規定，在四十年十月十八日反共抗俄戰士授田條例公布後，雖具有軍籍，但因該條例之授田憑據以在營軍人為發給對象，致此等軍官因未在營而不能領取授田憑據。七十九年四月二十三日公布之戰士授田憑據處理條例第十條：「反共抗俄戰士授田條例公布施行前，曾參加反共抗俄作戰，除因有叛國行為或逃亡而被判有期徒刑以上之刑者外，其餘在臺離營之退除役無職軍官，領有退伍除役證明書，且現居住臺灣地區者，視同已發給授田憑據，依本條例之規定處理」，係就上述情況，公平考量所為之規定，並非針對軍官與士兵身分不同，而作差別待遇，與憲法第七條尚無牴觸。

解釋理由書

在臺離營之無職軍官，依行政院於四十八年七月十四日核准由國防部於同年八月十三日發布之陸海空軍無軍職軍官處理辦法第二條之規定，係指因停役、編餘、資遣及其他因故離職而未辦退除役或假退除役等情形之軍官而言。主管機關國防部於四十三年曾為此等人員辦理登記，保留其軍籍，其後並依上開辦法等相關規定列管或辦理退除役，是故上述人員在四十年十月十八日反共抗俄戰士授田條例公布後，雖仍具有軍籍，

但因該條例第十一條以「現在陸、海、空軍部隊服務二年以上之戰士」為發給授田憑據之對象，致無職軍官因未在營而不能領取授田憑據。七十九年四月二十三日公布之戰士授田憑據處理條例第十條：「反共抗俄戰士授田條例公布施行前，曾參加反共抗俄作戰，除因有叛國行為或逃亡而被判有期徒刑以上之刑者外，其餘在臺離營之退除役無職軍官，領有退伍除役證明書，且現居住臺灣地區者，視同已發給授田憑據，依本條例之規定處理」，係就上述情況，公平考量所為之規定，並非針對軍官與士兵身分不同，而作差別待遇，與憲法第七條尚無牴觸。

釋字第三五五號解釋　　（憲一六，民訴一九六、四四七、四七六、四九六）

八十三年七月一日公布

最高法院二十九年度上字第一〇〇五號判例：「民事訴訟法第四百九十二條第一項第十一款（現行法第四百九十六條第一項第十三款）所謂當事人發見未經斟酌之證物，係指前訴訟程序事實審之言詞辯論終結前已存在之證物，因當事人不知有此，致未經斟酌，現始知之者而言。若在前訴訟程序事實審言詞辯論終結前，尚未存在之證物，本無所謂發見，自不得以之為再審理由。」乃為促使當事人在前訴訟程序事實審言詞辯論終結前，將已存在並已知悉而得提出之證物全部提出，以防止當事人於判決發生既判力後，濫行提起再審之訴，而維持確定裁判之安定性，與憲法並無牴觸。至事實審言詞辯論終結後始存在之證物，雖不得據為再審理由，但該證物所得證明之事實，是否受確定判決既判力之拘束，則應依個案情形定之，併予說明。

解釋理由書

我國民事訴訟採言詞審理主義與自由順序主義，當事人之攻擊或防禦方法，得於言詞辯論終結前提出，為民事訴訟法第一百九十六條所規定。又依同法第四百四十七條意旨，當事人於第二審言詞辯論終結前亦得提出新攻擊或防禦方法。惟事件上訴第三審法院後，依同法第四百七十六條第一項意旨，應以第二審判決確定之事實為判決基礎，不得再行提出新攻擊或防禦方法。故首述言詞辯論終結前，係指事實審言詞辯論終結前而言。法律既許當事人於事實審言詞辯論終結前隨時提出攻擊或防禦方法，就證據言，當事人自應就已存在並已知悉而得提出之證物，於事實審言詞辯論終結前全部提出。確定終局判決之既判力，其基準時以事實審言詞辯論終結時為準，即係基於上述原因。若當事人於事實審言詞辯論終結前，將已存在並已知悉而得提出之證物故不提出，留待判決確定後據以提起再審之訴，則係再審制度之濫用，不僅有違訴訟經濟之

原則，且足以影響確定終局判決之安定性。最高法院二十九年度上字第一〇〇五號判例：「民事訴訟法第四百九十二條第一項第十一款（現行法第四百九十六條第一項第十三款）所謂當事人發見未經斟酌之證物，係指前訴訟程序事實審之言詞辯論終結前已存在之證物，因當事人不知有此，致未經斟酌，現始知之者而言。若在前訴訟程序事實審言詞辯論終結前，尚未存在之證物，本無所謂發見，自不得以之為再審理由。」乃為促使當事人在前訴訟程序事實審言詞辯論終結前，將已存在並已知悉而得提出之證物全部提出，以防止當事人於判決發生既判力後，任意提起再審之訴，而維持確定裁判之安定性，與憲法並無牴觸。至事實審言詞辯論終結後始存在之證物，雖不得據為再審理由，但該證物所得證明之事實，是否受確定判決既判力之拘束，則應依個案情形定之。若證物係依據事實審言詞辯論終結前已存在之證物而製作者，該製作之證物得否認為係發見未經斟酌之證物，乃為事實認定及適用法律之見解問題，均併說明。

釋字第三五六號解釋　（憲一五、一九、二三，營業稅三五、四九）

八十三年七月八日公布

營業稅法第四十九條就營業人未依該法規定期限申報銷售額或統一發票明細表者，應加徵滯報金、怠報金之規定，旨在促使營業人履行其依法申報之義務，俾能確實掌握稅源資料，建立合理之查核制度。加徵滯報金、怠報金，係對營業人違反作為義務所為之制裁，其性質為行為罰，此與逃漏稅捐之漏稅罰乃屬兩事。上開規定，為增進公共利益所必要，與憲法並無牴觸。惟在營業人已繳納其應納稅款之情形下，行為罰仍依應納稅額固定之比例加徵滯報金與怠報金，又無合理最高額之限制，依本院大法官釋字第三二七號解釋意旨，主管機關應注意檢討修正，併此說明。

解釋理由書

違反稅法之處罰，有因納稅義務人逃漏稅捐而予處罰者，此為漏稅罰；有因納稅義務人違反稅法上之作為或不作為義務而予處罰者，此為行為罰。營業稅法第三十五條第一項規定：「營業人除本法另有規定外，不論有無銷售額，應以每二月為一期，於次期開始十五日內，填具規定格式之申報書，檢附退抵稅款及其他有關文件，向主管稽徵機關申報銷售額、應納或溢付營業稅額。其有應納營業稅額者，應先向公庫繳納後，檢同繳納收據一併申報。」同法第四十九條規定：「營業人未依本法規定期限申報銷售額或統一發票明細表，其未逾三十日者，每逾二日按應納稅額加徵百分之一滯報金，金額不得少於四百元；其逾三十日者，按核定應納稅額加徵百分之三十怠報金，金額

不得少於一千元。其無應納稅額者，滯報金為四百元，怠報金為一千元。」旨在促使營業人履行其依法申報之義務，俾能確實掌握稅源資料，建立合理之查核制度。加徵滯報金、怠報金，係對營業人違反作為義務所為之制裁，其性質為行為罰，此與逃漏稅捐之漏稅罰乃屬兩事。上開營業稅法第四十九條之規定，為增進公共利益所必要，與憲法並無牴觸。惟在營業人已繳納其應納稅款之情形下，行為罰仍依應納稅額固定之比例加徵滯報金與怠報金，又無合理最高額之限制，依本院大法官釋字第三二七號解釋意旨，主管機關應注意檢討修正。至行政罰之責任要件，本院釋字第二七五號解釋已有釋示，均併指明。

釋字第三五七號解釋　（憲一○四、一○五，審計一○，審計部組織法三，審計人員任用條例八）　　　　　　　　八十三年七月八日公布

依中華民國憲法第一百零四條設置於監察院之審計長，其職務之性質與應隨執政黨更迭或政策變更而進退之政務官不同。審計部組織法第三條關於審計長任期為六年之規定，旨在確保其職位之安定，俾能在一定任期中，超然獨立行使職權，與憲法並無牴觸。

　　解釋理由書

依憲法第一百零四條設置於監察院之審計長，其職權除依憲法第一百零五條規定：「審計長應於行政院提出決算後三個月內，依法完成其審核，並提出審核報告於立法院」外，並依監察院組織法、審計法及審計部組織法之規定，綜理審計業務，監督全國各機關預算之執行、核定收支命令、審核財務收支、稽察財物及財政上之不法或不忠於職務之行為等，職位重要。由於其主要職權為決算之審核，與立法院審議預算之權限，關係密切，憲法第一百零四條後段乃將審計長之任命，賦與立法院同意權，以昭慎重。為維護審計權之獨立行使，充分發揮審計功能，我國法律援民主憲政國家之通例，對審計人員行使職權予以必要之保障，於審計法第十條及審計人員任用條例第八條分別規定：「審計人員依法獨立行使其審計職權，不受干涉。」「審計官、審計、稽察，非有法定原因，不得停職、免職或轉職。」關於審計首長之職位，他國憲法或法律，或定為終身職（如荷蘭王國一九八四年憲法第七十七條），或規定相當之任期（如美國一九二一年預算及會計法第三○三條之十五年、德國一九八五年聯邦審計院法第三條第二項之十二年、日本一九八六年會計檢查院法第五條之七年）。現行審計部組織法亦於第三條規定：「審計長任期為六年」，以確保審計首長職位之安定，俾能在一定任期中，超然

獨立行使職權而無所瞻顧。是審計長職務之性質，自與應隨執政黨更迭或政策變更而進退之政務官不同。至於現行法規將審計長或其他原非政務官而地位與之相當人員之待遇、退職酬勞及財產申報等事項與政務官合併規定，乃為法規制定上之便宜措施，於其非屬應隨執政黨更迭或政策變更而進退之政務官身分不生影響。綜上所述，審計部組織法關於審計長任期之規定，與憲法並無牴觸。

釋字第三五八號解釋　　（憲一五、二三，民七九九、八二三，土登七二）

八十三年七月十五日公布

各共有人得隨時請求分割共有物，固為民法第八百二十三條第一項前段所規定。惟同條項但書又規定，因物之使用目的不能分割者，不在此限。其立法意旨在於增進共有物之經濟效用，並避免不必要之紛爭。區分所有建築物之共同使用部分，為各區分所有人利用該建築物所不可或缺，其性質屬於因物之使用目的不能分割者。內政部中華民國六十一年十一月七日（六一）臺內地字第四九一六六〇號函，關於太平梯、車道及亭子腳為建築物之一部分，不得分割登記之釋示，符合上開規定之意旨，與憲法尚無牴觸。

解釋理由書

數人區分一建築物而各有其一部者，該建築物及其附屬物之共同部分，推定為各所有人之共有，民法第七百九十九條前段定有明文。各共有人得隨時請求分割共有物，但因物之使用目的不能分割者，不在此限，亦為同法第八百二十三條第一項所規定。該但書之立法意旨，乃在增進共有物之經濟效用，並避免不必要之紛爭。區分所有建築物之共同使用部分，為各區分所有人利用該建築物所不可或缺，其性質屬於因物之使用目的不能分割之情形。土地登記規則第七十二條第二款及第三款規定，區分所有建築物之共同使用部分之所有權，應於各相關區分所有建築物所有權移轉時，隨同移轉於同一人，不得分割，亦在揭示同一意旨。內政部中華民國六十一年十一月七日（六一）臺內地字第四九一六六〇號函，關於太平梯、車道及亭子腳為建築物之部分，不得分割登記之釋示，符合上開意旨，與憲法第十五條及第二十三條尚無牴觸。

本件聲請人關於統一解釋部分之聲請，核與司法院大法官審理案件法第七條第一項第二款之規定不合，應不受理，併此說明。

釋字第三五九號解釋　　（憲一五、二三，土稅三九、五五之二，農發二七、三〇）

八十三年七月十五日公布

財政部中華民國七十九年三月十五日臺財稅字第七八○四三七九一一號、八十年四月二十日臺財稅字第八○○一二八一六一號及同年六月四日臺財稅字第八○○一七四○四一號等函，係基於主管機關之職權對於土地稅法第五十五條之二罰鍰數額之計算所為之釋示，符合該法條規定之意旨，為遏阻違法使用農地，以增進公共利益所必要，與憲法並無牴觸。

　　解釋理由書

國家為達成維持及擴大農場經營規模之目的，對於將農業用地在依法作農業使用期間，移轉與自行耕作之農民繼續耕作者，設有免徵土地增值稅之獎勵，農業發展條例第二十七條及土地稅法第三十九條之二規定甚明。但對再移轉與非自行耕作農民或非依法令變更為非農業用地使用者，土地稅法第五十五條之二亦有處以原免徵土地增值稅額二倍罰鍰之明文。而農業發展條例第三十條定有每宗耕地不得分割之原則，其非依法以耕地之一部，改為非農業用地使用，自亦為法所不許。財政部中華民國七十九年三月十五日臺財稅字第七八○四三七九一一號、八十年四月二十日臺財稅字第八○○一二八一六一號及同年六月四日臺財稅字第八○○一七四○四一號等函，就上述罰鍰之計算，謂應以全部土地原免徵土地增值稅額為準，而不按非依法令變更使用面積與該宗耕地全面積之比例計算，係基於主管機關之職權對於土地稅法第五十五條之二罰鍰數額之計算所為之釋示，符合該法條規定之意旨，為遏阻違法使用農地，以增進公共利益所必要，與憲法並無牴觸。惟非依法令變更使用之農地，應否分別情節輕重，科以額度不同之罰鍰，仍應由主管機關予以檢討，併此指明。

釋字第三六○號解釋　（憲八六，土地三七之一，土地登記專業代理人管理辦法四）

八十三年七月二十九日公布

土地法第三十七條之一第二項係依憲法第八十六條第二款而制定，與憲法並無牴觸，業經本院釋字第三五二號解釋釋示在案。內政部於中華民國七十九年六月二十九日發布之土地登記專業代理人管理辦法，則係依據上開法條第四項授權訂定，其第四條：「合於左列資格之一者，得請領專業代理人證書：一、經專業代理人考試或檢覈及格者。二、領有直轄市、縣（市）政府核發土地代書人登記合格證明者。三、領有直轄市、縣（市）政府核發代理他人申辦土地登記案件專業人員登記卡者」之規定，並未逾越法律授權範圍，與憲法亦無牴觸。

解釋理由書

依憲法第二十三條之規定，國家對於人民之自由及權利有所限制，固應以法律定之。惟法律對於有關人民權利義務之事項，不能鉅細靡遺，一律加以規定，其屬於細節性、技術性者，法律自得授權主管機關以命令定之，俾便法律之實施。行政機關基於此種授權發布之命令，其內容未逾越授權範圍，並符合授權之目的者，自為憲法之所許。

土地法第三十七條之一第二項規定：「土地登記專業代理人，應經土地登記專業代理人考試或檢覈及格。但在本法修正施行前，已從事土地登記專業代理業務，並曾領有政府發給土地代書人登記合格證明或代理他人申辦土地登記案件專業人員登記卡者，得繼續執業，未領有土地代書人登記合格證明或登記卡者，得繼續執業五年」，係依憲法第八十六條第二款而制定，與憲法並無牴觸，業經本院釋字第三五二號解釋釋示在案。內政部於中華民國七十九年六月二十九日發布之土地登記專業代理人管理辦法，則係依據上開法條第四項授權訂定，其第四條：「合於左列資格之一者，得請領專業代理人證書：一、經專業代理人考試或檢覈及格者。二、領有直轄市、縣（市）政府核發土地代書人登記合格證明者。三、領有直轄市、縣（市）政府核發代理他人申辦土地登記案件專業人員登記卡者」之規定，並未逾越法律授權範圍，與憲法亦無牴觸。

釋字第三六一號解釋　　（憲一五、一九、二三，所得稅九，所得稅施一七之二）

八十三年七月二十九日公布

個人出售房屋交易所得，係所得稅法第九條財產交易所得之一種。行政院於中華民國七十七年五月三十日修正發布之所得稅法施行細則第十七條之二，關於個人出售房屋所得額核定方法之規定，與租稅法定主義並無違背。依該條規定，個人出售房屋未申報或未能提出證明文件者，其所得額由主管稽徵機關參照當年度實際經濟情況及房屋市場交易情形擬訂，報請財政部核定其標準，依該標準核定之。嗣財政部依據臺北市國稅局就七十六年度臺北市個人出售房屋所得額多數個案取樣調查結果擬訂之標準，於七十七年六月二十七日以臺財稅字第七七〇五五三一〇五號函，核定七十六年度臺北市個人出售房屋交易所得，按房屋稅課稅現值百分之二十計算，係經斟酌年度、地區、經濟情況所核定，並非依固定之百分比訂定，符合本院釋字第二一八號解釋之意旨，與憲法並無牴觸。

解釋理由書

所得稅納稅義務人未自行申報或提示證明文件，稽徵機關得依查得之資料或同業利潤

標準，核定其所得額。此項推計核定方法，與憲法並不牴觸，惟依此項推計核定方法估計所得額時，應力求客觀、合理，使與納稅義務人之實際所得相當，以維租稅公平原則，至於個人出售房屋，未能提出交易時實際成交價格及原始取得之實際成本之證明文件者，如不問年度、地區、經濟情況如何不同，概按房屋評定價格，以固定不變之百分比，推計納稅義務人之所得額，自難切近實際，有失公平合理，且與所得稅法所定推計核定之意旨未盡相符。業經本院大法官於七十六年八月十四日以釋字第二一八號解釋釋示在案。

個人出售房屋交易所得，係所得稅法第九條財產交易所得之一種，行政院於七十七年五月三十日修正發布之所得稅法施行細則第十七條之二規定：「個人出售房屋，如能提出交易時之成交價額及成本費用之證明文件者，其財產交易所得之計算，依本法第十四條第一項第七類規定核實認定；其未申報或未能提出證明文件者，稽徵機關依財政部核定標準核定之。前項標準，由省（直轄市）主管稽徵機關參照當年度實際經濟情況及房屋市場交易情形擬訂，報請財政部核定」。與租稅法定主義並無違背。

財政部依據臺北市國稅局就七十六年度臺北市個人出售房屋所得額多數個案取樣調查結果（平均售屋所得標準為百分之二二‧〇二，所得標準在百分之二十以上者，占總件數之百分之七十三）擬訂之標準，於七十七年六月二十七日以臺財稅字第七七〇五五三一〇五號函，核定七十六年度臺北市個人出售房屋交易所得，按房屋稅課稅現值百分之二十計算，係經斟酌年度、地區、經濟情況所核定，並非依固定之百分比訂定，符合本院釋字第二一八號解釋之意旨，與憲法並無牴觸。

釋字第三六二號解釋　（憲二二，民九八八、九九九之一、一〇五二）

八十三年八月二十九日公布

民法第九百八十八條第二款關於重婚無效之規定，乃所以維持一夫一妻婚姻制度之社會秩序，就一般情形而言，與憲法尚無牴觸。惟如前婚姻關係已因確定判決而消滅，第三人本於善意且無過失，信賴該判決而與前婚姻之一方相婚者，雖該判決嗣後又經變更，致後婚姻成為重婚；究與一般重婚之情形有異，依信賴保護原則，該後婚姻之效力，仍應予以維持。首開規定未兼顧類此之特殊情況，與憲法保障人民結婚自由權利之意旨未盡相符，應予檢討修正。在修正前，上開規定對於前述因信賴確定判決而締結之婚姻部分，應停止適用。如因而致前後婚姻關係同時存在，則重婚者之他方，自得依法請求離婚，併予指明。

解釋理由書

民法第九百八十八條第二款關於重婚無效之規定，乃所以維持一夫一妻婚姻制度之社會秩序，就一般情形而言，與憲法尚無抵觸。惟適婚之人無配偶者，本有結婚之自由，他人亦有與之相婚之自由。此種自由，依憲法第二十二條規定，應受保障。如當事人之前婚姻關係已因法院之確定判決（如離婚判決）而消滅，自得再行結婚，後婚姻之當事人，基於結婚自由而締結婚姻後，該確定判決，又經法定程序（如再審）而變更，致後婚姻成為重婚，既係因法院前後之判決相反所致，究與一般重婚之情形有異。而前判決之潛在瑕疵，原非必為後婚姻之當事人所明知或可得而知，第三人與前婚姻之一方相婚時（即後婚姻成立時），就此瑕疵倘非明知或可得而知，則為善意且無過失。其因信賴確定判決而結婚，依信賴保護原則，該後婚姻之效力，仍應予以維持，以免憲法所保障之人民（尤其是婦女）結婚自由遭受不測之損害。而是否善意且無過失，則屬事實認定問題，有待法院本於調查證據之結果而為判斷，故此種因前後判決相反構成之重婚，應另經法院之判決程序始能認其無效，未經判決無效者仍為有效。上開重婚無效之規定，未兼顧類此之特殊情況（除因信賴確定判決所導致之重婚外，尚有其他類似原因所導致之重婚），又未就相關事項，如後婚姻所生之婚生子女身分等，為合理之規定（民法在修正前重婚係得撤銷，而撤銷之效力不溯及既往，故無婚生子女之身分問題。現行民法第九百九十九條之一，則僅解決子女之監護問題，尚有不足），與憲法保障人民權利之意旨，未盡相符，應予檢討修正。在修正前，上開民法規定對於前述善意且無過失之第三人，因信賴確定判決而締結之婚姻部分，應停止適用。如因而致前後婚姻關係同時存在，則重婚者之他方，依民法第一千零五十二條第一項第一款或第二項規定，自得向法院請求離婚，併予指明。

釋字第三六三號解釋　（都市計畫五三，獎勵投資條例三、五八之一）

八十三年八月二十九日公布

地方行政機關為執行法律，得依其職權發布命令為必要之補充規定，惟不得與法律牴觸。臺北市政府於中華民國七十年七月二十三日發布之臺北市獎勵投資興建零售市場須知，對於申請投資興建市場者，訂有須「持有市場用地內全部私有土地使用權之私人或團體」之條件，係增加都市計畫法第五十三條所無之限制，有違憲法保障人民權利之意旨，應不予適用。至在獎勵投資條例施行期間申請興建公共設施，應符合該條例第三條之規定，乃屬當然。

解釋理由書

地方行政機關為執行法律，得依其職權發布命令為必要之補充規定，惟不得與法律牴觸。國家為使有投資意願之私人或團體得使用公有土地或藉政府公權力之介入，取得屬於公共設施保留地之他人土地使用權，加速公共設施之興建，改善都市發展之狀況，於都市計畫法第五十三條特為規定：「獲准投資辦理都市計畫事業之私人或團體，其所需用之公共設施用地，屬於公有者，得申請該公地之管理機關租用；屬於私有而無法協議收購者，應備妥價款，申請該管直轄市、縣（市）（局）政府代為收買之」，並未以申請投資者應持有公共設施用地全部私有土地使用權為提出申請之條件。獎勵投資條例（已於七十九年十二月三十一日廢止），對於申請投資興建公共設施者，於該條例第五十八條之一第一項規定：「依本條例投資興闢尚未開發之公共設施用地，土地所有權人得優先投資。但經該管地方政府書面通知其投資，滿二個月不為答復或自願放棄者，其他公共設施興闢業得逕行洽購；洽購不成時，得申請該管地方政府調處；調處不成時，得申請該管地方政府按當年期公告現值，並參照毗鄰土地當年期非公共設施保留地地段之公告現值，提交該管地價評議委員會評定後，由申請之公共設施興闢業備妥價款及投資計畫，申請該管地方政府代為照價收買，其收買程序準用平均地權條例之規定」，亦係本於同一意旨。臺北市政府於七十年七月二十三日發布之臺北市獎勵投資興建零售市場須知第二項(一)款(1)目以「持有市場用地內全部私有土地使用權之私人或團體」為申請投資之條件，增加法律所無之限制，與法律要求各級政府應盡力協助私人投資興建公共設施，改善都市發展之目的不符，有違憲法保障人民權利之意旨，應不予適用。至依獎勵投資條例第三條規定所獎勵之公共設施興闢業，以從事生產事業之股份有限公司為限，在該條例施行期間申請興建市場，應受該項規定之限制，乃屬當然。

釋字第三六四號解釋　　（憲一一、二三）　　　　　八十三年九月二十三日公布

以廣播及電視方式表達意見，屬於憲法第十一條所保障言論自由之範圍。為保障此項自由，國家應對電波頻率之使用為公平合理之分配，對於人民平等「接近使用傳播媒體」之權利，亦應在兼顧傳播媒體編輯自由原則下，予以尊重，並均應以法律定之。

解釋理由書

言論自由為民主憲政之基礎。廣播電視係人民表達思想與言論之重要媒體，可藉以反映公意強化民主，啟迪新知，促進文化、道德、經濟等各方面之發展，其以廣播及電

視方式表達言論之自由，為憲法第十一條所保障之範圍。惟廣播電視無遠弗屆，對於社會具有廣大而深遠之影響。故享有傳播之自由者，應基於自律觀念善盡其社會責任，不得有濫用自由情事。其有藉傳播媒體妨害善良風俗、破壞社會安寧、危害國家利益或侵害他人權利等情形者，國家自得依法予以限制。

廣播電視之電波頻率為有限性之公共資源，為免被壟斷與獨占，國家應制定法律，使主管機關對於開放電波頻率之規劃與分配，能依公平合理之原則審慎決定，藉此謀求廣播電視之均衡發展，民眾亦得有更多利用媒體之機會。

至學理上所謂「接近使用傳播媒體」之權利 (the right of access to the media)，乃指一般民眾得依一定條件，要求傳播媒體提供版面或時間，許其行使表達意見之權利而言，以促進媒體報導或評論之確實、公正。例如媒體之報導或評論有錯誤而侵害他人之權利者，受害人即可要求媒體允許其更正或答辯，以資補救。又如廣播電視舉辦公職候選人之政見辯論，於民主政治品質之提昇，有所裨益。

惟允許民眾「接近使用傳播媒體」，就媒體本身言，係對其取材及編輯之限制。如無條件強制傳播媒體接受民眾表達其反對意見之要求，無異剝奪媒體之編輯自由，而造成傳播媒體在報導上瞻前顧後，畏縮妥協之結果，反足影響其確實、公正報導與評論之功能。是故民眾「接近使用傳播媒體」應在兼顧媒體編輯自由之原則下，予以尊重。如何設定上述「接近使用傳播媒體」之條件，自亦應於法律內為明確之規定，期臻平等。

綜上所述，以廣播及電視方式表達意見，屬於憲法第十一條所保障言論自由之範圍。為保障此項自由，國家應對電波頻率之使用為公平合理之分配，對於人民平等「接近使用傳播媒體」之權利，亦應在兼顧傳播媒體編輯自由原則下，予以尊重，並均應以法律定之。

釋字第三六五號解釋　　（憲七，憲增修九，民一〇八九）

八十三年九月二十三日公布

民法第一千零八十九條，關於父母對於未成年子女權利之行使意思不一致時，由父行使之規定部分，與憲法第七條人民無分男女在法律上一律平等，及憲法增修條文第九條第五項消除性別歧視之意旨不符，應予檢討修正，並應自本解釋公布之日起，至遲於屆滿二年時，失其效力。

　　解釋理由書

「中華民國人民，無分男女、宗教、種族、階級、黨派，在法律上一律平等」「國家應維護婦女之人格尊嚴，保障婦女之人身安全，消除性別歧視，促進兩性地位之實質平等」，憲法第七條及憲法增修條文第九條第五項，分別定有明文。由一男一女成立之婚姻關係，以及因婚姻而產生父母子女共同生活之家庭，亦有上述憲法規定之適用。因性別而為之差別規定僅於特殊例外之情形，方為憲法之所許，而此種特殊例外之情形，必須基於男女生理上之差異或因此差異所生之社會生活功能角色上之不同，始足相當。

民法第一千零八十九條：「對於未成年子女之權利義務，除法律另有規定外，由父母共同行使或負擔之。父母對於權利之行使意思不一致時，由父行使之。父母之一方不能行使權利時，由他方行使之。父母不能共同負擔義務時，由有能力者負擔之」之規定，制定於憲法頒行前中華民國十九年，有其傳統文化習俗及當時社會環境之原因。惟因教育普及，男女接受教育之機會已趨均等，就業情況改變，婦女從事各種行業之機會，與男性幾無軒輊，前述民法關於父母意思不一致時，由父行使之規定，其適用之結果，若父母雙方能互相忍讓，固無礙於父母之平等行使親權，否則，形成爭執時，未能兼顧母之立場，而授予父最後決定權，自與男女平等原則相違，亦與當前婦女於家庭生活中實際享有之地位並不相稱。

綜上所述，民法第一千零八十九條關於父母對於未成年子女權利之行使意思不一致時，由父行使之規定部分，與憲法第七條人民無分男女在法律上一律平等及憲法增修條文第九條第五項消除性別歧視之意旨不符，應予檢討修正，並應自本解釋公布之日起，至遲於屆滿二年時，失其效力。就此問題，應基於兩性平等原則及兼顧未成年子女之最佳利益，規定其解決途徑，諸如父母協調不成時，將最後決定權委諸最近尊親屬或親屬會議或由家事法庭裁判，而遇有急迫情況時，亦宜考慮與正常情形不同之安排。又立法院於本年七月二十六日致本院（八三）臺院議字第二一六二號函係對立法委員未來是否提案修改有違憲疑義之民法第一千零八十九條，預先徵詢本院意見，核與司法院大法官審理案件法第五條第一項第一款所定要件，未盡相符，惟其聲請解釋之法律條文與本件相同，不須另為處理，均併此說明。

釋字第三六六號解釋　（憲二三，刑四一、五○、五一、五三）

八十三年九月三十日公布

裁判確定前犯數罪，分別宣告之有期徒刑均未逾六個月，依刑法第四十一條規定各得易科罰金者，因依同法第五十一條併合處罰定其應執行之刑逾六個月，致其宣告刑不

得易科罰金時，將造成對人民自由權利之不必要限制，與憲法第二十三條規定未盡相符，上開刑法規定應檢討修正。對於前述因併合處罰所定執行刑逾六個月之情形，刑法第四十一條關於易科罰金以六個月以下有期徒刑為限之規定部分，應自本解釋公布之日起，至遲於屆滿一年時失其效力。

解釋理由書

刑法第五十條基於刑事政策之理由，就裁判確定前犯數罪者，設併合處罰之規定，並於其第五十一條明定，分別宣告其罪之刑，而另定其應執行者。其分別宣告之各刑均為有期徒刑時，則於各刑中之最長期以上，各刑合併之刑期以下定其刑期，足見原無使受刑之宣告者，處於更不利之地位之意。如所犯數罪，其最重本刑均為三年以下有期徒刑之刑之罪，而分別宣告之有期徒刑亦均未逾六個月，因身體、教育、職業或家庭之關係，執行顯有困難者，依同法第四十一條規定，本均得易科罰金，而有以罰金代替自由刑之機會。惟由於併合處罰之結果，如就各該宣告刑所定之執行刑逾六個月者，不得易科罰金，致受該項刑之宣告者，原有得易科罰金之機會，得而復失，非受自由刑之執行不可，乃屬對於人民之自由權利所為之不必要限制，與憲法第二十三條之意旨，未盡相符。上開刑法規定，應連同相關問題，如數宣告刑中之一部已執行完畢，如何抵算等，一併檢討修正之。對於前述因併合處罰所定執行刑逾六個月之情形，刑法第四十一條關於易科罰金以六個月以下有期徒刑為限之規定部分，應自本解釋公布之日起，至遲於屆滿一年時失其效力。

釋字第三六七號解釋　（憲一九、二三，營業稅二、二五、三五，營業稅施四七，財劃一八，稅徵二四，關稅二五，國教一六）　　八十三年十一月十一日公布

營業稅法第二條第一款、第二款規定，銷售貨物或勞務之營業人、進口貨物之收貨人或持有人為營業稅之納稅義務人，依同法第三十五條之規定，負申報繳納之義務。同法施行細則第四十七條關於海關、法院及其他機關拍賣沒收、沒入或抵押之貨物時，由拍定人申報繳納營業稅之規定，暨財政部發布之「法院、海關及其他機關拍賣或變賣貨物課徵營業稅作業要點」第二項有關不動產之拍賣、變賣由拍定或成交之買受人繳納營業稅之規定，違反上開法律，變更申報繳納之主體，有違憲法第十九條及第二十三條保障人民權利之意旨，應自本解釋公布之日起至遲於屆滿一年時失其效力。

解釋理由書

憲法第十九條規定，人民有依法律納稅之義務，係指人民僅依法律所定之納稅主體、

稅目、稅率、納稅方法及租稅減免等項目而負繳納義務或享受減免繳納之優惠，舉凡應以法律明定之租稅項目，自不得以命令作不同之規定，否則即屬違反租稅法律主義，業經本院釋字第二一七號及第二一〇號著有解釋。有關人民自由權利之限制應以法律定之且不得逾越必要之程度，憲法第二十三條定有明文。但法律之內容不能鉅細靡遺，立法機關自得授權行政機關發布命令為補充規定。如法律之授權涉及限制人民自由權利者，其授權之目的、範圍及內容符合具體明確之條件時，亦為憲法之所許。本院釋字第三四五號解釋認稅捐稽徵法第二十四條第三項及關稅法第二十五條之一第三項授權訂立之限制欠稅人及欠稅營利事業負責人出境實施辦法與憲法尚無牴觸，釋字第三四六號解釋認國民教育法第十六條第一項第三款及財政收支劃分法第十八條第一項，關於徵收教育捐之授權規定係屬合憲，均係本此意旨。若法律僅概括授權行政機關訂定施行細則者，該管行政機關於符合立法意旨且未逾越母法規定之限度內，自亦得就執行法律有關之細節性、技術性之事項以施行細則定之，惟其內容不能牴觸母法或對人民之自由權利增加法律所無之限制，行政機關在施行細則之外，為執行法律依職權發布之命令，尤應遵守上述原則。本院釋字第二六八號、第二七四號、第三一三號及第三六〇號解釋分別闡釋甚明。

民國七十四年十一月十五日修正公布之營業稅法第二條第一款、第二款規定，銷售貨物或勞務之營業人、進口貨物之收貨人或持有人為營業稅之納稅義務人，依同法第三十五條之規定，負申報繳納之義務。而七十五年一月二十九日發布之營業稅法施行細則第四十七條則規定：「海關拍賣沒入之貨物，視為由拍定人進口，依本法第四十一條之規定辦理。法院及其他機關拍賣沒收、沒入或抵押之貨物如屬營業人所有者，應於拍定時，由拍定人持同拍賣貨物清單，向拍賣機關所在地主管稽徵機關申報繳納營業稅或取具免稅證明。法院及其他機關點交拍定貨物或換發移轉證明時，應驗憑繳稅證明或免稅證明。」顯係將法律明定之申報繳納主體營業人變更為拍定人（即買受人）；財政部於七十五年四月一日以臺財稅字第七五二二二八四號函發布之「法院、海關及其他機關拍賣或變賣貨物課徵營業稅作業要點」第二項之㈠有關不動產之拍賣、變賣由拍定或成交之買受人繳納營業稅之手續規定，亦與營業稅法之規定不符，雖因營業稅係採加值稅之型態，營業稅額於售價之外另加而由買受人負擔，上開細則及要點之規定，並未增加額外稅負，但究屬課予買受人申報繳納之義務，均已牴觸營業稅法，有違憲法第十九條及第二十三條保障人民權利之意旨，應自本解釋公布之日起至遲於屆滿一年時失其效力。至主管機關如認為法院及其他機關拍賣或變賣不動產與普通營

業人銷售之情形不同，為作業上之方便計，其申報繳納營業稅之義務人有另行規定之必要，亦應遲以法律定之，併此指明。

釋字第三六八號解釋　　（憲一六，行訴四）　　　　八十三年十二月九日公布

行政訴訟法第四條「行政法院之判決，就其事件有拘束各關係機關之效力」，乃本於憲法保障人民得依法定程序，對其爭議之權利義務關係，請求法院予以終局解決之規定。故行政法院所為撤銷原決定及原處分之判決，如係指摘事件之事實尚欠明瞭，應由被告機關調查事證另為處分時，該機關即應依判決意旨或本於職權調查事證。倘依重為調查結果認定之事實，認前處分適用法規並無錯誤，雖得維持已撤銷之前處分見解；若行政法院所為撤銷原決定及原處分之判決，係指摘其適用法律之見解有違誤時，該管機關即應受行政法院判決之拘束。行政法院六十年判字第三十五號判例謂：「本院所為撤銷原決定及原處分之裁判，如於理由內指明由被告官署另為復查者，該官署自得本於職權調查事證，重為復查之決定，其重為復查之結果，縱與已撤銷之前決定持相同之見解，於法亦非有違」，其中與上述意旨不符之處，有違憲法第十六條保障人民訴訟權之意旨，應不予適用。

　　解釋理由書

憲法第十六條規定人民有訴訟之權，係指人民有依法定程序，就其權利義務之爭議，請求法院救濟，以獲致終局解決與保障之權利。行政訴訟法第四條規定：「行政法院之判決，就其事件有拘束各關係機關之效力」，即為保障人民依行政訴訟程序請求救濟之權利得獲終局解決。是行政法院所為撤銷原決定及原處分之判決，原機關自有加以尊重之義務；原機關有須重為處分者，亦應依據判決之內容為之，以貫徹憲法保障原告因訴訟而獲得救濟之權利或利益。行政法院六十年判字第三十五號判例謂：「本院所為撤銷原決定及原處分之裁判，如於理由內指明由被告官署另為復查者，該官署自得本於職權調查事證，重為復查之決定，其重為復查之結果，縱與已撤銷之前決定持相同之見解，於法亦非有違。」其中如係指摘事件之事實尚欠明瞭，應由被告機關調查事證後另為處分者，該機關依判決意旨或本於職權再調查事證，倘依調查結果重為認定之事實，認前處分適用法規並無錯誤，而維持已撤銷之前決定之見解者，於法固非有違；惟如係指摘原決定及處分之法律見解有違誤者，該管機關即應受行政法院判決所示法律見解之拘束，不得違背。上開判例與上述意旨不符之處，有違憲法保障人民訴訟權之意旨，應不予適用。

釋字第三六九號解釋　　（憲七、一五、一九，土地五、一四七、一八七，房屋稅一、五、六、一五）　　　　　　　　　八十三年十二月二十三日公布

憲法第十九條規定「人民有依法律納稅之義務」，係指人民有依法律所定要件負繳納稅捐之義務或享減免繳納之優惠而言。至法律所定之內容於合理範圍內，本屬立法裁量事項，是房屋稅條例第一條、第五條、第六條及第十五條之規定與憲法並無牴觸。又房屋稅係依房屋現值按法定稅率課徵，為財產稅之一種；同條例第十五條第一項第九款就房屋稅之免稅額雖未分別就自住房屋與其他住家用房屋而為不同之規定，仍屬立法機關裁量之範疇，與憲法保障人民平等權及財產權之本旨，亦無牴觸。惟土地法第一百八十七條規定：「建築改良物為自住房屋時，免予徵稅」，而房屋稅條例第一條則規定：「各直轄市及各縣（市）（局）未依土地法徵收土地改良物稅之地區，均依本條例之規定徵收房屋稅」，對自住房屋並無免予課徵房屋稅之規定，二者互有出入，適用時易滋誤解，應由相關主管機關檢討房屋租稅之徵收政策修正之。

解釋理由書

憲法第十九條規定「人民有依法律納稅之義務」，係指人民有依法律所定要件負繳納稅捐之義務或享減免繳納之優惠而言。至法律所定之內容於合理範圍內，為立法裁量事項，前經本院釋字第二一七號、第三一五號及第三六七號解釋說明其意旨。房屋稅條例就納稅主體、稅目、稅率、納稅方法及納稅期間等項既分別定有明文，則其第一條關於徵收房屋稅之依據、第五條關於稅率、第六條關於授權地方政府規定稅率之程序，及第十五條關於減免房屋稅之規定，與憲法第十九條規定並未牴觸。又房屋稅條例第十五條第一項第九款規定住家房屋現值在一定金額以下者免徵房屋稅，雖未分別就自住房屋與其他住家用房屋而為不同之規定，致出租之住家用房屋現值在一定金額範圍內者亦同邀免徵房屋稅之優惠。第對房屋課稅係屬財產稅之一種，原房捐條例分房屋為住家用、營業用兩種，每種又分為自用、出租兩類，課徵房捐標準，對自用者依房屋價值計徵，對出租者依租金收益計徵，是房捐具財產稅兼收益稅之性質。現行房屋稅條例概按房屋現值計徵房屋稅，則不論住家用或營業用房屋，不再區分自用與出租兩類，各依同一稅率課稅；住家房屋並於同一現值金額範圍內免徵房屋稅，與憲法保障人民平等權及財產權之本旨，亦無牴觸。惟土地法與房屋稅條例就房屋租稅之徵收言，雖存有普通法與特別法之關係，其稅率之高低，固應依據房屋稅條例予以優先適用；然土地法第五條就「土地改良物」分為建築改良物及農作改良物二種，同法第一

百八十七條復規定：「建築改良物為自住房屋時，免予徵稅」，而房屋稅條例第一條則
規定：「各直轄市及各縣（市）（局）未依土地法徵收土地改良物稅之地區，均依本條
例之規定徵收房屋稅」，對自住房屋並無免予課徵房屋稅之規定，二者互有出入，適用
時易滋誤解；且土地法第一百四十七條上段規定：「土地及其改良物，除依本法規定外，
不得用任何名目徵收或附加稅款」，其與房屋稅條例亦不能謂無出入。類此土地法及房
屋稅條例相關規定不一之情形，應檢討修正，俾資兼顧法律條文相互間之協調。

釋字第三七〇號解釋　（憲一五，商標二五、三七、五二）

八十四年一月六日公布

依商標法第五十二條第一項、第三十七條第一項第十二款規定，商標圖樣相同或近似
於他人同一商品或類似商品之註冊商標者，利害關係人得申請商標主管機關評定其註
冊為無效，係為維持市場商品交易秩序，保障商標專用權人之權益及避免消費大眾對
於不同廠商之商品發生誤認致受損害而設。關於其申請評定期間，參諸同法第五十二
條第三項及第二十五條第二項第一款規定之意旨，可知其須受註冊滿十年即不得申請
之限制，已兼顧公益與私益之保障，與憲法第十五條保障人民財產權之規定並無牴觸。

解釋理由書

商標權為財產權之一種，依憲法第十五條規定，因應予保障，惟為增進公共利益之必
要，自得以法律限制之。商標圖樣相同或近似於他人同一商品或類似商品之註冊商標
者，利害關係人得依商標法第五十二條、第三十七條第一項第十二款規定，申請商標
主管機關評定其註冊為無效，係為維持市場商品交易秩序，保障商標專用權人之權益
及避免消費大眾對於不同廠商之商品發生誤認致受損害而設。顧第三十七條第一項第
十二款情形，因涉及商標相同或近似，及商品相同或類似之事實認定，其誤准註冊者，
事實上在所難免。若無救濟措施，將損及先註冊之商標專用權人權益，或造成消費者
混淆影響公益，故有商標法第五十二條評定註冊無效之規定。惟違反本款被誤准註冊
之商標，於註冊後已使用多年，其因持續使用所建立之商譽，亦應予保護。基於對既
有法律狀態之尊重及維持，此種誤准註冊之商標，已經過相當期間者，其註冊之瑕疵
應視為已治癒，不得復申請評定之。關於此項期間，參諸同法第二十五條第二項第一
款及第五十二條第三項規定之意旨為十年，已兼顧公益與私益之保障，與憲法第十五
條保障人民財產權之規定並無牴觸。至其除斥期間之長短，是否妥適，係屬立法裁量
之範圍；又評定註冊之商標為近似而無效，涉及註冊之信賴利益，仍應依誠實及信用

方法為之，併此說明。

釋字第三七一號解釋　（憲七八～八〇、一七一、一七三，憲增修四，大法官審案五、八）　　　　　　　　　　　　八十四年一月二十日公布

憲法為國家最高規範，法律牴觸憲法者無效，法律與憲法有無牴觸發生疑義而須予以解釋時，由司法院大法官掌理，此觀憲法第一百七十一條、第一百七十三條、第七十八條及第七十九條第二項規定甚明。又法官依據法律獨立審判，憲法第八十條定有明文，故依法公布施行之法律，法官應以其為審判之依據，不得認定法律為違憲而逕行拒絕適用。惟憲法之效力既高於法律，法官有優先遵守之義務，法官於審理案件時，對於應適用之法律，依其合理之確信，認為有牴觸憲法之疑義者，自應許其先行聲請解釋憲法，以求解決。是遇有前述情形，各級法院得以之為先決問題裁定停止訴訟程序，並提出客觀上形成確信法律為違憲之具體理由，聲請本院大法官解釋。司法院大法官審理案件法第五條第二項、第三項之規定，與上開意旨不符部分，應停止適用。

　　解釋理由書

採用成文憲法之現代法治國家，基於權力分立之憲政原理，莫不建立法令違憲審查制度。其未專設違憲審查之司法機關者，此一權限或依裁判先例或經憲法明定由普通法院行使，前者如美國，後者如日本（一九四六年憲法第八十一條）。其設置違憲審查之司法機關者，法律有無牴觸憲法則由此一司法機關予以判斷，如德國（一九四九年基本法第九十三條及第一百條）、奧國（一九二九年憲法第一百四十條及第一百四十條之一）、義大利（一九四七年憲法第一百三十四條及第一百三十六條）及西班牙（一九七八年憲法第一百六十一條至第一百六十三條）等國之憲法法院。各國情況不同，其制度之設計及運作，雖難期一致，惟目的皆在保障憲法在規範層級中之最高性，並維護法官獨立行使職權，俾其於審判之際僅服從憲法及法律，不受任何干涉。我國法制以承襲歐陸國家為主，行憲以來，違憲審查制度之發展，亦與上述歐陸國家相近。

憲法第一百七十一條規定：「法律與憲法牴觸者無效。法律與憲法有無牴觸發生疑義時，由司法院解釋之」，第一百七十三條規定：「憲法之解釋，由司法院為之」，第七十八條又規定：「司法院解釋憲法，並有統一解釋法律及命令之權」，第七十九條第二項及憲法增修條文第四條第二項則明定司法院大法官掌理第七十八條規定事項。是解釋法律牴觸憲法而宣告其為無效，乃專屬司法院大法官之職掌。各級法院法官依憲法第八十條之規定，應依據法律獨立審判，故依法公布施行之法律，法官應以其為審判之依據，

不得認定法律為違憲而逕行拒絕適用。惟憲法乃國家最高規範，法官均有優先遵守之義務，各級法院法官於審理案件時，對於應適用之法律，依其合理之確信，認為有牴觸憲法之疑義者，自應許其先行聲請解釋憲法以求解決，無須受訴訟審級之限制。既可消除法官對遵守憲法與依據法律之間可能發生之取捨困難，亦可避免司法資源之浪費。是遇有前述情形，各級法院得以之為先決問題裁定停止訴訟程序，並提出客觀上形成確信法律為違憲之具體理由，聲請本院大法官解釋。司法院大法官審理案件法第五條第二項、第三項之規定，與上開意旨不符部分，應停止適用。關於各級法院法官聲請本院解釋法律違憲事項以本解釋為準，其聲請程式準用同法第八條第一項之規定。

釋字第三七二號解釋 　（憲增修九，民一〇五二）八十四年二月二十四日公布

維護人格尊嚴與確保人身安全，為我國憲法保障人民自由權利之基本理念。增進夫妻情感之和諧，防止家庭暴力之發生，以保護婚姻制度，亦為社會大眾所期待。民法第一千零五十二條第一項第三款所稱「不堪同居之虐待」，應就具體事件，衡量夫妻之一方受他方虐待所受侵害之嚴重性，斟酌當事人之教育程度、社會地位及其他情事，是否已危及婚姻關係之維繫以為斷。若受他方虐待已逾越夫妻通常所能忍受之程度而有侵害人格尊嚴與人身安全者，即不得謂非受不堪同居之虐待。最高法院二十三年上字第四五五四號判例謂：「夫妻之一方受他方不堪同居之虐待，固得請求離婚，惟因一方之行為不檢而他方一時忿激，致有過當之行為，不得即謂不堪同居之虐待」，對於過當之行為逾越維繫婚姻關係之存續所能忍受之範圍部分，並未排除上述原則之適用，與憲法尚無牴觸。

　　解釋理由書

人格尊嚴之維護與人身安全之確保，乃世界人權宣言所揭示，並為我國憲法保障人民自由權利之基本理念。憲法增修條文第九條第五項規定：「國家應維護婦女之人格尊嚴，保障婦女之人身安全，消除性別歧視，促進兩性地位之實質平等」即在宣示上述理念。此一憲法意旨，於婚姻關係及家庭生活，亦有其適用，業經本院釋字第三六五號解釋釋示在案。婚姻係以夫妻之共同生活為目的，配偶應互相協力保持其共同生活之圓滿、安全及幸福，因而夫妻應互相尊重以增進情感之和諧，防止家庭暴力之發生，不僅為維繫婚姻所必要，亦為社會大眾所期待。民法第一千零五十二條第一項第三款規定夫妻之一方受他方不堪同居之虐待者，得向法院請求離婚，旨在維持夫妻任何一方之人格尊嚴與人身安全。若一方受他方不堪同居之虐待，夫妻繼續共同生活之目的，已無

可期待，自應許其訴請離婚。所謂「不堪同居之虐待」應就具體事件，衡量夫妻之一方受他方虐待所受侵害之嚴重性，斟酌當事人之教育程度、社會地位及其他情事，是否已危及婚姻關係之維繫以為斷。若受他方虐待已逾越夫妻通常所能忍受之程度而有侵害人格尊嚴與人身安全者，即不得謂非受不堪同居之虐待。

最高法院二十三年上字第四五五四號判例謂：「夫妻之一方受他方不堪同居之虐待，固得請求離婚，惟因一方之行為不檢而他方一時忿激，致有過當之行為，不得即謂不堪同居之虐待」，係說明「因一方之行為不檢而他方一時忿激，致有過當之行為」，非當然構成「不堪同居之虐待」之要件。所指「過當之行為」經斟酌當事人之教育程度、社會地位及其他情事，尚未危及婚姻關係之維繫者，即不得以此認為受他方不堪同居之虐待而訴請離婚。惟此判例並非承認他方有懲戒行為不檢之一方之權利，若一方受他方虐待已逾越夫妻通常所能忍受之程度而有侵害人格尊嚴與人身安全之情形，仍不得謂非受不堪同居之虐待。最高法院二十三年上字第四五五四號判例意旨，對於過當之行為逾越維繫婚姻關係之存續所能忍受之範圍部分，並未排除民法第一千零五十二條第一項第三款規定之適用，與憲法之規定尚無牴觸。

釋字第三七三號解釋　（憲一四、二三、一五三，工會四、五、六、一二、二〇、二六，團體協約一，勞資二、五、六、八、九、二四、三五）

八十四年二月二十四日公布

工會法第四條規定：「各級政府行政及教育事業、軍火工業之員工，不得組織工會」，其中禁止教育事業技工、工友組織工會部分，因該技工、工友所從事者僅係教育事業之服務性工作，依其工作之性質，禁止其組織工會，使其難以獲致合理之權益，實已逾越憲法第二十三條之必要限度，侵害從事此項職業之人民在憲法上保障之結社權，應自本解釋公布之日起，至遲於屆滿一年時，失其效力。惟基於教育事業技工、工友之工作性質，就其勞動權利之行使有無加以限制之必要，應由立法機關於上述期間內檢討修正，併此指明。

　　解釋理由書

憲法第十四條規定人民有結社之自由。第一百五十三條第一項復規定國家為改良勞工之生活，增進其生產技能，應制定保護勞工之法律，實施保護勞工之政策。從事各種職業之勞動者，為改善勞動條件，增進其社會及經濟地位，得組織工會，乃現代法治國家普遍承認之勞工基本權利，亦屬憲法上開規定意旨之所在。國家制定有關工會之

法律，應於兼顧社會秩序及公共利益前提下，使勞工享有團體交涉及爭議等權利。工會法第四條規定：「各級政府行政及教育事業、軍火工業之員工，不得組織工會。」其中禁止教育事業技工、工友組織工會部分，因該技工、工友所從事者僅為教育事業之服務性工作，其工作之性質，與國民受教育之權利雖有關連，惟禁止其組織工會，使其難以獲致合理之權益，實已逾越憲法第二十三條規定之必要限度，侵害從事此項職業之人民在憲法上保障之結社權。應自本解釋公布之日起，至遲於屆滿一年時，失其效力。又工會為保障勞工權益，得聯合會員，就勞動條件及會員福利事項，如工資、工作時間、安全衛生、休假、退休、職業災害補償、保險等事項與僱主協商，並締結團體協約；協議不成發生之勞資間糾紛事件，得由工會調處；亦得為勞資爭議申請調解，經調解程序無效後，即得依法定程序宣告罷工，以謀求解決。此觀工會法第五條、第六條、第十二條、第二十條、第二十六條及團體協約法、勞資爭議處理法有關規定自明。基於教育事業技工、工友之工作性質與國民受教育權利之保護，諸如校園之安全、教學研究環境之維護等各方面，仍不能謂全無關涉；其勞動權利之行使，有無加以限制之必要，應由立法機關於一年內檢討修正，併此指明。

釋字第三七四號解釋　（憲一五、一六，大法官審案五，民訴二二二、二八一、二八二，土地四六之一～四六之三，中標三）　　　八十四年三月十七日公布

依土地法第四十六條之一至第四十六條之三之規定所為地籍圖重測，純為地政機關基於職權提供土地測量技術上之服務，將人民原有土地所有權範圍，利用地籍調查及測量等方法，將其完整正確反映於地籍圖，初無增減人民私權之效力。故縱令相鄰土地所有權人於重新實施地籍測量時，均於地政機關通知之期限內到場指界，毫無爭議，地政機關依照規定，已依其共同指定之界址重新實施地籍測量。則於測量結果公告期間內即令土地所有權人以指界錯誤為由，提出異議，測量結果於該公告期間屆滿後即行確定，地政機關應據以辦理土地標示變更登記。惟有爭執之土地所有權人尚得依法提起民事訴訟請求解決，法院應就兩造之爭執，依調查證據之結果予以認定，不得以原先指界有誤，訴請另定界址為顯無理由，為其敗訴之判決。最高法院七十五年四月二十二日第八次民事庭會議決議㈠略謂：為貫徹土地法整理地籍之土地政策，免滋紛擾，不許原指界之當事人又主張其原先指界有誤，訴請另定界址，應認其起訴顯無理由云云，與上開意旨不符，有違憲法保障人民財產權及訴訟權之規定，應不予適用。

　　解釋理由書

司法院大法官審理案件法第五條第一項第二款規定，人民於其憲法上所保障之權利，遭受不法侵害，經依法定程序提起訴訟，對於確定終局裁判所適用之法律或命令發生牴觸憲法之疑義者，得聲請解釋憲法。其中所稱命令，並不以形式意義之命令或使用法定名稱（如中央法規標準法第三條之規定）者為限，凡中央或地方機關依其職權所發布之規章或對法規適用所表示之見解（如主管機關就法規所為之函釋），雖對於獨立審判之法官並無法律上之拘束力，若經法官於確定終局裁判所引用者，即屬前開法條所指之命令，得為違憲審查之對象，迭經本院著有解釋在案（釋字第二一六號、第二三八號、第三三六號等號解釋）。至於司法機關在具體個案之外，表示其適用法律之見解者，依現行制度有判例及決議二種。判例經人民指摘違憲者，視同命令予以審查，已行之有年（參照釋字第一五四號、第一七七號、第一八五號、第二四三號、第二七一號、第三六八號及第三七二號等解釋），最高法院之決議原僅供院內法官辦案之參考，並無必然之拘束力，與判例雖不能等量齊觀，惟決議之製作既有法令依據（法院組織法第七十八條及最高法院處務規程第三十二條），又為代表最高法院之法律見解，如經法官於裁判上援用時，自亦應認與命令相當，許人民依首開法律之規定，聲請本院解釋，合先說明。

憲法第十五條規定，人民之財產權應予保障。又人民有訴訟之權，憲法第十六條亦有明文規定。人民財產權遭受侵害，循訴訟途徑謀求救濟，受理之法院，應依其權限，本於調查證據之結果，依經驗法則及論理法則等，就其爭執予以裁判，發揮司法功能，方符憲法上開條文之意旨。依土地法第四十六條之一至第四十六條之三之規定所為地籍圖重測，係地政機關基於職權提供土地測量技術上之服務，就人民原有土地所有權範圍，利用地籍調查及測量等方法，將其完整正確反映於地籍圖，初無增減人民私權之效力。故相鄰土地所有權人於重新實施地籍測量時，均於地政機關通知之期限內到場指界而無爭議者，地政機關應依其共同指定之界址重新實施地籍測量。縱令土地所有權人於測量結果公告期間以指界錯誤為由，提出異議，測量結果於該公告期間屆滿後即行確定，地政機關應據以辦理土地標示變更登記。惟有爭執之土地所有權人尚得依法提起民事訴訟請求解決，法院應就兩造之爭執，依調查證據之結果予以認定，不得以原先指界有誤，訴請另定界址為顯無理由，為其敗訴之判決。最高法院七十五年四月二十二日第八次民事庭會議決議㈠略稱：相鄰土地所有人於重新實施地籍測量時，均於地政機關通知之期限內到場指界，毫無爭議，地政機關依照規定，已依其共同指定之界址重新實施地籍測量。於測量結果公告後，自不許土地所有權人主張其原先指

界有誤，訴請另定界址等語，與上開意旨不符，有違憲法保障人民財產權及訴訟權之規定，應不予適用。

釋字第三七五號解釋 （憲一五、一七二，民一一三八，遺贈稅一七，農發一、二六、三○、三一，農發施二一） 八十四年三月十七日公布

農業發展條例第三十一條前段規定：「家庭農場之農業用地，其由能自耕之繼承人一人繼承或承受，而繼續經營農業生產者，免徵遺產稅或贈與稅」，其目的在於有二人以上之繼承人共同繼承農業用地時，鼓勵其協議由繼承人一人繼承或承受，庶免農地分割過細，妨害農業發展。如繼承人僅有一人時，既無因繼承而分割或移轉為共有之虞，自無以免稅鼓勵之必要。同條例施行細則第二十一條前段規定：「本條例第三十一條所稱由繼承人一人繼承或承受，指民法第一千一百三十八條規定之共同繼承人有二人以上時，協議由繼承人一人繼承或承受」，與上開意旨相符，並未逾越法律授權範圍，且為增進公共利益所必要，與憲法尚無牴觸。

解釋理由書

農業發展條例係為加速農業發展，促進農業產銷，增加農民所得，提高農民生活水準而制定，此為該條例第一條所明示。為達成此目的，乃有積極獎勵從事擴大規模農業生產及消極禁止農地細分及移轉為共有之政策，要均為促進農業發展之重要方法，是以有同條例第二十六條第一項「農業主管機關應獎勵輔導家庭農場，擴大經營規模，或以共同經營、委託經營、合作農場及其他經營方式，從事擴大規模農業生產；並籌撥資金協助貸款或補助」及第三十條前段「每宗耕地不得分割及移轉為共有」等規定。同條例第三十一條復規定，家庭農場之農業用地，其由能自耕之繼承人一人繼承或承受，而繼續經營農業生產者，免徵遺產稅或贈與稅，並自繼承或承受之年起，免徵田賦十年，其需以現金補償其他繼承人者，由農業主管機關協助辦理十五年貸款。又遺產及贈與稅法第十七條第一項第五款規定：「遺產中之農業用地，由繼承人或受遺贈人，繼續經營農業生產者，扣除其土地價值之半數。但由能自耕之繼承人一人繼承，繼續經營農業生產者，扣除其土地價值之全數」，此種自遺產總額中扣除其土地價值之半數或全數免徵遺產稅之規定，亦為配合加速發展農業政策所增列。此等租稅優惠之措施，其目的無非在於有二人以上之繼承人共同繼承或承受農業用地時，鼓勵其儘可能協議由繼承人一人繼承或承受，庶免農地因分割過細而妨害農業發展，此就上開各法條綜合對照觀之，事理甚明。如繼承人僅有一人時，並無因繼承而分割或移轉為共有之可

言，自無此一免稅規定之適用。同條例施行細則第二十一條前段規定，本條例第三十一條所稱由繼承人一人繼承或承受，指民法第一千一百三十八條規定之共同繼承人有二人以上時，協議由繼承人一人繼承或承受。此與同條例之立法意旨與法條真義正相符合，並未逾越法律授權之範圍，且為增進公共利益所必要，與憲法尚無牴觸。

釋字第三七六號解釋　（麻醉藥品管理條例二、三，麻醉藥品管理條例施行細則八）

八十四年三月三十一日公布

化學合成麻醉藥品類及其製劑為麻醉藥品管理條例所稱麻醉藥品之一種，為同條例第二條第四款所明定。安非他命係以化學原料合成而具有成癮性之藥品，行政院衛生署中華民國七十九年十月九日衛署藥字第九〇四一四二號公告，將安非他命列入麻醉藥品管理條例所稱化學合成麻醉藥品類，係在公告確定其列為管理之項目，並非增列處罰規定或增加人民之義務，與憲法並無牴觸。

解釋理由書

化學合成麻醉藥品類及其製劑為麻醉藥品管理條例所稱麻醉藥品之一種，為同條例第二條第四款所明定。又依同條例施行細則第八條規定同條例所稱化學合成麻醉藥品類係指以化學原料合成而具有成癮性或可改製為成癮性之藥品。安非他命如長期使用，將具耐藥性，同時有心理及生理上之依藥性，產生類似精神分裂症之錯覺、幻覺、妄想並伴有行動與性格異常等副作用，更具有暴力攻擊及反社會行為等傾向，不但影響個人身心健康，且危害社會公共安寧。故安非他命具有成癮性，係屬同條例第二條第四款所稱之麻醉藥品。行政院衛生署中華民國七十九年十月九日衛署藥字第九〇四一四二號公告：「『安非他命類』藥品列入麻醉藥品管理條例第二條第四款所定『化學合成類麻醉藥品』管理，並禁止於醫療上使用」，係在公告確定其列為管理之項目，依同條例第三條規定意旨，並非增列處罰規定或增加人民之義務，且為維持社會秩序，增進公共利益所必要，與憲法並無牴觸。

釋字第三七七號解釋　（所得稅一四、二二、七六之一、八八）

八十四年三月三十一日公布

個人所得之歸屬年度，依所得稅法第十四條及第八十八條規定並參照第七十六條之一第一項之意旨，係以實際取得之日期為準，亦即年度綜合所得稅之課徵，僅以已實現之所得為限，而不問其所得原因是否發生於該年度。財政部賦稅署六十年六月二日臺

稅一發字第三六八號箋函關於納稅義務人因案停職後，於復職時服務機關一次補發其停職期間之薪金，應以實際給付之日期為準，按實際給付之總額，課徵綜合所得稅之釋示，符合上開所得稅法之意旨，與憲法尚無牴觸。

解釋理由書

認定所得歸屬年度有收付實現制與權責發生制之分，無論何種制度均利弊互見，如何採擇，為立法裁量問題。歷次修正之所得稅法關於個人所得稅之課徵均未如營利事業所得採權責發生制為原則（見中華民國七十八年十二月三十日修正公布之所得稅法第二十二條），乃以個人所得實際取得之日期為準，即所謂收付實現制，此就同法第十四條第一項：個人綜合所得總額，以其全年各類所得合併計算之；第八十八條第一項：納稅義務人有各類所得者，應由扣繳義務人於給付時，依規定之扣繳率或扣繳辦法扣取稅款並繳納之，又第七十六條之一第一項對於公司未分配盈餘歸戶，按其歸戶年度稅率課徵所得稅，而不問其實際取得日期之例外規定，對照以觀，甚為明顯。是故個人綜合所得稅之課徵係以年度所得之實現與否為準，凡已收取現金或替代現金之報償均為核課對象，若因法律或事實上之原因而未能收取者，即屬所得尚未實現，則不列計在內。財政部賦稅署六十年六月二日臺稅一發字第三六八號箋函稱：「查所得之所屬年度，應以實際給付之日期為準，納稅義務人因案停職後，於復職時服務機關一次補發其停職期間之薪金，自應以實際給付之日期為準，按實際給付之總額，合併補發年度課徵綜合所得稅」，符合上述意旨，與憲法尚無牴觸。至於公務員因法定原因停職，於停職期間，又未支領待遇或生活津貼者，復職時一次補發停職期間之俸給，與納稅義務人得依己意變動其所得給付時間之情形不同，此種所得係由長期累積形成，宜否於取得年度一次按全額課稅，應於所得稅法修正時予以檢討，併予指明。

釋字第三七八號解釋　　（憲一六，律師一、四〇、四一、四三、五二）

八十四年四月十四日公布

依律師法第四十一條及第四十三條所設之律師懲戒委員會及律師懲戒覆審委員會，性質上相當於設在高等法院及最高法院之初審與終審職業懲戒法庭，與會計師懲戒委員會等其他專門職業人員懲戒組織係隸屬於行政機關者不同。律師懲戒覆審委員會之決議即屬法院之終審裁判，並非行政處分或訴願決定，自不得再行提起行政爭訟，本院釋字第二九五號解釋應予補充。

解釋理由書

憲法第十六條規定人民有訴訟權,係指人民有依法定程序,就其權利義務之爭議,請求法院救濟之權利,業經本院闡釋在案(參照釋字第二二○號、第三六八號解釋)。其中所謂法院固係指由法官所組成之審判機關而言,惟若因事件性質在司法機關之中設置由法官與專業人員共同參與審理之法庭或類似組織,而其成員均屬獨立行使職權不受任何干涉,且審理程序所適用之法則,亦與法院訴訟程序所適用者類同,則應認其與法院相當。人民依法律之規定就其爭議事項,接受此等法庭或類似組織之審理,即難謂憲法上之訴訟權遭受侵害。

關於專門職業人員違背其職業上應遵守之義務,而須受懲戒者,基於職業團體自治原則及各種專門職業之特性,掌理懲戒事項之組織,多由法律授權主管機關以訂定組織規程方式,組成包括各該職業團體成員、行政主管人員及有關專家之委員會,如會計師及建築師等之懲戒組織是。至於律師依法負有保障人權、實現社會正義及促進民主法治之使命(見中華民國八十一年十一月十六日修正公布之律師法第一條),其執行業務與法院之審判事務相輔相成,關係密切,法律對其懲戒機構之設立,遂有不同於其他專門職業人員之規定。依律師法第四十一條:「律師懲戒委員會由高等法院法官三人、高等法院檢察署檢察官一人及律師五人組織之;委員長由委員互選之。」同法第四十三條:「律師懲戒覆審委員會由最高法院法官四人、最高法院檢察署檢察官二人、律師五人及學者二人組織之;委員長由委員互選之。」關於懲戒事件之審理,則依同法第四十條規定採彈劾主義,亦即懲戒程序之發動,係由懲戒委員會以外之機關或律師公會移送。又依同法第五十二條第二項授權訂定之律師懲戒規則,在組織結構上將上述懲戒委員會分別設在高等法院及最高法院,其成員於行使職權時實質上亦與各該法院法官享有同等之獨立性。此外,有關人員迴避,案件分配,證據調查(並得囑託法院予以調查),筆錄製作,作成評議及書類等,或準用刑事訴訟法之規定,或與法院審理訴訟案件之程序類同,各該委員會性質上屬於法院所設之職業懲戒法庭,與其他專門職業人員懲戒委員會係隸屬於行政機關者有別。雖各該懲戒委員會之成員除法官及檢察官外,尚有律師或學者,此乃職業懲戒組織之通例,於其行使職業懲戒權法庭之特性並無影響。受懲戒之律師對於律師懲戒委員會之決議不服者,得請求覆審,律師懲戒覆審委員會所為之決議,即屬法院之終審裁判,並非行政處分或訴願決定,自不得再行提起行政爭訟,本院釋字第二九五號解釋應予補充。又律師懲戒委員會既具職業懲戒法庭之性質,為使其名實相符並增進司法化之運作,宜於修正相關法律時改為法庭名稱,併予指明。

釋字第三七九號解釋 　（憲一四三，土地三〇，土登八二）

八十四年五月十二日公布

私有農地所有權之移轉，其承受人以能自耕者為限，乃土地法第三十條第一項前段所明定。申請農地所有權移轉登記者，依土地登記規則第八十二條第一項第一款前段規定，應提出承受人自耕能力證明書，登記機關既應就所提自耕能力證明書為形式上的審查，則其於登記完畢後，經該管鄉（鎮、市、區）公所查明承受人不具備自耕能力而撤銷該自耕能力證明書時，其原先所有權移轉登記所據「具有自耕能力」之事由，已失所附麗，原登記機關自得撤銷前此准予登記之處分，逕行塗銷其所有權移轉登記。

解釋理由書

國家對於土地之分配與整理，應以扶植自耕農及自行使用土地人為原則，係憲法第一百四十三條第四項所揭櫫之國家土地政策；土地法第三十條第一項前段規定，私有農地所有權之移轉，其承受人以能自耕者為限，第二項復規定，違反前項規定者，其所有權之移轉無效，即屬首開憲法原則之體現。

地政機關受理農地所有權移轉登記之申請，依土地登記規則第八十二條第一項第一款前段之規定，係憑申請人戶籍所在地之鄉（鎮、市、區）公所核發自耕能力證明書為認定承受人具有自耕能力之依據。該管鄉（鎮、市、區）公所於核發自耕能力證明書後，如經查明承受人與內政部訂頒「自耕能力證明書之申請及核發注意事項」所載具備自耕能力之要件不符，因而撤銷該證明書者，地政機關原先准予辦理所有權移轉登記所據「具有自耕能力」之事由，即失所附麗，前此准予登記之處分，既有瑕疵，地政機關自得撤銷之，逕將所有權移轉登記予以塗銷。行政院六十二年八月九日臺六十二內字第六七九五號函所為之解釋，符合上開土地法規定之意旨，並非以命令就人民之權利為得喪變更之規定。

承受人本於買賣契約辦理所有權移轉登記，固係依法律行為而取得所有權；然就地政機關准予辦理私有農地所有權移轉登記言，係以承受人已提出自耕能力證明書為前提，此一前提既因自耕能力證明書之撤銷而不存在，其在行政上原准予辦理移轉登記之要件，顯有欠缺，從而前此所為之登記，即不能謂無瑕疵，地政機關自得撤銷准予登記之處分，塗銷該移轉登記。地政機關係因自耕能力證明書被撤銷，而塗銷所有權移轉登記，並非逕行認定該買賣為無效，尚不涉及私權之認定。關於土地之買賣，是否因以不能之給付為契約標的而無效，買賣雙方當事人如有爭執，當然可訴由民事法院依法裁判。

按土地法第三十條第一項前段規定私有農地所有權移轉登記之承受人以能自耕者為限，本係基於國家土地政策，即公共利益之維護而為之限制，私有農地承受人有無自耕能力，係由核發自耕能力證明書之機關認定，承受人明知無自耕能力，猶提供不正確資料以為自耕能力證明之申請，即屬不法，當不生信賴保護之問題，自應負此法律上可能發生之效果；若承受人未有不法之行為，而係行政機關之錯誤致核發不實之自耕能力證明書，經地政機關憑以辦理所有權移轉登記，基於公益之維護，且依土地法第三十條第二項規定，其所有權之移轉，亦屬無效，仍應認逕行塗銷登記為無不合。至如何補償其信賴利益，係另一問題。又善意第三人若信賴該登記而取得土地權利時，依本院院字第一九一九號解釋之旨意，要不因登記處分之撤銷而被追奪，併此指明。

釋字第三八○號解釋　（憲一一、二三、一六二，大學一、四、八、一一、二二、二三、二五，大學施二二，私校三，學位二、三）八十四年五月二十六日公布

憲法第十一條關於講學自由之規定，係對學術自由之制度性保障；就大學教育而言，應包含研究自由、教學自由及學習自由等事項。大學法第一條第二項規定：「大學應受學術自由之保障，並在法律規定範圍內，享有自治權」，其自治權之範圍，應包含直接涉及研究與教學之學術重要事項。大學課程如何訂定，大學法未定有明文，然因直接與教學、學習自由相關，亦屬學術之重要事項，為大學自治之範圍。憲法第一百六十二條固規定：「全國公私立之教育文化機關，依法律受國家之監督。」則國家對於大學自治之監督，應於法律規定範圍內為之，並須符合憲法第二十三條規定之法律保留原則。大學之必修課程，除法律有明文規定外，其訂定亦應符合上開大學自治之原則，大學法施行細則第二十二條第三項規定：「各大學共同必修科目，由教育部邀集各大學相關人員共同研訂之。」惟大學法並未授權教育部邀集各大學共同研訂共同必修科目，大學法施行細則所定內容即不得增加大學法所未規定之限制。又同條第一項後段「各大學共同必修科目不及格者不得畢業」之規定，涉及對畢業條件之限制，致使各大學共同必修科目之訂定實質上發生限制畢業之效果，而依大學法第二十三條、第二十五條及學位授予法第二條、第三條規定，畢業之條件係屬大學自治權範疇。是大學法施行細則第二十二條第一項後段逾越大學法規定，同條第三項未經大學法授權，均與上開憲法意旨不符，應自本解釋公布之日起，至遲於屆滿一年時，失其效力。

　　解釋理由書

憲法第十一條關於講學自由之規定，以保障學術自由為目的，學術自由之保障，應自

大學組織及其他建制方面，加以確保，亦即為制度性之保障。為保障大學之學術自由，應承認大學自治之制度，對於研究、教學及學習等活動，擔保其不受不當之干涉，使大學享有組織經營之自治權能，個人享有學術自由。憲法第一百六十二條規定：「全國公私立之教育文化機關，依法律受國家之監督。」大學法第一條第二項規定：「大學應受學術自由之保障，並在法律規定範圍內，享有自治權。」是教育主管機關對大學之監督，應有法律之授權，且法律本身亦須符合憲法第二十三條規定之法律保留原則。

按學術自由與教育之發展具有密切關係，就其發展之過程而言，免於國家權力干預之學術自由，首先表現於研究之自由與教學之自由，其保障範圍並應延伸至其他重要學術活動，舉凡與探討學問，發現真理有關者，諸如研究動機之形成，計畫之提出，研究人員之組成，預算之籌措分配，研究成果之發表，非但應受保障並得分享社會資源之供應。研究以外屬於教學與學習範疇之事項，諸如課程設計、科目訂定、講授內容、學力評定、考試規則、學生選擇科系與課程之自由，以及學生自治等亦在保障之列。除此之外，大學內部組織、教師聘任及資格評量，亦為大學之自治權限，尤應杜絕外來之不當干涉。大學法第四條、第八條、第十一條、第二十二條、第二十三條及私立學校法第三條前段均定有大學應受國家監督之意旨，惟教育主管機關依法行使其行政監督權之際，應避免涉入前述受學術自由保障之事項。至於大學課程之自主，既與教學、學習自由相關，屬學術之重要事項，自為憲法上學術自由制度性保障之範圍。大學課程之訂定與安排，應由各大學依據大學自治與學術責任原則處理之。

大學法第二十三條對於大學修業年限之延長及縮短，規定為大學自治事項，有關辦法授權由各大學自行擬定，報請教育部核備後實施，故教育部對各大學之運作僅屬於適法性監督之地位。教育部監督權之行使，應符合學術自由之保障及大學自治之尊重，不得增加法律所未規定之限制，乃屬當然。大學之必修課程，除法律有明文規定外，其訂定亦應符合上開大學自治之原則，大學法施行細則第二十二條第三項規定：「各大學共同必修科目，由教育部邀集各大學相關人員共同研訂之。」惟大學法並未授權教育部邀集各大學相關人員共同研訂共同必修科目，大學法施行細則所定內容即不得增加大學法所未規定之限制。教育部依此所定各大學共同必修科目僅係提供各大學訂定相關科目之準則。同條第一項後段「各大學共同必修科目不及格者不得畢業」之規定，為對畢業條件所加之限制，各大學共同必修科目之訂定因而發生限制畢業之效果，而依大學法第二十三條、第二十五條及學位授予法第二條、第三條規定，畢業之條件係屬大學自治權範疇。大學法施行細則第二十二條第一項後段自係逾越大學法規定，又

同條第三項未經大學法授權，均與前揭憲法意旨不符，應自本解釋公布之日起，至遲於屆滿一年時，失其效力。於此期間，大學共同必修科目之設置，應本大學自治之精神由法律明文規定，或循大學課程自主之程序由各大學自行訂定，併此指明。

釋字第三八一號解釋　　（憲三四、一七四，憲增修一，國大組八，國民大會議事規則四二、四三、四四、四六）　　　　　　八十四年六月九日公布

憲法第一百七十四條第一款關於憲法之修改，由國民大會代表總額三分之二之出席及出席代表四分之三之決議之規定，係指國民大會通過憲法修改案時，必須之出席及贊成之人數。至於憲法修改案應經何種讀會暨各次讀會之出席及議決人數，憲法及法律皆未規定。修改憲法所進行之一讀會程序，並非通過憲法修改案，其開議出席人數究採國民大會組織法第八條代表總額三分之一，或採憲法第一百七十四條第一款所定三分之二之出席人數，抑或參照一般會議規範所定出席人數為之，係屬議會自律之事項，均與憲法無違。至自律事項之決定，應符合自由民主憲政秩序之原則，乃屬當然，併此指明。

解釋理由書

國民大會由自由地區人民直接選出之代表及依政黨比例方式選出之代表組織之，依憲法之規定代表全國國民行使政權。而民意代表機關其職權行使之程序，於不牴觸憲法及法律範圍內，得依其自行訂定之議事規範為之，學理上稱為議會自律或議會自治。至議會規範除成文規則外，尚包括各種不成文例規，於適用之際，且得依其決議予以變通，業經本院釋字第三四二號解釋闡釋甚明。憲法增修條文第一條第九項規定：「國民大會行使職權之程序，由國民大會定之，不適用憲法第三十四條之規定」，亦係本於同一旨趣。

憲法第一百七十四條第一款規定，憲法之修改由國民大會代表總額三分之二之出席及出席代表四分之三之決議，此乃關於國民大會議決通過修改憲法議案出席及可決人數之規定。國民大會組織法第八條規定，國民大會非有代表三分之一以上人數之出席，不得開議，其議決除憲法及法律另有規定外，以出席代表過半數之同意為之，此為關於國民大會討論議案，無憲法第一百七十四條第一款之適用或法律無特別規定時，必須具備之出席及可決人數之規定。至於修改憲法如何進行讀會以及各次讀會之出席及可決人數，憲法及法律皆未加以規定，於不牴觸憲法範圍內，得依議事自律之原則為之，惟議事自律事項之決定，應符合自由民主之憲政秩序，乃屬當然。中華民國八十

一年四月七日修訂之國民大會議事規則第四十四條第二項及第四十六條第三項，則以憲法第一百七十四條第一款為依據，明定修改憲法之議案及複決立法院所提之憲法修正案所進行之第二讀會及第三讀會，其議決以代表總額三分之二之出席，出席代表四分之三之決議行之。而第一讀會之出席人數則未見諸明文，同規則第四十三條，對一讀會中修改憲法之議案，僅規定經大體討論後，應即交付審查。又依據國民大會聲請本院解釋之聲請書及附送資料記載，第一屆國民大會及第二屆國民大會進行修訂動員戡亂時期臨時條款或增訂憲法條文之第一讀會，固多以上開國民大會組織法所定以代表總額三分之一為出席開議之人數，但亦有適用憲法第一百七十四條第一款所定以代表總額三分之二為出席開議之人數者。是故修改憲法所進行之一讀會程序，並非通過憲法修改案，其開議出席人數究採國民大會組織法第八條代表總額三分之一，或採憲法第一百七十四條第一款所定三分之二之出席人數，抑或參照一般會議規範所定出席人數為之，係屬議會自律之事項，均與憲法無違。

釋字第三八二號解釋　（憲一五、一六、一八、七七、八三，訴願一，行訴一）

八十四年六月二十三日公布

各級學校依有關學籍規則或懲處規定，對學生所為退學或類此之處分行為，足以改變其學生身分並損及其受教育之機會，自屬對人民憲法上受教育之權利有重大影響，此種處分行為應為訴願法及行政訴訟法上之行政處分。受處分之學生於用盡校內申訴途徑，未獲救濟者，自得依法提起訴願及行政訴訟。行政法院四十一年判字第六號判例，與上開意旨不符部分，應不予援用，以符憲法保障人民受教育之權利及訴訟權之意旨。

解釋理由書

人民有受教育之權利，為憲法所保障。而憲法上權利遭受不法侵害者，自得行使憲法第十六條訴願及訴訟之權，於最後請求司法機關救濟，不因其身分而受影響，迭經本院釋字第一八七、二〇一、二四三、二六六、二九五、二九八、三一二、三二三及三三八號等解釋，就人民因具有公務員或其他身分關係而涉訟之各類事件中，闡釋甚明。公立學校係各級政府依法令設置實施教育之機構，具有機關之地位，而私立學校係依私立學校法經主管教育行政機關許可設立並製發印信授權使用，在實施教育之範圍內，有錄取學生、確定學籍、獎懲學生、核發畢業或學位證書等權限，係屬由法律在特定範圍內授與行使公權力之教育機構，於處理上述事項時亦具有與機關相當之地位（參

照本院釋字第二六九號解釋）。是各級公私立學校依有關學籍規則或懲處規定，對學生所為退學或類此之處分行為，足以改變其學生身分及損害其受教育之機會，此種處分行為應為訴願法及行政訴訟法上之行政處分，並已對人民憲法上受教育之權利有重大影響。人民因學生身分受學校之處分，得否提起行政爭訟，應就其處分內容分別論斷。如學生所受處分係為維持學校秩序、實現教育目的所必要，且未侵害其受教育之權利者（例如記過、申誡等處分），除循學校內部申訴途徑謀求救濟外，尚無許其提起行政爭訟之餘地。反之，如學生所受者為退學或類此之處分，則其受教育之權利既已受侵害，自應許其於用盡校內申訴途徑後，依法提起訴願及行政訴訟。行政法院四十一年判字第六號判例：「學校與官署不同，學生與學校之關係，亦與人民與官署之關係有別，學校師長對於違反校規之學生予以轉學處分，如有不當情形，亦祇能向該管監督機關請求糾正，不能按照訴願程序，提起訴願。」與上開意旨不符部分，應不予援用，以符憲法保障人民受教育之權利及訴訟權之意旨。

又受理學生退學或類此處分爭訟事件之機關或法院，對於其中涉及學生之品行考核、學業評量或懲處方式之選擇，應尊重教師及學校本於專業及對事實真象之熟知所為之決定，僅於其判斷或裁量違法或顯然不當時，得予撤銷或變更，併此指明。

釋字第三八三號解釋　　（憲一五、一四三，礦業一、三四）

八十四年七月七日公布

經濟部或省（直轄市）主管機關，認為礦業申請地有妨害公益或無經營之價值時，得不予核准；經濟部為探勘礦產調整礦區或調節產銷時，得指定某區域內之礦，停止接受申請，礦業法第三十四條有明文規定，是對於探採礦產之申請，主管機關本有准駁之裁量權。經濟部六十一年八月四日經（六一）礦字第二一五一六號令稱：今後凡被撤銷或註銷礦業權之煤礦，除有特殊原因，可予單獨開放人民申領者，一律應予暫行保留，以備有礦利關係之鄰接礦區調整增區促使擴大規模，趨於合理化經營，而增加保安之管理等語；復於七十五年八月十五日以經（七五）礦字第三五九〇六號函，就礦種中包含煤礦者，一併暫予保留，不開放人民申請一事，重申前令，均係中央主管機關依上開規定，對下級主管機關就臺灣地區煤礦之探採所為之準則性釋示，與憲法尚無牴觸。

　　解釋理由書

附著於土地之礦屬於國家所有，不因人民取得土地所有權而受影響，憲法第一百四十

三條第二項定有明文。又礦業法第一條規定，中華民國領域內之礦，均為國有，非依礦業法取得礦業權，不得探採。而人民申請設定礦業權時，經濟部或省（直轄市）主管機關，認為礦業申請地有妨害公益或無經營之價值時，得不予核准；經濟部為探勘礦產調整礦區或調節產銷時，得指定某區域內之礦，停止接受申請，復為礦業法第三十四條所明定，因之，主管機關對於探採礦產之申請，本有准駁之裁量權。臺灣地區煤礦天然條件較差，且因開採日深，致生產成本偏高，工作環境日趨惡劣，故應以維護礦工安全及重視經濟效益為煤業政策之基本原則。經濟部六十一年八月四日經（六一）礦字第二一五一六號令稱：「本省煤礦開採日漸進入深部，岩磐壓力增大，通風困難，地質變化大，煤層薄，瓦斯含量高，業主資金不足，從業員工素質不齊，雖主管機關極力輔導，但礦場災變仍難大幅減少，除應加強從業員工安全知識充實及改善安全設施外，今後凡被撤銷或註銷礦業權之煤礦，除有特殊原因，可予單獨開放人民申請者，一律應予暫行保留，以備有礦利關係之鄰接礦區調整增區促使擴大規模，趨於合理化經營，而增強保安之管理」等語，復於七十五年八月十五日以經（七五）礦字第三五九〇六號函，就礦種中包含煤礦者，一併暫予保留，不開放人民申請一事，重申前令，均係中央主管機關依上開規定，對下級主管機關就臺灣地區煤礦探採所為之準則性釋示，並未違背上開法條規定之意旨，與憲法尚無牴觸。

釋字第三八四號解釋　（憲八、一六、二三，檢肅流氓二、四～七、一二、二一）

八十四年七月二十八日公布

憲法第八條第一項規定：「人民身體之自由應予保障。除現行犯之逮捕由法律另定外，非經司法或警察機關依法定程序，不得逮捕拘禁。非由法院依法定程序，不得審問處罰。非依法定程序之逮捕，拘禁，審問，處罰，得拒絕之。」其所稱「依法定程序」，係指凡限制人民身體自由之處置，不問其是否屬於刑事被告之身分，國家機關所依據之程序，須以法律規定，其內容更須實質正當，並符合憲法第二十三條所定相關之條件。檢肅流氓條例第六條及第七條授權警察機關得逕行強制人民到案，無須踐行必要之司法程序；第十二條關於秘密證人制度，剝奪被移送裁定人與證人對質詰問之權利，並妨礙法院發見真實；第二十一條規定使受刑之宣告及執行者，無論有無特別預防之必要，有再受感訓處分而喪失身體自由之虞，均逾越必要程度，欠缺實質正當，與首開憲法意旨不符。又同條例第五條關於警察機關認定為流氓並予告誡之處分，人民除向內政部警政署聲明異議外，不得提起訴願及行政訴訟，亦與憲法第十六條規定意旨

相違。均應自本解釋公布之日起，至遲於中華民國八十五年十二月三十一日失其效力。

解釋理由書

人民身體自由享有充分保障，乃行使其憲法上所保障其他自由權利之前提，為重要之基本人權。故憲法第八條對人民身體自由之保障，特詳加規定。該條第一項規定：「人民身體之自由應予保障。除現行犯之逮捕由法律另定外，非經司法或警察機關依法定程序，不得逮捕拘禁。非由法院依法定程序，不得審問處罰。非依法定程序之逮捕，拘禁，審問，處罰，得拒絕之。」係指凡限制人民身體自由之處置，在一定限度內為憲法保留之範圍，不問是否屬於刑事被告身分，均受上開規定之保障。除現行犯之逮捕，由法律另定外，其他事項所定之程序，亦須以法律定之，且立法機關於制定法律時，其內容更須合於實質正當，並應符合憲法第二十三條所定之條件，此乃屬人身自由之制度性保障。舉凡憲法施行以來已存在之保障人身自由之各種建制及現代法治國家對於人身自由所普遍賦予之權利與保護，均包括在內，否則人身自由之保障，勢將徒託空言，而首開憲法規定，亦必無從貫徹。

前述實質正當之法律程序，兼指實體法及程序法規定之內容，就實體法而言，如須遵守罪刑法定主義；就程序法而言，如犯罪嫌疑人除現行犯外，其逮捕應踐行必要之司法程序、被告自白須出於自由意志、犯罪事實應依證據認定、同一行為不得重覆處罰、當事人有與證人對質或詰問證人之權利、審判與檢察之分離、審判過程以公開為原則及對裁判不服提供審級救濟等為其要者。除依法宣告戒嚴或國家、人民處於緊急危難之狀態，容許其有必要之例外情形外，各種法律之規定，倘與上述各項原則悖離，即應認為有違憲法上實質正當之法律程序。現行檢肅流氓條例之制定，其前身始於戒嚴及動員戡亂時期而延續至今，對於社會秩序之維護，固非全無意義，而該條例（指現行法，下同）第二條所列舉之行為，亦非全不得制定法律加以防制，但其內容應符合實質正當之法律程序，乃屬當然。

按同條例第四條對於列為流氓之告誡列冊輔導處分，非但影響人民之名譽，並有因此致受感訓處分而喪失其身體自由之虞，自屬損害人民權益之行政處分。惟依同條例第五條規定：經認定為流氓受告誡者，如有不服，得於收受告誡書之翌日起十日內，以書面敘述理由，經由原認定機關向內政部警政署聲明異議，對內政部警政署所為決定不服時，不得再聲明異議。排除行政爭訟程序之適用，顯然違反憲法第十六條保障人民訴願及訴訟之權。

同條例第六條規定：「經認定為流氓而其情節重大者，直轄市警察分局、縣（市）警察

局得不經告誡，逕行傳喚之；不服傳喚者，得強制其到案。」及第七條規定：「經認定為流氓於告誡後一年內，仍有第二條各款情形之一者，直轄市警察分局、縣（市）警察局得傳喚之；不服傳喚者，得強制其到案。對正在實施中者，得不經傳喚強制其到案。」授權警察機關可逕行強制人民到案，但流氓或為兼犯刑事法之犯罪人或僅為未達犯罪程度之人，而犯罪人之拘提逮捕，刑事訴訟法定有一定之程式及程序，上開條文不問其是否在實施犯罪行為中，均以逮捕現行犯相同之方式，無須具備司法機關簽發之任何文書，即強制其到案，已逾越必要程度，並有違憲法第八條第一項明白區分現行犯與非現行犯之逮捕應適用不同程序之規定意旨。

同條例第十二條第一項規定：「警察機關及法院受理流氓案件，如檢舉人、被害人或證人要求保密姓名、身分者，應以秘密證人之方式個別訊問之；其傳訊及筆錄、文書之製作，均以代號代替真實姓名、身分，不得洩漏秘密證人之姓名、身分」。第二項規定：「被移送裁定人及其選任之律師不得要求與秘密證人對質或詰問」，不問個別案情，僅以檢舉人、被害人或證人要求保密姓名、身分，即限制法院對證人應依秘密證人方式個別訊問，並剝奪被移送裁定人及其選任律師與秘密證人之對質或詰問，用以防衛其權利，俾使法院發見真實，有導致無充分證據即使被移送裁定人受感訓處分之虞，自非憲法之所許。

同條例第二十一條關於受感訓處分其行為同時觸犯刑事法律者之執行規定，使受刑之宣告及執行之人，不問有無特別預防之必要，有再受感訓處分而喪失身體自由之危險。又同一行為觸犯刑事法者，依刑法之規定，刑事審判中認須施予保安處分者，於裁判時併宣告之（參照刑法第九十六條）已有保安處分之處置。感訓處分為刑法及保安處分執行法所定保安處分以外之處分，而受感訓處分人，因此項處分身體自由須受重大之限制，其期間又可長達三年，且依上開規定，其執行復以感訓處分為優先，易造成據以裁定感訓處分之行為事實，經警察機關以同時觸犯刑事法律，移送檢察機關，檢察官或法院依通常程序為偵查或審判，認不成立犯罪予以不起訴處分或諭知無罪，然裁定感訓處分之裁定已經確定，受處分人亦已交付執行，雖有重新審理之規定（同條例第十六條第一項第七款）但其喪失之身體自由之危險。又同一行為觸犯刑事法者，依刑法之規定，刑事審判中認須施予保安處分者，於裁判時併宣告之（參照刑法第九十六條），已有保安處分之處置。感訓處分為刑法及保安處分執行法所定保安處分以外之處分，而受感訓處分人，因此項處分身體自由須受重大之限制，其期間又可長達三年，且依上開規定，其執行復以感訓處分之虞，自非憲法之所許。

同條例第二十一條關於受感訓處分人其行為同時觸犯刑事法律者之執行規定，使受刑之宣告及執行之人，不問有無特別預防之必要，有再受感訓處分而喪失身體自由之危險。又同一行為觸犯刑事法者，依刑法之規定，刑事審判中認須施予保安處分者，於裁判時併宣告之（參照刑法第九十六條），已有保安處分之處置。感訓處分為刑法及保安處分執行法所定保安處分以外之處分，而受感訓處分人，因此項處分身體自由須受重大之限制，其期間又可長達三年，且依上開規定，其執行復以感訓處分為優先，易造成據以裁定感訓處分之行為事實，經警察機關以同時觸犯刑事法律，移送檢察機關，檢察官或法院依通常程序為偵查或審判，認不成立犯罪予以不起訴處分或諭知無罪，然裁定感訓處分之裁定已經確定，受處分人亦已交付執行，雖有重新審理之規定（同條例第十六條第一項第七款），但其喪失之身體自由，已無從彌補。凡此均與保障人民身體自由、維護刑事被告利益久經樹立之制度，背道而馳。檢肅流氓條例上開規定，縱有防止妨害他人自由，維護社會秩序之用意，亦已逾越必要程度，有違實質正當，自亦為憲法所不許。

綜上所述，檢肅流氓條例第五條與憲法第十六條保障人民訴願及訴訟之權有違，第六條、第七條、第十二條及第二十一條則與憲法第八條第一項保障人民身體自由之意旨不符，均應自本解釋公布之日起，至遲於中華民國八十五年十二月三十一日失其效力。在此期間有關機關應本於保障個人權利及維護社會秩序之均衡觀點，對檢肅流氓條例通盤檢討。

釋字第三八五號解釋　（憲一九，獎勵投資條例三、一六）

八十四年九月八日公布

憲法第十九條規定人民有依法律納稅之義務，固係指人民有依據法律所定之納稅主體、稅目、稅率、納稅方法及納稅期間等項而負納稅義務之意，然課人民以繳納租稅之法律，於適用時，該法律所定之事項若權利義務相關連者，本於法律適用之整體性及權利義務之平衡，當不得任意割裂適用。獎勵投資條例施行期間內，經依該條例第三條核准受獎勵之外國公司，於該條例施行期間屆滿後，既仍得繼續適用該條例享受租稅優惠，自應一併依同條例第十六條第三項之規定，於其稅後盈餘給付總公司時，扣繳百分之二十所得稅，方符立法原意。財政部八十年九月二十四日臺財稅字第八〇〇三五六〇三二號對此之函釋，符合上開意旨，與憲法並無牴觸。

解釋理由書

憲法第十九條規定人民有依法律納稅之義務，固係指人民有依據法律所定之納稅主體、稅目、稅率、納稅方法及納稅期間等項而負納稅義務之意，然課人民以繳納租稅之法律，於適用時，該法律所定之事項若權利義務相關連者，本於法律適用之整體性及權利義務之平衡，當不得任意割裂適用。中華民國七十六年一月二十六日修正公布之獎勵投資條例第三條核准獎勵之外國公司，依同條例第十六條第三項規定，其所設分公司之所得，於繳納營利事業所得稅後，將其稅後盈餘給付總公司時，應按其給付額扣繳百分之二十所得稅，立法意旨係因外國公司在我國境內之分公司既享受租稅減免之優惠，則其稅後盈餘欲給付總公司時，自應負擔上述所得稅扣繳之義務，否則，外國公司即得以成立分公司之方式規避我國稅負。故兩者係相互關連之規定，要不得割裂適用。茲前述獎勵投資條例雖於七十九年十二月三十一日施行期間屆滿而失效，惟在該條例施行期間內核准之案件（五年或四年免稅），就該個案言，尚不因該條例施行期間屆滿而失效，仍繼續適用該條例予以獎勵，俾保障投資人之權益。是經核准獎勵投資之外國公司於獎勵投資條例適行期間屆滿後，既仍得享受免稅優惠，其與此相關連之總公司稅負，自應併依同條例第十六條第三項扣繳所得稅，方符原立法意旨。財政部八十年九月二十四日臺財稅字第八〇〇三五六〇三二號函稱：「如原已享受及繼續享受獎勵投資條例租稅優惠之外國公司，其在臺分公司所產生之相關稅後盈餘，於八十年以後匯回總公司時，為期課稅公平，仍應依獎勵投資條例第十六條第三項規定，按給付額扣繳百分之二十所得稅」，乃係本於法律適用之整體性，不得任意割裂所為之釋示，符合上開意旨，與憲法並無牴觸。

釋字第三八六號解釋　（憲一五、一六，民七二〇、七二五、七二七）

八十四年九月二十九日公布

中央政府建設公債發行條例第八條前段規定：「本公債債票遺失、被盜或滅失者，不得掛失止付，並不適用民法第七百二十條第一項但書、第七百二十五條及第七百二十七條之規定。」使人民合法持有之無記名公債債票於遺失、被盜或滅失時，無從依民法關於無記名證券之規定請求權利保護，亦未提供其他合理之救濟途徑，與憲法第十五條、第十六條保障人民權利之意旨不符，應自本解釋公布之日起，於其後依該條例發行之無記名公債，停止適用。

解釋理由書

國家為支應重大建設發行之無記名中央政府建設公債，係以發行債票方式籌集資金，

國庫對公債債票持有人所負之給付義務，本質上與自然人或公私法人為發行人，對無記名證券持有人負擔以證券所載之內容而為給付之義務，並無不同。法律為保護無記名證券持有人，於證券遺失、被盜或滅失時，不使其受不當之損失，民法第七百二十條第一項但書、第七百二十五條及第七百二十七條本設有各種保護之規定及救濟之程序，以維持公平，不致影響善意第三人之權益，亦未增加發行人之負擔，此為對無記名證券久已建立之制度性保障。而中華民國八十年七月二十九日修正公布之中央政府建設公債發行條例第八條前段規定：「本公債債票遺失、被盜或滅失者，不得掛失止付，並不適用民法第七百二十條第一項但書、第七百二十五條及七百二十七條之規定。」其禁止掛失止付，並特別排除上述民法對正當公債權利人實體及程序上應享有之權利，立法原意固在尊重契約自由之精神下，增進該種公債之流通性，以實現財政之目的。惟其對於國庫明知無記名證券持有人無處分之權利，或受有遺失、被盜或滅失之通知時，仍可因其給付而免責，以及限制正當權利人聲請法院依公示催告程序，宣告遺失、被盜或滅失之無記名證券無效，使依該條例發行之無記名公債債票合法持有人，無從依民法關於無記名證券之規定請求權利保護，亦未提供其他之合理救濟途徑，與憲法第十五條保障人民財產權及第十六條保障人民因權利受損得依法定程序請求救濟之意旨不符，應自本解釋公布之日起，於其後依該條例發行之無記名公債，停止適用。

釋字第三八七號解釋　（憲五四～五八，憲增修二）八十四年十月十三日公布

行政院設院長、副院長各一人，各部會首長若干人，及不管部會之政務委員若干人；行政院院長由總統提名，經立法院同意任命之；行政院副院長、各部會首長及不管部會之政務委員，由行政院院長提請總統任命之。憲法第五十四條、第五十五條第一項、第五十六條定有明文。行政院對立法院負責，憲法第五十七條亦規定甚詳。行政院院長既須經立法院同意而任命之，且對立法院負政治責任，基於民意政治與責任政治之原理，立法委員任期屆滿改選後第一次集會前，行政院院長自應向總統提出辭職。行政院副院長、各部會首長及不管部會之政務委員係由行政院院長提請總統任命，且係出席行政院會議成員，參與行政決策，亦應隨同行政院院長一併提出辭職。

解釋理由書

依憲法第五十七條規定行政院應對立法院負責。民主政治以民意政治及責任政治為重要內涵；現代法治國家組織政府、推行政務，應以民意為基礎，始具正當性。從而立法委員因任期屆滿而改選時，推行政務之最高行政機關為因應最新民意，自應重新改

組，方符民主政治之意旨。

行政院設院長、副院長各一人、各部會首長及不管部會之政務委員若干人；行政院院長由總統提名經立法院同意任命之；行政院副院長、各部會首長及不管部會之政務委員，由行政院院長提請總統任命之。憲法第五十四條、第五十五條第一項、第五十六條定有明文。行政院有向立法院提出施政方針及施政報告之責；行政院移請立法院之覆議案，如經出席立法委員三分之二維持原決議，行政院院長應即接受該決議或辭職，憲法第五十七條亦規定甚詳。行政院院長由總統提名，經立法院同意任命，行政院院長對立法院負政治責任，此乃我國憲法有關總統、行政院、立法院三者間之制度性設計。行政院院長之任命，既須經由立法院同意，基於民意政治之原理，自應於每屆立法委員任期屆滿改選後第一次集會前提出辭職，俾總統得審視立法院改選後之政治情勢，重行提名新任人選，咨請立法院同意以反映民意趨向。行政院副院長、各部會首長及不管部會之政務委員，則係由行政院院長依其政治理念，提請總統任命，並依憲法第五十八條之規定，出席行政院會議，參與行政決策，亦應隨同行政院院長一併向總統提出辭職以彰顯責任政治。至於不具政務委員身分之行政院所屬機關首長，其辭職應依一般行政程序辦理，其中任期法律有明文規定者，不受上述行政院總辭之影響，乃屬當然。

釋字第三八八號解釋　（憲五二）　　　　　　八十四年十月二十七日公布

憲法第五十二條規定，總統除犯內亂或外患罪外，非經罷免或解職，不受刑事上之訴究。此係憲法基於總統為國家元首，對內肩負統率全國陸海空軍等重要職責，對外代表中華民國之特殊身分所為之尊崇與保障。現職總統競選連任時，其競選活動固應受總統副總統選舉罷免法有關規定之規範，惟其總統身分並未因參選而變更，自仍有憲法第五十二條之適用。

　　解釋理由書

憲法第五十二條規定，總統除犯內亂或外患罪外，非經罷免或解職，不受刑事上之訴究。此係憲法基於總統為國家元首，對內肩負統率全國陸海空軍、依法公布法律、任免文武官員等重要職責，對外代表中華民國之特殊身分所為之尊崇與保障。籍以確保其職權之行使，並維護政局之安定，以及對外關係之正常發展。惟此所謂總統不受刑事訴究之特權或豁免權，乃針對其職位而設，並非對其個人之保障，且亦非全無限制，如總統所犯為內亂或外患罪，仍須受刑事上之訴究；如所犯為內亂或外患罪以外之罪，

僅發生暫時不能為刑事上訴追之問題，並非完全不適用刑法或相關法律之刑罰規定。現職總統競選連任時，因其已名列總統候選人，其競選活動固應受總統副總統選舉罷免法有關規定之規範，惟其總統身分並未因參選而變更。依憲法優於法律之法則，現職總統依法競選連任時，除犯內亂或外患罪外，非經罷免或解職，並不得適用刑法及總統副總統選舉罷免法等有關刑罰之規定予以訴究，以符憲法第五十二條之意旨。

釋字第三八九號解釋　（勞保一九、四〇～四四、五一）

八十四年十一月十日公布

勞工保險條例第四十四條規定，醫療給付不包括美容外科。又同條例第十九條第一項規定，被保險人或其受益人，於保險效力開始後停止前發生保險事故者，始得依該條例規定，請領保險給付。勞工保險診療費用支付標準表係依據勞工保險條例第五十一條第二項授權訂定，其第九部第四節第二項關於顎骨矯正手術，載明「限外傷或顳顎關節疼痛者專案報准後施行」，乃因有此情形，始同時符合保險效力開始後停止前所發生之保險事故，以及非屬美容外科之要件。若勞工於加入勞工保險前發生之先天性痼疾或畸形，即不在勞工保險承保範圍。其不支付診療費用，並未逾越該條例授權範圍，與憲法尚無牴觸。

解釋理由書

勞工保險條例第十九條第一項規定：「被保險人或其受益人，於保險效力開始後停止前發生保險事故者，得依本條例規定，請領保險給付」，明示保險給付之請領，以保險效力開始後停止前發生保險事故者為限。又勞工保險係屬社會保險，為避免浪費社會醫療資源，勞工保險條例第四十四條又規定：「醫療給付不包括法定傳染病、麻瘋病、麻醉藥品嗜好症、接生、流產、美容外科、義齒、義眼、眼鏡或其他附屬品之裝置，病人運輸、特別護士看護、輸血、掛號費、證件費、醫療院、所無設備之診療及第四十一條、第四十三條未包括之項目。但被保險人因緊急傷病，經保險人自設或特約醫療院、所診斷必須輸血者，不在此限。」顯見「美容外科」，不屬勞工保險條例第四十條所定「被保險人罹患傷病」之範圍，不在醫療給付之列。但法律規定之內容不能鉅細靡遺，立法機關自得就有關醫療上之技術性、細節性等專業事項，授權主管機關發布命令為補充規定，同條例第五十一條第一項遂定有「應依照勞工保險診療費用支付標準表及用藥種類與價格表支付之」之明文。而上述勞工保險診療費用支付標準表及用藥種類與價格表，依同條第二項，授權由中央主管機關會同中央衛生主管機關定之。

該標準表第九部第四節第二項關於顎骨矯正手術,載明「限外傷或顳顎關節疼痛者專案報准後施行」之規定,意指有上述情形,其顎骨矯正手術即符合保險效力開始後停止前所發生之保險事故,以及非屬美容外科之要件。若勞工於加入勞工保險前發生之先天性痼疾或畸形,即不在勞工保險承保範圍。其不支付診療費用,並未逾越該條例授權範圍,與憲法尚無抵觸。

釋字第三九○號解釋 （憲一五、二三,中標五,工廠設立登記規則一九）

八十四年十一月十日公布

對於人民設立工廠而有違反行政法上義務之行為,予以停工或勒令歇業之處分,涉及人民權利之限制,依憲法第二十三條及中央法規標準法第五條第二款規定,應以法律定之;若法律授權以命令為補充規定者,授權之目的、內容及範圍,應具體明確,始得據以發布命令。工廠設立登記規則第十九條第一項規定:「工廠不依照本規則之規定申請設立登記,或不依照核定登記事項經營,或違反其他工廠法令者,得由省(市)建設廳(局)予以局部或全部停工或勒令歇業之處分」,涉及人民權利之限制,欠缺法律授權之依據,與前述意旨不符,應自本解釋公布之日起,至遲於屆滿一年時失其效力。

解釋理由書

對於人民設立工廠而有違反行政法上義務之行為,予以停工或勒令歇業之處分,涉及人民工作權及財產權之限制,依憲法第二十三條及中央法規標準法第五條第二款規定,其處分之構成要件,應以法律定之,若法律就其構成要件,授權以命令為補充規定者,授權之目的、內容及範圍,應具體明確,始得據以發布命令,迭經本院釋字第三一三號、第三六○號及第三六七號等解釋釋示有案。經濟部為管理國內工廠之設立,於中華民國八十年七月三十一日修正發布之工廠設立登記規則,其規定涉及限制憲法所保障之人民權利事項,依上開說明,仍應有法律或法律授權之依據始得為之。工廠設立登記規則第十九條第一項規定:「工廠不依照本規則之規定申請設立登記,或不依照核定登記事項經營,或違反其他工廠法令者,得由省(市)建設廳(局)予以局部或全部停工或勒令歇業之處分」,其中關於人民違反該規則之行為,得予以局部或全部停工或勒令歇業之處分部分,已涉及人民工作權及財產權之限制,此項規定既無法律上之明文,復欠缺法律授權之依據,與首開意旨不符,應自本解釋公布之日起,至遲於屆滿一年時失其效力。

釋字第三九一號解釋　　（憲六三、七〇）　　　　八十四年十二月八日公布

立法院依憲法第六十三條之規定有審議預算案之權，立法委員於審議中央政府總預算案時，應受憲法第七十條「立法院對於行政院所提預算案，不得為增加支出之提議」之限制及本院相關解釋之拘束，雖得為合理之刪減，惟基於預算案與法律案性質不同，尚不得比照審議法律案之方式逐條逐句增刪修改，而對各機關所編列預算之數額，在款項目節間移動增減並追加或削減原預算之項目。蓋就被移動增加或追加原預算之項目言，要難謂非上開憲法所指增加支出提議之一種，復涉及施政計畫內容之變動與調整，易導致政策成敗無所歸屬，責任政治難以建立，有違行政權與立法權分立，各本所司之制衡原理，應為憲法所不許。

解釋理由書

立法院依憲法第六十三條之規定，有議決法律案、預算案、戒嚴案、大赦案、宣戰案、媾和案及條約案等之權限，立法院審議各種議案之過程及方式，依其成文或不成文之議事規則規定，有應經三讀程序者（如法律案及預算案），有僅須二讀者（法律案、預算案以外之議案），更有雖經二讀，但實質上未作逐條討論即付表決者，此類議案通常為條約或國際書面協定，蓋審議時如對行政院提出之原案作條文之修改或文字之更動，勢將重開國際談判，如屬多邊公約，締約國為數甚多，重新談判殆無可能，立法機關僅有批准與否之權。所以有上述之差異，皆係因議案性質不同之故。預算案亦有其特殊性而與法律案不同；法律案無論關係院或立法委員皆有提案權，預算案則祇許行政院提出，此其一；法律案之提出及審議並無時程之限制，預算案則因關係政府整體年度之收支，須在一定期間內完成立法程序，故提案及審議皆有其時限，此其二；除此之外，預算案法律案尚有一項本質上之區別，即法律係對不特定人（包括政府機關與一般人民）之權利義務關係所作之抽象規定，並可無限制的反覆產生其規範效力，預算案係以具體數字記載政府機關維持其正常運作及執行各項施政計畫所須之經費，每一年度實施一次即失其效力，兩者規定之內容、拘束之對象及持續性完全不同，故預算案實質上為行政行為之一種，但基於民主憲政之原理，預算案又必須由立法機關審議通過而具有法律之形式，故有稱之為措施性法律 (Massn ahmegesetz) 者，以有別於通常意義之法律。而現時立法院審議預算案常有在某機關之科目下，刪減總額若干元，細節由該機關自行調整之決議，亦足以證明預算案之審議與法律案有其根本之差異，在法律案則絕不允許法案通過，文字或條次由主管機關自行調整之情事。是立法機關審議預算案具有批准行政措施即年度施政計畫之性質，其審議方式自不得比照法律案

作逐條逐句之增刪修改，而對各機關所編列預算之數額，在款項目節間移動增減並追加或削減原預算之項目，實質上變動施政計畫之內容，造成政策成敗無所歸屬，政治責任難予釐清之結果，有違立法權與行政權分立之憲政原理。

又憲法第七十條規定：「立法院對於行政院所提預算案，不得為增加支出之提議」，立法院審議中央政府總預算案應受此一規定之限制，而立法院不得在預算案之外以委員提案方式為增加支出之提議，復經本院釋字第二六四號解釋釋示有案。立法委員於審議預算案時，雖不變動總預算金額，僅對各機關原編預算之數額在款項目節間作移動增減，然就被移動而增加或追加之原預算項目言，要難謂非上開憲法所指增加支出提議之一種，其情形與不增加總預算金額，在預算案之外，以委員提案方式為增加支出之提議，實質上亦無不同，既涉及施政計畫內容之變動與調整，易導致政策成敗無所歸屬，責任政治難以建立，尚非憲法之所許。至立法委員對行政院所提預算案所顯示之重要政策如不贊同時，自得就其不贊同部分，依憲法所定程序決議移請行政院變更，其相關之預算項目，自亦隨之調整；或於審議預算案時如發現有不當之支出者，復得逕為合理之刪減，均足達成監督施政，避免支出浮濫致增人民負擔之目的。

釋字第三九二號解釋 　（憲八、七七，大法官審案五、一三，刑訴七一、一〇一、一〇二、一〇五、一二〇、一二一、二五九，法組四〇、五八、六〇、六一、六三，提審一） 　　　　　　　　　　八十四年十二月二十二日公布

司法權之一之刑事訴訟、即刑事司法之裁判，係以實現國家刑罰權為目的之司法程序，其審判乃以追訴而開始，追訴必須實施偵查，迨判決確定，尚須執行始能實現裁判之內容。是以此等程序悉與審判、處罰具有不可分離之關係，亦即偵查、訴追、審判、刑之執行均屬刑事司法之過程，其間代表國家從事「偵查」「訴追」「執行」之檢察機關，其所行使之職權，目的既亦在達成刑事司法之任務，則在此一範圍內之國家作用，當應屬廣義司法之一。憲法第八條第一項所規定之「司法機關」，自非僅指同法第七十七條規定之司法機關而言，而係包括檢察機關在內之廣義司法機關。

憲法第八條第一項、第二項所規定之「審問」，係指法院審理之訊問，其無審判權者既不得為之，則此兩項所稱之「法院」，當指有審判權之法官所構成之獨任或合議之法院之謂。法院以外之逮捕拘禁機關，依上開憲法第八條第二項規定，應至遲於二十四小時內，將因犯罪嫌疑被逮捕拘禁之人民移送該管法院審問。是現行刑事訴訟法第一百零一條、第一百零二條第三項準用第七十一條第四項及第一百二十條等規定，於法院

外復賦予檢察官羈押被告之權；同法第一百零五條第三項賦予檢察官核准押所長官命令之權；同法第一百二十一條第一項、第二百五十九條第一項賦予檢察官撤銷羈押、停止羈押、再執行羈押、繼續羈押暨其他有關羈押被告各項處分之權，與前述憲法第八條第二項規定之意旨均有不符。

憲法第八條第二項僅規定：「人民因犯罪嫌疑被逮捕拘禁時，其逮捕拘禁機關應將逮捕拘禁原因，以書面告知本人及其本人指定之親友，並至遲於二十四小時內移送該管法院審問。本人或他人亦得聲請該管法院，於二十四小時內向逮捕之機關提審。」並未以「非法逮捕拘禁」為聲請提審之前提要件，乃提審法第一條規定：「人民被法院以外之任何機關非法逮捕拘禁時，其本人或他人得向逮捕拘禁地之地方法院或其所隸屬之高等法院聲請提審。」以「非法逮捕拘禁」為聲請提審之條件，與憲法前開之規定有所違背。

上開刑事訴訟法及提審法有違憲法規定意旨之部分，均應自本解釋公布之日起，至遲於屆滿二年時失其效力；本院院解字第四○三四號解釋，應予變更。至於憲法第八條第二項所謂「至遲於二十四小時內移送」之二十四小時，係指其客觀上確得為偵查之進行而言。本院釋字第一三○號之解釋固仍有其適用，其他若有符合憲法規定意旨之法定障礙事由者，自亦不應予以計入，併此指明。

　　解釋理由書

本件係因：一、立法院依其職權審查刑事訴訟法修正案，為憲法第八條第一項前段所稱之「司法機關」是否包括檢察機關，發生疑義，聲請本院解釋；二、許信良於其憲法所保障之權利，認為遭受不法侵害，經依法定程序提起訴訟，對於確定終局裁判所適用之法律發生有牴觸憲法之疑義，聲請本院解釋；三、立法委員張俊雄等五十二名就其行使職權適用憲法發生疑義，聲請解釋，均符合司法院大法官審理案件法第五條第一項之規定；四、臺灣臺中地方法院法官高思大於行使職權適用憲法發生疑義，依本院釋字第三七一號解釋，聲請解釋，亦屬有據；經大法官議決應予受理及將上開各案合併審理，並依司法院大法官審理案件法第十二條第一項通知聲請人等及關係機關法務部指派代表，於中華民國八十四年十月十九日及十一月二日到場，在憲法法庭行言詞辯論，同時邀請法官代表、法律學者、律師代表到庭陳述意見，合先說明。

本件聲請人等之主張略稱：一、自文義及體系解釋之觀點，憲法第八條第一項前段所稱之司法機關，應同於憲法第七十七條所規定之司法機關。即專指「掌理民事、刑事、行政訴訟之審判及公務員之懲戒，而其行政監督系統上係以司法院為最高機關之機

關」。自權力分立原理，組織結構功能之觀點，司法權即審判權，具正義性、被動性、公正第三者性及獨立性之特徵，與檢察權之公益性、主動性、當事人性及檢察一體、上命下從特徵，截然不同。司法院釋字第十三號解釋但書之說明「實任檢察官之保障，依同法第八十二條及法院組織法第四十條第二項之規定，除轉調外，與實任推事同」，則僅在說明法院組織法對檢察官之保障，係比照法官之規定現狀，不能改變檢察官在憲法上屬於行政機關之基本地位。二、依憲法第八條第一項：「非由法院依法定程序，不得審問、處罰。」是憲法所稱之「法院」，係專指有「審問處罰」權之法院而言；而所謂有「審問處罰」權之機關，依憲法第七十七條乃專指有審判權之各級法院。檢察官並未擁有「審問處罰」之權限，自非憲法上所稱之法院。憲法第八條第二項後段所稱之法院，既僅指有提審權、負責審判之狹義法院，不包括檢察官，則列於同條項前段之「法院」，自應與之為同一解釋，亦即同條第二項前段之「法院」僅指負責審判之法院，不含檢察官在內。三、基於保障人民訴訟權之觀念，以「當事人對等原則」配合理解憲法第八條第一項所規定正當「法律程序」之意義，益可證明同條項前段所稱之「司法機關」，不應包括檢察機關在內。若使代表國家身為刑事訴訟程序當事人之檢察官亦得決定、執行羈押者，非但不符「當事人對等」亦折損實質正當之「法律程序」之嚴肅意義，以及人民對於國家訴追犯罪之公信力。故應將檢察官排除於「司法機關」之外，始能符合正當法律程序之憲法意義。四、就我國憲法第八條之立法沿革言，歷次憲法或草案均將提審之權力，專屬於負責審判之狹義法院。提審法第一條所規定非法逮捕拘禁之要件，增加憲法第八條第二項所未規定之限制，實則依該條之意旨，縱為合法之逮捕拘禁，亦得聲請提審，且極易令人誤解「非法」與否之認定權，委之於法院以外之機關（如檢察官），無異剝奪人民之提審權，架空憲法保障人身自由之崇高內涵，顯與憲法第八條第二項之意旨不符。五、依憲法第八條第一項前段、第二項、第三項規定：「人民身體之自由應予保障，除現行犯之逮捕，由法律另定外，非經司法或警察機關依法定程序，不得逮捕拘禁。……人民因犯罪嫌疑被逮捕拘禁時，其逮捕拘禁機關應將逮捕拘禁原因，以書面告知本人及其本人指定之親友，並至遲於二十四小時內移送該管法院審問。本人或他人亦得聲請該管法院，於二十四小時內向逮捕之機關提審。法院對於前項聲請不得拒絕，並不得先令逮捕拘禁之機關查覆。逮捕拘禁之機關，對於法院之提審，不得拒絕或遲延」。由上開規定可知，法院以外之機關不得拘禁人民二十四小時以上，從而現行刑事訴訟法第一百零八條規定賦予檢察官得拘禁人民之人身自由達二月以上而不移送法院審問，顯有違憲之疑義等語。

關係機關主張略稱：一、司法權的定義應從目的性及功能性角度觀察，非單從組織配屬的形式來判斷。故司法權除審判權外，至少尚包括解釋權、懲戒權及檢察權。司法機關包括檢察機關為實務界及憲法學者通說。司法院釋字第十三號、第三二五號、第三八四號解釋，均間接或直接肯定檢察機關是司法機關。檢察機關今雖隸屬法務部，但法院組織法為強化檢察官獨立行使職權，規定法務部長僅有行政監督權而無業務指揮權，不能影響檢察官辦理個案之獨立性。二、五權憲法與三權憲法理論基礎相異，其係在揚棄三權分立之防弊制衡理念，而強調平等相維、分工合作之互助機能；現縱認為檢察官不是司法官，擁有羈押權不符合西方司法民主化分權制衡之標準，亦是立法政策問題，而非違憲問題，倘符合法定程序，檢察官應亦有羈押被告之權。三、就制憲背景而言，以立憲當時檢察官配屬法院及逮捕拘禁機關多為警察機關之事實，憲法第八條第二項前段規定之「法院」，應指包含檢察機關在內之廣義法院；況自民國十六年建立檢察官配置法院之體制，雖歷經法院組織法之制定及多次修正，迄今均未改變，則上開「法院」之應包括檢察機關，要無疑義。四、「處罰」固為審判機關之職權；但「審問」則係指檢察官偵查中之訊問，不然案件尚未起訴，何來審問，另所謂「追究」亦係「追訴」之意。五、就制憲沿革論，訓政時期約法規定為「審判機關」，而其後之五五憲草及現行憲法均規定為「法院」，捨「審判機關」之語於不用，可見其係採廣義法院。六、憲法第八條第二項規定之性質為迅速移送條款，乃繼受自外國立法例，參酌一九五三年九月三日生效之「歐洲保障人權及基本自由公約」第五條、一九七六年三月二十三日生效之「聯合國公民及政治權利國際盟約」第九條、一九七八年六月生效之「美洲人權公約」第七條，其對因犯罪嫌疑而遭逮捕拘禁之人，一致規定其應迅速解送至「法官或其他依法執行司法權之官員」，顯然上開公約均認為受理解送人犯之機關並不限於法官，僅受理提審聲請之機關，始限於狹義之審判法院。七、我國檢察官係偵查之主體，且為公益代表，非以追求被告有罪判決為唯一目的，與他國之單純公訴人不同，而其原具預審法官之性質，自不能謂其不應擁有羈押權。八、提審法第一條所稱「非法逮捕拘禁」，係指無逮捕拘禁權力之機關而為逮捕拘禁，或雖有逮捕拘禁權而逮捕拘禁後超過二十四小時之情形而言，與憲法第八條第二項後段之規定，並無不符，亦無另加限制之情形；且同詞異義所在多有，本條項前段之法院自可與後段之法院作不同之解釋。九、憲法之解釋不能不兼顧「合理」與「可行」，認憲法第八條第二項所稱之法院僅為狹義之法院，將使逮捕後須將犯罪嫌疑人於二十四小時內解送法官，從而迫使檢察官須與警察合用二十四小時，比較各國法制，該合用之二十四

小時顯然過短，既不合理又不可行云云。

本院斟酌聲請人等及關係機關之主張暨法官代表、法律學者、律師代表陳述之意見，作成本解釋，其理由如左：

按所謂「司法」，觀念上係相對於立法、行政而言（我國之憲制則尚包括考試、監察）。概念上原屬多義之法律用語，有實質意義之司法、形式意義之司法與狹義司法、廣義司法之分。其實質之意義乃指國家基於法律對爭訟之具體事實所宣示（即裁判）以及輔助裁判權行使之作用（即司法行政）；其形式之意義則凡法律上將之納入司法之權限以推動之作用者均屬之——如現行制度之「公證」，其性質原非屬於司法之範疇；但仍將之歸於司法予以推動，即其一例。所謂狹義之司法、即固有意義之司法，原僅限於民刑事裁判之國家作用，其推動此項作用之權能，一般稱之為司法權或審判權，又因係專指民刑事之裁判權限，乃有稱之為裁判權者；惟我國之現制，行政訴訟、公務員懲戒司、司法解釋與違憲政黨解散之審理等「國家裁判性之作用」應亦包括在內，亦即其具有司法權獨立之涵義者，均屬於此一意義之司法，故憲法第七章所規定之司法院地位、職權，即其第七十七條所稱司法院為國家最高「司法機關」、第七十八條之司法解釋權，與增修條文第四條第二項之審理政黨違憲之解散事項均可謂之為狹義司法。至於其為達成狹義司法之目的所關之國家作用（即具有司法性質之國家作用），則屬廣義司法之範圍。

法院係職司審判（裁判）之機關，亦有廣狹兩義，狹義之法院乃指對具體案件由獨任或數人合議以實行審判事務，即行使審判權之機關，此即訴訟法上意義之法院；廣義之法院則指國家為裁判而設置之人及物之機關，此即組織法上意義之法院。故狹義之法院原則上係限於具有司法裁判之權限（審判權）者，亦即從事前述狹義司法之權限（審判權）而具備司法獨立（審判獨立）之內涵者，始屬當之；而其在此一意義之法院執行審判事務（即行使審判權）之人即為法官，故構成狹義法院之成員僅限於法官，其於廣義法院之內，倘所從事者，並非直接關於審判權之行使，其成員固非法官，其機關亦非狹義之法院，故就審判之訴訟程序而言，法院（狹義法院）實與法官同義，均係指行使審判權之機關，兩者原則上得予相互為替代之使用。因是法條本身若明定為「法官」，則除其係關於法官其「人」之規定外（如法官身分、地位之保障、法官之迴避等），關於審判權行使之事項，其所謂之法官當然即等於法院。憲法各條有關「法院」「法官」之規定，究何所指，當亦應依此予以判斷。

我國現制之檢察官係偵查之主體，其於「刑事」為公訴之提起，請求法院為法律正當

之適用，並負責指揮監督判決之適當執行；另於「民事」復有公益代表之諸多職責與權限，固甚重要（參看法院組織法第六十條、刑事訴訟法第二百二十八條以下）；惟其主要任務既在犯罪之偵查及公訴權之行使，雖其在「訴訟上」仍可單獨遂行職務（法院組織法第六十一條參看）；但關於其職務之執行則有服從上級長官（檢察首長）命令之義務（法院組織法第六十三條），此與行使職權時對外不受任何其他國家機關之干涉，對內其審判案件僅依據法律以為裁判之審判權獨立，迴不相侔。至於檢察機關則係檢察官執行其職務之官署，雖配置於法院（法院組織法第五十八條），但既獨立於法院之外以行使職權，復與實行審判權之法院無所隸屬，故其非前述狹義之法院，其成員中之檢察官亦非法官之一員，要無疑義；惟雖如此，其實任檢察官之保障，除轉調外，則與實任法官同，此業經本院以釋字第十三號解釋有案，其仍應予適用，自不待言。

憲法第八條第一項規定：「人民身體之自由應予保障，除現行犯之逮捕由法律另定外，非經司法或警察機關依法定程序，不得逮捕拘禁。非由法院依法定程序，不得審問處罰……」，此就司法權之一之刑事訴訟、即刑事司法之裁判言，既係以實現國家刑罰權為目的之司法程序，其審判乃以追訴而開始，追訴必須實施偵查，迨判決確定，尚須執行始能實現裁判之內容，是以此等程序悉與審判、處罰具有不可分離之關係，亦即偵查、訴追、審判、刑之執行均屬刑事司法之一連串過程，其間代表國家從事「偵查」「訴追」「執行」此一階段之檢察機關，其所行使之職權，目的既亦在達成刑事司法之任務，則在此一範圍內之國家作用，如前說明，當應屬廣義司法之一；而憲法於此復明定：「……非經司法或警察機關依法定程序不得逮捕拘禁……」，是此之所謂司法機關，就其功能予以觀察，自係指包括檢察機關在內之廣義司法機關之意；何況其對司法（警察）機關與法院並舉，先後予以規定，則此之司法機關應非指憲法第七十七條之司法機關而言，亦即非僅指狹義之法院，理至明顯；且刑事司法程序，其在偵查階段係由警察與檢察官為之，後者既負責調度指揮前者，其關於公訴權之行使復由檢察官所擔任，是憲法前開規定之併列司法與警察機關之逮捕拘禁程序，其當然係包括檢察機關在內，應毋庸疑。

憲法第八條第二項規定：「人民因犯罪嫌疑被逮捕拘禁時，其逮捕拘禁機關應將逮捕拘禁原因，以書面告知本人及其本人指定之親友，並至遲於二十四小時內移送該管法院審問。本人或他人亦得聲請該管法院，於二十四小時內向逮捕之機關提審。」此前段之「移送該法院『審問』」與前述同條第一項之……非由法院依法定程序不得「審問」之所謂「審問」，係指法院為審理而訊問之意，其非有審判權者，自不得為之。故此之所

謂「法院」當然指有審判權之法官所構成之獨任或合議之法院之謂，亦即刑事訴訟法上之狹義法院。況且前述憲法第八條第一項上段規定，既將司法（或警察）機關與法院並舉，賦予前者在刑事司法程序中有依法定程序逮捕拘禁之權，而定明唯有後者始有審問之權，則此之法院與憲法第八條第二項前段之法院均係指有獨立審判權之法官所構成者，尤屬無可置疑。

憲法第八條第二項後段：「……得聲請該管『法院』於二十四小時內向逮捕之機關提審」之「法院」，與同條第三項：「『法院』對於前項聲請不得拒絕，並不得先令逮捕拘禁之機關查覆。逮捕拘禁之機關對於『法院』之提審，不得拒絕或遲延」、第四項「人民遭受任何機關非法逮捕拘禁時，其本人或他人得向『法院』聲請追究，『法院』不得拒絕，並應於二十四小時內向逮捕拘禁之機關追究，依法處理」之「法院」，亦均限於擁有審判權之法院始屬相當；蓋第二項後段與第三項關於「提審」之規定，係仿自英美之「人身保護令狀」(Writ of Habeas Corpus)，考之此一制度，唯有審判機關之法院方有提審權之可言，檢察機關之無此一權限，本屬無可爭議，即聲請人等與關係機關（法務部）於此亦不爭執。至於同條第四項既係承續第三項而來之規定，且又明定為「追究」，非「追訴」，自不限於刑事程序。是憲法第八條第二項（不論前段、後段）與同條第三項、第四項所規定之「法院」均屬同義，亦即指法官所構成之審判機關——法院而言。

所謂「逮捕」，係指以強制力將人之身體自由予以拘束之意；而「拘禁」則指拘束人身之自由使其難於脫離一定空間之謂，均屬剝奪人身自由態樣之一種。至於刑事訴訟法上所規定之「拘提」云者，乃於一定期間內拘束被告（犯罪嫌疑人）之自由，強制其到場之處分；而「羈押」則係以確保訴訟程序順利進行為目的之一種保全措施，即拘束被告（犯罪嫌疑人）身體自由之強制處分，並將之收押於一定處所（看守所）。故就剝奪人身之自由言，拘提與逮捕無殊，羈押與拘禁無異；且拘提與羈押亦僅目的、方法、時間之久暫有所不同而已，其他所謂「拘留」「收容」「留置」「管收」等亦無礙於其為「拘禁」之一種，當應就其實際剝奪人身（行動）自由之如何予以觀察，未可以辭害意。茲憲法第八條係對人民身體自由所為之基本保障性規定，不僅明白宣示對人身自由保障之重視，更明定保障人身自由所應實踐之程序，執兩用中，誠得制憲之要；而羈押之將人自家庭、社會、職業生活中隔離，「拘禁」於看守所、長期拘束其行動，此人身自由之喪失，非特予其心理上造成嚴重打擊，對其名譽、信用——人格權之影響亦甚重大，係干預人身自由最大之強制處分，自僅能以之為「保全程序之最後手段」，允宜慎重從事，其非確已具備法定條件且認為有必要者，當不可率然為之。是為貫徹

此一理念，關於此一手段之合法、必要與否，基於人身自由之保障，當以由獨立審判之機關依法定程序予以審查決定，始能謂係符合憲法第八條第二項規定之旨意。現行刑事訴訟法第一百零一條：「被告經訊問後，認為有第七十六條所定之情形者，於必要時得羈押之。」第一百零二條第三項準用第七十一條第四項之由檢察官簽名於押票以及第一百二十條：「被告經訊問後，……其有第一百十四條各款所定情形之一者，非有不能具保、責付或限制住居之情形，不得羈押。」等規定，於法院之外同時賦予檢察官羈押被告（犯罪嫌疑人）之權；同法第一百零五條第三項：「……束縛身體之處分，由押所長官命令之，並應即時陳報該管法院或檢察官核准。」之賦予檢察官核准押所長官命令之權；同法第一百二十一條第一項：「第一百零七條之撤銷羈押、……第一百十五條及第一百十六條之停止羈押……以法院之裁定或檢察官命令行之。」與第二百五十九條第一項：「羈押之被告受不起訴之處分……遇有必要情形，並得命繼續羈押之。」賦予檢察官撤銷羈押、停止羈押、再執行羈押、繼續羈押暨其他有關羈押被告（犯罪嫌疑人）各項處分之權，與前述憲法第八條第二項規定之意旨均有不符。

又憲法第八條第二項僅規定：「人民因犯罪嫌疑被逮捕拘禁時，……本人或他人亦得聲請該管法院，於二十四小時內向逮捕之機關提審。」並未以「非法逮捕拘禁」為聲請提審之前提，亦即犯罪嫌疑人一遭法院以外之機關逮捕拘禁時，不問是否有「非法」逮捕拘禁之客觀事實，即得向該管法院聲請提審，無「合法」與「非法」逮捕拘禁之分；蓋未經該管法院之審問調查，實無從為合法與否之認定，乃提審法第一條規定：「人民被法院以外之任何機關非法逮捕拘禁時，其本人或他人得向逮捕拘禁地之地方法院或其所隸屬之高等法院聲請提審。」竟以「非法逮捕拘禁」為聲請提審之條件，要與憲法前開之規定有所違背。本院院解字第四〇三四號解釋謂：「人民被法院以外之機關依法逮捕拘禁者自不得聲請提審」，既係以提審法第一條「非法逮捕拘禁」之限制規定乃屬合憲為前提而作之解釋，從而該號之解釋自應予變更。

上開刑事訴訟法及提審法有違憲法規定意旨之部分，均自本解釋公布之日起，至遲於屆滿二年時失其效力。再憲法第八條第一項雖亦賦予非狹義法院之司法（或警察）機關得依法定程序逮捕拘禁之權；然於同條第二項復規定其至遲於二十四小時內移送法院審問，以決定應否繼續予以拘禁，即為刑事訴訟法上之羈押與否，此當係本於前述保障人身自由之考量，因是不許法院（法官所構成者）以外之機關得長期拘束人民身體之自由；蓋國家為達成刑事司法究明案件真相之目的，非謂即可訴諸任何手段，即使係犯罪嫌疑人，其人身自由仍亦應予適當保障。惟雖如此，國家安全、社會秩序之

維護亦不能置之不顧，憲法之所以賦予非法院之司法（或警察）機關逮捕拘禁之權，要在使其對犯罪行為人得為適當之偵查與訴追，是此所謂之二十四小時當係指其客觀上確得為此項目的之進行而言。因是本院釋字第一三○號解釋固仍有其適用，且依憲法第八條第二項前段規定，人民因犯罪嫌疑被逮捕拘禁時，其逮捕拘禁機關應至遲於二十四小時內移送該管法院審問。若該管法院於犯罪嫌疑人被逮捕拘禁時起二十四小時內，經本人或他人聲請，向逮捕之機關提審，於審問調查後認為逮捕機關逮捕拘禁犯罪嫌疑人並無不合法之情形，即應將犯罪嫌疑人移還原逮捕機關繼續偵查。提審期間不應計入逮捕機關之二十四小時拘禁期間，乃屬當然，提審法有關規定，應併配合修正。其他若有符合憲法規定意旨之法定障礙事由者，自亦不應予以計入，併此指明。

至謂民國二十年公布之中華民國訓政時期約法第八條規定「人民因犯罪嫌疑被逮捕押禁者，其執行或拘禁之機關，至遲於二十四小時內移送審判機關審問，本人或他人並得依法請求於二十四小時內提審。」而於民國二十五年之五五憲草及三十六年公布之現行憲法均未援用約法所曾用之「審判機關」，而改以「法院」乙節，此當係清末變法，改革司法，於光緒三十年（一九○六年）所擬定之「大理院審判編制法」以及宣統元年（一九○九年）所頒行之法院編制法，其於職司審判之機關除終審之大理院外，均以審判廳稱之（如高等審判廳、地方審判廳）。迨民國肇建，此一編制法原則上暫准援用，時間既久，或不免於沿用而出以「審判機關」之語，非可以此即謂其後使用「法院」乙語係有意排除狹義法院之審判機關，而採取所謂廣義之法院——包括檢察官在內；何況即令「法院」，其涵義仍亦應自功能性之為何予以觀察、判斷，此已述之如前，憲法即已明言「審問」，自僅指狹義之法院而不及於其他；抑且檢察官署既係配置於法院，則其本非實質法院之所屬，否則，何庸「配置」之舉，更遑論兩者職權之歧異，自不能僅因配置之乙端即謂制憲者當時係將檢察機關包括於憲法第八條第二項前段所規定之「法院」內；而況就立憲之沿革言，民國二年之中華民國憲法草案（天壇憲草）第五條就此係規定為「法庭」，十二年公布之「曹錕憲法」第六條亦規定為「法院」，迨十九年之「太原約法草案」第二十九條仍規定為「法院」，二十年之中華民國訓政時期約法第八條雖規定為「審判機關」；但二十五年之中華民國憲法草案（五五憲草）第九條及三十六年公布施行之中華民國憲法均規定為「法院」，似此先後或稱「法庭」、「法院」、「審判機關」以迄於「法院」，雖用語不一，但就內涵而言，實則均係指職司審判之機關，即狹義之法院；固然憲法之解釋有其多種方法，惟單就本解釋案所涉及之客觀說與主觀說而論，前者係以憲法之客觀規範意旨為解釋之依據，後者則須忠實

反映制憲者之原意；然其雖係如此，仍亦應以制憲者已明確表明之憲法文字為依據，唯有在憲法文義不明，方應併將制憲當時之史料或背景加以佐證；蓋制憲原意之探求並非易事，其涉及起草者與制定者（批准者）之關係與各種史料紀錄之差異，若無一定之標準或依據，極易流於獨斷與恣意；況且所謂制憲當時存在之事實，本即屬憲法規範之對象，又何能再執該項事實以解釋憲法？茲憲法第八條之文義至為明白，其所稱之「法院」，倘遵循該條文字具體所顯示之整體意涵為客觀之解釋，實應僅指職司審判而具有審問、處罰之法官所構成之法院，此種解釋結果，不特符合憲法保障人身自由之精神，抑亦與先進民主憲政國家保障人身自由制度相契合，畢竟通常法律用語之「法院」，本即指行使審判權之機關。

憲法第九條即明定「人民除現役軍人外，不受軍事審判。」自不得謂同法第八條第一項所規定之「司法機關」旨在排除軍事機關之審問、處罰；且所謂「審問」原非必限於案件起訴之後，憲法第八條第二項所規定之「審問」意在審查其繼續「拘禁」、即羈押之必要與否，並非對案件之實體為審理，如德國現行刑事訴訟法第一百十七條之「羈押審查」(Haftprüfung)，第一百十八條之羈押「言詞審理」(Mündiche Verhandlung) 即均係起訴前決定羈押與否之規定，另日本刑事訴訟法第八十三條、第八十四條、第八十五條等關於羈押理由之告知，亦係在法庭為之。其主張前開憲法規定之「審問」係指檢察官偵查之訊問，並以此謂該條項規定之法院應包括檢察官云云，要非確論。

憲法第八條第四項規定「人民遭受任何機關非法逮捕、拘禁……追究，法院不得拒絕，並應於二十四小時內……追究，依法處理」既係明定為「追究」，而與第五十二條「總統……不受刑事上之『追究』」不同，顯見此之所謂「追究」與檢察官之「追訴」有間。或謂此種情形人民原得自行向檢察官告訴、告發；公務員執行職務知有犯罪嫌疑者亦應為告發，何庸多此一舉？然憲法之所以為如此之規定者，無非在於強調人身自由之保障，故將此一「追究」及「依法處理」於憲法內為規定，俾直接之保護。因是更規定「法院不得拒絕，並應於二十四小時內追究，依法處理」，亦即不許法院為「追究」與否之自由裁量，且限期法院必須於二十四小時內為之，不許其援引一般之法令為搪塞，此亦所以同條第三項除明定不得拒絕外，更明示不得先令查覆之原因。

憲法第九十七條第二項所規定之「法院」究何所指？應否與第八條所規定者作同一涵義之解釋，此乃另一事；而法院組織法原非必須為配置檢察官（署）之規定不可，此觀之日本立法例分別制定「裁判所法」、「檢察廳法」即可明瞭。是憲法第八十二條：「司法院及各級『法院』之組織，以法律定之」之所謂「法院」，當然亦非必須解之為

包括檢察官在內始係符合憲法規定。又本院釋字第十三號解釋，旨在闡釋實任檢察官之保障，而不在於檢察機關之是否為法院；蓋其既已明示憲法第八十條之法官不包含檢察官在內，即檢察官之不應為狹義法院之一員，理至明顯。其執該號解釋以及諸多法律關於「法院」用語之歧異，主張憲法第八條第二項之法院應包括檢察官云云，要屬誤解。

另一九五三年生效之歐洲人權及基本自由保障公約 ([European]Convention for the Protection of Human Rights and Fundamental Freedoms) 第五條第三項所規定之「依法執行司法權力之其他官吏」(other officer authorised by law to exercise judicial power) 暨一九七六年生效之公民及政治權利國際盟約第九條第三項與一九七八年生效之美洲人權公約第七條第五項類同之規定，是否應包括檢察官，亦即人民被逮捕拘禁後，其所應解送之處，是否僅限於「法官」? 此雖各執一詞，然參以歐洲人權法院於一九八八年關於「包威爾斯」乙案之判決所稱，若法律將犯罪偵查與公訴提起之權授予同一官吏，縱其係獨立行使職權，其職務之中立性仍應受質疑，有違前開公約第五條第三項所指之「依法執行司法權力之其他官吏」之規定等語 (G. Pauwels Case, Judgement of 26 May 1988, Council of Europe Yearbook of The European Convention on Human Rights, 148–150 (1988))，即不得賦予羈押人民之權，而我國之檢察官既為偵查之主體，且有行使公訴之權，是即令依據前述相關之國際公約，顯亦不應有刑事訴訟法上之羈押權；何況我國憲法第八條第二項既明定為「法院」如上，而此之所謂法院係指有獨立審判權之法官所構成之狹義法院，亦已述之如前，尤不宜執此「國際盟約」、「公約」之規定主張我國憲法第八條第二項前段所稱之法院亦應包括「依法執行司法權力之其他官吏」如檢察官在內。

憲法第八條關於行使逮捕、拘禁、審問、處罰權限之規定具有憲法保留 (Verfassungsvorbehalt) 之性質，同條第二項前段之「法院」究何涵義，既如上述，自無所謂倘已符合正當程序，檢察官亦得擁有刑事訴訟法之羈押權問題。至於檢察官之為公益代表，監督法院裁判為正當之法律適用，非以追求被告有罪判決為唯一目的之諸多職責暨其係屬廣義之司法機關等等，雖屬實在，仍亦非可因此即謂憲法已同時賦予其刑事訴訟法上羈押被告之權。德國刑事訴訟法第一百六十條第二項亦明定，檢察官不僅對於不利且對於有利之情況，亦應注意發見，但仍無礙其於基本法下不擁有決定羈押被告之權。且如前述，憲法對人身自由係為直接之保障，其既明定法院以外之司法或警察機關，雖得依法定程序逮捕、拘禁人民；但仍不許逾越二十四小時，則所謂刑事訴訟法上羈

押權歸屬係立法裁量之範疇云者，固非有據；而此二十四小時究竟合乎現實之需要與否？應否如同其他部分之國家然，規定為四十八小時、甚或七十二小時，此則屬於修憲之問題。如前所述，法官行使職權，對外不受任何其他國家機關之干涉。其審判案件對內每位法官都是獨立，僅依據法律以為裁判；此與檢察官之行使職權應受上級長官（檢察首長）指揮監督者，功能上固不能相提並論；而法官之審判係出於被動，即所謂不告不理原則，其與檢察官之主動偵查，提起公訴，性質上亦截然有別。憲法第八條制定之目的既在保障人身自由，則就其規定之整體予以觀察，當以由法官構成之法院決定羈押與否，較能達成此一目的，本不涉及何者客觀公正之問題，否則警察機關豈非亦可賦予羈押之權，蓋就國家而言，何能懷疑警察機關之客觀公正性？因此，殊不得以審判中法院（法官）之得依職權為羈押乙事相比擬。又檢察官雖具有外國（如現在之法國、一九七五年前之德國、戰前之日本）預審法官（juge d'instruction; Unter-suchungsrichter；豫審判事）之部分職權；但其究非等同於預審法官；況德國於一九七五年修改刑事訴訟法，廢除預審制度後，其檢察官本於基本法之規定，仍亦未完全替代預審法官之擁有羈押被告之權。是其以我國檢察官具有預審法官之性格，即謂應有刑事訴訟法上羈押被告權限之主張，仍難認為有據。

總之，憲法並非靜止之概念，其乃孕育於一持續更新之國家成長過程中，依據抽象憲法條文對於現所存在之狀況而為法的抉擇，當不能排除時代演進而隨之有所變遷之適用上問題。從歷史上探知憲法規範性的意義固有其必要；但憲法規定本身之作用及其所負之使命，則不能不從整體法秩序中為價值之判斷，並藉此為一符合此項價值秩序之決定。人權保障乃我國現在文化體系中之最高準則，並亦當今先進文明社會共同之準繩。作為憲法此一規範主體之國民，其在現實生活中所表現之意念，究欲憲法達成何種之任務，於解釋適用時，殊不得不就其所顯示之價值秩序為必要之考量。茲人身自由為一切自由之所本，倘人身自由未能獲得嚴謹之保護，則其他自由何有實現之可能！憲法第八條之規定既應予遵守，則為求貫徹此一規定之理念，本院認其應以前開解釋之適用，始有實現其所規定之目的之可能。爰予解釋如「解釋文」所示。

釋字第三九三號解釋　　（憲一六，行訴二八，民訴四九六）

　　　　　　　　　　　　　　　　八十五年一月五日公布

憲法第十六條規定，人民訴訟權應予保障，至訴訟救濟應循之審級、程序及相關要件，應由立法機關衡量訴訟之性質，以法律為正當合理之規定。行政訴訟法第二十八條第

七款規定「為判決基礎之證物係偽造或變造者」得據以提起再審之訴，係指該證物確係偽造或變造而言，非謂僅須再審原告片面主張其為偽造或變造，即應重開訴訟程序而予再審。而所謂證物確係偽造或變造，則又以其偽造或變造經宣告有罪之判決已確定，或其刑事訴訟不能開始或續行，非因證據不足者為限。此乃因再審係對確定裁判之非常救濟程序，影響法秩序之安定，故對其提起要件應有所限制。行政法院七十六年判字第一四五一號判例，符合上開意旨，與憲法第十六條保障人民訴訟權之規定尚無牴觸。

解釋理由書

憲法第十六條所保障人民之訴訟權，其實現所應遵循之程序及所應具備之要件，應由立法機關衡量訴訟之性質，以法律為正當合理之規定。訴訟程序之目的即在發見真實，實現正義。而證據為使事實明顯之原因，關係重大。故提出於訴訟之證物，其真偽與證明力，當事人應於訴訟程序進行中，為適當完全之辯論，使法院判斷事實所憑之證據臻於確實，而達裁判合於真實之目的。惟判決一經確定，紛爭即因之而解決，法律秩序亦賴之而安定。雖於判決確定後，有為判決基礎之證物係偽造或變造之情形者，仍得據以提起再審之訴，但此係指該證物確係偽造或變造而言，非謂僅須再審原告片面主張其係偽造或變造，即應重開訴訟程序而予再審。而所謂證物確係偽造或變造，則又以其偽造或變造經宣告有罪之判決已確定，或其刑事訴訟不能開始或續行，非因證據不足者為限，此在民事訴訟法第四百九十六條第一項第九款、第二項設有明文規定，使提起再審之訴不致漫無限制，藉以確保判決之確定力，維護法律秩序之安定。上開再審之要件係立法機關為平衡法律之安定性與裁判之正確性所作之決定，應無違憲可言。

行政訴訟法於中華民國六十四年十二月十二日修正前，即五十八年之舊法，其第二十四條原亦規定：「有民事訴訟法第四百九十六條所列各款情形之一者，當事人對於行政法院之判決，得向該院提起再審之訴。」既係引用民事訴訟法第四百九十六條之全條條文，而不限於該條之第一項，足見行政訴訟之再審要件與民事訴訟之再審要件相同。嗣該條文修正為現行法之第二十八條，雖將再審原因改為分款列舉方式，但其中第七款，「為判決基礎之證物，係偽造或變造者」，仍為民事訴訟法第四百九十六條第一項第九款之原文，而當時提案修正之理由，亦僅為「參照民事訴訟法第四百九十六條及斟酌行政訴訟之性質，改為列舉規定，俾資適用。且免將來民訴法修正變更條次或內容時，本法即須隨同修正」等語，不具刪除證物之偽造或變造須經有罪判決確定等有

關限制之意涵。行政法院七十六年度判字第一四五一號判例謂：「所謂為判決基礎之證物係偽造或變造者，係指其偽造或變造構成刑事上之犯罪者而言，且此種偽造或變造之行為，應以宣告有罪之判決已確定，或其刑事訴訟不能開始或續行，非因證據不足者為限。」符合上開意旨，與憲法第十六條保障人民訴訟權之規定尚無抵觸。

釋字第三九四號解釋　（憲二三，建築一五，營造業管理規則三一）

八十五年一月五日公布

建築法第十五條第二項規定：「營造業之管理規則，由內政部定之」，概括授權訂定營造業管理規則。此項授權條款雖未就授權之內容與範圍為明確之規定，惟依法律整體解釋，應可推知立法者有意授權主管機關，就營造業登記之要件、營造業及其從業人員之行為準則、主管機關之考核管理等事項，依其行政專業之考量，訂定法規命令，以資規範。至於對營造業者所為裁罰性之行政處分，固與上開事項有關，但究涉及人民權利之限制，其處罰之構成要件與法律效果，應由法律定之；法律若授權行政機關訂定法規命令予以規範，亦須為具體明確之規定，始符憲法第二十三條法律保留原則之意旨。營造業管理規則第三十一條第一項第九款，關於「連續三年內違反本規則或建築法規規定達三次以上者，由省（市）主管機關報請中央主管機關核准後撤銷其登記證書，並刊登公報」之規定部分，及內政部中華民國七十四年十二月十七日（七四）臺內營字第三五七四二九號關於「營造業依營造業管理規則所置之主（專）任技師，因出國或其他原因不能執行職務，超過一個月，其狀況已消失者，應予警告處分」之函釋，未經法律具體明確授權，而逕行訂定對營造業者裁罰性行政處分之構成要件及法律效果，與憲法保障人民權利之意旨不符，自本解釋公布之日起，應停止適用。

　　解釋理由書

對於人民違反行政法上義務之行為科處裁罰性之行政處分，涉及人民權利之限制，其處罰之構成要件及法律效果，應由法律定之。若法律就其構成要件，授權以命令為補充規定者，授權之內容及範圍應具體明確，然後據以發布命令，始符憲法第二十三條以法律限制人民權利之意旨，本院釋字第三一三號解釋可資參照。準此，凡與限制人民自由權利有關之事項，應以法律或法律授權命令加以規範，方與法律保留原則相符。故法律授權訂定命令者，如涉及限制人民之自由權利時，其授權之目的、範圍及內容須符合具體明確之要件；若法律僅為概括授權時，固應就該項法律整體所表現之關聯意義為判斷，而非拘泥於特定法條之文字；惟依此種概括授權所訂定之命令祇能就執

行母法有關之細節性及技術性事項加以規定，尚不得超越法律授權之外，逕行訂定制裁性之條款，此觀本院釋字第三六七號解釋甚為明顯。

建築法第十五條第二項規定：「營造業之管理規則，由內政部定之」，概括授權內政部訂定營造業管理規則。此項授權條款並未就授權之內容與範圍為明確之規定，惟依法律整體解釋，應可推知立法者有意授權主管機關，就營造業登記之要件、營造業及其從業人員之行為準則、主管機關之考核管理等事項，依其行政專業之考量，訂定法規命令，以資規範。內政部於中華民國七十二年五月十一日修正發布之營造業管理規則第三十條第一項第十一款(七十五年四月三十日修正條次為第三十一條第一項第九款，迄至現行規則規定之條次相同)，關於「連續三年內違反本規則或建築法規規定達三次以上者，由省(市)主管機關報請中央主管機關核准後撤銷其登記證書，並刊登公報」之規定，及內政部七十四年十二月十七日(七四)臺內營字第三五七四二九號關於「營造業依營造業管理規則所置之主(專)任技師，因出國或其他原因不能執行職務，超過一個月，其狀況已消失者，應予警告處分」之函釋，雖係基於公共利益之考量，屬行政主管機關行使監督權之範疇；但已涉及人民權利之限制，揆諸前開說明，仍有法律保留原則之適用。蓋「撤銷登記證書之處分」，係指對於違反管理規則所定義務之處罰，將其已享有之權益，予以不利之處分；而警告處分既發生撤銷登記證書之法律效果，亦屬行政處罰種類之一，均應以法律或法律具體明確授權之規定為依據，方符憲法保障人民權利之意旨。

綜上所述，建築法第十五條僅概括授權訂定營造業管理規則，並未為撤銷登記證書之授權，而其他違反義務應予處罰之構成要件及制裁方式，該法第八十五條至第九十五條已分別定有明文，是上開營造業管理規則第三十一條第一項第九款及內政部七十四年十二月十七日(七四)臺內營字第三五七四二九號函，均欠缺法律明確授權之依據，逕行訂定對營造業裁罰性行政處分之構成要件及法律效果，與憲法保障人民權利之意旨不符，自本解釋公布之日起，應停止適用。

釋字第三九五號解釋　　(憲一六、二三，大法官審案五，公懲三三、三四、三九，行訴二八、三〇，民訴四九六、五〇五，刑訴四二四、四二五、四三六、四三七)

八十五年二月二日公布

懲戒案件之議決，有法定事由者，原移送機關或受懲戒處分人得移請或聲請再審議，公務員懲戒法第三十三條第一項定有明文。其中所謂「懲戒案件之議決」，自應包括再

審議之議決在內。公務員懲戒委員會再審字第三三五號案例及其他類似案例，與上開解釋意旨不符，對公務員訴訟上之權利為逾越法律規定之限制部分，有違憲法第二十三條法律保留原則之規定，應自本解釋公布之日起不再援用。

解釋理由書

司法院大法官審理案件法第五條第一項第二款所稱：「確定終局裁判所適用之法律或命令」，乃指確定終局裁判作為裁判依據之法律或命令或相當於法律或命令者而言，業經本院釋字第一五四號解釋理由書釋示在案。公務員懲戒委員會依其處務規程第十八條，設立「案例編輯委員會」，負責案例之編輯，就審議之案件，擇其案情或法律見解足以為例者，選輯為案例，作為案件審議之重要參考。其所選輯之「案例」與最高法院或行政法院之判例或決議相當，既經公務員懲戒委員會援引其案號或其具體內容為審議之依據，依本院釋字第一五四號解釋之意旨，仍有首開規定之適用，合先說明。

憲法第十六條規定人民有訴訟之權，旨在確保人民有依法定程序提起訴訟及受公平審判之權益。至於訴訟救濟應循之相關程序，則由立法機關衡量訴訟性質以法律妥為合理之規定，而有憲法第二十三條法律保留原則之適用。公務員憲法上保障之權利，雖基於公法上之職務關係，在其職務上服從義務範圍內，受有相當之限制。惟除此情形外，公務員因權益受損害而尋求法律救濟之權，如有必要加以限制時，應以法律為之，尚不得以「案例」為逾越法律之限制。公務員懲戒委員會關於公務員懲戒案件之議決，若有公務員懲戒法第三十二條第一項所列舉各款情形之一者，於第三十四條各款所定期間內，原移送機關或受懲戒人得移請或聲請再審議，係對公務員懲戒委員會之議決所設之特定救濟程序，用以發見實體之真實及妥當適用法規。惟公務員懲戒委員會無論審議或再審議懲戒案件，均應依公務員懲戒法所定程序作成議決書，其議決之性質並不因議決之先後而有不同。類此，在刑事訴訟案件，依刑事訴訟法第四百三十六條規定，開始再審之裁定確定後，法院應依其審級之通常程序，更為審判，其所為之判決，除同法第四百三十七條第三項所規定者外，得依法上訴，判決確定者亦得依法聲請再審；在民事訴訟案件，依民事訴訟法第五百零五條規定，再審之訴訟程序準用關於各該審級訴訟程序之規定，其所為判決，得依法上訴，對於確定裁判得依民事訴訟法第四百九十六條以下之規定，提起再審之訴或聲請再審；在行政訴訟案件，依行政訴訟法第二十八條及第三十條規定，行政法院裁判具備同條各款所定再審原因者，得向行政法院提起再審之訴或聲請再審，而再審裁判如有上述再審理由者，仍得請求再審。是公務員懲戒法第三十三條第一項所稱「懲戒案件之議決」，並不以原第一次議決

為限，苟再審議之議決仍具備再審議之原因者，除該法第三十九條第二項有不得更以同一原因提出再審議聲請之限制外，尚非不得就再審議之議決以不同原因提出再審議之聲請。蓋懲戒案件之議決，未若刑事訴訟法有裁定與判決之分；而其得予再審議之事由，因公務員懲戒法第三十三條第一項第一款之規定，其適用法規顯有錯誤者，既亦其中之一，顯已於刑事訴訟法之純為事實認定錯誤救濟之再審外，加上法令適用錯誤得為非常上訴之救濟事由。茲此款之所謂「法規適用錯誤」，本包括實體法與程序法，因是，移請或聲請再審議之議決，即令以不合法予以駁回，亦非均無實質之內容，更非完全不能達成救濟之目的。至若以無理由而駁回者，大多涉及實體，即以同條項第六款之足以影響原議決之重要證據漏未斟酌而論，其是否「影響」，即是否足以「推翻」再審議之議決，判斷上多與實體有關，尤不能謂其不具救濟之效果。何況因移請或聲請再審議之期間，同法第三十四條均有三十日不變期間之限制，與刑事訴訟法不盡相同（參看刑事訴訟法第四百二十四條、第四百二十五條），且如上述，公務員懲戒法第三十九條第二項復有不得更以同一原因移請或聲請再審議之規定，是以對「原議決」之移請或聲請再審議，實質上自不可能不受次數之限制，如其以適用法規顯有錯誤為由移請或聲請再審議，經議決無理由予以駁回者，倘此一議決之法律上適用仍有錯誤，但因受三十日不變期間暨不得更以同一原因移請或聲請再審議之限制，其對「原議決」，即「第一次議決」，殊無從移請或聲請再審議；惟若准其對該「再審議之議決」為再審議之移請或聲請，當可獲得救濟。又如以影響原議決之重要證據漏未斟酌為由移請或聲請者，倘因其對該「證據」之存否此一事實，觀察有所過誤，經議決無理由予以駁回時，亦將因上述法條之規定致生相同之結果，如此尤謂不准其為再審議之移請或聲請，顯失公平。

公務員懲戒委員會再審字第三三五號、第三五一號、第四一一號、第四五二號、第四七八號、第四八六號、第四八九號及第四九七號等案例要旨謂：公務員懲戒法對於駁回再審議之議決，並無更行再審議之規定，此觀同法第三十三條、第三十四條、第三十五條有關聲請再審議之規定均明定係對「原議決」為之甚明，同法第三十三條規定之聲請再審議，應對第一次之議決即原議決為之等語，一概不許對於再審議之議決聲請再審議，與上開解釋意旨不符，而對公務員訴訟上之權利為逾越法律規定之限制部分，有違憲法第二十三條法律保留原則之規定，自本解釋公布之日起，應不再援用。

釋字第三九六號解釋　（憲一六、七七、八二）　　　　八十五年二月二日公布

憲法第十六條規定人民有訴訟之權，惟保障訴訟權之審級制度，得由立法機關視各種訴訟案件之性質定之。公務員因公法上職務關係而有違法失職之行為，應受懲戒處分者，憲法明定為司法權之範圍；公務員懲戒委員會對懲戒案件之議決，公務員懲戒法雖規定為終局之決定，然尚不得因其未設通常上訴救濟制度，即謂與憲法第十六條有所違背。懲戒處分影響憲法上人民服公職之權利，懲戒機關之成員既屬憲法上之法官，依憲法第八十二條及本院釋字第一六二號解釋意旨，則其機關應採法院之體制，且懲戒案件之審議，亦應本正當法律程序之原則，對被付懲戒人予以充分之程序保障，例如採取直接審理、言詞辯論、對審及辯護制度，並予以被付懲戒人最後陳述之機會等，以貫徹憲法第十六條保障人民訴訟權之本旨。有關機關應就公務員懲戒機關之組織、名稱與懲戒程序，併予檢討修正。

解釋理由書

憲法第十六條所定人民之訴訟權，乃人民於其權利遭受侵害時，得訴請救濟之制度性保障，其具體內容，應由立法機關制定法院組織與訴訟程序有關之法律，始得實現。惟人民之訴訟權有其受憲法保障之核心領域，為訴訟權必備之基本內容，對其若有欠缺，即與憲法第十六條保障人民訴訟權之意旨不符。本院釋字第二四三號解釋所謂有權利即有救濟之法理，即在指明人民訴請法院救濟之權利為訴訟權保障之核心內容，不容剝奪。保障訴訟權之審級制度，得由立法機關視各種訴訟案件之性質定之。公務員因公法上職務關係而有違法失職之行為，應受懲戒處分者，憲法明定為司法權之範圍；公務員懲戒委員會對懲戒案件之議決，公務員懲戒法雖規定為終局之決定，然尚不得因其未設通常上訴救濟制度，即謂與憲法第十六條有所違背。

憲法所稱之司法機關，就其狹義而言，係指司法院及法院（包括法庭），而行使此項司法權之人員為大法官與法官。公務員懲戒委員會掌理公務員之懲戒事項，屬於司法權之行使，並由憲法上之法官為之。惟懲戒處分影響憲法上人民服公職之權利，懲戒機關之成員既屬憲法上之法官，依憲法第八十二條及本院釋字第一六二號解釋意旨，則其機關應採法院之體制，包括組織與名稱，且懲戒案件之審議，亦應本正當法律程序之原則，對被付懲戒人予以充分之程序保障，例如採取直接審理、言詞辯論、對審及辯護制度，並予以被付懲戒人最後陳述之機會等，以貫徹憲法第十六條保障人民訴訟權之本旨。有關機關應就公務員懲戒機關之組織、名稱與懲戒程序，併予檢討修正。

釋字第三九七號解釋　　（憲一九，營業稅一五、一九）

八十五年二月十六日公布

財政部中華民國七十五年二月二十日臺財稅字第七五二一四三五號令發布之「兼營營業人營業稅額計算辦法」係基於營業稅法第十九條第三項具體明確之授權而訂定，並未逾越法律授權之目的及範圍，與租稅法律主義並無牴觸。又財政部七十七年七月八日臺財稅字第七六一一五三九一九號函釋稱兼營投資業務之營業人於年度中取得之股利，應於年度結束時彙總列入當年度最後乙期免稅銷售額申報，並依兼營營業人營業稅額計算辦法之規定，按當期或當年度進項稅額不得扣抵銷項稅額之比例計算調整應納稅額，併同繳納，僅釋示兼營營業人股利所得如何適用上開辦法計算其依法不得扣抵之進項稅額，並未認股利收入係營業稅之課稅範圍，符合營業稅法意旨，與憲法尚無違背。惟不得扣抵比例之計算，在租稅實務上既有多種不同方法，財政部雖於八十一年八月二十五日有所修正，為使租稅益臻公平合理，主管機關仍宜檢討改進。

解釋理由書

現行營業稅法對於營業稅之課徵係採加值型營業稅及累積型轉手稅合併立法制，前者依營業稅法第四章第一節規定，係按營業人進、銷項稅額之差額課稅；後者依同法第四章第二節規定，係按營業人銷售總額課徵營業稅。依營業稅法第十五條第一項規定，營業人當期銷項稅額（指營業人銷售貨物或勞務、或依規定所應收取之營業稅額）扣減進項稅額（指營業人購買貨物或勞務時，依規定支付之營業稅額）之餘額，即為當期應納或溢付營業稅額。營業人得以購買貨物或勞務所支付之進項稅額申報扣抵銷售貨物或勞務之銷項稅額，應以其所銷售之貨物或勞務屬於應稅者為限。依營業稅法第十九條第一項規定同條項所定之進項稅額，不得扣抵銷項稅額，又同條第二項規定專營免稅貨物或勞務者，其進項稅額不得申請退還。但就兼營營業稅法第八條免稅貨物或勞務者，其購進所營免稅貨物或勞務，或營業人非供本業及附屬業務使用之貨物或勞務等第十九條第一項所列之進項稅額，因與得扣抵之進項稅額，有不易明確劃分之情形，為合理計算應納稅額，營業稅法第十九條第三項乃授權財政部就兼營營業稅法第八條第一項免稅貨物或勞務，或因本法其他規定而有部分不得扣抵情形者，其進項稅額不得扣抵銷項稅額之比例與計算辦法，由財政部定之，作為稽徵或納稅之依據。此種法律基於特定目的，而以內容具體、範圍明確之方式，就徵收稅捐所為之授權規定，並非憲法所不許（釋字第三四六號解釋參照）。

財政部七十五年二月二十日臺財稅字第七五二一四三五號令發布之「兼營營業稅額計算辦法」係基於營業稅法第十九條第三項具體明確之授權而訂定，其所採之比

例扣抵法，旨在便利徵納雙方徵繳作業，並未逾越授權之目的及範圍。加值型營業稅係對貨物或勞務在生產、提供或流通之各階段，就銷售金額扣抵進項金額後之餘額（即附加價值）所課徵之稅，涉及稽徵技術、成本與公平，有其演進之過程。關於如何計算兼營營業人之應納稅額，各國多採比例扣抵法，亦有規定帳載完備，得明確劃分勾稽，而經核准者，得採直接扣抵法。財政部於八十一年八月二十五日修正上開辦法，規定自八十一年九月一日起，兼營營業人帳簿記載完備，能明確區分所購買貨物或勞務之實際用途者，得向稽徵機關申請核准採用直接扣抵法，按貨物或勞務之實際用途計算其進項稅額可扣抵銷項稅額之金額，使兼營營業人有所選擇，係在因應我國營業稅制之發展，兼顧實情與公平所為之改進。查主管機關基於法律授權所訂定之各種命令，於不違反法律授權意旨之限度內，並非不得增刪修訂或變更其見解（釋字第二八七號解釋參照），故不能因而認財政部修改前開辦法，兼採直接扣抵法，即謂原本所採之比例扣抵法為違法。

營業稅係以在中華民國境內銷售貨物或勞務及進口貨物為課徵對象，營業稅法第一條設有規定，股利收入不在營業稅課徵範圍。財政部七十七年七月八日臺財稅字第七六一一五三九一九號函釋謂，兼營投資業務之營業人於年度中取得之股利，應於年度結束時彙總列入當年度最後乙期免稅銷售額申報，並依兼營營業人營業稅額計算辦法，按當期或當年度進項稅額不得扣抵銷項稅額之比例計算調整應納稅額，併同繳納，僅釋示兼營營業人股利所得如何適用上開辦法計算其依法不得扣抵之進項稅額，非在增加其銷項稅額，亦非認股利收入係屬營業稅課稅範圍，而對股利收入課徵營業稅，符合營業稅法之意旨。蓋如許股利收入免予列入計算依法不得扣抵比例，則此項與股利收入有關之各項費用之進項稅額，均將併作應課徵營業稅之進項稅額，而予全數扣抵，使其相關進項費用完全無租稅負擔，相較於專營投資業務者之此等進項稅額完全不能扣抵，有失公平，且將誘使專營投資業務者藉銷售少數應稅貨物或勞務而成為兼營投資業務之營業人，將投資業務之進項稅額得以悉數扣抵，規避稅負，自非合理。

綜上所述，上開財政部發布之兼營營業人營業稅額計算辦法及函釋，符合營業稅法意旨，與憲法第十九條所定租稅法律主義尚無抵觸。惟上開函釋，以「股利」收入作為計算進項稅額不得扣抵之比例基礎，文義上易滋將股利擴張解釋為營業稅之課稅適用範圍之誤解；又不得扣抵比例之計算，在租稅實務上既有多種不同方法，財政部雖於八十一年八月二十五日有所修正，為使租稅益臻公平合理，主管機關仍宜檢討改進。

釋字第三九八號解釋 （憲七、一〇，農會一、一二、一四、一八，農保六）

八十五年三月二十二日公布

農會係以保障農民權益、提高農民知識技能、促進農業現代化、增加生產收益、改善農民生活、發展農村經濟為宗旨，得由居住農會組織區域內，實際從事農業之人依法參加為會員。農會既以其組織區域內之農民為服務對象，其會員資格之認定自以「居住農會組織區域內」及「實際從事農業」為要件。農會法第十八條第四款規定農會會員住址遷離原農會組織區域者為出會之原因，係屬法律效果之當然規定，與憲法第七條及第十條亦無牴觸。惟農會會員住址遷離原農會組織區域者，如仍從事農業工作，參酌農民健康保險條例第六條規定，其為農民健康保險被保險人之地位不應因而受影響，仍得依規定交付保險費，繼續享有同條例所提供之保障。主管機關發布有關命令應符合此意旨，以維護農民健康保險條例保障農民健康之目的。

解釋理由書

農會係以保障農民權益、提高農民知識技能、促進農業現代化、增加生產收益、改善農民生活、發展農村經濟為宗旨，得由居住農會組織區域內，實際從事農業之人依法參加為會員，農會法第一條、第十二條、第十四條分別定有明文。農會既以其組織區域內之農民為服務對象，其會員資格之認定，自以「居住農會組織區域內」及「實際從事農業」為要件。農會法第十八條第四款規定農會會員住址遷離原農會組織區域者為出會之原因，係屬法律效果之當然規定。況辦理戶籍遷徙登記，既係出於當事人之自願，應無違反憲法第十條人民有居住遷徙之自由；而實際從事農業工作者，又非不得依農會法之有關規定申請加入其新居住區域之基層農會為會員，亦無違反憲法第七條平等權之可言。惟農民健康保險係社會保險之一種，參酌農民健康保險條例第六條之規定，乃農民基於身分當然享有之權益。農民健康保險條例第五條第一項及第二項雖規定：「農會法第十二條所定之農會會員應參加本保險為被保險人，並以其所屬基層農會為投保單位。」「非前項農會會員，年滿十五歲以上從事農業工作之農民，參加本保險為被保險人者，應以其戶籍所在地之基層農會為投保單位。」僅係對基層農會受託辦理農民健康保險時應負責任範圍之特別規定，不得因而認為農民健康保險權益之享有，以維持農會會員或在原投保單位所在地設有戶籍為要件。是以農會會員住址遷離原農會組織區域，如仍從事農業工作，其為農民健康保險被保險人之地位不應因而受影響，仍得依規定交付保險費，繼續享有同條例所提供之保障。主管機關發布有關命令應符合此意旨，以維護農民健康保險條例保障農民健康之目的。

釋字第三九九號解釋　　（憲二二，姓名六）　　　　八十五年三月二十二日公布

姓名權為人格權之一種，人之姓名為其人格之表現，故如何命名為人民之自由，應為憲法第二十二條所保障。姓名條例第六條第一項第六款規定命名文字字義粗俗不雅或有特殊原因經主管機關認定者，得申請改名。是有無申請改名之特殊原因，由主管機關於受理個別案件時，就具體事實認定之。姓名文字與讀音會意有不可分之關係，讀音會意不雅，自屬上開法條所稱得申請改名之特殊原因之一。內政部中華民國六十五年四月十九日臺內戶字第六八二二六六號函釋「姓名不雅，不能以讀音會意擴大解釋」，與上開意旨不符，有違憲法保障人格權之本旨，應不予援用。

　　解釋理由書

按行政機關依其職掌就有關法規為釋示之行政命令，法官於審判案件時，固可予以引用，但得依據法律，表示適當之不同見解，並不受其拘束，本院釋字第一三七號解釋即係本此意旨；主管機關依其職掌就有關法規所為釋示，固可供法官於審判案件時參考，但不受其拘束。惟如經法院引用為裁判之基礎者，參照本院釋字第二一六號解釋，得為違憲審查之對象。本案行政法院八十三年度判字第九四八號判決理由中雖未明確指出具體適用何項法令，但由其所持法律見解，可判斷該項判決係以內政部六十五年四月十九日臺內戶字第六八二二六六號函釋為判決基礎。依司法院大法官審理案件法第五條第一項第二款之規定，應予受理。

姓名權為人格權之一種，人之姓名為其人格之表現，故如何命名為人民之自由，應為憲法第二十二條所保障。姓名條例第六條第一項就人民申請改名，設有各種限制，其第六款規定命名文字字義粗俗不雅或有特殊原因經主管機關認定者得申請改名，命名文字字義粗俗不雅者，主管機關之認定固有其客觀依據，至於「有特殊原因」原亦屬一種不確定法律概念，尤應由主管機關於受理個別案件時，就具體事實認定之，且命名之雅與不雅，繫於姓名權人主觀之價值觀念，主管機關於認定時允宜予以尊重。姓名文字與讀音會意有不可分之關係，讀音會意不雅，自屬上開法條所稱得申請改名之特殊原因之一。內政部六十五年四月十九日臺內戶字第六八二二六六號函釋「姓名不雅，不能以讀音會意擴大解釋」，與上開意旨不符，有違憲法保障人格權之本旨，應不予援用。

釋字第四○○號解釋　　（憲一五，民八五一、八五二，土地一四、二○八、二○九）　　　　　　　　　　　　　　　　八十五年四月十二日公布

憲法第十五條關於人民財產權應予保障之規定，旨在確保個人依財產之存續狀態行使其自由使用、收益及處分之權能，並免於遭受公權力或第三人之侵害，俾能實現個人自由、發展人格及維護尊嚴。如因公用或其他公益目的之必要，國家機關雖得依法徵收人民之財產，但應給予相當之補償，方符憲法保障財產權之意旨。既成道路符合一定要件而成立公用地役關係者，其所有權人對土地既已無從自由使用收益，形成因公益而特別犧牲其財產上之利益，國家自應依法律之規定辦理徵收給予補償，各級政府如因經費困難，不能對上述道路全面徵收補償，有關機關亦應訂定期限籌措財源逐年辦理或以他法補償。若在某一道路範圍內之私有土地均辦理徵收，僅因既成道路有公用地役關係而以命令規定繼續使用，毋庸同時徵收補償，顯與平等原則相違。至於因地理環境或人文狀況改變，既成道路喪失其原有功能者，則應隨時檢討並予廢止。行政院中華民國六十七年七月十四日臺六十七內字第六三○一號函及同院六十九年二月二十三日臺六十九內字第二○七二號函與前述意旨不符部分，應不再援用。

解釋理由書

本件確定終局判決係以行政院六十七年七月十四日臺六十七內字第六三○一號函及同院六十九年二月二十三日臺六十九內字第二○七二號函並未違反土地法第十四條規定為前提論據，上開函件既經聲請人具體指陳有牴觸憲法之疑義，應依司法院大法官審理案件法第五條第一項第二款規定，予以受理，合先說明。

憲法第十五條關於人民財產權應予保障之規定，旨在確保個人依財產之存續狀態行使其自由使用、收益及處分之權能，並免於遭受公權力或第三人之侵害，俾能實現個人自由、發展人格及維護尊嚴。惟個人行使財產權仍應依法受社會責任及環境生態責任之限制，其因此類責任使財產之利用有所限制，而形成個人利益之特別犧牲，社會公眾並因而受益者，應享有相當補償之權利。至國家因興辦公共事業或因實施國家經濟政策，雖得依法律規定徵收私有土地（參照土地法第二百零八條及第二百零九條），但應給予相當之補償，方符首開憲法保障財產權之意旨。

公用地役關係乃私有土地而具有公共用物性質之法律關係，與民法上地役權之概念有間，久為我國法制所承認（參照本院釋字第二五五號解釋、行政法院四十五年判字第八號及六十一年判字第四三五號判例）。既成道路成立公用地役關係，首須為不特定之公眾通行所必要，而非僅為通行之便利或省時；其次，於公眾通行之初，土地所有權人並無阻止之情事；其三，須經歷之年代久遠而未曾中斷，所謂年代久遠雖不必限定其期間，但仍應以時日長久，一般人無復記憶其確實之起始，僅能知其梗概（例如始

於日據時期、八七水災等）為必要。至於依建築法規及民法等之規定，提供土地作為公眾通行之道路，與因時效而形成之既成道路不同，非本件解釋所指之公用地役關係，乃屬當然。私有土地因符合前開要件而存在公用地役關係時，有關機關自應依據法律辦理徵收，並斟酌國家財政狀況給予相當補償。各級政府如因經費困難不能對前述道路全面徵收補償，亦應參酌行政院八十四年十月二十八日發布之臺八十四內字第三八四九三號函及同年十月十一日內政部臺八十四內營字第八四八〇四八一號函之意旨，訂定確實可行之期限籌措財源逐年辦理，或以其他方法彌補其損失，諸如發行分期補償之債券、採取使用者收費制度、抵稅或以公有土地抵償等以代替金錢給付。若在某一道路範圍內之私有土地均辦理徵收，僅因既成道路有公用地役關係而以命令規定繼續使用毋庸同時徵收補償，顯與平等原則相違。又因地理環境或人文狀況改變，既成道路喪失其原有功能者，則應隨時檢討並予廢止。行政院六十七年七月十四日臺六十七內字第六三〇一號函所稱：「政府依都市計畫主動辦理道路拓寬或打通工程施工後道路形態業已改變者，該道路範圍內之私有土地，除日據時期之既成道路目前仍作道路使用，且依土地登記簿記載於土地總登記時，已登記為『道』地目之土地，仍依前項公用地役關係繼續使用外，其餘土地應一律辦理徵收補償。」及同院六十九年二月二十三日臺六十九內字第二〇七二號函所稱：「查臺六十七內字第六三〇一號院函說明二第二項核釋日據時期既成道路仍依公用地役關係繼續使用乙節，乃係顧及地方財政困難，一時無法籌措鉅額補償費，並非永久不予依法徵收，依土地法第十四條：『公共交通道路土地不得為私有……其已成為私有者，得依法徵收。』之原旨，作如下之補充規定：『今後地方政府如財政寬裕或所興築道路曾獲得上級專案補助經費，或依法徵收工程受益費、車輛通行費者，則對該道路內私有既成道路土地應一律依法徵收補償。』」與前述意旨不符部分，應不再援用。

釋字第四〇一號解釋　　（憲一七、三二、七三、一三三，公職選罷六九）

八十五年四月二十六日公布

憲法第三十二條及第七十三條規定國民大會代表及立法委員言論及表決之免責權，係指國民大會代表在會議時所為之言論及表決，立法委員在立法院內所為之言論及表決，不受刑事訴追，亦不負民事賠償責任，除因違反其內部所訂自律之規則而受懲戒外，並不負行政責任之意。又罷免權乃人民參政權之一種，憲法第一百三十三條規定被選舉人得由原選舉區依法罷免之。則國民大會代表及立法委員因行使職權所為言論及表

決，自應對其原選舉區之選舉人負政治上責任。從而國民大會代表及立法委員經國內選舉區選出者，其原選舉區選舉人得以國民大會代表及立法委員所為言論及表決不當為理由，依法罷免之，不受憲法第三十二條及第七十三條規定之限制。

解釋理由書

憲法第二十五條規定國民大會依本憲法之規定，代表全國國民行使政權。又憲法第六十二條規定立法院為國家最高立法機關，由人民選舉之立法委員組織之，代表人民行使立法權。二者均屬由人民直接選舉之代表或委員所組成之民意機關。憲法依民主憲政國家之通例，乃賦予國民大會代表及立法委員言論及表決之免責權，俾其能暢所欲言，充分表達民意，善盡監督政府之職責，並代表人民形成各該民意機關之決策，而無所瞻顧。憲法第三十二條規定國民大會代表在會議時所為之言論及表決，對會外不負責任；第七十三條規定立法委員在院內所為之言論及表決，對院外不負責任。其目的係為保障國民大會代表及立法委員不因其行使職權所為言論及決議而負民事上之損害賠償責任或受刑事上之訴追，除其言行違反內部所訂自律之規則而受懲戒外，並不負行政責任，此乃憲法保障國民大會代表及立法委員之言論及表決對外不負法律上責任。而憲法第一百三十三條規定被選舉人得由原選舉區依法罷免之，則係憲法基於直接民權之理念所設之制度。依上述條文，國民大會代表及立法委員於就任一定期間後，選舉人得就其言行操守、議事態度、表決立場予以監督檢驗，用示對選舉人應負政治上責任。至提議罷免之理由，自無限制之必要。其由全國不分區及僑居國外國民產生之當選人，因無原選舉區可資歸屬，自無適用罷免規定之餘地。民國八十年八月二日修正公布之公職人員選舉罷免法第六十九條規定：「公職人員之罷免，得由原選舉區選舉人向選舉委員會提出罷免案。但就職未滿一年者，不得罷免。」「全國不分區、僑居國外國民選舉之當選人，不適用罷免之規定。」即係本上開意旨而制定。綜上所述，國民大會代表及立法委員經國內選舉區選出者，其原選舉區選舉人認為國民大會代表及立法委員所為言論及表決不當者，得依法罷免之，不受憲法第三十二條、第七十三條規定之限制。

釋字第四〇二號解釋　（憲二三，保險八之一、九、一六七之一、一七七，保險代理人經紀人公證人管理規則一五、四八～五一，保業管二、三）

八十五年五月十日公布

對人民違反行政法上義務之行為予以裁罰性之行政處分，涉及人民權利之限制，其處

分之構成要件與法律效果，應由法律定之，法律雖得授權以命令為補充規定，惟授權之目的、範圍及內容必須具體明確，然後據以發布命令，方符憲法第二十三條之意旨。保險法第一百七十七條規定：「代理人、經紀人、公證人及保險業務員管理規則，由財政部另訂之」，主管機關固得依此訂定法規命令，對該等從業人員之行為為必要之規範，惟保險法並未就上述人員違反義務應予處罰之構成要件與法律效果為具體明確之授權，則其依據上開法條訂定發布之保險代理人經紀人公證人管理規則第四十八條第一項第十一款，對於保險代理人、經紀人及公證人等從業人員違反義務之行為，訂定得予裁罰性之行政處分，顯與首開憲法保障人民權利之意旨不符，應自本解釋公布日起，至遲於屆滿一年時，失其效力。

　　解釋理由書

對於人民違反行政法上義務之行為予以裁罰性之行政處分，涉及人民權利之限制，其處罰之構成要件及法律效果，應由法律定之，方符憲法第二十三條之意旨。故法律授權訂定命令，如涉及限制人民之自由權利時，其授權之目的、範圍及內容須符合具體明確之要件；若法律僅為概括之授權者，固應就該項法律整體所表現之關連意義為判斷，而非拘泥於特定法條之文字，惟依此種概括授權所訂定之命令，祇能就母法有關之細節性及技術性事項加以規定，尚不得超越法律授權之外，逕行訂定裁罰性之行政處分條款，迭經本院解釋有案。

保險法第一百七十七條規定：「代理人、經紀人、公證人及保險業務員管理規則，由財政部另訂之」，主管機關固得依此訂定法規命令，對保險業代理人、經紀人及公證人等相關從業人員之行為為必要之規範，惟對上述人員違反義務之行為，除已於同法第一百六十七條之一明定罰則外，上開授權法條並未就其應予處罰之構成要件與法律效果為具體明確之規定。財政部於中華民國八十二年十一月四日依據上開授權法條修正發布之保險代理人經紀人公證人管理規則第四十八條第一項第十一款規定：代理人、經紀人或公證人違反財政部命令或核定之保險業務規章者，除法令另有規定外，財政部得按其情節輕重，予以警告、一個月以上三年以下之停止執行業務或撤銷其執業證書之處分，雖係財政部基於公共利益之考量所為之規定，惟各該警告、停止執行業務或撤銷其執業證書之處分，均屬裁罰性行政處分之一種，已涉及人民權利之限制，本應以法律或法律具體明確授權之法規命令為依據，方符憲法保障人民權利之意旨。上開管理規則第四十八條第一項第十一款於超越法律授權之外，逕行訂定對上述從業人員裁罰性行政處分之構成要件及法律效果，顯與憲法保障人民權利之意旨不符。爰審酌

各該規定之必要性及修改法律所需時間，上開管理規則第四十八條第一項第十一款應自本解釋公布日起，至遲於屆滿一年時，失其效力。又該管理規則涉及限制人民權利之其他裁罰性行政處分，亦應從速一併檢討修正。

釋字第四〇三號解釋 （憲七，強執四、一八） 八十五年五月二十四日公布

民事強制執行須依執行名義為之。強制執行程序開始後，除法律另有規定外，不停止執行，強制執行法第四條第一項、第十八條第一項定有明文。同法第十八條第二項規定，於一定情形下，法院因債務人之聲請，定相當並確實之擔保，得為停止強制執行之裁定，債務人本此裁定所供擔保，係以擔保債權人因債務人聲請停止強制執行不當可能遭受之損害得獲賠償為目的，已兼顧債權人與債務人之權益，並非增加債務人之額外負擔，此與債權人聲請民事強制執行須依執行名義為之有所不同，與憲法第七條規定，尚無牴觸。

解釋理由書

強制執行須依執行名義為之。強制執行程序開始後，除法律另有規定外，不停止執行，必至執行名義實現而後已。此觀強制執行法第四條、第十八條第一項規定自明。惟於債務人有回復原狀之聲請，或提起再審或異議之訴，或對於和解為繼續審判之請求，或提起宣告調解無效之訴、撤銷調解之訴，或對於第四條第一項第五款之裁定提起抗告時，一方面為避免債務人因繼續強制執行而有受害之虞；一方面為確保債權人因債務人聲請停止強制執行不當可能遭受之損害得獲賠償，強制執行法第十八條第二項乃規定法院因必要情形或依債務人之聲請定相當並確實之擔保，得為停止強制執行之裁定，以兼顧債權人與債務人雙方之權益。此項擔保之提供，既非擔保債務人所負之原債務得予履行，自未增加債務人額外之負擔。至於債權人聲請民事強制執行須依執行名義為之，此與法院因債務人聲請定相當並確實之擔保裁定准予停止強制執行較之，一為債權人本於執行名義聲請強制執行，一為債務人主張有停止強制執行之原因而命供擔保，二者主張之原因事實不同，難謂與憲法第七條規定有違。

釋字第四〇四號解釋 （憲一五、二三，醫師三、二五，醫療四一，藥事九，藥師一五） 八十五年五月二十四日公布

憲法第十五條規定人民之工作權應予保障，故人民得自由選擇工作及職業，以維持生計。惟人民之工作與公共福祉有密切關係，為增進公共利益之必要，對於人民從事工

作之方法及應具備之資格或其他要件，得以法律為適當之限制，此觀憲法第二十三條規定自明。醫師法為強化專業分工、保障病人權益及增進國民健康，使不同醫術領域之醫師提供專精之醫療服務，將醫師區分為醫師、中醫師及牙醫師。醫療法第四十一條規定醫療機構之負責醫師應督導所屬醫事人員依各該醫事專門職業法規規定執行業務，均屬增進公共利益所必要。中醫師之醫療行為應依中國傳統之醫術為之，若中醫師以「限醫師指示使用」之西藥製劑或西藥成藥處方，為人治病，顯非以中國傳統醫術為醫療方法，有違醫師專業分類之原則及病人對中醫師之信賴。行政院衛生署七十一年三月十八日衛署醫字第三七〇一六七號函釋：「三、中醫師如使用『限醫師指示使用』之西藥製劑，核為醫師業務上之不正當行為，應依醫師法第二十五條規定論處。四、西藥成藥依藥物藥商管理法之規定，其不待醫師指示，即可供治療疾病。故使用西藥成藥為人治病，核非中醫師之業務範圍。」要在闡釋中醫師之業務範圍，符合醫師法及醫療法之立法意旨，與憲法保障工作權之規定，尚無牴觸。

　　解釋理由書

憲法第十五條規定人民之工作權應予保障，故人民得自由選擇工作及職業，以維持生計。惟人民之工作與公共福祉有密切關係，為增進公共利益之必要，對於人民從事工作之方法及應具備之資格或其他要件，得以法律為適當之限制，為憲法第二十三條所明定。醫師執行醫療業務，以維護病人之生命、身體、健康為目的，醫師法為強化專業分工、保障病人權益及增進國民健康，使不同醫術領域之醫師提供其專精之醫療服務，將醫師區分為醫師、中醫師及牙醫師，其資格之取得要件各有不同。醫療法第四十一條亦規定醫療機關之負責醫師應督導所屬醫事人員依各該醫事專門職業法規規定執行業務，均屬增進公共利益所必要。中醫師執行業務，自應依中國傳統醫術，為病人診治，以符病人信賴。倘中醫師兼具醫師資格，為診治疾病需要，併用醫學及中國傳統醫學之醫療方法，為病人診斷及處方者，既在各該專業範圍，自為業務上之正當行為。此觀醫師法第三條第一項第二款後段規定醫學系科畢業，並修習中醫必要學科者，得應中醫師檢覈，是同一人得兼具醫師及中醫師雙重資格，法意至明。除此情形外，中醫師若以「限醫師指示使用」之西藥製劑或西藥成藥處方，為人治病，即違背醫師專業分類之原則及病人對中醫師基於傳統醫術診治疾病之信賴。縱中醫師兼具藥師資格，亦同。藥師業務依藥師法第十五條第一項規定為「一、藥品販賣或管理。二、藥品調劑。三、藥品鑑定。四、藥品製造之監製。五、藥品儲藏、供應與分裝之監督。六、含藥化粧品製造之監製。七、依法律應由藥師執行之業務。」準此，藥師不得自行

調劑藥品為病人診治。至於西藥製劑「限醫師指示使用」者,所稱「醫師」不包括中醫師,自非中醫師於處方上所得指示使用。又所謂成藥,依藥事法第九條規定,係指原料藥經加工調劑,不用其原名稱,其摻入之麻醉藥品、毒劇藥品不超過中央衛生主管機關所規定之限量,作用緩和,無積蓄性,耐久儲存,使用簡便,並明示其效能、用量、用法、標明成藥許可證字號,其使用不待醫師指示,即供治療疾病之用之藥品。中醫師如以西藥成藥處方為病人治療疾病,顯非以擅長之傳統醫術施醫。行政院衛生署七十一年三月十八日衛署醫字第三七〇一六七號函釋:「三、中醫師如使用『限醫師指示使用』之西藥製劑,核為醫師業務上之不正當行為,應依醫師法第二十五條規定論處。四、西藥成藥依藥物藥商管理法(已修正為藥事法)之規定,其不待醫師指示,即可供治療疾病。故使用西藥成藥為人治病,核非中醫師之業務範圍。」要在闡釋中醫師之業務範圍,符合醫師法及醫療法之立法意旨,與憲法保障工作權之規定,尚無抵觸。

釋字第四〇五號解釋 　(憲七、七八、八五、一七一,憲增修四,教員任用二一)

八十五年六月七日公布

憲法第八十五條規定,公務人員之選拔,應實行公開競爭之考試制度,非經考試及格者不得任用,明示考試用人之原則。學校職員之任用資格,自應經學校行政人員考試或經高等、普通考試相當類科考試及格。中華民國七十九年十二月十九日修正公布之教育人員任用條例第二十一條所稱「適用各該原有關法令」,並不能使未經考試及格者取得與考試及格者相同之公務人員任用資格,故僅能繼續在原學校任職,亦經本院釋字第二七八號解釋在案。八十三年七月一日修正公布之教育人員任用條例第二十一條第二項中,關於「並得在各學校間調任」之規定,使未經考試及格者與取得公務人員任用資格者之法律地位幾近相同,與憲法第八十五條、第七條及前開解釋意旨不符,應自本解釋公布之日起失其效力。

　　解釋理由書

司法院解釋憲法,並有統一解釋法律及命令之權,憲法第七十八條定有明文。法律與憲法抵觸者無效,法律與憲法有無抵觸發生疑義時,由司法院解釋之,憲法第一百七十一條規定甚明。又憲法增修條文第四條規定,司法院設大法官若干人,大法官除掌理憲法第七十八條之規定外,並組成憲法法庭審理政黨違憲之解散事項,足見憲法賦予大法官維護規範位階及憲政秩序之重大職責。是司法院大法官依司法院大法官審理

案件法之規定，就憲法所為之解釋，不問其係闡明憲法之真義、解決適用憲法之爭議、抑或審查法律是否違憲，均有拘束全國各機關及人民之效力，業經本院釋字第一八五號解釋在案。立法院行使立法權時，雖有相當廣泛之自由形成空間，但不得逾越憲法規定及司法院所為之憲法解釋，自不待言。

憲法第八十五條規定，公務人員之選拔，應實行公開競爭之考試制度，非經考試及格者不得任用，明示考試用人之原則。學校職員之任用資格，應經學校行政人員考試或經高等、普通考試相當類科考試及格，此不僅為中華民國七十四年五月一日公布施行、七十九年十二月十九日修正公布之教育人員任用條例第二十一條所規定，亦經本院釋字第二七八號解釋認與憲法第八十五條之意旨相符。前開條例公布施行前，以遴用方式進用學校職員，與考試用人之憲法意旨固有不符，惟乃屬法制未完備前之例外措施。在該條例施行前已遴用之各類學校現任職員，其任用資格依前開於七十九年修正公布之該條例第二十一條所稱：「適用各該原有關法令」，並不能取得與考試及格者相同之任用資格，已經本院上述解釋釋示在案。此類職員依原有關法令所取得之權益雖應受保障，其範圍應以不抵觸考試用人之憲法意旨為限。上開解釋，並未禁止此類職員於原學校內得以升遷，惟僅能繼續在原學校任職，乃係在不抵觸考試用人之憲法意旨範圍內，對其原有權益予以最大限度之保障。此項例外措施，自不應再以立法擴張其範圍，以免違反平等原則。八十三年七月一日修正公布之教育人員任用條例第二十一條第二項中，關於「並得在各學校間調任」之規定，使未經考試及格者與取得公務人員任用資格者之法律地位幾近相同，對於前開條例施行後以考試及格任用之人員有失公允，與憲法第八十五條、第七條及前開解釋意旨不符，應自本解釋公布之日起失其效力。至於此類職員因僅能繼續在原學校任職，致其有所不便，宜由考試院依其法定職權舉辦相關考試定其任用資格，以資解決，併此說明。

釋字第四〇六號解釋　（憲一五、一七二，都市計畫一五、一七）

八十五年六月二十一日公布

都市計畫法第十五條第一項第十款所稱「其他應加表明之事項」，係指同條項第一款至第九款以外與其性質相類而須表明於主要計畫書之事項，對於法律已另有明文規定之事項，自不得再依該款規定為限制或相反之表明或規定。都市計畫法第十七條第二項但書規定：「主要計畫公布已逾二年以上，而能確定建築線或主要公共設施已照主要計畫興建完成者，得依有關建築法令之規定，由主管建築機關指定建築線，核發建築執

照」，旨在對於主要計畫公布已逾二年以上，因細部計畫未公布，致受不得建築使用及變更地形（同條第二項前段）限制之都市計畫土地，在可指定建築線之情形下，得依有關建築法令之規定，申請指定建築線，核發建築執照，解除其限建，以保障人民自由使用財產之憲法上權利。內政部中華民國七十三年二月二十日七十三臺內營字第二一三三九二號函釋略謂：即使主要計畫發布實施已逾滿二年，如其（主要）計畫書內有「應擬定細部計畫後，始得申請建築使用，並應儘可能以市地重劃方式辦理」之規定者人民申請建築執照，自可據以不准等語，顯係逾越首開規定，另作法律所無之限制。與憲法保障人民財產權之意旨不符，應不適用。

解釋理由書

市鎮都市計畫，依都市計畫法第十五條第一項規定，應先擬定主要計畫書。該主要計畫書依同條項第十款規定，雖得表明「其他應加表明之事項」，惟所稱「其他應加表明之事項」係指同條項第一款至第九款以外，與其性質相類而須表明於主要計畫書之事項，對於法律已另有明文規定之事項，自不得再依該款規定為限制或相反之表明或規定，否則即與憲法第一百七十二條有違。又都市計畫法第十七條第一項規定：第十五條第一項第九款所定之實施進度，應就其計畫地區範圍預計之發展趨勢及地方財力，訂定分區發展優先次序。第一期發展地區應於主要計畫發布實施後，最多二年完成細部計畫；並於細部計畫發布後，最多五年完成公共設施。其他地區應於第一期發展地區開始進行後，次第訂定細部計畫建設之。其同條第二項規定「未發布細部計畫地區，應限制其建築使用及變更地形」，固在求都市計畫之圓滿實施，而為增進公共利益所必要，然憲法所保障之人民財產權，尚不能因主管機關之遲延不於主要計畫實施後二年內發布細部計畫，使其繼續陷於不能自由使用土地建築之不利益。故同項但書規定：主要計畫發布已逾二年以上，而能確定建築線或主要公共設施已照主要計畫興建完成者，得依有關建築法令之規定，由主管建築機關指定建築線，核發建築執照，用以解除對土地建築使用之限制。是主管機關依同法第十五條第一項擬定之主要計畫書，雖得就同條第一項第一款至第九款以外與其性質相類之事項為規定，但不得於第十款其他表明事項中規定「須於細部計畫完成法定程序後，始准予發建築執照」，以排除「主要計畫已逾二年，而能確定建築線或主要公共設施已照主要計畫興建完成者，得依有關建築法之規定，由主管建築機關指定建築線，核發建築執照」規定之適用。內政部中華民國七十三年二月二十日七十三臺內營字第二一三三九二號函釋略謂，即使主要計畫發布實施已逾滿二年，如其（主要）計畫書內有規定如主旨所欽（按即都市計畫

主要計畫內規定：「應擬定細部計畫後，始得申請建築使用，並應儘可能以市地重劃方式辦理，以取得公共設施用地」）者，人民申請建築執照，自可據以不准云云，及臺灣省苗栗縣政府七十六年十月二十一日七六府建都字第九三二六六號公告竹南頭份（土牛及港墘地區）都市計畫（通盤檢討）圖表明「附帶條件(1)應另行擬定細部計畫，除主要計畫指定之公共設施外，依規定配置必要之公共設施用地，並俟細部計畫完成法定程序後，始准予發照建築，(2)以市地重劃方式開發」，其中關於核發建築執照之規定，依上開說明顯係逾越都市計畫法第十五條第一項第十款規定範圍，另作同法第十七條第二項但書規定所無之限制，與憲法保障人民財產權之意旨不符，應不適用。

釋字第四〇七號解釋　（憲一一，八〇，大法官審案五，刑二三五，出版七、三二、三七、三九、四〇）　　　　　　　　　　　　八十五年七月五日公布

主管機關基於職權因執行特定法律之規定，得為必要之釋示，以供本機關或下級機關所屬公務員行使職權時之依據。行政院新聞局中華民國八十一年二月十日（八一）強版字第〇二二七五號函係就出版品記載內容觸犯刑法第二百三十五條猥褻罪而違反出版法第三十二條第三款之禁止規定，所為例示性解釋，並附有足以引起性慾等特定條件，而非單純刊登文字、圖畫即屬相當，符合上開出版法規定之意旨，與憲法尚無牴觸。惟猥褻出版品，乃指一切在客觀上，足以刺激或滿足性慾，並引起普通一般人羞恥或厭惡感而侵害性的道德感情，有礙於社會風化之出版品而言。猥褻出版品與藝術性、醫學性、教育性等出版品之區別，應就出版品整體之特性及其目的而為觀察，並依當時之社會一般觀念定之。又有關風化之觀念，常隨社會發展、風俗變異而有所不同，主管機關所為釋示，自不能一成不變，應基於尊重憲法保障人民言論出版自由之本旨，兼顧善良風俗及青少年身心健康之維護，隨時檢討改進。至於個別案件是否已達猥褻程度，法官於審判時應就具體案情，依其獨立確信之判斷，認定事實，適用法律，不受行政機關函釋之拘束，乃屬當然。

　　解釋理由書

法官依據法律獨立審判，憲法第八十條設有明文。各機關依其職掌就有關法規為釋示之行政命令，法官於審判案件時，並不受其拘束。惟如經法官於裁判上引用者，當事人即得依司法院大法官審理案件法第五條第一項第二款規定聲請解釋，業經本院釋字第二一六號解釋闡釋在案。本件確定終局判決係以行政院新聞局（八一）強版字第〇二二七五號函為其認定事實之論據，經聲請人具體指陳上開函件有牴觸憲法之疑義，

依上說明，應予受理。

出版自由為民主憲政之基礎，出版品係人民表達思想與言論之重要媒介，可藉以反映公意，強化民主，啟迪新知，促進文化、道德、經濟等各方面之發展，為憲法第十一條所保障。惟出版品無遠弗屆，對社會具有廣大而深遠之影響，故享有出版自由者，應基於自律觀念，善盡其社會責任，不得有濫用自由情事。其有藉出版品妨害善良風俗、破壞社會安寧、公共秩序等情形者，國家自得依法律予以限制。

法律所定者，多係抽象之概念，主管機關基於職權，因執行特定法律，就此抽象概念規定，得為必要之釋示，以供本機關或下級主管機關作為適用法律、認定事實及行使裁量權之基礎。出版品是否有觸犯或煽動他人觸犯猥褻罪情節，因各國風俗習慣之不同，倫理觀念之差距而異其標準，但政府管制有關猥褻出版品乃各國所共通。猥褻出版品當指一切在客觀上，足以刺激或滿足性慾，並引起普通一般人羞恥或厭惡感而侵害性的道德感情，有礙於社會風化之出版品而言。猥褻出版品與藝術性、醫學性、教育性等出版品之區別，應就出版品整體之特性及其目的而為觀察，並依當時之社會一般觀念定之。

行政院新聞局依出版法第七條規定，為出版品中央主管機關，其斟酌我國社會情況及風俗習慣，於中華民國八十一年二月十日（八一）強版字第〇二二七五號函釋謂「出版品記載觸犯或煽動他人觸犯出版法第三十二條第三款妨害風化罪，以左列各款為衡量標準：甲、內容記載足以誘發他人性慾者。乙、強調色情行為者。丙、人體圖片刻意暴露乳部、臀部或性器官，非供學術研究之用或藝術展覽者。丁、刊登婦女裸體照片，雖未露出乳部、臀部或性器官而姿態淫蕩者。戊、雖涉及醫藥、衛生、保健，但對性行為過分描述者」，係就出版品記載內容觸犯刑法第二百三十五條猥褻罪，違反出版法第三十二條第三款之禁止規定，應依同法第三十七條、第三十九條第一項第三款及第四十條第一項第四款處罰所為例示性解釋，並附有足以誘發、強調色情、刻意暴露、過分描述等易引起性慾等特定條件，非單純刊登文字、圖畫即屬相當，以協助出版品地方主管機關認定出版法第三十二條第三款有關刑法妨害風化罪中之猥褻罪部分之基準，函釋本身未對人民出版自由增加法律所未規定之限制，與憲法尚無抵觸。又有關風化之觀念，常隨社會發展、風俗變異而有所不同，主管機關所為釋示，自不能一成不變，應基於尊重憲法保障人民言論出版自由之本旨，兼顧善良風俗及青少年身心健康之維護，隨時檢討改進。

行政罰與刑罰之構成要件各有不同，刑事判決與行政處罰原可各自認定事實。出版品

記載之圖文是否已達猥褻程度，法官於審判時應就具體案情，依其獨立確信之判斷，認定事實，適用法律，不受行政機關函釋之拘束。本件僅就行政院新聞局前開函釋而為解釋，關於出版法其他事項，不在解釋範圍之內，併此說明。

釋字第四〇八號解釋　（憲一五，民八三二，土地八二，農發三，時效取得地上權登記審查要點三）　八十五年七月五日公布

民法第八百三十二條規定，稱地上權者，謂以在他人土地上有建築物，或其他工作物，或竹木為目的而使用其土地之權。故設定地上權之土地，以適於建築房屋或設置其他工作物或種植竹林者為限。其因時效取得地上權而請求登記者亦同。土地法第八十二條前段規定，凡編為某種使用地之土地，不得供其他用途之使用。占有土地屬農業發展條例第三條第十一款所稱之耕地者，性質上既不適於設定地上權，內政部於中華民國七十七年八月十七日以臺內地字第六二一四六四號函訂頒時效取得地上權登記審查要點第三點第二款規定占有人占有上開耕地者，不得申請時效取得地上權登記，與憲法保障人民財產權之意旨，尚無牴觸。

解釋理由書

民法第八百三十二條規定，稱地上權者，謂以在他人土地上有建築物，或其他工作物，或竹木為目的而使用其土地之權。故設定地上權之土地，以適於建築房屋或設置其他工作物，或種植竹林者為限。所謂種植竹林不包括以定期收穫為目的而施人工於土地，以栽培植物之情形（參看院字第七三八號解釋）。依土地法第八十二條前段規定，凡編為某種使用地之土地，不得供其他用途之使用。農業發展條例第三條第十一款規定，耕地係指農業用地中，依區域計畫法編定之農牧用地，或依都市計畫法編為農業區、保護區之田、旱地目土地，或依土地法編定之農業用地，或未依法編定而土地登記簿所記載田、旱地目之土地。耕地既僅供耕作之用，自不適於建築房屋或設置其他工作物，亦不適於種植竹木而供林地之用，性質上即不符設定地上權之要件，亦無從依時效取得地上權而請求登記為地上權人。內政部於中華民國七十七年八月十七日以臺內地字第六二一四六四號函訂頒時效取得地上權登記審查要點第三點第二款規定，占有人占有上開耕地者，不得申請時效取得地上權登記，與憲法保障人民財產權之意旨，尚無牴觸。

釋字第四〇九號解釋　（憲一五、二三、一〇八、一四三，都市計畫四八，土地

二○八、二一九、二二二～二三五，土地施四九）　　　八十五年七月五日公布

人民之財產權應受國家保障，惟國家因公用需要得依法限制人民土地所有權或取得人民之土地，此觀憲法第二十三條及第一百四十三條第一項之規定自明。徵收私有土地，給予相當補償，即為達成公用需要手段之一種，而徵收土地之要件及程序，憲法並未規定，係委由法律予以規範，此亦有憲法第一百零八條第一項第十四款可資依據。土地法第二百零八條第九款及都市計畫法第四十八條係就徵收土地之目的及用途所為之概括規定，但並非謂合於上述目的及用途者，即可任意實施徵收，仍應受土地法相關規定及土地法施行法第四十九條比例原則之限制。是上開土地法第二百零八條第九款及都市計畫法第四十八條，與憲法保障人民財產權之意旨尚無牴觸。然徵收土地究對人民財產權發生嚴重影響，法律就徵收之各項要件，自應詳加規定，前述土地法第二百零八條各款用語有欠具體明確，徵收程序之相關規定亦不盡周全，有關機關應檢討修正，併此指明。

　　解釋理由書

人民之財產權應予保障，憲法第十五條定有明文。惟國家因公用需要得依法限制人民土地所有權或取得人民之土地，此觀憲法第二十三條及第一百四十三條第一項之規定自明。徵收私有土地，給予相當補償，即為達成公用需要手段之一種，而徵收土地之要件及程序，憲法並未規定，係委由法律予以規範，此亦有憲法第一百零八條第一項第十四款可資依據（並參照本院釋字第二三六號解釋）。土地法第二百零八條規定：「國家因左列公共事業之需要得依本法之規定，徵收私有土地。但徵收之範圍，應以其事業所必需者為限：一、國防設備。二、交通事業。三、公用事業。四、水利事業。五、公共衛生。六、政府機關、地方自治機關及其他公共建築。七、教育學術及慈善事業。八、國營事業。九、其他由政府興辦以公共利益為目的之事業」，都市計畫法第四十八條前段規定：「本法指定之公共設施保留地，供公用事業設施之用者，由各該事業機構依法予以徵收」，均係就徵收土地之目的及用途所為之概括規定，但並非謂合於上述目的及用途者，即可任意實施徵收，仍應受土地法相關規定及土地法施行法第四十九條：「徵收土地於不妨礙徵收目的之範圍內，應就損失最少之地方為之，並應儘量避免耕地」之限制。又土地法第二百二十二條至第二百三十五條之規定，為辦理徵收必須遵守之程序。且徵收補償發給完竣後一定期間內，土地未依計畫開始使用者，或未依核准徵收原定興辦事業使用者，原土地所有權人復得依同法第二百十九條行使收回權。是上開土地法第二百零八條第九款及都市計畫法第四十八條前段，旨在揭櫫徵收土地

之用途應以興辦公共利益為目的之公共事業或公用事業之必要者為限，與憲法保障人民財產權之意旨尚無牴觸。

徵收土地對人民財產權發生嚴重影響，舉凡徵收土地之各項要件及應踐行之程序，法律規定應不厭其詳。有關徵收目的及用途之明確具體、衡量公益之標準以及徵收急迫性因素等，均應由法律予以明定，俾行政主管機關處理徵收事件及司法機關為適法性審查有所依據。尤其於徵收計畫確定前，應聽取土地所有權人及利害關係人之意見，俾公益考量與私益維護得以兼顧，且有促進決策之透明化作用。土地法第二百零八條各款用語有欠具體明確，徵收程序之規定亦不盡周全，有關機關應本諸上開意旨檢討修正，併此指明。

釋字第四一〇號解釋　（憲七，民一〇一六、一〇一七、一〇一八、一〇一九～一〇三〇，民親施一，遺贈稅一六）　　八十五年七月十九日公布

民法親屬編施行法第一條規定「關於親屬之事件，在民法親屬編施行前發生者，除本施行法有特別規定外，不適用民法親屬編之規定。其在修正前發生者，除本施行法有特別規定外，亦不適用修正後之規定」，旨在尊重民法親屬編施行前或修正前原已存在之法律秩序，以維護法安定之要求，同時對於原已發生之法律秩序認不應仍繼續維持或須變更者，則於該施行法設特別規定，以資調和，與憲法並無牴觸。惟查關於夫妻聯合財產制之規定，民國七十四年六月三日修正前民法第一千零十七條第一項規定：「聯合財產中，妻於結婚時所有之財產，及婚姻關係存續中因繼承或其他無償取得之財產，為妻之原有財產，保有其所有權」，同條第二項規定：「聯合財產中，夫之原有財產及不屬於妻之原有財產部分，為夫所有」，第三項規定：「由妻之原有財產所生之孳息，其所有權歸屬於夫」，及最高法院五十五年度臺抗字第一六一號判例謂「妻於婚姻關係存續中始行取得之財產，如不能證明其為特有或原有財產，依民法第一千零十六條及第一千零十七條第二項之規定，即屬聯合財產，其所有權應屬於夫」，基於憲法第七條男女平等原則之考量，民法第一千零十七條已於七十四年六月三日予以修正，上開最高法院判例亦因適用修正後之民法，而不再援用。由於民法親屬編施行法對於民法第一千零十七條夫妻聯合財產所有權歸屬之修正，未設特別規定，致使在修正前已發生現尚存在之聯合財產，仍適用修正前之規定，由夫繼續享有權利，未能貫徹憲法保障男女平等之意旨。對於民法親屬編修正前已發生現尚存在之聯合財產中，不屬於夫之原有財產及妻之原有財產部分，應如何處理，俾符男女平等原則，有關機關應

儘速於民法親屬編施行法之相關規定檢討修正。至遺產及贈與稅法第十六條第十一款被繼承人配偶及子女之原有財產或特有財產，經辦理登記或確有證明者，不計入遺產總額之規定，所稱「被繼承人之配偶」並不分夫或妻，均有其適用，與憲法第七條所保障男女平等之原則，亦無牴觸。

解釋理由書

民法親屬編施行法第一條規定「關於親屬之事件，在民法親屬編施行前發生者，除本施行法有特別規定外，不適用民法親屬編之規定。其在修正前發生者，除本施行法有特別規定外，亦不適用修正後之規定」，旨在尊重民法親屬編施行前或修正前原已存在之法律秩序，以維護法安定之要求，同時對於原已發生之法律秩序認不應仍繼續維持或須變更者，則於該施行法設特別規定，以資調和，與憲法並無牴觸。惟查關於夫妻聯合財產制之規定，民國七十四年六月三日修正前民法第一千零十七條第一項規定：「聯合財產中，妻於結婚時所有之財產，及婚姻關係存續中因繼承或其他無償取得之財產，為妻之原有財產，保有其所有權」，同條第二項規定：「聯合財產中，夫之原有財產及不屬於妻之原有財產部分，為夫所有」，同條第三項：「由妻之原有財產所生之孳息，其所有權歸屬於夫」，及最高法院五十五年度臺抗字第一六一號判例謂「妻於婚姻關係存續中始行取得之財產，如不能證明其為特有或原有財產，依民法第一千零十六條及第一千零十七條第二項之規定，即屬聯合財產，其所有權應屬於夫」，基於憲法第七條男女平等原則之考量，故七十四年六月三日民法對此已加修正，即修正後民法第一千零十七條第一項規定：「聯合財產中，夫或妻於結婚時所有之財產，及婚姻關係存續中取得之財產，為夫或妻之原有財產，各保有其所有權」，同條第二項規定：「聯合財產中，不能證明為夫或妻所有之財產，推定為夫妻共有之原有財產」，並將同條第三項刪除。關於聯合財產之管理，修正後之民法第一千零十八條規定：「聯合財產，由夫管理。但約定由妻管理時，從其約定。其管理費用由有管理權之一方負擔。聯合財產由妻管理時，第一千零十九條至第一千零三十條關於夫權利義務之規定，適用於妻，關於妻權利義務之規定，適用於夫」，以符合憲法規定。上開最高法院判例，亦因適用修正後之民法，而不再援用。由於上述修正之規定，對於發生於修正前者，依民法親屬編施行法第一條後段規定：「除本施行法有特別規定外，亦不適用修正後之規定」，而同法施行法對於民法第一千零十七條夫妻聯合財產所有權歸屬部分之修正，並未設特別規定，致仍適用修正前之規定，修正前已發生且現尚存在聯合財產中，不屬於夫之原有財產及妻之原有財產部分仍由夫繼續享有其所有權及對妻原有財產所生孳息之

所有權暨對聯合財產之管理權，未能貫徹男女平等意旨，有關機關應儘速檢討修正民法親屬編施行法相關規定，以使修正前聯合財產之所有權及管理權與既有法律秩序之維護，獲得平衡。又遺產及贈與稅法第十六條第十一款被繼承人配偶及子女之原有財產或特有財產，經辦理登記或確有證明者，不計入遺產總額之規定，所稱「被繼承人之配偶」並不分夫或妻，均有其適用，與憲法第七條所保障男女平等之原則，亦無牴觸。至適用七十四年六月三日修正前民法第一千零十七條第二項規定，致遺產總額之計算發生差異，係因民法第一條後段規定之結果，尚難謂該條稅法之規定違背憲法第七條規定。

釋字第四一一號解釋　　（憲一五，技師一二）　　　　八十五年七月十九日公布

經濟部會同內政部、交通部、行政院農業委員會、行政院勞工委員會、行政院衛生署、行政院環境保護署（下稱經濟部等七部會署）於中華民國八十年四月十九日以經（八十）工字第○一五五二二號等令訂定「各科技師執業範圍」，就中對於土木工程科技師之執業範圍，限制「建築物結構之規劃、設計、研究、分析業務限於高度三十六公尺以下」部分，係技師之中央主管機關及目的事業主管機關為劃分土木工程科技師與結構工程科技師之執業範圍，依技師法第十二條第二項規定所訂，與憲法對人民工作權之保障，尚無牴觸。又行政院於六十七年九月十九日以臺六十七經字第八四九二號令與考試院於六十七年九月十八日以（六七）考臺秘一字第二四一四號令會銜訂定「技師分科類別」及「技師分科類別執業範圍說明」，就結構工程科之技師執業範圍特別訂明「在尚無適當數量之結構工程科技師開業之前，建築物結構暫由開業之土木技師或建築技師負責辦理。」乃係因應當時社會需要所訂之暫時性措施。迨七十六年十月二日始由行政院及考試院會銜廢止。則經濟部等七部會署嗣後以首揭令訂定「各科技師執業範圍」，於土木工程科執業範圍「備註」欄下註明「於民國六十七年九月十八日以前取得土木技師資格，並於七十六年十月二日以前具有三十六公尺以上高度建築物結構設計經驗者，不受上列建築物結構高度之限制。」其於六十七年九月十九日以後取得土木工程科技師資格者，仍應受執業範圍規定之限制，要屬當然。

　　解釋理由書

憲法第十五條規定人民之工作權應予保障，故人民得自由選擇工作及職業，以維持生計。惟人民之工作與公共福祉有密切關係，為增進公共利益之必要，對於人民從事工作之方法及應具備之資格或其他要件，得以法律為適當之規範，此有本院釋字第四○

四號解釋可資參照。惟法律之規定不能鉅細靡遺，對於各種專門職業之執業範圍，自得授權有關機關以命令為必要之劃分。經濟部等七部會署於中華民國八十年四月十九日以經（八十）工字第○一五五二二號等令訂定「各科技師執業範圍」，就中對於土木工程科技師之執業範圍，限制「建築物結構之規劃、設計、研究、分析業務，限於高度三十六公尺以下」係技師之中央主管機關及目的事業主管機關認為土木工程科技師之執業範圍雖包括建築物結構之規劃等業務，惟與結構工程科技師之執業範圍相較，仍有繁簡廣狹之別，依技師法第十二條第二項規定，對於土木工程科技師之執業範圍，關於建築物結構之部分，為適當之限制。由於土木與結構工程均涉及公共安全，限由學有專精者執行其專長業務，是為增進公共利益所必要，與憲法對人民工作權之保障，尚無牴觸。

行政院於六十七年九月十九日以臺六十七經字第八四九二號令及考試院於六十七年九月十八日以（六七）考臺秘一字第二四一四號令會銜訂定「技師分科類別」及「技師分科類別執業範圍說明」，就結構工程科之技師執業範圍特別訂明「在尚無適當數量之結構工程科技師開業之前，建築物結構暫由開業之土木技師或建築技師負責辦理」，乃係因應當時社會需要，特別訂明開業之土木工程科技師之執業範圍，包括建築物結構之研究、設計、分析、鑑定、評價、施工、監造及檢驗等原屬結構工程科技師之業務，此為行政機關本於法律之授權就當時取得土木工程科技師資格劃定之執業範圍，屬於一種暫時性措施。迨七十六年十月二日始由行政院及考試院會銜廢止。則經濟部等七部會署嗣後以首揭令訂定「各科技師執業範圍」，於土木工程科執業範圍「備註」欄下註明「於民國六十七年九月十八日以前取得土木技師資格，並於七十六年十月二日以前具有三十六公尺以上高度建築物結構設計經驗者，不受上列建築物結構高度之限制。」其於六十七年九月十九日以後取得土木工程科技師資格者，仍應受執業範圍規定之限制，要屬當然。

釋字第四一二號解釋　　（憲七、一五，後備軍人轉任公職考試比敍條例六，後備軍人轉任公職考試比敍條例施行細則一○）　　　　八十五年八月二日公布

後備軍人轉任公職考試比敍條例第六條授權考試院訂定施行細則，考試院乃於中華民國七十七年一月十一日考量公務人員任用法及公務人員俸給法已於七十五年重新制定，並於七十六年一月十六日施行，於後備軍人轉任公職考試比敍條例施行細則第十條第五項明定將其適用範圍限於七十六年一月十六日以後之轉任人員，係為配合新制

公務人員任用法及公務人員俸給法，並斟酌各種情況之差異所為之規定，尚未違反後備軍人轉任公職考試比敘條例授權之意旨，與憲法有關工作權之平等保障，亦無牴觸。

解釋理由書

憲法第七條所定之平等原則，係為保障人民在法律上地位之實質平等，亦即法律得依事物之性質，就事實情況之差異及立法之目的，而為不同之規範。法律就其所定事實上之差異，亦得授權行政機關發布施行細則為合理必要之規定。後備軍人轉任公職考試比敘條例第六條授權考試院訂定施行細則，考試院本此於中華民國六十九年修正發布之同條例施行細則第十條第一項規定軍官士官具有任用資格而轉任公務人員時得比敘之官等職等，與陸海空軍軍官士官任官條例第二條附表一「陸海空軍軍官士官官等官階與公務人員職等對照表」之規定意旨相符；同細則第十條第二項則係規定軍官及士官轉任公務人員時，依公務人員俸給法或分類職位公務人員俸給法規定比敘。以上均係就法律所定軍職年資之事實上差異為必要之規定。嗣考試院於七十七年一月十一日考量公務人員任用法及公務人員俸給法已於七十五年重新制定，並於七十六年一月十六日施行，乃修正後備軍人轉任公職考試比敘條例施行細則第十條，除於第二項作文字修正外，並增訂第五項，明定將其適用範圍限於七十六年一月十六日以後之轉任人員，係為配合新制公務人員任用法及公務人員俸給法，並斟酌各種事實情況之差異所為之規定，尚未違反後備軍人轉任公職考試比敘條例授權之意旨，與憲法有關工作權之平等保障，亦無牴觸。

釋字第四一三號解釋　（憲七、一九，民一〇〇二，所得稅二、七、一五，產業升級一一，獎勵投資條例一六、一七）　　　八十五年九月二十日公布

非中華民國境內居住之個人，經依華僑回國投資條例或外國人投資條例核准在中華民國境內投資，並擔任該事業之董事、監察人或經理人者，如因經營或管理其投資事業需要，於一定課稅年度內在中華民國境內居留期間超過所得稅法第七條第二項第二款所定一百八十三天時，其自該事業所分配之股利，即有獎勵投資條例（現已失效）第十六條第一項第一款及促進產業升級條例第十一條第一項之適用，按所定稅率就源扣繳，不適用所得稅法結算申報之規定，此觀獎勵投資條例第十七條及促進產業升級條例第十一條第二項之規定甚明。行政法院六十三年判字第六七三號判例：「所得稅法第二條第二項及獎勵投資條例第十七條暨同條例施行細則第二十五條之㈠所稱就源扣繳，係指非中華民國境內居住之個人，且無配偶居住國內之情形而言。若配偶之一方

居住國內，為中華民國之納稅義務人，則他方縱居住國外，其在國內之所得，仍應適用所得稅法第十五條規定合併申報課稅」，增列無配偶居住國內之情形，添加法律所無之限制，有違憲法所定租稅法律主義之本旨，應不予適用。

解釋理由書

獎勵投資條例（已於中華民國七十九年十二月三十一日失效）及促進產業升級條例之立法目的，在獎勵興辦生產事業，加速國家經濟發展。上開條例所定稅率就源扣繳之規定，優先於所得稅法有關結算申報規定之適用，其依華僑回國投資條例及外國人投資條例經核准在國內投資之人亦適用此一規定者，原在藉此減輕投資人之稅負提升華僑或外國人投資之意願，以吸收國外資本之方法達成立法之目的。是獎勵投資條例及促進產業升級條例有關所得稅部分，乃所得稅法之特別法，因投資而受獎勵之人民其繳納義務，自應適用上開條例有關減輕稅負之規定（參照本院釋字第一九五號解釋）。憲法第十九條規定，人民有依法律納稅之義務，係指人民祇有依法律所定之納稅主體、稅目、稅率、納稅方法及稅捐減免等項目而負繳納義務或享受優惠，舉凡應以法律明定之租稅項目，自不得以命令取代法律或作違背法律之規定，迭經本院釋字第二一七號、第三六七號及第三八五號等著有解釋。判例當然亦不得超越法律所定稅目、稅率、稅捐減免或優惠等項目之外，增加法律所無之規定，並加重人民之稅負，否則即有違憲法上之租稅法律主義。

依七十六年一月二十六日修正公布之獎勵投資條例第十六條第一項第一款：「依華僑回國投資條例或外國人投資條例申請投資經核准者，其應納之所得稅，由所得稅法規定之扣繳義務人於給付時，按給付額或應分配額扣繳百分之二十」，又同條例第十七條：「非中華民國境內居住之個人，經依華僑回國投資條例或外國人投資條例核准在中華民國境內投資，並擔任該事業之董事、監察人或經理人者，如因經營或管理其投資事業需要，於一課稅年度內在中華民國境內居留期間超過所得稅法第七條第二項第二款所定一百八十三天時，其自該事業所分配之股利，得適用前條第一項第一款之規定」，促進產業升級條例第十一條之規定亦同。是凡符合上開規定之情形者，即有前述所定稅率就源扣繳之適用，不再援引所得稅法結算申報之規定，方符上開條例立法之本意及特別法優於普通法之原理。獎勵投資條例第十七條僅稱非中華民國境內居住之個人，並未附加配偶之居住條件，乃行政院六十三年判字第六七三號判例謂：「所得稅法第二條第二項及獎勵投資條例第十七條暨同條例施行細則第二十五條之㈠所稱就源扣繳，係指非中華民國境內居住之個人，且無配偶居住國內之情形而言。若配偶一方居

住國內，為中華民國之納稅義務人，則他方縱居住國外，其在國內之所得，仍應適用所得稅法第十五條規定合併申報課稅」，增列無配偶居住國內之情形，添加法律所無之限制，與憲法上租稅法律主義自屬有違，與本解釋意旨不符，應予適用。至納稅義務人或其配偶是否得因其一方在中華民國境內有住所或有其他情事，而應認定納稅義務人或其配偶不合「非中華民國境內居住之個人」之要件，非獎勵投資條例或促進產業升級條例適用之對象者，應依所得稅法第十五條規定，合併申報其所得，則係另一認定事實適用法律問題，不在本解釋之列。

聲請意旨又泛指民法第一千零零二條：「妻以夫之住所為住所，贅夫以妻之住所為住所。但約定夫以妻之住所為住所，或妻以贅夫之住所為住所者，從其約定」違反憲法第七條男女平等之規定部分，並未具體指陳前述民法規定在客觀上有如何牴觸憲法之疑義，亦不在本件受理解釋範圍，併此說明。

釋字第四一四號解釋　　（憲一一、一五，藥事六六、一〇五，藥事施四七）

八十五年十一月八日公布

藥物廣告係為獲得財產而從事之經濟活動，涉及財產權之保障，並具商業上意見表達之性質，惟因與國民健康有重大關係，基於公共利益之維護，應受較嚴格之規範。藥事法第六十六條第一項規定：藥商刊播藥物廣告時，應於刊播前將所有文字、圖畫或言詞，申請省（市）衛生主管機關核准，旨在確保藥物廣告之真實，維護國民健康，為增進公共利益所必要，與憲法第十一條及第十五條尚屬相符。又藥事法施行細則第四十七條第二款規定：藥物廣告之內容，利用容器包裝換獎或使用獎勵方法，有助長濫用藥物之虞者，主管機關應予刪除或不予核准，係依藥事法第一百零五條之授權，就同法第六十六條相關事宜為具體之規定，符合立法意旨，並未逾越母法之授權範圍，與憲法亦無牴觸。

　　解釋理由書

藥物廣告係利用傳播方法，宣傳醫療效能，以達招徠銷售為目的，乃為獲得財產而從事之經濟活動，並具商業上意見表達之性質，應受憲法第十五條及第十一條之保障。言論自由，在於保障意見之自由流通，使人民有取得充分資訊及自我實現之機會，包括政治、學術、宗教及商業言論等，並依其性質而有不同之保護範疇及限制之準則。其中非關公意形成、真理發現或信仰表達之商業言論，尚不能與其他言論自由之保障等量齊觀。藥物廣告之商業言論，因與國民健康有重大關係，基於公共利益之維護，

自應受較嚴格之規範。藥事法第六十六條規定：「藥商刊播藥物廣告時，應於刊播前將所有文字、圖畫或言詞，申請省（市）衛生主管機關核准，並向傳播業者送驗核准文件。傳播業者不得刊播未經省（市）衛生主管機關核准之藥物廣告。」旨在確保藥物廣告之真實，維護國民健康，其規定藥商刊播藥物廣告前應申請衛生主管機關核准，係為專一事權，使其就藥物之功能、廣告之內容、及對市場之影響等情事，依一定程序為專業客觀之審查，為增進公共利益所必要，與憲法第十一條保障人民言論自由及第十五條保障人民生存權、工作權及財產權之意旨尚屬相符。又藥事法施行細則第四十七條第二款規定：藥物廣告之內容，利用容器包裝換獎或使用獎勵方法，有助長濫用藥物之虞者，主管機關應予刪除或不予核准，係依藥事法第一百零五條之授權，為執行同法第六十六條有關事項而為具體之規定，符合立法意旨，並未逾越母法之授權範圍，亦未對人民之自由權利增加法律所無之限制，與憲法亦無牴觸。惟廣告係在提供資訊，而社會對商業訊息之自由流通亦有重大利益，故關於藥物廣告須先經核准之事項、內容及範圍等，應由主管機關衡酌規範之必要性，依比例原則隨時檢討修正，併此指明。

釋字第四一五號解釋　（憲一九，民一一一四、一一二三，戶籍四，所得稅一七，所得稅施二一之二）　　　　　　　　　八十五年十一月八日公布

所得稅法有關個人綜合所得稅「免稅額」之規定，其目的在以稅捐之優惠使納稅義務人對特定親屬或家屬盡其法定扶養義務。同法第十七條第一項第一款第四目規定：「納稅義務人其他親屬或家屬，合於民法第一千一百十四條第四款及第一千一百二十三條第三項之規定，未滿二十歲或滿六十歲以上無謀生能力，確係受納稅義務人扶養者」，得於申報所得稅時按受扶養之人數減除免稅額，固須以納稅義務人與受扶養人同居一家為要件，惟家者，以永久共同生活之目的而同居為要件，納稅義務人與受扶養人是否為家長家屬，應取決於其有無共同生活之客觀事實，而不應以是否登記同一戶籍為唯一認定標準。所得稅法施行細則第二十一條之二規定：「本法第十七條第一項第一款第四目關於減除扶養親屬免稅額之規定，其為納稅義務人之其他親屬或家屬者，應以與納稅義務人或其配偶同一戶籍，且確係受納稅義務人扶養者為限」，其應以與納稅義務人或其配偶「同一戶籍」為要件，限縮母法之適用，有違憲法第十九條租稅法律主義，其與上開解釋意旨不符部分應不予援用。

解釋理由書

憲法第十九條規定人民有依法律納稅之義務，係指稅捐主體、稅捐客體、稅基及稅率等稅捐構成要件，均應以法律明定之。主管機關基於法律概括授權而訂定之施行細則，僅得就實施母法有關之事項予以規範，對納稅義務及其要件不得另為增減或創設。所得稅法有關個人綜合所得稅「免稅額」之規定，其目的在使納稅義務人對特定親屬或家屬善盡其法定扶養義務，此亦為盡此扶養義務之納稅義務人應享之優惠，若施行細則得任意增減「免稅額」之要件，即與租稅法律主義之意旨不符。

所得稅法第十七條第一項第一款第四目規定：「納稅義務人其他親屬或家屬，合於民法第一千一百十四條第四款及第一千一百二十三條第三項之規定，未滿二十歲或滿六十歲以上無謀生能力，確係受納稅義務人扶養者」，得於申報所得稅時按受扶養之人數減除免稅額，明示此項免稅額之享有，無論受扶養者為其他親屬或家屬，除確係受納稅義務人扶養外，尚須符合民法第一千一百十四條第四款及第一千一百二十三條第三項之規定，即以具備家長家屬關係為要件。所謂家，民法上係採實質要件主義，以永久共同生活為目的而同居一家為其認定標準，非必以登記同一戶籍者為限。戶籍法第四條雖規定，凡在一家共同生活者為一戶，惟以永久共同生活為目的之家長家屬，有時未必登記為一戶，如警察人員，其戶籍必須設於服務地區（財政部六十九年四月二日臺財稅第三二六三一號函），即其一例。所得稅法施行細則第二十一條之二規定：「本法第十七條第一項第一款第四目關於減除扶養親屬免稅額之規定，其為納稅義務人之其他親屬或家屬者，應以與納稅義務人或其配偶同一戶籍，且確係受納稅義務人扶養者為限」，其「應以與納稅義務人或其配偶同一戶籍」為唯一之認定標準，使納稅義務人不得舉證證明受扶養人確為與其共同生活之家屬，限縮母法之適用，有違首開憲法第十九條租稅法律主義之意旨，此不符部分應不予援用。

釋字第四一六號解釋　（憲一六、二三，民訴四六七、四六八、四六九、四七〇、四七一、四七六）　八十五年十二月六日公布

最高法院七十一年臺上字第三一四號判例所稱：「當事人依民事訴訟法第四百六十八條規定以第二審判決有不適用法規或適用法規不當為上訴理由時，其上訴狀或理由書應有具體之指摘，並揭示該法規之條項或其內容，若係成文法以外之法則，應揭示該法則之旨趣，倘為司法院解釋或本院之判例，則應揭示該判解之字號或其內容，如依民事訴訟法第四百六十九條所列各款事由提起第三審上訴者，其上訴狀或理由書應揭示合於該條款之事實，上訴狀或理由書如未依此項方法表明者，即難認為已對第二審判

決之違背法令有具體之指摘，其上訴自難認為合法。」係基於民事訴訟法第四百七十條第二項、第四百七十六條規定之意旨，就條文之適用，所為文義之闡析及就判決違背法令具體表明方法之說明，並未增加法律所未規定之限制，無礙人民訴訟權之正當行使，與憲法尚無牴觸。

解釋理由書

按憲法第十六條所謂人民有訴訟之權，乃人民司法上之受益權，指人民於其權利受侵害時，有提起訴訟之權利，法院亦有依法審判之義務而言，迭經本院釋字第一五四號、第一六〇號、第一七九號解釋理由釋明在案。惟此項權利應如何行使，憲法並未設有明文，自得由立法機關衡量訴訟事件之性質，為合理之規定。民事訴訟法第四百六十七條就第三審法院之審判，定為法律審，規定對於第二審判決上訴，非以其違背法令為理由不得為之。同法第四百七十條第一項及第二項復規定提起上訴，應以上訴狀提出於原第二審法院為之，上訴狀內應表明上訴理由。同法第四百七十一條第一項並規定：「上訴狀內未表明上訴理由者，上訴人應於提起上訴後二十日內，提出理由書於原第二審法院；未提出者，毋庸命其補正，由原第二審法院以裁定駁回之」，即採所謂第三審上訴理由書提出強制主義，俾第三審法院得據以審理，並防止當事人之濫行上訴。至上訴理由應如何記載始符上開規定，同法未設有規定，最高法院七十一年臺上字第三一四號判例所稱：「當事人依民事訴訟法第四百六十八條規定以第二審判決有不適用法規或適用法規不當為上訴理由時，其上訴狀或理由書應有具體之指摘，並揭示該法規之條項或其內容，若係成文法以外之法則，應揭示該法則之旨趣，倘為司法院解釋或本院之判例，則應揭示該判解之字號或其內容，如依民事訴訟法第四百六十九條所列各款事由提起第三審上訴者，其上訴狀或理由書應揭示合於該條款之事實，上訴狀或理由書如未依此項方法表明者，即難認為已對第二審判決之違背法令有具體之指摘，其上訴自難認為合法。」係為上開法律之適用，所為文義之闡析及就判決違背法令具體表明方法之說明，並未增加法律所未規定之限制，無礙人民訴訟權之正當行使，與憲法尚無牴觸。

釋字第四一七號解釋　（憲二三，交通處罰七八，交通安全一三四）

八十五年十二月六日公布

道路交通管理處罰條例第七十八條第三款規定：行人在道路上不依規定，擅自穿越車道者，處一百二十元罰鍰，或施一至二小時之道路交通安全講習，係為維持社會秩序

及公共利益所必需，與憲法尚無牴觸。依同條例授權訂定之道路交通安全規則第一百三十四條第一款規定：行人穿越道路設有行人穿越道、人行天橋或人行地下道者，必須經由行人穿越道、人行天橋或人行地下道穿越，不得在其三〇公尺範圍內穿越道路，係就上開處罰之構成要件為必要之補充規定，固符合該條例之立法意旨；惟行人穿越道、人行天橋及人行地下道之設置，應選擇適當之地點，注意設置之必要性及大眾穿越之方便與安全，並考慮殘障人士或其他行動不便者及天候災變等難以使用之因素，參酌同條例第七十八條第二款對有正當理由不能穿越天橋、地下道之行人不予處罰之意旨，檢討修正上開規則。

　　解釋理由書

國家為加強交通管理、維持交通秩序及確保交通安全，乃制定道路交通管理處罰條例，俾車輛及行人共同遵行。如有違反，則予處罰，以維護人車通行之安全，進而保障人民之生命、身體及財產。該條例第七十八條第三款規定：行人在道路上不依規定，擅自穿越車道者，處一百二十元罰鍰，或施一至二小時之道路交通安全講習。其對人民違反行政法上義務之行為予以處罰，係為維持社會秩序及增進公共利益所必需，與憲法第二十三條以法律限制人民自由權利之意旨尚無牴觸。至同條例第九十二條授權訂定之道路交通安全規則第一百三十四條第一款規定：行人穿越道路設有行人穿越道、人行天橋或人行地下道者，必須經由行人穿越道、人行天橋或人行地下道穿越，不得在其三〇公尺範圍內穿越道路，係就上開法條處罰構成要件中「依規定」所為之必要補充，固與該條例之立法意旨相符；惟行人穿越道、人行天橋及人行地下道之設置，應選擇適當之地點，注意設置之必要性及大眾穿越之方便與安全，並考慮殘障人士或其他行動不便者及天候災變等難以使用之因素，參酌同條例第七十八條第二款對有正當理由不能穿越天橋、地下道之行人不予處罰之意旨，檢討修正上開規則。

釋字第四一八號解釋　　（憲一六、八〇，交通處罰八七）

八十五年十二月二十日公布

憲法第十六條保障人民有訴訟之權，旨在確保人民有依法定程序提起訴訟及受公平審判之權利。至於訴訟救濟，究應循普通訴訟程序抑依行政訴訟程序為之，則由立法機關依職權衡酌訴訟案件之性質及既有訴訟制度之功能等而為設計。道路交通管理處罰條例第八十七條規定，受處分人因交通違規事件，不服主管機關所為之處罰，得向管轄地方法院聲明異議；不服地方法院對聲明異議所為之裁定，得為抗告，但不得再抗

告。此項程序，既已給予當事人申辯及提出證據之機會，符合正當法律程序，與憲法第十六條保障人民訴訟權之意旨尚無牴觸。

解釋理由書

憲法第十六條保障人民有訴訟權，係指人民於其權利遭受侵害時，有請求法院救濟之權利，法院亦有依法審判之義務而言。此種司法上受益權，不僅形式上應保障個人得向法院主張其權利，且實質上亦須使個人之權利獲得確實有效之保護。司法救濟之方式，有不論民事、刑事或行政訴訟之裁判，均由普通法院審理；有於普通法院外，另設行政法院審理行政爭訟事件，我國即從後者。然無論採何種方式，人民於其權利因違法行政處分而遭受侵害時，得向法院請求救濟，則無不同。至立法機關將性質特殊之行政爭訟事件劃歸何種法院審理、適用何種司法程序，則屬立法者之權限，應由立法者衡酌權利之具體內涵、訴訟案件之性質及既有訴訟制度之功能等因素，以法律妥為合理之規定。

道路交通管理處罰條例中所規定之處罰計有罰鍰、吊扣駕駛執照及汽車牌照等，均係行政機關對違反秩序行為之裁罰性行政處分。道路交通管理處罰條例第八十七條規定：「受處分人，不服第八條主管機關所為之處罰，得於接到裁決之翌日起十五日內，向管轄地方法院聲明異議」；「法院受理前項異議，以裁定為之」；「不服第二項之裁定，得為抗告。但不得再抗告」。是受處分人因交通事件對行政機關處罰而不服者，應由普通法院之交通法庭審理，而非如一般行政爭訟事件循訴願、再訴願及行政訴訟程序，請求救濟。此係立法機關基於行政處分而受影響之權益性質、事件發生之頻率及其終局裁判之急迫性以及受理爭訟案件機關之負荷能力等因素之考量，進而兼顧案件之特性及既有訴訟制度之功能而為設計。上開法條，既給予當事人申辯及提出證據之機會，並由憲法第八十條所規定之法官斟酌事證而為公平之裁判，顯已符合正當法律程序，依本理由書首段所揭示之法理，與憲法第十六條保障人民訴訟權之意旨尚無牴觸。

釋字第四一九號解釋　（憲三五～四四、四九、五〇、五一、五三、五五、五七、六二、六三、七五、一〇三～一〇五、一一一、一七四，憲增修二、六、七，國安會組三、四）　　　　　　　　　八十五年十二月三十一日公布

一、副總統得否兼任行政院院長憲法並無明文規定，副總統與行政院院長二者職務性質亦非顯不相容，惟此項兼任如遇總統缺位或不能視事時，將影響憲法所規定繼任或代行職權之設計，與憲法設置副總統及行政院院長職位分由不同之人擔任之本旨未盡

相符。引發本件解釋之事實，應依上開解釋意旨為適當之處理。

二、行政院院長於新任總統就職時提出總辭，係基於尊重國家元首所為之禮貌性辭職，並非其憲法上之義務。對於行政院院長非憲法上義務之辭職應如何處理，乃總統之裁量權限，為學理上所稱統治行為之一種，非本院應作合憲性審查之事項。

三、依憲法之規定，向立法院負責者為行政院，立法院除憲法所規定之事項外，並無決議要求總統為一定行為或不為一定行為之權限。故立法院於中華民國八十五年六月十一日所為「咨請總統儘速重新提名行政院院長，並咨請立法院同意」之決議，逾越憲法所定立法院之職權，僅屬建議性質，對總統並無憲法上之拘束力。

解釋理由書

本件係因：一、立法委員郝龍斌等八十二人為副總統得否兼任行政院院長，適用憲法時產生疑義，聲請解釋。二、立法委員張俊雄等五十七人為連戰副總統兼任行政院院長，有牴觸憲法第四十九條等條文之疑義，聲請解釋。三、立法委員馮定國等六十二人為新任總統可否就行政院院長率內閣總辭時，對行政院院長批示慰留或退回，而無須再提名並咨請立法院同意，又副總統得否兼任行政院院長，於適用憲法時均產生疑義，聲請解釋。四、立法委員饒穎奇等八十人為總統改選，行政院院長須否辭職並由總統重新提名行政院院長咨請立法院同意，副總統得否兼任行政院院長，及立法院八十五年六月十一日審查通過「咨請總統儘速重新提名行政院院長，並咨請立法院同意」決議案，是否逾越憲法賦與立法院之職權，以及對總統有無拘束力等，產生疑義，聲請解釋。以上四案經大法官議決應予受理及將上開各案合併審理，並依司法院大法官審理案件法第十三條第一項規定通知聲請人代表及訴訟代理人暨關係機關行政院指派代表及訴訟代理人等，於八十五年十月十六日及十一月一日到場，在憲法法庭行言詞辯論，合先說明。又言詞辯論終結後，聲請人立法委員饒穎奇於十一月二十六日具狀聲請再開言詞辯論，經大法官審酌審理過程所得資料，已足供判斷，認無再開言詞辯論之必要，併此指明。

本件前述第一案至第三案聲請人之主張略稱：一、副總統可否兼任行政院院長非屬政治問題：蓋所有憲法上之爭議，多具政治性，若因此而視之為政治問題不予解釋，則憲法上爭議將難於經由司法解決，以往大法官對政治性問題已作成多則解釋（如釋字第二六一號、第三八七號等）。尤其司法院歷年以來就兼職案件所著解釋多達十餘號，若將副總統兼任行政院院長認作政治問題，豈非自相矛盾？況政治問題乃美國法院經個案逐漸發展而成之理論，其內涵既不明確，又受學者質疑，實不宜遽予引用。又我

國係採憲法疑義解釋制度，只要合於聲請法定要件，大法官即有解釋義務。

二、副總統與行政院院長之職務不相容，不能兼任：衡諸憲政理論，總統代表國家，統而不治，行政院院長領導政府，治而不統，我國憲法即依此項理論設計，並屬於內閣制之一種，依憲法第三十七條、第五十七條、增修條文第二條第四項等相關規定，總統與行政院院長間有制衡關係，故總統絕不能兼任行政院院長。副總統依增修條文第二條第一項之規定，競選時與總統候選人聯名登記，在選票上同列一組圈選；副總統出缺時，依同條第七項亦由總統提名並召集國民大會補選，故副總統與總統理念相同，關係密切並具有一體性，總統既不能兼任行政院院長，副總統自亦不能為之。依憲法第五十三條行政院為國家最高行政機關，行政院院長及其領導之內閣須對立法院負責，副總統固屬備位性質，憲法上亦無明定之職權，但副總統有輔弼總統之責，乃總統之僚屬或副手，平日承總統之命行事，副總統實具有潛在之職權，一旦由副總統兼任行政院院長，則閣揆變成總統之幕僚長，而行政權盡入總統彙中，憲法設計之制衡機制破壞殆盡，覆議核可權及副署制度均失其意義，且事實上，兼任損及公益並有害於人民之信賴，時間之分配亦不容一人兼任兩項繁重職務。另由行政法學之觀點，縱認副總統非總統之部屬，但基於憲法機關功能維護之理論，副總統既有襄助總統之職責，仍不應兼任院長職務。又憲法機關以不能互相兼任為原則，若有兼任情事，必憲法有明文可據（如美國副總統之兼任參議院議長）。我國憲法第四十九條及增修條文第二條第八項分別規定：總統缺位時，由副總統繼任，至總統任期屆滿為止，總統、副總統均缺位時，由行政院院長代行其職權；總統因故不能視事時，由副總統代行其職權，總統、副總統均不能視事時，由行政院院長代行其職權。副總統與行政院院長分別設置，乃憲法保障總統職位之繼任，所作雙重保險機制，由副總統兼任行政院院長，不僅使候補人數減少，且一旦總統缺位，勢將出現一人同時擔任三項職務之「三位一體」局面，自與憲法本旨相違。若非總統缺位，而係不能視事，則「三位一體」固依舊不能避免，並且產生究竟以副總統抑行政院院長身分代行，以及有無憲法第五十一條三個月期限適用之難題，而無從解決。復依照憲法增修條文，副總統之彈劾適用第六條第五項之規定，行政院院長則與一般公務人員之彈劾相同，依同條第三項處理，二者程序及效果完全不同，副總統兼任行政院院長而有違法失職情事時，監察院如何彈劾將無所適從。設若行政院院長總揆庶政，或因施政疏失而遭監察院糾彈，甚至去職，則是否仍適合擔任副總統，亦生質疑。又副總統須對國民大會負責，一旦兼任須向立法院負責之行政院院長，倘立法院與國民大會意見不同時，易形成衝突局面。

再者，在三權分立或五權分立之外，尚有元首權，係立於行政、立法及司法權等之上，以超然中立之態度，由總統、副總統協調於五院之間，憲法第四十四條之規定即寓有此一意旨，副總統兼任行政院院長，則本身既為爭執之一造，自無從作超然中立之協調。最後，依司法院歷來解釋，關於兼職之禁止與否，皆視職務性質是否相容或有無利益衝突為斷，由以上所述足認副總統兼任行政院院長皆與容許兼職原則有違，乃憲法所不許。三、副總統兼任行政院院長不構成憲政慣例：按憲法慣例或憲政上之習慣法，其成立應有反覆發生之先例，並對一般人產生法之確信，始足當之。副總統兼任行政院院長以往雖有兩例，但均發生於動員戡亂及戒嚴時期，並非常態，且有違憲之疑義，自不能視為憲政慣例或習慣法。四、新任總統對行政院院長率閣員總辭時，不應批示慰留或退回，必須重新提名咨請立法院同意：在五權憲法架構下，總統與行政院院長間並無從屬關係，故行政院院長之辭職並無長官可以批示。總統對行政院院長之免職令僅形式上而非實質上權力，行政院院長於新總統選出後辭職，總統即應提名新院長人選咨請立法院同意。原立法院同意之院長，已具副總統身分，客體不同，不能以已經立法院同意而延續任職至新總統就任後。綜上所述，副總統兼任行政院院長係屬違憲行為，應由司法院解釋為不得兼任，其已兼任者，應自司法院解釋公布之次日起，於本職與兼職中擇一辭職，未選擇者，視為辭卸本職等語。

前述第四案聲請人及關係機關行政院主張略稱：一、立法院於八十五年六月十一日通過咨請總統儘速重新提名行政院院長，並咨請立法院同意決議案，逾越權限對總統不具拘束力：憲法對行政院院長並無任期之設，只規定由總統提名，立法院同意任命，依司法院釋字第三八七號解釋，立法委員任期屆滿改選後第一次集會前，行政院院長應行辭職，現任行政院連院長已於八十五年一月二十五日提出總辭，並經總統提名，獲立法院同意，重新出任行政院院長，符合憲政體制。在立法院未改選前，總統自無再提名之義務，更不生又咨請同意之問題。況依憲法第五十七條之規定，對立法院負責者為行政院而非總統，立法院不能越權監督總統。又依憲法相關規定，立法院尚無以決議方式，要求總統為一定行為之權限。憲法第六十三條雖規定立法院有議決法律案、預算案、戒嚴案、大赦案、宣戰案、媾和案、條約案及國家其他重要事項之權，惟立法院前述決議既非此所謂國家重要事項，又非以三讀程序通過之法律案，不具拘束力，應無疑義。

二、副總統兼任行政院院長乃高度政治性之問題：政治問題或統治行為應由憲法所設計之政治部門即政府與國會自行解決，司法機關不宜介入，乃各國之通例，司法院釋

字第三二八號解釋亦將政治問題排除於司法審查之外。惟司法院大法官之解釋具有定分止爭之功能，無論作成解釋或認為屬於政治問題不加解釋，仍屬司法裁量事項，本件關係機關皆予以尊重。三、副總統兼任行政院院長現行憲法並未禁止，二者職務並具有相容性：自民國二十五年國民政府公布之「五五憲草」，經政治協商會議以迄制憲國民大會，所討論者為總統與行政院院長兩職位之互動，均未涉及副總統，蓋副總統僅係備位性質，兼任行政院院長，從制憲過程而言，並無禁止之意。查大法官歷來對憲法或法律上職務得否兼任之解釋，主要基於職務性質及功能是否相容或有無利益衝突，就此項標準而言，副總統純係備位，平日並無具體之法定職權，故不發生與行政院院長職務性質功能不相容或利益衝突之情形。按我國憲政體制非純粹內閣制，行政院院長之副署權與內閣制國家閣揆副署虛位元首公布法令者不同，我國憲法上真正之制衡機制，乃在於行政院對立法院之關係，而由副總統兼任行政院院長亦不致破壞憲法制衡機制之設計。又依憲法增修條文第二條第一項及總統副總統選舉罷免法之規定，總統副總統同為人民選舉產生，既非由總統任命，亦不得由總統免職。總統與副總統之一體性僅係競選夥伴之「一體性」，並無職權分享之「一體性」，總統與副總統兩者之間並不具有上命下從或指揮監督之長官與部屬關係，憲法有關總統刑事豁免權之規定於副總統並不適用；憲法及法律（中華民國總統府組織法）均未提及副總統行使職權之事項，亦無如一般行政機關副首長輔助首長處理事務之規定，是以副總統兼任行政院院長即非兼具「聽命者」與「制衡者」之角色，故不可能造成憲政上角色衝突問題。至反對兼任者所持兼任在總統缺位或不能視事時，將造成職位重疊問題，已有解決方法，因為副總統兼任行政院院長如遇總統缺位時，依憲法第四十九條規定由副總統繼任總統，所兼任之行政院院長，則可由其以總統身分向立法院提名新院長人選，副總統則依增修條文第二條第七項辦理補選。在未提名或補選之前，固有可能出現所謂「三位一體」之現象，惟此一情形與總統副總統均缺位時，由行政院院長代行其職務三個月，並無二致，後者既為憲法所許，則依同一法理，前者亦應無不許之理。而關於總統不能視事時之代行職務，根據上述處理程序亦非不能解決。又主張副總統不得兼任行政院院長者，認為兼任一旦有違法失職情形，造成監察院行使彈劾權之窒礙，或者出現院與院間爭執須引用憲法第四十四條由總統協調處理時，將引起角色混淆。實則若行政院院長由副總統兼任，遇有彈劾案發生，如係對職務行為違法失職之彈劾，自可視案件性質究與行政院院長或副總統有關，而決定應採何一程序，如係對非職務行為（如私德不檢）之彈劾，則可由監察院決定採何種程序，在運作上不致有窒礙之

處。關於憲法第四十四條協調權之規定，依憲法規定意旨係由總統居於超然地位行使，在總統未缺位時，副總統並無憲法上之職權主動介入協調院際紛爭，不致產生「協調者」與「被協調者」之矛盾。總統對有關行政院與其他院之紛爭，本可自行處理，亦可授權副總統或其他適當人員為之，在副總統兼任行政院院長之情形，總統自不宜授權副總統為之，亦可避免角色衝突。四、副總統兼任行政院院長我國已有先例存在，衡諸外國立法例此項兼任亦不違反相容性：行憲以來，迄今有兩位副總統兼任行政院院長，即陳誠自四十七年七月至五十二年十二月；嚴家淦自五十五年五月至六十一年五月，前後達十一年，並無窒礙難行之處，此二先例雖在動員戡亂時期，但當時憲法與目前憲法有關總統與副總統之關係及副總統備位性質之規定，並無變更，自可作為先例而援引。再者，我國憲法既非純內閣制亦非純總統制，在比較憲法中可資援用之例尚不多見，唯一可供參考者，即美國副總統之兼任參議院議長，蓋美國憲法嚴格區分行政權與立法權，仍容許跨行政部門兼任立法部門之職位，可見備位性質之副總統兼任其他有實權職務，仍具相當彈性。五、新任總統就職時，行政院院長提出總辭，總統自得予以慰留：自司法院釋字第三八七號解釋作成後，行政院院長應於立法委員任期屆滿改選後第一次集會前提出總辭，乃新的憲政制度，連院長八十五年一月二十五日即係基於憲法義務之辭職。而目前憲法規定，總統任期與立法委員互有參差，李總統當選就任後，連院長所提出辭職，則屬基於政治倫理所為之禮貌性辭職，接受與否、「重提原任」或「另提新人」乃總統依其職權而為之政治權衡。至於所謂立法院八十五年二月時所同意者為「未兼任副總統的行政院院長」，或「總統宣稱不續任的過渡行政院院長」，如今立法院所同意之對象已有不同，應依憲法規定重新行使同意權一節，惟查立法院對總統所提行政院院長人選行使同意權，即係針對人選之適任性作出決定，當然並未附任何條件限制，故無所謂對象或內涵改變問題，行使同意權之立法委員仍屬同屆，其席次結構未變，行使同意權之對象又為同一，即無重複行使之必要等語。本件斟酌全辯論意旨，作成本解釋，其理由如左：

一、副總統得否兼任行政院院長之疑義是否屬於政治問題，乃本件解釋關於兼職合憲性之先決事項。按政治問題或類似之概念（如統治行為或政府行為）所指涉之問題，應由憲法上之政治部門（包括行政及立法部門）作政治之判斷，而非屬可供司法裁決之事項，此在立憲民主國家之憲政實踐中，所累積發展而成之理論，不乏可供參考者，本院釋字第三二八號解釋亦有關於憲法第四條所稱固有疆域範圍之界定，係屬重大政治問題，不應由行使司法權之釋憲機關予以解釋之案例。惟就副總統兼任行政院院長

之違憲疑義而言，係屬二項憲法職位互相兼任時，是否牴觸憲法之法律問題，並非涉及政治上之人事安排，揆諸本院歷來對憲法上職位兼任所作之諸多解釋（例如釋字第一號、第十五號、第十七號、第二十號、第三十號、第七十四號、第七十五號及第二○七號等），本件關於副總統兼任行政院院長之憲法疑義部分，尚不能以政治問題或類似概念為由，不為實體之解釋。聲請意旨主張前述兼職非屬政治問題，自屬可採。

憲政慣例在不成文憲法國家，恆居重要地位，其規範效力亦不容置疑。至於在成文憲法之下，雖亦有憲政慣例之概念，但僅具補充成文憲法之作用，尚不能與前者相提並論。所謂慣例係指反覆發生之慣行，其經歷長久時間仍受遵循，而被確信具有拘束行為之效力時，始屬不成文規範之一種。若雖有行為之先例，但因亦曾出現相反之先例或因有牴觸成文規範之嫌，拘束力備受質疑者，即不能認其為具備規範效力之慣例。本件副總統兼任行政院院長，以往雖有二例，然亦有因當選副總統而立即辭卸行政院院長之一例，況此種兼任是否牴觸憲法，既有爭論，依上開說明，自不能認已成為我國之憲政慣例而發生規範效力。

關於憲法上職位兼任是否容許，憲法有明文禁止兼任者當然應予遵守，如憲法第七十五條及第一百零三條之立法委員及監察委員兼職限制之情形是；此外，若兩種職務確屬不相容者亦不得兼任，迭經本院前引釋字第二十號、第三十號、第二○七號等著有解釋。副總統得否兼任行政院院長憲法未作任何規定，自無明文禁止可言，故本件所涉者要在兩種職務兼任之相容性問題。按所謂不具相容性，係指憲法上職位兼任違反憲政之基本原理或兼任有形成利益衝突之虞而言。自從一七八七年美國聯邦憲法採嚴格之三權分立為其制憲之基本原則，以及法國一七八九年人權宣言第十六條揭櫫：「任何社會中，未貫徹權利保障，亦無明確之權力分立者，即無憲法。」以還，立憲民主國家，莫不奉權力分立為圭臬，故就憲法上職位之兼任是否相容，首應以有無違反權力分立之原則為斷。一旦違反權力分立原則，除非憲法設有例外之規定（例如美國副總統之兼為參議院議長、內閣制國家之議員得兼任閣員），否則即屬違憲行為。依權力分立原則所區分之各個權力範圍（如立法部門、行政部門及司法部門），若因部門內之權限，依憲法之設計，必須由兩個機關不同之構成員分別行使者，亦在不得兼任之列，例如採兩院制之國會，其法案通過須分別經兩院議決，如由一人同時擔任兩院之議員，則與憲法將立法權分由兩院行使之本旨不符，其兼任自亦非憲法之所許，本院釋字第三十號解釋以「若立法委員得兼國民大會代表，是以一人而兼具提案與複決兩種性質不相容之職務」為由，認立法委員不得兼任國民大會代表，即係本於同一意旨。又如

在行政權範疇之內，國家元首與閣揆或閣員間職務相容性問題，則端視各國政制而定：在採內閣制之國家或雙首長制之國家，基於元首與閣揆間制衡之機制，一人當然不得同時兼任；在總統制國家（如美國及中南美諸國），通常國家元首即為最高行政首長，並無閣揆之設置，總統兼閣員（部長）固鮮有其例，但副總統則常兼任部長（如哥斯大黎加、巴拿馬等）；再如一般稱為委員制之瑞士，其行政部門聯邦委員會（Conseil Fédéral, Bundesrat），有部長七名，總統及副總統均由部長輪替兼任，蓋均衹涉及行政權之內部分工，而於權力分立之基本原則無違，自亦不生牴觸憲法問題。若就中央與地方之分權而論，更非所謂一遇職位互兼即為法所不許，以法國為例，內閣總理或部長兼任市長或其他地方民選職位，亦非罕見。我國中央政制與前述各種制度均不盡相同，但於權力分立原則之堅持則不遜於其他各國，司法、考試及監察三權各自獨立行使職權，固無疑義。行政權與立法權亦截然劃分，並使其成員不得互兼，此為憲法第七十五條立法委員不得兼任官吏之所由設。而憲法對總統及副總統均缺位，或任期屆滿尚未選出，或選出後總統、副總統均未就職之情形，明定由行政院院長代行總統職權，其期限為三個月（憲法增修條文第二條第八項、憲法第五十條、第五十一條），未如其他國家之憲法對總統或副總統均缺位時由國會議長繼任（如美國、法國第五共和及義大利等），或甚至規定最高司法機關首長亦得代理總統（如一九八八年十月五日之巴西憲法），蓋嚴守權力分立原則，屬於行政權體系內之權限行使，應由行政體系內輪替，不採制憲過程中由五院院長依次代理總統之建議。我國憲法規定行政院院長由總統提名經立法院同意任命之（第五十五條第一項），行政院對立法院決議之事項移請覆議時，須經總統之核可（第五十七條第二款及第三款），總統公布法律、發布命令須經行政院院長之副署，其屬緊急命令者尚須經行政院會議之通過（憲法第三十七條、增修條文第二條第四項），而行政院無論學理上及實際上皆係由院長主導之獨任制官署，論者以總統與行政院院長兩種職位互有制衡之作用，非無理由。是總統與行政院院長不得由一人兼任，其理甚明。副總統為總統之備位，若由副總統兼任司法、考試或監察三院之院長，其違反五權分立原則而為憲法所不許，實毋庸辭費。至於副總統兼任行政院院長則既不生顯然牴觸權力分立原則之問題，自難從權力分立之觀點遽認其為違憲。其次應審究者，乃副總統與行政院院長有無職權分工，二者之間是否亦存在制衡作用或利益衝突之情事。查自民國二十五年五月五日公布之中華民國憲法草案（俗稱五五憲草）之起草者，以迄制定現行憲法之國民大會，其設置副總統之目的及功能，皆係本於總統缺位時繼任總統，或總統因故不能視事時代行總統職權而已。除此之外，平

時別無其他職權，經過情形不僅有相關制憲資料可供參證，亦為聲請人立法委員張俊雄等於八十五年六月十五日提出之釋憲理由書所是認。制憲者之原意乃表現為憲法第四十九條之規定：總統缺位時，由副總統繼任至總統任期屆滿為止；總統因故不能視事時，由副總統代行其職權。除本條之外，未見關於副總統職掌及地位之規定，現行法律除國家安全會議組織法第三條及第四條規定副總統與五院院長等同為國家安全會議之組成人員，以及總統不能出席時由副總統代理外，亦未賦予副總統任何權限。故在法定職權上，副總統與行政院院長並無分工之關係，亦無任何制衡作用或利益衝突之可言，與前述國民大會代表與立法委員、總統與行政院院長法定職權即已存有不能相容或角色混淆之情形，其間尚有其差異。副總統既為備位而設，於上開繼位或代行外，未有具體職權，則所謂兼任行政院院長將發生處理公務時間分配問題或有損公益及人民信賴，尚非確論。

副總統地位崇隆，在政治上自有其影響力，但憲法上並無具體職權，已如前述。在未依憲法繼任總統或代行總統職權時，若行使任何屬於總統之憲法上權力，即屬於法無據。與一般行政機關之副首長依成文或不成文規範，當然有輔助該機關首長處理事務者不能同日而語。實際上，我國亦從無副總統在總統未缺位或不能視事時，經授權行使憲法第三十五條至第四十四條或其他憲法上明定屬於總統之權限。副總統在備位之餘雖不免基於總統之信任關係，擔任若干臨時性或禮儀性之任務，但皆非可視為副總統有襄助總統之法定職權，與一般機關首長與副首長在行政組織上之法律關係，尚不能等同視之。職是之故，平時總統在位亦無不能視事之情形時，由副總統兼任行政院院長並不發生二者職務上之利益衝突。又副總統容有輔弼總統之事實，亦未如聲請意旨所稱副總統為總統之僚屬或副手，平日承總統之命行事，一旦兼任則有角色衝突之情事。至所謂兼任有礙憲法機關功能維護一節，實則副總統之備位即屬此一職位維繫國家元首不能一日或缺之憲法功能所在，副總統亦未因兼任行政院院長而喪失其備位作用。

依憲法增修條文第二條第一項規定：「總統、副總統候選人應聯名登記，在選票上同列一組圈選」，故當選總統、副總統者，屬於同一政黨或同一政治派系，其政治理念共通，當為常態。但為爭取選舉勝利，難保不發生政黨合縱連橫之事而將理念不同之人選，同列一組圈選；尤其遇有副總統出缺，依增修條文同條第七項規定，由總統提名候選人，召集國民大會補選，則總統勢須以國民大會中多數黨黨團所能接受之人選為提名對象，而非以理念為優先之考慮，其情形與總統提名行政院院長人選咨請立法院同意，

並無不同。是以總統與副總統非必然理念相同，關係密切。縱使二人理念一致，關係匪淺，惟副總統既不能與總統共同行使元首之職權，又不能分享憲法上元首之特權，更無日常互為代理之可言，豈可視二人在法律上為一體？關係機關辯論意旨主張：所謂一體者，除競選時共為夥伴外，別無其他意義，尚非無見。此一情形，亦可用於說明總統與行政院院長之關係，若總統不能影響立法院多數黨黨團之投票，其提名行政院院長固然以多數黨黨團之意見為依歸；反之，總統若為立法院多數黨之黨魁或能影響過半數委員之投票取向時，總統必然提名政見與之一致且為其本身屬意之人選，日後施政行政院院長果追隨總統亦步亦趨，也不生違憲問題，復不能因此而謂總統與行政院院長已具有一體性。聲請意旨中，有從一體性論點而導出「總統不能為者，副總統亦不能為」之結論，自不足採。副總統與總統之關係既如上述，則由副總統兼任行政院院長，憲法第三十七條之副署、第五十七條第二款、第三款之覆議核可及增修條文第二條第四項發布緊急命令之程序等相關規定所涉及之機制，尚難認為即受影響。蓋總統與行政院長職務之制衡，在於制度上由不同之人分別擔任，而非以任職者之黨派關係或政治主張為斷。尤其不能謂擔任總統與行政院院長者，必須政治主張相反或施政方針對立，始符制衡設計而合憲。又副總統之罷免及補選雖涉及國民大會之職權，然依憲法增修條文副總統並無向國民大會報告國情或聽取建言之職責，自不生聲請意旨所稱兼任行政院院長應分別向國民大會及立法院負責，易造成二民意代表機關衝突之問題。

憲法第四十九條規定：總統缺位時，由副總統繼任至總統任期屆滿為止。總統因故不能視事時，由副總統代行其職權。總統、副總統均不能視事時，由行政院院長代行其職權。總統、副總統均缺位時，依憲法增修條文第二條第八項規定，由行政院院長代行其職權，並依同條第一項規定補選總統、副總統，繼任至原任期屆滿為止。副總統兼任行政院院長一旦發生上述總統缺位或因故不能視事之情形，確將出現總統、副總統及行政院院長三個職位皆集於原本為副總統者一身，依前開說明顯非正常情況下憲法之所許。惟此種所謂「三位一體」之現象，並非僅於副總統兼任行政院院長時，始有發生之可能，憲法第四十九條、增修條文第二條第八項及憲法第五十條均係為三個職位集中於一人之機率而設。憲法第五十一條對行政院院長代行總統職權時，並明定其期限不得逾三個月。副總統兼任行政院院長一旦出現總統缺位之情形，以副總統身分繼任總統後應立即提名新院長人選，咨請立法院同意；其在立法院休會期間者，則適用憲法第五十五條第二項由副院長代理其職務，並於四十日內咨請立法院召集會議，

行使同意權。若所發生者非總統缺位而係因故不能視事,不能視事之事故如超過三個月,兼行政院院長之副總統或可類推亦受憲法第五十一條所定期間之限制,並有憲法第五十五條第二項之適用。由上所述,因副總統兼任行政院院長雖有發生繼任總統或代行職權之疑義問題,然非全無解決途徑,則聲請意旨主張兼任所造成之窒礙情形已達明顯違憲程度云云,尚有商榷之餘地。至憲法增修條文對一般公務人員及總統副總統之彈劾,設有不同程序,分別規定於第六條第三項及第五項。如副總統兼任行政院院長因失職行為而受監察院彈劾時,其適用之程序,本得以其失職行為係緣於副總統抑或行政院院長身分而發生為判斷標準,其後續之懲戒或罷免程序亦同。若與職務行為無關,則可由監察院決定採何種程序提案彈劾,雖不能謂完全不發生適用法律之疑義,然尚難以此遽認副總統兼任行政院院長已達顯不相容之情事。至聲請意旨有謂行政院院長或因施政疏失而遭監察院糾彈甚至去職,則其繼續擔任副總統之適當性將受質疑等語,乃係政治上之疑慮,非關法律問題。

查憲法第四十四條稱:「總統對於院與院間之爭執,除本憲法有規定者外,得召集有關各院院長會商解決之。」此一規定論者有將之比擬為元首之中立權者,本件聲請意旨亦主張總統所行使者為元首權,應超然於五權之上,由副總統兼任行政院院長即形成「協調者」與「被協調者」之矛盾,喪失元首權超然中立之作用等語。惟不論憲法本條之規定是否等同於元首權或中立權,學理上尚無定論,且所謂元首權 (pouvoir royal) 又稱中立權或調和權 (pouvoir neutre, intermédiaire et régulateur),乃十九世紀初年一、二法國學者 (Clermont-Tonnerre, B. Constant) 為維持在君主立憲體制之下,君主作為國家元首所保留之少許權力所提倡之學說(參看 Carl Schmitt, Der Hüter der Verfassung, 3. Aufl., 1985, S. 133ff.),此種意義之中立權或調和權與日後代議民主政治發展之實情不符,而受批評為人為設想之名詞(參看 Klaus von Beyme, Die parlamentarischen Regierungssysteme in Europa, 2. Aufl., 1973, S. 89.);且憲法學者亦有認為無論國王或總統作為國家元首,政治上調和鼎鼐本無待憲法規定,可謂事物之本質者(參看 Carl Schmitt, Verfassungslehre, 8. Aufl., 1993, S. 287.)。中立權是否已成為現代國家憲法上之建制,猶有爭論,並未形成普遍接受之權力分立理論,自不影響本件之解釋。況縱使總統行使憲法第四十四條之權限,視為元首之中立權,亦不生協調者與被協調者之矛盾。

憲法上行為是否違憲與其他公法上行為是否違法,性質相類。公法上行為之當然違法致自始不生效力者,須其瑕疵已達重大而明顯之程度(學理上稱為 Gravitäts-bzw. Evidenztheorie）始屬相當，若未達到此一程度者，則視瑕疵之具體態樣，分別定其法律上效果。是故設置憲法法院掌理違憲審查之國家（如德國、奧地利等），其憲法法院從事規範審查之際，並非以合憲、違憲或有效、無效簡明二分法為裁判方式，另有與憲法不符但未宣告無效、違憲但在一定期間之後失效、尚屬合憲但告誡有關機關有轉變為違憲之虞，並要求其有所作為予以防範等不一而足。本院歷來解釋憲法亦非採完全合憲或違憲之二分法，而係建立類似德奧之多樣化模式，案例甚多，可資覆按。判斷憲法上行為之瑕疵是否已達違憲程度，在欠缺憲法明文規定可為依據之情形時，亦有上述瑕疵標準之適用（參照本院釋字第三四二號解釋）。所謂重大係指違背憲法之基本原則，諸如國民主權、權力分立、地方自治團體之制度保障，或對人民自由權利之限制已涉及本質內容而逾越必要程度等而言；所謂明顯係指從任何角度觀察皆無疑義或並無有意義之爭論存在。本件副總統兼任行政院院長，憲法並無禁止之明文規定，又未違反權力分立原則，從兩種職務性質而論，復無顯然不能相容或有利益衝突之處，而此一兼任問題，各方仍有仁智之見，則其兼任尚難認為瑕疵重大而明顯，已達顯然違憲程度。況依憲法增修條文第二條第三項之規定，行政院院長之免職命令，須新提名之行政院院長經立法院同意後生效，若原任行政院院長參與副總統競選，並獲當選，總統依法提名新行政院院長，在未經立法院同意前，副總統依上述規定尚須兼任行政院院長，其為憲法之所許，既無疑義，自不能將在特定條件下憲法所許可之行為，遽予解釋為違憲。朝野人士之所以對此一兼任問題之合憲性，各持己見者，主要肇因於現行憲法以五權分立之架構，分別採取內閣制與總統制下之若干建制融合而成，論者基於理念或對政制之偏好，其結論南轅而北轍，毋乃當然。憲法結構之調整應由有權修憲之機關衡情度勢，斟酌損益，非關釋憲機關之權限。惟憲法分設總統、副總統及行政院院長三種職位，其本意實應由不同之人分別擔任。又憲法原文對副總統缺位時，並無補選之規定，增修條文第二條第七項明定：「副總統缺位時，由總統於三個月內提名候選人，召集國民大會補選，繼任至原任期屆滿為止。」亦足證明修憲者對副總統職位之重視，不容其長期懸缺，俾維持總統缺位時得立即有法定繼任者，以確保元首職位之機能不致中斷。若遇有總統缺位時，兼任行政院院長之副總統繼任後或可援引憲法第五十一條及第五十五條第二項之規定，作為人事安排之依據，但難謂並無聲請意旨一再指稱減損繼任「雙重保險機制」之疑慮。若副總統兼任行政院院長所遭遇之情形為總統不能視事，則尚不能直接從憲法條文中獲致解答。蓋在副總統與行政院院長分別由二人擔任之常態情形，副總統自可代行總統之職權，直至總統不能視事之原因

消滅為止。如副總統與行政院院長同屬一人，其代行總統職權即有產生不能相容之情事，因代行職權者，既非以單純行政院院長身分為之，則與憲法第五十一條專指由行政院院長代行總統職權之規定有間。可見上開情形已不在憲法設計總統職權替代機制之範圍，或須以轉換適用之方式始能勉為因應；究與憲法上述三個職位應分別由不同之人擔任之常態設計不符，並對憲法所規定繼任或代行職權之機制有所影響。聲請意旨迭次執以指摘，自有相當理由。

綜上所述，副總統與行政院院長二者職務性質尚非顯不相容，惟副總統及行政院院長二職位由一人兼任，如遇總統缺位或不能視事時，將影響憲法所規定繼任或代行職權之設計，故由副總統兼任行政院院長，與憲法設置此二職位分由不同之人擔任之本旨，未盡相符。引發本件解釋之事實，應依上開解釋意旨為適當之處理。

二、憲法對行政院院長之任期並未規定，因而關於行政院院長何時卸職或留任亦無明顯之規範可循。憲法第五十七條雖明定行政院對立法院負責，但以往因為立法院未能全面定期改選，故無從按立法院改選結果所反映之民意，定行政院院長及其僚屬（副院長及全體政務委員）之去留。為避免行政院院長毫無任期之限制，遂於每屆總統改選後，由院長率同僚屬向新任總統提出總辭，四十餘年來寖假成為例規。惟行政院須於新任總統就職時提出總辭，在現行憲法上尚無明確之依據。自八十一年起立法院已全面定期改選，第二屆立法院於翌年二月選出後，當時之行政院院長即提出辭職，八十四年十月十三日本院作成釋字第三八七號解釋，明白釋示基於民意政治與責任政治之原理，立法委員任期屆滿改選後第一次集會前，行政院院長應向總統提出辭職，此種辭職乃行政院院長憲法上之義務。除此之外，依憲法第五十七條第二款及第三款規定，立法院對於行政院之重要政策不贊同時，得以決議移請行政院變更之，行政院經總統之核可，移請覆議；或行政院對立法院決議之法律案、預算案、條約案，認為有窒礙難行時，經總統之核可，移請覆議，覆議時分別經出席立法委員三分之二維持原決議，若行政院院長不欲接受而向總統提出辭職時，亦屬憲法上義務性之辭職。對於行政院院長履行其憲法上義務之辭職，總統自無不予批准之理。至於行政院院長之其他辭職原因，本有多端，諸如因身體健康、政治情勢、領導風格等，其辭職均非憲法上義務；新任總統就任行政院院長所提出之辭職亦同。查國家元首更迭，無論君主立憲或共和國體，抑無論典型之內閣制或法國第五共和之雙首長制，自十九世紀以來，歐洲國家之內閣不乏向新就任元首提出辭職之例，故有禮貌性辭職之稱。禮貌性辭職元首是否批准因而更換內閣，各國並不一致，同一國家亦因各時期所遭遇情況而有不

同（參看 Klaus von Beyme, a.a.O., S. 720–727.）。對於行政院院長非憲法上義務之辭職，總統自可盱衡國家政治情勢及其他情況，為適當之處理，包括核准辭職、退回辭呈或批示留任等皆屬總統本於國家元首之憲法職責，作合理裁量之權限範圍，屬於統治行為之一種，尚非本院應作合憲性審查之事項。此部分聲請意旨有謂：在五權憲法架構下，總統與行政院院長間並無從屬關係，故行政院院長之辭職並無長官可以批示云云，核與憲法規定不符，蓋依憲法增修條文第二條第二項及第三項規定意旨，不僅行政院院長須經總統之任免，縱依憲法經國民大會或立法院同意任命人員（如大法官、考試委員、監察委員或審計長等），亦應由總統發布任免之命令，足證是否與總統有從屬關係無關。至於總統就任時，提出辭職之行政院院長亦同時就任副總統者，其涉及之憲法問題，已在同案另作解釋，此不贅述。

三、立法院為國家最高立法機關，憲法第六十二條定有明文。立法院之職權，憲法第六十三條有概括之規定：「立法院有議決法律案、預算案、戒嚴案、大赦案、宣戰案、媾和案、條約案及國家其他重要事項之權。」之外，諸如總統依憲法第五十五條提名行政院院長、依第一百零四條提名監察院審計長，均應經立法院之同意；依憲法第三十九條決議移請總統解嚴；依憲法第五十七條第一款立法委員在開會時有聽取行政院施政報告並向行政院院長及行政院各部會首長質詢之權；依同條第二款及第三款有決議變更行政院重要政策及對行政院移請覆議事項決議是否維持原案之權；依憲法第一百零五條規定審議審計長所提出之決算審核報告之權；依憲法第一百十一條中央與地方遇有權限爭議時，亦規定由立法院解決；依憲法第一百七十四條第二款立法院亦得對憲法擬定修正案提請國民大會複決；又依憲法增修條文第二條第四項總統發布之緊急命令，須於十日內提交立法院追認；再者依本院釋字第三二五號解釋立法院院會就議案涉及事項，得決議向有關機關調閱文件原本，以上所舉皆屬憲法或有憲法效力之規範所明定屬於立法院之職權，內容甚為廣泛。上述憲法所定屬於立法院職權之事項，立法院依法定之議事程序所作各種決議，按其性質有拘束全國人民或有關機關之效力。惟任何國家機關之職權均應遵守憲法之界限，凡憲法依權力分立原則將特定職權自立法、行政或司法等部門權限中劃歸其他國家機關行使；或依制憲者之設計根本不採為憲法上建制者，各個部門即有嚴格遵守之憲法義務。前者如一般國家屬於立法機關之調查權，在我國憲法上歸屬於監察權之範疇；後者如國會對內閣之不信任投票制度及內閣用以對抗之解散國會機制，亦為我國憲法所不採。至於行政院院長之任命，立法院雖有同意權，然必須基於總統提名並咨請立法院行使職權為前提，始得為之，憲法

第五十五條之規定甚為明顯。又依憲法第五十七條第二款及第三款之規定，立法院對行政院之重要政策不贊同時，得決議移請行政院變更之；立法院決議之法律案、預算案、條約案，行政院如認為有窒礙難行時，行政院均得經總統之核可移請立法院覆議，覆議時，如經出席立法委員三分之二維持原決議時，行政院院長應即接受該決議或辭職。上述規定即屬制憲者為取代內閣制國家不信任投票及解散國會制度所為之設計，憲法歷次增修對此復未有所更改。倘認為立法院得以讀會及過半數之決議咨請總統提名新行政院院長人選，俾其行使同意權，總統亦依其決議辦理，則無異創設為制憲者所不採之不信任投票制度。再依憲法之規定，向立法院負責者為行政院，立法院除上開憲法規定之事項外，並無決議要求總統為一定行為或不為一定行為之權限。是故立法院八十五年六月十一日所為「咨請總統儘速重新提名行政院院長，並咨請立法院同意」之決議，逾越憲法所定立法院之職權，僅屬建議性質，對總統並無憲法上之拘束力。

釋字第四二〇號解釋　（憲一九，獎勵投資條例二七，獎勵投資條例施行細則三二，公司一二、一五）　　　　　　　　　八十六年一月十七日公布

涉及租稅事項之法律，其解釋應本於租稅法律主義之精神，依各該法律之立法目的，衡酌經濟上之意義及實質課稅之公平原則為之。行政法院中華民國八十一年十月十四日庭長、評事聯席會議所為：「獎勵投資條例第二十七條所指『非以有價證券買賣為專業者』，應就營利事業實際營業情形，核實認定。公司登記或商業登記之營業項目，雖未包括投資或其所登記投資範圍未包括有價證券買賣，然其實際上從事龐大有價證券買賣，其非營業收入遠超過營業收入時，足證其係以買賣有價證券為主要營業，即難謂非以有價證券買賣為專業」不在停徵證券交易所得稅之範圍之決議，符合首開原則，與獎勵投資條例第二十七條之規定並無不符，尚難謂與憲法第十九條租稅法律主義有何牴觸。

　　解釋理由書

按獎勵投資條例（七十九年十二月三十一日因施行期間屆滿而失效）之制定，係以獎勵投資，加速經濟發展為目的，藉稅捐減免之優惠為其主要獎勵方法。為期各種生產事業及營利事業均能公平同霑其利，並防止有以迴避租稅行為，獲取不正當減免稅捐優惠，該條例乃規定各種享受獎勵之條件，予以節制。

公司為營利事業之一種，為確保其合法正常經營，公司法第十二條、第十五條第一項

規定:「公司設立登記後,有應登記之事項而不登記,或已登記之事項有變更而不為變更之登記者,不得以其事項對抗第三人。」「公司不得經營登記範圍以外之業務。」公司如經營某種登記範圍以外之業務,而怠於公司法第十二條之登記並違反同法第十五條第一項所規定之限制,除前者不得以其事項對抗第三人,後者公司負責人應負民、刑事責任外,尚不影響該公司以經營該種事業為其營業之事實。

七十六年一月二十六日修正公布之獎勵投資條例第二十七條規定:「為促進資本市場之發展,行政院得視經濟發展及資本形成之需要及證券市場之狀況,決定暫停徵全部或部分有價證券之證券交易稅,及暫停徵全部或部分非以有價證券買賣為專業之證券交易所得稅。」行政院依此規定,於七十六年十二月一日以臺(七六)財第二七九四七號函核定自七十七年一月一日起至同年十二月三十一日止繼續停徵非以有價證券買賣為專業者之證券交易所得稅。涉及租稅事項之法律,其解釋應本於租稅法律主義之精神,依各該法律之立法目的,衡酌經濟上之意義及實質課稅之公平原則為之。是基於公平課稅原則,獎勵投資條例第二十七條所定「非以有價證券買賣為專業者」,自應就營利事業實際營業情形,核實認定。公司登記(包括商業登記)之營業項目,雖未包括投資或其所登記投資範圍未包括有價證券買賣,然其實際上從事龐大有價證券買賣,其買賣收入遠超過其已登記之營業收入,足認其為以有價證券之買賣為主要營業時,自不得以怠於公司法第十二條之登記義務或違反同法第十五條第一項所規定之限制等迴避租稅行為,主張其非以有價證券買賣為專業,而享受免徵證券交易所得稅之優惠。

行政法院八十一年十月十四日庭長、評事聯席會議所為:「獎勵投資條例第二十七條所指『非以有價證券買賣為專業者』,應就營利事業實際營業情形,核實認定。公司登記或商業登記之營業項目,雖未包括投資或其所登記投資範圍未包括有價證券買賣,然其實際上從事龐大有價證券買賣,其非營業收入遠超過營業收入時,足證其係以買賣有價證券為主要營業,即難謂非以有價證券買賣為專業」不在停徵證券交易所得稅之範圍之決議,符合首開原則,與獎勵投資條例第二十七條之規定並無不符,尚難謂與憲法第十九條租稅法律主義有何牴觸。

至獎勵投資條例施行細則第三十二條規定:「本條例第二十七條所稱『以有價證券買賣為專業者』,係指經營有價證券自行買賣業務之證券自營商及經公司登記或商業登記以投資為專業之營利事業」,依上開說明,與立法意旨未盡相符部分,應不適用,併予敘明。

釋字第四二一號解釋 （憲二七～三○，憲增修一、五）

八十六年二月二十一日公布

中華民國八十三年八月一日公布之憲法增修條文第一條第八項規定，國民大會自第三屆國民大會起設議長、副議長，由國民大會代表互選之。國民大會議長對外代表國民大會，對內綜理會務，並於開會時主持會議，屬經常性之職位，與一般國民大會代表有異，自得由國庫支給固定報酬。至報酬之項目及額度，在合理限度內係屬立法機關之權限。是立法院通過八十六年度中央政府總預算中，關於議長、副議長之歲費、公費及特別費部分，與憲法尚無牴觸。

國民大會議長、副議長，既為憲法上之國家機關，對外代表國民大會，且屬經常性之職位，復受有國庫依其身分、職務定期支給相當之報酬，除法律另有規定外，自不得兼任其他公職或執行業務，併此敘明。

解釋理由書

八十三年八月一日公布之憲法增修條文第一條第八項規定，國民大會自第三屆國民大會起設議長、副議長，由國民大會代表互選之。國民大會議長對外代表國民大會，對內綜理會務，並於開會時主持會議，屬經常性之職位，與一般國民大會代表有異，自得由國庫支給固定報酬。至報酬之項目及額度，在合理限度內係屬立法機關之權限。本院釋字第二八二號、第二九九號有關國民大會代表應否由國庫定期支給待遇之解釋，以及國民大會代表報酬及費用支給條例，均係在前開憲法增修條文修正前所為，既未包括支給議長、副議長之報酬在內，是以立法院於審查八十六年度中央政府總預算時，決議通過國民大會議長、副議長之歲費、公費及特別費，與憲法尚無牴觸。惟今後修正國民大會代表報酬及費用支給條例時，其有關議長及副議長之部分，自應予以明定，以為支給之依據。

國民大會議長、副議長，既為憲法上之國家機關，對外代表國民大會，且屬經常性之職位，復受有國庫依其身分、職務定期支給相當之報酬，除法律另有規定外，自不得兼任其他公職或執行業務，併此敘明。

釋字第四二二號解釋 （憲一五、一五三，三七五減租一九）

八十六年三月七日公布

憲法第十五條規定，人民之生存權應予保障；第一百五十三條復明定，國家為改良農民之生活，增進其生產技能，應制定保護農民之法律，實施保護農民之政策，明確揭

示國家負有保障農民生存及提昇其生活水準之義務。耕地三七五減租條例即屬上開憲法所稱保護農民之法律，其第十九條第一項第三款規定，出租人因收回耕地，致承租人失其家庭生活依據者，耕地租約期滿時，出租人不得收回自耕，目的即在保障佃農，於租約期滿時不致因出租人收回耕地，嚴重影響其家庭生活及生存權利。行政院於中華民國四十九年十二月二十三日以臺四九內字第七二二六號令及內政部七十三年十一月一日七十三臺內地字第二六六七七九號函，關於承租人全年家庭生活費用之核計方式，逕行準用臺灣省（臺北市、高雄市）辦理役種區劃現行最低生活費支出標準計算審核表（原役種區劃適用生活標準表）中，所列最低生活費支出標準金額之規定，以固定不變之金額標準，推計承租人之生活費用，而未斟酌承租人家庭生活之具體情形及實際所生之困窘狀況，難謂切近實際，有失合理，與憲法保護農民之意旨不符，應不再援用。

　　解釋理由書

生存權應予保障；國家為改良農民之生活，增進其生產技能，應制定保護農民之法律，實施保護農民之政策，分別為憲法第十五條及第一百五十三條所明定，明確揭示國家負有保障農民生存及提昇其生活水準之義務。

耕地三七五減租條例係為改善租佃制度，安定農村社會，同時亦為促進農業生產，提高農民所得，奠定國家經濟發展之基礎而制定。其後為配合國家整體農地改革之措施，於七十二年雖有就上開條例第十九條租約期滿時，地主為擴大家庭農場經營規模，得收回其出租耕地之相應性修正。惟同條例第十九條第一項第三款復規定「出租人因收回耕地，致承租人失其家庭生活依據者，耕地租約期滿時，出租人不得收回自耕」，用以保障仰賴承租耕地農作收入為生活憑藉之佃農的生存權。行政院四十九年十二月二十三日臺四九內字第七二二六號令，關於承租人本人及其配偶與同一戶內之直系血親全年生活費用之核計方式，逕行準用臺灣省當年度辦理役種區劃適用生活標準表規定部分；內政部七十三年十一月一日臺內地字第二六六七七九號函，關於承租人之收益與生活費用之審核標準，定為以耕地租約期滿前一年，承租人本人及其配偶與同一戶內之直系血親綜合所得總額與全年生活費為準，生活費用之計算標準則準用臺灣省（臺北市、高雄市）辦理役種區劃現行最低生活費支出標準金額計算審核表（原役種區劃適用生活標準表）中所列最低生活費支出標準金額之規定，以固定不變之金額標準，推計承租人之生活費用，而未就不同地域物價水準之差異作考量，亦未斟酌各別農家具體收支情形或其他特殊狀況，諸如必要之醫療及保險相關費用之支出等實際所生困

窘狀況，自難謂為切近實際，有失合理，與憲法保護農民之意旨不符，應不再援用。

釋字第四二三號解釋 （空污二三、四三，訴願一、二，交通工具排放空氣污染物罰鍰標準五） 八十六年三月二十一日公布

行政機關行使公權力，就特定具體之公法事件所為對外發生法律上效果之單方行政行為，皆屬行政處分，不因其用語、形式以及是否有後續行為或記載不得聲明不服之文字而有異。若行政機關以通知書名義製作，直接影響人民權利義務關係，且實際上已對外發生效力者，如以仍有後續處分行為，或載有不得提起訴願，而視其為非行政處分，自與憲法保障人民訴願及訴訟權利之意旨不符。行政法院四十八年判字第九六號判例僅係就訴願法及行政訴訟法相關規定，所為之詮釋，與憲法尚無牴觸。

空氣污染防制法第二十三條第一項規定：「交通工具排放空氣污染物，應符合排放標準。」同法第四十三條第一項對違反前開規定者，明定其處罰之方式與罰鍰之額度；同條第三項並授權中央主管機關訂定罰鍰標準。交通工具排放空氣污染物罰鍰標準第五條，僅以當事人接到違規舉發通知書後之「到案時間及到案與否」，為設定裁決罰鍰數額下限之唯一準據，並非根據受處罰之違規事實情節，依立法目的所為之合理標準。縱其罰鍰之上限並未逾越法律明定得裁罰之額度，然以到案之時間為標準，提高罰鍰下限之額度，與母法授權之目的未盡相符，且損及法律授權主管機關裁量權之行使。又以秩序罰罰鍰數額倍增之形式而科罰，縱有促使相對人自動繳納罰鍰、避免將來強制執行困擾之考量，惟母法既無規定復未授權，上開標準創設相對人於接到違規通知書起十日內到案接受裁罰及逾期倍增之規定，與法律保留原則亦屬有違，其與本解釋意旨不符部分，應自本解釋公布之日起，至遲於屆滿六個月時失其效力。

解釋理由書

我國現行行政訴訟制度以撤銷訴訟為主，得提起撤銷訴訟之事項則採概括條款之立法形式，凡人民對於行政處分認為違法或不當致損害其權利或利益者，均得依法提起訴願或行政訴訟。所謂行政處分係指行政機關行使公權力，就特定具體之公法事件所為對外發生法律上效果之單方行為，不因其用語、形式以及是否有後續行為或記載不得聲明不服之文字而有異。若行政機關以通知書名義製作，直接影響人民權利義務關係，且實際上已對外發生效力者，諸如載明應繳違規罰款數額、繳納方式、逾期倍數增加之字樣，倘以仍有後續處分行為或載有不得提起訴願，而視其為非行政處分，自與憲法保障人民訴願及訴訟權利之意旨不符。遇有行政機關依據法律製發此類通知書，相

對人亦無異議而接受處罰時，猶不認其為行政處分性質，於法理尤屬有悖。行政法院四十八年判字第九六號判例：「訴願法第一條所稱官署之處分，損害人民之權利或利益者，限於現已存在之處分，有直接損害人民權利或利益之情形者，始足當之。如恐將來有損害其權利或利益之行政處分發生，遽提起訴願，預行請求行政救濟，則非法之所許。」僅係就訴願法及行政訴訟法相關規定，所為之詮釋，與憲法尚無牴觸。

空氣污染防制法第二十三條第一項規定：「交通工具排放空氣污染物，應符合排放標準。」同法第四十三條第一項對違反前開規定者，明定其處罰之方式與罰鍰之額度；同條第三項並授權中央主管機關訂定罰鍰標準。法律既明定罰鍰之額度，又授權行政機關於該範圍內訂定裁罰標準，其目的當非僅止於單純的法適用功能，而係尊重行政機關專業上判斷之正確性與合理性，就交通工具排放空氣污染物不符排放標準者，視違規情節，依客觀、合理之認定，訂定合目的性之裁罰標準，並可避免於個案裁決時因恣意而產生不公平之結果。主管機關於中華民國八十二年二月十五日修正發布之交通工具排放空氣污染物罰鍰標準第五條，僅以當事人接到違規舉發通知書後之「到案時間及到案與否」，為設定裁決罰鍰數額下限之唯一準據，並非根據受處罰之違規事實情節，依立法目的所為之合理標準。縱其罰鍰之上限並未逾越法律明定得裁罰之額度，然以到案之時間為標準，提高罰鍰下限之額度，與母法授權之目的未盡相符，且損及法律授權主管機關裁量權之行使。又以秩序罰罰鍰數額倍增之形式而科罰，縱有促使相對人自動繳納罰鍰、避免將來強制執行困擾之考量，惟母法既無規定復未授權，上開標準創設相對人於接到違規通知書起十日內到案接受裁罰及逾期倍增之規定，與法律保留原則亦屬有違，其與本解釋意旨不符部分，應自本解釋公布之日起，至遲於屆滿六個月時失其效力。

釋字第四二四號解釋　（憲一九、一五三，民一一三八，遺贈稅二〇，農發三一）

八十六年三月二十一日公布

財政部中華民國八十三年二月十六日臺財稅字第八二二三〇四八五〇號函釋：「贈與人所有之全部農業用地，經分次贈與能自耕之具有繼承人身分中之同一人，且繼續經營農業生產者，全部農地均准免徵贈與稅，惟最後一次以前各該次贈與仍應先予核課贈與稅，俟最後一次為贈與，全部農業用地均歸同一受贈人後，再辦理退稅」，係主管機關為執行遺產及贈與稅法第二十條第五款及農業發展條例第三十一條規定之必要，就家庭農場之農業用地免徵贈與稅之作業，對所屬機關所為之釋示，與上開法律規定之

意旨相符，於憲法第十九條之規定尚無牴觸。

解釋理由書

家庭農場之農業用地，贈與由能自耕之配偶或民法第一千一百三十八條所定繼承人一人受贈而繼續經營農業生產者，不計入贈與總額，為遺產及贈與稅法第二十條第五款所明定；又農業發展條例第三十一條前段亦規定：「家庭農場之農業用地，其由能自耕之繼承人一人繼承或承受，而繼續經營農業生產者，免徵遺產稅或贈與稅」。是家庭農場之農業用地其贈與免徵贈與稅者，除繼承人須有自耕能力並繼續經營農業生產外，尚須由繼承人一人單獨繼承或受贈，始有其適用。財政部八十三年二月十六日臺財稅字第八二二三〇四八五〇號函：「贈與人所有之全部農業用地，經分次贈與能自耕之具有繼承人身分中之同一人，且繼續經營農業生產者，全部農地均准免徵贈與稅，惟最後一次以前各該次贈與仍應先予核課贈與稅，俟最後一次為贈與，全部農業用地均歸同一受贈人後，再辦理退稅」，係主管機關針對全部農業用地作分次贈與、如何適用上開法律規定，課徵贈與稅所為之必要釋示，以供所屬機關執行之依據，符合各該法條規定免徵贈與稅之要件，與農業發展條例禁止耕地分割及移轉為共有之立法意旨亦屬相符，於憲法第十九條之規定尚無牴觸。

釋字第四二五號解釋　　（憲一五，土地二三一、二三三、二三五，土地徵收法令補充規定一六）　　　　　　　　　　　　　　　八十六年四月十一日公布

土地徵收，係國家因公共事業之需要，對人民受憲法保障之財產權，經由法定程序予以剝奪之謂。規定此項徵收及其程序之法律必須符合必要性原則，並應於相當期間內給予合理之補償。被徵收土地之所有權人於補償費發給或經合法提存前雖仍保有該土地之所有權，惟土地徵收對被徵收土地之所有權人而言，係為公共利益所受特別犧牲，是補償費之發給不宜遲延過久。本此意旨，土地法第二百三十三條明定補償費應於「公告期滿後十五日內」發給。此法定期間除對徵收補償有異議，已依法於公告期間內向該管地政機關提出，並經該機關提交評定或評議或經土地所有權人同意延期繳交者外，應嚴格遵守（參照本院釋字第一一〇號解釋）。內政部中華民國七十八年一月五日臺內字第六六一九九一號令發布之「土地徵收法令補充規定」，係主管機關基於職權，為執行土地法之規定所訂定，其中第十六條規定：「政府徵收土地，於請求法律解釋期間，致未於公告期滿十五日內發放補償地價，應無徵收無效之疑義」，與土地法第二百三十三條之規定未盡相符，於憲法保障人民財產權之意旨亦屬有違，其與本解釋意旨不符

部分，應不予適用。

解釋理由書

土地徵收，係國家因公共事業之需要，對人民受憲法保障之財產權，經由法定程序予以剝奪之謂。規定此項徵收及其程序之法律必須符合必要性原則，並應於相當期間內給予合理之補償，方符憲法保障人民財產權之意旨，前經本院釋字第四〇〇號解釋在案。土地法第二百三十五條前段及第二百三十一條前段雖規定：「被徵收土地之所有權人，對於其土地之權利義務，於應受之補償發給完竣時終止，在補償費未發給完竣以前，有繼續使用該土地之權」；「需用土地人應俟補償地價及其他補償費發給完竣後，方得進入被徵收土地內工作」，明示物權變動之效力，須待補償費發給完畢始行發生。惟土地徵收對被徵收土地之所有權人而言，係為公共利益所受特別犧牲，是補償費之發給不宜遷延過久。本此意旨，土地法第二百三十三條前段規定：「徵收土地應補償之地價及其他補償費，應於公告期滿後十五日內發給之」。此項法定期間，自應嚴格遵守，業經本院釋字第一一〇號解釋解釋文第二項表示：「需用土地人不於公告期滿完畢後十五日內將應補償地價及其他補償費額繳交主管地政機關發給完竣者，依照本院院字第二七〇四號解釋，其徵收土地核准案固應從此失其效力。但於上開期間內，因對補償之估定有異議，而由該管縣市地政機關依法提交標準地價評議委員會評定，或經土地所有人同意延期繳交有案者，不在此限」，從而土地徵收補償費之發給，除對徵收補償有異議，已依法於公告期間內向該管地政機關提出，並經該機關提交評定或評議或經土地所有人同意延期繳交者外，如有延誤，自屬對人民財產權之侵害。行政機關基於職權，執行法律，雖得訂定命令補充法律之規定，惟其內容須符合法律意旨。內政部七十八年一月五日臺內字第六六一九一號令發布之「土地徵收法令補充規定」第十六條：「政府徵收土地，於請求法律解釋期間，致未於公告期滿十五日內發放補償地價，應無徵收無效疑義」，與土地法第二百三十三條強制規定未盡相符，有違憲法第十五條保障人民財產權之意旨，於本解釋不符部分，應不予適用。

釋字第四二六號解釋　（憲一五、一九，憲增修九，空污八、一〇、二三～二七，空氣污染防制費收費辦法四）　　　　　　八十六年五月九日公布

空氣污染防制費收費辦法係主管機關根據空氣污染防制法第十條授權訂定，依此徵收之空氣污染防制費，性質上屬於特別公課，與稅捐有別。惟特別公課亦係對義務人課予繳納金錢之負擔，其徵收目的、對象、用途自應以法律定之，如由法律授權以命令

訂定者，其授權符合具體明確之標準，亦為憲法之所許。上開法條之授權規定，就空氣污染防制法整體所表現之關聯性意義判斷，尚難謂有欠具體明確。又已開徵部分之費率類別，既由主管機關依預算法之規定，設置單位預算「空氣污染防制基金」加以列明，編入中央政府年度總預算，經立法院審議通過後實施，與憲法尚無違背。有關機關對費率類別、支出項目等，如何為因地制宜之考量，仍須檢討改進，逐以法律為必要之規範。至主管機關徵收費用之後，應妥為管理運用，俾符合立法所欲實現之環境保護政策目標，不得悖離徵收之目的，乃屬當然。

空氣污染防制法所防制者為排放空氣污染物之各類污染源，包括裝置於公私場所之固定污染源及機動車輛排放污染物所形成之移動污染源，此觀該法第八條、第二十三條至第二十七條等相關條文甚明。上開收費辦法第四條規定按移動污染源之排放量所使用油（燃）料之數量徵收費用，與法律授權意旨無違，於憲法亦無牴觸。惟主管機關自中華民國八十四年七月一日起僅就油（燃）料徵收，而未及固定污染源所排放之其他污染物，顯已違背公課公平負擔之原則，有關機關應迅予檢討改進，併此指明。

　　解釋理由書

憲法增修條文第九條第二項規定：「經濟及科學技術發展，應與環境及生態保護兼籌並顧」，係課國家以維護生活環境及自然生態之義務，防制空氣污染為上述義務中重要項目之一。空氣污染防制法之制定符合上開憲法意旨。依該法徵收之空氣污染防制費係本於污染者付費之原則，對具有造成空氣污染共同特性之污染源，徵收一定之費用，俾經由此種付費制度，達成行為制約之功能，減少空氣中污染之程度；並以徵收所得之金錢，在環保主管機關之下成立空氣污染防制基金，專供改善空氣品質、維護國民健康之用途。此項防制費既係國家為一定政策目標之需要，對於有特定關係之國民所課徵之公法上負擔，並限定其課徵所得之用途，在學理上稱為特別公課，乃現代工業先進國家常用之工具。特別公課與稅捐不同，稅捐係以支應國家普通或特別施政支出為目的，以一般國民為對象，課稅構成要件須由法律明確規定，凡合乎要件者，一律由稅捐稽徵機關徵收，並以之歸入公庫，其支出則按通常預算程序辦理；特別公課之性質雖與稅捐有異，惟特別公課既係對義務人課予繳納金錢之負擔，故其徵收目的、對象、用途應由法律予以規定，其由法律授權命令訂定者，如授權符合具體明確之標準，亦為憲法之所許。所謂授權須具體明確應就該授權法律整體所表現之關聯意義為判斷，而非拘泥於特定法條之文字（參照本院釋字第三九四號解釋理由書）。空氣污染防制法第十條第一項：「各級主管機關應依污染源排放空氣污染物之種類及排放量，徵

收空氣污染防制費用」、第二項:「前項污染源之類別及收費辦法,由中央主管機關會商有關機關定之」,依此條文之規定,再參酌上開法律全部內容,其徵收目的、對象、場所及用途等項,尚難謂有欠具體明確。行政院環境保護署據此於八十四年三月二十三日發布空氣污染防制費收費辦法,就相關事項為補充規定。而已開徵部分之費率類別連同歲入歲出科目金額,既由主管機關依預算法之規定,設置單位預算「空氣污染防制基金」加以列明,編入中央政府年度總預算,經立法院通過後實施,徵收之法源及主要項目均有法律與預算為依據,與憲法尚無違背。但預算案有其特殊性,與法律案性質不同,立法機關對預算案與法律案審議之重點亦有差異(參照本院釋字第三九一號解釋理由書),空氣污染防制費之徵收尚涉及地方政府之權限,基金支出尤與地方環保工作攸關,預算案受形式及內容之限制,規定難期周全,有關機關對費率類別、支出項目等,如何為因地制宜之考量,仍須檢討改進,逐以法律為必要之規範。至主管機關徵收費用之後,自應妥為管理運用,俾符合立法所欲實現之環境保護政策目標,不得悖離徵收特別公課之目的,乃屬當然。

空氣污染防制法所防制者為排放空氣污染物之各類污染源,包括裝置於公私場所之固定污染源及機動車輛排放污染物所形成之移動污染源,此觀該法第八條、第二十三條至第二十七條等相關條文甚明。該法第十條並未將空氣污染之移動污染排除在外,則徵收污染防制費應包括汽車機車等移動污染源在內,應無疑義。空氣污染防制費收費辦法第四條規定,按移動污染源之排放量所使用油(燃)料之數量徵收費用,因污染排放量與油(燃)料用量密切相關,尚屬合理,且基於執行法律應兼顧技術及成本之考量,與上開空氣污染防制法之授權意旨並無抵觸。惟有關機關仍應儘速建立推動污染源定期檢驗系統及更具經濟誘因之收費方式,又主管機關自八十四年七月一日起即就油(燃)料徵收,而未及固定污染源所排放之其他污染物,有違背此項公課應按污染源公平負擔之原則,並在公眾認知上易造成假行為制約之名,為財政收入徵收公課之誤解,有關機關應迅即採取適當措施以謀改進,併此指明。

釋字第四二七號解釋　　(憲一五、一九,所得稅二四、三九)

八十六年五月九日公布

營利事業所得之計算,係以其本年度收入總額減除各項成本費用、損失及稅捐後之純益額為所得額,以往年度營業之虧損,不得列入本年度計算,所得稅法第二十四條第一項及第三十九條前段定有明文。同法第三十九條但書旨在建立誠實申報納稅制度,

其扣除虧損祇適用於可扣抵期間內未發生公司合併之情形,若公司合併者,則應以合併基準時為準,更始計算合併後公司之盈虧,不得追溯扣抵合併前各該公司之虧損。財政部中華民國六十六年九月六日臺財稅字第三五九九五號函與上開法條規定意旨相符,與憲法並無牴觸。至公司合併應否給予租稅優惠,則屬立法問題。

解釋理由書

營利事業所得之計算,係以其本年度收入總額減除各項成本費用、損失及稅捐後之純益額為所得額,以往年度營業之虧損,不得列入本年度計算,所得稅法第二十四條第一項及第三十九條前段定有明文。惟為鼓勵誠實申報納稅,所得稅法第三十九條但書乃規定:「公司組織之營利事業,會計帳冊簿據完備,虧損及申報扣除年度均使用第七十七條所稱藍色申報書或經會計師查核簽證,並如期申報者,得將經該管稽徵機關核定之前五年(七十八年十二月三十日修正前為前三年)內各期虧損,自本年純益額中扣除後,再行核課」。其本旨係認公司組織之營利事業,其前五年內各期虧損之扣除,須該公司本年度內有盈餘,且在可扣抵期間內未發生公司合併並符合上開要件時,始有適用;若公司合併者,則應以合併基準時更始計算合併後公司之盈虧,不得追溯扣抵合併前各該公司之虧損。財政部六十六年九月六日臺財稅字第三五九九五號函釋:「依所得稅法第三十九條規定意旨,公司組織之營利事業前三年內各期虧損之扣除,以各該公司本身有盈餘時,才能適用,旨在使前三年經營發生虧損之公司,於轉虧為盈時,可以其盈餘先彌補虧損,俾健全其財務。公司如因被合併而消滅,合併後存續之公司與合併而消滅之公司並非同一公司,自不得扣除因合併而消滅之公司前三年內經該管稽徵機關查帳核定之虧損」,符合上開立法意旨,於租稅法律主義並無違背,與憲法亦無牴觸。至公司合併應否給予租稅優惠,則屬立法問題,併此指明。

釋字第四二八號解釋 (憲一五、二三、一四四,郵政二五、二七,郵政規則二二七、二二八)　　　　　　　　　　　　八十六年五月二十三日公布

公用事業,以公營為原則,憲法第一百四十四條前段定有明文。國家基於對人民生存照顧之義務、達成給付行政之功能,經營各類公用事業,期以合理之費率,普遍而穩定提供人民所需之各項服務,得對公用事業因經營所生之損失補償或損害賠償責任予以相當之限制,惟因涉及人民之權利,自須符合憲法第二十三條之規定。郵政法第二十五條各類掛號郵件之補償僅限於遺失或被竊,而不及於毀損,旨在維持郵政事業之經營,為增進公共利益所必要,尚未逾越立法權自由形成之範圍,與憲法並無牴觸。

惟對於特殊類型郵件之投遞與交寄程序、收費標準、保管方式、損失補償要件與範圍等須否加以規定，應由主管機關檢討改進。又郵政規則第二百二十七條及第二百二十八條之規定，乃在確定郵件損失補償責任之要件，並未逾越郵政法第二十七條之授權，亦未增加郵政法關於郵件補償規定所無之限制，與憲法亦無牴觸。

　　解釋理由書

郵件運送為郵政業務之一種，以遞送公眾交寄之信件或包裹為服務內容，屬於提供一般人民日常生活所需之公用事業，依憲法第一百四十四條規定，以公營為原則，其經法律許可者，亦得由國民經營之。郵政法第一條規定，郵政為國營事業，由交通部掌管。國家基於對人民生存照顧之義務、達成給付行政之功能，經營公用事業，期以合理之費率，普遍而穩定提供人民日常所需，如水、電、瓦斯、郵遞、交通運輸等各項服務，對公用事業之經營，課予特別義務、加強政府監督並在經濟上給予相當之優惠，如獨占權之給予、稅捐之減免、對損失補償或損害賠償責任予以限制等。惟此等措施，涉及相關人民之權利，自須依憲法第二十三條之規定，於增進公共利益之必要範圍內以法律為之。

郵政法第二十五條規定，各類掛號郵件遺失或被竊；掛號包裹、報值郵件、保價郵件全部或一部遺失、被竊或毀損時，如無同法第二十八條所定各項情形，郵政機關即須向寄件人為補償。而各類郵件補償之金額及其方法，則依同法第二十七條之授權，於郵政規則中定之。顯見郵政法對於郵件之毀損並非完全未設補償之規定。至於掛號郵件毀損之補償範圍僅限於掛號包裹之毀損，而不及於一般掛號郵件全部或一部毀損，乃因此類郵件多屬文件或信函，由寄件人自行封緘後向郵局交寄，其價值亦易受主觀因素影響而不若報值、保價郵件或掛號包裹等容易認定。是郵政法第二十五條排除一般掛號郵件毀損之補償，乃就其所收取費用、服務性質、經營成本、人民權益所受侵害之程度等因素為衡平考量，並為維持郵政事業之經營所必須，增進公共利益所必要，尚未逾越立法權自由形成範圍，符合憲法第二十三條之比例原則，與憲法第十五條保障人民財產權之規定亦無牴觸。惟特殊類型之郵件，如集郵品等，損害價值之認定缺乏客觀標準，易滋爭議，其投遞交寄之程序、收費標準、保管方式、損失補償之要件與範圍須否加以規定，應由主管機關檢討改進。

郵政規則第二百二十七條規定，各類郵件一經照章投遞或由收件人領取，郵局責任即為完畢。同規則第二百二十八條規定，收件人接收郵件時，未當場聲明有瑕疵，並已出據領取郵件者，事後不得請求補償，係為確定郵件損失補償責任之要件所為之規定。

依郵政法第三條規定:「關於各類郵件或其事務,如國際郵政公約或協定有規定者,依其規定。但其規定如與本法相牴觸時,除國際郵件事務外,適用本法之規定。」一九九四年九月十四日於韓國漢城簽訂,於一九九六年一月一日起正式生效之萬國郵政公約最後議定書 (Universal Postal Convention, Final Protocol),即有與前開郵政規則相同之規定。我國雖非此公約之締約國,仍可視之為國際間通郵之一般規範。該公約第三十五條第一項規定,掛號函件、保險函件及其他證明函件,凡經按照國內就同類函件所定規章之條件予以投遞者,郵局之責任即告終止。惟同條項第二款規定,收件人或郵件退回原局時之寄件人,於國內規章所許可之情況下,對於被竊或毀損郵件(向郵局)提出保留聲明者,郵局仍須負責。亦即依該公約之規定,各類郵件如經照章投遞而收件人於領取郵件時並未提出保留權利之聲明者,各郵局即無須負責。是郵政規則第二百二十七條及第二百二十八條之規定,與國際公約之規定相符,並未逾越郵政法第二十七條之授權,亦未增加郵政法關於郵件補償規定所無之限制,與憲法尚無牴觸。

釋字第四二九號解釋　　(憲七、一八,公務考二一,公務人員高等暨普通考試訓練辦法四)　　　　　　　　　　八十六年六月六日公布

中華民國七十五年一月二十四日公布之公務人員考試法第二十一條第一項規定:「公務人員高等考試與普通考試及格者,按錄取類、科,接受訓練,訓練期滿成績及格者,發給證書,分發任用。」(現行法第二十條第一項之規定意旨亦同)是公務人員高普考試筆試及格後,須經訓練,訓練期滿成績及格,始完成考試程序。訓練既為法定考試程序之一部分,除法令另有規定外,自不得抵免。公務人員高等暨普通考試訓練辦法第四條第二項就實務訓練無免除之規定,符合上述立法意旨,與憲法尚無牴觸。

　　解釋理由書

七十五年一月二十四日公布之公務人員考試法第二十一條第一項規定:「公務人員高等考試與普通考試及格者,按錄取類、科,接受訓練,訓練期滿成績及格者,發給證書,分發任用。」(現行法第二十條第一項之規定意旨亦同)是公務人員高普考筆試及格後,須經訓練,訓練期滿成績及格,始為完成法定考試程序。依同法條第二項授權訂定之公務人員高等暨普通考試訓練辦法,旨在增進工作知能,加強考用之配合。同辦法第四條第一項規定:「本訓練分基礎訓練與實務訓練兩階段,其期間合計四個月至一年。」其第二項規定:「本辦法實施前曾應公務人員高等、普通考試及格之現任或曾任公務人員;或曾依本辦法之規定接受基礎訓練成績及格者,得免除基礎訓練,惟實務訓練期

間與分兩階段實施者同。」明示公務人員高等及普通考試筆試錄取人員之訓練分為兩階段實施，前階段之基礎訓練係以充實初任公務人員應具備之基本觀念及有關業務之一般知識為主，而後階段之實務訓練則以增進有關工作所需知能為專業訓練之重點。實務訓練既基於特殊目的而實施，自與筆試錄取人員先前是否曾有服公職經驗或年資等未必相涉，上開辦法第四條第二項對此並無抵免規定，對所有公務人員高等或普通考試及格人員一體適用，與憲法第七條及第十八條尚無抵觸。惟應考人在筆試錄取前已取得與錄取類科相當之合格實授公務人員身分，且與擬任職務之工作性質亦屬雷同者，是否一律不得以其實際經驗抵免實務訓練，宜由主管機關檢討改進。

釋字第四三〇號解釋　　（憲一六，訴願一）　　　　八十六年六月六日公布

憲法第十六條規定人民有訴願及訴訟之權，人民之權利或法律上利益遭受損害，不得僅因身分或職業關係，即限制其依法律所定程序提起訴願或訴訟。因公務員身分受有行政處分得否提起行政爭訟，應視其處分內容而定，迭經本院解釋在案。軍人為廣義之公務員，與國家間具有公法上之職務關係，現役軍官依有關規定聲請續服現役未受允准，並核定其退伍，如對之有所爭執，既係影響軍人身分之存續，損及憲法所保障服公職之權利，自得循訴願及行政訴訟程序尋求救濟，行政法院四十八年判字第十一號判例與上開意旨不符部分，應不予援用。

解釋理由書

憲法第十六條規定人民有訴願及訴訟之權，人民之權利或法律上利益遭受損害，不得僅因身分或職業關係，即限制其依法律所定程序提起訴願或訴訟。因公務員身分受有行政處分得否提起行政爭訟，應視處分內容而定，其足以改變公務員身分或對於公務員權益有重大影響之處分，受處分之公務員自得行使上開憲法第十六條之權利，請求司法機關救濟，迭經本院釋字第一八七號、第二四三號、第二九八號及第三三八號等分別釋示在案。軍人負有作戰任務，對軍令服從之義務，固不能與文官等同視之。惟軍人既屬廣義之公務員，與國家之間具有公法上之職務關係，倘非關軍事指揮權與賞罰權之正當行使，軍人依法應享有之權益，自不應與其他公務員，有所差異。現役軍官依有關規定聲請續服現役未受允准，並核定其退伍，如對之有所爭執，既係影響軍人身分之存續，損及憲法所保障服公職之權利，自得循訴願及行政訴訟程序尋求救濟。行政法院四十八年判字第十一號判例：「提起訴願，限於人民因官署之處分違法或不當，而損害其權利或利益者，方得為之。至若基於特別權力關係所生之事項，或因私法關

係發生爭執，則依法自不得提起訴願」，與上開意旨不符部分，應不予援用。查具有軍人身分者，申請志願退伍或繼續服役未受允准，係影響其軍人身分關係是否消滅之重大不利益處分，應得循行政爭訟程序，請求救濟，雖經行政法院民國八十五年四月十七日庭長評事聯席會議決議在案，惟上開判例既為本件據以聲請解釋之確定終局裁判所引用，仍應受理解釋，併此說明。

釋字第四三一號解釋　（戰士授田一〇，戰士授田施三）

八十六年六月六日公布

戰士授田憑據處理條例對同條例第十條之「無職軍官」未規定其定義及範圍，該條例施行細則第三條第十六款：「無職軍官指依行政院四十八年七月十四日臺四十八防字第三八八二號令訂定之陸海空軍無軍職軍官處理辦法，於四十八年十月十八日以前在國防部登記處理有案，發給退除役令，並經國防部人事參謀次長室認定符合無職軍官身分者」，係就無職軍官身分之認定所為之補充規定，並未違背該條例之立法意旨，與憲法亦無牴觸。

解釋理由書

中華民國七十九年四月二十三日制定，八十年一月一日施行之戰士授田憑據處理條例，係為收回已依反共抗俄戰士授田條例領取之戰士授田憑據，分別情形給與不同基數之補償金而制定。其核發對象原以領有戰士授田憑據之人員為範圍，依反共抗俄戰士授田條例第十一條規定：「現在陸海空軍部隊服務二年以上之戰士」始為發給授田憑據之對象；在大陸時期曾任軍官，自行來臺或隨軍隊來臺後，未辦理正式退伍或在辦理無職軍官登記清理中脫離軍職等人員，因未在營，其領取戰士授田憑據，有事實上之困難，乃於該處理條例第十條規定：「反共抗俄戰士授田條例公布施行前，曾參加反共抗俄作戰，除因有叛國行為或逃亡而被判有期徒刑以上之刑者外，其餘在臺離營之退除役無職軍官，領有退伍除役證明書，且現居住臺灣地區者，視同已發給授田憑據，依本條例之規定處理」，以保障其權益。所謂「無職軍官」之定義及範圍，戰士授田憑據處理條例雖未另為規定，惟觀其立法意旨，係指行政院四十八年七月十四日臺四十八防字第三八八二號令發布之陸海空軍無軍職軍官處理辦法所規定者而言，該辦法第二條第一項規定：「本辦法所稱無職軍官，包括左列人員：一免職停役者、二編餘者、三辭職資遣者、四作戰失散或被俘來歸者、五免職停職者、六撤職者、七免官停役者、八刑事停役者、九其他因故離職而未辦退役或假退除役者」，同條第二項規定：「前項

人員以中華民國四十七年六月三十日以前居住政府控制地區為限」。同辦法第二十一條復規定:「無職軍官,在規定調查期間,不參加調查者,爾後概不處理,並作為退除役論」。國防部四十八年五月二十八日(四八)雷露字第二六四四號公告無職軍官辦理調查登記之期間為四十八年六月八日至同年十月十八日。該辦法因登記期間屆滿,經行政院五十三年五月十五日臺五三人字第三四一二號令廢止,則戰士授田憑據處理條例施行細則第三條第十六款規定:「無職軍官指依行政院四十八年七月十四日臺四十八防字第三八八二號令訂定之陸海空軍無軍職軍官處理辦法,於四十八年十月十八日以前在國防部登記處理有案,發給退除役令,並經國防部人事參謀次長室認定符合無職軍官身分者」,係就無職軍官身分之認定所為之補充規定,為執行上開條例所必要,且未違背該條例之立法意旨,與憲法亦無牴觸。

釋字第四三二號解釋　　(憲一五,會計師一七、三九)

八十六年七月十一日公布

專門職業人員違背其職業上應遵守之義務,而依法應受懲戒處分者,必須使其能預見其何種作為或不作為構成義務之違反及所應受之懲戒為何,方符法律明確性原則。對於懲戒處分之構成要件,法律雖以抽象概念表示,不論其為不確定概念或概括條款,均須無違明確性之要求。法律明確性之要求,非僅指法律文義具體詳盡之體例而言,立法者於立法定制時,仍得衡酌法律所規範生活事實之複雜性及適用於個案之妥當性,從立法上適當運用不確定法律概念或概括條款而為相應之規定。有關專門職業人員行為準則及懲戒之立法使用抽象概念者,苟其意義非難以理解,且為受規範者所得預見,並可經由司法審查加以確認,即不得謂與前揭原則相違。會計師法第三十九條第六款規定:「其他違反本法規定者」,以違反會計師法為構成會計師之懲戒事由,其範圍應屬可得確定。同法第十七條規定:「會計師不得對於指定或委託事件,有不正當行為或違反或廢弛其業務上應盡之義務」,係在確立會計師之行為標準及注意義務所為之規定,要非會計師作為專門職業人員所不能預見,亦係維護會計師專業素質,增進公共利益所必要,與法律明確性原則及憲法第十五條保障人民工作權之意旨尚無違背。

　　解釋理由書

專門職業人員違背其職業上應遵守之義務,而依法應受懲戒處分者,必須使其能預見其何種作為或不作為構成義務之違反及所應受之懲戒為何,方符法律明確性原則。對於懲戒處分之構成要件,法律雖以抽象概念表示,不論其為不確定概念或概括條款,

均須無違明確性之要求。法律明確性之要求，非僅指法律文義具體詳盡之體例而言，立法者於立法定制時，仍得衡酌法律所規範生活事實之複雜性及適用於個案之妥當性，從立法上適當運用不確定法律概念或概括條款而為相應之規定。有關專門職業人員行為準則及懲戒之立法使用抽象概念者，苟其意義非難以理解，且為受規範者所得預見，並可經由司法審查加以確認，即不得謂與前揭原則相違。

會計師法第三十九條規定會計師應付懲戒之各種事由，其中第六款「其他違反本法規定者」，既限於會計師法所定義務，其範圍應屬可得確定，符合法律明確性原則。同法第十七條規定：「會計師不得對於指定或委託事件，有不正當行為或違反或廢弛其業務上應盡之義務」，其目的在確立會計師之行為標準及注意義務，其中「廢弛其業務上應盡之義務」，係指應為而不為，及所為未達會計師應有之水準而言。此項規定一方面基於會計師之職業義務無從窮舉之考量；一方面則鑑於會計師為經國家考試及格始得執行業務之專門職業人員，於其執行業務時何種作為或不作為構成業務上應盡義務之違反或廢弛，足以損及當事人之權益暨大眾之交易安全，可憑其專業知識予以判斷，並非難以理解，對於懲戒權之發動亦非不能預見，縱其內容及範圍具有某程度之不確定性或概括性，惟個案事實是否屬該規定所欲規範之對象，仍可經由司法程序依照社會上客觀價值、職業倫理等，按具體情況加以認定及判斷，要無礙於法安定性之要求。會計師法第十七條對於會計師職業義務之規定，第三十九條對違反此項注意義務之懲戒規定，係為維持會計師專業水準，增進公共利益而採取之必要措施，符合首開意旨，與憲法第十五條工作權之保障尚無違背。

釋字第四三三號解釋 （憲一五，公懲二、九～一二，刑五七）

八十六年七月二十五日公布

國家對於公務員懲戒權之行使，係基於公務員與國家間公法上之職務關係，與對犯罪行為科予刑罰之性質未盡相同，對懲戒處分之構成要件及其法律效果，立法機關自有較廣之形成自由。公務員懲戒法第二條及第九條雖就公務員如何之違法、廢弛職務或其他失職行為應受何種類之懲戒處分僅設概括之規定，與憲法尚無牴觸。至同法第十一條、第十二條關於撤職及休職處分期間之規定，旨在授權懲戒機關依同法第十條所定之標準，就具體個案為適當之處分，於憲法亦無違背。惟撤職停止任用期間及休職期間該法均無上限之規定，對公務員權益不無影響，應由有關機關檢討修正，俾其更能符合憲法保障公務員之意旨。

解釋理由書

國家為公法人，其意思及行為係經由充當國家機關之公務員為之。公務員與國家之間係為公法上職務關係，國家對公務員有給予俸給、退休金等照顧其生活及保障其權益之義務，公務員對國家亦負有忠誠、執行職務等義務。為維護公務員之紀律，國家於公務員有違法、廢弛職務或其他失職行為時，得予以懲戒。此一懲戒權之行使既係基於國家與公務員間公法上之權利義務關係，與國家對人民犯罪行為所科處之刑罰不盡相同，而懲戒權行使要件及效果應受法律嚴格規範之要求，其程度與刑罰之適用罪刑法定主義，對各個罪名皆明定其構成要件及法律效果者，亦非完全一致。

公務員懲戒法第一條規定，公務員非依本法不受懲戒，係指公務員之權益非經法定程序不受剝奪之意。同法第二條就公務員有違法、廢弛職務或其他失職行為應受懲戒處分設有規定；第九條明定懲戒處分之種類為撤職、休職、降級、減俸、記過及申誡等。惟就公務員違反職務上義務之行為與其所應受懲戒處分間之關連，僅設概括之規定，第十一條及第十二條就撤職停止任用及休職處分之最高期間，亦未規定，旨在授權懲戒機關就具體個案為適當之裁量，此係因公務員違反職務上義務之行為態樣及程度均屬多端，依個案之差異情形，容有為不同程度處罰之必要，難以由法律預先加以列舉明定，且國家對公務員之懲戒，與國家刑罰權之行使須嚴格遵守罪刑法定主義，而就犯罪之構成要件與處罰範圍皆須予以明定之情形，有所不同，已如前述。公務員懲戒法於中華民國七十四年五月三日修正公布時，已參酌刑法第五十七條之立法意旨，於第十條規定要求懲戒機關辦理懲戒案件，應審酌一切情狀，尤應注意被付懲戒人行為之動機、目的、手段及行為所生之損害或影響等事項，視其違反情節與輕重而為妥適之懲戒，是公務員懲戒法第二條、第九條、第十一條及第十二條於憲法均無違背。惟撤職停止任用期間及休職處分期間該法均無上限之規定，對公務員權益不無影響，應由有關機關檢討修正，俾其更能符合憲法保障公務員之意旨。

釋字第四三四號解釋　　（憲一五，公保二、三、六、八、九、一六）

八十六年七月二十五日公布

公務人員保險係國家為照顧公務人員生老病死及安養，運用保險原理而設之社會福利制度，凡法定機關編制內之有給人員及公職人員均為被保險人。被保險人應按公務人員保險法第八條第一項及第九條規定繳付保險費，承保機關按同法第三條規定提供生育、疾病、傷害、殘廢、養老、死亡及眷屬喪葬七項給付，前三項給付於全民健康保

險法施行後，已列入全民健康保險。公務人員保險法規定之保險費，係由被保險人與政府按一定之比例負擔，以為承保機關保險給付之財務基礎。該項保險費，除為被保險人個人提供保險給付之資金來源外，並用以分擔保險團體中其他成員之危險責任。是保險費經繳付後，該法未規定得予返還，與憲法並無牴觸。惟被保險人所繳付之保險費中，關於養老保險部分，承保機關依財政部核定提存準備辦法規定，應提撥一定比率為養老給付準備，此項準備之本利類似全體被保險人存款之累積。公務人員保險法於第十六條第一項關於養老給付僅規定依法退休人員有請領之權，對於其他離職人員則未規定，與憲法第十五條保障人民財產權之意旨不符，應即檢討修正。

解釋理由書

公務人員保險係國家為照顧公務人員生老病死及安養，運用保險原理而設之社會福利制度，依公務人員保險法第二條及第六條規定，凡法定機關編制內之有給人員及公職人員，應一律參加保險為被保險人。被保險人應按同法第八條第一項及第九條規定繳付應自付之保險費，並另由政府補助一定比例之保險費。承保機關則按同法第三條規定提供生育、疾病、傷害、殘廢、養老、死亡及眷屬喪葬七項給付。全民健康保險法於中華民國八十三年八月九日施行後，已將前三項給付列入全民健康保險。公務人員保險法規定之保險費，係由被保險人與政府按一定之比例負擔，以為承保機關保險給付之財務基礎。而保險費經繳付後，即由承保機關運用於該保險事務之中，並於保險事故發生時，作為保險給付之基金，除別有規定外，被保險人自不得請求返還。是保險費經繳付後，該法未規定得予返還，與憲法並無牴觸。惟上述保險給付中，關於養老、死亡兩項保險部分，類似終身保障型之定額給付保險。故被保險人所繳付之保險費中，關於養老保險部分，依財政部四十九年二月十九日（四九）臺財錢發字第〇一四六三號令核定提存準備辦法規定，承保機關應提撥一定比率（四十九年二月為百分之十四點九、五十一年一月為百分之十、五十七年一月回復為百分之十四點九，參照財政部金融局八十六年七月十九日臺融局(二)第八六二一九四九五號函）為養老給付準備。此項準備之本利，類似全體被保險人存款之累積，非承保機關之資產。從而被保險人繳足一定年限之保險費後離職時，自有請求給付之權。公務人員保險法於第十六條第一項關於養老給付僅規定依法退休人員有請領之權，對於其他離職人員則未規定，與憲法第十五條保障人民財產權之意旨不符，應即檢討修正。至其請領之要件及金額如何，則屬立法問題。

釋字第四三五號解釋　　（憲七三，大法官審案五）　　八十六年八月一日公布

憲法第七十三條規定立法委員在院內所為之言論及表決，對院外不負責任，旨在保障立法委員受人民付託之職務地位，並避免國家最高立法機關之功能遭致其他國家機關之干擾而受影響。為確保立法委員行使職權無所瞻顧，此項言論免責權之保障範圍，應作最大程度之界定，舉凡在院會或委員會之發言、質詢、提案、表決以及與此直接相關之附隨行為，如院內黨團協商、公聽會之發言等均屬應予保障之事項。越此範圍與行使職權無關之行為，諸如蓄意之肢體動作等，顯然不符意見表達之適當情節致侵害他人法益者，自不在憲法上開條文保障之列。至於具體個案中，立法委員之行為是否已逾越保障之範圍，於維持議事運作之限度內，固應尊重議會自律之原則，惟司法機關為維護社會秩序及被害人權益，於必要時亦非不得依法行使偵審之權限。

　　解釋理由書

憲法第七十三條規定：「立法委員在院內所為言論及表決，對院外不負責任。」旨在保障立法委員受人民付託之職務地位，並避免國家最高立法機關之功能遭致其他國家機關之干擾而受影響。立法委員得藉此保障，於無所瞻顧及無溝通障礙之情境下，暢所欲言，充分表達民意，反映多元社會之不同理念，形成多數意見，以符代議民主制度理性決策之要求，並善盡監督政府之職責。故此項言論免責權之保障範圍，應作最大程度之界定，舉凡立法委員在院會或委員會之發言、質詢、提案、表決以及與此直接相關之附隨行為，如院內黨團協商、公聽會之發言等均屬應予保障之事項。其中所謂對院外不負責任，係指立法委員不因行使職權所為之言論及表決而負民事上損害賠償責任或受刑事上之訴追，除因其言行違反內部所訂自律之規則而受懲戒外，並不負行政責任，業經本院釋字第四〇一號解釋釋示在案。

憲法保障立法委員之言論，使豁免於各種法律責任，既係基於維護其職權之行使，若行為已超越前述範圍而與行使職權無關，諸如蓄意之肢體動作等，顯然不符意見表達之適當情節致侵害他人法益者，自不在憲法上開條文保障之列。至於具體個案中，立法委員之行為是否已逾越範圍而應負刑事責任，於維持議事運作之限度內，司法機關依民主憲政之常規，固應尊重議會自律之原則，惟遇有情節重大而明顯，或經被害人提出告訴或自訴時，為維護社會秩序及被害人權益，亦非不得依法行使偵審之權限。

本件係就立法院於中華民國八十五年五月十三日函送之聲請案而為解釋；另案聲請人魏耀乾為臺灣臺北地方法院八十一年度易字第五一二〇號刑事判決有違憲疑義聲請解釋，與司法院大法官審理案件法第五條第一項第二款規定未盡相符。惟其聲請解釋之

事項與本件已作成之解釋係屬同一，不須另為處理，併此敘明。

釋字第四三六號解釋 （憲八、九、一六、二三、七七、八〇，軍審一一、一三三、一五八） 八十六年十月三日公布

憲法第八條第一項規定，人民身體之自由應予保障，非由法院依法定程序不得審問處罰；憲法第十六條並規定人民有訴訟之權。現役軍人亦為人民，自應同受上開規定之保障。又憲法第九條規定：「人民除現役軍人外，不受軍事審判」，乃因現役軍人負有保衛國家之特別義務，基於國家安全與軍事需要，對其犯罪行為得設軍事審判之特別訴訟程序，非謂軍事審判機關對於軍人之犯罪有專屬之審判權。至軍事審判之建制，憲法未設明文規定，雖得以法律定之，惟軍事審判機關所行使者，亦屬國家刑罰權之一種，其發動與運作，必須符合正當法律程序之最低要求，包括獨立、公正之審判機關與程序，並不得違背憲法第七十七條、第八十條等有關司法權建制之憲政原理；規定軍事審判程序之法律涉及軍人權利之限制者，亦應遵守憲法第二十三條之比例原則。本於憲法保障人身自由、人民訴訟權利及第七十七條之意旨，在平時經終審軍事審判機關宣告有期徒刑以上之案件，應許被告直接向普通法院以判決違背法令為理由請求救濟。軍事審判法第十一條，第一百三十三條第一項、第三項，第一百五十八條及其他不許被告逕向普通法院以判決違背法令為理由請求救濟部分，均與上開憲法意旨不符，應自本解釋公布之日起，至遲於屆滿二年時失其效力。有關機關應於上開期限內，就涉及之關係法律，本此原則作必要之修正，並對訴訟救濟相關之審級制度為配合調整，且為貫徹審判獨立原則，關於軍事審判之審檢分立、參與審判軍官之選任標準及軍法官之身分保障等事項，亦應一併檢討改進，併此指明。

解釋理由書

人民身體自由在憲法基本權利中居於重要地位，應受最周全之保護，解釋憲法及制定法律，均須貫徹此一意旨。憲法第八條第一項規定，人民身體之自由應予保障，非由法院依法定程序不得審問處罰；憲法第十六條並規定人民有訴訟之權，現役軍人亦為人民，自應同受上開規定之保障。又憲法第九條規定：「人民除現役軍人外，不受軍事審判」，乃因現役軍人負有保衛國家之特別義務，基於國家安全與軍事需要，對其犯罪行為得設軍事審判之特別訴訟程序。查其規範意旨係在保障非現役軍人不受軍事審判，非謂軍事審判機關對於軍人之犯罪有專屬之審判權，而排除現役軍人接受普通法院之審判。至軍事審判之建制，憲法未設明文規定，雖得以法律定之，惟軍事審判機關所

行使者，亦屬國家刑罰權之一種，具司法權之性質，其發動與運作，必須符合正當法律程序之最低要求，包括獨立、公正之審判機關與程序，並不得違背憲法第七十七條司法院為國家最高司法機關，掌理刑事訴訟審判，第八十條法官依法律獨立審判，不受任何干涉等有關司法權建制之憲政原理；規定軍事審判程序之法律涉及軍人權利之限制者，亦應遵守憲法第二十三條之比例原則。

本於憲法保障人身自由、人民訴訟權利及第七十七條之意旨，應就軍事審判制度區分平時與戰時予以規範。在平時經終審軍事審判機關宣告有期徒刑以上之案件，應許被告逕向普通法院以判決違背法令為理由請求救濟。軍事審判法第十一條規定：「國防部為最高軍事審判機關」，使軍事機關完全掌理具司法性質之軍事審判，有違權力分立原則；第一百三十三條第一項、第三項規定軍事審判機關長官有判決核可權及覆議權；第一百五十八條規定軍事審判庭之組成須簽請軍事長官核定，使行政權介入軍事審判權之行使；及其他不許被告逕向普通法院以判決違背法令為理由請求救濟部分，均與上開憲法意旨不符，應自本解釋公布之日起，至遲於屆滿二年時失其效力。有關機關應於上開期限內，就涉及之關係法律，本此原則作必要之修正，並對訴訟救濟相關之審級制度為配合調整，且為貫徹審判獨立原則，關於軍事審判之審檢分立、參與審判軍官之選任標準及軍法官之身分保障等事項，亦應一併檢討改進，併此指明。

釋字第四三七號解釋　（民一一四六）　　　八十六年十月十七日公布

繼承因被繼承人死亡而開始。繼承人自繼承開始時，除民法另有規定及專屬於被繼承人本身之權利義務外，承受被繼承人財產上之一切權利義務，無待繼承人為繼承之意思表示。繼承權是否被侵害，應以繼承人繼承原因發生後，有無被他人否認其繼承資格並排除其對繼承財產之占有、管理或處分為斷。凡無繼承權而於繼承開始時或繼承開始後僭稱為真正繼承人或真正繼承人否認其他共同繼承人之繼承權，並排除其占有、管理或處分者，均屬繼承權之侵害，被害人或其法定代理人得依民法第一千一百四十六條規定請求回復之，初不限於繼承開始時自命為繼承人而行使遺產上權利者，始為繼承權之侵害。最高法院五十三年臺上字第五九二號判例之本旨，係認自命為繼承人而行使遺產上權利之人，必須於被繼承人死亡時即已有侵害繼承地位事實之存在，方得謂為繼承權被侵害態樣之一；若於被繼承人死亡時，其繼承人間對於彼此為繼承人之身分並無爭議，迨事後始發生侵害遺產之事實，則其侵害者，為繼承人已取得之權利，而非侵害繼承權，自無民法第一千一百四十六條繼承回復請求權之適用。在此範

圍內，該判例並未增加法律所無之限制，與憲法尚無牴觸。

解釋理由書

遺產繼承制度，旨在使與被繼承人具有特定身分關係之人，於被繼承人死亡之後，因身分而取得被繼承之財產，藉以保障繼承人之權利。繼承因被繼承人死亡而開始，繼承人自繼承開始後，除民法另有規定及專屬於被繼承人本身之權利義務外，承受被繼承人財產上之一切權利義務，民法第一千一百四十七條及第一千一百四十八條定有明文。繼承權如被侵害，應許繼承人依法請求回復之。我國民法為使繼承人於繼承權受侵害時，只須證明其係真正繼承人即得請求回復其繼承權而不必逐一證明其對繼承財產之真實權利，以及繼承權之回復應有一定之時效限制，乃設繼承回復請求權之制度，於民法第一千一百四十六條第一項規定：「繼承權被侵害者，被害人或其法定代理人得請求回復之」，第二項規定：「前項回復請求權，自知悉被侵害之時起，二年間不行使而消滅。自繼承開始時起逾十年者，亦同」，以有別於物上返還請求權。

繼承權是否受侵害，應以繼承人於繼承原因事實發生後，有無被他人否認其繼承資格並排除其對繼承財產之占有、管理或處分為斷。凡無繼承權而於繼承開始時或開始後僭稱為真正繼承人或真正繼承人否認其他共同繼承人之繼承權，並排除其占有、管理或處分等情形，均屬繼承權之侵害，初不以於繼承開始時自命為繼承人而行使遺產上之權利者為限。蓋繼承回復請求權與個別物上返還請求權係屬真正繼承人分別獨立而併存之權利。最高法院五十三年臺上字第五九二號判例認：「財產權因繼承而取得者，係基於法律之規定，繼承一經開始，被繼承人財產上一切權利義務，即為繼承人所承受，而毋須為繼承之意思表示，故自命為繼承人而行使遺產上權利之人，必須於繼承開始時，即已有此事實之存在，方得謂之繼承權被侵害。若於繼承開始後，始發生此事實，則其侵害者，為繼承人已取得之權利，而非侵害繼承權，自無民法第一千一百四十六條之適用」，旨在說明自命為繼承人而行使遺產上權利之人，必須於被繼承人死亡時即已有侵害繼承地位事實之存在，方得謂為繼承權被侵害態樣之一，若於被繼承人死亡時，其繼承人間對於彼此為繼承人之身分並無爭議，迨事後始發生侵害遺產之事實，則其侵害者，為繼承人已取得之權利，而非侵害繼承權，自無民法第一千一百四十六條繼承回復請求權之適用。在此範圍內，該判例並未增加法律所無之限制，與憲法尚無牴觸。

釋字第四三八號解釋 （憲七、一五、一九、二三，營利事業所得稅查核準則

九二）　　　　　　　　　　　　　八十六年十月三十日公布

財政部於中華民國八十二年十二月三十日發布之營利事業所得稅查核準則，係規定有關營利事業所得稅結算申報之調查、審核等事項。該準則第九十二條第五款第五目規定「在臺以新臺幣支付國外佣金者，應在不超過出口貨物價款百分之三範圍內，取具國外代理商或代銷商名義出具之收據為憑予以認定」，乃對於佣金之認定與舉證方式等技術性、細節性事項加以規定，為簡化稽徵作業、避免國外佣金浮濫列報所必要，並未逾越所得稅法等相關之規定，亦未加重人民稅負，與憲法第十五條、第十九條與第二十三條尚無牴觸。對於在臺灣地區以新臺幣支付國外佣金，與同準則第九十二條中其他規定之國外佣金，僅就認定標準為斟酌事實情況差異所為之不同規定，與憲法第七條之平等原則亦無違背。

解釋理由書

人民有依法律納稅之義務，憲法第十九條定有明文。涉及租稅事項之法律，應本於租稅法律主義之精神，依各該法律之立法目的，衡酌經濟上之意義及實質課稅之公平原則解釋之，亦為本院釋字第四二○號解釋所揭示。財政部於八十二年十二月三十日發布之營利事業所得稅查核準則，係規定有關營利事業所得稅結算申報之調查、審核等事項。該準則第九十二條第四款規定國外佣金超過百分之五者，應另提出正當理由及證明文據，核實認定；第五款第三目規定不予認定之支付對象；第四目規定證明支付佣金之文件等，皆屬有關國外佣金之舉證方法與認定要件。其中同條第五款第五目規定「在臺以新臺幣支付國外佣金者，應在不超過出口貨物價款百分之三範圍內，取具國外代理商或代銷商名義出具之收據為憑予以認定」，係考量營利事業在臺灣地區以新臺幣支付國外佣金者，是否有支付之事實，因查證困難，故斟酌以往外匯管制時外匯主管機關規定得逕行辦理押匯之限額，以出口貨物價款百分之三為認定標準，營利事業向稅捐機關所需提出之證據與舉證之程度，因是否超出此標準而有別。又財政部賦稅署八十六年八月十六日臺稅一發第八六一九一二六七一號函亦稱，營利事業在臺灣地區以新臺幣支付國外佣金如未超過出口貨物價款百分之三，稽徵機關得依其所提出之國外代理商或代銷商名義出具之收據及雙方簽訂之合約加以認定；至超過出口貨物價款百分之三者，除能提出上開收據及合約以外之其他相關證明文件，如雙方往來函電、傳真文件、國外人員來臺護照影本等，以及國外代理商或經銷商確已收到該新臺幣款項或存入其帳戶之證明，如轉交、匯付、或沖轉其在臺貨款之證明等資料，經稽徵機關查核相符亦得予以認定。綜上可知，營利事業所得稅查核準則第九十二條第五

款第五目乃對於佣金之認定與舉證方式等技術性、細節性事項加以規定，為簡化稽徵作業、避免國外佣金浮濫列報所必要，並未逾越所得稅法等相關之規定，亦未加重人民稅負，與憲法第十五條、第十九條與第二十三條尚無牴觸。對於在臺灣地區以新臺幣支付國外佣金，與同準則第九十二條其他規定之國外佣金，僅就認定標準為斟酌之事實情況之差異所為之不同規定，對於超過標準部分，仍許營利事業提出其他證明文件予以認定，與憲法第七條之平等原則亦無違背。

釋字第四三九號解釋　　（憲一六、二三，海關緝私四九）

八十六年十月三十日公布

海關緝私條例第四十九條：「聲明異議案件，如無扣押物或扣押物不足抵付罰鍰或追徵稅款者，海關得限期於十四日內繳納原處分或不足金額二分之一保證金或提供同額擔保，逾期不為繳納或提供擔保者，其異議不予受理」之規定，使未能於法定期限內繳納保證金或提供同額擔保之聲明異議人喪失行政救濟之機會，係對人民訴願及訴訟權利所為不必要之限制，與憲法第十六條所保障之人民權利意旨牴觸，應不再適用。本院釋字第二一一號解釋相關部分應予變更。

解釋理由書

憲法第十六條規定人民有訴願及訴訟之權利。就訴願而言，係在人民之權益遭受公權力侵害時可循國家依法所設之程序尋求救濟，使作成行政處分之機關或其上級機關經由此一程序自行矯正其違法或不當處分，以維持法規之正確適用，並保障人民之權益。對此項基本權利，依憲法第二十三條規定，須為防止妨礙他人自由、避免緊急危難、維持社會秩序或增進公共利益所必要者，始得以法律限制之。有關課稅或罰鍰之處分，對之提起行政救濟時，以繳納全部或一定比例之稅款、罰鍰或提供擔保為條件之規定，使未能繳納或提供者喪失法律之救濟，係對人民訴訟及訴願權所為不必要之限制，與憲法有所不符，乃本院自釋字第二二四號解釋以來一貫之見解（參照本院釋字第二八八號、第三二一號解釋）。海關緝私條例第四十九條：「聲明異議案件，如無扣押物或扣押物不足抵付罰鍰或追徵稅款者，海關得限期於十四日內繳納原處分或不足金額二分之一保證金或提供同額擔保，逾期不為繳納或提供擔保者，其異議不予受理」之規定，固授權海關審酌具體案件，為適當之處分，以防止受處分人藉故聲明異議，以達拖延或逃避執行之目的。惟依同條例第四十九條之一規定，海關既得於處分書送達後，免提擔保逕行聲請法院假扣押或假處分，於原處分之執行，已屬可得確保，復無受處

分人得聲請暫免繳納或暫免提供擔保之救助規定，將使無力繳納或提供擔保之受處分人喪失行政救濟之機會，是該條例第四十九條規定對人民訴願及訴訟之權利顯為不必要之限制，與憲法第十六條保障人民權利之意旨牴觸，應不適用。本院釋字第二一一號解釋相關部分，應予變更。

釋字第四四〇號解釋　　（憲一五，都市計畫三〇、四八，臺北市市區道路管理規則一五）　　　　　　　　　　　　　　　　八十六年十一月十四日公布

人民之財產權應予保障，憲法第十五條設有明文。國家機關依法行使公權力致人民之財產遭受損失，若逾其社會責任所應忍受之範圍，形成個人之特別犧牲者，國家應予合理補償。主管機關對於既成道路或都市計畫道路用地，在依法徵收或價購以前埋設地下設施物妨礙土地權利人對其權利之行使，致生損失，形成其個人特別之犧牲，自應享有受相當補償之權利。臺北市政府於中華民國六十四年八月二十二日發布之臺北市市區道路管理規則第十五條規定：「既成道路或都市計畫道路用地，在不妨礙其原有使用及安全之原則下，主管機關埋設地下設施物時，得不徵購其用地。但損壞地上物應予補償。」其中對使用該地下部分，既不徵購又未設補償規定，與上開意旨不符者，應不再援用。至既成道路或都市計畫道路用地之徵收或購買，應依本院釋字第四〇〇號解釋及都市計畫法第四十八條之規定辦理，併此指明。

　　解釋理由書

人民之財產權應予保障，憲法第十五條設有明文。國家機關依法行使公權力致人民之財產遭受損失，若逾其社會責任所應忍受之範圍，形成個人之特別犧牲者，國家應予合理補償。既成道路符合一定要件而成立公用地役關係者，其所有權人對土地既已無從自由使用收益，形成因公益而特別犧牲其財產上之利益，國家自應依法律之規定辦理徵收給予補償，各級政府如因經費困難，不能對上述道路全面徵收補償，有關機關亦應訂定期限籌措財源逐年辦理或以他法補償，業經本院釋字第四〇〇號解釋釋示在案。又關於都市計畫保留地之徵收或購買，都市計畫法第四十八條規定，依同法指定之公共設施保留地供公用事業設施之用者，由各該事業機構依法予以徵收或購買。其餘由該管政府或鄉、鎮、縣轄市公所依㈠徵收、㈡區段徵收、㈢市地重劃之方式取得之。為儘量保全土地權利人使用收益之權能，都市計畫法第三十條及行政院八十六年十月六日臺八十六內字第三八一八一號函修正之都市計畫公共設施用地多目標使用方案第四點、第十一點附表甲規定，土地權利人在其土地被徵收前得申請於地下建造停

車場或商場。是關於都市計畫保留地得予徵收或購買已有相關法律可資適用，主管機關基於增進公共利益之必要，依法使用計畫道路用地時，應否予以徵購，須考量其侵害之嚴重性，是否妨礙其原來之使用及安全等因素而為決定。對既成道路或都市計畫用地，主管機關在依據法律辦理徵購前，固得依法加以使用，如埋設電力、自來水管線及下水道等地下設施物，惟應依比例原則擇其損失最少之處所及方法為之；對土地權利人因此所受損失，並應給與相當之補償，以保護其財產上之利益。臺北市政府於六十四年八月二十二日發布之臺北市市區道路管理規則第十五條規定：「既成道路或都市計畫道路用地，在不妨礙其原有使用及安全之原則下，主管機關埋設地下設施物時，得不徵購其用地。但損壞地上物應予補償。」其中對使用該地下部分，既不徵購又未設補償規定，與上開意旨不符者，應不再援用。至既成道路或都市計畫道路用地之徵收或購買，應依本院釋字第四〇〇號解釋及都市計畫法第四十八條之規定辦理，併此指明。

釋字第四四一號解釋 　（憲一九，獎勵投資條例三四之一）

八十六年十一月二十八日公布

為獎勵生產事業從事研究發展，提昇技術水準，增進生產能力，行政院於中華民國七十四年九月十八日，依獎勵投資條例第三十四條之一授權訂定之生產事業研究發展費用適用投資抵減辦法，其第二條第八款規定，生產事業為研究新產品，委託大專校院、研究機構辦理研究工作所支出之費用，為研究發展費用，得抵減當年度應納營利事業所得稅額。所稱研究機構，依財政部七十五年八月十六日臺財稅字第七五四九四六四號函釋，係指經政府核准登記有案之財團法人所屬之研究機構而言，僅就私法人而為說明，固欠周延。惟上開辦法第二條抵減事由共有十款，經政府核准登記有案之財團法人所屬研究機構以外之研究機構，仍得依該辦法同條第十款規定申請專案認定獲致減免，未影響生產事業租稅優惠之權益，是財政部該號函釋與上開辦法並未牴觸，於憲法第十九條亦無違背。至生產事業委託研究之選擇自由因而受限及不在抵減範圍之研究機構可能遭受不利影響，仍應隨時檢討改進。

解釋理由書

為獎勵生產事業從事研究發展，提昇技術水準，增進生產能力，七十三年十二月三十日增訂獎勵投資條例（施行期間至七十九年十二月三十一日屆滿，另經制定促進產業升級條例）第三十四條之一第一項前段規定，生產事業申報年度之研究發展費用超過

以往五年度最高支出之金額者，其超出部分百分之二十得抵減當年度應納營利事業所得稅額。同條第二項又規定前項研究發展費用抵減之適用範圍，由行政院定之。行政院依此授權於七十四年九月十八日訂定生產事業研究發展費用適用投資抵減辦法（現依促進產業升級條例另訂定公司研究與發展人才培訓及建立國際品牌形象支出適用投資抵減辦法），其第二條第八款規定生產事業為研究新產品，委託大專校院、研究機構辦理研究工作所支出之費用為研究發展費用，得抵減當年度應納營利事業所得稅額。所稱研究機構，依財政部七十五年八月十六日臺財稅字第七五四九四六四號函釋，係指經政府核准登記有案之財團法人所屬之研究機構而言，僅就私法人而為說明，固欠周延。惟生產事業為研究新產品、改進生產管理技術、改善製程、節約能源、防治污染之研究及產品市場調查所支出之費用符合同條所列各款情形之一者，均屬研究發展費用，得用以抵減當年度應納營利事業所得稅額。個人在生產事業研究發展單位兼職，從事研究者，其費用得適用同條第一款規定；經政府核准登記有案之財團法人所屬研究機構以外之研究機構，經受委託辦理研究工作者，其費用如確屬必要，亦得適用同條第十款規定，申請專案認定獲致減免，未影響生產事業租稅優惠之權益，是財政部該號函釋與上開辦法並未牴觸，於憲法第十九條規定租稅法律主義之本旨亦無違背。至生產事業委託研究之選擇自由因而受限及不在抵減範圍之研究機構可能遭受不利影響，仍應隨時檢討改進。

釋字第四四二號解釋　　（憲一六、二三，公職選罷一〇九）

八十六年十二月十二日公布

憲法第十六條規定人民有訴訟之權，旨在確保人民得依法定程序提起訴訟及受公平之審判。至於訴訟救濟應循之審級制度及相關程序，立法機關自得衡量訴訟性質以法律為合理之規定。中華民國八十三年七月二十三日修正公布之公職人員選舉罷免法第一百零九條規定，選舉訴訟採二審終結不得提起再審之訴，係立法機關自由形成之範圍，符合選舉訴訟事件之特性，於憲法保障之人民訴訟權尚無侵害，且為增進公共利益所必要，與憲法第二十三條亦無牴觸。

解釋理由書

憲法第十六條規定人民有訴訟之權，旨在確保人民得依法定程序提起訴訟及受公平之審判。至於訴訟救濟應循之審級制度及相關程序，立法機關自得衡量訴訟性質以法律為合理之規定。選舉、罷免為公法上之權利，其爭議之處理，雖非可完全置私人權益

於不顧；然其究係重在公益之維護，而與保障私權之民事訴訟不盡相同；且公職人員任期有一定之年限，選舉、罷免之訴訟倘審級過多，當難免於時間之拖延，不僅將有任期屆滿而訴訟猶未終結之情形，更有使當選人不能安於職位致影響公務推行之結果。是為謀法秩序之安定，選舉、罷免訴訟自有速予審結之必要。茲訴訟法上之再審，乃屬非常程序，本質上係為救濟原確定判決之認定事實錯誤而設之制度，與通常訴訟程序有別，亦因其為非常程序，要不免與確定判決安定性之要求相違。因之，對於確定判決應否設有再審此一程序，當不能一概而論，而應視各種權利之具體內涵暨訴訟案件本身之性質予以決定，此則屬於立法機關自由形成之範疇；倘其所為之限制合乎該權利維護之目的，並具備必要性者，即不得謂其係侵害憲法所保障之訴訟權。現行選舉、罷免訴訟既採當事人進行主義，復採合議制之審判，其於第一審程序即已慎重進行，以達訴訟之目的，縱使第一審偶有疏未注意之處，致影響當事人權益，亦可因上訴而獲得維護，亦即其經兩次之辯論（一、二審），在健全之司法組織與成員運作下，即應予以信賴，認事用法亦可期待其已臻於理想。因此，基於目的性之要求暨選舉、罷免訴訟之特性，其予排除再審此一非常程序，本為增進公共利益所必要，難認其有逾越憲法第二十三條之規定。

釋字第四四三號解釋　（憲八、一〇、二〇、二三，徵兵規則一八，役男出境處理辦法八，兵役施四五）　　　　　　　八十六年十二月二十六日公布

憲法第十條規定人民有居住及遷徙之自由，旨在保障人民有任意移居或旅行各地之權利。若欲對人民之自由權利加以限制，必須符合憲法第二十三條所定必要之程度，並以法律定之或經立法機關明確授權由行政機關以命令訂定。限制役男出境係對人民居住遷徙自由之重大限制，兵役法及兵役法施行法均未設規定，亦未明確授權以命令定之。行政院發布之徵兵規則，委由內政部訂定役男出境處理辦法，欠缺法律授權之依據，該辦法第八條規定限制事由，與前開憲法意旨不符，應自本解釋公布日起至遲於屆滿六個月時，失其效力。

解釋理由書

憲法所定人民之自由及權利範圍甚廣，凡不妨害社會秩序公共利益者，均受保障。惟並非一切自由及權利均無分軒輊受憲法毫無差別之保障：關於人民身體之自由，憲法第八條規定即較為詳盡，其中內容屬於憲法保留之事項者，縱令立法機關，亦不得制定法律加以限制（參照本院釋字第三九二號解釋理由書），而憲法第七條、第九條至第

十八條、第二十一條及第二十二條之各種自由及權利，則於符合憲法第二十三條之條件下，得以法律限制之。至何種事項應以法律直接規範或得委由命令予以規定，與所謂規範密度有關，應視規範對象、內容或法益本身及其所受限制之輕重而容許合理之差異：諸如剝奪人民生命或限制人民身體自由者，必須遵守罪刑法定主義，以制定法律之方式為之；涉及人民其他自由權利之限制者，亦應由法律加以規定，如以法律授權主管機關發布命令為補充規定時，其授權應符合具體明確之原則；若僅屬於執行法律之細節性、技術性次要事項，則得由主管機關發布命令為必要之規範，雖因而對人民產生不便或輕微影響，尚非憲法所不許。又關於給付行政措施，其受法律規範之密度，自較限制人民權益者寬鬆，倘涉及公共利益之重大事項者，應有法律或法律授權之命令為依據之必要，乃屬當然。

憲法第十條規定人民有居住及遷徙之自由，係指人民有選擇其居住處所，營私人生活不受干預之自由，且有得依個人意願自由遷徙或旅居各地之權利。對此人民自由權利之限制，憲法第二十三條規定應以法律定之且不得逾越必要之程度。又憲法第二十條規定，人民有依法律服兵役之義務，係指有關人民服兵役之重要事項均應以法律或法律明確授權之命令予以規定。查兵役法及兵役法施行法並無任何限制役男出境之條款，且兵役法施行法第四十五條僅授權行政院訂定徵兵規則，對性質上屬於限制人民遷徙自由之役男出境限制事項，並未設有任何具體明確授權行政機關訂定之明文，更無行政院得委由內政部訂定辦法之規定，是上開徵兵規則第十八條授權內政部所定之「役男出境處理辦法」第八條限制役男出境之規定，雖基於防範役男藉故出境，逃避其應盡之服兵役義務，惟已構成對人民自由權利之重大限制，與前開憲法意旨不符，應自本解釋公布日起至遲於屆滿六個月時，失其效力。

釋字第四四四號解釋　（憲一五、二三，區畫一、二，臺灣省非都市土地容許使用執行要點二五）　　　　　　　　　　　八十七年一月九日公布

區域計畫法係為促進土地及天然資源之保育利用、改善生活環境、增進公共利益而制定，其第二條後段謂：「本法未規定者，適用其他法律」，凡符合本法立法目的之其他法律，均在適用之列。內政部訂定之非都市土地使用管制規則即本此於第六條第一項規定：「經編定為某種使用之土地，應依容許使用之項目使用。但其他法律有禁止或限制使用之規定者，依其規定。」中華民國八十四年六月七日修正發布之臺灣省非都市土地容許使用執行要點第二十五點規定：「在水質、水量保護區規定範圍內，不得新設立

畜牧場者，不得同意畜牧設施使用」，係為執行自來水法及水污染防治法，乃按本項但書之意旨，就某種使用土地應否依容許使用之項目使用或應否禁止或限制其使用為具體明確之例示規定，此亦為實現前揭之立法目的所必要，並未對人民權利增加法律所無之限制，與憲法第十五條保障人民財產權之意旨及第二十三條法律保留原則尚無牴觸。

　　解釋理由書

按土地為人民生存所不可或缺，國家基於地理、人口、資源、經濟活動等相互依賴及共同利益關係，並配合國家經濟發展及環境保護之政策，應訂定符合社會需要之土地使用保育計畫，區域計畫法即係為合理調整土地上各種不同的使用需求與人民整體利益之均衡考量所制定之法律，於第一條揭示其立法目的為：「促進土地及天然資源之保育利用，人口及產業活動之合理分布，以加速並健全經濟發展，改善生活環境，增進公共福利。」為貫徹非都市土地之使用管制與生態環境保育之公共政策，同法第十五條第一項規定，非都市土地，按照非都市土地分區使用計畫，製定非都市土地使用分區圖，並編定各種使用地，實施管制，其管制規則，由中央主管機關定之；並於第二條後段規定：「本法未規定者，適用其他法律」，凡符合本法立法目的之其他法律，諸如自來水法及水污染防治法，均應在適用之列。內政部乃本此訂定非都市土地使用管制規則，將非都市土地依照區域計畫法施行細則第十三條之規定，劃分為各種使用區域，並依第十五條之規定在各使用區域內編成十八種用地，依照土地使用種類與使用性質進行管制；該規則第六條第一項規定：「經編定為某種使用之土地，應依容許使用之項目使用。但其他法律有禁止或限制使用之規定者，依其規定。」中華民國八十四年六月七日修正發布之臺灣省非都市土地容許使用執行要點第二十五點規定：「在水質、水量保護區規定範圍內，不得新設立畜牧場者，不得同意畜牧設施使用」，係為執行自來水法第十一條及水污染防治法第二十八條第四款，而按本項但書意旨，就某種使用土地應否依容許使用之項目使用，或禁止或限制其使用為具體明確之例示規定（本例示規定已於八十六年八月六日經內政部（八六）內地字第八六八四八三三號函核定刪除），此亦為實現前揭立法目的所必要，並未對人民權利增加法律所無之限制，與憲法第十五條保障人民財產權之意旨及第二十三條法律保留原則尚無牴觸。至具體個案中之土地，是否屬於水質、水量保護區規定範圍，屬法院認事用法之問題，併此指明。

釋字第四四五號解釋　　（憲一一、一四、二三，集遊四、六、八～一一、二九）

八十七年一月二十三日公布

憲法第十四條規定人民有集會之自由，此與憲法第十一條規定之言論、講學、著作及出版之自由，同屬表現自由之範疇，為實施民主政治最重要的基本人權。國家為保障人民之集會自由，應提供適當集會場所，並保護集會、遊行之安全，使其得以順利進行。以法律限制集會、遊行之權利，必須符合明確性原則與憲法第二十三條之規定。

集會遊行法第八條第一項規定室外集會、遊行除同條項但書所定各款情形外，應向主管機關申請許可。同法第十一條則規定申請室外集會、遊行除有同條所列情形之一者外，應予許可。其中有關時間、地點及方式等未涉及集會、遊行之目的或內容之事項，為維持社會秩序及增進公共利益所必要，屬立法自由形成之範圍，於表現自由之訴求不致有所侵害，與憲法保障集會自由之意旨尚無牴觸。

集會遊行法第十一條第一款規定違反同法第四條規定者，為不予許可之要件，乃對「主張共產主義或分裂國土」之言論，使主管機關於許可集會、遊行以前，得就人民政治上之言論而為審查，與憲法保障表現自由之意旨有違；同條第二款規定：「有事實足認為有危害國家安全、社會秩序或公共利益之虞者」，第三款規定：「有危害生命、身體、自由或對財物造成重大損壞之虞者」，有欠具體明確，對於在舉行集會、遊行以前，尚無明顯而立即危險之事實狀態，僅憑將來有發生之可能，即由主管機關以此作為集會、遊行准否之依據部分，與憲法保障集會自由之意旨不符，均應自本解釋公布之日失其效力。

集會遊行法第六條規定集會遊行之禁制區，係為保護國家重要機關與軍事設施之安全、維持對外交通之暢通；同法第十條規定限制集會、遊行之負責人、其代理人或糾察員之資格；第十一條第四款規定同一時間、處所、路線已有他人申請並經許可者，為不許可集會、遊行之要件；第五款規定未經依法設立或經撤銷許可或命令解散之團體，以該團體名義申請者得不許可集會、遊行；第六款規定申請不合第九條有關責令申請人提出申請書填具之各事項者為不許可之要件，係為確保集會、遊行活動之和平進行，避免影響民眾之生活安寧，均屬防止妨礙他人自由、維持社會秩序或增進公共利益所必要，與憲法第二十三條規定並無牴觸。惟集會遊行法第九條第一項但書規定：「因天然災變或其他不可預見之重大事故而有正當理由者，得於二日前提出申請。」對此偶發性集會、遊行，不及於二日前申請者不予許可，與憲法保障人民集會自由之意旨有違，亟待檢討改進。

集會遊行法第二十九條對於不遵從解散及制止命令之首謀者科以刑責，為立法自由形

成範圍，與憲法第二十三條之規定尚無牴觸。

解釋理由書

本件係因高成炎、陳茂男、張正修為臺灣高等法院八十三年度上易字第五二七八號判決所適用之集會遊行法有違憲之疑義，聲請解釋，經大法官議決應予受理，並依司法院大法官審理案件法第十三條第一項規定通知聲請人及關係機關行政院、內政部、法務部、交通部及內政部警政署指派代表，於中華民國八十六年十二月五日在憲法法庭行言詞辯論，合先說明。

次查聲請人主張略稱：憲法第十四條規定：「人民有集會及結社之自由。」第十一條並規定：「人民有言論、講學、著作及出版之自由。」均係表示憲法保障人民之表現自由。因為人民有參與政治意思決定之權利，表現自由使個人之意思，於公意形成之過程中，得充分表達，是為實施民主政治重要之基本人權。其中講學、著作及出版之自由，大多由知識分子行使，至於集會自由是以行動為主的表現自由，對於不易利用媒體言論管道之眾人，為公開表達意見之直接途徑，集體意見之參與者使集會、遊行發展成「積極參與國家意思形成之參與權」，故兼有受益權之性質。詎集會遊行法第八條第一項規定，室外集會、遊行，除有同條項但書所列各款情形外，應向主管機關申請許可，對於人民集會、遊行之權利為概括性之限制，賦予主管機關事前抑制、禁止人民集會、遊行之權限。再依同法第十一條規定，申請室外集會、遊行，除有㈠違反第四條、第六條、第十條之規定，㈡有事實足認為有危害國家安全、社會秩序或公共利益之虞，㈢有危害生命、身體、自由或對財物造成重大損壞之虞，㈣同一時間、處所、路線已有他人申請並經許可，㈤未經依法設立或經撤銷許可或命令解散之團體，以該團體名義申請，㈥申請不合第九條規定等情形外，應予許可。其中第一款所指同法第四條「集會遊行不得主張共產主義或分裂國土」，乃具有高度政治性之議題，其概念有欠明確。蓋以集會、遊行之方式主張共產主義或分裂國土，若未妨礙或侵犯他人之權利或自由，應為表現自由所保障之範圍。如果主張馬列式之共產主義，並欲以暴力推翻體制，以達到共產主義之目的而積極進行組織者，顯然已超越集會、遊行權利之內在限制，當可另立特別法予以規範。於集會遊行法為不明確之禁止規定，任由警察機關予以認定，使警察機關捲入政治漩渦中，違背警察政治中立之要求，且無異對意見之表達為事前之檢查，復未經法院依嚴謹之訴訟程序決定之，欠缺必要之防護措施，對言論自由之保障，實有未足。又第六條所列禁制區之範圍係授權內政部及國防部劃定公告，於採報備制之國家，集會不須得警察機關之許可，故於禁制區為集會、遊行，須得禁制區

保護機關之同意，集會遊行法第六條規定禁制區範圍過於浮濫，且同條第一項但書規定在禁制區集會之例外許可，與集會之許可均由同一主管機關核准，亦屬重複。至第十條關於負責人、其代理人或糾察員之消極資格規定，僅具形式意義。其次，第十一條第一項第二款及第三款規定，均屬不確定法律概念，因為室外集會、遊行難免對他人之自由、社會秩序或公共利益產生影響，其認定之標準，如缺乏明確之準則，人民之集會自由即遭干預。第四款規定同一時間、處所、路線已有他人申請並經許可者，惟於例外情形構成「警察緊急狀態」下，始得對後申請之室外集會或反制之示威加以禁止或不許可。倘不論原因一律不許可，亦有違憲法第十四條規定保障集會自由之趣旨，且不符比例原則之要求。第五款規定涉及集會自由之主體問題，實則未經依法設立或經撤銷許可或命令解散之團體，仍得由其構成員以自然人或其他依法設立之團體名義申請，是本款規定並無意義。第六款係謂申請不合第九條規定者不予許可，惟第九條規定申請許可之方式及其期間之遵守，不符比例原則且排除自發性集會之合法性，尤屬可議。綜上可知集會遊行法第十一條規定所列不予許可之事由，或過於抽象而無實質意義，或牴觸憲法第十四條規定保障集會自由之旨意，與憲法第二十三條規定之要求亦有未符。依集會遊行法之規定，集會、遊行之申請應向警察機關為之，而警察機關又是維持集會、遊行秩序並依法得將違反集會遊行法規定者移送司法機關偵辦之機關。在目前的警察體制下，極易為經由選舉而執政之政黨所利用，以干預人民集會之自由。自人民之立場言，集會之申請經拒絕以後，雖可申復，然申復之審查仍由警察機關單方面為之，即欠缺正當法律程序為之救濟。為使國民能機會均等參與公共事務，國家必須積極制定相關制度，保障人民之表現自由，公意政治方能實現。集會遊行法採取事前許可制，限制人民之基本權利，自屬牴觸憲法保障人民集會自由之權利。又集會遊行法第二十九條規定：「集會、遊行經該管主管機關命令解散而不解散，仍繼續舉行經制止而不遵從，首謀者處二年以下有期徒刑或拘役。」此項規定與刑法第一百四十九條規定公然聚眾不遵令解散罪之構成要件比較，寬嚴之間有失均衡。由於集會自由有無可替代之民主功能，和平進行之集會應受法律之充分保障，集會遊行法第二十九條規定之情形，僅課以較高額之行政罰即可，應無必要處以刑罰。依集會遊行法第二十五條規定，未經許可或許可經撤銷而擅自舉行者，或違反許可事項、許可限制事項者，該管主管機關得予警告、制止或命令解散。基本上係以事前許可為前提，惟有主管機關許可時，方得免受刑事追訴，顯然為箝制表現自由重大的規定。為調節集會、遊行與一般民眾因此感受之不便，採用報備制，使警察機關得預為綢繆，避免參

與集會者之利益與第三人之安全利益發生不必要之衝突，並視情況採取維持秩序之措施，以資兼顧。集會、遊行為人民表達思想的重要手段，為憲法所保障，集會遊行法採許可制，依上說明，自屬牴觸憲法，侵犯人民之基本權等語。

相關機關行政院則主張：民主社會中，人民對於政府施政措施，常藉集會、遊行之方式表達意見，形成公意。惟集會、遊行亦具有容易感染及不可控制的特質，對於社會治安可能產生潛在威脅。為維護人民集會、遊行的合法權益，並確保社會秩序安寧，自有制定法律，將之限定於和平表達意見範疇之必要。集會遊行法係解嚴後為因應社會變遷，於七十七年一月二十日所制定，八十一年七月二十七日復因終止戡亂而修正公布，顯係隨社會之變動而演進，為民主化的產物。顧各國立法例對於集會、遊行之管理方式有採報備制者，有採許可制者，集會遊行法所採，雖為許可制，惟其性質非屬特許而近準則主義，尚未逾憲法第二十三條所定防止妨礙他人自由、避免緊急危難、維持社會秩序或增進公共利益所必要之程度，以近五年來警察機關受理集會、遊行申請案資料統計分析，共受理申請三一、七二五件，不准許者僅一〇八件，約佔千分之三點四，所佔比例甚低，即可明瞭。又集會遊行法第四條規定集會遊行不得主張共產主義或分裂國土，乃因共產主義本質上與三民主義背道而馳，且現階段大陸政權仍屬敵對團體，對我國仍具武力威脅，集會、遊行活動主張共產主義不但違反立國精神，且參照憲法增修條文第五條第五項規定，尚有危害中華民國之存在或自由民主憲政秩序之虞。因此，集會、遊行不得主張共產主義。其次，主張分裂國土，乃違背憲法第四條規定，集會遊行法第四條規定不得主張分裂國土，亦無不合。再查國家安全法第二條雖針對集會、結社為上開二原則之規定，惟違反者，同法並未規定其法律效果。若違反集會遊行法第四條規定，則不許可或撤銷許可集會、遊行之申請，同時可達成國家安全法所揭示二原則之立法目的。至於集會遊行法第二十九條對於首謀者處以刑事罰，乃因首謀者業經警察機關警告、制止、命令解散，仍繼續進行，不遵制止等四階段程序，其主觀惡性已表露無遺，非處行政罰所能奏效，較之德國集會法第二十六條第一款規定採二階段程序者更為嚴謹，自無違反憲法可言云云。

法務部（兼代行政院）主張：我國集會、遊行之法律係解嚴後，為保障合法舉行之集會、遊行及順應當時環境之需要所制定，由總統於七十七年一月二十日公布施行，名稱為動員戡亂時期集會遊行法。其後因動員戡亂時期之終止，於八十一年七月二十七日將名稱修正為集會遊行法，並修正相關規定，以應社會之新發展趨勢，故集會遊行法非戒嚴制度之產物。其制定之原因係本於集會、遊行活動可能有侵害公共秩序之虞，

基於維護公益及保障社會大眾人權之衡平，對集會、遊行之場所、時間、方式等，酌予合理限制，要非賦予公權力對表現自由予以壓制或剝奪為目的，符合憲法第十一條保障表現自由所追求探究真理、健全民主程序、自我實現等基本價值。為避免集會、遊行活動侵害公益而對民眾之生活安寧與安全，交通秩序、居家品質或環境衛生產生影響或發生侵害情事，依憲法第二十三條規定，以法律為必要之限制，而採準則主義之許可制，亦符合比例原則。至於集會遊行法第二十九條規定對於觸犯者處以刑事罰，係立法上衡量其反社會性之強弱、可非難性之高低而制定，自立法政策言，並無不妥。又我國自七十六年七月十五日解嚴、八十年五月一日終止動員戡亂，回復平時憲政。惟衡諸兩岸關係，中共對我之敵對狀態並未消除，其以武力威脅、飛彈恫嚇之危險仍然存在，為維護國家安全及社會秩序，對於集會、遊行所涉及有關國家安全之言論因可能產生內部不安，自有限制必要。主張共產主義與分裂國土之集會、遊行，危害中華民國之存在或自由民主之憲政秩序，參照憲法增修條文第五條第五項之規定意旨，應不受憲法保障云云。

內政部及內政部警政署之主張除與前述行政院之主張相同者予以引用外，並稱：集會遊行法對於集會、遊行之申請採用許可制，乃因集會、遊行固為憲法所保障之基本人權，惟其享有及行使，應顧及社會公益及他人之基本權益，集會遊行法為維護人民集會、遊行之合法權益，並確保社會秩序之安寧，課以事前申請許可之義務，於憲法第二十三條規定，並無不合。況同法係採準則主義，警察機關對於集會、遊行，唯有依法為准駁之處分，不得違法不予許可。採行事前許可制，既可使申請人有充裕時間準備，亦可使主管機關即時瞭解事態，妥為因應。社會學家對群眾危險性格之實證研究，亦認為有強化許可制之必要。在經驗法則上，對之實施事前許可規制，應屬必要，經民意調查結果，並為多數人所認同。再就本件事實以言，聲請人係因遊行前五日向警察機關申請，因不符集會遊行法第九條第一項規定而未獲許可，於集會、遊行中，經警察主管機關依同法第二十五條第一項規定警告、制止及命令解散仍不遵從，因而受刑事處罰。其涉及之法律僅同法第九條第一項、第二十五條第一項第一款及第二十九條規定而已。至於同法第四條規定則與聲請解釋之原因事實無關，違反其規定而主張共產主義或分裂國土，同法未設行政或刑事責任，可知其性質並非許可管制的主要目的。司法院即不得為訴外解釋，就與確定終局裁判無關聯部分為合憲性審查。集會、遊行涉及集體意見的表達與溝通，影響公共政策的形成，終致參政權及請願權之行使，為社會少數族群藉以表達訴求之重要管道。惟因群眾活動易引起衝動、脫軌而影響安

寧、交通及衛生等問題，自有必要以法律為相當之限制。其限制之寬嚴原有多樣，集會遊行法第八條、第十一條所採實係準則許可制，其與報備制之差別僅在行政程序有異，兩者在本質上並無不同。涉及公意形成之集會、遊行，若非有極重要之公共利益考量，事前管制集會、遊行之言論內容亦非憲法所能容許。集會遊行法第九條規定申請書應記載集會、遊行之目的，固可認為一種言論檢查，其用意僅在考量其造成公共危險之可能性，非對言論為抽象之價值判斷，雖然目的的檢驗可能涉及同法第十一條第一款所定違反第四條問題，因而是一種審查言論本身的標準。惟此規定實與憲法增修條文第五條第五項規定：「政黨之目的或其行為，危害中華民國之存在或自由民主之憲政秩序者為違憲」相呼應，此際警察機關仍得依同法第二十六條規定為准否之判斷。由於集會、遊行可能對公共秩序發生影響，集會遊行法對於室外集會、遊行所採許可管制，符合比例原則。關此，同法第十一條規定除列舉情事外，主管機關應予許可，全無裁量餘地。即使具有上開除外情事，仍須依比例原則加以裁量。如不予許可，應附理由於三日內以書面通知負責人，並記載不服之救濟程序。其依第九條第一項但書之規定提出申請者，不許可之通知應於二十四小時內為之。集會、遊行之申請於六日前提出；如因天然災害或其他不可預見之重大事故而有正當理由者，則於二日前提出即可。此項期間之規定與其他民主國家之管制規定比較並不為過。至於偶發性遊行，雖因無發起人而無從申請，主管機關亦得斟酌第二十六條規定之比例原則而為處理。從而對於集會、遊行，即不得謂已為過度之限制。又集會遊行法僅對負責人、代理人或首謀者課以法律責任，對於參加者則未加限制；第十四條對於許可集會、遊行者，亦得課以六項必要之限制；第十五條復規定撤銷或變更許可之要件，無非因人、事、時、地、物之不同而避免過度管制。事後報備制對已造成之公益損害僅能追懲而不能預防，對於社會趨於多元化、利益與觀念衝突不斷滋生、寬容的政治文化尚未形成而又地狹人稠的臺灣，可能造成難以估計的不利影響。再第十一條第二款規定既云有事實足認為有危害國家安全、社會秩序或公共利益之虞等語，即不得謂其意義過於含混，主管機關亦未因規定含混而有濫用情事。關於未經許可之集會、遊行科處刑罰之問題，集會遊行法對於領導者違反事前與事中之行政管制所定兩階段處罰要件並無過當限制情形，其有違憲之虞者無寧為行政濫權是否未在制度上有效防止，亦即解散命令及其後的制止行為，於刑事法院應同時審酌其合法性，始能將行政濫權之機會，降低到最低。就集會遊行法第二十九條之規定以言，室外之集會、遊行可能造成其他法益之妨礙，並非單純行政上之不利益而已，對於違反者處以刑罰並未逾越立法形成自由之範

圍。此與同法第二十八條規定之構成要件，就主觀及客觀情形比較，有程度上之差別者，尚屬不同。若刪除同法第二十九條規定，則如集會、遊行不遵解散命令，且又不聽制止，而未達刑法第一百四十九條規定之要件時，即無任何刑責可言，對於集會遊行法第二十九條所定重複違法之主觀惡性，仍應處以刑罰，始屬合理。依合憲推定原則，釋憲者在解釋憲法時，對國會制定之法律，在有明確之依據足以宣告其違憲無效之前，應為合憲之解釋。集會遊行法採事前許可制，揆諸群眾之危險特性並影響交通、警力之分配及群眾相互間之對立、同法第二十六條有關比例原則之規定等情形，尚未違反憲法第二十三條所定必要之程度。至於因情況危迫，有正當理由，不及依現行集會遊行法之規定提出申請者，可從立法技術上予以解決，要與違憲與否無涉云云。交通部提出書狀主張：因集會、遊行可能因量增而產生質變，易影響交通秩序，妨礙交通安全，採用準則許可制，可使主管機關對集會、遊行及早未雨綢繆，妥善規劃交通管制，避免交通陷於停滯或混亂，造成妨礙他人使用道路之權益。依過去發生之實例，因集會、遊行而霸佔高速公路、率眾夜宿車站前廣場、臥軌妨礙鐵路交通，對於社會秩序及公共利益之危害，均屬顯著而首當其衝，所付出之社會成本實難以估計。集會遊行法現行規定應符合憲法第十四條保障人民集會自由之意旨及第二十三條法律保留之原則等語。本院斟酌全辯論意旨，作成本解釋，其理由如左：司法院解釋憲法，並有統一解釋法律及命令之權，為憲法第七十八條所明定。其所為之解釋，自有拘束全國各機關及人民之效力。此與普通法院受理民、刑事訴訟事件；行政法院審理行政訴訟案件；公務員懲戒委員會審議公務員之懲戒案件，其所為裁判或議決，僅於該具體事件有拘束力者迥然有異。人民、法人或政黨於其憲法上所保障之權利，遭受不法侵害，經依法定程序提起訴訟，對於確定終局裁判所適用之法律或命令發生有牴觸憲法之疑義者，得依司法院大法官審理案件法第五條第一項第二款規定聲請解釋。大法官依此規定所為解釋，固以該確定終局裁判所適用之法律或命令為標的，就人民、法人或政黨於其憲法上所保障之權利有無遭受不法侵害為審理對象。惟人民聲請憲法解釋之制度，除為保障當事人之基本權利外，亦有闡明憲法真義以維護憲政秩序之目的，故其解釋範圍自得及於該具體事件相關聯且必要之法條內容有無牴觸憲法情事而為審理。揆諸本院釋字第二一六號解釋，聲請意旨係就前司法行政部發布關於強制執行事件之兩項函示，發生牴觸關稅法疑義，聲請解釋，該號解釋則對法官在審判上不受司法行政機關所發命令拘束，作成明確之釋示。釋字第二八九號解釋，其聲請意旨僅係主張財務案件處理辦法第六條有牴觸憲法之疑義，本院大法官則解釋同辦法之訂定係

法制未備前之措施，爰定期間宣告辦法之全部失其效力。釋字第三二四號解釋，其聲請意旨係謂海關管理貨櫃辦法第二十六條規定有牴觸憲法之疑義，上開解釋則附加「該辦法尚涉及公法契約之問題，關於公法契約之基本規範，亦宜由有關機關儘速立法，妥為訂定。」釋字第三三九號解釋，其聲請人謂財政部六十六年十二月二十日臺財稅字第三八五七二號函釋意旨牴觸憲法第十九條及貨物稅條例第十八條規定，並違反「從新從輕」之原則，本院大法官則併將六十年一月九日修正公布之貨物稅條例第十八條第一項第十二款規定宣告應不予援用。釋字第三九六號解釋，其聲請人係以公務員懲戒法未規定審級救濟，牴觸憲法第十六條關於保障人民訴訟權之意旨，聲請解釋。本院大法官則引申其義，謂懲戒機關應採法院之體制，懲戒案件之審議亦應本正當法律程序之原則，對被付懲戒人予以充分之程序保障，為合憲性之立法建制之宣示。此外，本院大法官對於立法委員依司法院大法官審理案件法第五條第一項第三款規定提出之聲請所為釋字第四三六號解釋，亦就聲請意旨涉及軍事審判制度之全盤，宣示「為貫徹審判獨立原則，關於軍事審判之審檢分立、參與審判軍官之選任標準及軍法官之身分保障等事項，亦應一併檢討改進。」以上僅就本院解釋中擇其數則而為例示，足以說明大法官解釋憲法之範圍，不全以聲請意旨所述者為限。本件聲請人因違反集會遊行法案件，經臺灣高等法院八十三年度上易字第五二七八號刑事判決以犯集會遊行法第二十九條之罪處以刑罰，因認其於憲法第十四條規定所保障之集會自由遭受不法侵害，對於確定判決所適用集會遊行法以不確定法律概念賦予警察機關事前抑制與禁止集會、遊行，發生有牴觸憲法之疑義，聲請解釋。查聲請人所以受刑事法院判以罪刑，雖係因舉行室外集會、遊行未依集會遊行法第九條第一項規定於六日前向主管機關申請，致未獲許可，竟引導車隊及群眾遊行，經主管機關命令解散而不解散，仍繼續舉行，經制止而不遵從，為其原因事實，其牽涉之問題實係集會遊行法第八條第一項前段規定室外集會、遊行應向主管機關申請許可及相關規定是否牴觸憲法所發生之疑義，殊難僅就同法第九條第一項所定申請期限是否違憲一事為論斷。從而本件解釋應就集會遊行法所採室外集會、遊行應經事前申請許可之制度是否有牴觸憲法之疑義而為審理。次查憲法第十四條規定人民有集會之自由，此與憲法第十一條規定之言論、講學、著作及出版之自由，同屬表現自由之範疇。本於主權在民之理念，人民享有自由討論、充分表達意見之權利，方能探究事實，發見真理，並經由民主程序形成公意，制定政策或法律。因此，表現自由為實施民主政治最重要的基本人權。國家所以保障人民之此項權利，乃以尊重個人獨立存在之尊嚴及自由活動之自主權為目的。其中集會自由

主要係人民以行動表現言論自由；至於講學、著作、出版自由係以言論或文字表達其意見，對於一般不易接近或使用媒體言論管道之人，集會自由係保障其公開表達意見之重要途徑。依集會遊行法第二條規定，所謂集會係指於公共場所或公眾得出入之場所舉行會議、演說或其他聚眾活動。遊行則指於市街、道路、巷弄或其他公共場所或公眾得出入之場所之集體行進。集會自由以集體方式表達意見，為人民與政府間溝通之一種方式。人民經由此方式，主動提供意見於政府，參與國家意思之形成或影響政策之制定。從而國家在消極方面應保障人民有此自由而不予干預；積極方面應提供適當集會場所，並保護集會、遊行之安全，使其得以順利進行。又集會自由之保障，不僅及於形式上外在自由，亦應及於實質上內在自由，俾使參與集會、遊行者在毫無恐懼的情況下進行。是以法律限制集會、遊行之權利，除應遵守憲法第二十三條必要性原則外，尚須符合明確性原則，使主管機關於決定是否限制人民之此項權利時，有明確規定其要件之法律為依據，人民亦得據此，依正當法律程序陳述己見，以維護憲法所保障之權利。

按集會、遊行有室內、室外之分，其中室外集會、遊行對於他人之生活安寧與安全、交通秩序、居家品質或環境衛生難免有不良影響。國家為防止妨礙他人自由、維持社會秩序或公共利益，自得制定法律為必要之限制。其規範之內容仍應衡量表現自由與其所影響社會法益之價值，決定限制之幅度，以適當之方法，擇其干預最小者為之。對於集會、遊行之限制，大別之，有追懲制、報備制及許可制之分。集會遊行法第八條第二項規定室內集會無須申請許可，同條第一項前段雖規定室外集會、遊行，應向主管機關申請許可，惟其但書則規定：一、依法令規定舉行者。二、學術、藝文、旅遊、體育競賽或其他性質相類之活動。三、宗教、民俗、婚、喪、喜、慶活動，則均在除外之列，可見集會遊行法係採許可制。對此事前行政管制之規定，判斷是否符合憲法第二十三條之比例原則，仍應就相關聯且必要之規定逐一審查，並非採用追懲制或報備制始得謂為符合憲政原則，採用事前管制則係侵害集會自由之基本人權。聲請意旨執此指摘，自非有理由。於事前審查集會、遊行之申請時，苟著重於時間、地點及方式等形式要件，以法律為明確之規定，不涉及集會、遊行之目的或內容者，則於表現自由之訴求不致有所侵害。主管機關為維護交通安全或社會安寧等重要公益，亦得於事前採行必要措施，妥為因應。

集會遊行法第十一條規定申請室外集會、遊行，除有同條所列情形之一者外，應予許可。從而申請集會、遊行，苟無同條所列各款情形，主管機關不得不予許可，是用準則

主義之許可制。茲就集會遊行法第十一條所列各款情形，是否符合憲法意旨，分述之。

第一款：「違反第四條、第六條、第十條之規定者。」按第四條規定「集會遊行不得主張共產主義或分裂國土。」所謂「主張共產主義或分裂國土」原係政治主張之一種，以之為不許可集會、遊行之要件，即係賦予主管機關審查言論本身的職權，直接限制表現自由之基本權。雖然憲法增修條文第五條第五項規定：「政黨之目的或其行為，危害中華民國之存在或自由民主之憲政秩序者為違憲。」惟政黨之組成為結社自由之保障範圍，且組織政黨既無須事前許可，須俟政黨成立後發生其目的或行為危害中華民國之存在或自由民主之憲政秩序者，經憲法法庭作成解散之判決後，始得禁止，現行法律亦未有事前禁止組成政黨之規定。相關機關內政部以集會遊行法第四條與憲法增修條文第五條上開規定相呼應云云，自非可採。以違反集會遊行法第四條規定為不許可之要件，係授權主管機關於許可集會、遊行以前，先就言論之內容為實質之審查。關此，若申請人於申請書未依集會遊行法第九條第一項第二款規定，於集會、遊行之目的為明確之記載，則主管機關固無從審查及此，至若室外集會、遊行經許可後發見有此主張，依當時之事實狀態為維護社會秩序、公共利益或集會、遊行安全之緊急必要，自得依同法第十五條第一項撤銷許可，而達禁止之目的；倘於申請集會、遊行之始，僅有此主張而於社會秩序、公共利益並無明顯而立即危害之事實，即不予許可或遲行撤銷許可，則無異僅因主張共產主義或分裂國土，即禁止集會、遊行，不僅干預集會、遊行參與者之政治上意見表達之自由，且逾越憲法第二十三條所定之必要性。又集會遊行法第六條係規定集會、遊行禁制區，禁止集會、遊行之地區為：一、總統府、行政院、司法院、考試院、各級法院。二、國際機場、港口。三、重要軍事設施地區。其範圍包括各該地區之週邊，同條第二項授權內政部及國防部劃定之。上開地區經主管機關核准者，仍得舉行。禁制區之劃定在維護國家元首、憲法機關及審判機關之功能、對外交通之順暢及重要軍事設施之安全，故除經主管機關核准者外，不得在此範圍舉行集會、遊行，乃為維持社會秩序或增進公共利益所必要，同條就禁制地區及其週邊範圍之規定亦甚明確，自屬符合法律明確性原則，並無牴觸憲法情事。至集會遊行法第十條規定不得為應經許可之室外集會、遊行之負責人、其代理人或糾察員資格係：一、未滿二十歲者。二、無中華民國國籍者。三、經判處有期徒刑以上之刑確定，尚未執行或執行未畢者。但受緩刑之宣告者，不在此限。四、受保安處分或感訓處分之裁判確定，尚未執行或執行未畢者。五、受禁治產宣告尚未撤銷者。以上規定限制集會、遊行之負責人、其代理人或糾察員應具中華民國國籍、具有完全行為能力之人，

經法院判處有期徒刑以上之刑確定、或受保安處分、感訓處分之裁判確定，已執行完畢或受緩刑之宣告者，係限制此等人員主導公意之形成，要屬立法機關之職權行使範圍，與憲法第二十三條規定亦無違背。

第二款：「有事實足認為有危害國家安全、社會秩序或公共利益之虞者。」　按集會、遊行乃多數人為達到特定共同目的而從事的群體活動，在民主社會中，人民對於政府施政措施，常藉此方式表達意見，形成公意。為確保社會安寧秩序，憲法所保障之集會、遊行，必須以和平方式為之，若逾此限度，法律始得加以限制，惟法律限制之要件，應明確而具體。本款規定所稱「危害國家安全、社會秩序或公共利益」均為概括條款，有欠具體明確，委諸主管之警察機關，於短期間內判斷有此事實足認有妨害上開法益之虞，由於室外集會、遊行難免對他人之自由、社會秩序或公共利益有不利影響，主管機關對此尚未達到明顯而立即危險之事實若為實質審查，僅憑將來有發生之可能，即以之為准否之依據，易生干預人民集會自由之情事，與集會遊行法第十一條限制主管機關裁量權之立法意旨亦有未符。是本款規定列為事前審查之許可要件，即係侵害憲法所保障集會自由之權利。至若應經許可之集會、遊行未經許可者；或經許可以後有明顯而立即危險之事實者，主管機關為維護集會、遊行安全之緊急必要，得分別依集會遊行法第二十五條第一項第一款及第十五條第一項為適當之處置；又已有明顯而立即危險之事實發生，猶申請集會、遊行助長其危害之情事者，仍得不予許可，要屬當然。

第三款：「有危害生命、身體、自由或對財物造成重大損壞之虞者。」　此款規定與憲法意旨不符，其理由除前段所述外，所稱「有危害生命、身體、自由或對財物造成重大損壞之虞者」，如僅一二參與者有此情形，是否即得不許可其他參與人舉辦集會、遊行；又既有危害生命、身體、自由或對財物造成重大損壞之虞，即尚未至構成刑事責任之程度；倘有妨害安寧秩序之行為，則有社會秩序維護法之規定可資處罰。以有此情形，即禁止為集會、遊行，亦違反比例原則。所謂「之虞」認定之標準如何，既欠具體明確，則在舉辦集會、遊行以前，由主管機關就此為實質上之審查，與憲法保障之旨意，不無違背。室外集會、遊行於許可以後，若發生重大事故，主管機關為維護集會、遊行安全之緊急必要，仍有同法第十五條第一項前段規定之適用，與前款所述同。

第四款：「同一時間、處所、路線已有他人申請並經許可者。」　同一時間、處所、路線已有他人申請集會、遊行，並經許可者，如再許可舉辦集會、遊行，將發生集會、

遊行目的之混淆；倘舉辦之方式不同，其妨礙社會秩序之可能性亦更擴大，遇有反制集會、遊行者，激起群眾衝突之機會即相對增加。主管機關依此規定不予許可時，依集會遊行法第二十六條規定，固應公平合理考量人民集會、遊行權利與其他法益間之均衡維護，於不逾越所欲達成目的之必要限度，以適當之方式為之。此款規定符合憲法意旨。

第五款：「未經依法設立或經撤銷許可或命令解散之團體，以該團體名義申請者。」本款規定所以限制集會、遊行之申請人為自然人、法人或其他經依法設立之團體，乃因集會遊行法第七條第一項規定：「集會、遊行應有負責人。」第二項又規定：「依法設立之團體舉行之集會、遊行，其負責人為該團體之代表人或其指定之人。」對於依法設立團體之代表人得為確實之審查，負責人之身分亦有客觀的認定依據，屬於立法自由形成範圍，尚未牴觸憲法意旨。

第六款：「申請不合第九條規定者。」　集會遊行法第九條第一項係規定室外集會、遊行，應由負責人填具申請書，載明：一、負責人或其代理人、糾察員之姓名、住所等人別事項。二、集會、遊行之目的、方式及起訖期間。三、集會處所或遊行之路線及集合、解散地點。四、預定參加人數。五、車輛、物品之名稱、數量。於六日前向主管機關申請許可。但因天然災變或其他不可預見之重大事故而有正當理由者，得於二日前提出申請。同條第二項則規定代理人應提出代理同意書，集會處所之表明應檢具該處所之所有人或管理人之同意文件，遊行應檢具詳細路線圖。按室外集會、遊行對於他人之自由、社會秩序或公共利益難免產生影響。為避免集會、遊行活動侵害公益而對民眾之生活安寧與安全、交通秩序、居家品質或環境衛生產生影響或發生侵害情事，責令負責人於舉行集會、遊行前六日，向主管機關申請許可，列舉參與集會、遊行之負責人、集會、遊行之目的、方式及起訖時間、集會處所、遊行之路線及集合、解散地點、預定參加人數及車輛、物品之數量等，不惟使申請人有充裕時間準備，亦可使主管機關瞭解事態，預為綢繆，妥善規劃交通管制，避免交通陷於停滯或混亂，造成過度妨礙他人使用道路之權益。從而本款規定關此部分，尚未逾越憲法第二十三條規定之必要程度。惟集會遊行法第九條第一項但書規定：「因天然災變或其他不可預見之重大事故而有正當理由者，得於二日前提出申請。」既云集會、遊行係因天然災變或其他不可預見之重大事故而舉行，豈有餘裕於二日前提出申請？所謂偶發性集會、遊行，既係群眾對不可預見之重大事故所為之立即反應而引起，即不可能期待負責人於二日前提出申請，亦不可能期待於重大事故發生後二日始舉辦集會、遊行。是許可

制於偶發性集會、遊行殊無適用之餘地。憲法第十四條規定保障人民之集會自由，並未排除偶發性集會、遊行，若依集會遊行法第九條第一項規定之要件以觀，則凡事起倉卒者，因不及於法定期間內提出申請，其集會、遊行概屬違反第九條規定而應不予許可，依此規定而抑制人民之集會、遊行，於憲法保障之基本人權，未盡相符，亟待檢討改進。

集會遊行法第二十九條規定：「集會、遊行經該管主管機關命令解散而不解散，仍繼續舉行經制止而不遵從，首謀者處二年以下有期徒刑或拘役。」按集會、遊行而有同法第二十五條所定情事之一者，該管主管機關得予警告、制止或命令解散。其所定情事為：一、應經許可之集會、遊行未經許可或其許可經撤銷而擅自舉行者。二、經許可之集會、遊行，而有違反許可事項、許可限制事項者。三、利用第八條第一項各款集會、遊行，而有違反法令之行為者。四、有其他違反法令之行為者。同法第十一條規定申請室外集會、遊行，除有同條所列情形之一者外，應予許可。其中有關時間、地點及方式等未涉及集會、遊行之目的或內容之事項，與憲法保障集會自由之意旨尚無牴觸，則集會、遊行而有同法第二十五條所定情事者，該管主管機關為警告、制止或命令解散，與憲法第二十三條之規定亦無違背。倘集會、遊行經該管主管機關命令解散而不解散者，依同法第二十八條規定，處集會、遊行負責人或其代理人或主持人新臺幣三萬元以上十五萬元以下罰鍰。此係規範集會、遊行不遵從主管機關所為解散命令，對於負責人、代理人或主持人所為之行政秩序罰。相互參酌，「經該管主管機關命令解散而不解散，仍繼續舉行經制止而不遵從」，第二十九條始對首謀者科以刑罰。因此，後者為前者之後續行為，應受處罰之人，亦未必相同。後者對於首謀者科以二年以下有期徒刑或拘役，乃處罰其一再不遵從解散及制止之命令。如再放任而不予取締，對於他人或公共秩序若發生不可預見之危險，主管機關亦無從適用刑事訴訟法之規定為必要之處分。至於社會秩序維護法第六十四條第一款規定之妨害安寧秩序須「意圖滋事，於公園、車站、輪埠、航空站或其他公共場所，任意聚眾，有妨礙公共秩序之虞，已受該管公務員解散命令，而不解散」為要件，刑法第一百四十九條規定之公然聚眾不遵令解散罪則須「公然聚眾，意圖為強暴脅迫，已受該管公務員解散命令三次以上，而不解散者」為處刑之對象。不論主觀要件與客觀要件，均與集會遊行法第二十九條規定之內容，有輕重之分，即不得指其違反憲法第二十三條規定之必要原則。又主管機關如何命令解散集會、遊行，以及用何種方式制止其繼續進行，涉及此項解散命令之當否，為事實認定問題。刑事法院於論罪科刑時，就犯罪行為之構成要件是否符合，

應為確切之認定，尤其對於行為須出於故意為處罰之要件，亦應注意及之，乃屬當然。

釋字第四四六號解釋 （憲一六，公懲三三、三四、三五）

八十七年二月十三日公布

公務員懲戒法第三十四條第二款規定移請或聲請再審議，應自相關之刑事裁判確定之日起三十日內為之。其期間之起算點，就得聲明不服之第一審及第二審裁判言，固應自裁判確定之日起算；惟對於第一審、第二審不得聲明不服之裁判或第三審之裁判，因一經宣示或經評決而為公告，不待裁判書之送達，即告確定，受懲戒處分人即難依首開規定為聲請。是其聲請再審議之期間，應自裁判書送達之日起算，方符憲法第十六條保障人民訴訟權之意旨，公務員懲戒委員會再審字第四三一號議決案例及其他類似案例與此意旨不合部分，應不再援用。

解釋理由書

人民有請願、訴願及訴訟之權，為憲法第十六條所明定。所稱訴訟權，乃人民在司法上之受益權，不僅指人民於其權利受侵害時得提起訴訟請求權利保護，尤應保障人民於訴訟上有受公正、迅速審判，獲得救濟之權利，俾使人民不受法律以外之成文或不成文例規之不當限制，以確保其訴訟主體地位。公務員之懲戒事項，屬司法權之範圍，由公務員懲戒委員會審理，而懲戒處分影響人民服公職之權利至鉅，懲戒案件之審議，自應本正當法律程序之原則，對被付懲戒人予以充分之程序保障，乃憲法第十六條保障人民訴訟權之本旨，本院釋字第三九六號解釋已有闡示。

公務員懲戒法第三十三條第一項第三款規定「原議決所憑之刑事裁判，已經確定裁判變更者，原移送機關或受懲戒處分人得移請或聲請再審議」，其立法目的係在補救對於公務員之懲戒一經議決即行確定，如有錯誤，並無其他救濟途徑之不合理現象。同法第三十四條第二款規定，移請或聲請再審議，「依前條第一項第二款至第四款為原因者，自相關之刑事裁判確定之日起三十日內」為之，亦係為維繫法安定性而設。對於公務員懲戒案件之決議，聲請再審議，應以書面敘述理由，附具繕本，連同原議決書影本及證據為之，同法第三十五條定有明文，則上開第三十四條第二款之規定，其期間之起算點，就得聲明不服之第一審及第二審裁判言，固應自裁判確定之日起算；惟對於第一審、第二審不得聲明不服之裁判或第三審之裁判，因一經宣示或經評決而為公告，不待裁判書之送達，即告確定，受懲戒處分人即難依前開第三十四條第二款及第三十五條規定為聲請，對人民行使訴訟救濟期間之權益保障，顯有不足。是受懲戒處分人

聲請再審議之期間，應自裁判書送達之日起算，方符憲法第十六條維護人民訴訟權之意旨。公務員懲戒委員會再審字第四三一號議決案例及其他類似案例，未就案件之裁判區分得否聲明不服分別計算其聲請再審議期間，概以應「自相關之刑事裁判確定之日起算」云云，與上開意旨不合部分，應不再援用。

釋字第四四七號解釋　（公退八，政務官退職酬勞金給與條例四）

八十七年二月二十七日公布

現行法上政務官退職酬勞金之計算，依政務官退職酬勞金給與條例第四條第二項規定，以月俸額為計算基準，而政務官每月所支領之俸額，依總統副總統及特任人員月俸公費支給暫行條例規定，包括月俸及公費。參照中華民國八十二年一月二十日修正前之公務人員退休法第八條第一項：「本法所稱月俸額，包括實領本俸及其他現金給與」，可知公務人員退休法規上所稱之月俸額與本俸有別，月俸額除本俸或月俸外，尚包括其他現金給與在內。是以計算政務官退職酬勞金基準之「月俸額」，除月俸外亦應包括「其他現金給與」部分。

解釋理由書

政務官為參與政策之決定，應隨政黨更替或政策變更而進退之人員，與依憲法或法律之規定有任期保障，俾能超然獨立行使職權而無所瞻顧之人員，本有不同。我國現行法所謂政務官未就上述兩種人員加以區別，有無牴觸憲法雖非無爭議，但不在本解釋範圍，是在相關法律未修正以前，仍應依現行法律予以解釋，合先說明。

現行法上政務官退職酬勞金之計算，依七十四年十二月十一日修正公布之政務官退職酬勞金給與條例第四條第二項規定：「一次退職酬勞金以政務官最後在職之月俸額及本人實物代金為基數，每服務滿半年給與一個基數；未滿半年給與一個基數；未滿半年以半年計，最高以六十一個基數為限。」係以月俸額為計算基準，而政務官每月所支領之俸額，依三十八年一月十七日制定公布之總統副總統及特任人員月俸公費支給暫行條例規定，包括月俸及公費。至政務官退職金之月俸額給與是否即以月俸及公費為計算標準，現行法雖無明確規定，惟應參酌上開政務官退職酬勞金給與條例修正公布時公務人員退休、撫卹相關法令之立法目的而為整體之解釋。按一般公務人員之退休，依八十二年一月二十日修正前之公務人員退休法第六條第二項規定，一次退休金，係以退休人員最後在職之月俸額及本人實物代金為基數；又八十四年七月一日公務人員退撫新制實施前之公務人員撫卹法第十七條規定，政務官之撫卹亦係準用公務人員撫

卹法之規定。顯見政務官退職酬勞金及撫卹金計算之標準，與舊制之公務人員退休法、公務人員撫卹法規定之退休金、撫卹金計算標準自應相稱。參照前開公務人員退休法第八條第一項規定：「本法所稱月俸額，包括實領本俸及其他現金給與」，可知公務人員退休法規上所稱之月俸額與本俸有別，月俸額除本俸或月俸外，尚包括其他現金給與在內。是以計算政務官退職酬勞金基準之「月俸額」，除月俸外亦應包括「其他現金給與」部分。惟其他現金給與之退職酬勞金應發給數額，應依退職時法律所訂計算標準為之，併此敘明。

釋字第四四八號解釋　（憲一六、七七）　　　　　　八十七年二月二十七日公布

司法院為國家最高司法機關，掌理民事、刑事、行政訴訟之審判及公務員之懲戒，憲法第七十七條定有明文，可知民事與行政訴訟之審判有別。又依憲法第十六條人民固有訴訟之權，惟訴訟應由如何之法院受理及進行，應由法律定之，業經本院釋字第二九七號解釋在案。我國關於行政訴訟與民事訴訟之審判，依現行法律之規定，係採二元訴訟制度，分由不同性質之法院審理。關於因公法關係所生之爭議，由行政法院審判，因私法關係所生之爭執，則由普通法院審判。行政機關代表國庫出售或出租公有財產，並非行使公權力對外發生法律上效果之單方行政行為，即非行政處分，而屬私法上契約行為，當事人若對之爭執，自應循民事訴訟程序解決。行政法院五十八年判字第二七○號判例及六十一年裁字第一五九號判例，均旨在說明行政機關代表國庫出售或出租公有財產所發生之爭議，應由普通法院審判，符合現行法律劃分審判權之規定，無損於人民訴訟權之行使，與憲法並無牴觸。

解釋理由書

司法院為國家最高司法機關，掌理民事、刑事、行政訴訟之審判及公務員之懲戒，憲法第七十七條定有明文，可知民事與行政訴訟之審判有別。又依憲法第十六條人民固有訴訟之權，惟訴訟應由如何之法院受理及進行，應由法律定之，業經本院釋字第二九七號解釋在案。我國關於行政訴訟與民事訴訟之審判，依現行法律之規定，係採二元訴訟制度，行政訴訟與民事訴訟分由不同性質之行政法院及普通法院審理。關於因公法關係所生之爭議，由行政法院審判，因私法關係所生之爭執，則由普通法院審判，各有所司，不容混淆。行政機關代表國庫出售或出租公有財產，並非行使公權力對外發生法律上效果之單方行政行為，即非行政處分，而屬私法上契約行為，當事人若對之爭執，自應循民事訴訟程序解決。行政法院五十八年判字第二七○號判例謂：「行政

機關代表國庫處分官產，係私法上契約行為，人民對此有所爭執，無論主張租用抑或主張應由其優先承購，均應提起民事訴訟以求解決，不得藉行政爭訟程序，請求救濟」；又同院六十一年裁字第一五九號判例謂：「查行政官署依臺灣省公有耕地放租辦法，將公地放租與人民，雖係基於公法為國家處理公務，但其與人民間就該公有土地所發生之租賃關係，仍屬私法上之契約關係，如被告官署因查明原告未自任耕作，經以通知撤銷原告承租權，解除原租賃契約，即係基於私法關係以出租人之地位向原告所為之意思表示，並非基於公法關係以官署地位向原告所為之行政處分，不得循行政爭訟程序以求救濟」，均旨在說明行政機關代表國庫出售或出租公有財產所發生之爭議，應由普通法院審判，符合現行法律劃分審判權之規定，無損於人民訴訟權之行使，與憲法並無牴觸。

釋字第四四九號解釋　　（都市計畫五三，獎勵投資條例三、五八之一）

八十七年三月十三日公布

臺北市獎勵投資興建零售市場須知，對於申請投資興建市場者，訂有須「持有市場用地內全部私有土地使用權之私人或團體」之條件，係增加都市計畫法第五十三條所無之限制，應不予適用，業經本院釋字第三六三號解釋在案。至該解釋文末段所稱：「在獎勵投資條例施行期間申請興建公共設施，應符合該條例第三條之規定」，係指該條第一項第十一款之興闢業而言。土地所有權人為自然人而未組織股份有限公司者，雖得依該條例第五十八條之一第一項規定優先投資，惟能否享有各種優惠，仍應按該條例規定處理。本院上開解釋，應予補充。

解釋理由書

國家為使有投資意願之私人或團體得使用公有土地或藉政府公權力之介入，取得屬於公共設施保留地之他人土地使用權，加速公共設施之興建，改善都市發展之狀況，於都市計畫法第五十三條特為規定：「獲准投資辦理都市計畫事業之私人或團體，其所需用之公共設施用地，屬於公有者，得申請該公地之管理機關租用；屬於私有而無法協議收購者，應備妥價款，申請該管直轄市、縣（市）（局）政府代為收買之」，並未以申請投資者應持有公共設施用地內全部私有土地使用權為提出申請之條件。臺北市政府於中華民國七十年七月二十三日發布之臺北市獎勵投資興建零售市場須知第二項㈠款 (1) 目「以持有市場用地內全部私有土地使用權之私人或團體」為申請投資之條件，係增加法律所無之限制，與法律要求各級政府應盡力協助私人投資興建公共設施，改

善都市發展之目的不符，有違憲法保障人民權利之意旨，應不予適用，業經本院釋字第三六三號解釋在案。至於獎勵投資條例施行期間，申請興建公共設施而使用之土地，如由公共設施興闢業者循洽購、調處、照價收買程序而取得，對於土地所有權人應受保障之權益不無妨礙，此所以七十三年十二月三十日修正公布之獎勵投資條例（已於七十九年十二月三十一日廢止）第五十八條之一第一項前段規定「依本條例投資興闢尚未開發之公共設施用地，土地所有權人得優先投資。但經該管地方政府書面通知其投資，滿二個月不為答復或自願放棄者，其他公共設施興闢業得逕行洽購」，徵諸行政院向立法院提出該條項原草案文字本為：「依本條例投資興闢經都市計畫劃設而尚未開發之公共設施用地時，應由投資人逕行洽購」，對照以觀，得申請投資興建公共設施者，土地所有權人係優先於興闢業者，立法原意至為明顯。本院釋字第三六三號解釋解釋文末段所稱：「在獎勵投資條例施行期間申請興建公共設施，應符合該條例第三條之規定」，係指興闢業者申請興建公共設施應符合該條第一項第十一款所定要件而言。若土地所有權人為自然人而未組織股份有限公司者，雖得依該條例第五十八條之一第一項規定優先投資，惟能否享有各種優惠，仍應按該條例規定處理。本院上開解釋，應予補充。

釋字第四五〇號解釋　　（憲一一，大學一一，大學施九）

八十七年三月二十七日公布

大學自治屬於憲法第十一條講學自由之保障範圍，舉凡教學、學習自由有關之重要事項，均屬大學自治之項目，又國家對大學之監督除應以法律明定外，其訂定亦應符合大學自治之原則，業經本院釋字第三八〇號解釋釋示在案。大學於上開教學研究相關之範圍內，就其內部組織亦應享有相當程度之自主組織權。各大學如依其自主之決策認有提供學生修習軍訓或護理課程之必要者，自得設置與課程相關之單位，並依法聘任適當之教學人員。惟大學法第十一條第一項第六款及同法施行細則第九條第三項明定大學應設置軍訓室並配置人員，負責軍訓及護理課程之規劃與教學，此一強制性規定，有違憲法保障大學自治之意旨，應自本解釋公布之日起，至遲於屆滿一年時失其效力。

解釋理由書

國家為健全大學組織，有利大學教育宗旨之實現，固得以法律規定大學內部組織之主要架構，惟憲法第十一條關於講學自由之規定，係對學術自由之制度性保障，大學自

治亦屬該條之保障範圍。舉凡教學、學習自由、講授內容、學生選擇科系與課程自由等均屬大學自治之項目，業經本院釋字第三八〇號解釋釋示在案。大學於上開教學研究相關之範疇內，就其內部組織亦應享有相當程度之自主組織權，如大學認無須開設某種課程，而法令仍強制規定應設置與該課程相關之規劃及教學單位，即與憲法保障學術自由及大學自治之意旨不符。倘各大學依其自主之決策，認有提供學生修習軍訓或護理課程之必要，自得設置與軍訓或護理課程相關之單位，並依法聘請適任之教學人員。惟大學法第十一條第一項第六款及同法施行細則第九條第三項規定，大學應設置軍訓室並配置人員，負責軍訓及護理課程之規劃與教學，未能顧及大學之自主權限，有違憲法前述意旨。本件解釋涉及制度及組織之調整，有訂定過渡期間之必要，故上開大學法及同法施行細則之規定，應自本解釋公布之日起，至遲於屆滿一年時失其效力。大學法第十一條第一項第一款至第四款所列教務處、學生事務處、總務處、圖書館為支援大學教學及研究所必要，第七款至第九款之秘書室、人事室、會計室為協助大學行政之輔助單位，該法定為大學應設之內部組織，與憲法保障大學自治之意旨尚無牴觸。至大學提供體育設施及活動以健全學生體格固有必要，然是否應開設體育課程而必須設置體育室，亦屬大學自治之範疇，同條第一項第五款之規定仍應由有關機關一併檢討改進，併此指明。

釋字第四五一號解釋　（民七六九、七七〇、七七二、八二七、八二八、八三二、九四五）

八十七年三月二十七日公布

時效制度係為公益而設，依取得時效制度取得之財產權應為憲法所保障，業經本院釋字第二九一號解釋釋示在案。地上權係以在他人土地上有建築物，或其他工作物，或竹木為目的而使用其土地之權，故地上權為使用他人土地之權利，屬於用益物權之一種。土地之共有人按其應有部分，本於其所有權之作用，對於共有物之全部雖有使用收益之權，惟共有人對共有物之特定部分使用收益，仍須徵得他共有人全體之同意。共有物亦得因共有人全體之同意而設定負擔，自得為共有人之一人或數人設定地上權。於公同共有之土地上為公同共有人之一人或數人設定地上權者亦同。是共有人或公同共有人之一人或數人以在他人之土地上行使地上權之意思而占有共有或公同共有之土地者，自得依民法第七百七十二條準用同法第七百六十九條及第七百七十條取得時效之規定，請求登記為地上權人。內政部中華民國七十七年八月十七日臺內地字第六二一四六四號函發布時效取得地上權登記審查要點第三點第五款規定，共有人不得就共

有土地申請時效取得地上權登記，與上開意旨不符，有違憲法保障人民財產權之本旨，應不予適用。

解釋理由書

時效制度係為公益而設，依取得時效制度取得之財產權應為憲法所保障，業經本院釋字第二九一號解釋釋示在案。地上權係以在他人土地上有建築物或其他工作物或竹木為目的而使用其土地之權，為民法第八百三十二條所明定。故地上權為存在於他人土地上之物權，以使用他人土地為目的，屬於用益物權之一種。土地之共有人本於所有權之作用，對於共有物之全部，雖有使用收益之權，惟此使用收益權，仍應按其應有部分而行使，若共有人逾越其應有部分之範圍而為使用收益，即係損及他共有人之利益而與侵害他人之所有權同。故共有人對共有物之特定部分使用收益，仍須徵得他共有人全體之同意，非謂共有人得對共有物之全部或任何一部有自由使用收益之權利。從而共有人之一人或數人自得與他共有人全體訂定共有土地之分管契約，共有物亦得因共有人全體之同意而設定負擔，自得為共有人之一人或數人設定地上權。又土地為數人公同共有者，各公同共有人之權利，及於公同共有土地之全部，此觀民法第八百二十七條第二項之規定自明。惟依民法第八百二十八條規定：「公同共有人之權利義務，依其公同關係所由規定之法律或契約定之。」「除前項之法律或契約另有規定外，公同共有物之處分，及其他權利行使，應得公同共有人全體之同意。」準此，公同共有人之一人或數人依其公同關係所由規定之法律或契約而使用收益公同共有之土地者，係本於公同關係而行使權利，若公同共有人全體將公同共有之土地為公同共有人之一人或數人設定地上權，則為公同共有物之處分行為，地上權人因該處分行為而取得用益物權。地上權既為一種物權，自得因時效而取得，然地上權取得時效之第一要件須為以行使地上權之意思而占有他人之土地。若依其所由發生之事實之性質，無行使地上權之意思者，非有變為以行使地上權之意思而占有之情事，其取得時效不能開始進行。從而占有土地之始係基於共有人之地位、公同共有人因公同關係享有之權利、抑或無權占有之意思者，既非基於行使地上權之意思，嗣後亦非有民法第九百四十五條所定變為以行使地上權之意思而占有，即不具備取得時效之前提要件。若共有人或公同共有人於占有之共有或公同共有土地，對於使其占有之他共有人或公同共有人表示變為以在他人之土地上行使地上權之意思而占有，自得本於民法第七百七十二條準用第七百六十九條、第七百七十條，主張依時效而取得地上權，請求登記為地上權人。內政部七十七年八月十七日臺內地字第六二一四六四號函發布時效取得地上權登記審查要

點第三點第五款規定，共有人不得就共有土地申請時效取得地上權登記，與上開意旨不符，有違憲法保障人民財產權之本旨，應不予適用。

釋字第四五二號解釋　　（憲七，憲增修一〇，民一〇〇一、一〇〇二）

八十七年四月十日公布

民法第一千零零二條規定，妻以夫之住所為住所，贅夫以妻之住所為住所。但約定夫以妻之住所為住所，或妻以贅夫之住所為住所者，從其約定。本條但書規定，雖賦予夫妻雙方約定住所之機會，惟如夫或贅夫之妻拒絕為約定或雙方協議不成時，即須以其一方設定之住所為住所。上開法律未能兼顧他方選擇住所及具體個案之特殊情況，與憲法上平等及比例原則尚有未符，應自本解釋公布之日起，至遲於屆滿一年時失其效力。又夫妻住所之設定與夫妻應履行同居之義務尚有不同，住所乃決定各項法律效力之中心地，非民法所定履行同居義務之唯一處所。夫妻縱未設定住所，仍應以永久共同生活為目的，而互負履行同居之義務，要屬當然。

解釋理由書

民法第一千零零二條規定，妻以夫之住所為住所，贅夫以妻之住所為住所。但約定夫以妻之住所為住所，或妻以贅夫之住所為住所者，從其約定。準此以觀，夫妻共同住所之指定權屬於夫，贅夫則從妻之所指定。雖其但書為尊重夫妻間設定住所之意願，規定在嫁娶婚，夫妻得約定夫以妻之住所為住所，在招贅婚得約定妻以夫之住所為住所，惟如夫或贅夫之妻拒絕為約定或雙方協議不成時，即須以其一方設定之住所為住所。不啻因性別暨該婚姻為嫁娶婚或招贅婚而於法律上為差別之規定，授與夫或贅夫之妻最後決定權。按人民有居住之自由，乃指人民有選擇其住所之自主權。住所乃決定各項法律效力之中心地，夫妻互負同居之義務，固為民法第一千零零一條前段所明定，惟民法並未強制規定自然人應設定住所，且未明定應以住所為夫妻履行同居義務之唯一處所。是夫妻履行同居義務之處所並不以住所為限。鑑諸現今教育普及，男女接受教育之機會均等，就業情況改變，男女從事各種行業之機會幾無軒輊，而夫妻各自就業之處所，未必相同，夫妻若感情和睦，能互相忍讓，時刻慮及他方配偶之需要，就住所之設定能妥協或折衷，而有所約定者固可，若夫或贅夫之妻拒不約定住所，則依民法第一千零零二條前段規定，他方配偶即須以其一方設定之住所為住所，未能兼顧他方選擇住所之權利及具體個案之特殊情況，與憲法上平等及比例原則尚有未符，應自本解釋公布日起，至遲於屆滿一年時失其效力。

又夫妻住所之設定與夫妻應履行同居之義務，尚有不同，夫妻縱未設定住所，仍應以永久共同生活為目的，而互負履行同居之義務，要屬當然。

釋字第四五三號解釋　　（憲八六，商會二、五）　　　　　八十七年五月八日公布

商業會計事務，依商業會計法第二條第二項規定，謂依據一般公認會計原則從事商業會計事務之處理及據以編制財務報表，其性質涉及公共利益與人民財產權益，是以辦理商業會計事務為職業者，須具備一定之會計專業知識與經驗，始能勝任。同法第五條第四項規定：「商業會計事務，得委由會計師或經中央主管機關認可之商業會計記帳人辦理之；其認可及管理辦法，由中央主管機關定之」，所稱「商業會計記帳人」既在辦理商業會計事務，係屬專門職業之一種，依憲法第八十六條第二款之規定，其執業資格自應依法考選銓定之。商業會計法第五條第四項規定，委由中央主管機關認可商業會計記帳人之資格部分，有違上開憲法之規定，應不予適用。

　　解釋理由書

憲法第八十六條第二款所稱之專門職業及技術人員，係指具備經由現代教育或訓練之培養過程獲得特殊學識或技能，而其所從事之業務，與公共利益或人民之生命、身體、財產等權利有密切關係者而言。

商業會計事務，依商業會計法第二條第二項規定，謂依據一般公認會計原則從事商業會計事務之處理及據以編制財務報表，其性質涉及公共利益與人民財產權益，是以辦理商業會計事務為職業者，自須具備一定之會計專業知識與經驗。同法第五條第四項前段規定：「商業會計事務，得委由會計師或經中央主管機關認可之商業會計記帳人辦理之」，其所以於會計師外亦得由商業會計記帳人辦理，旨在解決中小規模營利事業無力負擔雇用會計師之問題，惟為確保商業會計事務詳實無訛，以利主管機關稽核，執行商業會計記帳業務之人，仍必須對記帳及稅務會計有相當之專業知識與經驗，始足以勝任。因而商業會計記帳人既在辦理商業會計事務，屬專門職業之一種，應經依法考試或檢覈始能取得執業資格。商業會計法第五條第四項將之委由中央主管機關認可商業會計記帳人之資格部分，有違上開憲法之規定，應不予適用。

釋字第四五四號解釋　　（憲一○、二三，國安三，兩岸人民關係一○、一四，港澳關係一一、一二、一四）　　　　　八十七年五月二十二日公布

憲法第十條規定人民有居住及遷徙之自由，旨在保障人民有自由設定住居所、遷徙、

旅行，包括出境或入境之權利。對人民上述自由或權利加以限制，必須符合憲法第二十三條所定必要之程度，並以法律定之。中華民國八十三年四月二十日行政院臺內字第一三五五七號函修正核定之「國人入境短期停留長期居留及戶籍登記作業要點」第七點規定（即原八十二年六月十八日行政院臺內字第二〇〇七七號函修正核定之同作業要點第六點），關於在臺灣地區無戶籍人民申請在臺灣地區長期居留得不予許可、撤銷其許可、撤銷或註銷其戶籍，並限期離境之規定，係對人民居住及遷徙自由之重大限制，應有法律或法律明確授權之依據。除其中第一項第三款及第二項之相關規定，係為執行國家安全法等特別法所必要者外，其餘各款及第二項戶籍登記之相關規定、第三項關於限期離境之規定，均與前開憲法意旨不符，應自本解釋公布之日起，至遲於屆滿一年時失其效力。關於居住大陸及港澳地區未曾在臺灣地區設籍之人民申請在臺灣地區居留及設定戶籍，各該相關法律設有規定者，依其規定，併予指明。

　　解釋理由書

憲法第十條規定人民有居住及遷徙之自由，旨在保障人民有自由設定住居所、遷徙、旅行，包括出境或入境之權利。對人民入境居住之權利，固得視規範對象究為臺灣地區有戶籍人民，僑居國外或居住港澳等地區之人民，及其所受限制之輕重而容許合理差異之規範，惟必須符合憲法第二十三條所定必要之程度，並以法律定之，或經立法機關明確授權由行政機關以命令定之。六十二年七月十七日修正公布之戶籍法第八條規定：「僑居國外之中華民國人民，其戶籍登記辦法，由內政部會同外交部及僑務委員會定之」（現已刪除），乃立法機關本於實際需要授權行政機關就戶籍登記之事項為補充規定。行政機關據此訂定之行政命令應遵守授權之目的及範圍，不得牴觸母法或對人民之權利增加法律所無之限制。惟內政部並未依據上開授權訂定辦法，送請立法院查照。八十二年六月十八日行政院臺內字第二〇〇七七號函修正核定，同年六月二十六日實施之「國人入境短期停留長期居留及戶籍登記作業要點」第六點第一項規定：「得在臺灣地區長期居留或申請戶籍登記人民，有左列情形之一者，應不予許可，並撤銷其居留許可及限期離境。㈠有事實足認為有妨害國家安全或社會安定之重大嫌疑者。㈡曾有犯罪紀錄者。㈢未經許可而入境者。㈣以偽造、變造證件或冒用身分矇混申請或入境者。㈤有事實足認其為通謀而為虛偽之結婚或收養者。」同點第二項：「前項各款人民如已辦妥戶籍登記者，得予撤銷，並限期離境。」八十三年四月二十日行政院臺內字第一三五五七號函修正核定，同年五月十三日實施之同作業要點第七點第一項規定：「在臺灣地區無戶籍人民申請在臺灣地區長期居留，有左列情形之一者，得不

予許可：㈠有事實足認為有妨害國家安全或社會安定之重大嫌疑者。㈡曾有犯罪紀錄者。㈢未經許可入境者。㈣以偽造、變造證件或冒用身分申請或入境者。㈤曾協助他人非法入出境，或身分證件曾提供他人持以非法入出境者。㈥有事實足認其係通謀而為虛偽之結婚或收養者。㈦健康檢查不合格者。㈧曾從事與許可目的不符之活動或工作者。㈨曾逾期停留者。」同點第二項：「在臺灣地區無戶籍人民申請在臺灣地區戶籍登記，有前項第一款至第六款情形之一者，得不予許可。但依第六點第一項第二款至第五款申請者，不在此限。」同點第三項：「有第一項第一款至第七款及前項得不予許可情形之人民，其已許可者，由內政部警政署入出境管理局（以下簡稱境管局）撤銷其許可，已辦妥戶籍登記者，由境管局通知戶政機關撤銷或註銷其戶籍；已入營服役者，由境管局通知原徵集之役政機關，轉報國防部解除其徵集。並限期離境。」同點第四項：「第一項第八款及第九款情形，其不予許可長期居留期間自其出境之日起算為一年。」現行作業要點第七點第一項所稱「在臺灣地區無戶籍人民」，依同作業要點第三點，係指㈠僑居國外或居住港澳地區未曾在臺灣地區設有戶籍之人民。㈡取得我國國籍之人民而言。同作業要點第七點第一項第三款及第二項規定對於未經許可入境者，申請長期居留及戶籍登記，得不予許可，係為執行國家安全法第三條第一項之規定所必要，與臺灣地區與大陸地區人民關係條例第十條第一項、香港澳門關係條例第十一條、第十二條規定意旨亦屬相符，與憲法尚無牴觸。又第七點第一項第一款、第二款、第四款至第九款之情形，均欠缺法律或法律授權之依據，即逕以命令限制人民居住及遷徙之自由，同點第二項之戶籍登記相關規定及第三項關於限期離境之規定，除臺灣地區與大陸地區人民關係條例第十四條、香港澳門關係條例第十四條設有強制出境之規定外，同作業要點上開規定對於在臺灣地區無戶籍人民一概適用，亦屬欠缺法律之依據，與憲法保障人民居住遷徙自由之意旨不符，應自本解釋公布之日起，至遲於屆滿一年時，失其效力。關於居住大陸及港澳地區未曾在臺灣地區設籍之人民申請在臺灣地區居留及設定戶籍，各該相關法律設有規定者，依其規定，併予指明。

釋字第四五五號解釋　（憲七、二〇，軍屬優待二、三二，大法官審案一七）

八十七年六月五日公布

國家對於公務員有給予俸給、退休金等維持其生活之義務。軍人為公務員之一種，自有依法領取退伍金、退休俸之權利，或得依法以其軍中服役年資與任公務員之年資合併計算為其退休年資；其中對於軍中服役年資之採計並不因志願役或義務役及任公務

員之前、後服役而有所區別。軍人及其家屬優待條例第三十二條第一項規定,「後備軍人轉任公職時,其原在軍中服役之年資,應予合併計算。」即係本於上開意旨依憲法上之平等原則而設。行政院人事行政局六十三年五月十一日(六三)局肆字第○九六四六號函釋,關於「留職停薪之入伍人員,於退伍復職後,依規定須補辦考績,並承認其年資」,致服義務役軍人僅得於任公務員後服役者始得併計公務員退休年資,與上開意旨不符。此項年資之採計對擔任公務員者之權利有重大影響,應予維護,爰依司法院大法官審理案件法第十七條第二項,諭知有關機關於本解釋公布之日起一年內,基於本解釋意旨,逕以法律規定或由行政院會同考試院,依上開條例第三十二條第二項之授權妥為訂定。

解釋理由書

國家對於公務員有給予俸給、退休金等維持其生活之義務。軍人為公務員之一種,自有依法領取退伍金、退休俸之權利,或得依法以其軍中服役年資與任公務員之年資合併計算為其退休年資;其中對於軍中服役年資之採計並不因志願役或義務役及任公務員之前、後服役而有所區別。按憲法第二十條規定,人民有依法律服兵役之義務,義務役軍人與志願役軍人之服役時間長短與專業知識或屬有間,但於服役期間所應負之忠誠義務與其所服之勤務,與志願役軍人尚無差別,軍人依法所應享有服役年資計算之權益,不宜因其役別為義務役或志願役而有所不同。軍人及其家屬優待條例第三十二條第一項規定,「後備軍人轉任公職時,其原在軍中服役之年資,應予合併計算。」依同條例第二條之定義,其「後備軍人」並無志願役或義務役之別,即係本於上開意旨依憲法上之平等原則而設。行政院人事行政局六十三年五月十一日(六三)局肆字第○九六四六號函釋,關於「留職停薪之入伍人員,於退伍復職後,依規定須補辦考績,並承認其年資」,致義務役軍人僅得於任公務員後服役始得併計公務員退休年資,其於任公務員前服義務役之年資則不予採計,與前述意旨不符。此項年資之採計對擔任公務員者之權利有重大影響,應予維護,爰依司法院大法官審理案件法第十七條第二項,諭知有關機關於本解釋公布之日起一年內,基於本解釋意旨,逕以法律規定或由行政院會同考試院,依上開條例第三十二條第二項之授權妥為訂定。

釋字第四五六號解釋　　(憲二三、一五三,勞保六、八,,勞保施二五)

八十七年六月五日公布

憲法第一百五十三條規定國家應實施保護勞工之政策。政府為保障勞工生活,促進社

會安全，乃制定勞工保險條例。同條例第六條第一項第一款至第五款規定之員工或勞動者，應以其雇主或所屬團體或所屬機關為投保單位，全部參加勞工保險為被保險人；第八條第一項第一款及第二款規定之員工亦得準用同條例之規定參加勞工保險。對於參加勞工保險為被保險人之員工或勞動者，並未限定於專任員工始得為之。同條例施行細則於中華民國八十五年九月十三日修正前，其第二十五條第一項規定：「依本條例第六條第一項第一款至第五款及第八條第一項第一款、第二款規定加保者，以專任員工為限。」以此排除非專任員工或勞動者之被保險人資格，雖係防杜不具勞工身分者掛名加保，巧取保險給付，以免侵蝕保險財務為目的，惟對於符合同條例所定被保險人資格之非專任員工或勞動者，則未能顧及其權益，與保護勞工之上開意旨有違。前揭施行細則第二十五條第一項規定就同條例所未限制之被保險人資格，逾越法律授權訂定施行細則之必要範圍，限制其適用主體，與憲法第二十三條規定之意旨未符，應不適用。

解釋理由書

憲法第一百五十三條規定國家應實施保護勞工之政策。政府為保障勞工生活，促進社會安全，乃制定勞工保險條例。又依憲法第二十三條規定限制人民之自由權利，應以法律定之，且不得逾越必要之程度。法律概括授權行政機關訂定施行細則者，該管行政機關於符合立法意旨且未逾越母法規定之限度內，得就執行法律有關之細節性、技術性事項，以施行細則定之。惟其內容不得牴觸母法或對人民之自由權利增加法律所無之限制。本院釋字第三六七號解釋理由說明甚詳。勞工保險條例第六條第一項第一款至第五款規定之員工或勞動者應以其雇主或所屬團體或所屬機關為投保單位，全部參加勞工保險為被保險人。同條例第八條第一項第一款及第二款規定之員工亦得準用同條例之規定參加勞工保險。依勞動基準法第九條第一項規定，勞工從事之工作雖有臨時性、短期性、季節性、特定性及繼續性之別，於其為勞工之身分並無軒輊。由於適用勞工保險條例所定被保險人之資格如何，影響勞工之權益，自應以法律定之。同條例對於參加勞工保險為被保險人之員工或勞動者，並未限定於專任員工始得為之，可知立法意旨於此已就憲法第二十三條所定比例原則為衡量。

勞工保險條例施行細則於民國八十五年九月十三日修正前，其第二十五條第一項規定：「依本條例第六條第一項第一款至第五款及第八條第一項第一款、第二款規定加保者，以專任員工為限。」（現行規定業已刪除）行政院勞工委員會七十七年八月四日臺七十七勞保二字第一六七八六號函復就「專任員工」解釋，指受僱勞工於僱用單位之工作

時間內全部在僱用單位服務；或受僱用單位之支配，於室外服務，並依規定支領全部時間之報酬者而言。如僅以部分時間為僱用人工作，支領部分工時之報酬者，則非專任人員，即不得由投保單位為之投保，參加勞動保險為被保險人。用以排除非專任員工或勞動者之被保險人資格，雖係防杜不具勞工身分者掛名加保，巧取保險給付，以免侵蝕保險財務為目的，惟對於符合同條例所定被保險人資格之非專任員工或勞動者，則未能顧及其權益，與保護勞工之上開意旨有違。前揭施行細則第二十五條第一項規定就同條例所未限制之被保險人資格，逾越法律授權訂定施行細則之必要範圍，限制其適用主體，與憲法第二十三條規定之意旨未符，應不適用。

釋字第四五七號解釋　（憲七，憲增修一〇）　　　八十七年六月十二日公布

中華民國人民，無分男女，在法律上一律平等；國家應促進兩性地位之實質平等，憲法第七條暨憲法增修條文第十條第六項定有明文。國家機關為達成公行政任務，以私法形式所為之行為，亦應遵循上開憲法之規定。行政院國軍退除役官兵輔導委員會發布之「本會各農場有眷場員就醫、就養或死亡開缺後房舍土地處理要點」，固係基於照顧榮民及其遺眷之生活而設，第配耕國有農場土地，為對榮民之特殊優惠措施，與一般國民所取得之權利或法律上利益有間。受配耕榮民與國家之間，係成立使用借貸之法律關係。配耕榮民死亡或借貸之目的使用完畢時，主管機關原應終止契約收回耕地，俾國家資源得合理運用。主管機關若出於照顧遺眷之特別目的，繼續使其使用、耕作原分配房舍暨土地，則應考量眷屬之範圍應否及於子女，並衡酌其謀生、耕作能力，是否確有繼續輔導之必要，依男女平等原則，妥為規劃。上開房舍土地處理要點第四點第三項：「死亡場員之遺眷如改嫁他人而無子女者或僅有女兒，其女兒出嫁後均應無條件收回土地及眷舍，如有兒子准由兒子繼承其權利」，其中規定限於榮民之子，不論結婚與否，均承認其所謂繼承之權利，與前述原則不符。主管機關應於本解釋公布之日起六個月內，基於上開解釋意旨，就相關規定檢討，妥為處理。

　　解釋理由書

中華民國人民，無分男女，在法律上一律平等；國家應促進兩性地位之實質平等，憲法第七條暨憲法增修條文第十條第六項定有明文。國家機關訂定規則，以私法行為作為達成公行政目的之方法，亦應遵循上開憲法之規定。行政院國軍退除役官兵輔導委員會中華民國六十九年七月十一日發布之「本會各農場有眷場員就醫、就養或死亡開缺後房舍土地處理要點」，係國家為因應政府遷臺初期客觀環境之需要，安置國軍退除

役官兵，照顧此等有眷榮民之生活，經由行政院國軍退除役官兵輔導委員會將所經營之國有農場耕地配予榮民耕種，乃對榮民所採之特殊優惠措施，與一般國民所取得之權利或法律上利益有間。受配耕榮民與國家之間，係成立使用借貸之法律關係。使用借貸為無償契約，屬貸與人與借用人間之特定關係。配耕榮民死亡或依借貸之目的使用完畢時，主管機關原應終止契約收回耕地，俾國家資源得合理運用。主管機關若出於照顧遺眷之特別目的，使其繼續使用、耕作原分配房舍暨土地，則應考量眷屬之範圍應否及於子女，並衡酌其謀生、耕作能力，是否確有繼續輔導之必要，使具相同法律上身分地位者，得享同等照顧，依男女平等原則，妥為規劃。上開房舍土地處理要點第四點第三項：「死亡場員之遺眷如改嫁他人而無子女者或僅有女兒，其女兒出嫁後均應無條件收回土地及眷舍，如有兒子准由兒子繼承其權利」，其中規定限於榮民之子，無視其有無謀生能力及輔導必要，又不問結婚與否，均得繼承其權利。姑不論農場耕地之配耕可否作為繼承之標的，竟僅以性別及已否結婚，對特定女性為差別待遇，與男女平等原則有違。主管機關應於本解釋公布之日起六個月內，基於上開解釋意旨，就相關規定檢討，妥為處理。

釋字第四五八號解釋　（憲一九，獎勵投資條例三、一五）

八十七年六月二十六日公布

財政部中華民國六十六年十二月十四日臺財稅字第三八四五二號函：「生產事業除自行生產產品所發生之所得外，如有兼營其他非自行生產產品買賣業務所發生之所得暨非營業收入者，該項買賣業務所發生之所得及非營業收入，不適用獎勵投資條例納稅限額之規定」，係主管機關基於職權，為執行獎勵投資條例第十五條及行政院依同條例第三條授權所發布之「生產事業獎勵類目及標準」，對受獎勵之生產事業營業及其他收入計算全年課稅所得額所為之釋示，與該條例對稅捐減免優惠以受獎勵生產事業自行生產獎勵類目產品所發生之所得為限之意旨相符，並未變更法律所定稅賦優惠規定，亦未增加生產事業之租稅負擔，與憲法租稅法定主義並無牴觸。

解釋理由書

獎勵投資條例（已於八十年一月三十日廢止）係為獎勵投資活動，加速國家經濟發展之目的所制定，採用稅捐減免優惠為主要獎勵方法，以實現其立法意旨。惟國家經濟發展隨各個時期而有不同之需求，受獎勵之生產事業類目及標準自亦須因應經濟發展策略及客觀環境而變動。該條例第三條第三項及第十五條（六十六年七月二十六日修

正公布之獎勵投資條例為第十條) 遂授權行政院就各該條第一項所定之各類生產事業規定之獎勵類目及標準，須符合獎勵類目及標準者，始得享受第十五條第一項有關生產事業及重要生產事業之營利事業所得稅及附加捐總額，不得超過其全年課稅所得額百分之二十及二十五租稅優惠之規定。財政部六十六年十二月十四日臺財稅字第三八四五二號函：「生產事業除自行生產產品所發生之所得外，如有兼營其他非自行生產產品買賣業務所發生之所得暨非營業收入者，該項買賣業務所發生之所得及非營業收入，不適用獎勵投資條例納稅限額之規定」，係主管機關基於職權，為執行獎勵投資條例第十五條及行政院依同條例第三條授權所發布之「生產事業獎勵類目及標準」，對受獎勵之生產事業營業及其他收入計算全年課稅所得額所為之釋示，與該條例對稅捐減免優惠以受獎勵生產事業自行生產獎勵類目產品所發生之所得為限之意旨相符，並未變更法律所定稅賦優惠規定，亦未增加生產事業之租稅負擔，與憲法租稅法定主義並無牴觸。

釋字第四五九號解釋　　(憲一六，兵役三四，兵役施六九)

八十七年六月二十六日公布

兵役體位之判定，係徵兵機關就役男應否服兵役及應服何種兵役所為之決定而對外直接發生法律效果之單方行政行為，此種決定行為，對役男在憲法上之權益有重大影響，應為訴願法及行政訴訟法上之行政處分。受判定之役男，如認其判定有違法或不當情事，自得依法提起訴願及行政訴訟。司法院院字第一八五〇號解釋，與上開意旨不符，應不再援用，以符憲法保障人民訴訟權之意旨。至於兵役法施行法第六十九條係規定免役、禁役、緩徵、緩召應先經主管機關之核定及複核，並未限制人民爭訟之權利，與憲法並無牴觸；其對複核結果不服者，仍得依法提起訴願及行政訴訟。

解釋理由書

憲法第十六條規定人民有訴願及訴訟之權利，旨在保障人民遭受公權力侵害時，可循國家依法所設之程序，提起訴願或行政訴訟，俾其權利獲得最終之救濟，並使作成行政處分之機關或其上級機關藉訴願制度，自行矯正其違法或不當處分，以維法規之正確適用及人民之合法權益。按行政機關行使公權力，就特定具體之公法事件所為對外發生法律上效果之單方行政行為，不因其用語、形式以及是否有後續行為或有無記載得聲明不服之文字而有異。凡直接影響人民權利義務關係，且實際上已對外發生效力者，如仍視其為非行政處分，自與憲法保障人民訴願及訴訟權利之意旨不符，業經本

院釋字第四二三號解釋在案。經徵兵檢查之男子，應區分體位為甲、乙、丙、丁、戊五等，甲、乙等體位為適於服現役者，應服常備兵現役及補充兵現役，其超額者服甲種國民兵役，再超額者服乙種國民兵役，丙等體位服乙種國民兵役，丁等體位為不合格者免役，戊等為難以判定者，應補行體格檢查至能判定時為止，為兵役法第三十四條所明定。因此，兵役體位判定，係徵兵機關就役男應否服兵役及應服何種兵役所為之決定而對外直接發生法律效果之單方行政行為，此種判定役男為何種體位之決定行為，不問其所用名稱為何，對役男在憲法上之權益有重大影響，應為訴願法及行政訴訟法上之行政處分。從而，受判定之役男，如認其判定有違法或不當情事，自得依法提起訴願及行政訴訟。司法院院字第一八五〇號解釋認：「被徵服兵役之壯丁或其家屬，對於辦理徵兵事務之縣長，以徵兵官之資格，所為關於緩役或免役之裁決有不服者，在修正陸軍徵募事務暫行規則第三十三條至第三十五條，既有申訴之特別規定，則其救濟方法，自應依該規定，向其直接上級徵兵官為之，不得提起普通訴願」，與上開意旨不符，應不再援用，以符憲法保障人民訴訟權之意旨。至於兵役法施行法第六十九條係規定免役、禁役、緩徵、緩召應先經主管機關之核定及複核，並未限制人民爭訟之權利，與憲法並無牴觸；其對複核結果不服者，仍得依法提起訴願及行政訴訟。

釋字第四六〇號解釋 　（憲七、一三、一九，土稅六、九、三四）

八十七年七月十日公布

土地稅法第六條規定，為發展經濟，促進土地利用，增進社會福利，對於宗教及合理之自用住宅等所使用之土地，得予適當之減免；同條後段並授權由行政機關訂定其減免標準及程序。同法第九條雖就自用住宅用地之定義設有明文，然其中關於何謂「住宅」，則未見規定。財政部中華民國七十二年三月十四日臺財稅字第三一六二七號函所稱「地上建物係供神壇使用，已非土地稅法第九條所稱之自用『住宅』用地」，乃主管機關適用前開規定時就住宅之涵義所為之消極性釋示，符合土地稅法之立法目的且未逾越住宅概念之範疇，與憲法所定租稅法定主義尚無牴觸。又前開函釋並未區分不同宗教信仰，均有其適用，復非就人民之宗教信仰課予賦稅上之差別待遇，亦與憲法第七條、第十三條規定之意旨無違。

解釋理由書

人民有依法律納稅之義務，為憲法第十九條所明定。所謂依法律納稅，兼指納稅及免稅之範圍，均應依法律之明文。惟法律條文適用時發生疑義者，主管機關自得為符合

立法意旨之闡釋，本院釋字第二六七號解釋敘述甚明。涉及租稅事項之法律，其解釋應本於租稅法定主義之精神，依各該法律之立法目的，衡酌經濟上之意義及實質課稅之公平原則為之，亦經本院釋字第四二〇號解釋釋示在案。

土地稅法第六條規定：「為發展經濟，促進土地利用，增進社會福利，對於國防、政府機關、公共設施、騎樓走廊、研究機構、教育、交通、水利、給水、鹽業、宗教、醫療、衛生、公私墓、慈善或公益事業及合理之自用住宅等所用之土地，及重劃、墾荒、改良土地者，得予適當之減免；其減免標準及程序，由行政院定之。」又同法第九條規定：「本法所稱自用住宅用地，指土地所有權人或其配偶、直系親屬於該地辦竣戶籍登記，且無出租或供營業用之住宅用地。」雖未就「住宅」之定義有所界定，然法規之適用除須依法條之明文外，尚應受事物本質之內在限制。而依一般觀念，所謂住宅，係指供人日常住居生活作息之用，固定於土地上之建築物；外觀上具備基本生活功能設施，屬於居住者支配管理之空間，具有高度的私密性。財政部七十二年三月十四日臺財稅字第三一六二七號函謂：建物係供神壇使用，已非土地稅法第九條所稱之自用「住宅」用地，不得依同法第三十四條規定按優惠稅率計課土地增值稅，乃主管機關適用土地稅法第九條，就住宅之涵義所為之消極性釋示，符合土地稅法之立法目的且未逾越住宅概念之本質，依首開解釋意旨，與憲法所定租稅法定主義尚無牴觸。

憲法第十三條規定：「人民有信仰宗教之自由。」係指人民有信仰與不信仰任何宗教之自由，以及參與或不參與宗教活動之自由；國家亦不得對特定之宗教加以獎助或禁止，或基於人民之特定信仰為理由予以優待或不利益。土地稅法第六條規定宗教用地之土地稅得予減免，只須符合同條授權訂定之土地稅減免規則第八條第一項第九款所定之減免標準均得適用，並未區分不同宗教信仰而有差別。神壇未辦妥財團法人或寺廟登記者，尚無適用該款所定宗教團體減免土地稅之餘地，與信仰宗教之自由無關。又「神壇」既係由一般信奉人士自由設壇祭祀神祇，供信眾膜拜之場所，與前述具有私密性之住宅性質有異。上揭財政部函釋示供「神壇」使用之建物非土地稅法第九條所稱之住宅，並非就人民之宗教信仰課予賦稅上之差別待遇，亦與憲法第七條、第十三條規定意旨無違。

釋字第四六一號解釋　（憲五三、五四、五六、六二、六三、六七、七一，憲增修三）　　　　　　　　　　　　　　　八十七年七月二十四日公布

中華民國八十六年七月二十一日公布施行之憲法增修條文第三條第二項第一款規定行

政院有向立法院提出施政方針及施政報告之責，立法委員在開會時，有向行政院院長及行政院各部會首長質詢之權，此為憲法基於民意政治及責任政治之原理所為制度性之設計。國防部主管全國國防事務，立法委員就行政院提出施政方針及施政報告關於國防事務方面，自得向行政院院長及國防部部長質詢之。至參謀總長在行政系統為國防部部長之幕僚長，直接對國防部部長負責，自非憲法規定之部會首長，無上開條文之適用。

立法院為國家最高立法機關，有議決法律、預算等議案及國家重要事項之權。立法院為行使憲法所賦予上開職權，得依憲法第六十七條規定，設各種委員會，邀請政府人員及社會上有關係人員到會備詢。鑑諸行政院應依憲法規定對立法院負責，故凡行政院各部會首長及其所屬公務員，除依法獨立行使職權，不受外部干涉之人員外，於立法院各種委員會依憲法第六十七條第二項規定邀請到會備詢時，有應邀說明之義務。參謀總長為國防部部長之幕僚長，負責國防之重要事項，包括預算之擬編及執行，與立法院之權限密切相關，自屬憲法第六十七條第二項所指政府人員，除非因執行關係國家安全之軍事業務而有正當理由外，不得拒絕應邀到會備詢，惟詢問內容涉及重要國防機密事項者，免予答覆。至司法、考試、監察三院院長，本於五院間相互尊重之立場，並依循憲政慣例，得不受邀請備詢。三院所屬非獨立行使職權而負行政職務之人員，於其提出之法律案及有關預算案涉及之事項，亦有上開憲法規定之適用。

解釋理由書

憲法第五十四條規定行政院設院長、副院長各一人，各部會首長若干人，及不管部會之政務委員若干人。又依八十六年七月二十一日公布施行之憲法增修條文第三條第一項規定，行政院院長由總統任命之。憲法第五十六條規定行政院副院長、各部會首長及不管部會之政務委員，由行政院院長提請總統任命之，則未修正。其次，行政院有向立法院提出施政方針及施政報告之責。立法委員在開會時，有向行政院院長及行政院各部會首長質詢之權，為憲法增修條文第三條第二項第一款所明定。此係憲法基於民意政治及責任政治原理所為之制度性設計。國防部為行政院所屬部會之一，主管全國國防事務，立法委員就行政院提出施政方針及施政報告關於國防事務方面，自得向行政院院長及國防部部長質詢之。至參謀總長在行政系統為國防部部長之幕僚長，國防部參謀本部組織法第九條定有明文。就其執掌事項直接對國防部部長負責，自非憲法增修條文第三條第二項第一款所稱之部會首長。立法委員即無從依該規定，於立法院會議時對於參謀總長行使質詢權。

立法院為國家最高立法機關，由人民選舉之立法委員組織之，代表人民行使立法權，有議決法律案、預算案、戒嚴案、大赦案、宣戰案、媾和案、條約案及國家其他重要事項之權，憲法第六十二條及六十三條分別定有明文。依憲法第五十三條規定，行政院為國家最高行政機關，憲法增修條文第三條第二項並規定，行政院應對立法院負責。憲法第六十七條又規定：「立法院得設各種委員會。」「各種委員會得邀請政府人員及社會上有關係人員到會備詢。」憲法增修條文就此未加修改。是憲法雖迭經增修，其本於民意政治及責任政治之原理並無變更；而憲法所設計之權力分立、平等相維之原則復仍維持不變。立法院為行使憲法所賦予前述職權，其所設之各種委員會自得邀請政府人員及社會上有關係人員到會備詢，藉其答覆時所說明之事實，或發表之意見而明瞭相關議案涉及之事項。抑有進者，立法委員對於不明瞭之事項，尚得經院會或委員會之決議，要求有關機關就議案涉及之事項，提供參考資料。受要求之機關，非依法律規定或其他正當理由，不得拒絕，業經本院釋字第三二五號解釋有案。立法委員於詢問以前，或不知有相關參考資料，須待詢問而後知之；於有關機關提供參考資料以後，倘對其內容發生疑義，須待進一步詢問，以期澄清者，其邀請到會之政府人員，尤不得置之不理。又因我國憲法上中央政制，與一般內閣制有別，立法委員既不得兼任官吏，則負責事前起草或事後執行法案之政府人員，於議案審議過程中參與備詢，自有其必要。故立法院各種委員會依憲法第六十七條第二項規定，邀請政府人員到會備詢時，行政院各部會首長及其所屬人員，除依法獨立行使職權，不受外部干涉之檢察官、公平交易委員會委員等人員外，於立法院各種委員會依憲法第六十七條第二項規定邀請到會備詢時，有應邀說明之義務。參謀總長為行政院所屬國防部部長之幕僚長，其統御、指揮之參謀本部及陸、海、空、勤等各軍種總部，並非獨立於行政系統以外之組織。參謀總長雖非增修條文第三條第二項第一款所稱之行政院各部會首長，乃屬憲法第六十七條第二項規定之政府人員，要無疑義。參謀總長負責國防之重要職責，包括預算之擬編及執行，均與立法院之權限密切相關，立法院所設各種委員會就與參謀總長職務相關之事項，邀請其列席備詢，除有正當理由外，不得拒絕應邀到會備詢。惟詢問之內容涉及重要國防機密事項者，則免予答覆。至司法、考試、監察三院既得就其所掌有關事項，向立法院提出法律案；各該機關之預算案並應經立法院審查，則其所屬非獨立行使職權而負行政職務之人員，於其提出之法律案及有關預算案涉及之事項，亦有依上開憲法規定，應邀說明之必要。惟司法、考試、監察三院院長，固得依憲法第七十一條規定列席立法院會議陳述意見，若立法院所設各種委員會依憲法第

六十七條第二項規定邀請政府人員到會備詢，本於五院間相互尊重之立場，並依循憲政慣例，得不受邀請列席備詢。三院所屬獨立行使職權，不受任何干涉之人員，例如法官、考試委員及監察委員亦同。

釋字第四六二號解釋　　（憲一五、一六、二三，大學一八、二〇，專校八、二四，教員任用一四、四一）　　　　　　　　　　八十七年七月三十一日公布

各大學校、院、系（所）教師評審委員會關於教師升等評審之權限，係屬法律在特定範圍內授予公權力之行使，其對教師升等通過與否之決定，與教育部學術審議委員會對教師升等資格所為之最後審定，於教師之資格等身分上之權益有重大影響，均應為訴願法及行政訴訟法上之行政處分。受評審之教師於依教師法或訴願法用盡行政救濟途徑後，仍有不服者，自得依法提起行政訴訟，以符憲法保障人民訴訟權之意旨。行政法院五十一年判字第三九八號判例，與上開解釋不符部分，應不再適用。

大學教師升等資格之審查，關係大學教師素質與大學教學、研究水準，並涉及人民工作權與職業資格之取得，除應有法律規定之依據外，主管機關所訂定之實施程序，尚須保證能對升等申請人專業學術能力及成就作成客觀可信、公平正確之評量，始符合憲法第二十三條之比例原則。且教師升等資格評審程序既為維持學術研究與教學之品質所設，其決定之作成應基於客觀專業知識與學術成就之考量，此亦為憲法保障學術自由真諦之所在。故各大學校、院、系（所）教師評審委員會，本於專業評量之原則，應選任各該專業領域具有充分專業能力之學者專家先行審查，將其結果報請教師評審委員會評議。教師評審委員會除能提出具有專業學術依據之具體理由，動搖該專業審查之可信度與正確性，否則即應尊重其判斷。受理此類事件之行政救濟機關及行政法院自得據以審查其是否遵守相關之程序，或其判斷、評量有無違法或顯然不當之情事。現行有關各大學、獨立學院及專科學校教師資格及升等評審程序之規定，應本此解釋意旨通盤檢討修正。

解釋理由書

人民有訴願及訴訟之權，憲法第十六條定有明文。此項權利，並不因其身分而受影響，此迭經本院釋字第二四三號、第二六六號、第二九八號、第三二三號、第三八二號及第四三〇號等解釋在案，就人民因具有公務員或其他身分關係而涉訟之各類事件中，闡釋甚明。而行政機關行使公權力或依法設立之團體，直接依法律規定或經政府機關就特定事項依法授與公權力者，就該特定事項所作成之單方行為，不問其用語、形式，

皆屬行政處分，此亦經本院釋字第二六九號、第四二三號及第四五九號解釋在案。

大學、獨立學院、專科學校教師分教授、副教授、助理教授及講師，有關教師之升等，由各該學校設校、院、系（所）教師評審委員會評審，大學法第十八條、第二十條及專科學校法第八條、第二十四條定有明文。教育人員任用條例就公立各級學校教師之任用資格有所規定，同法第十四條並授權教育部訂定「大學、獨立學院及專科學校教師資格審查辦法」，該辦法第七條及第九條規定，教師資格之審查，由學校教師評審委員會審核通過後，送教育部提交學術審議委員會審議決定，經審查合格者，始發給教師證書。至私立學校教師之任用資格及其審查程序，依教育人員任用條例第四十一條，亦準用前開條例之規定。是各大學校、院、系（所）及專科學校教師評審委員會關於教師升等之評審，係屬法律授權範圍內為公權力之行使，其對教師之資格等身分上之權益有重大影響，均為各該大學、院、校所為之行政處分。受評審之教師於依教師法或訴願法等用盡行政救濟途徑後，仍有不服者，自得依法提起行政訴訟，以符憲法保障人民訴訟權之意旨。行政法院五十一年判字第三九八號判例：「依訴願法第一條規定，提起訴願，唯人民對於中央或地方官署所為不當或違法之處分致損害其權利或利益者，始得為之。至各級公務人員以公務員身分所受主管官署之懲戒處分，則與以人民身分因官署處分而受損害者有別，自不得對之提起訴願。」其與上開解釋不符部分，應不再適用。

按憲法第十五條規定，人民之工作權應予保障，是以凡人民作為謀生職業之正當工作，均應受國家之保障，對於職業自由之限制，應具有正當之理由，並不得逾越必要程度。大學教師升等資格之審查，關係大學教師素質與大學教學、研究水準，並涉及人民工作權與職業資格之取得，除應有法律規定之依據外，主管機關所訂定之實施程序，尚須保證對升等申請人專業學術能力及成就作成客觀可信、公平正確之評量，始符合憲法第二十三條之比例原則。教師升等資格評審程序既為維持學術研究與教學之品質所設，其決定之作成應基於客觀專業知識與學術成就之考量，此亦為憲法保障學術自由真諦之所在。是以各大學校、院、系（所）及專科學校教師評審委員會，本於專業評量之原則，應選任各該專業領域具有充分專業能力之學者專家先行審查，將其結果報請教師評審委員會評議。教師評審委員會除能提出具有專業學術依據之具體理由，動搖該專業審查之可信度與正確性，否則即應尊重其判斷；評審過程中必要時應予申請人以書面或口頭辯明之機會；由非相關專業人員所組成之委員會除就名額、年資、教學成果等因素予以斟酌外，不應對申請人專業學術能力以多數決作成決定。受理此類

事件之行政救濟機關及行政法院自得據以審查其是否遵守相關之程序，或其判斷、評量是否以錯誤之事實為基礎，是否有違一般事理之考量等違法或顯然不當之情事。現行有關各大學、獨立學院及專科學校教師資格及升等評審程序之規定，應本此解釋意旨通盤檢討修正。又行政法院五十七年判字第四一四號判例，業經本院釋字第三三八號解釋不予適用在案，併此指明。

釋字第四六三號解釋　（憲一六四，憲增修一〇，預算七五、七六）

八十七年九月十一日公布

憲法第一百六十四條明確規範中央及地方之教育科學文化之預算，須達預算總額之一定比例，以確保國家及各地方自治團體對於人民之教育、科學與文化生活得有穩定而必要的公共支出，此係憲法重視教育科學文化發展所設之規定。本條所謂「預算總額」，並不包括追加預算及特別預算在內，業經本院釋字第七十七號及第二三一號解釋在案。政府就未來一年間之計畫所預期之收入及支出編列預算，以使國家機關正常運作，並規範國家之財政，原則上應制定單一之預算。惟為因應特殊緊急情況，有預算法第七十五條各款規定之情形時，行政院得於年度總預算外另提出特別預算，其審議依預算法第七十六條為之。至憲法第一百六十四條所稱教育科學文化經費之具體內容如何、平衡省市預算基金等項目，是否應計入預算總額發生之爭論，中華民國八十六年七月二十一日修正公布之憲法增修條文第十條第八項既規定：「教育、科學、文化之經費，尤其國民教育之經費應優先編列，不受憲法第一百六十四條規定之限制。」有關該等預算之數額、所占比例、編列方式、歸屬範圍等問題，自應由立法者本其政治責任而為決定。是以與憲法第一百六十四條之所謂「預算總額」及教育、科學、文化等經費所占中央、地方預算之比例等相關問題，已無再行解釋之必要。

　　解釋理由書

憲法第一百六十四條：「教育、科學、文化之經費，在中央不得少於其預算總額百分之十五，在省不得少於其預算總額百分之二十五，在市、縣不得少於其預算總額百分之三十五，其依法設置之教育文化基金及產業，應予以保障。」明確規範中央及地方之教育科學文化之預算，須達預算總額之一定比例，以確保國家及各地方自治團體對於人民之教育、科學與文化生活得有穩定而必要的公共支出，此係憲法重視教育科學文化發展所設之規定。本條所謂「百分比」係指編製預算時，在歲出總額所佔之比例數而言，追加預算並不包括在該項預算總額之內；而所謂「預算總額」，係指政府編製年度

總預算時所列之歲出總額而言，並不包括特別預算在內，業經本院釋字第七十七號、第二三一號分別解釋在案。政府就未來一年間之計畫所預期之收入及支出編列預算，以使國家機關正常運作，並規範國家之財政，原則上應制定單一之預算。惟為因應特殊緊急情況，有預算法第七十五條各款規定之情形時，行政院得於年度總預算外另提出特別預算，其審議依預算法第七十六條為之。如多數立法委員審議特別預算時認有不符法定條件者，自得決議刪除，或要求行政院重新編製。與本條相關之其他問題，諸如：㈠行政院及省市政府八十一年度至八十三年度等所編列之特別預算案，與預算法第七十五條規定是否相符，有無規避憲法第一百六十四條之疑問，㈡關於行政機關編製之八十五年度總預算所涉及之下列疑問：1.關於中央政府總預算歲出政事別科目中「教育、科學、文化支出」歸屬範圍問題，2.關於預算法第七十五條編列特別預算有關法定要件之適用及教科文經費提列比例問題，3.關於以「補助地方國民教育經費」方式於省及縣市政府計算教科文支出百分比問題，4.關於鄉鎮預算不宜併入縣市總預算中計列教科文支出問題，㈢憲法第一百六十四條中所稱「預算總額」，是否包含「平衡省市預算基金」? 中央統籌分配稅款平衡省市預算基金收支保管及運用辦法第三條，將其全部包含列入總預算中致變相縮減中央政府應支出之教科文經費，是否違憲所發生之爭論，八十六年七月二十一日修正公布之憲法增修條文第十條第八項既規定：「教育、科學、文化之經費，尤其國民教育之經費應優先編列，不受憲法第一百六十四條規定之限制。」有關該等預算之數額、所佔比例、編列方式、歸屬範圍等問題，自應由立法者本其政治責任而為決定。是以與憲法第一百六十四條之所謂「預算總額」及教育、科學、文化等經費所佔中央、地方預算之比例等相關問題，已無再行解釋之必要。

釋字第四六四號解釋　（憲一五、八五、八六、一七二，學校教職員退休條例一三，公退一二）　　　　　　　　　　八十七年九月十一日公布

陸海空軍軍官服役條例第二十七條附表「附註」四之㈡之五，關於退休俸支領之規定，旨在避免受領退休俸（包含其他補助）之退役軍官，於就任由公庫支薪之公職時，重複領取待遇，致違一人不得兩俸之原則，加重國家財政之負擔。該附表所稱之擔任「公務員」，係指擔任「有給之公職」之意，不問其職稱之如何，亦不問其待遇之多寡，均屬之。行政院於中華民國六十八年一月十九日以（六八）臺人政肆字第○一三七九號函修訂發布之「退休俸及生活補助費人員自行就任公職支領待遇注意事項」關於所定就任公職之職務類別，既係主管機關為執行上開條例未盡明確之附表所為必要之補充

規定，與立法意旨無所違背，其於憲法保障生存權、財產權亦無牴觸。

解釋理由書

行政機關基於法律授權或為執行法律而依其職權所訂定之命令，依憲法第一百七十二條之意旨，固不得牴觸憲法或法律，然陸海空軍軍官服役條例第二十七條附表「附註」四之(二)之 5，關於軍官支領退休俸者，如擔任公務員，其所任職務，每月待遇（含眷補）高於或等於退休俸者，其退休俸停發；其每月待遇低於退休俸者，發給差額之此一規定，本係國家對軍官執干戈捍衛社稷之長年奉獻所予之照顧，俾其退役後之生活有所保障，非在酬報、補貼退役人員再任公職時之薪津所得，更非准許退役人員於給與退休俸外，猶得於另行就任公職時重複領取公庫支付之薪津，致違一人不得兩俸之原則，而加重國家財政之負擔。因是該附表所稱擔任「公務員」云者，參諸公務員退休制度之相關法律，例如公務人員退休法第十二條第二款、學校教職員退休條例第十三條第二款等關於停止領受退休金之規定，當係指擔任「有給之公職」之意，固不問其職稱之如何，亦不問其待遇之多寡，要均包括在內。行政院於六十八年一月十九日以（六八）臺人政肆字第〇一三七九號函修訂發布之「退休俸及生活補助費人員自行就任公職支領待遇注意事項」（嗣於七十八年五月二十三日經行政院以（七八）臺人政肆字第〇九四四五號函核定修正，迨八十五年十二月三十一日行政院復以（八五）臺人政給字第四五八〇六號函發布本注意事項自八十六年一月一日起停止適用，代之以施行之「支領退休俸軍官士官就任公職停發退休俸辦法」）所定關於就任公職之職務分類，即：(一)民意代表(二)政務官(三)各機關學校或公營事業機構編制內教職員(四)各機關學校臨時編制職員(五)各機關學校或公營事業機構約聘約僱人員(六)軍事單位一般及評價聘僱聘任各等人員。此既係主管機關為執行上開條例未盡明確之附表所為必要補充之規定，與立法意旨無違，亦於憲法保障之生存權、財產權無所牴觸。至於憲法第八十五條、第八十六條第一款係關於公務人員選拔、考銓之規定，並非就何者為公務人員加以界定；且依司法院大法官審理案件法第五條第一項第二款規定，本院僅得就確定終局裁判所適用之法令是否牴觸憲法予以審查，至若該裁判適用法令之當否，則非在本院所得審查之列，是本件聲請人等應否屬於前開注意事項所定自行就任公職之人員，乃法院事實認定之問題，不在解釋之範疇，併此敘明。

釋字第四六五號解釋　（憲一五、二三，動物保育三、四、二三、三三）

八十七年九月二十五日公布

行政院農業委員會中華民國七十八年八月四日公告之保育類野生動物名錄，指定象科為瀕臨絕種保育類野生動物並予公告，列其為管制之項目，係依據同年六月二十三日制定公布之野生動物保育法第四條第二項之授權，其授權之內容及範圍，同法第三條第五款及第四條第一項已有具體明確之規定，於憲法尚無違背。又同法第三十三條（八十三年十月二十九日修正為第四十條）對於非法買賣前開公告之管制動物及製品者予以處罰，乃為保育瀕臨絕種及珍貴稀有野生動物之必要，以達維護環境及生態之目標，亦非增訂處罰規定而溯及的侵害人民身體之自由權及財產權，且未逾增進公共利益所必要之範圍，與憲法並無牴觸。至公告列為瀕臨絕種保育類野生動物前，經已合法進口之野生動物或其屍體、角、骨、牙、皮、毛、卵、器官及其製品，於公告後因而不得買賣、交換、或意圖販賣而陳列，致人民財產權之行使受有限制，有關機關自應分別視實際受限制程度等具體情狀，檢討修訂相關規定為合理之補救，以符憲法保障人民財產權之意旨。

　　解釋理由書

行政院農業委員會中華民國七十八年八月四日公告之保育類野生動物名錄，指定象科為瀕臨絕種保育類野生動物並予公告，列其為管制之項目，係依據同年六月二十三日制定公布之野生動物保育法第四條第二項之授權，其授權之內容及範圍，同法第三條第五款及第四條第一項已有具體明確之規定，難謂與授權明確原則不符，於憲法尚無違背。又依同法第二十三條（八十三年十月二十九日修正為第二十四條、第三十五條）規定，瀕臨絕種野生動物之屍體、骨、角、牙、毛、皮、器官及製品等，應經主管機關之許可始得進出口或買賣。未經許可之買賣，自屬非法買賣前開公告之管制動物及製品，同法第三十三條（八十三年十月二十九日修正為第四十條）規定予以處罰，乃為保育瀕臨絕種及珍貴稀有野生動物之必要，且係就公告後之行為始予處罰，自無增訂處罰規定而溯及的侵害人民身體之自由權及財產權可言，凡此措施均在彌補我國過去對於環境生態保護之不足，為貫徹維護環境及生態目標之不得已手段，尚與比例原則無違，亦為增進公共利益所必要，與憲法並無牴觸。至公告列為瀕臨絕種保育類野生動物前，經已合法進口之野生動物或其屍體、角、骨、牙、皮、毛、卵、器官及其製品，於公告後因而不得買賣、交換、或意圖販賣而陳列，致人民財產權之行使受有限制，有關機關自應分別視實際受限制程度等具體情狀，檢討修訂相關規定為合理之補救，以符憲法保障人民財產權之意旨。

釋字第四六六號解釋 　（憲一六、七七）　　　　八十七年九月二十五日公布

憲法第十六條規定人民有訴訟之權，旨在確保人民得依法定程序提起訴訟及受公平之審判。至於訴訟救濟究應循普通訴訟程序抑或依行政訴訟程序為之，則由立法機關依職權衡酌訴訟案件之性質及既有訴訟制度之功能等而為設計。我國關於民事訴訟與行政訴訟之審判，依現行法律之規定，分由不同性質之法院審理，係採二元訴訟制度。除法律別有規定外，關於因私法關係所生之爭執，由普通法院審判；因公法關係所生之爭議，則由行政法院審判之。

國家為提供公務人員生活保障，制定公務人員保險法，由考試院銓敘部委託行政院財政部所屬之中央信託局辦理公務人員保險，並於保險事故發生時予以現金給付。按公務人員保險為社會保險之一種，具公法性質，關於公務人員保險給付之爭議，自應循行政爭訟程序解決。惟現行法制下，行政訴訟除附帶損害賠償之訴外，並無其他給付類型訴訟，致公務人員保險給付爭議縱經行政救濟確定，該當事人亦非必然即可獲得保險給付。有關機關應儘速完成行政訴訟制度之全盤修正，於相關法制尚未完備以前，為提供人民確實有效之司法救濟途徑，有關給付之部分，經行政救濟程序之結果不能獲得實現時，應許向普通法院提起訴訟謀求救濟，以符首開憲法規定之意旨。

　　解釋理由書

司法院為國家最高司法機關，掌理民事、刑事、行政訴訟之審判及公務員之懲戒，憲法第七十七條定有明文。而憲法第十六條規定人民有訴訟之權，旨在確保人民得依法定程序提起訴訟及受公平之審判。至於訴訟救濟究應循普通訴訟程序抑或依行政訴訟程序為之，則由立法機關依職權衡酌訴訟案件之性質及既有訴訟制度之功能等而為設計。我國關於民事訴訟與行政訴訟之審判，依現行法律之規定，分由不同性質之法院審理，係採二元訴訟制度。除法律別有規定外，關於因私法關係所生之爭執，由普通法院審判；因公法關係所生之爭議，則由行政法院審判之。公務人員保險給付之爭議究由何種法院審理、循何種程序解決，法律既無明文規定，則當依事件之性質並考量既有訴訟制度之功能定其救濟途徑。

國家為提供公務人員生活保障，依公務人員保險法規定，由考試院銓敘部委託行政院財政部所屬之中央信託局辦理公務人員保險，並於發生殘廢、養老、死亡、眷屬喪葬四項保險事故時予以被保險人現金給付。按公務人員保險為社會保險之一種，具公法性質，關於公務人員保險給付之爭議，自應循行政爭訟程序解決，且公務人員之公法上財產請求權遭受侵害時，得依訴願及行政訴訟程序請求救濟，亦經本院釋字第二六

六號及第三一二號解釋闡釋在案。惟現行法制下，行政訴訟除附帶損害賠償之訴外，並無其他給付類型訴訟，致公務人員保險給付爭議縱經行政救濟確定，該當事人亦非必然即可獲得保險給付。有關機關應儘速完成行政訴訟制度之全盤修正，於相關法制尚未完備以前，為提供人民確實有效之司法救濟途徑，有關給付之部分，經行政救濟程序之結果不能獲得實現時，應許向普通法院提起訴訟謀求救濟，以符首開憲法規定之意旨。

釋字第四六七號解釋　　（憲增修九，訴願一，國賠一四，農田水利會組織通則一）

八十七年十月二十二日公布

中華民國八十六年七月二十一日公布之憲法增修條文第九條施行後，省為地方制度層級之地位仍未喪失，惟不再有憲法規定之自治事項，亦不具備自主組織權，自非地方自治團體性質之公法人。符合上開憲法增修條文意旨制定之各項法律，若未劃歸國家或縣市等地方自治團體之事項，而屬省之權限且得為權利義務之主體者，於此限度內，省自得具有公法人資格。

解釋理由書

本件係聲請人於行使職權時，就依憲法增修條文第九條之規定省是否仍具有公法人之地位，發生適用憲法之疑義而聲請解釋，非關法規違憲審查之問題，合先說明。

中央與地方權限劃分係基於憲法或憲法特別授權之法律加以規範，凡憲法上之各級地域團體符合下列條件者：一、享有就自治事項制定規章並執行之權限，二、具有自主組織權，方得為地方自治團體性質之公法人。八十六年七月二十一日公布施行之憲法增修條文第九條第一項分別規定：「省、縣地方制度，應包括左列各款，以法律定之，不受憲法第一百零八條第一項第一款、第一百零九條、第一百十二條至第一百十五條及第一百二十二條之限制：一、省設省政府，置委員九人，其中一人為主席，均由行政院院長提請總統任命之。二、省設省諮議會，置省諮議會議員若干人，由行政院院長提請總統任命之。」「六、中央與省、縣之關係。七、省承行政院之命，監督縣自治事項。」同條第二項規定：「第十屆臺灣省議會議員及第一屆臺灣省省長之任期至中華民國八十七年十二月二十日止，臺灣省議會議員及臺灣省省長之選舉自第十屆臺灣省議會議員及第一屆臺灣省省長任期之屆滿日起停止辦理。」同條第三項規定：「臺灣省議會議員及臺灣省省長之選舉停止辦理後，臺灣省政府之功能、業務與組織之調整，得以法律為特別之規定。」依上開規定，省為地方制度層級之地位仍未喪失，惟臺灣省

自八十七年十二月二十一日起既不再有憲法規定之自治事項，亦不具備自主組織權，自非地方自治團體性質之公法人。

查因憲法規定分享國家統治權行使，並符合前述條件而具有公法人地位之地方自治團體外，其他依公法設立之團體，其構成員資格之取得具有強制性，而有行使公權力之權能，且得為權利義務主體者，亦有公法人之地位。是故在國家、地方自治團體之外，尚有其他公法人存在，早為我國法制所承認（參照國家賠償法第十四條、農田水利會組織通則第一條第二項、八十七年十月二日立法院三讀通過之訴願法第一條第二項）。

上開憲法增修條文第九條就省級政府之組織形態、權限範圍、與中央及縣之關係暨臺灣省政府功能、業務與組織之調整等項，均授權以法律為特別之規定。立法機關自得本於此項授權，在省仍為地方制度之層級前提下，依循組織再造、提昇效能之修憲目標，妥為規劃，制定相關法律。符合上述憲法增修意旨制定之法律，其未劃歸國家或縣市等地方自治團體之事項，而屬省之權限且得為權利義務主體者，揆諸前開說明，省雖非地方自治團體，於此限度內，自得具有其他公法人之資格。

憲法增修條文第九條第三項規定，鑑於臺灣省原職掌之功能業務龐大，而相關職權法令之全盤修正曠日廢時，為期其制度及功能、業務為適當之規劃與調整，乃授權立法機關得制定特別法以迅為因應，非謂立法機關得不受憲法增修條文第九條第一項第一款及第二款對省級政府之組織形態決定之限制而為不同之規定，同條第一項其他各款亦然，並此敘明。

釋字第四六八號解釋　（憲七、一七、二三、四五、四六，總統選罷二二、二三，總統副總統選舉連署及查核辦法二）　　　　　　　八十七年十月二十二日公布

憲法第四十六條規定：總統、副總統之選舉，以法律定之。立法機關依此制定法律，規範總統、副總統之選舉程序，應符合公平合理之原則。總統副總統選舉罷免法第二十三條第二項及第四項規定，總統、副總統候選人須於法定期間內尋求最近一次中央民意代表選舉選舉人總數百分之一點五以上之連署，旨在採行連署制度，以表達被連署人有相當程度之政治支持，藉與政黨推薦候選人之要件相平衡，並防止人民任意參與總統、副總統之候選，耗費社會資源，在合理範圍內所為適當之規範，尚難認為對總統、副總統之被選舉權為不必要之限制，與憲法規定之平等權亦無違背。又為保證連署人數確有同條第四項所定人數二分之一以上，由被連署人依同條第一項提供保證金新臺幣一百萬元，並未逾越立法裁量之範圍，與憲法第二十三條規定尚無違背。總

統副總統選舉連署及查核辦法係主管機關依總統副總統選舉罷免法第二十三條第九項授權所訂定，其授權有明確之目的及範圍，同辦法第二條第三項關於書件不全、不符規定或保證金不足者，中央選舉委員會應拒絕受理其申請之規定，符合法律授權之意旨，與憲法並無牴觸。惟關於上開被選舉權行使之要件，應隨社會變遷及政治發展之情形，適時檢討改進，以副憲法保障人民參政權之本旨，乃屬當然。

解釋理由書

憲法第四十六條規定：總統、副總統之選舉，以法律定之。總統、副總統之選舉程序，立法機關自得制定法律為公平合理之規範。如法律規範之內容並未逾越必要之限制，即不得謂侵害憲法第十七條保障之選舉權及第四十五條規定之總統、副總統被選舉權。總統副總統選舉罷免法第二十三條第一項：「依連署方式申請登記為總統、副總統候選人者，應於選舉公告發布後五日內，向中央選舉委員會申請為被連署人，申領連署人名冊格式，並繳交連署保證金新臺幣一百萬元。」第二項：「中央選舉委員會受理前項申請後，應定期公告申請人為被連署人，並函請直轄市、縣（市）選舉委員會於公告之次日起四十五日內，受理被連署人或其代理人提出連署書件。」第四項：「連署人數，於第二項規定期間內，已達最近一次中央民意代表選舉選舉人總數百分之一點五以上時，中央選舉委員會應定期為完成連署之公告，發給被連署人完成連署證明書，並發還保證金。」以上規定限被連署人於中央選舉委員會公告被連署人之次日起四十五日內尋求最近一次中央民意代表選舉選舉人總數百分之一點五以上之連署，第九任總統副總統選舉法定連署人數為二十萬一千三百十八人。總統副總統選舉罷免法第二十三條第八項前段規定：「直轄市、縣（市）選舉委員會受理前項連署書件後，應予抽查，並應於抽查後，將受理及抽查結果層報中央選舉委員會。」依第九任總統副總統選舉時抽查連署案件之經驗以觀，各組總統、副總統候選被連署人提出之連署書件合計一百零五萬二千五百九十件，均經各直轄市、縣（市）選舉委員會及中央選舉委員會全數逐件以人工並利用電腦查核（見中央選舉委員會八十六年六月二十六日八十六中選一字第七二〇四〇號復函）。綜上以觀，與採行連署制度以表達被連署人有相當程度之政治支持，並兼顧與總統副總統選舉罷免法第二十二條所定政黨推薦候選人之要件相平衡，且防止人民任意參與總統、副總統之候選，耗費社會資源，在合理範圍內所為適當之規範，尚難認為對總統、副總統之被選舉權為不必要之限制，與憲法規定之平等權亦無違背。又依同法第二十三條第五項規定：「於規定期間內連署人數不足前項規定人數二分之一以上者，保證金不予發還。」可見新臺幣一百萬元保證金之提供係為確保連署

人數有同條第四項所定人數二分之一以上，於達此人數時，即予發還。既非強制被選舉人負擔鉅額之選舉費用，亦難認係對總統、副總統被選舉權之不當限制，其保證金額之酌定，並未逾越立法裁量之範圍，與憲法尚無違背。總統副總統選舉連署及查核辦法係主管機關依總統副總統選舉罷免法第二十三條第九項授權所訂定，其授權有明確之目的及範圍。依連署方式申請登記為總統副總統候選人者，應於限期內提出連署人名冊、連署切結書及加蓋連署人印章之連署人國民身分證影本暨繳交連署保證金。於規定期間內連署人數不足法定人數二分之一以上者，保證金不予發還。為總統副總統選舉罷免法第二十三條所明定。上開辦法第二條第三項關於書件不全、不符規定或保證金不足者，中央選舉委員會應拒絕受理其申請之規定，符合法律授權之意旨，與憲法並無牴觸。惟關於上開被選舉權行使之要件，應隨社會變遷及政治發展之情形，適時檢討改進，以副憲法保障人民參政權之意旨，乃屬當然。

釋字第四六九號解釋　（憲二四，國賠二、三，社維四二、八七，民一八、一九五）　　　　　　　　　　　　　　　　　　八十七年十一月二十日公布

法律規定之內容非僅屬授予國家機關推行公共事務之權限，而其目的係為保護人民生命、身體及財產等法益，且法律對主管機關應執行職務行使公權力之事項規定明確，該管機關公務員依此規定對可得特定之人所負作為義務已無不作為之裁量餘地，猶因故意或過失怠於執行職務，致特定人之自由或權利遭受損害，被害人得依國家賠償法第二條第二項後段，向國家請求損害賠償。最高法院七十二年臺上字第七〇四號判例謂：「國家賠償法第二條第二項後段所謂公務員怠於執行職務，係指公務員對於被害人有應執行之職務而怠於執行者而言。換言之，被害人對於公務員為特定職務行為，有公法上請求權存在，經請求其執行而怠於執行，致自由或權利遭受損害者，始得依上開規定，請求國家負損害賠償責任。若公務員對於職務之執行，雖可使一般人民享有反射利益，人民對於公務員仍不得請求為該職務之行為者，縱公務員怠於執行該職務，人民尚無公法上請求權可資行使，以資保護其利益，自不得依上開規定請求國家賠償損害。」對於符合一定要件，而有公法上請求權，經由法定程序請求公務員作為而怠於執行職務者，自有其適用，惟與首開意旨不符部分，則係對人民請求國家賠償增列法律所無之限制，有違憲法保障人民權利之意旨，應不予援用。

　　解釋理由書

憲法第二十四條規定公務員違法侵害人民之自由或權利，人民得依法律向國家請求賠

償，係對國家損害賠償義務所作原則性之揭示，立法機關應本此意旨對國家責任制定適當之法律，且在法律規範之前提下，行政機關並得因職能擴大，為因應伴隨高度工業化或過度開發而產生對環境或衛生等之危害，以及科技設施所引發之危險，而採取危險防止或危險管理之措施，以增進國民生活之安全保障。倘國家責任成立之要件，從法律規定中已堪認定，則適用法律時不應限縮解釋，以免人民依法應享有之權利無從實現。

國家賠償法第二條第二項規定：「公務員於執行職務行使公權力時，因故意或過失不法侵害人民自由或權利者，國家應負損害賠償責任。公務員怠於執行職務，致人民自由或權利遭受損害者亦同」，凡公務員職務上之行為符合：行使公權力、有故意或過失、行為違法、特定人自由或權利所受損害與違法行為間具相當因果關係之要件，而非純屬天然災害或其他不可抗力所致者，被害人即得分就積極作為或消極不作為，依上開法條前段或後段請求國家賠償，該條規定之意旨甚為明顯，並不以被害人對於公務員怠於執行之職務行為有公法上請求權存在，經請求其執行而怠於執行為必要。惟法律之種類繁多，其規範之目的亦各有不同，有僅屬賦予主管機關推行公共事務之權限者，亦有賦予主管機關作為或不作為之裁量權限者，對於上述各類法律之規定，該管機關之公務員縱有怠於執行職務之行為，或尚難認為人民之權利因而遭受直接之損害，或性質上仍屬適當與否之行政裁量問題，既未達違法之程度，亦無在個別事件中因各種情況之考量，例如：斟酌人民權益所受侵害之危險迫切程度、公務員對於損害之發生是否可得預見、侵害之防止是否須仰賴公權力之行使始可達成目的而非個人之努力可能避免等因素，已致無可裁量之情事者，自無成立國家賠償之餘地。倘法律規範之目的係為保障人民生命、身體及財產等法益，且對主管機關應執行職務行使公權力之事項規定明確，該管機關公務員依此規定對可得特定之人負有作為義務已無不作為之裁量空間，猶因故意或過失怠於執行職務或拒不為職務上應為之行為，致特定人之自由或權利遭受損害，被害人自得向國家請求損害賠償。至前開法律規範保障目的之探求，應就具體個案而定，如法律明確規定特定人得享有權利，或對符合法定條件而可得特定之人，授予向行政主體或國家機關為一定作為之請求權者，其規範目的在於保障個人權益，固無疑義；如法律雖係為公共利益或一般國民福祉而設之規定，但就法律之整體結構、適用對象、所欲產生之規範效果及社會發展因素等綜合判斷，可得知亦有保障特定人之意旨時，則個人主張其權益因公務員怠於執行職務而受損害者，即應許其依法請求救濟。

最高法院七十二年臺上字第七〇四號判例:「國家賠償法第二條第二項後段所謂公務員怠於執行職務,係指公務員對於被害人有應執行之職務而怠於執行者而言。換言之,被害人對於公務員為特定職務行為,有公法上請求權存在,經請求其執行而怠於執行,致自由或權利遭受損害者,始得依上開規定,請求國家負損害賠償責任。若公務員對於職務之執行,雖可使一般人民享有反射利益,人民對於公務員仍不得請求為該職務之行為者,縱公務員怠於執行該職務,人民尚無公法上請求權可資行使,以資保護其利益,自不得依上開規定請求國家賠償損害。」對於符合一定要件,而有公法上請求權,經由法定程序請求公務員作為而怠於執行職務者,自有其適用,惟與前開意旨不符部分,則係對人民請求國家賠償增列法律所無之限制,有違憲法保障人民權利之意旨,應不予援用。

依上述意旨應負賠償義務之機關,對故意或重大過失之公務員,自得依國家賠償法第二條第三項行使求償權,如就損害賠償有應負責任之人時,賠償義務機關對之亦有求償權,乃屬當然。

釋字第四七〇號解釋　　(憲七九,憲增修四、五,司院組五)

　　　　　　　　　　　　　　　八十七年十一月二十七日公布

中華民國八十一年五月二十八日修正公布之憲法增修條文第十三條第一項規定司法院設院長、副院長各一人,大法官若干人,由總統提名,經國民大會同意任命之,不適用憲法第七十九條之有關規定,自此監察院已無行使同意之權。總統並分別於八十二年四月二日及八十三年七月三十日依前開增修條文規定,提名司法院院長、副院長、大法官,經國民大會同意任命。八十三年八月一日修正公布之憲法增修條文將上開同條文條次變更為第四條第一項。八十六年七月二十一日修正公布之憲法增修條文雖針對前開增修條文加以修正,改列為第五條第一項而異其內容,但明定自九十二年起實施。是在此之前所提名之司法院院長、副院長及大法官,自無從適用。未屆九十二年以前,司法院院長、副院長及本屆大法官出缺致影響司法院職權之正常運作時,其任命之程序如何,現行憲法增修條文漏未規定,要屬修憲之疏失,總統如行使提名權,應適用八十三年八月一日修正公布之憲法增修條文第四條規定程序為之。

解釋理由書

中華民國八十一年五月二十八日第二屆國民大會修正公布之憲法增修條文第十三條第一項規定司法院設院長、副院長各一人,大法官若干人,由總統提名,經國民大會同

意任命之，不適用憲法第七十九條之規定。嗣於八十三年八月一日將該條調整條次為第四條第一項。第三屆國民大會又於八十六年七月二十一日將該條修正其內容，並變動條次為第五條第一項：「司法院設大法官十五人，並以其中一人為院長、一人為副院長，由總統提名，經國民大會同意任命之，自中華民國九十二年起實施，不適用憲法第七十九條之有關規定。」由此可知，該條係對司法院院長、副院長資格及大法官人數、任期之重大變更，且明定自民國九十二年起實施，在此之前所提名之司法院院長、副院長及大法官自無從適用。現任司法院院長、大法官及目前出缺之副院長，係總統分別於八十三年七月三十日及八十二年四月二日，依據八十一年憲法增修條文第十三條第一項規定提名，咨請國民大會同意所任命。因此院長、副院長不必具有大法官身分，而第六屆大法官之任期，依據司法院組織法第五條第二項之規定為九年，至民國九十二年十月始行屆滿。於此憲法增修條文新舊交替期間，遇有院長、副院長或大法官出缺時，其任命之程序如何，八十六年憲法增修條文第五條並無明文規定。憲法第七十九條雖規定，監察院對總統提名之司法院院長、副院長及大法官有同意之權，惟自民國八十一年公布之憲法增修條文第十三條實施後，監察院已無此項權限，現行憲法增修條文第七條第一項規定亦同。司法院院長、副院長及大法官之提名自無再循憲法第七十九條規定同意任命之餘地。現行憲法增修條文第五條之修憲意旨原係於現任大法官之任期至九十二年十月屆滿時，由繼任之大法官銜接，在此期間，司法院院長、副院長及大法官出缺致影響司法院職權之正常運作時，其任命之程序，本應以過渡條款規定，援用八十三年憲法增修條文第四條。然八十六年憲法增修條文第五條就此漏未規定，要屬修憲之疏失，總統如行使提名權，應適用八十三年八月一日公布之憲法增修條文第四條規定程序為之。

釋字第四七一號解釋　　（憲八、二三，槍彈管一九，刑二、九〇，竊贓保安三）

八十七年十二月十八日公布

人民身體之自由應予保障，憲法第八條設有明文。限制人身自由之法律，其內容須符合憲法第二十三條所定要件。保安處分係對受處分人將來之危險性所為拘束其身體、自由等之處置，以達教化與治療之目的，為刑罰之補充制度。本諸法治國家保障人權之原理及刑法之保護作用，其法律規定之內容，應受比例原則之規範，使保安處分之宣告，與行為人所為行為之嚴重性、行為人所表現之危險性，及對於行為人未來行為之期待性相當。槍砲彈藥刀械管制條例第十九條第一項規定：「犯第七條、第八條、第

十條、第十一條、第十二條第一項至第三項、第十三條第一項至第三項之罪，經判處有期徒刑者，應於刑之執行完畢或赦免後，令入勞動場所，強制工作，其期間為三年。」此項規定不問對行為人有無預防矯治其社會危險性之必要，一律宣付強制工作三年，限制其中不具社會危險性之受處分人之身體、自由部分，其所採措施與所欲達成預防矯治之目的及所需程度，不合憲法第二十三條所定之比例原則。犯上開條例第十九條所定之罪，不問對行為人有無預防矯治其社會危險性之必要，一律宣付強制工作三年之部分，與本解釋意旨不符，應自本解釋公布之日起不予適用。犯該條例第十九條第一項所列舉之罪，依個案情節符合比例原則部分，固應適用該條例宣告保安處分；至不符合部分而應宣告保安處分者，則仍由法院斟酌刑法第九十條第一項規定之要件，依職權為之，於此，自無刑法第二條第二項之適用，亦即仍有從新從輕原則之適用。

　　解釋理由書

憲法第八條第一項規定：「人民身體之自由應予保障，除現行犯之逮捕由法律另定外，非經司法或警察機關依法定程序，不得逮捕拘禁。非由法院依法定程序，不得審問處罰。非依法定程序之逮捕、拘禁、審問、處罰，得拒絕之。」係指限制人民身體自由之處置，須以法律定之，其執行亦應分別由司法、警察機關或法院依法定程序為之。而立法機關於制定法律時，其內容必須符合憲法第二十三條所定之要件，即須為防止妨礙他人自由，避免緊急危難，維持社會秩序或增進公共利益所必要。對於人身自由之處罰，有多種手段可供適用時，除應選擇其最易於回歸社會營正常生活者外，其處罰程度與所欲達到目的之間，並須具合理適當之關係，俾貫徹現代法治國家保障人身自由之基本原則。

槍砲彈藥刀械管制條例第十九條第一項規定：「犯第七條、第八條、第十條、第十一條、第十二條第一項至第三項、第十三條第一項至第三項之罪，經判處有期徒刑者，應於刑之執行完畢或赦免後，令入勞動場所，強制工作，其期間為三年。」固在於維護社會秩序，保障人民之生命財產，然保安處分係對受處分人將來之危險性所為之處置，以達教化與治療之目的，為刑罰之補充制度。我國現行刑法採刑罰與保安處分之雙軌制，要在維持行為責任之刑罰原則下，為強化其協助行為人再社會化之功能，以及改善行為人潛在之危險性格，期能達成根治犯罪原因、預防犯罪之特別目的。保安處分之措施亦含社會隔離、拘束身體自由之性質，其限制人民之權利，實與刑罰同，本諸法治國家保障人權之原理及刑法之保護作用，其法律規定之內容，應受比例原則之規範，使保安處分之宣告，與行為人所為行為之嚴重性、行為人所表現之危險性，及對於行

為人未來行為之期待性相當。保安處分中之強制工作，旨在對嚴重職業性犯罪及欠缺正確工作觀念或無正常工作因而犯罪者，強制其從事勞動，學習一技之長及正確之謀生觀念，使其日後重返社會，能適應社會生活。刑法第九十條第一項規定：「有犯罪之習慣或以犯罪為常業或因遊蕩或懶惰成習而犯罪者，得於刑之執行完畢或赦免後，令入勞動場所，強制工作。」竊盜犯贓物犯保安處分條例第三條第一項規定：「十八歲以上之竊盜犯、贓物犯，有左列情形之一者，得於刑之執行前，令入勞動場所強制工作：一、有犯罪之習慣者。二、以犯竊盜罪或贓物罪為常業者。」均係本此意旨而制定，而由法院視行為人之危險性格，決定應否交付強制工作，以達特別預防之目的。槍砲彈藥刀械管制條例第十九條第一項之規定，不問行為人有無預防矯治其社會危險性之必要，一律宣付強制工作三年，拘束其中不具社會危險性之受處分人之身體、自由部分，其所採措施與所欲達成預防矯治之目的及所需程度，不合憲法第二十三條所定之比例原則。犯上開條例第十九條所定之罪，不問對行為人有無預防矯治其社會危險性之必要，一律宣付強制工作三年之部分，與本解釋意旨不符，應自本解釋公布之日起不予適用。犯該條例第十九條第一項所列舉之罪，依個案情節符合比例原則部分，固應適用該條例宣告保安處分；至不符部分而應宣告保安處分者，則仍由法院斟酌刑法第九十條第一項規定之要件，依職權為之，於此，自無刑法第二條第二項之適用，亦即仍有從新從輕原則之適用。

有關機關應依本解釋意旨就槍砲彈藥刀械管制條例有關保安處分之規定通盤檢討修正，於該條例此部分修正公布施行後，審判上自無援用本解釋之必要，併此指明。

釋字第四七二號解釋　（憲一五、一九、二三、一五五、一五七，憲增修一〇，健保一〇、一一之一、三〇、六九之一、八五、八七、八九）

八十八年一月二十九日公布

國家為謀社會福利，應實施社會保險制度；國家為增進民族健康，應普遍推行衛生保健事業及公醫制度，憲法第一百五十五條及第一百五十七條分別定有明文。又國家應推行全民健康保險，復為憲法增修條文第十條第五項所明定。中華民國八十三年八月九日公布、八十四年三月一日施行之全民健康保險法即為實現上開憲法規定而制定。該法第十一條之一、第六十九條之一及第八十七條有關強制納保、繳納保費，係基於社會互助、危險分攤及公共利益之考量，符合憲法推行全民健康保險之意旨；同法第三十條有關加徵滯納金之規定，則係促使投保單位或被保險人履行其繳納保費義務之

必要手段。全民健康保險法上開條文與憲法第二十三條亦無牴觸。惟對於無力繳納保費者，國家應給予適當之救助，不得逕行拒絕給付，以符憲法推行全民健康保險，保障老弱殘廢、無力生活人民之旨趣。

已依法參加公、勞、農保之人員亦須強制其加入全民健康保險，係增進公共利益所必要，難謂有違信賴保護原則。惟有關機關仍應本於全民健康保險法施行時，該法第八十五條限期提出改制方案之考量，依本解釋意旨，並就保險之營運（包括承保機構之多元化）、保險對象之類別、投保金額、保險費率、醫療給付、撙節開支及暫行拒絕保險給付之當否等，適時通盤檢討改進，併此指明。

　　解釋理由書

法律之制定與修正，為立法院之職權，行政院依憲法規定，僅得對立法院提出法律案。全民健康保險法第八十九條規定：「本法實施滿二年後，行政院應於半年內修正本法，逾期本法失效」，係指行政院應於本法實施二年後，重新檢討本法實施所面臨問題，並向立法院提出修正案而言。行政院已依同條規定於八十六年七月二十三日向立法院提出全民健康保險法修正草案，尚不發生本法效力存否之問題，合先敘明。

「國家為謀社會福利，應實現社會保險制度」、「國家為增進民族健康，應普遍推行衛生保健事業及公醫制度」及「國家應推行全民健康保險」，既為憲法第一百五十五條、第一百五十七條及憲法增修條文第十條第五項明定之基本國策，立法機關自得制定符合上開憲法意旨之相關法律。至全民健康保險制度應如何設計，則屬立法裁量之範圍。八十三年八月九日公布、八十四年三月一日施行之全民健康保險法即為實現上開憲法規定而制定。該法第十一條之一、第六十九條之一及第八十七條關於強制全民參加全民健康保險之規定，係國家為達成全民納入健康保險，以履行對全體國民提供健康照護之責任所必要，符合憲法推行全民健康保險之意旨。同法第三十條有關加徵滯納金之規定，係為促使投保單位或被保險人履行公法上金錢給付之義務，與前述強制納保均係實現全民健康保險之合理手段，應無逾越憲法第二十三條規定之必要程度。惟對於無力繳納保費者，國家應給予適當之救助，不得逕行拒絕給付，以符憲法推行全民健康保險，保障老弱殘廢、無力生活人民之旨趣。公務人員、勞工、農民已依公務人員保險法、勞工保險條例及農民健康保險條例規定分別參加公務人員保險、勞工保險、農民保險，復依全民健康保險法規定，須參加全民健康保險，係基於整合公勞農保之醫療給付，建立全國單一、公平之健康保險體系之目的，具有促使醫療資源合理分配，發揮社會保險之功能。此種強制性之社會保險，其保險之條件係由法律規定，一體實

施，與依個人意願參加之保險契約有間，立法機關盱衡社會發展之需要，制定或修改法律，變更各項社會保險之規定，建立符合憲法意旨之社會安全制度，不生違背信賴保護利益之問題。惟有關機關仍應本於全民健康保險法施行時，該法第八十五條限期提出改制方案之考量，依本解釋意旨，並就保險之營運（包括承保機構之多元化）、保險對象之類別、投保金額、保險費率、醫療給付、撙節開支及暫行拒絕保險給付之當否等，適時通盤檢討改進。又農民健康保險條例於全民健康保險法施行後，關於其醫療保險部分，係以行政院函釋為權宜措施之依據，有欠允當，有關機關尤應注意及之，併此指明。

釋字第四七三號解釋　　（健保八、一八、二一、二二，健保施四一）

八十八年一月二十九日公布

全民健康保險法第十八條規定同法第八條所定第一類至第四類被保險人及其眷屬之保險費，依被保險人之投保金額及其保險費率計算之。此項保險費係為確保全民健康保險制度之運作而向被保險人強制收取之費用，屬於公法上金錢給付之一種，具分擔金之性質，保險費率係依預期損失率，經精算予以核計。其衡酌之原則以填補國家提供保險給付支出之一切費用為度，鑑於全民健康保險為社會保險，對於不同所得者，收取不同保險費，以符量能負擔之公平性，並以類型化方式合理計算投保金額，俾收簡化之功能，全民健康保險法第二十一條第一項乃規定授權主管機關訂定被保險人投保金額之分級表，為計算被保險人應負擔保險費之依據。依同法第二十二條第一項第三款及第三項規定專門職業及技術人員自行執業而無固定所得者，其投保金額由該被保險人依投保金額分級表所定數額自行申報。準此，全民健康保險法施行細則第四十一條第一項第四款規定，專門職業及技術人員自行執業者，其投保金額以分級表最高一級為上限，以勞工保險投保薪資分級表最高一級為下限，係基於法律規定衡量被保險人從事職業之性質，符合母法授權之意旨，與憲法保障財產權之旨趣，並不違背。

解釋理由書

全民健康保險之保險費係為確保全民健康保險制度之運作而向被保險人強制收取之費用，屬於公法上金錢給付之一種，具分擔金之性質。依全民健康保險法第十八條規定，同法第八條所定第一類至第四類被保險人及其眷屬之保險費，依被保險人之投保金額及其保險費率計算之。國家因公共利益之目的而設立機構，為維持其功能而向受益者收取分擔金，由於負擔分擔金之受益者，並非事實上已受領國家之給付，僅以取得受

領給付之機會為已足，是收取分擔金之原則，係以平衡受益與負擔為目的，復因受益者受領給付之機會及其價值如何，無從具體詳細確定，故唯有採用預估方式予以認定。全民健康保險之被保險人繳交保險費，係以受領國家保險給付為標的，由國家用以支應維持全民健康制度必要之費用，此項保險費率自應依預期損失率，經精算予以核計。其斟酌之原則首重損益之衡平，亦即全民健康保險給付與被保險人負擔之保險費額必須相當，以填補國家提供保險給付支出之一切費用為度。因為保險費額之確定並非與被保險人將來受領給付之多寡按比例計算，鑑於全民健康保險為社會保險，對於不同所得者，收取不同保險費，以符量能負擔之公平性，並顧及被保險人相互間之收入及負擔能力差距甚大，決定保險費時不可能精確考量各被保險人不同的資力，爰以類型化方式合理計算投保金額，俾收簡化之功能。全民健康保險法第二十一條第一項乃規定授權主管機關訂定被保險人投保金額之分級表，為計算被保險人應負擔保險費之基礎。依同法第二十二條第一項第三款規定，專門職業及技術人員自行執業之被保險人以其執行業務所得為投保金額。同條第三項復規定上開被保險人為無固定所得者，其投保金額，由該被保險人依投保金額分級表所定數額自行申報，並由保險人查核；如申報不實，保險人得逕予調整。準此，全民健康保險法施行細則第四十一條第一項第四款規定：「僱用被保險人數二十人以上之事業負責人及會計師、律師、建築師、醫師、牙醫師、中醫師自行執業者，按投保金額分級表最高一級申報。但其所得未達投保金額分級表最高一級者，得自行舉證申報其投保金額，最低不得低於勞工保險投保薪資分級表最高一級。」其立法意旨係依全民健康保險制度之功能，經預估有關費用之需求，精算保險費率，核計各該被保險人之投保金額，乃基於法律規定衡量被保險人從事職業之性質而為，符合母法授權之意旨，與憲法保障財產權之旨趣，並不違背。

釋字第四七四號解釋　　（憲二三，公保一四，公保施四七，中標五、六）

八十八年一月二十九日公布

公務人員參加公務人員保險，於保險事故發生時，有依法請求保險金之權利，該請求權之消滅時效，應以法律定之，屬於憲法上法律保留事項。中華民國四十七年八月八日考試院訂定發布之公務人員保險法施行細則第七十條（八十四年六月九日考試院、行政院令修正發布之同施行細則第四十七條），逕行規定時效期間，與上開意旨不符，應不予適用。在法律未明定前，應類推適用公務人員退休法、公務人員撫卹法等關於退休金或撫卹金請求權消滅時效期間之規定。至於時效中斷及不完成，於相關法律未

有規定前，亦應類推適用民法之規定，併此指明。

解釋理由書

有關人民自由權利之限制應以法律定之，並不得逾越必要之程度，應依法律規定之事項不得以命令定之，憲法第二十三條、中央法規標準法第五條、第六條均有明定。若以法律授權限制人民自由權利者，須法有明示其授權之目的、範圍及內容並符合具體明確之要件，主管機關根據授權訂定施行細則，自應遵守上述原則，不得逾越母法規定之限度或增加法律所無之限制。

公務人員保險法第十四條規定，公務人員參加公務人員保險，在保險有效期間，發生殘廢、養老、死亡、眷屬喪葬四項保險事故時，予以現金給付。惟同法對保險金請求權未設消滅時效期間，主管機關遂於施行細則中加以規定。時效制度不僅與人民權利義務有重大關係，且其目的在於尊重既存之事實狀態，及維持法律秩序之安定，與公益有關，須逕由法律明定，自不得授權行政機關衡情以命令訂定或由行政機關依職權以命令訂之。四十七年八月八日考試院訂定發布之公務人員保險法施行細則第七十條前段：「本保險之現金給付請領權利，自得為請領之日起，經過二年不行使而消滅」，規定被保險人請求權時效為二年（現行施行細則第四十七條則改為五年），與上開意旨不符，應不予適用。在法律未明定前，應類推適用公務人員退休法、公務人員撫卹法等關於退休金或撫卹金請求權消滅時效期間之規定。至於時效中斷及不完成，於相關法律未有規定前，亦應類推適用民法之相關條文，併此指明。

釋字第四七五號解釋　（憲一五、二三、二七、一七四，憲增修一一，兩岸人民關係六三）　　　　　　　　　　　　　八十八年一月二十九日公布

國民大會為因應國家統一前之需要，制定憲法增修條文，其第十一條規定：「自由地區與大陸地區間人民權利義務關係及其他事務之處理，得以法律為特別之規定」。

政府於中華民國三十八年以前在大陸地區發行之國庫債券，係基於當時國家籌措財源之需要，且以包括當時大陸地區之稅收及國家資產為清償之擔保，其金額至鉅。嗣因國家發生重大變故，政府遷臺，此一債券擔保之基礎今已變更，目前由政府立即清償，勢必造成臺灣地區人民稅負之沈重負擔，顯違公平原則。立法機關乃依憲法增修條文第十一條之授權制定「臺灣地區與大陸地區人民關係條例」，於第六十三條第三項規定：一、民國三十八年以前在大陸發行尚未清償之外幣債券及民國三十八年黃金短期公債；二、國家行局及收受存款之金融機構在大陸撤退前所有各項債務，於國家統一前不予

處理，其延緩債權人對國家債權之行使，符合上開憲法增修條文之意旨，與憲法第二十三條限制人民自由權利應遵守之要件亦無牴觸。

解釋理由書

國民大會為因應國家統一前之需要，依據憲法第二十七條第一項第三款及第一百七十四條第一款之規定，制定憲法增修條文。其第十一條規定：「自由地區與大陸地區間人民權利義務關係及其他事務之處理，得以法律為特別之規定」。

政府於中華民國三十八年以前在大陸地區發行之國庫債券，係基於當時國家籌措財源之需要，且以包括當時大陸地區之稅收及國家資產為清償之擔保，其金額至鉅。嗣因國家發生重大變故，政府遷臺，此一債券擔保之基礎今已變更，目前由政府立即清償，勢必造成臺灣地區人民稅負之沈重負擔，顯違公平原則。

人民之自由權利固受憲法之保障，惟基於公共利益之考量及權衡個人私益所受影響，於符合憲法第二十三條之要件者，立法機關得以法律為適當之限制；又憲法於一定條件下明確授權立法機關制定法律為特別規定時，法律於符合上開條件範圍內，亦不生牴觸憲法問題。八十一年七月三十一日公布施行「臺灣地區與大陸地區人民關係條例」，即係依據憲法增修條文第十一條授權而制定，該條例第六十三條第三項規定：一、民國三十八年以前在大陸發行尚未清償之外幣債券及民國三十八年黃金短期公債；二、國家行局及收受存款之金融機構在大陸撤退前所有各項債務，於國家統一前不予處理，其延緩債權人對國家債權之行使，係因情事變更，權衡國家情勢所為必要之手段，無違上開憲法及憲法增修條文之意旨，與憲法尚無牴觸。

釋字第四七六號解釋 　（憲八、一五、二三，毒品危害四、五，肅清煙毒條例五）

八十八年一月二十九日公布

人民身體之自由與生存權應予保障，固為憲法第八條、第十五條所明定；惟國家刑罰權之實現，對於特定事項而以特別刑法規定特別之罪刑所為之規範，倘與憲法第二十三條所要求之目的正當性、手段必要性、限制妥當性符合，即無乖於比例原則，要不得僅以其關乎人民生命、身體之自由，遂執兩不相侔之普通刑法規定事項，而謂其係有違於前開憲法之意旨。

中華民國八十一年七月二十七日修正公布之「肅清煙毒條例」、八十七年五月二十日修正公布之「毒品危害防制條例」，其立法目的，乃特別為肅清煙毒、防制毒品危害，藉以維護國民身心健康，進而維持社會秩序，俾免國家安全之陷於危殆。因是拔其貽害

之本，首予杜絕流入之途，即著重煙毒來源之截堵，以求禍害之根絕；而製造、運輸、販賣行為乃煙毒禍害之源，其源不斷，則流毒所及，非僅多數人之生命、身體受其侵害，並社會、國家之法益亦不能免，為害之鉅，當非個人一己之生命、身體法益所可比擬。對於此等行為之以特別立法嚴厲規範，當已符合比例原則；抑且製造、運輸、販賣煙毒之行為，除有上述高度不法之內涵外，更具有暴利之特質，利之所在，不免群趨僥倖，若僅藉由長期自由刑措置，而欲達成肅清、防制之目的，非但成效難期，要亦有悖於公平與正義。肅清煙毒條例第五條第一項：「販賣、運輸、製造毒品、鴉片或麻煙者，處死刑或無期徒刑。」毒品危害防制條例第四條第一項：「製造、運輸、販賣第一級毒品者，處死刑或無期徒刑；處無期徒刑者，得併科新臺幣一千萬元以下罰金。」其中關於死刑、無期徒刑之法定刑規定，係本於特別法嚴禁毒害之目的而為之處罰，乃維護國家安全、社會秩序及增進公共利益所必要，無違憲法第二十三條之規定，與憲法第十五條亦無牴觸。

　　解釋理由書

憲法第八條、第十五條固明定人民身體之自由與生存權應予保障；惟國家刑罰權之實現，立法機關本於一定目的，對於特定事項而以特別刑法規定特別之罪刑，以別普通刑法於犯罪及刑罰為一般性規定者，倘該目的就歷史淵源、文化背景、社會現況予以觀察，尚無違於國民之期待，且與國民法的感情亦相契合，自難謂其非屬正當；而其為此所採取之手段，即對於人民基本權利為必要之限制，乃補偏救弊所需，亦理所當為者，即應認係符合憲法第二十三條之比例原則。至於其依循上述目的與手段間之均衡，就此等特定犯罪之評價所為之法定刑規定，在法益保護之考量上，普通刑法之其他犯罪與之並不相伴者，尤不得單以個人之價值判斷，執以否定立法之價值體系，而以其關乎人民生命、身體自由之乙端，即謂係有違於前開憲法規定之保護意旨。

煙毒之遺害我國，計自清末以迄民國，垂百餘年，一經吸染，萎瘁終身，其因此失業亡家者，觸目皆是，由此肆無忌憚，滋生其他犯罪者，俯首即得；而製造、運輸、販賣無非在於使人吸食，其吸食者愈眾，則獲利愈豐，因是呼朋引類，源源接濟，以誘人上癮為能事。萃全國有用之國民，日沈湎於鳩毒之鄉而不悔，其戕害國計民生，已堪髮指；更且流毒所及，國民精神日衰，身體日弱，欲以鳩形鵠面之徒，為執銳披堅之旅，殊不可得，是其非一身一家之害，直社會、國家之鉅蠹，自不得不嚴其於法；而欲澌除毒害，杜漸防萌，當應特別以治本截流為急務，蓋伐木不自其本，必復生；塞水不自其源，必復流，本源一經斷絕，其餘則不戢自消也。八十一年七月二十七日

修正公布之「肅清煙毒條例」、八十七年五月二十日修正公布之「毒品危害防制條例」
係鑒於煙毒之禍害蔓延，跨國販賣活動頻繁，而對之有所因應。故其立法目的在防止
來自世界各國毒害，查緝流入毒品，預防及制裁與毒品有關之犯罪，亦即肅清煙毒，
防制毒品危害，藉以維護國民身心健康，進而維持社會秩序，俾免國家安全之陷於危
殆。因是拔其貽害之本，首予杜絕煙毒流入之途，即重煙毒來源之截堵，俾能清其源
而遏其流，以求根絕。茲製造、運輸、販賣乃煙毒之禍源，若任令因循瞻顧，則吸食
者日眾，漸染日深，流毒所及，非僅多數人之身體法益受其侵害，并社會國家之法益
亦不能免，此殷鑒非遠。是對於此等特定之行為嚴予非難，並特別立法加重其刑責，
自係本於現實之考量，其僅以兩不相侔之侵害個人法益之殺人罪相比擬，殊屬不倫；
抑且製造、運輸、販賣煙毒之行為，除具備前述高度不法內涵外，更具有暴利之特質，
利之所在，不免群趨僥倖，倘僅藉由長期自由刑之措置，而欲達成肅清防制之目的，
非但成效難期，要亦有悖於公平與正義。肅清煙毒條例第五條第一項：「販賣、運輸、
製造毒品、鴉片或麻煙者，處死刑或無期徒刑。」毒品危害防制條例第四條第一項：「製
造、運輸、販賣第一級毒品者，處死刑或無期徒刑；處無期徒刑者，得併科新臺幣一
千萬元以下罰金。」其中關於死刑、無期徒刑之法定刑規定，係本於特別法嚴禁毒害之
目的而為之處罰，乃維護國家安全、社會秩序及增進公共利益所必要，無違憲法第二
十三條之規定，與憲法第十五條亦無抵觸。

關於意圖販賣而持有毒品罪之肅清煙毒條例第七條第一項、毒品危害防制條例第五條
第一項暨「販賣」之司法實務見解聲請解釋部分，前者為起訴事實所未記載，此有在
卷之起訴書正本可稽，既不在起訴之列，當不屬審判之範圍，聲請人復未說明其如何
係屬於審理該等案件所應適用之法律，自非得以之為聲請解釋之對象；至於後者販賣
一詞，概念上究應為如何之闡釋，乃見解之問題，非屬法律本身適用抵觸憲法之疑義，
均不符合本院釋字第三七一號解釋之意旨，應不予受理，附此敘明。

釋字第四七七號解釋　　（憲七，戒嚴時期人民受損權利回復條例六，冤賠一一）

八十八年二月十二日公布

臺灣地區在戒嚴時期刑事案件之審判權由軍事審判機關行使者，其適用之程序與一般
刑事案件有別，救濟功能亦有所不足，立法機關乃制定戒嚴時期人民受損權利回復條
例，對犯內亂罪及外患罪，符合該條例所定要件之人民，回復其權利或給予相當賠償，
而明定限於犯外患罪、內亂罪之案件，係基於此類犯罪涉及政治因素之考量，在國家

處於非常狀態，實施戒嚴之情況下，軍事審判機關所為認事用法容有不當之處。至於其他刑事案件不在上開權利回復條例適用之列，要屬立法裁量範圍，與憲法尚無牴觸。戒嚴時期人民受損權利回復條例第六條適用對象，以「受無罪之判決確定前曾受羈押或刑之執行者」為限，未能包括不起訴處分確定前或後、經治安機關逮捕以罪嫌不足逕行釋放前、無罪判決確定後、有罪判決（包括感化、感訓處分）執行完畢後，受羈押或未經依法釋放之人民，係對權利遭受同等損害，應享有回復利益者，漏未規定，顯屬立法上之重大瑕疵，若仍適用該條例上開規定，僅對受無罪判決確定前喪失人身自由者予以賠償，反足以形成人民在法律上之不平等，就此而言，自與憲法第七條有所牴觸。是凡屬上開漏未規定之情形，均得於本解釋公布之日起二年內，依該條例第六條規定請求國家賠償。

　　解釋理由書

本院受理憲法解釋案件，如係各級法院法官依本院釋字第三七一號解釋提出聲請，而經本院解釋之相關法律與憲法意旨不符時，為避免繫屬中案件久懸不決，且釋示有關機關於短期間內完成修法程序，既有事實上之困難，本院得諭知符合憲法之解釋內容，俾審判上得及時援用，此有本院釋字第四七一號解釋意旨可供參考，合先說明。

臺灣地區自中華民國三十八年五月二十日起至七十六年七月十四日止，宣告戒嚴，金門、馬祖、東沙及南沙地區則自三十七年十二月十日起至八十一年十一月六日止宣告戒嚴。在此期間，軍事審判機關審理之刑事案件，其適用之程序與一般刑事案件所適用者有別，救濟功能不足，保障人民身體自由，未若正常狀態下司法程序之周全（參照本院釋字第四三六號解釋）。立法機關於解除戒嚴後，乃制定戒嚴時期人民受損權利回復條例，對人民犯內亂罪、外患罪，符合該條例所定要件者，回復其權利或給予相當賠償。上開條例適用對象明定為犯外患罪、內亂罪人民，係基於此類犯罪涉及政治因素之考量，在國家處於非常狀態，實施戒嚴之情況下，軍事審判機關所為認事用法容有不當之處。至於其他刑事案件不在上開權利回復條例適用之列，要屬立法裁量範圍，與憲法尚無牴觸。

前述戒嚴時期人民受損權利回復條例第六條規定：「人民於戒嚴時期因犯內亂、外患罪，於受無罪之判決確定前曾受羈押或刑之執行者，得聲請所屬地方法院比照冤獄賠償法相關規定，請求國家賠償。」未能包括不起訴處分確定前或後、經治安機關逮捕以罪嫌不足逕行釋放前、無罪判決確定後、有罪判決（包括感化、感訓處分）執行完畢後，受羈押或未經依法釋放之人民，係對權利遭受同等損害，應享有回復利益者，漏未規

定，衡諸事物之本質，並無作此差別處理之理由，顯屬立法上重大瑕疵。若仍適用該
條例上開規定，僅對受無罪判決確定前喪失人身自由之人民予以賠償，反足以形成人
民在法律上之不平等，就此而言，自與憲法第七條有所牴觸。是凡在不起訴處分前或
後、經治安機關逮捕以罪嫌不足遂行釋放前、無罪判決確定後、有罪判決（包括感化、
感訓處分）執行完畢後，仍受羈押或刑之執行確屬有據者，均得與無罪判決確定前受
羈押或刑之執行者，同依該條例第六條比照冤獄賠償法相關規定，請求國家賠償。

依冤獄賠償法第十一條規定，賠償聲請期間，為自賠償聲請人受不起訴處分或無罪判
決確定之日起算二年，而戒嚴期間先後長達三十餘年，絕大多數之案件均已確定多年，
前述二年之聲請期間自應從上開權利回復條例公布日起算，審議冤獄賠償事件之終審
機關，關於賠償聲請期間之起算，亦持相同見解，不生牴觸憲法問題。至於依本解釋
意旨聲請賠償者，其二年期間則自本解釋公布之日起算，併此指明。

釋字第四七八號解釋　（憲一九，土稅九、三五）　　八十八年三月十九日公布

土地稅法第三十五條第一項第一款所定「自用住宅用地」，依同法第九條規定，係指「為
土地所有權人或其配偶、直系親屬於該地辦竣戶籍登記，且無出租或供營業用之住宅
用地」，並未以須經稽徵機關核准按自用住宅用地稅率課徵地價稅為認定之標準。財政
部中華民國七十三年十二月二十七日臺財稅第六五六三四號函謂：「土地所有權人出售
自用住宅用地，於二年內重購土地者，除自完成移轉登記之日起，不得有出租或營業
情事外，並須經稽徵機關核准按自用住宅用地稅率課徵地價稅者，始准依土地稅法第
三十五條第一項第一款規定，退還已納土地增值稅」，其以「須經稽徵機關核准按自用
住宅用地稅率課徵地價稅」為申請退稅之要件部分，係增加土地稅法第三十五條第一
項第一款所無之限制，有違憲法第十九條租稅法律主義，應不予援用。

　　解釋理由書

依土地稅法第三十五條第一項第一款規定，土地所有權人於其自用住宅用地出售或被
徵收後，自完成移轉登記或領取補償地價之日起，二年內另行購買都市土地未超過三
公畝部分或非都市土地未超過七公畝部分，仍作自用住宅用地者，其新購土地地價超
過原出售土地地價或補償地價，扣除繳納土地增值稅後之餘額，得向主管稽徵機關申
請就其已納土地增值稅額內，退還其不足支付新購土地地價之數額。又同條第二項規
定：「前項規定土地所有權人於先購買土地後，自完成移轉登記之日起二年內，始行出
售土地或土地始被徵收者，準用之。」第三項規定：「第一項第一款及第二項規定，於

土地出售前一年內，曾供營業使用或出租者，不適用之。」明定納稅義務人於符合上述法定要件下，得依法申請退還土地增值稅。

財政部七十三年十二月二十七日臺財稅第六五六三四號函謂：「土地所有權人出售自用住宅用地，於二年內重購自用住宅用地，除自完成移轉登記之日起，不得有出租或營業情事外；並須經稽徵機關核准按自用住宅用地稅率課徵地價稅者，始准依土地稅法第三十五條第一項第一款規定，退還其已納之土地增值稅。」將土地所有權人重購之土地，是否業經核准依自用住宅用地稅率課徵地價稅，作為准否退還土地增值稅要件之一。惟按土地稅法第三十五條第一項第一款所稱「自用住宅用地」，依同法第九條規定，係指「為土地所有權人或其配偶、直系親屬於該地辦竣戶籍登記，且無出租或供營業用之住宅用地」而言。土地所有權人就重購土地是否依法申請按自用住宅用地優惠稅率繳納地價稅，乃土地所有權人可得行使之權利，土地所有權人重購自用住宅用地，已經稽徵機關核准按自用住宅用地稅率課徵地價稅，固可於土地所有權人申請退還土地增值稅時，作為稽徵機關審核是否屬於自用住宅用地之參考依據。對於應否退稅發生疑義時，稽徵機關仍應查明實際有無出租或營業情形，土地所有權人亦得證明該土地確供自用住宅之用，尚不能因未依法申請准按自用住宅用地優惠稅率繳納地價稅，遽認該土地有出租或供營業使用之情事。是上開財政部函，以「須經稽徵機關核准按自用住宅用地稅率課徵地價稅」為申請退稅之要件部分，增加土地稅法第三十五條第一項第一款所無之限制，有違憲法第十九條租稅法律主義，其與上開解釋意旨不符部分，應不予援用。至本件據以聲請之案件，是否符合退稅要件，有關機關仍應斟酌全部相關資料及調查證據之結果，予以判斷，併此指明。

釋字第四七九號解釋　（憲一四、二三，人團三、五、一二）

八十八年四月一日公布

憲法第十四條規定人民有結社自由，旨在保障人民為特定目的，以共同之意思組成團體並參與其活動之自由。就中關於團體名稱之選定，攸關其存立之目的、性質、成員之認同及與其他團體之識別，自屬結社自由保障之範圍。對團體名稱選用之限制，亦須符合憲法第二十三條所定之要件，以法律或法律明確授權之命令始得為之。

人民團體法第五條規定人民團體以行政區域為組織區域；而第十二條僅列人民團體名稱、組織區域為章程應分別記載之事項，對於人民團體名稱究應如何訂定則未有規定。行政機關依其職權執行法律，雖得訂定命令對法律為必要之補充，惟其僅能就執行母

法之細節性、技術性事項加以規定，不得逾越母法之限度，迭經本院解釋釋示在案。內政部訂定之「社會團體許可立案作業規定」第四點關於人民團體應冠以所屬行政區域名稱之規定，逾越母法意旨，侵害人民依憲法應享之結社自由，應即失其效力。

解釋理由書

憲法第十四條結社自由之規定，乃在使人民利用結社之形式以形成共同意志，追求共同理念，進而實現共同目標，為人民應享之基本權利。結社自由不僅保障人民得自由選定結社目的以集結成社、參與或不參與結社團體之組成與相關事務，並保障由個別人民集合而成之結社團體就其本身之形成、存續、命名及與結社相關活動之推展免於受不法之限制。結社團體於此保障下得依多數決之整體意志，自主決定包括名稱選用在內之各種結社相關之事務，並以有組織之形式，表達符合其團體組成目的之理念。就中人民團體之名稱，乃在表彰該團體之存在，作為與其他團體區別之標識，並得以其名稱顯現該團體之性質及成立目的，使其對內得以凝聚成員之認同，對外以團體之名義經營其關係、推展其活動。人民團體若對其名稱無自主決定之自由，其自主決定事務之特性固將無從貫徹，而其對成員之招募與維持及對外自我表現之發揮，尤將因而受不利之影響。故人民團體之命名權，無論其為成立時之自主決定權或嗣後之更名權，均為憲法第十四條結社自由所保障之範疇。對團體名稱選用之限制亦須符合憲法第二十三條所定之要件，以法律或法律明確授權之命令始得為之。

人民團體法第三條規定人民團體在全國、省、縣之主管機關，第五條規定人民團體以行政區域為組織區域。至於人民團體名稱應如何訂定，同法並無明文規定。雖同法第十二條將人民團體之名稱、組織區域等，分別列為章程應記載之事項，惟探其立法意旨，關於人民團體組織區域之規定，無非在確立人民團體之主管機關及辦理法人登記之管轄法院，不在限制以章程上所記載之組織區域為人民團體實際對內或對外活動之範圍。人民團體之組織區域與名稱分別代表不同之意義，其間並無必然之關連。行政機關依其職權執行法律，雖得訂定命令對法律為必要之補充，惟其僅能就執行母法之細節性、技術性事項加以規定，不得逾越母法之限度，此業經本院釋字第三六七號、第三九〇號、第四四三號及第四五四號解釋釋示在案。內政部訂定之「社會團體許可立案作業規定」第四點關於人民團體應冠以所屬行政區域名稱之規定，侵害人民依憲法第十四條所保障之結社自由，應即失其效力。上開作業規定之其他內容，主管機關亦應依照本解釋意旨檢討修正，以符憲法保障結社之權，併此指明。

釋字第四八〇號解釋　（憲一九、二三，產業升級一六，產業升級施三二之一、三四，稅徵二一，商會三八）　　　　　　八十八年四月十六日公布

促進產業升級條例第十六條第二款規定，公司以其未分配盈餘增資償還因增置或更新同條第一款所定之機器、設備或運輸設備之貸款或未付款者，其股東因而取得之新發行記名股票，免予計入該股東當年度綜合所得額；其股東為營利事業者，免予計入當年度營利事業所得額課稅。適用上開條文之公司應依中華民國八十二年十月二十七日修正發布之同條例施行細則第三十二條之一第二項第八款（現行細則第三十八條第二項第八款）規定，於核定本次增資償還計畫之期限內完成償還貸款或未付款，並於完成後六個月內檢具清償證明影本或經會計師查核簽證之清償證明文件，向原核備機關申請核發完成證明。如因實際需要得依同細則第三十四條第二項（現行細則第四十四條第二項）規定，於原核備完成期限前向原計畫核備機關申請展延至四年。上開施行細則有關六個月申請期間之規定，對納稅義務人而言，雖屬較短之期限，惟原計畫已准其有一定完成之期限，茲復有四年延展期間之設，如無一定申請期間之限制，稅捐核課之目的即難以落實。而此等期間之規定，除已斟酌適用本條例之公司之實際需要外，並係兼顧稅捐稽徵法第二十一條租稅核課期間及商業會計法第三十八條會計憑證保存期限而設，為執行母法及相關法律所必要。是上開細則有關六個月之規定，符合立法意旨且未逾越母法之限度，與憲法第十九條及第二十三條並無牴觸。

　　解釋理由書

國家對人民自由權利之限制，應以法律定之且不得逾必要程度，憲法第二十三條定有明文。但法律內容不能鉅細靡遺，一律加以規定，其屬細節性、技術性之事項，法律自得授權主管機關以命令定之，俾利法律之實施。行政機關基於此種授權，在符合立法意旨且未逾越母法規定之限度內所發布之施行細則或命令，自為憲法之所許，此項意旨迭經本院解釋在案。惟在母法概括授權情形下，行政機關所發布之施行細則或命令究竟是否已超越法律授權，不應拘泥於法條所用之文字，而應就該法律本身之立法目的，及其整體規定之關聯意義為綜合判斷。

促進產業升級條例第十六條第二款規定，公司以其未分配盈餘增資償還因增置或更新同條第一款所定之機器、設備或運輸設備之貸款或未付款者，其股東因而取得之新發行記名股票，免予計入該股東當年度綜合所得額；其股東為營利事業者，免予計入當年度營利事業所得額課稅。為執行上開條文之規定，主管機關於八十二年十月二十七日修正發布之同條例施行細則第三十二條之一第二項第八款（現行細則第三十八條第

二項第八款）明定，適用該條例之公司於核定本次增資償還計畫之期限內完成償還貸款或未付款，並於完成後六個月內檢具清償證明影本或經會計師查核簽證之清償證明文件，向原核備機關申請核發完成證明。如因實際需要得依同細則第三十四條第二項（現行細則第四十四條第二項）規定於原核備完成期限前向原計畫核備機關申請展延至四年。上開施行細則有關六個月申請期間之規定，對納稅義務人而言，雖屬較短之期限，惟原計畫已准其有一定完成之期限，茲復有四年延展期間之設，如無一定申請期間之限制，稅捐核課之目的即難以落實。而此等期間之規定，除已斟酌適用本條例之公司之實際需要外，並係兼顧稅捐稽徵法第二十一條租稅核課期間及商業會計法第三十八條會計憑證保存期限而設，為執行母法及相關法律所必要。是上開細則有關六個月期間之規定，符合立法意旨且未逾越母法之限度，與憲法第十九條及第二十三條並無牴觸。

釋字第四八一號解釋　（憲七、一二一，憲增修一七，省縣自治法六四）

八十八年四月十六日公布

中華民國八十一年五月二十八日修正公布之中華民國憲法增修條文第十七條，授權以法律訂定省縣地方制度，同條第一款、第三款規定，省設省議會及省政府，省置省長一人，省議員與省長分別由省民選舉之，係指事實上能實施自治之省，應受上述法律規範，不受憲法相關條文之限制。省縣自治法遂經憲法授權而制定，該法第六十四條規定，轄區不完整之省，其議會與政府之組織，由行政院另定之。行政院據此所訂定之福建省政府組織規程，未規定由人民選舉省長及省議會議員，乃斟酌福建省之特殊情況所為之規定，為事實上所必需，符合母法授權之意旨，與憲法第七條人民在法律上平等之原則亦無違背。

　　解釋理由書

八十一年五月二十八日修正公布之中華民國憲法增修條文第十七條（八十三年八月一日修正公布之中華民國憲法增修條文第八條），授權以法律訂定省縣地方制度，同條第一款、第三款規定，省設省議會及省政府，省置省長一人，省議員與省長分別由省民選舉之，係指事實上能實施自治之省，應依上述法律規範，不受憲法相關條文之限制。亦即無須制定適用於全國之省縣自治通則，而得以特別法針對各地方之實際情況，實施地方自治。省縣自治法遂經憲法授權而制定，該法第六十四條規定，轄區不完整之省，其議會與政府之組織，由行政院另定之。將轄區特殊之省組織授權行政院以行政

命令方式訂定之，係因考量其轄區之事實情況，尚無依憲法實施省自治之必要。行政院據此所訂定之福建省政府組織規程，規定福建省政府設置委員七至十一人，其中一人為主席，由行政院院長提請總統任命之，而不設省議會，乃斟酌福建省之事實特殊情況，符合母法授權之意旨。

依憲法第一百二十一條規定，縣實行縣自治，至省之自治，憲法則授權以法律定之。而憲法上之平等原則，係為保障人民在法律上地位之實質平等，並不禁止法律依事物之性質，就事實狀況之差異而為合理之不同規範。福建省目前管轄之範圍及人口數目，與其原有者，已相去甚遠，且其公共事務之繁簡程度，與臺灣省之狀況，亦難相提並論。處此情況，更宜精簡組織，以增進行政效率。現行福建省政府組織規程，不由人民選舉省長及省議會議員，乃考量事實上差異所為之合理規定，對福建省人民而言，與憲法上開原則亦無違背。

八十六年七月二十一日修正公布之中華民國憲法增修條文，有關省級機關組織雖有重大變革，且省縣自治法已因地方制度法之實施而廢止，然轄區特殊之省，其省級組織之調整，依照本解釋意旨，仍得為不同之規定，併此指明。

釋字第四八二號解釋　（憲一六，民訴一二一、五〇一）

八十八年四月三十日公布

民事訴訟法第五百零一條第一項第四款規定，提起再審之訴，應表明再審理由及關於再審理由並遵守不變期間之證據。其中關於遵守不變期間之證據，係屬提出書狀時，應添具之文書物件，與同法第一百二十一條第一項規定之書狀不合程式之情形不同，自不生程式欠缺補正之問題。惟當事人於再審書狀中已表明再審理由並提出再審理由之證據，而漏未表明其遵守不變期間之證據時，法院為行使闡明權，非不得依具體個案之情形，裁定命其提出證據。最高法院六十年臺抗字第五三八號判例，符合上開意旨，與憲法保障人民訴訟權之規定並無牴觸。

解釋理由書

憲法第十六條規定，人民有請願、訴願及訴訟之權。所謂訴訟權，乃人民司法上之受益權，即人民於其權利受侵害時，依法享有向法院提起適時審判之請求權，且包含聽審、公正程序、公開審判請求權及程序上之平等權等。民事訴訟法中再審程序為特別救濟程序，係對於確定終局判決重新再次審理，為確保兩造當事人能立於平等、公正之程序下進行訴訟及對已確定終局判決之穩定性，故對民事再審之提起有較嚴格之限

制，並不違背憲法保障人民訴訟權利之意旨。

民事訴訟法第五百零一條第一項之規定，固為提起再審之訴之書狀程式。然同條項第四款之規定「應表明再審理由及關於再審理由並遵守不變期間之證據」，其中關於「再審理由並遵守不變期間之證據」，係屬其提出書狀時，所應添具之文書物件，非書狀程式本身，不屬於應補正事項，其未提出之效果，僅係可否據為判決之基礎，與同法第一百二十一條第一項規定所指之書狀不合程式，及第五百零一條第一項前三款書狀程式之欠缺有間。民事訴訟法就此項程序之設計，已顧及當事人自主之可能性，並維持當事人間之實質公平，自不生程式欠缺補正之問題。惟如其表明之事項不明瞭或不完足者，審判長應行使闡明權，令其敘明或補充之。是以最高法院六十年臺抗字第五三八號判例：「提起再審之訴，應表明再審理由，及關於再審理由並遵守不變期間之證據（民事訴訟法第五百零一條第一項第四款），其未表明者無庸命其補正。」符合上開意旨，與憲法保障人民訴訟權之規定並無抵觸。

釋字第四八三號解釋　（憲一八，公懲一，公務保障一六，公俸一三、一六，公俸施七，公任一八）　　　　　　八十八年五月十四日公布

公務人員依法銓敘取得之官等俸級，非經公務員懲戒機關依法定程序之審議決定，不得降級或減俸，此乃憲法上服公職權利所受之制度性保障，亦為公務員懲戒法第一條、公務人員保障法第十六條及公務人員俸給法第十六條之所由設。

公務人員任用法第十八條第一項第三款前段規定：「經依法任用人員，除自願者外，不得調任低一官等之職務；在同官等內調任低職等職務者，仍以原職等任用」，有任免權之長官固得據此將高職等之公務人員調任為較低官等或職等之職務；惟一經調任，依公務人員俸給法第十三條第二項及同法施行細則第七條之規定，此等人員其所敘俸級已達調任職等年功俸最高級者，考績時不再晉敘，致高資低用人員縱於調任後如何戮力奉公，成績卓著，又不論其原敘職等是否已達年功俸最高級，亦無晉敘之機會，則調任雖無降級或減俸之名，但實際上則生類似降級或減俸之懲戒效果，與首開憲法保障人民服公職權利之意旨未盡相符，主管機關應對上開公務人員任用法、公務人員俸給法及附屬法規從速檢討修正。

解釋理由書

人民有服公職之權，此為憲法第十八條所明定。公務員懲戒法第一條：「公務員非依本法不受懲戒。但法律另有規定者，從其規定。」公務人員保障法第十六條：「公務人員

經銓敘審定之俸級應予保障，非依法律不得降級或減俸。」中華民國七十五年七月十六日公布之公務人員俸給法第十六條：「經銓敘機關敘定之等級，非依公務員懲戒法及其他法律之規定，不得降敘。」是公務人員依法銓敘取得之官等俸級，非經公務員懲戒機關依法定程序之審議決定，不得降級或減俸，乃憲法上服公職權利所受之制度性保障，亦為公務員懲戒法第一條、公務人員保障法第十六條及公務人員俸給法第十六條之所由設。七十五年四月二十一日公布之公務人員任用法第十八條第一項第三款前段規定：「經依法任用人員，除自願者外，不得調任低一官等之職務；在同官等內調任低職等職務者，仍以原職等任用」，有任免權之長官固得據此將高職等之公務人員調任為較低官等或職等之職務；惟一經調任，依公務人員俸給法第十三條第二項：「在同官等內高資低用，仍敘原俸級人員，考績時不再晉敘。」及七十六年一月十四日發布之公務人員俸給法施行細則第七條第一項：「本法第十三條第二項所稱『在同官等內高資低用，仍敘原俸級人員，考績時不再晉級』，指同官等內高職等調任低職等仍以原職等任用人員，原敘俸級已達所調任職等年功俸最高級者，考績時不再晉敘。」此等人員其所敘俸級已達調任職等年功俸最高級者，考績時不再晉敘，致高資低用人員縱於調任後如何戮力奉公，成績卓著，又不論其原敘職等是否已達年功俸最高級，亦無晉敘之機會，則調任雖無降級或減俸之名，但實際上則生類似降級或減俸之懲戒效果，與首開憲法保障人民服公職權利之意旨未盡相符，主管機關應對上開公務人員任用法、公務人員俸給法及附屬法規從速檢討修正。

釋字第四八四號解釋　　（憲一五，契稅二、一八、二三）

八十八年五月十四日公布

契稅條例第二條第一項規定：「不動產之買賣、承典、交換、贈與、分割或因占有而取得所有權者，均應購用公定契紙，申報繳納契稅。」同條例第十八條第一項規定：「主管稽徵機關收到納稅義務人契稅申報案件，應於十五日內審查完竣，查定應納稅額，發單通知納稅義務人依限繳納。」又同條例第二十三條規定：「凡因不動產之買賣、承典、交換、贈與、分割及占有而辦理所有權登記者，地政機關應憑繳納契稅收據辦理權利變更登記。」是申報繳納契稅關係人民財產權之行使及取得。財政部中華民國七十年八月十九日臺財稅字第三六八八九號關於「同一建物、土地先後有數人申報，且各有其合法依據時，為避免日後可能發生糾紛起見，稅捐稽徵機關得通知各有關當事人自行協調，在當事人未達成協議或訴請司法機關確認所有權移轉登記權利前，稅捐稽

徵機關得暫緩就申報案件核發納稅通知書」之函示，逾越上開法律規定之意旨，指示稅捐稽徵機關得暫緩就申報案件核發稅捐稽徵通知書，致人民無從完成納稅手續憑以辦理所有權移轉登記，妨害人民行使財產上之權利，與憲法第十五條保障人民財產權之意旨不符，應不再援用。

解釋理由書

契稅條例第二條第一項規定：「不動產之買賣、承典、交換、贈與、分割或因占有而取得所有權者，均應購用公定契紙，申報繳納契稅。」同條例第二十三條規定：「凡因不動產之買賣、承典、交換、贈與、分割及占有而辦理所有權登記者，地政機關應憑繳納契稅收據辦理權利變更登記。」是申報繳納契稅關係人民財產權之行使及取得。同條例第十八條第一項規定：「主管稽徵機關收到納稅義務人契稅申報案件，應於十五日內審查完竣，查定應納稅額，發單通知納稅義務人依限繳納。」在同一建築物、土地先後有數人申報繳納契稅時，依法應即由稅捐稽徵機關核發納稅通知書與各申請人，使其得於繳納契稅後，辦理不動產權利變更登記。且民事糾紛，涉及人民之權利義務關係，應由當事人依法律程序，尋求解決，行政機關不宜加以介入，要求當事人自行協調，達成協議。又在一物數賣之情形，其買賣契約均屬有效成立，數買受人對出賣人不妨有同一內容之債權，本諸債權平等原則，其相互間並無排他之效力，均有請求所有權移轉登記之權利。財政部七十年八月十九日臺財稅字第三六八八九號關於「同一建物、土地先後有數人申報，且各有其合法依據時，為避免日後可能發生糾紛起見，稅捐稽徵機關得通知各有關當事人自行協調，在當事人未達成協議或訴請司法機關確認所有權移轉登記權利前，稅捐稽徵機關得暫緩就申報案件核發納稅通知書」之函示，逾越上開法律規定之意旨，指示稅捐稽徵機關得暫緩就申報案件核發稅捐稽徵通知書，致人民無從完成納稅手續憑以辦理所有權移轉登記，妨害人民行使財產上之權利，與憲法第十五條保障人民財產權之意旨不符，應不再援用。

釋字第四八五號解釋　　（憲一、七，憲增修一〇，大法官審案五，眷村改建三、五、二〇、二四，眷村改建施九）　　　　八十八年五月二十八日公布

憲法第七條平等原則並非指絕對、機械之形式上平等，而係保障人民在法律上地位之實質平等，立法機關基於憲法之價值體系及立法目的，自得斟酌規範事物性質之差異而為合理之區別對待。促進民生福祉乃憲法基本原則之一，此觀憲法前言、第一條、基本國策及憲法增修條文第十條之規定自明。立法者基於社會政策考量，尚非不得制

定法律,將福利資源為限定性之分配。國軍老舊眷村改建條例及其施行細則分別規定,原眷戶享有承購依同條例興建之住宅及領取由政府給與輔助購宅款之優惠,就自備款部分得辦理優惠利率貸款,對有照顧必要之原眷戶提供適當之扶助,其立法意旨與憲法第七條平等原則尚無牴觸。

惟鑒於國家資源有限,有關社會政策之立法,必須考量國家之經濟及財政狀況,依資源有效利用之原則,注意與一般國民間之平等關係,就福利資源為妥善之分配,並應斟酌受益人之財力、收入、家計負擔及須照顧之必要性妥為規定,不得僅以受益人之特定職位或身分作為區別對待之唯一依據;關於給付方式及額度之規定,亦應力求與受益人之基本生活需求相當,不得超過達成目的所需必要限度而給予明顯過度之照顧。立法機關就上開條例與本解釋意旨未盡相符之部分,應通盤檢討改進。

　　解釋理由書

憲法第七條平等原則並非指絕對、機械之形式上平等,而係保障人民在法律上地位之實質平等,立法機關基於憲法之價值體系及立法目的,自得斟酌規範事物性質之差異而為合理之區別對待。憲法係以促進民生福祉為一項基本原則,此觀憲法前言、第一條、基本國策章及憲法增修條文第十條之規定自明。本此原則國家應提供各種給付,以保障人民得維持合乎人性尊嚴之基本生活需求,扶助並照顧經濟上弱勢之人民,推行社會安全等民生福利措施。前述措施既涉及國家資源之分配,立法機關就各種社會給付之優先順序、規範目的、受益人範圍、給付方式及額度等項之有關規定,自享有充分之形成自由,斟酌對人民保護照顧之需求及國家財政等社會政策考量,制定法律,將福利資源為限定性之分配。中華民國八十五年二月五日公布之國軍老舊眷村改建條例第五條(八十六年十一月二十六日修正)、第二十條及八十五年七月二十三日發布之同條例施行細則第九條分別規定,原眷戶享有承購依該條例興建之住宅及領取由政府給與輔助購宅款之優惠,就自備款部分尚得辦理優惠利率貸款,其立法目的係在對有照顧必要之原眷戶提供適當之扶助,符合促進民生福祉之基本原則,與憲法第七條之意旨尚無牴觸。

惟鑒於國家資源有限,有關社會政策之立法,必須考量國家之經濟及財政狀況,依資源有效利用之原則,並注意與一般國民間之平等關係,就福利資源為妥善之分配;對於受益人範圍之決定,應斟酌其財力、收入、家計負擔及須照顧之必要性妥為規定,不得僅以受益人之特定職位或身分作為區別對待之唯一依據;關於給付方式及額度之規定,亦應力求與受益人之基本生活需求相當,不得超過達成立法目的所需必要限度

而給予明顯過度之照顧。上開條例第三條第一項規定:「本條例所稱國軍老舊眷村,係指於中華民國六十九年十二月三十一日以前興建完成之軍眷住宅,具有下列各款情形之一者: 一、政府興建分配者。二、中華婦女反共聯合會捐款興建者。三、政府提供土地由眷戶自費興建者。四、其他經主管機關認定者。」然眷村是否為老舊而有改建之必要,應依眷舍之實際狀況並配合社區更新之需要而為決定,不得僅以眷村興建完成之日期為概括之認定,以免浪費國家資源。八十六年十一月二十六日修正之同條例第五條第一項後段「原眷戶死亡者,由配偶優先承受其權益;原眷戶與配偶均死亡者,由其子女承受其權益,餘均不得承受其權益」之規定,固係以照顧遺眷為目的,但不問其子女是否確有由國家照顧以解決居住困難之必要,均賦與其承購房地並領取與原眷戶相同補助之權利,不無明顯過度照顧之處。又該條例第二十四條第一項規定:「由主管機關配售之住宅,除依法繼承者外,承購人自產權登記之日起未滿五年,不得自行將住宅及基地出售、出典、贈與或交換。」然其購屋款項既主要來自國家補助,與純以自費取得之不動產者有間,則立法機關自應考慮限制承購人之處分權,例如限制其轉售對象及轉售價格或採取其他適當措施,使有限資源得為有效之利用。上開條例規定與限定分配國家資源以實現實質平等之原則及資源有效利用之原則未盡相符,立法機關就其與本解釋意旨不符之部分,應通盤檢討改進。

釋字第四八六號解釋 (憲二二,商標三七、三八) 八十八年六月十一日公布

憲法上所保障之權利或法律上之利益受侵害者,其主體均得依法請求救濟。中華民國七十八年五月二十六日修正公布之商標法第三十七條第一項第十一款(現行法為第三十七條第十一款)前段所稱「其他團體」,係指自然人及法人以外其他無權利能力之團體而言,其立法目的係在一定限度內保護該團體之人格權及財產上利益。自然人及法人為權利義務之主體,固均為憲法保護之對象;惟為貫徹憲法對人格權及財產權之保障,非具有權利能力之「團體」,如有一定之名稱、組織而有自主意思,以其團體名稱對外為一定商業行為或從事事務有年,已有相當之知名度,為一般人所知悉或熟識,且有受保護之利益者,不論其是否從事公益,均為商標法保護之對象,而受憲法之保障。商標法上開規定,商標圖樣,有其他團體之名稱,未得其承諾者,不得申請註冊,目的在於保護各該團體之名稱不受侵害,並兼有保護消費者之作用,與憲法第二十二條規定之意旨尚無牴觸。

解釋理由書

人民基本權利之保障乃現代法治國家之主要任務，凡憲法上所保障之權利或法律上之利益受侵害者，其主體均得依法請求救濟。商標法第三十七條第一項第十一款（現行法為第三十七條第十一款）前段所稱「其他團體」，係指於自然人及法人以外其他無權利能力之團體而言，其立法目的係在一定限度內保護該團體之人格權及財產上利益。按自然人及法人為權利義務之主體，當然為憲法保護之對象；惟為貫徹憲法對人格權及財產權之保障，非具有權利能力之「團體」，如係由多數人為特定之目的所組織，有一定之名稱、事務所或營業所及獨立支配之財產，且設有管理人或代表人，對外並以團體名義為法律行為，在性質上，具有與法人相同之實體與組織，並具有自主之意思能力而為實質之單一體，且脫離各該構成員而存在，固屬該法所稱之「其他團體」。至其他有一定之名稱、組織而有自主意思之團體，以其團體名稱對外為一定商業行為或從事事務有年，已有相當之知名度，為一般人所知悉或熟識，且有受保護之利益者，不論是否從事公益，均為商標法保護之對象，而受憲法之保障。商標法第三十七條第一項第十一款（現行法為第三十七條第十一款）前段規定：商標圖樣，有其他團體之名稱，未得其承諾者，不得申請註冊。旨在保護各該團體之名稱不受侵害，並兼有保護消費者之作用，與憲法第二十二條規定之意旨尚無牴觸。又申請註冊之商標，因尚未經核准註冊，固未取得商標專用權，然商標註冊申請所生之權利，得移轉於他人，為商標法第三十八條第一項所明定，是以該項權利，具有財產上之價值，應屬憲法保障之財產權，權利主體自得以該權利遭受不法侵害為由，依法請求救濟。至公司籌備處是否屬於商標法第三十七條第一項第十一款（現行法為第三十七條第十一款）所稱之「其他團體」，則應依前開解釋意旨，視具體情形而定，併此指明。

釋字第四八七號解釋　　（憲八、二三、二四，冤賠二，大法官審案五）

八十八年七月九日公布

冤獄賠償法為國家賠償責任之特別立法，憲法第二十四條規定：「凡公務員違法侵害人民之自由或權利者，除依法律受懲戒外，應負刑事及民事責任。被害人民就其所受損害，並得依法律向國家請求賠償」，立法機關據此有制定有關國家賠償法律之義務，而此等法律對人民請求各類國家賠償要件之規定，並應符合憲法上之比例原則。刑事被告之羈押，係為確保訴訟程序順利進行，於被告受有罪判決確定前，拘束其身體自由於一定處所之強制處分，乃對人民身體自由所為之嚴重限制，故因羈押而生之冤獄賠償，尤須尊重憲法保障人身自由之精神。冤獄賠償法第二條第二款前段，僅以受害人

之行為違反公共秩序或善良風俗為由，剝奪其請求賠償之權利，未能以其情節是否重大，有無逾越社會通常觀念所能容忍之程度為衡量標準，與前述憲法意旨未盡相符。上開法律第二條第二款與本解釋不合部分，應不予適用。

解釋理由書

司法院大法官審理案件法第五條第一項第二款規定，人民於其憲法上所保障之權利，遭受不法侵害，經依法定程序提起訴訟，對於確定終局裁判所適用之法律或命令發生有牴觸憲法之疑義者，得聲請解釋憲法。司法院冤獄賠償覆議委員會依冤獄賠償法第五條規定，由最高法院院長及法官組成，其就冤獄賠償覆議事件所為之決定，性質上相當於確定終局裁判，故其決定所適用之法律或命令發生有牴觸憲法之疑義時，應許人民依首開法律規定，聲請本院解釋，合先說明。

冤獄賠償法為國家賠償責任之特別立法，憲法第二十四條規定：「凡公務員違法侵害人民之自由或權利者，除依法律受懲戒外，應負刑事及民事責任。被害人民就其所受損害，並得依法律向國家請求賠償」，立法機關據此有制定有關國家賠償法律之義務，而此等法律對人民請求各類國家賠償要件之規定，並應符合憲法上之比例原則。刑事被告之羈押，係為確保訴訟程序順利進行，於被告受有罪判決確定前，拘束其身體自由於一定處所之強制處分，乃對人民身體自由所為之嚴重限制，故因羈押而生之冤獄賠償，尤須尊重憲法保障人身自由之精神。

冤獄賠償法第二條對冤獄賠償請求權之行使定有限制，其第二款前段規定，曾受羈押而受不起訴處分或無罪宣告者，若行為違反公共秩序或善良風俗，則不得請求賠償。其立法目的雖在維護社會秩序及公共道德，然泛以公序良俗之違反為理由，使身體自由因羈押遭受嚴重限制之受害人，其冤獄賠償請求權受到排除，而未能以其情節是否重大，致為社會通常觀念所不能容忍為衡量標準（德國羈押賠償法第二條第一項規定參照），與同款後段及同條其餘各款所定之其他事由相較，亦有輕重失衡之處，實與憲法上之比例原則未盡相符。上開法律規定與本解釋意旨不合部分，自本解釋公布之日起，應不予適用。

釋字第四八八號解釋　（憲一五、二三、一四五，信合二七，銀行六二，金融機構監管接管辦法一一）　　　　　　　　　八十八年七月三十日公布

憲法第十五條規定，人民財產權應予保障。對人民財產權之限制，必須合於憲法第二十三條所定必要程度，並以法律定之，其由立法機關明確授權行政機關以命令訂定者，

須據以發布之命令符合立法意旨且未逾越授權範圍時，始為憲法之所許，迭經本院解釋在案。信用合作社法第二十七條第一項及銀行法第六十二條第一項係為保障存款人權益，並兼顧金融秩序之安定而設，金融機構監管接管辦法第十一條第一項第三款及第十四條第四款雖亦有銀行法第六十二條第三項授權之依據，惟基於保障人民權利之考量，法律規定之實體內容固不得違背憲法，其為實施實體內容之程序及提供適時之司法救濟途徑，亦應有合理規定，方符憲法維護人民權利之意旨；法律授權行政機關訂定之命令，為適當執行法律之規定，尤須對採取影響人民權利之行政措施時，其應遵行之程序作必要之規範。前述銀行法、信用合作社法及金融機構監管接管辦法所定之各種措施，對銀行、信用合作社之股東（社員）、經營者及其他利害關係人，既皆有重大影響，該等法規僅就主管機關作成行政處分加以規定，未能對作成處分前，如何情形須聽取股東、社員、經營者或利害關係人陳述之意見或徵詢地方自治團體相關機關（涉及各該地方自治團體經營之金融機構）之意見設置明文。又上開辦法允許主管機關逕行指派機關（機構）或人員為監管人或接管人，並使接管人取得經營權及財產管理處分權，復由接管人及主管機關決定概括讓與全部或部分業務及資產負債，或與他金融機構合併，無須斟酌受接管之金融機構股東或社員大會決議之可行性，亦不考慮該金融機構能否適時提供相當資金、擔保或其他解決其資產不足清償債務之有效方法，皆與憲法保障人民財產權之意旨未盡相符。前述法規主管機關均應依本解釋儘速檢討修正。

解釋理由書

憲法第十五條規定，人民財產權應予保障。對人民財產權之限制，必須合於憲法第二十三條所定必要程度，並以法律定之，其由立法機關明確授權行政機關以命令訂定者，須據以發布之命令符合立法意旨且未逾越授權範圍時，始為憲法之所許，迭經本院解釋在案（參照釋字第三一三號、第四二三號、第四八〇號等解釋）。信用合作社法第二十七條第一項：「信用合作社違反法令、章程或無法健全經營而有損及社員及存款人權益之虞時，主管機關得為左列處分：一、撤銷各類法定會議之決議。但其決議內容違反法令或章程者，當然無效。二、撤換經理人、職員，或命令信用合作社予以處分。三、限制發給理事、監事酬勞金。四、停止或解除理事、監事職務。五、停止部分業務。六、勒令停業清理或合併。七、命令解散。八、其他必要之處置。」銀行法第六十二條第一項：「銀行因業務或財務狀況顯著惡化，不能支付其債務或有損及存款人利益之虞時，中央主管機關得勒令停業並限期清理、停止其一部業務、派員監管或接管、

或為其他必要之處置，並得洽請有關機關限制其負責人出境。」上開法律均係為保障存款人權益，並兼顧金融秩序之安定而設。金融機構監管接管辦法第十一條第一項第三款規定，監管人得協助受監管金融機構辦理概括讓與全部或部分業務及資產負債，同辦法第十四條第四款規定，接管人執行職務有辦理第十一條第一項第一款至第四款事項之行為時，應事先報經財政部核准，雖有銀行法第六十二條第三項授權之依據，惟基於保障人民權利之考量，法律規定之實體內容固不得違背憲法，其為實施實體內容之程序及提供適時之司法救濟途徑，亦應有合理規定，方符憲法維護基本權利之意旨；法律授權行政機關訂定之命令，為適當執行法律之規定，尤須對採取影響人民權利之行政措施時，其應遵行之程序作必要之規範。

銀行法、信用合作社法及金融機構監管接管辦法所定之前開各種措施，對銀行、信用合作社之股東（社員）、經營者及其他利害關係人，既皆有重大影響，該等法規僅就主管機關作成行政處分加以規定，未能對作成處分前，如何情形須聽取股東、社員、經營者或利害關係人陳述之意見或徵詢地方自治團體相關機關（涉及各該地方自治團體經營之金融機構）之意見設置明文。前述金融機構監管接管辦法允許主管機關逕行指派機關（機構）或人員為監管人或接管人，而不問被指派機關（機構）或人員之意願，並使接管人取得經營權及財產管理處分權，復由接管人及主管機關決定概括讓與全部或部分業務及資產負債，或與他金融機構合併，無須斟酌受接管之金融機構股東或社員大會決議之可行性，亦不考慮該金融機構能否適時提供相當資金、擔保或其他解決其資產不足清償債務之有效方法，皆與憲法保障人民財產權之意旨未盡相符。前述銀行法、信用合作社法及金融機構監管接管辦法，主管機關均應依本解釋意旨儘速檢討修正。

為避免金融機構一再發生經營不善或資產不足清償債務之事件，主管機關允宜通盤檢討現行金融管理機制，俾使危機消弭於未然。對信用合作社之管理，並應注意憲法第一百四十五條獎勵扶助合作事業之意旨，併此指明。

釋字第四八九號解釋　　（信合二七，銀行六二）　　　　八十八年七月三十日公布

信用合作社法第二十七條第一項及銀行法第六十二條第一項、第二項所稱主管機關對違反法令、章程或無法健全經營而損及社員及存款人權益之合作社或因業務或財務狀況顯著惡化之銀行，得分別為撤銷決議、撤換職員、限制發給理、監事酬勞或停止、解除其職務，停止業務限期清理、派員監管、接管、合併、命令解散、撤銷許可及其

他必要處置。其中必要處置係指在符合信用合作社法第二十七條第一項「無法健全經營而有損及社員及存款人權益之虞時」或銀行法第六十二條第一項「銀行因業務或財務狀況顯著惡化，不能支付其債務或有損及存款人利益之虞時」之前提下，因情況急迫，縱然採取上開法律所舉之措施，勢將不能實現預期效果時，所為不得已之合理手段而言。主管機關對財務狀況顯著惡化、無法健全經營之銀行或信用合作社促使其由其他金融機構概括承受，應合於前述要件外，尚須被概括承受之銀行或信用合作社未能適時提供相當資金、擔保或其他解決其資產不足清償債務之有效方法時，經依相關法令規定辦理概括承受之程序，始符合必要處置之意旨。

解釋理由書

信用合作社法第二十七條第一項：「信用合作社違反法令、章程或無法健全經營而有損及社員及存款人權益之虞時，主管機關得為左列處分：一、撤銷各類法定會議之決議。但其決議內容違反法令或章程者，當然無效。二、撤換經理人、職員，或命令信用合作社予以處分。三、限制發給理事、監事酬勞金。四、停止或解除理事、監事職務。五、停止部分業務。六、勒令停業清理或合併。七、命令解散。八、其他必要之處置。」第二項：「前項第一款至第四款由縣（市）政府或省（市）政府財政廳（局）逕行處理，並報中央主管機關備查，第五款至第八款應轉請中央主管機關處理。」銀行法第六十二條第一項：「銀行因業務或財務狀況顯著惡化，不能支付其債務或有損及存款人利益之虞時，中央主管機關得勒令停業並限期清理、停止其一部業務、派員監管或接管、或為其他必要之處置，並得洽請有關機關限制其負責人出境。」第二項：「中央主管機關於派員監管或接管時，得停止其股東會、董事或監察人全部或部分職權。」各該法條所定之諸多措施顯係分別授權各級主管機關衡量實際情況，依照比例原則，選擇足以達成維持金融秩序之目的，而社會成本最低並兼顧保護人民財產權之手段。其中所謂必要處置係指在符合信用合作社法第二十七條第一項「無法健全經營而有損及社員及存款人權益之虞時」或銀行法第六十二條第一項「銀行因業務或財務狀況顯著惡化，不能支付其債務或有損及存款人利益之虞時」之前提下，因情況急迫，縱然採取上開法律所舉之措施，勢將不能實現預期效果時，所為不得已之合理手段而言。主管機關對財務狀況顯著惡化、無法健全經營之銀行或信用合作社促使其由其他金融機構概括承受，應合於前述要件外，尚須被概括承受之銀行、信用合作社未能適時提供相當資金、擔保或其他解決其資產不足清償債務之有效方法時，經依相關法令規定辦理概括承受之程序，始符合必要處置之意旨。

釋字第四九〇號解釋　（憲七、一三、二〇、二三，兵役一、三、四、五、二〇、二五、三八，兵役施五九，軍刑六四，召集規則一九，妨兵四）

八十八年十月一日公布

人民有依法律服兵役之義務，為憲法第二十條所明定。惟人民如何履行兵役義務，憲法本身並無明文規定，有關人民服兵役之重要事項，應由立法者斟酌國家安全、社會發展之需要，以法律定之。憲法第十三條規定：「人民有信仰宗教之自由。」係指人民有信仰與不信仰任何宗教之自由，以及參與或不參與宗教活動之自由；國家不得對特定之宗教加以獎勵或禁制，或對人民特定信仰畀予優待或不利益。立法者鑒於男女生理上之差異及因此種差異所生之社會生活功能角色之不同，於兵役法第一條規定：中華民國男子依法皆有服兵役之義務，係為實踐國家目的及憲法上人民之基本義務而為之規定，原屬立法政策之考量，非為助長、促進或限制宗教而設，且無助長、促進或限制宗教之效果。復次，服兵役之義務，並無違反人性尊嚴亦未動搖憲法價值體系之基礎，且為大多數國家之法律所明定，更為保護人民，防衛國家之安全所必需，與憲法第七條平等原則及第十三條宗教信仰自由之保障，並無牴觸。又兵役法施行法第五十九條第二項規定：同條第一項判處徒刑人員，經依法赦免、減刑、緩刑、假釋後，其禁役者，如實際執行徒刑時間不滿四年時，免除禁役。故免除禁役者，倘仍在適役年齡，其服兵役之義務，並不因此而免除，兵役法施行法第五十九條第二項因而規定，由各該管轄司法機關通知其所屬縣（市）政府處理。若另有違反兵役法之規定而符合處罰之要件者，仍應依妨害兵役治罪條例之規定處斷，並不構成一行為重複處罰問題，亦與憲法第十三條宗教信仰自由之保障及第二十三條比例原則之規定，不相牴觸。

解釋理由書

現代法治國家，宗教信仰之自由，乃人民之基本權利，應受憲法之保障。所謂宗教信仰之自由，係指人民有信仰與不信仰任何宗教之自由，以及參與或不參與宗教活動之自由；國家不得對特定之宗教加以獎勵或禁制，或對人民特定信仰畀予優待或不利益，其保障範圍包含內在信仰之自由、宗教行為之自由與宗教結社之自由。內在信仰之自由，涉及思想、言論、信念及精神之層次，應受絕對之保障；其由之而派生之宗教行為之自由與宗教結社之自由，則可能涉及他人之自由與權利，甚至可能影響公共秩序、善良風俗、社會道德與社會責任，因此，僅能受相對之保障。宗教信仰之自由與其他之基本權利，雖同受憲法之保障，亦同受憲法之規範，除內在信仰之自由應受絕對保障，不得加以侵犯或剝奪外，宗教行為之自由與宗教結社之自由，在必要之最小限度

內，仍應受國家相關法律之約束，非可以宗教信仰為由而否定國家及法律之存在。因此，宗教之信仰者，既亦係國家之人民，其所應負對國家之基本義務與責任，並不得僅因宗教信仰之關係而免除。

保護人民生命和財產等基本權利乃國家重要之功能與目的，而此功能與目的之達成，有賴於人民對國家盡其應盡之基本義務，始克實現。為防衛國家之安全，在實施徵兵制之國家，恆規定人民有服兵役之義務，我國憲法第二十條規定：人民有依法律服兵役之義務，即係屬於此一類型之立法。惟人民如何履行兵役義務，憲法本身並無明文規定，有關人民服兵役之重要事項，應由立法者斟酌國家安全、社會發展之需要，以法律定之。立法者鑒於男女生理上之差異及因此種差異所生之社會生活功能角色之不同，於兵役法第一條規定：中華民國男子依法皆有服兵役之義務；第三條第一項規定：男子年滿十八歲之翌年一月一日起役，至屆滿四十五歲之年十二月三十一日除役；第四條規定：凡身體畸形、殘廢或有痼疾不堪服役者，免服兵役，稱為免役；第五條規定：凡曾判處七年以上有期徒刑者禁服兵役，稱為禁役。上開條文，係為實踐國家目的及憲法上人民之基本義務而為之規定，原屬立法政策之考量，非為助長、促進或限制宗教而設，且無助長、促進或限制宗教之效果。復次，男子服兵役之義務，並無違反人性尊嚴亦未動搖憲法價值體系之基礎，且為大多數國家之法律所明定，更為保護人民，防衛國家之安全所必需，與憲法第七條平等原則及第十三條宗教信仰自由之保障，並無牴觸。

兵役法施行法第五十九條第二項規定：同條第一項判處徒刑人員，經依法赦免、減刑、緩刑、假釋後，其禁役者，如實際執行徒刑時間不滿四年時，免除禁役。故被免除禁役者，倘仍在適役年齡，其服兵役之義務，並不因此而被免除，兵役法施行法第五十九條第二項因而規定，由各該管轄司法機關通知其所屬縣（市）政府處理。若另有違反兵役法之規定而符合處罰之要件者，仍應依妨害兵役治罪條例之規定處斷，並不構成一行為重複處罰問題，亦與憲法第十三條宗教信仰自由之保障及第二十三條比例原則之規定，不相牴觸。又犯罪判處徒刑在執行中者，停服現役，稱為停役。停役原因消滅時，回復現役，稱為回役。兵役法第二十條第一項第二款後段及同條第二項定有明文。至於回役之程序如何，兵役法第二十五條第一項第一款、第二款祇分別規定常備軍官、常備士官、常備兵、補充兵在現役期間停役者，為後備軍人，應受後備管理而已，初無關於回役之技術性之程序規定。惟回役核其實質，仍不失為後備軍人平時為現役補缺之性質，依兵役法第三十八條第一項第二款規定，自得對之臨時召集。行

政院訂定發布之召集規則第十九條第一項第四款乃規定，停役原因消滅，回復現役，得對之臨時召集，並未逾越兵役法第三十八條第一項第二款規定之範圍，亦未增加人民之負擔，核與憲法法律保留之原則，並無不符。本於同一理由，同規則第十九條第一項第五款，補服義務役期之臨時召集之規定，亦與憲法保障人民權利之意旨無違，併此指明。

釋字第四九一號解釋　（憲一五、一八、二三、七七、八三、九七，公考一二、一八，公考施一四，公懲二、四、一九，行序一○二，稅徵三九，會計師一七）

八十八年十月十五日公布

憲法第十八條規定人民有服公職之權利，旨在保障人民有依法令從事於公務之權利，其範圍不惟涉及人民之工作權及平等權，國家應建立相關制度，用以規範執行公權力及履行國家職責之行為，亦應兼顧對公務人員之權益之保護。公務人員之懲戒乃國家對其違法、失職行為之制裁。此項懲戒得視其性質，於合理範圍內，以法律規定由其長官為之。中央或地方機關依公務人員考績法或相關法規之規定對公務人員所為免職之懲處處分，為限制人民服公職之權利，實質上屬於懲戒處分，其構成要件應由法律定之，方符憲法第二十三條之意旨。公務人員考績法第十二條第一項第二款規定各機關辦理公務人員之專案考績，一次記二大過者免職。同條第二項復規定一次記二大過之標準由銓敘部定之，與上開解釋意旨不符。又懲處處分之構成要件，法律以抽象概念表示者，其意義須非難以理解，且為一般受規範者所得預見，並可經由司法審查加以確認，方符法律明確性原則。對於公務人員之免職處分既係限制憲法保障人民服公職之權利，自應踐行正當法律程序，諸如作成處分應經機關內部組成立場公正之委員會決議，處分前並應給予受處分人陳述及申辯之機會，處分書應附記理由，並表明救濟方法、期間及受理機關等，設立相關制度予以保障。復依公務人員考績法第十八條規定，服務機關對於專案考績應予免職之人員，在處分確定前得先行停職。受免職處分之公務人員既得依法提起行政爭訟，則免職處分自應於確定後方得執行。相關法令應依本解釋意旨檢討改進，其與本解釋不符部分，應自本解釋公布之日起，至遲於屆滿二年時失其效力。

解釋理由書

憲法第十八條規定人民有服公職之權利，旨在保障人民有依法令從事於公務之權利，其範圍不惟涉及人民之工作權及平等權，國家應制定有關任用、銓敘、紀律、退休及

撫卹等保障公務人員權益之法律，用以規範執行公權力及履行國家職責之行為。公務人員之懲戒乃國家對其違法、失職行為之制裁，此項懲戒為維持長官監督權所必要，自得視懲戒處分之性質，於合理範圍內，以法律規定由長官為之。中央或地方機關依公務人員考績法或相關法規之規定，對公務人員所為免職之懲處處分，為限制其服公職之權利，實質上屬於懲戒處分。其構成要件應由法律定之，方符憲法第二十三條規定之意旨。關於限制憲法第十八條所定人民服公職之權利，法律固得授權主管機關發布命令為補充規定（參照本院釋字第四四三號解釋理由書），其授權之目的、範圍及內容則應具體明確而後可。惟公務人員考績法第十二條第一項第二款規定各機關辦理公務人員之專案考績，一次記二大過者免職，同條第二項復規定一次記二大過之標準由銓敘部定之。此項免職處分係對人民服公職權利之重大限制，自應以法律定之。上開法律未就構成公務人員免職之標準，為具體明確之規定，與前述解釋意旨有違。又懲處處分之構成要件，法律以抽象概念表示者，不論其為不確定概念或概括條款，均須符合明確性之要求。其意義須非難以理解、且為一般受規範者所得預見，並得經由司法審查加以確認方可。對於公務人員之免職處分既係限制憲法保障人民服公職之權利，自應踐行正當法律程序，諸如作成處分應經機關內部組成立場公正之委員會決議，委員會之組成由機關首長指定者及由票選產生之人數比例應求相當，處分前應給予受處分人陳述及申辯之機會，處分書應附記理由，並表明救濟方法、期間及受理機關等，設立相關制度為妥善之保障。復依公務人員考績法第十八條規定，服務機關對於專案考績應予免職之人員，在處分確定前得先行停職。受免職處分之公務人員既得依法提起行政爭訟，則免職處分自應於確定後方得執行。相關法令應依本解釋意旨檢討改進，其與本解釋不符部分，應自本解釋公布之日起，至遲於屆滿二年時失其效力。

釋字第四九二號解釋　（憲一五，民四〇，公司二五、二六、八四、一一三，商標二四、二六、二八、三三、三四）　八十八年十月二十九日公布

人民之財產權應予保障，為憲法第十五條所明定。商標專用權屬於人民財產權之一種，亦在憲法保障之列。惟商標專用權人結束營業，且並無於結束營業前或其後就同一商標專用權授權他人使用或移轉他人繼續營業之可能時，因其已喪失存在之目的，自無再予保障之必要。中華民國七十二年一月二十六日修正公布之商標法第三十三條第一款規定，商標專用權人於商標專用期間內廢止營業者，其商標專用權當然消滅，即係本此意旨所為對人民財產權之限制；商標專用權人倘僅係暫時停止營業；或權利人本

人雖結束營業，而仍有移轉他人繼續營業之可能時，其商標既有繼續使用之價值，即難謂與廢止營業相同，而使其商標專用權當然消滅。公司法第二十五條規定，解散之公司於清算範圍內，視為尚未解散，即法人尚未消滅；同法第二十六條規定，解散之公司在清算時期，得為了結現務及便利清算之目的，暫時經營業務。故解散之公司事實上據此規定倘尚在經營業務中，且係繼續原有之營業者，既不能認已廢止營業，從而其享有之商標專用權，要亦不能認為已當然消滅。於此，其為了結現務及便利清算之目的，自得將商標專用權與其商品經營一併移轉他人。經濟部七十四年八月二十日經（七四）商字第三六一一一〇號關於「依公司法為解散登記或撤銷登記者」即係「廢止營業」之函釋部分，其對於人民財產權之限制，顯已逾越上述商標法第三十三條第一款所定之限度，與憲法保障人民財產權之意旨有違，應不予援用。

解釋理由書

人民之財產權應予保障，為憲法第十五條所明定；商標專用權既屬人民財產權之一種，當亦在憲法保障之列。商標專用期間為十年，自註冊之日起算，屆期並得依法申請延展註冊；其有授權他人使用或移轉他人者，雖未向商標主管機關登記，亦非無效，此觀商標法第二十四條第一項、第二項、第二十六條第二項、第二十八條第一項之規定即明。商標專用權之當然消滅，係指商標專用權人結束營業，且並無於結束營業前或其後就同一商標專用權授權他人使用或移轉他人繼續營業之可能時，因其已喪失存在之目的，自無再予保障之必要。中華民國七十二年一月二十六日修正公布之商標法第三十三條第一款規定，商標專用權人於商標專用期間內廢止營業者，其商標專用權當然消滅（八十二年十二月二十二日修正移為第三十四條第二款，然文字修正為：「商標專用權人為法人，經解散或主管機關撤銷登記者。但於清算程序或破產程序終結前，其專用權視為存續」；八十六年五月七日修正現行商標法則刪除該款規定），固係本於上述之意旨所為對人民財產權之限制；惟如上之說明，商標專用權人倘僅係暫時停止營業；或權利人本人雖結束營業，而仍有移轉他人繼續營業之可能時，其商標既有繼續使用之價值，即難謂係與廢止營業相同，而使其商標專用權當然消滅。民法第四十條第二項：「法人至清算終結止，在清算之必要範圍內，視為存續。」公司法第二十五條：「解散之公司，於清算範圍內，視為尚未解散。」同法第二十六條：「前條解散之公司，在清算時期中，得為了結現務及便利清算之目的，暫時經營業務。」同法第一百十三條準用第八十四條第二項：「清算人執行前項職務，有代表公司為訴訟上或訴訟外一切行為之權；但將公司營業包括資產負債轉讓於他人時，應得全體股東之同意。」等之

規定，或係就法人、公司於解散登記後、清算程序中，仍享有一定範圍之權利能力；或係對解散之公司於清算程序中，仍得為必要之營業行為，且亦得將公司之營業、包含資產或負債移轉於他人之事項予以規範。似此情形，解散之公司既仍享有一定範圍之權利能力，復得將其營業移轉於他人，則該公司之商標即有繼續使用之價值，而非屬前述商標法第三十三條第一款所稱「廢止營業」，其商標專用權並不當然消滅。經濟部七十四年八月二十日經（七四）商字第三六一一一○號函釋，說明三㈡竟以「依公司法為解散登記或撤銷登記者」認係上述商標法第三十三條第一款所稱「廢止營業」，否定上開民法、公司法之規定，致仍有存續價值之已解散法人之商標專用權，由是當然消滅，其對於人民財產權之限制，顯係逾越上述商標法第三十三條第一款所定之限度，與憲法保障人民財產權之意旨有違，應不予援用。

釋字第四九三號解釋　　（憲一九，所得稅四之一、二四、四二）

八十八年十月二十九日公布

營利事業所得之計算，係以其本年度收入總額減除各項成本費用、損失及稅捐後之純益額為所得額，為所得稅法第二十四條第一項所明定。依所得稅法第四條之一前段規定，自中華民國七十九年一月一日起，證券交易所得停止課徵所得稅；公司投資收益部分，依六十九年十二月三十日修正公布之所得稅法第四十二條，公司組織之營利事業，投資於國內其他非受免徵營利事業所得稅待遇之股份有限公司組織者，其中百分之八十免予計入所得額課稅；則其相關成本費用，按諸收入與成本費用配合之上揭法律規定意旨及公平原則，自亦不得歸由其他應稅之收入項下減除。至應稅收入及免稅收入應分攤之相關成本費用，除可直接合理明確歸屬者得個別歸屬，應自有價證券出售收入項下減除外，因投資收益及證券交易收入源自同一投入成本，難以投入成本比例作為分攤基準。財政部八十三年二月八日臺財稅第八三一五八二四七二號函說明三，採以收入比例作為分攤基準之計算方式，符合上開法條規定意旨，與憲法尚無牴觸。惟營利事業成本費用及損失等之計算涉及人民之租稅負擔，為貫徹憲法第十九條之意旨，仍應由法律明確授權主管機關訂立為宜。

　　解釋理由書

營利事業所得之計算，係以其本年度收入總額減除各項成本費用、損失及稅捐後之純益額為所得額，為所得稅法第二十四條第一項所明定。免稅所得與應稅所得之投入成本及費用若無法明確劃分歸屬者，依公平原則，自應以收入比例作為分攤之基準。以

有價證券買賣為專業之營利事業,其經營有價證券投資業務產生之營業收入計有二種。一為有價證券未出售前因持有有價證券而獲配股息及紅利所取得之投資收益收入,一為因出售有價證券而產生之證券交易收入。投資收益部分,依所得稅法第四十二條規定,公司組織之營利事業,投資於國內其他非受免徵營利事業所得稅待遇之股份有限公司組織者,百分之二十為應稅所得,其相關營業費用及利息支出,應在該課稅範圍內准予列支,其餘百分之八十免稅部分,其相關營業費用及利息支出,應配合自投資收益收入項下減除。證券交易部分,依所得稅法第四條之一規定,自七十九年一月一日起,證券交易所得停止課徵所得稅,其相關營業費用及利息支出,應配合自證券交易收入項下減除。從而以買賣有價證券為專業之公司,其營業費用及利息支出,即需分別攤歸投資收益及證券交易收入負擔。至分攤方式,除可直接合理明確歸屬者得個別歸屬,應自有價證券出售收入項下減除外,因投資收益及證券交易收入源自同一投入成本,難以投入成本比例作為分攤基準。財政部八十三年二月八日臺財稅第八三一五八二四七二號函說明:「三、以有價證券買賣為專業之營利事業,其營業費用及借款利息,除可合理明確歸屬者得個別歸屬認列外,應按核定有價證券出售收入、投資收益、債券利息收入及其他營業收入比例,計算有價證券出售部分應分攤之費用及利息,自有價證券出售收入項下減除」,係採以收入比例作為分攤基準之計算方式,符合上開立法意旨,與憲法尚無牴觸。惟營利事業成本費用及損失等之計算涉及人民之租稅負擔,為貫徹憲法第十九條之意旨,仍應由法律明確授權主管機關訂立為宜。又聲請人以其課稅事實發生於七十九年度,而主管稽徵機關竟引用財政部八十三年所為計算方法之函釋,有違法令不溯及既往原則一節,查行政主管機關就行政法規所為之釋示,係闡明法規之原意者,應自法規生效之日起有其適用,業經本院釋字第二八七號解釋釋示在案,不生牴觸憲法問題。

釋字第四九四號解釋　　(勞基三、二四、八四之一,勞基施五〇之二)

　　　　　　　　　　　　　　　　　　八十八年十一月十八日公布

國家為保障勞工權益,加強勞僱關係,促進社會與經濟發展,而制定勞動基準法,規定勞工勞動條件之最低標準,並依同法第三條規定適用於同條第一項各款所列之行業。事業單位依其事業性質以及勞動態樣,固得與勞工另訂定勞動條件,但不得低於勞動基準法所定之最低標準。關於延長工作時間之加給,自勞動基準法施行後,凡屬於該法適用之各業自有該法第二十四條規定之適用,俾貫徹法律保護勞工權益之意旨。至

監視性、間歇性或其他性質特殊工作，不受上開法律有關工作時間、例假、休假等規定之限制，係中華民國八十五年十二月二十七日該法第八十四條之一所增訂，對其生效日期前之事項，並無適用餘地。

解釋理由書

勞動基準法依據憲法維護人民生存權、工作權及改善勞工生活之意旨，以保障勞工權益，加強勞雇關係，促進社會與經濟發展為目的，而規定關於工資、工作時間、休息、休假、退休、職業災害補償等勞工勞動條件之最低標準，並依同法第三條規定適用於同條第一項各款所列之行業；且於八十五年十二月二十七日修正之第三條條文中增列第三項，規定於八十七年底以前，除確有窒礙難行者外，適用於一切勞雇關係，確保所有勞工皆得受本法之保障，以貫徹法律保護勞工權益之意旨。

事業單位固應依其事業性質適用勞動基準法，但各業之勞動態樣甚為分殊，其中從事監視性性質之工作者，原則上於一定之場所就一定之配置，以監視為其本來之業務，其身體與精神之緊張程度通常較低；從事間歇性性質之工作者，其進行之方式，等待時間較工作時間為長，就該等性質之工作，雖得與勞工另訂定勞動條件，惟不得低於勞動基準法所定之最低標準。就是否屬於監視性、間歇性或其他性質特殊之工作者，依八十五年十二月二十七日增訂之第八十四條之一規定，應經中央主管機關核定公告；雇主依同條規定與勞工所訂立之勞動條件書面約定，關於工作時間等事項，亦應報請當地主管機關核備，並非雇主單方或勞雇雙方所得以決定；且依八十六年六月十二日新修正之同法施行細則第五十條之二規定，其內容應包括職稱、工作項目、工作權責或工作性質、工作時間、例假、休假、女性夜間工作等有關事項。惟關於延長工作時間之加給，自勞動基準法施行後，凡屬於該法適用之各業自有該法第二十四條規定之適用。至監視性、間歇性或其他性質特殊工作，不受上開法律有關工作時間、例假、休假等規定之限制，係前述該法第八十四條之一所增訂，對其生效日期前之事項，並無適用餘地。又工作時間或休息時間之計算，為按各行業之性質，依有關法令認定事實之問題，不在本件解釋範圍，併此敘明。

釋字第四九五號解釋　　（憲一五、二三，海關緝私一、三、三一之一）

八十八年十一月十八日公布

凡規避檢查、偷漏關稅或逃避管制，未經向海關申報而運輸貨物進、出國境者，海關應予查緝，海關緝私條例第一條及第三條定有明文。同條例第三十一條之一規定：「船

舶、航空器、車輛或其他運輸工具所載進口貨物或轉運本國其他港口之轉運貨物，經海關查明與艙口單、載貨清單、轉運艙單或運送契約文件所載不符者，沒入其貨物。但經證明確屬誤裝者，不在此限」，係課進、出口人遵循國際貿易及航運常規程序，就貨物與艙口單、載貨清單、轉運艙單或運送契約文件，誠實記載及申報之義務，並對於能舉證證明確屬誤裝者，免受沒入貨物之處分，其責任條件未排除本院釋字第二七五號解釋之適用，為增進公共利益所必要，與憲法第二十三條尚無牴觸。

解釋理由書

私運貨物進出口之查緝由海關為之，而所謂私運貨物進口、出口者，係指規避檢查、偷漏關稅或逃避管制，未經向海關申報而運輸貨物進、出國境者而言，海關緝私條例第一條及第三條定有明文。海關究應如何執行各項檢查及採行何種措施以達成防堵私運貨物之目的，應由立法者參酌國際貿易慣例、海關作業實務與執行技術而為決定，屬立法裁量之事項。人民違反法律上義務而應受行政罰之行為，法律上無特別規定時，雖不以出於故意為必要，仍須以過失為其責任條件。但應受行政罰之行為，僅需違反禁止規定或作為義務，而不以發生損害或危險為要件者，推定為有過失，於行為人不能舉證證明自己無過失時，即應受處罰，業經本院釋字第二七五號解釋在案。海關緝私條例第三十一條之一規定：「船舶、航空器、車輛或其他運輸工具所載進口貨物或轉運本國其他港口之轉運貨物，經海關查明與艙口單、載貨清單、轉運艙單或運送契約文件所載不符者，沒入其貨物。但經證明確屬誤裝者，不在此限」，係因在正常國際貨物買賣情況下，出口人有義務交付正確文件供運送人據以填載，而進口人也應要求託運人裝運依契約文件所買賣之貨物，以避免進口貨物與運送契約文件不符，致違反進口國法令。從而本條係課進、出口人遵循國際貿易及航運常規程序，就貨物與艙口單、載貨清單、轉運艙單或運送契約文件，誠實記載及申報之義務，並對於能舉證證明確屬誤裝者，免受沒入貨物之處分，其責任條件未排除本院釋字第二七五號解釋之適用，為增進公共利益所必要，與憲法第二十三條尚無牴觸。

釋字第四九六號解釋　（憲一九，所得稅三、二四，獎勵投資條例一、二、六、八九，獎勵投資條例施行細則一、九）　　　　　　八十八年十二月三日公布

憲法第十九條規定「人民有依法律納稅之義務」，係指人民有依法律所定要件負繳納稅捐之義務或享減免繳納之優惠而言。稅法之解釋，應本於租稅法律主義之精神，依各該法律之立法目的，衡酌經濟上之意義及實質課稅之公平原則為之。財政部中華民國

五十九年九月二日臺財稅發第二六六五六號令及七十七年五月十八日臺財稅第七七〇六五六一五一號函，核發修正獎勵減免營利事業所得稅計算公式，乃主管機關為便利徵納雙方徵繳作業，彙整獎勵投資條例及所得稅法相關規定所為之釋示，其中規定「非營業收入小於非營業損失時，應視為零處理」，係為避免產生非免稅產品所得亦不必繳稅之結果，以期符合該條例獎勵項目之產品其所得始可享受稅捐優惠之立法意旨。惟相關之非營業損失，如可直接合理明確定其歸屬者，應據以定其歸屬外，倘難以區分時，則依免稅產品銷貨（業務）收入與應稅產品銷貨（業務）收入之比例予以推估，始符合租稅公平原則。有關機關應依本解釋意旨從速檢討修正相關法令，併此指明。

解釋理由書

憲法第十九條規定，人民有依法律納稅之義務，係指人民有依法律所定之納稅主體、稅目、稅率、納稅方法及稅捐減免等項目，負繳納稅捐之義務或享受減免稅捐之優惠而言。涉及租稅事項之法律，其解釋應本於租稅法律主義之精神，依各該法律之立法目的，衡酌經濟上之意義及實質課稅之公平原則為之，業經本院釋字第四二〇號解釋在案。主管機關雖得基於職權，就稅捐法律之執行為必要之釋示，惟須符合首開意旨，乃屬當然。

獎勵投資條例（已於七十九年十二月三十一日因施行期間屆滿失效）係為獎勵投資活動，加速國家經濟發展之目的所制定，採用稅捐減免優惠為主要獎勵方法，以實現其立法意旨。而為期符合獎勵範圍之各種生產事業及營利事業均能公平同霑其利，並防止以迴避租稅行為獲取不正當減免稅捐優惠，規定有各種享受獎勵之條件，必須合於獎勵類目及獎勵標準者，始得享有稅捐減免之優惠。財政部五十九年九月二日臺財稅發第二六六五六號令及七十七年五月十八日臺財稅第七七〇六五六一五一號函，核發獎勵減免營利事業所得稅計算公式，乃主管機關為便利徵納雙方徵繳作業，彙整獎勵投資條例及所得稅法相關規定所為之釋示，其中規定「非營業收入小於非營業損失時，應視為零處理」，係為避免產生非免稅產品所得亦不必繳稅之結果，與該條例對稅捐減免優惠以獎勵項目之產品所得為限之立法意旨相符。

上開財政部令函說明固謂：計算公式中「非營業收入」減「非營業損失」之餘額，若「非營業損失」大於「非營業收入」而發生營業外虧損時，應視為零處理。惟查相關之非營業損失項目繁多，如利息支出、兌換損失、免稅產品盤損或發生災害之損失等皆屬之。故與營業項目相關之非營業損失，如可直接合理明確定其歸屬者，應具體定其歸屬外，倘難以區分時，則依免稅產品銷貨（業務）收入與應稅產品銷貨（業務）

收入之比例予以推估，始符合租稅公平原則（參照本院釋字第四九三號解釋）。有關機關應依本解釋意旨從速檢討修正相關法令，併此指明。

釋字第四九七號解釋　（憲一〇、二三，憲增修一〇，兩岸人民關係一〇、一七）

八十八年十二月三日公布

中華民國八十一年七月三十一日公布之臺灣地區與大陸地區人民關係條例係依據八十年五月一日公布之憲法增修條文第十條（現行增修條文改列為第十一條）「自由地區與大陸地區間人民權利義務關係及其他事務之處理，得以法律為特別之規定」所制定，為國家統一前規範臺灣地區與大陸地區間人民權利義務之特別立法。內政部依該條例第十條及第十七條之授權分別訂定「大陸地區人民進入臺灣地區許可辦法」及「大陸地區人民在臺灣地區定居或居留許可辦法」，明文規定大陸地區人民進入臺灣地區之資格要件、許可程序及停留期限，係在確保臺灣地區安全與民眾福祉，符合該條例之立法意旨，尚未逾越母法之授權範圍，為維持社會秩序或增進公共利益所必要，與上揭憲法增修條文無違，於憲法第二十三條之規定亦無牴觸。

　　解釋理由書

人民有居住遷徙之自由，固為憲法第十條所保障，惟為防止妨礙他人自由、避免緊急危難、維持社會秩序或增進公共利益之必要，得以法律限制之，憲法第二十三條亦有明文。又八十年五月一日公布之憲法增修條文第十條（現行增修條文改列為第十一條）規定：「自由地區與大陸地區間人民權利義務關係及其他事務之處理，得以法律為特別之規定。」八十一年七月三十一日公布之臺灣地區與大陸地區人民關係條例係依上開增修條文所制定，為國家統一前確保臺灣地區安全與民眾福祉，規範臺灣地區與大陸地區人民間權利義務之特別立法。再者，法律授權訂定命令，如涉及限制人民之自由權利時，其授權之目的、範圍及內容固須符合具體明確之要件；若法律僅為概括授權時，則應就該項法律整體所表現之關聯意義以推知立法者授權之意旨，而非拘泥於特定法條之文字（參照本院釋字第三九四號解釋）。內政部依該條例第十條「大陸地區人民非經主管機關許可，不得進入臺灣地區」（第一項）、「經許可進入臺灣地區之大陸地區人民，不得從事與許可目的不符之活動或工作」（第二項）、「前二項許可辦法，由有關主管機關擬訂，報請行政院核定後發布之」（第三項），第十七條第一項「大陸地區人民有左列情形之一者，得申請在臺灣地區居留：一、臺灣地區人民之配偶，結婚已滿二年或已生產子女者。二、其他基於政治、經濟、社會、教育、科技或文化之考量，經

主管機關認為確有必要者」，同條第七項（現行條文為第八項）「前條及第一項申請定
居或居留之許可辦法，由內政部會同有關機關擬訂，報請行政院核定後發布之」，及同
條例第十八條第一項第二款，進入臺灣地區之大陸地區人民，經許可入境，已逾停留
期限者，治安機關得逕行強制出境等規定，於八十二年二月八日以內政部臺（八二）
內警字第八二七三四六六號令發布「大陸地區人民進入臺灣地區許可辦法」、臺（八二）
內警字第八二七三四五九號令發布「大陸地區人民在臺灣地區定居或居留許可辦法」，
明文規定大陸地區人民進入臺灣地區之資格要件、許可程序、定居或停留期限及逾期
停留之處分等規定，符合該條例之立法意旨，尚未逾越母法之授權範圍，為維持社會
秩序或增進公共利益所必要，與上揭憲法增修條文無違，於憲法第二十三條之規定亦
無抵觸。

釋字第四九八號解釋　（憲六七、一一一、一一八、一二一、一二三、一二四、
一二六、一二八、一四七，憲增修九，地方一四、一六、三三、三五～三七、四
〇、四一、四八、四九、五五、六九，公職選罷一、二、六九，財劃三〇）

八十八年十二月三十一日公布

地方自治為憲法所保障之制度。基於住民自治之理念與垂直分權之功能，地方自治團
體設有地方行政機關及立法機關，其首長與民意代表均由自治區域內之人民依法選舉
產生，分別綜理地方自治團體之地方事務，或行使地方立法機關之職權，地方行政機
關與地方立法機關間依法並有權責制衡之關係。中央政府或其他上級政府對地方自治
團體辦理自治事項、委辦事項，依法僅得按事項之性質，為適法或適當與否之監督。
地方自治團體在憲法及法律保障之範圍內，享有自主與獨立之地位，國家機關自應予
以尊重。立法院所設各種委員會，依憲法第六十七條第二項規定，雖得邀請地方自治
團體行政機關有關人員到會備詢，但基於地方自治團體具有自主、獨立之地位，以及
中央與地方各設有立法機關之層級體制，地方自治團體行政機關公務員，除法律明定
應到會備詢者外，得衡酌到會說明之必要性，決定是否到會。於此情形，地方自治團
體行政機關之公務員未到會備詢時，立法院不得因此據以為刪減或擱置中央機關對地
方自治團體補助款預算之理由，以確保地方自治之有效運作，及符合憲法所定中央與
地方權限劃分之均權原則。

解釋理由書

本件係前臺灣省議會聲請解釋，本院受理後，憲法增修條文第九條於中華民國八十六

年七月二十一日已有修正，地方制度法並於八十八年一月二十五日制定公布，省縣自治法及直轄市自治法則經廢止。是本件解釋自應以現行法律為基準，合先敘明。

地方自治為憲法所保障之制度，憲法於第十章詳列中央與地方之權限，除已列舉事項外，憲法第一百十一條明定如有未列舉事項發生時，其事務有全國一致之性質者屬於中央，有一縣性質者則屬於縣，旨在使地方自治團體對於自治區域內之事務，具有得依其意思及責任實施自治之權。地方自治團體在特定事務之執行上，即可與中央分權，並與中央在一定事務之執行上成為相互合作之實體。從而，地方自治團體為與中央政府共享權力行使之主體，於中央與地方共同協力關係下，垂直分權，以收因地制宜之效。憲法繼於第十一章第二節設「縣」地方制度之專節規定，分別於憲法第一百十八條、第一百二十一條、第一百二十八條規定直轄市、縣與市實行自治，以實現住民自治之理念，使地方人民對於地方事務及公共政策有直接參與或形成之權。憲法增修條文第九條亦係本諸上述意旨而設，地方制度法並據此而制定公布。

基於住民自治之理念以及中央與地方垂直分權之功能，地方自治團體有行政與立法機關之自治組織設置，其首長與民意代表均由自治區域內之人民依法選舉、罷免之，此分別有憲法第一百二十三條、第一百二十四條、第一百二十六條，地方制度法第三十三條、第五十五條，公職人員選舉罷免法第一條、第二條、第六十九條等規定可據。地方自治團體不僅依法辦理自治事項，並執行上級政府委辦事項。地方自治區域內之人民對於地方自治事項，有依法行使創制、複決之權（憲法第一百二十三條、地方制度法第十四條、第十六條第二款、第三章第二節參照）。地方立法機關行使其立法機關之職權，地方行政機關應將總預算案提請其立法機關審議。地方立法機關閉會時，其行政機關首長應提出施政報告，民意代表並有向該機關首長或單位主管行使質詢之權；就特定事項有明瞭必要時，則得邀請其首長或單位主管列席說明（地方制度法第三十五條至第三十七條、第四十條、第四十一條、第四十八條、第四十九條參照）。此乃基於民意政治及責任政治之原則，地方行政與地方立法機關並有權責制衡之關係。中央政府或其他上級政府對地方自治團體辦理自治事項、委辦事項，依法僅得按事項之性質，為適法、適當與否或其他一定之監督（同法第四章參照）。是地方自治團體在憲法及法律保障範圍內，享有自主與獨立之地位，國家機關自應予尊重。

按立法院所設各種委員會，得邀請政府人員及社會上有關係人員到會備詢，為憲法第六十七條第二項所明定。鑑於行政院應依憲法規定對立法院負責，故凡行政院各部會首長及其所屬公務員，除依法獨立行使職權，不受外部干涉之人員外，於立法院各種

委員會依憲法第六十七條第二項規定邀請到會備詢時，有應邀說明之義務，亦經本院釋字第四六一號解釋在案。惟考量權力分立及憲法上中央與地方均權之原則，就地方自治團體行政機關公務員到會備詢應作適當之規範。地方自治既受我國憲法制度性之保障，有一定之自主權限，為與中央政府共享國家權力行使，並共同協力之主體，且中央與地方各設有立法機關，建立層級體制。是地方自治團體行政機關人員受立法院各種委員會邀請到會備詢時，除法律明定應到會備詢者外，尚不負到會備詢之義務。惟得衡酌到會說明之必要性，決定是否到會。又中央對地方自治團體得視其財政狀況予以適當之補助（憲法第一百四十七條、地方制度法第六十九條、財政收支劃分法第三十條參照），俾使地方自治團體足應其財政之基本需求，以保障全國各地區住民之生活，實現全國經濟平衡發展之憲法意旨。立法院自不得遽因地方自治團體所屬公務員之未到會備詢，據以為刪減或擱置中央機關依法對地方自治團體補助款預算之理由，以確保地方自治之有效運作，及符合憲法所定中央與地方權限劃分之均權原則。

釋字第四九九號解釋　（憲一、二、四、七、二五～二八、七八、七九、一一七、一三三、一三五、一七三、一七四，憲增修一、四、九、一〇，大法官審案四、五，國民大會議事規則三八，國大組八）　　八十九年三月二十四日公布

一、憲法為國家根本大法，其修改關係憲政秩序之安定及全國國民之福祉至鉅，應由修憲機關循正當修憲程序為之。又修改憲法乃最直接體現國民主權之行為，應公開透明為之，以滿足理性溝通之條件，方能賦予憲政國家之正當性基礎。國民大會依憲法第二十五條、第二十七條第一項第三款及中華民國八十六年七月二十一日修正公布之憲法增修條文第一條第三項第四款規定，係代表全國國民行使修改憲法權限之唯一機關。其依修改憲法程序制定或修正憲法增修條文須符合公開透明原則，並應遵守憲法第一百七十四條及國民大會議事規則有關之規定，俾副全國國民之合理期待與信賴。是國民大會依八十三年八月一日修正公布憲法增修條文第一條第九項規定訂定之國民大會議事規則，其第三十八條第二項關於無記名投票之規定，於通過憲法修改案之讀會時，適用應受限制。而修改憲法亦係憲法上行為之一種，如有重大明顯瑕疵，即不生其應有之效力。所謂明顯，係指事實不待調查即可認定；所謂重大，就議事程序而言則指瑕疵之存在已喪失其程序之正當性，而違反修憲條文成立或效力之基本規範。國民大會於八十八年九月四日三讀通過修正憲法增修條文，其修正程序牴觸上開公開透明原則，且衡諸當時有效之國民大會議事規則第三十八條第二項規定，亦屬有違。

依其議事錄及速記錄之記載，有不待調查即可發現之明顯瑕疵，國民因而不能知悉國民大會代表如何行使修憲職權，國民大會代表依憲法第一百三十三條規定或本院釋字第三三一號解釋對選區選民或所屬政黨所負政治責任之憲法意旨，亦無從貫徹。此項修憲行為有明顯重大瑕疵，已違反修憲條文發生效力之基本規範。

二、國民大會為憲法所設置之機關，其具有之職權亦為憲法所賦予，基於修憲職權所制定之憲法增修條文與未經修改之憲法條文雖處於同等位階，惟憲法中具有本質之重要性而為規範秩序存立之基礎者，如聽任修改條文予以變更，則憲法整體規範秩序將形同破毀，該修改之條文即失其應有之正當性。憲法條文中，諸如：第一條所樹立之民主共和國原則、第二條國民主權原則、第二章保障人民權利、以及有關權力分立與制衡之原則，具有本質之重要性，亦為憲法整體基本原則之所在。基於前述規定所形成之自由民主憲政秩序，乃現行憲法賴以存立之基礎，凡憲法設置之機關均有遵守之義務。

三、第三屆國民大會八十八年九月四日通過之憲法增修條文第一條，國民大會代表第四屆起依比例代表方式選出，並以立法委員選舉各政黨所推薦及獨立參選之候選人得票之比例分配當選名額，係以性質不同、職掌互異之立法委員選舉計票結果，分配國民大會代表之議席，依此種方式產生之國民大會代表，本身既未經選舉程序，僅屬各黨派按其在立法院席次比例指派之代表，與憲法第二十五條國民大會代表全國國民行使政權之意旨，兩不相容，明顯構成規範衝突。若此等代表仍得行使憲法增修條文第一條以具有民選代表身分為前提之各項職權，將牴觸民主憲政之基本原則，是增修條文有關修改國民大會代表產生方式之規定，與自由民主之憲政秩序自屬有違。

四、上開增修條文第一條第三項後段規定：「第三屆國民大會代表任期至第四屆立法委員任期屆滿之日止」，復於第四條第三項前段規定：「第四屆立法委員任期至中華民國九十一年六月三十日止」，計分別延長第三屆國民大會代表任期二年又四十二天及第四屆立法委員任期五個月。按國民主權原則，民意代表之權限，應直接源自國民之授權，是以代議民主之正當性，在於民意代表行使選民賦予之職權須遵守與選民約定，任期屆滿，除有不能改選之正當理由外應即改選，乃約定之首要者，否則將失其代表性。本院釋字第二六一號解釋：「民意代表之定期改選，為反映民意，貫徹民主憲政之途徑」亦係基於此一意旨。所謂不能改選之正當理由，須與本院釋字第三十一號解釋所指：「國家發生重大變故，事實上不能依法辦理次屆選舉」之情形相當。本件關於國民大會代表及立法委員任期之調整，並無憲政上不能依法改選之正當理由，遽以修改上開

增修條文方式延長其任期，與首開原則不符。而國民大會代表之自行延長任期部分，於利益迴避原則亦屬有違，俱與自由民主憲政秩序不合。

五、第三屆國民大會於八十八年九月四日第四次會議第十八次大會以無記名投票方式表決通過憲法增修條文第一條、第四條、第九條暨第十條之修正，其程序違背公開透明原則及當時適用之國民大會議事規則第三十八條第二項規定，其瑕疵已達明顯重大之程度，違反修憲條文發生效力之基本規範；其中第一條第一項至第三項、第四條第三項內容並與憲法中具有本質重要性而為規範秩序賴以存立之基礎，產生規範衝突，為自由民主憲政秩序所不許。上開修正之第一條、第四條、第九條暨第十條應自本解釋公布之日起失其效力，八十六年七月二十一日修正公布之原增修條文繼續適用。

　　解釋理由書

本件聲請人立法委員對八十八年九月十五日公布之中華民國憲法增修條文，因行使職權發生違憲疑義，聲請解釋。其聲請意旨經綜合歸納有下列五點：㈠國民大會八十八年九月四日凌晨所三讀通過之憲法增修條文，其二讀會及三讀會皆採無記名投票，與現行修憲程序不符，且在二讀會增修條文修正案已遭否決，竟違反議事規則重行表決，而告通過，有明顯重大之瑕疵。㈡憲法第二十五條規定國民大會代表全國國民行使政權，因此國大代表與選民間應有某種委任關係，增修條文第一條第一項改為所謂「政黨比例代表制」，不僅與上開條文之意旨歧異，抑且使未參加政黨或其他政治團體之人民，無從當選為國民大會代表，又發生與憲法第七條平等原則不符之疑義，而立法院已有委員擬具公職人員選舉罷免法相關條文修正案，其合憲性繫於前述疑義之解決。㈢增修條文第四條第三項均有第四屆及第五屆立法委員任期之起止日期，惟總統具有解散立法院之權限，此次增修並未改變；又增修條文第一條第三項前段既規定國民大會代表任期中遇立法委員改選時同時改選，後段復將第三屆國民大會代表任期固定為至第四屆立法委員任期屆滿之日止，均不相一致，究應適用何者，滋生疑義。況立法委員之任期乃聲請人等行使職權之基礎，須明確釋示以解除聲請人行使職權之不確定狀態。㈣審議預算為聲請人之憲法上職權，增修條文分別延長國民大會代表及立法委員之任期，則業經通過之八十九年度預算如何執行，亦與聲請人等行使職權有關。㈤延長國民大會代表及立法委員之任期，係違反與選民之約定，增修條文未規定自下屆起實施，但關於報酬或待遇之增加，增修條文第八條則明定應自次屆起實施，是否兩相矛盾，乃聲請人擬依憲法第一百七十四條第二款提案修憲之前提，應有明確之解釋。相關機關國民大會則對本院受理權限有所質疑，國民大會指派代表到院說明及所提書

面意見，除主張依修憲程序增訂之條文，即屬憲法條文，而憲法條文之間不生相互牴觸問題，本院自無權受理外，又以司法院大法官審理案件法第四條解釋之事項，以憲法條文有規定者為限為由，認本院不應受理解釋云云。

查憲法第七章已就司法定有專章，其中第七十八條規定：「司法院解釋憲法，並有統一解釋法律及命令之權」，第七十九條第二項前段規定：「司法院設大法官若干人，掌理本憲法第七十八條規定事項」，是司法院大法官掌理解釋憲法及統一解釋法令之職權，依上開條文固甚明確。惟憲法為維護其作為國家最高規範之效力、釐清各種法規間之位階關係並使釋憲機關之職掌更為確立，在第七章之外，尚就相關事項作個別規定，此為憲法第一百十七條：「省法規與國家法律有無牴觸發生疑義時，由司法院解釋之。」第一百七十一條：「法律與憲法牴觸者無效。法律與憲法有無牴觸發生疑義時，由司法院解釋之。」及第一百七十三條：「憲法之解釋由司法院為之。」等相關條文之所由設也。關於上述第一百七十三條規定之文字經過查國民大會制憲實錄，自二十三年三月一日國民政府立法院發表之中華民國憲法草案初稿，以迄二十五年五月五日國民政府宣布之中華民國憲法草案（即俗稱五五憲草），均將「憲法之解釋由司法院為之」條文列於「附則」或「憲法之施行及修正」之章節。迨現行憲法制定時，既已有前述第七章第七十八條及第七十九條之規定，又於第十四章憲法之施行及修改，保留「憲法之解釋，由司法院為之」之文字作為第一百七十三條。對照以觀，第一百七十三條顯非為一般性之憲法解釋及統一解釋而設，乃係指與憲法施行及修改相關之事項，一旦發生疑義，其解釋亦屬本院大法官之職權。故有關憲法第一百七十四條第一款國民大會代表總額應如何計算、國民大會非以修憲為目的而召集之臨時會得否行使修憲職權、前述有關憲法修改人數之規定應適用於國民大會何種讀會等有關修改憲法之程序事項，分別經本院作成釋字第八十五號、第三一四號及第三八一號解釋在案；依修改憲法程序制定性質上等同於憲法增修條文之動員戡亂時期臨時條款，其第六項第二款及第三款第一屆中央民意代表繼續行使職權之規定，與憲法民意代表有固定任期應定期改選之精神有無牴觸發生疑義等相關之實質內容，亦經本院釋字第二六一號解釋釋示有案。按法律規範之解釋，其首要功能即在解決規範競合與規範衝突，包括對於先後制定之規範因相互牴觸所形成缺漏而生之疑義（此為學理上之通說，參照 KarlLarenz, Methoden-lehre der Rechtswissenschaft, 6. Aufl., 1991, S. 313ff.; Emillo Betti, Allgemeine Ausle-gungslehre als Methodik der Geist-eswissenschaften, 1967, S. 645ff.），斯為釋憲機關職責之所在。本件聲請意旨所指之疑義，除指摘修憲程序有明顯重大瑕疵，乃修改憲法是

否踐行憲法及相關議事規範所定之程序問題，因涉違憲審查之密度，另予闡釋外，其餘既屬於前述增修條文與憲法本文或增修條文相互之間衝突或矛盾所形成，又為聲請人行使職權之事項，即相關機關於八十九年元月十九日向本院提出之補充說明亦稱：「對任何時點之有效憲法條文，如果發生條文之間有矛盾或疑義之現象，釋憲機關得應聲請而進行釋憲工作」。本件聲請基本上係對經公布之憲法增修條文發生矛盾與疑義，而向本院提出，自不應對本院受理聲請解釋發生疑問。至相關機關所執司法院大法官審理案件法第四條之文字，質疑本院受理權限，實則聲請意旨所述之疑義，無一而非憲法本文或增修條文規定之事項，又此項規定旨在防止聲請釋憲事項逾越範圍涉及與憲法全然無關之事項，並非謂解釋憲法僅限對特定條文作文義闡釋，其質疑自不成立。

本件聲請無論就憲法、本院解釋先例及法理論斷，均與司法院大法官審理案件法第五條第一項第三款所定要件相符，應予受理，合先說明如上。憲法為國家根本大法，其修改關係憲政秩序之安定及全國國民福祉至鉅，應由修憲機關循正當修憲程序為之。國民大會依憲法第二十五條、第二十七條第一項第三款及八十六年七月二十一日修正公布之憲法增修條文第一條第三項第四款規定，係代表全國國民行使修改憲法權限之唯一機關，並無其他任何制約，與其他國家修改憲法須分別經由國會中不同議院之決議，或先經國會通過修改案再提交公民複決或另由各邦（州）依法定程序予以批准，皆不相同，是國民大會修改憲法尤須踐行正當修憲程序，充分反映民意。國民大會依修改憲法程序制定憲法增修條文，須符合公開透明原則，並應遵守憲法第一百七十四條及國民大會議事規則之規定，俾副全國國民之合理期待與信賴。蓋基於國民主權原則（憲法第二條），國民主權必須經由國民意見表達及意思形成之溝通程序予以確保。易言之，國民主權之行使，表現於憲政制度及其運作之際，應公開透明以滿足理性溝通之條件，方能賦予憲政國家之正當性基礎。而修憲乃最直接體現國民主權之行為，依國民大會先後歷經九次修憲，包括動員戡亂時期臨時條款及增修條文之制定與修改，未有使用無記名投票修憲之先例，此亦屬上開原則之表現；國民大會代表及其所屬政黨並藉此公開透明之程序，對國民負責，國民復可經由罷免或改選程序追究其政治責任。是現行國民大會議事規則第三十八條第二項關於無記名投票之規定，於通過憲法修改案之讀會並無適用餘地。蓋通過憲法修改案之讀會，其踐行不僅應嚴格遵守憲法之規定，其適用之程序規範尤應符合自由民主憲政秩序之意旨（參照本院釋字第三八一號闡釋有案）。

國民大會於八十八年九月四日三讀通過修正之憲法增修條文，依其議事錄及速記錄之記載，修憲之議事程序實有諸多瑕疵，諸如：㈠二讀及三讀會採無記名投票，㈡復議案之處理未遵守議事規則，㈢散會動議既經成立未依規定優先處理，㈣已否決之修憲案重行表決與一般議事規範不符，㈤二讀會後之文字整理逾越範圍等。第按瑕疵行為依其輕重之程度，產生不同法律效果。修改憲法乃國民主權之表達，亦係憲法上行為之一種，如有重大明顯瑕疵，即不生其應有之效力（參照本院釋字第四一九號解釋理由書，載司法院大法官解釋續編，第十冊，第三三二頁）。所謂明顯，係指事實不待調查即可認定；所謂重大，就議事程序而言則指瑕疵之存在已喪失其程序之正當性，而違反修憲條文成立或效力之基本規定（參照本院釋字第三四二號解釋理由書，前引續編，第八冊，第一九頁）。前述各種瑕疵之中，無記名投票已達重大明顯之程度。國民大會行使職權之程序，得就開議之出席人數、可決人數、提案暨表決等事項，於不牴觸憲法與法律範圍內，自行訂立議事規範行之。國民大會議事規則第三十八條第二項規定：「前項之表決方法，得由主席酌定以舉手、起立、表決器或投票行之。主席裁定無記名投票時，如有出席代表三分之一以上之提議，則應採用記名投票」。此項規定在一般議案之表決固有其適用，若屬於通過憲法修改案之讀會時仍採用無記名投票，則與前述公開透明原則有違。查本件國民大會於八十八年九月四日議決通過之憲法增修條文，其二讀及三讀程序，依第三屆國民大會第四次會議第十八次大會議事錄記載，係採無記名投票方式，微論已與前述公開透明原則有所牴觸，即衡諸會議時所適用之國民大會議事規則第三十八條第二項，亦顯屬有違。蓋依上開議事錄記載，修憲案於進行二讀會及三讀會以前，已有代表提議：於修憲各議案進行二讀會及三讀會時以無記名投票方式為之，經表決結果，在場人數二百四十二人，贊成者為一百五十人。惟另有代表提案依國民大會議事規則第三十八條第二項規定建請大會在處理所有修憲提案表決時，採用記名投票方式行之。經表決結果，在場人數二百四十二人，贊成者有八十七人，投票贊成者已超過出席代表三分之一。依前述議事規則第三十八條第二項規定意旨，表決方式即應採用記名投票，方屬正辦，此不因大會主席就表決方式有無裁決而有異，蓋上述規定之意旨，乃在尊重少數代表之意見，以實現程序正義。詎大會竟以多數決採用無記名投票，表決修憲提案，顯已違反議事規則第三十八條第二項所定三分之一以上代表人數得為提議之保障規定，亦與行憲以來修憲程序之先例不符，致選民對國民大會代表行使職權之意見無從知悉。憲法第一百三十三條「被選舉人得由原選舉區依法罷免之」之規定以及本院釋字第四〇一號解釋：「國民大會代表經國內

選舉區選出者，其原選舉區選舉人，認為國民大會代表所為之言論及表決不當者，得依法罷免」之釋示，暨依本院釋字第三三一號解釋意旨，各政黨對該黨僑居國外國民及全國不分區之代表追究其黨紀責任，使其喪失黨員資格，連帶喪失代表身分，均無從貫徹。聲請意旨指修憲行為具有明顯重大瑕疵非無理由，此部分之修憲程序違反修憲條文發生效力之基本規範。

本件相關機關國民大會雖主張：修憲程序之合憲性，依本院釋字第三四二號、第三八一號解釋，均屬議會自律事項，釋憲機關不應加以審究；並以外國之案例主張修憲程序不受司法審查；又國會議員基於自由委任地位，採公開或不公開之表決，均為憲法精神之所許云云。惟查憲法條文之修改應由憲法所定之機關依正當修憲程序議決通過，為憲法條文有效成立之前提，一旦發生疑義，釋憲機關自有受理解釋之權限，已見前述；至於相關機關所踐行之議事程序，於如何之範圍內為內部自律事項，何種情形已逾越限度而應受合憲性監督，則屬釋憲機關行使審查權之密度問題，並非謂任何議事程序皆得藉口內部自律事項，而規避其明顯重大瑕疵之法律效果；又國民大會通過憲法修改案之讀會，其出席及贊成人數必須符合憲法第一百七十四條第一款之規定，至於僅作大體討論即交付審查之一讀會其開議出席人數究採上開條款所定人數抑國民大會組織法第八條代表總額三分之一或參照一般會議規範所定出席人數為之，由國民大會依議事自律原則自行處理，但其處理仍應符合自由民主憲政秩序之原則，並非毫無限制，本院釋字第三四二號及第三八一號解釋分別闡釋有案。再所謂自律事項並不包括國民大會代表參與會議時之一切行為，故未經依法宣誓或其宣誓故意違反法定方式者，即不得行使職權（諸如投票、表決等），其未依法宣誓之國民大會代表，可否出席會議方屬應由國民大會自行處理之自律事項，亦經本院釋字第二五四號解釋釋示在案，是相關機關以自律事項為由，主張本院無權審究，並不足採。關於相關機關以比較憲法上理論或案例主張修憲程序不受司法審查乙節，按修改憲法及制定法律之權限由同一機關（即國會）行使之國家（如德國、奧地利、義大利、土耳其等），修憲與立法之程序僅出席及可決人數有別，性質上並無不同，修憲程序一旦發生疑義時，憲法法院得予審查，為應邀到院多數鑑定人所肯認，相關機關對此亦無異詞。在若干國家司法實例中，憲法法院對修憲條文有無牴觸憲法本文不僅程序上受理，抑且作實體審查者，非無其例（例如德國聯邦憲法法院一九七〇年十二月十五日判決 BVerfGE30, 1ff., 譯文見本院大法官書記處編，德國聯邦憲法法院裁判選輯（八），二二六－二八三頁；義大利憲法法院一九八八年十二月二十九日判決 sent. n. 1146/1988, 並參照 T. Martines,

Diritto Constituzionale, Nono ed. 1998, p. 375；土耳其憲法法院一九七一年六月七日一三八五五號判決及一九七二年七月二日一四二三三號判決，引自 Ernst E. Hirsch, Verfassungswidrige Verf-assungsanderung －－ Zu zwei Entscheidungen des Turkischen Verfassungsgerichts, Archiv des offentlichen Rechts, 98, 1973）。若修改憲法與制定法律之機關及程序皆屬有異者（如美國），則觀點較為分歧。相關機關一面援引美國聯邦最高法院一九三九年 Coleman v. Miller, 307 U.S. 433（1939）一案，主張國會得專屬並完全決定修憲程序，不受司法審查，一面又引該國學者之著作，謂修憲程序為政治性程序，聯邦憲法第五條有關修憲程序之規定乃獨立於一般法律程序之外，司法機關不應干預云云（見相關機關所引述之 Laurence H. Tribe, American Constitu-tional Law, vol. 1, 3rd ed., p. 105（2000））。

實則上開 Coleman 案中最高法院對修憲程序是否均為政治性問題而不予司法審查，或仍可能屬於一般憲法問題得由法院予以解釋，在美國並未形成多數意見。一九八四年美國聯邦最高法院在關於加州公民提議修改聯邦憲法之有關事件中，大法官 Rehnquist 表達該院之見解，認為不能以 Coleman 一案，即論斷一切修憲程序均屬政治問題，而排除於法院審查之外（Uhler v. AFL-CIO, 468 U.S. 1310（1984）），顯見美國法院對修憲程序仍得斟酌憲法之意旨而為適當之審查。即使相關機關所引述之該美國學者於同一著作中亦認為：「若國會對一項僅獲三十五州批准之修憲案，認已符合憲法第五條所定須四分之三州同意之要求，即不可能期待法院亦尊重國會之判斷。」（Tribe, American Constitutional Law, op. cit., p. 105）及「學者對修憲程序是否可供司法審查見解之歧異，多在於法院介入審查範圍廣狹之不同」（Ibid., p. 372）。姑不論我國憲法對憲法之施行及修改，賦予釋憲機關解釋之權限，已如上述，外國之法制自難比擬，縱以相關機關所引之美國憲法實例，亦不足以質疑釋憲機關對修憲程序審查之範圍。

至於相關機關以自由委任理論為其採無記名投票理由一節，按現代民主國家固多採自由委任而非強制委任，即民意代表係代表全國人民，而非選區選民所派遣，其言論表決對外不負責任，原選區之選民亦不得予以罷免，但非謂民意代表行使職權因此全然不受公意或所屬政黨之約束，況且我國憲法明定各級民意代表均得由原選舉區罷免之（憲法第一百三十三條及本院釋字第四〇一號解釋），與多數歐美國家皆有不同，就此而言，亦非純粹自由委任，從而尚不能以自由委任作為其違背議事規則之明文規定採無記名投票之正當理由。

國民大會依正當修憲程序行使憲法第一百七十四條修改憲法職權，所制定之憲法增修

條文與未經修改之憲法條文係處於同等位階，惟憲法條文中具有本質之重要性而為規範秩序存立之基礎者，如聽任修改條文予以變更，則憲法上整體規範秩序將形同破毀，此等修改之條文則失其應有之正當性。我國憲法雖未明定不可變更之條款，然憲法條文中，諸如：第一條所樹立之民主共和國原則、第二條國民主權原則、第二章保障人民權利、以及有關權力分立與制衡之原則，具有本質之重要性，亦為憲法基本原則之所在。基於前述規定所形成之自由民主憲政秩序（參照現行憲法增修條文第五條第五項及本院釋字第三八一號解釋），乃現行憲法賴以存立之基礎，凡憲法設置之機關均有遵守之義務。國民大會為憲法所設置之機關，其具有之職權既為憲法所賦予，亦應受憲法之規範。國民大會代表就職時宣誓效忠憲法，此項效忠係指對憲法忠誠，憲法忠誠在依憲法第一百七十四條規定行使修憲權限之際，亦應兼顧。憲法之修改如純為國家組織結構之調整，固屬「有權修憲之機關衡情度勢，斟酌損益」之範疇（見前引本院解釋續編，第十冊，三三三頁），而應予尊重，但涉及基於前述基本原則所形成之自由民主憲政秩序之違反者，已悖離國民之付託，影響憲法本身存立之基礎，應受憲法所設置其他權力部門之制約，凡此亦屬憲法自我防衛之機制。從而牴觸憲法基本原則而形成規範衝突之條文，自亦不具實質正當性。

本件國民大會於八十八年九月四日通過之憲法增修條文第一條第一項前段：「國民大會代表第四屆為三百人，依左列規定以比例代表方式選出之。並以立法委員選舉，各政黨所推薦及獨立參選之候選人得票數之比例分配當選名額，不受憲法第二十六條及第一百三十五條之限制。」第二項前段：「國民大會代表自第五屆起為一百五十人，依左列規定以比例代表方式選出之。並以立法委員選舉，各政黨所推薦及獨立參選之候選人得票數之比例分配當選名額，不受憲法第二十六條及第一百三十五條之限制」，均以立法委員選舉，各政黨所推薦及獨立參選之候選人得票數之比例分配計算國民大會代表之當選名額，而稱之為比例代表方式。第按所謂比例代表，乃依政黨或候選人得票數之比例計算當選及議員議席分配之方法，而有別於多數代表制、少數代表制等方式，比例代表制之採行仍須以舉辦該特定公職人員之選舉為前提，若本身未曾辦理選舉，而以他種性質不同、職掌相異公職人員選舉之得票作為當選與否及分配席次之依據，則等同於未經選舉程序而產生，先進民主國家亦未有此種所謂選舉之事例（參照中央選舉委員會八十八年十二月二十八日八十八中選一字第八八九一三五六號致本院秘書長函），是依照此種方式產生之國民大會代表，已不具民意代表身分，充其量為各政黨指派之代表，誠如聲請解釋意旨所稱，國民大會行使政權，須以國民直接選舉之代表

組成為前提，如適用新修改之增修條文則無異由政黨指派未經選舉之人員代表國民行使政權，明顯構成規範衝突。若此等代表僅賦予諮詢性功能尚無不可，但仍得行使憲法第四條領土變更之議決權，增修條文第一條補選副總統，提案罷免總統、副總統，議決總統、副總統彈劾案，修改憲法，複決憲法修正案暨對司法、考試及監察三院人事之同意等本質上屬於民意代表方能擁有之各款職權，非僅與憲法第二十五條構成明顯之規範衝突，抑且牴觸憲法第一條民主國之基本原則。是上述有關國民大會代表產生方式之增修條文，與民主之憲政秩序有違。或謂在國會採兩院制之國家，第一院固多屬民選產生，第二院則尚有由任命甚至世襲之議員組成者，則以一院依附於另一院已較任命或世襲者「民主性質」多矣。然查現代國家採兩院制之國會，其中一院若非由民選，其職權必遞遜於直接民選之一院，更無由民選產生之一院其權限為立法，依附之一院則有權制憲或修憲之理。況此種任命、世襲制度，或係基於歷史因素，或係出自聯邦體制，且已為現代大多數民主國家所不取。相關機關國民大會於八十九年三月二十三日向本院補提書面說明，一面舉出奧地利、荷蘭、比利時、愛爾蘭、瑞士、西班牙等國，謂此等國家之國會均設有兩院，且採比例代表制，一面謂國民大會採比例代表制係八十五年十二月國家發展會議之共識，符合國家發展需要等語。查上述國家之國會其一院雖採比例代表制，另一院均另行選舉或以其他方式產生，均無所謂依附式之比例代表方式，更無未經選舉者有權制定國家最高規範致違反民主國家基本原則之情形。至國家發展會議亦僅建議國民大會代表改採政黨比例代表方式，並未倡議國民大會代表既可本身不必舉行選舉，又得自行延任，從而相關機關所述各節，均不足作為國民大會代表改為依附方式產生之正當理由。又憲法第二十八條第二項每屆國民大會代表之任期，至次屆國民大會開會之日為止，旨在維持政權機關之連續性，此次修改既未停止上開第二十八條第二項之適用，又第一條第三項增訂「國民大會代表之任期為四年，但於任期中遇立法委員改選時同時改選」，則立法委員依增修條文第二條第五項規定，經總統解散時，國民大會代表亦同遭解散，規範內容相互矛盾，亦明顯可見。上開增修條文雖有以獨立參選之立法委員得票比例分配同屬獨立參選之國民大會代表當選名額之設計，但既屬獨立參選則不屬任何黨派或政團，自無共同之政策綱領可言，依附他人而獲得當選，則候選人無從以本身之理念與主張訴諸選民而獲選，於憲法所保障人民參政權之意旨不相符合。

按代議民主之正當性，在於民意代表行使選民賦予之職權須遵守與選民約定，任期屆滿，除有不能改選之正當理由外應即改選，乃約定之首要者，否則將失其正當性。本

院釋字第二六一號解釋:「民意代表之定期改選,為反映民意,貫徹民主憲政之途徑」,亦係基於此一意旨。所謂不能改選之正當理由,須與本院釋字第三十一號解釋所指:「國家發生重大變故,事實上不能依法辦理次屆選舉」之情形相當。若任期屆滿,無故延任,則其行使職權已非選民所付託,於國民主權原則下民意代表之權限應直接源自國民賦予之理念不符,難謂具有正當性。本件國民大會修正通過之增修條文,將第四屆立法委員任期延長至九十一年六月三十日止,又將第三屆國民大會代表任期延至第四屆立法委員任期屆滿之日止,計立法委員延任五個月,國民大會代表則延長二年又四十二日。關於立法委員之延任,據相關機關國民大會指派之代表到院陳述,係基於配合會計年度之調整,俾新選出之立法委員有審議次年度中央政府預算而為之設計。惟查民意代表任期之延長須有前述不能依法改選之事由始屬正當,審議預算年度之調整與國家遭遇重大變故不能相提並論,其延任自屬欠缺正當性。況自八十六年增修條文施行後,立法院得因通過對行政院院長之不信任案,而遭總統解散,解散後重新選出之立法委員,其任期重新起算(上開條文第二條第五項),則未來各屆立法委員之任期可能起迄參差不一,是配合會計年度而調整任期勢將徒勞。而國民大會代表自行延任則謂出於實現改革國會之構想,並舉第一屆及第二屆國民大會代表亦有延長任期之情事云云。然所謂國會改革不外結構與功能兩方面之調整,觀乎本次憲法之增修,國民大會功能部分未見有任何變動,選舉方式之變更固屬結構之一環,此次修憲廢棄區域選舉而改採依附式之所謂「比例代表」,姑不論此種方式並非真正選舉,即使改變選舉方式,與任期延長亦無關聯,縱如相關機關所言,延任有助於國會改革,惟手段與其欲達成之目的並不相當。至以往國民大會代表延任,或係發生於戒嚴及動員戡亂之非常時期,或係純屬總統、副總統改為直接民選,國民大會相關職權廢除後之配合措施,皆與本件情形有殊,不足以構成常態下之憲政先例。又利益迴避乃任何公職人員行使職權均應遵守之原則,憲法增修條文第八條:「國民大會代表及立法委員之報酬或待遇,應以法律定之。除年度通案調整者外,單獨增加報酬或待遇之規定,應自次屆起實施」,除揭示民意代表行使職權應遵守利益迴避原則外,復具舉輕明重之作用;蓋報酬或待遇之調整尚應自次屆起實施,則逕行延長任期尤與憲法本旨不符,聲請意旨指延長任期違反民主憲政之原理,與增修條文第八條產生矛盾,洵屬有理。

第三屆國民大會於八十八年九月四日第四次會議第十八次大會以無記名投票方式表決通過憲法增修條文第一條、第四條、第九條暨第十條之修正,其程序違背公開透明原則及當時適用之國民大會議事規則第三十八條第二項規定,其瑕疵已達明顯重大之程

度,違反修憲條文發生效力之基本規範;其中第一條第一項至第三項、第四條第三項內容並與憲法中具有本質重要性而為規範秩序賴以存立之基礎,產生規範衝突,為自由民主憲政秩序所不許。至於第九條、第十條之修正內容本身雖無可議,然因其過程有違前述修憲正當程序,自應一併失其效力。上開修正之第一條、第四條、第九條暨第十條應自本解釋公布之日起失其效力,八十六年七月二十一日修正公布之原增修條文繼續適用。

釋字第五○○號解釋 （憲七、一九,營業稅一、三）八十九年四月七日公布
營業稅法第一條規定,在中華民國境內銷售貨物或勞務,均應依本法規定課徵營業稅。又涉及租稅事項之法律,其解釋應本於租稅法律主義之精神,依各該法律之立法目的,衡酌經濟上之意義及實質課稅之公平原則為之,亦經本院釋字第四二○號解釋在案。財政部七十九年六月四日臺財稅字第七九○六六一三○三號函釋示:「高爾夫球場（俱樂部）向會員收取入會費或保證金,如於契約訂定屆滿一定期間退會者,准予退還;未屆滿一定期間退會者,不予退還之情形,均應於收款時開立統一發票,課徵營業稅及娛樂稅。迨屆滿一定期間實際發生退會而退還入會費或保證金時,准予檢附有關文件向主管稽徵機關申請核實退還已納稅款。」係就實質上屬於銷售貨物或勞務代價性質之「入會費」或「保證金」如何課稅所為之釋示,並未逾越營業稅法第一條課稅之範圍,符合課稅公平原則,與上開解釋意旨無違,於憲法第七條平等權及第十九條租稅法律主義,亦無牴觸。

解釋理由書
營業稅法第一條規定:「在中華民國境內銷售貨物或勞務及進口貨物,均應依本法規定課徵營業稅。」依同法第三條第一項及第二項規定,銷售貨物,係指將貨物之所有權移轉與他人,以取得代價者;銷售勞務,則為提供勞務予他人,或提供貨物與他人使用、收益,以取得代價者而言。營業稅納稅義務人之營業額,為納稅義務人轉讓貨物或提供勞務向對方收取之全部代價,包括價款及其他實質上屬於代價性質之入會費或保證金等在內。所收入會費及保證金等,依約定屆期應退還者,於實際退還時,稽徵機關前收入會費及保證金等營業額所含營業稅,應予退還。本於租稅法律主義及課稅公平之原則,如名目雖為「保證金」,惟實際上係屬銷售貨物或勞務之代價,則仍應依前開營業稅法規定課徵營業稅。涉及租稅事項之法律,其解釋應本於租稅法律主義之精神,依各該法律之立法目的,衡酌經濟上之意義及實質課稅之公平原則為之,業經本院釋

字第四二○號解釋在案。財政部七十九年六月四日臺財稅字第七九○六六一三○三號函釋：「高爾夫球場（俱樂部）向會員收取入會費或保證金，如於契約訂定屆滿一定期間退會者，准予退還；未屆滿一定期間退會者，不予退還之情形，均應於收款時開立統一發票，課徵營業稅及娛樂稅。迨屆滿一定期間實際發生退會而退還入會費或保證金時，准予檢附有關文件向主管稽徵機關申請核實退還已納稅款。」其先就營業人所收取之入會費或保證金課徵營業稅，再就實質上屬於保證金性質之款項課徵之稅額准予退還，係為貫徹營業稅法之執行，確實稽查課稅之方法，以杜巧立名目之迴避稅捐行為。是基於公平課稅原則，營業人實際上從事營業行為收取之款項，屬於銷售貨物或勞務之代價者，應依法課稅。財政部上開函釋係就實質上屬於銷售貨物或勞務對價性質之「入會費」或「保證金」如何課稅所為之釋示，並未逾越營業稅法第一條課稅之範圍，符合課稅公平原則，與上開解釋意旨無違，於憲法第七條平等權及第十九條租稅法律主義，亦無牴觸。

釋字第五○一號解釋　（憲七，中標一一，公任一六，公俸二、九、一六，公俸施四、一五）　　　　　　　八十九年四月七日公布

行政、教育、公營事業人員相互轉任採計年資提敘官職等級辦法係依公務人員任用法第十六條授權訂定，旨在促使行政、教育、公營事業三類不同任用制度間，具有基本任用資格之專業人員相互交流，以擔任中、高級主管職務。該辦法第七條規定，為上開三類人員相互轉任採計年資、提敘官職等級之標準所必須，符合法律授權之意旨，且係為配合公務人員俸給法第二條、第九條暨其施行細則第四條第三項、第十五條所訂定。又中華民國七十六年一月十四日發布之公務人員俸給法施行細則第十五條第三項，係因不同制度人員間原係適用不同之任用、敘薪、考績（成）、考核等規定，於相互轉任時，無從依其原敘俸（薪）級逕予換敘，基於人事制度之衡平性所為之設計，均未違背公務人員俸給法第十六條及中央法規標準法第十一條之規定，與憲法第七條亦無牴觸。惟前開辦法第七條規定轉任人員採計年資僅能至所敘定職等之本俸（薪）最高級為止，已與八十四年十二月二十六日以還歷次修正發布之公務人員俸給法施行細則按年核計加級，均以至其所敘定職等之年功俸最高級為止之規定，有欠一致，應予檢討改進。

　　解釋理由書

基本任用資格相同且性質相近、官職等級相當之公務人員，得相互轉任，為暢通人事

交流、廣攬專業人才及鼓勵公務人員士氣所必須，惟其資格、範圍應有明確之規定，且年資、官等、職等之提敘，亦應予以保障。公務人員任用法第十六條規定：「高等考試或特種考試之乙等考試及格人員，曾任行政機關人員、公立學校教育人員或公營事業人員服務成績優良之年資，於相互轉任性質程度相當職務時，得依規定採計提敘官、職等級，其辦法由考試院定之。」行政、教育、公營事業人員相互轉任採計年資提敘官職等級辦法即係依上開法律之授權所訂定，旨在促使行政、教育、公營事業三類不同任用制度間，具有相同基本任用資格且官職等級相當之專業人員相互交流，以擔任中、高級主管。該辦法第七條規定：「轉任人員轉任前服務年資，除依本辦法第五條、第六條規定採計取得所轉任職務官等職等之任用資格外，如尚有與轉任職務性質相近、等級相當且服務成績優良之年資，得按每一年（年度）提敘俸（薪）級一級，至敘定職等之本俸（薪）最高級為止」，為上開三類人員相互轉任採計年資、提敘官職等級之標準所必須，符合法律授權之意旨。又七十六年一月十四日發布之公務人員俸給法施行細則第十五條第三項規定：「前二項之按年核計加級，均以至其所敘定職等之本俸最高級為止」，係因不同制度人員間原係適用不同之任用、敘薪、考績（成）、考核等規定，於相互轉任時，無從依其原敘俸（薪）級逕予換敘，基於人事制度之衡平性所為之設計，均未違背公務人員俸給法第十六條及中央法規標準法第十一條之規定，與憲法第七條亦無牴觸。惟前開辦法第七條規定轉任人員採計年資僅能至所敘定職等之本俸（薪）最高級為止，已與八十四年十二月二十六日以還歷次修正發布之公務人員俸給法施行細則按年核計加級，均以至其所敘定職等之年功俸最高級為止之規定（八十四年十二月二十六日及八十七年一月十五日修正者均為第十五條第三項、八十八年十一月十五日修正者為第十五條第一項），有欠一致，應予檢討改進。

釋字第五〇二號解釋　（憲二二、二三，民一〇七三、一〇七九之一）

八十九年四月七日公布

民法第一千零七十三條關於收養者之年齡應長於被收養者二十歲以上，及第一千零七十九條之一關於違反第一千零七十三條者無效之規定，符合我國倫常觀念，為維持社會秩序、增進公共利益所必要，與憲法保障人民自由權利之意旨並無牴觸。收養者與被收養者之年齡合理差距，固屬立法裁量事項，惟基於家庭和諧並兼顧養子女權利之考量，上開規定於夫妻共同收養或夫妻之一方收養他方子女時，宜有彈性之設，以符合社會生活之實際需要，有關機關應予檢討修正。

解釋理由書

民法第一千零七十三條關於收養者之年齡應長於被收養者二十歲以上，及第一千零七十九條之一關於違反第一千零七十三條者無效之規定，乃以尊重世代傳統，限制收養者與被收養者之年齡差距，符合我國倫常觀念，為維持社會秩序、增進公共利益所必要，與憲法保障人民自由權利之意旨並無牴觸。收養者與被收養者之年齡合理差距，固屬立法裁量事項，惟現行收養制度以保護養子女之利益為宗旨，而現實多元化社會親子關係漸趨複雜，就有配偶者共同收養或收養他方配偶之子女情形，如不符民法第一千零七十三條規定致收養無效時，反有損被收養人之利益，影響家庭幸福。基於家庭和諧並兼顧養子女權利之考量，上開關於收養者之年齡應長於被收養者二十歲以上之規定，於夫妻共同收養或夫妻之一方收養他方子女時，宜有彈性之設，以符合社會生活之實際需要，有關機關應予檢討修正。

釋字第五〇三號解釋　（營業稅四五、四九、五一，稅徵四四）

八十九年四月二十日公布

納稅義務人違反作為義務而被處行為罰，僅須其有違反作為義務之行為即應受處罰；而逃漏稅捐之被處漏稅罰者，則須具有處罰法定要件之漏稅事實方得為之。二者處罰目的及處罰要件雖不相同，惟其行為如同時符合行為罰及漏稅罰之處罰要件時，除處罰之性質與種類不同，必須採用不同之處罰方法或手段，以達行政目的所必要者外，不得重複處罰，乃現代民主法治國家之基本原則。是違反作為義務之行為，同時構成漏稅行為之一部或係漏稅行為之方法而處罰種類相同者，如從其一重處罰已足達成行政目的時，即不得再就其他行為併予處罰，始符憲法保障人民權利之意旨。本院釋字第三五六號解釋，應予補充。

解釋理由書

按當事人對於確定終局裁判所適用之本院解釋，發生疑義，聲請補充解釋，經核確有正當理由者，應予受理。本件聲請人因營業稅事件，經行政法院確定終局判決引用本院釋字第三五六號解釋作為判決之依據，惟該號解釋對納稅義務人違反作為義務被處行為罰與因逃漏稅捐而被處漏稅罰，究應併合處罰或從一重處斷，並未明示，其聲請補充解釋，即有正當理由，合先敘明。

違反租稅義務之行為，涉及數處罰規定時可否併合處罰，因行為之態樣、處罰之種類及處罰之目的不同而有異，如係實質上之數行為違反數法條而處罰結果不一者，其得

併合處罰，固不待言。惟納稅義務人對於同一違反租稅義務之行為，同時符合行為罰及漏稅罰之處罰要件者，例如營利事業依法律規定應給與他人憑證而未給與，致短報或漏報銷售額者，就納稅義務人違反作為義務而被處行為罰與因逃漏稅捐而被處漏稅罰而言，其處罰目的及處罰要件，雖有不同，前者係以有違反作為義務之行為即應受處罰，後者則須有處罰法定要件之漏稅事實始屬相當，除二者處罰之性質與種類不同，例如一為罰鍰、一為沒入，或一為罰鍰、一為停止營業處分等情形，必須採用不同方法而為併合處罰，以達行政目的所必要者外，不得重複處罰，乃現代民主法治國家之基本原則。從而，違反作為義務之行為，如同時構成漏稅行為之一部或係漏稅行為之方法而處罰種類相同者，則從其一重處罰已足達成行政目的時，即不得再就其他行為併予處罰，始符憲法保障人民權利之意旨。本院釋字第三五六號解釋雖認營業人違反作為義務所為之制裁，其性質為行為罰，此與逃漏稅捐之漏稅罰乃屬兩事，但此僅係就二者之性質加以區別，非謂營業人違反作為義務之行為罰與逃漏稅捐之漏稅罰，均應併合處罰。在具體個案，仍應本於上述解釋意旨予以適用。本院前開解釋，應予補充。

釋字第五○四號解釋　（憲一五，民二二五、八八一、八九九，強執一二、一四、一四之一、五一、一一三、一三四、一四○，中標五，辦理強執注意七○）

八十九年五月五日公布

司法院於中華民國八十五年十一月十一日修正發布之辦理強制執行事件應行注意事項第七十點規定：「在假扣押或假處分中之財產，如經政府機關依法強制採購或徵收者，執行法院應將其價金或補償金額提存之」，此一旨意曾經本院院字第二三一五號解釋在案，其目的僅在宣示原查封禁止債務人任意處分財產之效力，繼續存在於該財產因政府機關強制購買或徵收後之代位物或代替利益，以保全債權人將來債權之實現，尚不因提存而生債務消滅之效果，且未另外限制債務人之權利，或使其陷於更不利之地位，符合強制執行法第五十一條、第一百十三條、第一百三十四條、第一百四十條規定之意旨，自無牴觸中央法規標準法第五條規定可言，與憲法保障人民財產權之本旨亦無違背。

　　解釋理由書

禁止債務人移轉財產權之保全程序，係在保全債權人本案債權將來終局實現之先行強制執行程序，為維持社會秩序，增進公共利益所必要。在假扣押或假處分中之財產，

雖不能阻止政府機關依法強制購買或徵收，但其價金或補償金仍不失為保全財產之代位物或代替利益，徵諸民法第二百二十五條第二項、第八百八十一條、第八百九十九條之法理，及強制執行法第五十一條、第一百十三條、第一百三十四條、第一百四十條規定之意旨，原假扣押、假處分查封禁止債務人移轉財產權之效力，自仍應及於該強制購買之價金或徵收之補償金，本院對此曾著有院字第二三一五號解釋，此時假處分程序轉換為假扣押程序，乃屬當然。辦理強制執行事件應行注意事項第七十點規定：「在假扣押或假處分中之財產，如經政府機關依法強制採購或徵收者，執行法院應將其價金或補償金額提存之」，目的僅在宣示原查封禁止債務人任意處分財產之效力，繼續存在於該財產因政府機關強制購買或徵收後之代位物或代替利益，以保全債權人將來債權之實現，尚不因提存而生債務消滅之效果，且未另外限制債務人之權利，或使其陷於更不利之地位，符合強制執行法上開規定之旨意，自無牴觸中央法規標準法第五條規定可言，與憲法保障人民財產權之意旨亦無違背。至因假扣押、假處分查封債務人財產後，若因強制購買或徵收後，已不能由其代位物或代替利益達成保全之目的者，則屬債務人可否依強制執行法第十二條、第十四條及第十四條之一聲明異議或提起債務人異議之訴問題，併予指明。

釋字第五〇五號解釋　　（憲二三，獎勵投資條例六，獎勵投資條例施行細則一一，公司一二九、二六六、二七七、二七八、三八九、四一八）

八十九年五月五日公布

中華民國七十六年一月二十六日修正公布之獎勵投資條例（七十九年十二月三十一日因施行期間屆滿而當然廢止）第六條第二項規定，合於第三條獎勵項目及標準之生產事業，經增資擴展供生產或提供勞務之設備者，得就同條項所列獎勵擇一適用。同條例授權行政院訂定之施行細則第十一條第一項第二款復規定，增資擴展選定免徵營利事業所得稅四年者，應於其新增設備開始作業或開始提供勞務之次日起一年內，檢齊應附文件，向財政部申請核定之，此與公司辦理增資變更登記係屬兩事。財政部六十四年三月五日臺財稅第三一六一三號函謂：生產事業依獎勵投資條例第六條第二項規定申請獎勵，應在擴展之新增設備開始作業或提供勞務以前，辦妥增資變更登記申請手續云云，核與前開施行細則之規定不合，係以職權發布解釋性行政規則對人民依法律享有之權利增加限制之要件，與憲法第二十三條法律保留原則牴觸，應不予適用。

　　解釋理由書

行政機關為執行法律，得依其職權發布命令，為必要之補充規定，惟不得與法律牴觸，迭經本院解釋有案。七十六年一月二十六日修正公布之獎勵投資條例第六條第二項規定，合於第三條獎勵項目及標準之生產事業，經增資擴展供生產或提供勞務之設備者，得就同條項所列獎勵擇一適用。同條例授權行政院訂定之施行細則第十一條第一項第二款復規定，增資擴展選定免徵營利事業所得稅四年者，應於其新增設備開始作業或開始提供勞務之次日起一年內，檢齊應附文件，向財政部申請核定之。依公司法第一百二十九條第三款規定，股份有限公司之股份總額及每股金額為章程必要記載事項，故公司依同法第二百七十八條規定增加資本者，應經股東會決議，變更章程，復為同法第二百七十七條第一項所明定。因增加資本而增加股份總數者，於股東會決議通過後，由董事會依公司法第二百六十六條以次之規定發行新股。以上增資之事項應由半數以上之董事及至少監察人一人依同法第四百十八條規定申請為變更登記；俟中央主管機關換發執照後，方為確定，同法第三百八十九條規定甚明。綜上以觀，股份有限公司增加資本經股東會決議通過後，發行新股，收取股款，即得由公司運用，其由公司用以新增設備開始作業或提供勞務並非法律所禁止，此與公司辦理增資變更登記係屬兩事，聲請人辦妥增資變更登記手續尚非該新增設備開始作業或提供勞務之前提要件。是財政部六十四年三月五日臺財稅第三一六一三號函謂：生產事業依獎勵投資條例第六條第二項規定申請獎勵，應在擴展之新增設備開始作業或提供勞務以前，辦妥增資變更登記申請手續云云，核與前開施行細則之規定不合，係以職權發布解釋性行政規則對人民依法律享有之權利增加限制之要件，與憲法第二十三條法律保留原則牴觸，應不予適用。

釋字第五〇六號解釋　　（憲一九，所得稅三、八、二四、七六之一，所得稅施七〇）
　　　　　　　　　　　　　　　　　　　　八十九年五月五日公布

所得稅法關於營利事業所得稅之課徵客體，係採概括規定，凡營利事業之營業收益及其他收益，除具有法定減免事由外，均應予以課稅，俾實現租稅公平負擔之原則。中華民國七十年三月二十六日修正發布之所得稅法施行細則第七十條第一項：「公司利用未分配盈餘增資時，其對股東所增發之股份金額，除應依獎勵投資條例第十三條之規定辦理者外，應由公司於配發時按盈餘分配扣繳稅款，並由受配股東計入增資年度各股東之所得額申報納稅」，尚未逾越六十六年元月三十日修正公布之所得稅法第七十六條之一第二項及同法相關規定授權之目的及範圍，與憲法並無違背。財政部六十四年

二月二十日臺財稅第三一二三五號函稱：公司當年度如有依獎勵投資條例第十二條（按即六十九年十二月三十日修正公布之獎勵投資條例第十三條，與現行促進產業升級條例第十六條及第十七條規範內容相當）及第十五條規定所取得之增資股票，及出售持有滿一年以上股票之收益，或其他法令得免予計入當年度所得課稅之所得，雖可依法免予計入當年度課稅所得，課徵營利事業所得稅；惟該項所得仍應計入該公司全年所得額內，計算未分配盈餘等語，係主管機關本於職權為執行有關稅法規定所為必要之釋示，符合上開法規之意旨，與促進產業升級條例之規範目的無違，於憲法第十九條之租稅法律主義亦無牴觸。

解釋理由書

關於人民自由權利之事項，除以法律規定外，法律亦得以具體明確之規定授權主管機關以命令為必要之規範。命令是否符合法律授權之意旨，則不應拘泥於法條所用之文字，而應以法律本身之立法目的及其整體規定之關聯意義為綜合判斷。又有關稅法之規定，主管機關得本於租稅法律主義之精神，依各該法律之立法目的，衡酌租稅經濟上之功能及實現課稅之公平原則，為必要之釋示，迭經本院釋字第四二○號及第四三八號等解釋闡示在案。

所得稅法關於營利事業所得稅之課徵客體，係採概括規定，凡營利事業之營業收益及其他收益，除具有法定減免事由外，均應予以課稅，此觀所得稅法第三條、第八條及第二十四條之規定甚明。營利事業未分配盈餘之增資及未辦理增資時如何課稅，六十六年元月三十日修正公布之所得稅法第七十六條之一第一項有明文規定：「公司組織之營利事業，其未分配盈餘累積數超過已收資本額二分之一以上者，應於次一營業年度內，利用未分配盈餘辦理增資，辦理增資後未分配盈餘保留數，以不超過本次增資後已收資本額二分之一為限；其未依規定辦理增資者，稽徵機關應以其全部累積未分配之盈餘，按每股份之應分配數歸戶，並依實際歸戶年度稅率，課徵所得稅。」七十年三月二十六日修正發布之所得稅法施行細則第七十條第一項：「公司利用未分配盈餘增資時，其對股東所增發之股份金額，除應依獎勵投資條例第十三條之規定辦理者外，應由公司於配發時按盈餘分配扣繳稅款，並由受配股東計入增資年度各股東之所得額申報納稅」，並未逾越上開條文暨同法相關規定授權之目的及範圍。財政部六十四年二月二十日臺財稅第三一二三五號函稱：公司當年度如有依獎勵投資條例第十二條（按即六十九年十二月三十日修正公布之獎勵投資條例第十三條，與現行促進產業升級條例第十六條、第十七條規範內容相當）及第十五條規定所取得之增資股票，及出售持有

滿一年以上股票之收益，或其他法令得免予計入當年度課稅之所得，雖可依法免予計入當年度課稅所得，課徵營利事業所得稅；惟該項所得仍應計入該公司全年所得額內，計算未分配盈餘等語，僅在闡釋公司轉投資所取得之增資股票依法免計入公司當年度營利事業所得稅額課稅，但仍應計入公司全年所得，以免有營業收益或其他收益，而排除於課稅客體之外，並未逾越所得稅法第七十六條之一第一項規定之範圍，係主管機關本於職權為執行有關稅法規定所為必要之釋示，與促進產業升級條例獎勵公司投資之立法意旨無違。

綜上所述，前開所得稅法施行細則第七十條第一項規定及財政部六十四年二月二十日臺財稅第三一二三五號函釋，於憲法第十九條均無牴觸。

釋字第五○七號解釋　（憲一六、二三，專利一二三～一二六、一三一）

八十九年五月十九日公布

憲法第十六條規定人民有訴訟之權，此項權利之保障範圍包括人民權益遭受不法侵害有權訴請司法機關予以救濟在內，惟訴訟權如何行使，應由法律予以規定。法律為防止濫行興訟致妨害他人自由，或為避免虛耗國家有限之司法資源，對於告訴或自訴自得為合理之限制，惟此種限制仍應符合憲法第二十三條之比例原則。中華民國八十三年一月二十一日修正公布之專利法第一百三十一條第二項至第四項規定：「專利權人就第一百二十三條至第一百二十六條提出告訴，應檢附侵害鑑定報告與侵害人經專利權人請求排除侵害之書面通知。未提出前項文件者，其告訴不合法。司法院與行政院應協調指定侵害鑑定專業機構。」依此規定被害人必須檢附侵害鑑定報告，始得提出告訴，係對人民訴訟權所為不必要之限制，違反前述比例原則。是上開專利法第一百三十一條第二項應檢附侵害鑑定報告及同條第三項未提出前項侵害鑑定報告者，其告訴不合法之規定，應自本解釋公布之日起不予適用。

解釋理由書

憲法第十六條規定人民有訴訟之權，此項權利自亦包括人民尋求刑事司法救濟在內，是故人民因權利遭受非法侵害，加害之行為人因而應負刑事責任者，被害人有請求司法機關予以偵查、追訴、審判之權利，此項權利之行使國家亦應提供制度性之保障。其基於防止濫訴並避免虛耗國家有限之司法資源，法律對於訴訟權之行使固得予以限制，惟限制之條件仍應符合憲法第二十三條之比例原則。中華民國八十三年一月二十一日修正公布之專利法第一百三十一條第二項至第四項規定：「專利權人就第一百二十

三條至第一百二十六條提出告訴，應檢附侵害鑑定報告與侵害人經專利權人請求排除侵害之書面通知。未提出前項文件者，其告訴不合法。司法院與行政院應協調指定侵害鑑定專業機構。」查訴訟法上之鑑定為證據方法之一種，而依刑事訴訟法之規定，程序開始進行後，方有鑑定之適用，鑑定人之選任偵查中屬於檢察官，審判中則為法院之職權，縱經被害人提出所謂侵害鑑定報告，檢察官或法院仍應依法調查證據，非可僅憑上開鑑定報告遽行認定犯罪行為。專利法前述規定以檢附侵害鑑定報告為行使告訴權之條件，係對人民訴訟權所為不必要之限制，違反憲法第二十三條之比例原則。況鑑定專業機構若不願意接受被害人請求鑑定、作業遲延或因專利內容日新月異非其所能勝任等原因，將導致專利權人不能於行使告訴權之法定期間內，提起告訴。是主張遭受侵害之專利權人已以訴狀具體指明其專利權遭受侵害之事證者，其告訴即屬合法。綜上所述，上開專利法第一百三十一條第二項應檢附侵害鑑定報告及同條第三項未提出前項侵害鑑定報告者，其告訴不合法之規定，應自本解釋公布之日起不予適用。

釋字第五〇八號解釋　（憲七、一五、一九、二三，所得稅二、四、八、一四、一一〇，平均地權一一、七六、七七，新市鎮六）　八十九年六月九日公布

中華民國八十二年二月五日修正公布之所得稅法第二條第一項規定：「凡有中華民國來源所得之個人，應就其中華民國來源之所得，依本法規定，課徵綜合所得稅。」依法徵收之土地為出租耕地時，依七十八年十月三十日修正公布之平均地權條例第十一條第一項規定應給與承租人之補償費，核屬所得稅法第八條第十一款規定之所得，應依同法第十四條第一項第九類所稱之其他所得，計算個人之綜合所得總額。財政部七十四年四月二十三日臺財稅第一四八九四號函謂：「佃農承租之土地，因政府徵收而終止租約，其依平均地權條例第十一條規定，由土地所有權人所得之補償地價扣除土地增值稅後餘額之三分之一給予佃農之補償費，應比照地主收回土地適用所得稅法第十四條第三項變動所得之規定，以補償費之半數作為當年度所得，其餘半數免稅。」係基於課稅公平原則及減輕耕地承租人稅負而為之函釋，符合所得稅法上開各規定之意旨，與憲法第十五條、第十九條、第二十三條規定並無牴觸。前述第一四八九四號函釋，係對耕地承租人因政府徵收出租耕地自出租人取得之補償，如何計算當年度所得，作成之釋示；而該部六十六年七月十五日臺財稅第三四六一六號函：「個人出售土地，除土地價款外，另自買受人取得之建物以外之地上物之補償費，免課所得稅。該項補償費如係由耕作地上物之佃農取得者，亦可免納所得稅。」係就土地買賣時，佃農取得之耕

作地上物補償費免納所得稅所為之詮釋，前者係其他收益所得，後者為損失補償，二者之性質互異，自難相提並論，與憲法第七條平等原則並無違背。

解釋理由書

平均地權條例第十一條第一項規定：「依法徵收或照價收買之土地為出租耕地時，除由政府補償承租人為改良土地所支付之費用，及尚未收穫之農作改良物外，並應由土地所有權人，以所得之補償地價，扣除土地增值稅後餘額之三分之一，補償耕地承租人。」此項土地補償費乃佃農因法定事由致其耕地租賃權消滅而獲得，性質上與承租人依平均地權條例第七十七條規定所獲得之補償費相同，屬八十二年二月五日修正公布之所得稅法第八條第十一款規定之中華民國所得來源，既不在依法得免稅之列（同法第四條及新市鎮開發條例第六條第三項參照），應依所得稅法第十四條第一項第九類規定之其他所得，以其收入額減除成本及必要費用後之餘額為所得額，全數併計入耕地承租人綜合所得總額，依同法第二條第一項規定課徵所得稅。

耕地出租人依平均地權條例第七十六條規定終止租約收回耕地，依同條例第七十七條規定，由耕地出租人就申請終止租約當期之公告土地現值，減除預計土地增值稅後餘額之三分之一，給與耕地承租人補償費。此項補償費依所得稅法第十四條第三項規定，得僅以半數作為當年度所得，其餘半數免稅。實因承租人之此項補償費，為其多年累積而發生之所得，具有長期累積性質，綜合所得稅又係採累進稅率，如逕依同法第十四條第一項第九類其他所得之前開規定，計算耕地承租人之綜合所得額，集中於同一年度課稅，勢必加重耕地承租人之稅負。而政府徵收出租之耕地，依平均地權條例第十一條規定，由耕地出租人以所得之補償地價，扣除土地增值稅後餘額之三分之一，給與耕地承租人之補償費，性質上與上述同條例第七十七條規定之補償費相若。財政部七十四年四月二十三日臺財稅第一四八九四號函謂：「佃農承租之土地，因政府徵收而終止租約，其依平均地權條例第十一條規定，由土地所有權人所得之補償地價扣除土地增值稅後餘額之三分之一給予佃農之補償費，應比照地主收回土地適用所得稅法第十四條第三項變動所得之規定，以補償費之半數作為當年度所得，其餘半數免稅。」係基於公平原則及減輕耕地承租人稅賦負擔而為之函釋，符合課稅公平原則之要求，與所得稅法第二條第一項、第八條第十一款、第十四條第一項第九類、第三項規定之意旨無違，與憲法第十五條保障人民財產權、第十九條租稅法律主義及第二十三條法律保留原則之規定，亦無牴觸。

財政部七十四年四月二十三日臺財稅第一四八九四號函，係對耕地承租人因政府徵收

出租耕地自出租人取得之補償，如何計算當年度所得，作成之釋示；而該部六十六年七月十五日臺財稅第三四六一六號函：「個人出售土地，除土地價款外，另自買受人取得之建物以外之地上物之補償費，免課所得稅。該項補償費如係由耕作地上物之佃農取得者，亦可免納所得稅。」係就土地買賣時，佃農取得之耕作地上物補償費免納所得稅所為之詮釋，前者係其他收益所得，後者為損失補償，二者之性質互異，自難相提並論，與憲法第七條平等原則並無違背。又依所得稅法第一百十條第一項規定處罰納稅義務人，固以納稅義務人就其應課稅所得額申報之漏報或短報情事，具有故意或過失為必要（本院釋字第二七五號解釋參照），惟有無故意或過失，乃事實認定問題，併此敘明。

釋字第五○九號解釋　（憲一一、二三，刑三一○、三一一）

八十九年七月七日公布

言論自由為人民之基本權利，憲法第十一條有明文保障，國家應給予最大限度之維護，俾其實現自我、溝通意見、追求真理及監督各種政治或社會活動之功能得以發揮。惟為兼顧對個人名譽、隱私及公共利益之保護，法律尚非不得對言論自由依其傳播方式為合理之限制。刑法第三百十條第一項及第二項誹謗罪即係保護個人法益而設，為防止妨礙他人之自由權利所必要，符合憲法第二十三條規定之意旨。至刑法同條第三項前段以對誹謗之事，能證明其為真實者不罰，係針對言論內容與事實相符者之保障，並藉以限定刑罰權之範圍，非謂指摘或傳述誹謗事項之行為人，必須自行證明其言論內容確屬真實，始能免於刑責。惟行為人雖不能證明言論內容為真實，但依其所提證據資料，認為行為人有相當理由確信其為真實者，即不能以誹謗罪之刑責相繩，亦不得以此項規定而免除檢察官或自訴人於訴訟程序中，依法應負行為人故意毀損他人名譽之舉證責任，或法院發現其為真實之義務。就此而言，刑法第三百十條第三項與憲法保障言論自由之旨趣並無牴觸。

解釋理由書

憲法第十一條規定，人民之言論自由應予保障，鑑於言論自由有實現自我、溝通意見、追求真理、滿足人民知的權利，形成公意，促進各種合理的政治及社會活動之功能，乃維持民主多元社會正常發展不可或缺之機制，國家應給予最大限度之保障。惟為保護個人名譽、隱私等法益及維護公共利益，國家對言論自由尚非不得依其傳播方式為適當限制。至於限制之手段究應採用民事賠償抑或兼採刑事處罰，則應就國民守法精

神、對他人權利尊重之態度、現行民事賠償制度之功能、媒體工作者對本身職業規範遵守之程度及其違背時所受同業紀律制裁之效果等各項因素，綜合考量。以我國現況而言，基於上述各項因素，尚不能認為不實施誹謗除罪化，即屬違憲。況一旦妨害他人名譽均得以金錢賠償而了卻責任，豈非享有財富者即得任意誹謗他人名譽，自非憲法保障人民權利之本意。刑法第三百十條第一項：「意圖散布於眾，而指摘或傳述足以毀損他人名譽之事者，為誹謗罪，處一年以下有期徒刑、拘役或五百元以下罰金」，第二項：「散布文字、圖畫犯前項之罪者，處二年以下有期徒刑、拘役或一千元以下罰金」係分別對以言詞或文字、圖畫而誹謗他人者，科予不同之刑罰，為防止妨礙他人自由權益所必要，與憲法第二十三條所定之比例原則尚無違背。刑法第三百十條第三項前段規定：「對於所誹謗之事，能證明其為真實者，不罰」，係以指摘或傳述足以毀損他人名譽事項之行為人，其言論內容與事實相符者為不罰之條件，並非謂行為人必須自行證明其言論內容確屬真實，始能免於刑責。惟行為人雖不能證明言論內容為真實，但依其所提證據資料，認為行為人有相當理由確信其為真實者，即不能以誹謗罪之刑責相繩，亦不得以此項規定而免除檢察官或自訴人於訴訟程序中，依法應負行為人故意毀損他人名譽之舉證責任，或法院發現其為真實之義務。就此而言，刑法第三百十條第三項與憲法保障言論自由之旨趣並無牴觸。刑法第三百十一條規定：「以善意發表言論，而有左列情形之一者，不罰：一、因自衛、自辯或保護合法之利益者。二、公務員因職務而報告者。三、對於可受公評之事，而為適當之評論者。四、對於中央及地方之會議或法院或公眾集會之記事，而為適當之載述者。」係法律就誹謗罪特設之阻卻違法事由，目的即在維護善意發表意見之自由，不生牴觸憲法問題。至各該事由是否相當乃認事用法問題，為審理相關案件法院之職責，不屬本件解釋範圍。

釋字第五一○號解釋　　（憲一五、二三，民航二五、二六，航空人員體格檢查標準四八、四九、五二、五三）　　　　　　　　　八十九年七月二十日公布

憲法第十五條規定人民之工作權應予保障，人民從事工作並有選擇職業之自由。惟其工作與公共利益密切相關者，於符合憲法第二十三條比例原則之限度內，對於從事工作之方式及必備之資格或其他要件，得以法律或視工作權限制之性質，以有法律明確授權之命令加以規範。中華民國七十三年十一月十九日修正公布之民用航空法第二十五條規定，民用航空局對於航空人員之技能、體格或性行，應為定期檢查，且得為臨時檢查，經檢查不合標準時，應限制、暫停或終止其執業，並授權民用航空局訂定檢

查標準（八十四年一月二十七日修正公布之同法第二十五條及八十七年一月二十一日修正公布之第二十六條規定意旨亦同）。民用航空局據此授權於八十二年八月二十六日修正發布之「航空人員體格檢查標準」，其第四十八條第一項規定，航空人員之體格，不合該標準者，應予不及格，如經特別鑑定後，認其行使職務藉由工作經驗，不致影響飛航安全時，准予缺點免計；第五十二條規定：「為保障民航安全，對於准予體格缺點免計者，應予時間及作業之限制。前項缺點免計之限制，該航空人員不得執行有該缺點所不能執行之任務」，及第五十三條規定：「對缺點免計受檢者，至少每三年需重新評估乙次。航空體檢醫師或主管，認為情況有變化時，得隨時要求加以鑑定」，均係為維護公眾利益，基於航空人員之工作特性，就職業選擇自由個人應具備條件所為之限制，非涉裁罰性之處分，與首開解釋意旨相符，於憲法保障人民工作權之規定亦無牴觸。

　　解釋理由書

憲法第十五條規定人民之工作權應予保障，人民從事工作並有選擇職業之自由。惟其工作與公共利益密切相關者，於符合憲法第二十三條比例原則之限度內，對於從事工作之方式及必備之資格或其他要件，得以法律加以限制。然法律規定不能鉅細靡遺，就選擇職業之自由，尚非不得衡酌相關職業活動之性質，對於從事特定職業之個人應具備之知識、能力、年齡及體能等資格要件，授權有關機關以命令訂定適當之標準。近代航空運輸，已屬人類重要交通工具，航空器之結構精密，其操作具有高度專業性，加以航空器在高空快速飛行，其安全與否，於公共利益有密切關係，因而從事飛航之人員，不僅須受高度之專業訓練，而其身心健全，並具有相當之體能，尤為從事此項職業之必要條件。七十三年十一月十九日修正公布之民用航空法第二十五條乃規定，民用航空局對於航空人員之技能、體格或性行，應為定期檢查，且得為臨時檢查，經檢查不合標準時，應限制、暫停或終止其執業，並授權民用航空局訂定檢查標準（八十四年一月二十七日修正公布之同法第二十五條及八十七年一月二十一日修正公布之第二十六條規定意旨亦同）。民用航空局依據授權於八十二年八月二十六日修正發布之「航空人員體格檢查標準」，其第四十八條第一項規定，航空人員之體格，不合該標準者，應予不及格，如經特別鑑定後，認其行使職務藉由工作經驗，不致影響飛航安全時，准予缺點免計；第五十二條規定：「為保障民航安全，對於准予體格缺點免計者，應予時間及作業之限制。

前項缺點免計之限制，該航空人員不得執行有該缺點所不能執行之任務」，及第五十三

條規定:「對缺點免計受檢者,至少每三年需重新評估乙次。航空體檢醫師或主管,認為情況有變化時,得隨時要求加以鑑定」(八十九年二月二日修正發布之航空人員體格檢查標準,相關規定第四十九條、第五十二條、第五十三條規定意旨相仿),均係基於航空人員之工作特性,針對其執行業務時所應維持體能狀態之必要而設計,係就從事特定職業之人應具備要件所為之規範,非涉裁罰性之處分,與首開解釋意旨相符,於憲法保障人民工作權之規定,亦無牴觸。

釋字第五一一號解釋　(憲一五,交通處罰九、九二)

八十九年七月二十七日公布

為加強道路交通管理,維護交通秩序,確保道路交通安全,道路交通管理處罰條例對違反該條例之行為定有各項行政罰。同條例第九條第一項規定應受罰鍰處罰之行為人接獲違反道路交通管理事件通知單後,得於十五日內逕依各該條款罰鍰最低額,自動繳納結案。依同條例第九十二條授權訂定之違反道路交通管理事件統一裁罰標準及處理細則第四十一條第一項及第四十八條第一項僅係就上開意旨為具體細節之規定,並未逾越母法之授權,與法律保留原則亦無違背,就此部分與本院釋字第四二三號解釋所涉聲請事件尚屬有間。至上開細則第四十一條第二項規定,行為人逾指定應到案日期後到案,另同細則第四十四條第一項規定,違反道路交通管理事件行為人未依規定自動繳納罰鍰,或未依規定到案聽候裁決者,處罰機關即一律依標準表規定之金額處以罰鍰,此屬法律授權主管機關就裁罰事宜所訂定之裁量基準,其罰鍰之額度並未逾越法律明定得裁罰之上限,且寓有避免各行政機關於相同事件恣意為不同裁罰之功能,亦非法所不許。上開細則,於憲法保障人民財產權之意旨並無牴觸。至行為人對主管機關之裁罰不服,法院就其聲明異議案件,如認原裁決有違法或不當之情事,縱行為人有未依指定到案日期或委託他人到案者,仍得為變更處罰之裁判,乃屬當然。

解釋理由書

為加強道路交通管理,維護交通秩序,確保道路交通安全,道路交通管理處罰條例對違反該條例之行為定有各項行政罰。同條例第九條第一項規定:「本條例所定罰鍰之處罰,行為人接獲違反道路交通管理事件通知單後,應於十五日內,到達指定處所聽候裁決。但行為人認為舉發之事實與違規情形相符者,得不經裁決,逕依各該條款罰鍰最低額,自動向指定之處所繳納結案。」依同條例第九十二條授權訂定之違反道路交通管理事件統一裁罰標準及處理細則第四十一條第一項及第四十八條第一項僅係就上開

意旨為具體細節之規定，並未逾越母法之授權，與法律保留原則亦無違背，就此部分與本院釋字第四二三號解釋交通工具排放空氣污染物罰鍰標準之未經空氣污染防制法授權，以行為人自動繳納罰鍰最低額為結案方式，要屬有間。且污染空氣之行為，尚有污染源及污染物排放量之不同，主管機關復有抽驗之數據可憑，其僅以到案時間及到案與否為裁罰之準據，自與授權裁量之立法目的不符。至交通違規則單純以違反交通規則為構成要件，二者性質有別，非可相提並論。又上開細則第四十一條第二項規定：「行為人逾指定應到案日期後到案，而有前項第一款、第二款情形者，得逕依標準表逾越繳納期限之規定，收繳罰鍰結案。」另同細則第四十四條第一項規定：「違反道路交通管理事件行為人，未依規定自動繳納罰鍰，或未依規定到案聽候裁決，處罰機關應於一個月內依標準表逕行裁決之。」依上開標準表規定，凡行為人逾越繳納期限或經逕行裁決處罰者，處罰機關即一律依標準表規定之金額處以罰鍰，此屬法律授權主管機關就裁罰事宜所訂定之裁量基準，其罰鍰之額度未逾越法律明定得裁罰之上限，並得促使行為人自動繳納、避免將來強制執行困擾及節省行政成本，且寓有避免各行政機關於相同事件恣意為不同裁罰之功能，亦非法所不許。上開細則，於憲法保障人民財產權之意旨並無牴觸。至行為人對主管機關之裁罰不服，法院就其聲明異議案件，如認原裁決有違法或不當之情事，縱行為人有未依指定到案日期或委託他人到案者，仍得為變更處罰之裁判，乃屬當然。

釋字第五一二號解釋　（憲七、一六、二三，毒品危害一六，刑訴三七七、四四一）

八十九年九月十五日公布

憲法第十六條保障人民有訴訟之權，旨在確保人民有依法定程序提起訴訟及受公平審判之權利，至訴訟救濟應循之審級、程序及相關要件，應由立法機關衡量訴訟案件之種類、性質、訴訟政策目的，以及訴訟制度之功能等因素，以法律為正當合理之規定。中華民國八十一年七月二十七日修正公布之「肅清煙毒條例」（八十七年五月二十日修正公布名稱為：「毒品危害防制條例」）第十六條前段規定：「犯本條例之罪者，以地方法院或其分院為初審，高等法院或其分院為終審」，對於判處有期徒刑以下之罪，限制被告上訴最高法院，係立法機關鑑於煙毒危害社會至鉅，及其犯罪性質有施保安處分之必要，為強化刑事嚇阻效果，以達肅清煙毒、維護國民身心健康之目的，所設特別刑事訴訟程序，尚屬正當合理限制。矧刑事案件，上訴於第三審法院非以違背法令為理由不得為之。確定判決如有違背法令，得依非常上訴救濟，刑事訴訟法第三百七十

七條、第四百四十一條定有明文。就第二審法院所為有期徒刑以下之判決，若有違背法令之情形，亦有一定救濟途徑。對於被告判處死刑、無期徒刑之案件則依職權送最高法院覆判，顯已顧及其利益，尚未逾越立法機關自由形成之範圍，於憲法保障之人民訴訟權亦無侵害，與憲法第七條及第二十三條亦無牴觸。

解釋理由書

憲法第十六條保障人民有訴訟之權，旨在確保人民有依法定程序提起訴訟及受公平審判之權利，至訴訟救濟應循之審級、程序及相關要件，應由立法機關衡量訴訟案件之種類、性質、訴訟政策目的，以及訴訟制度之功能等因素，以法律為正當合理之規定，本院釋字第三九三號、第三九六號、第四一八號、第四四二號解釋闡釋甚明。中華民國八十一年七月二十七日修正公布之「肅清煙毒條例」（八十七年五月二十日修正公布名稱為：「毒品危害防制條例」）第十六條前段規定：「犯本條例之罪者，以地方法院或其分院為初審，高等法院或其分院為終審」，對於判處有期徒刑以下之罪，限制被告上訴最高法院。此項程序，係立法機關鑑於煙毒危害社會至鉅，及其犯罪性質有施保安處分之必要，為強化刑事嚇阻效果，以達肅清煙毒、維護國民身心健康之目的，就何種情形得為上訴以及得上訴至何一審級等事項，所設特別刑事訴訟程序，尚屬正當合理限制。刑刑事案件，上訴於第三審法院非以違背法令為理由不得為之。確定判決如有違背法令，得依非常上訴救濟，刑事訴訟法第三百七十七條、第四百四十一條定有明文。就第二審法院所為有期徒刑以下之判決，若有違背法令之情形，亦有一定救濟途徑，對於被告判處死刑、無期徒刑之案件則依職權送最高法院覆判，並未逾越立法機關自由形成之範圍；且依該條例規定，已給予被告上訴第二審之權利，並未剝奪其訴訟權，與憲法第二十三條規定之比例原則尚無牴觸，且未侵害憲法保障之人民訴訟權，亦與憲法第七條規定無違。

釋字第五一三號解釋　（都市計畫一、五二，土徵四）

　　　　　　　　　　　　　　八十九年九月二十九日公布

都市計畫法制定之目的，依其第一條規定，係為改善居民生活環境，並促進市、鎮、鄉街有計畫之均衡發展。都市計畫一經公告確定，即發生規範之效力。除法律別有規定外，各級政府所為土地之使用或徵收，自應符合已確定之都市計畫，若為增進公共利益之需要，固得徵收都市計畫區域內之土地，惟因其涉及對人民財產權之剝奪，應嚴守法定徵收土地之要件、踐行其程序，並遵照都市計畫法之相關規定。都市計畫法

第五十二條前段：「都市計畫範圍內，各級政府徵收私有土地或撥用公有土地，不得妨礙當地都市計畫。」依其規範意旨，中央或地方興建公共設施，須徵收都市計畫中原非公共設施用地之私有土地時，自應先踐行變更都市計畫之程序，再予徵收，未經變更都市計畫即遽行徵收非公共設施用地之私有土地者，與上開規定有違。其依土地法辦理徵收未依法公告或不遵守法定三十日期間者，自不生徵收之效力。若因徵收之公告記載日期與實際公告不符，致計算發生差異者，非以公告文載明之公告日期，而仍以實際公告日期為準，故應於實際徵收公告期間屆滿三十日時發生效力。

　　解釋理由書

都市計畫法制定之目的，依其第一條規定，係為改善居民生活環境，並促進市、鎮、鄉街有計畫之均衡發展。都市計畫一經公告確定，即發生規範之效力。除法律別有規定外，各級政府所為土地之使用或徵收，自應符合已確定之都市計畫，若為增進公共利益之需要，固得徵收都市計畫區域內之土地，惟因其涉及對人民財產權之剝奪，應嚴守法定徵收土地之要件、踐行其程序，並遵照都市計畫法之相關規定，以實現都市計畫之目的。

都市計畫法第五十二條前段規定：「都市計畫範圍內，各級政府徵收私有土地或撥用公有土地，不得妨礙當地都市計畫。」旨在管制土地使用分區及藉由計畫引導建設發展，對土地使用一經合理規劃而公告確定，各級政府在徵收土地作為公共設施用地時，即應就是否為其事業所必要及有無妨礙需用土地之都市計畫詳加審查。是中央或地方興建公共設施，須徵收都市計畫範圍內原非公共設施用地之私有土地時，除法律另有規定（例如土地徵收條例第四條第二項）外，應先踐行變更都市計畫之程序，再予徵收，未經變更都市計畫即遽行徵收非公共設施用地之私有土地者，與上開規定有違，此一徵收行為性質上屬於有瑕疵之行政處分，如何救濟，乃另一問題。

依土地法辦理徵收未依法公告或不遵守法定三十日期間者，自不生徵收之效力。若因徵收之公告記載日期與實際公告不符，致計算發生差異者，非以公告文載明之公告日期，而仍以實際公告日期為準，故應於實際徵收公告期間屆滿三十日時發生效力。

釋字第五一四號解釋　　（憲一五、二三，兒童福利法三三、四七，少年福利法一九、二六）　　　　　　　　　　　　　　八十九年十月十三日公布

人民營業之自由為憲法上工作權及財產權所保障。有關營業許可之條件，營業應遵守之義務及違反義務應受之制裁，依憲法第二十三條規定，均應以法律定之，其內容更

須符合該條規定之要件。若其限制，於性質上得由法律授權以命令補充規定時，授權之目的、內容及範圍應具體明確，始得據以發布命令，迭經本院解釋在案。教育部中華民國八十一年三月十一日臺（八一）參字第一二五○○號令修正發布之遊藝場業輔導管理規則，係主管機關為維護社會安寧、善良風俗及兒童暨少年之身心健康，於法制未臻完備之際，基於職權所發布之命令，固有其實際需要，惟該規則第十三條第十二款關於電動玩具業不得容許未滿十八歲之兒童及少年進入其營業場所之規定，第十七條第三項關於違反第十三條第十二款規定者，撤銷其許可之規定，涉及人民工作權及財產權之限制，自應符合首開憲法意旨。相關之事項已制定法律加以規範者，主管機關尤不得沿用其未獲法律授權所發布之命令。前述管理規則之上開規定，有違憲法第二十三條之法律保留原則，應不予援用。

　　解釋理由書

人民營業之自由為憲法第十五條工作權及財產權應予保障之一項內涵。基於憲法上工作權之保障，人民得自由選擇從事一定之營業為其職業，而有開業、停業與否及從事營業之時間、地點、對象及方式之自由；基於憲法上財產權之保障，人民並有營業活動之自由，例如對其商品之生產、交易或處分均得自由為之。許可營業之條件、營業須遵守之義務及違反義務應受之制裁，均涉及人民工作權及財產權之限制，依憲法第二十三條規定，必須以法律定之，且其內容更須符合該條規定之要件。若營業自由之限制在性質上，得由法律授權以命令補充規定者，授權之目的、內容及範圍，應具體明確，始得據以發布命令，迭經本院解釋在案（本院釋字第三一三號、第三九○號、第三九四號、第四四三號、第五一○號解釋參照）。

教育部中華民國八十一年三月十一日以臺（八一）參字第一二五○○號令修正發布之遊藝場業輔導管理規則，係主管機關為維護社會安寧、善良風俗及兒童暨少年之身心健康，於法制未臻完備之際，基於職權所發布之命令，固有其實際需要，惟該規則第十三條第十二款關於電動玩具業不得容許未滿十八歲之兒童及少年進入其營業場所之規定，乃經營營業須遵守之義務，為人民職業選擇自由中營業對象自由之限制，第十七條第三項關於違反第十三條第十二款規定者，撤銷營業許可之規定，乃違反義務之制裁，均涉及人民憲法上工作權及財產權之保障，依前開說明，自法律授權之依據，始得為之。少年福利法、兒童福利法就相關事項已制定法律加以規範（少年福利法第十九條、第二十六條第二項，兒童福利法第三十三條、第四十七條第二項參照），主管機關尤不得沿用其未獲法律授權所發布之命令，蓋此為法治國家依法行政之基本要求。

上開管理規則第十三條第十二款、第十七條第三項規定，違反憲法第二十三條之法律保留原則，應不予援用。又人民之行為如依當時之法律係屬違法者，自不因主管機關規範該行為所發布之職權命令，嗣經本院解釋不予適用，而得主張救濟，乃屬當然，爰併予敘明。

釋字第五一五號解釋　（憲二三，產業升級三四～三六、三八，產業升級施九六）

八十九年十月二十六日公布

中華民國七十九年十二月二十九日公布之促進產業升級條例第三十八條關於興辦工業人租購工業區土地或標準廠房，未依該條例第三十五條（現行法第五十八條）於核准設廠之日起一年內，按照核定計畫開始使用，或未於第三十六條（現行法第五十九條）所定延展期間內開始使用，或不依核定計畫使用者，得由工業主管機關照土地或廠房原購買價格（其屬廠房或自行興建之建築改良物者，則應扣除房屋折舊）強制收買之規定，係為貫徹工業區之土地廠房應爭取時效作符合產業升級及發展經濟目的而使用，並避免興辦工業人利用國家開發之工業區及給予租稅優惠等獎勵措施，購入土地廠房轉售圖利或作不合目的之使用，乃增進公共利益所必要，符合憲法第二十三條之比例原則，與憲法保障財產權之意旨並無牴觸。

上開條例第三十四條第一項（現行法第五十五條第一項）規定，工業主管機關依本條例開發之工業區，除社區用地外，其土地、標準廠房或各種建築物出售時，應由承購人分別按土地承購價額或標準廠房、各種建築物承購價額百分之三或百分之一繳付工業區開發管理基金。此一基金係專對承購工業區土地、廠房及其他建築物興辦工業人課徵，用於挹注工業區開發及管理之所需，性質上相當於對有共同利益群體者所課徵之特別公課及使用規費，並非原購買土地或廠房等價格之一部分，該條例施行細則第九十六條（現行法第一百零八條）：「本條例第三十八條（現行法第六十一條）第一項第一款所稱原購買地價及原購買價格，不包括承購時隨價繳付之工業區開發管理基金」，此對購買土地及廠房後未能於前開一年內使用而僅繳付價金者，固無不合。惟興辦工業人承購工業區土地或廠房後，工業主管機關依上開條例第三十八條之規定強制買回，若係由於非可歸責於興辦工業人之事由者，其自始既未成為特別公課徵收對象共同利益群體之成員，亦不具有繳納規費之利用關係，則課徵工業區開發管理基金之前提要件及目的均已消失，其課徵供作基金款項之法律上原因遂不復存在，成為公法上之不當得利。依上開細則之規定，該管機關僅須以原價買回，對已按一定比例課徵

作為基金之款項，不予返還，即與憲法保障人民權利之意旨有違，該細則此部分規定，並不排除上述返還請求權之行使。至興辦工業人有無可歸責事由，是否已受領其他相當之補償，係屬事實認定問題，不在本解釋範圍，併此指明。

解釋理由書

中華民國七十九年十二月二十九日公布之促進產業升級條例第三十五條（八十八年十二月三十一日修正公布之現行條例第五十八條）及第三十六條（現行條例第五十九條）分別規定：「興辦工業人租購工業區土地，應於核准設廠之日起一年內，按照核定計畫開始使用。興辦工業人因故未能如期開始使用時，得報經工業主管機關核准展延之。但以一次為限，並不得超過一年。」「興辦工業人租購工業區土地或標準廠房，應按照核定計畫完成使用，並取得工廠登記證。興辦工業人因故未能如期完成使用時，得申請展期。但以三次為限，並不得超過三年。」同條例第三十八條（現行條例第六十一條）則規定：「興辦工業人租購之工業區土地或標準廠房，違反第三十五條或第三十六條或不依核定計畫使用者，得由工業主管機關依左列規定處理：一、承購之土地，照原購買地價強制收買；承購之標準廠房，照原購買價格，扣除房屋折舊後之餘額強制收買。二、租用之土地或標準廠房，終止租約收回。前項強制收買或收回之土地，其地上由興辦工業人自行興建之建築改良物，按其興建當時之價格，扣除房屋折舊後之餘額補償之。」此一強制買回之條款，旨在貫徹工業區之土地廠房應爭取時效作符合產業升級及發展經濟目的之使用，並避免興辦工業人利用國家開發之工業區及給予租稅優惠等獎勵措施，購入土地廠房轉售圖利或作不合目的之使用；凡有不於前述法定期間依核定計畫開始使用，或雖開始使用而不符原核定計畫者，不問其原因為何，工業主管機關均得強制買回，乃增進公共利益所必要，符合憲法第二十三條之比例原則，與憲法保障財產權之意旨亦無牴觸。

上開條例第三十四條第一項（現行條例第五十五條第一項）規定：「工業主管機關依本條例開發之工業區，除社區用地外，其土地、標準廠房或各種建築物出售時，應由承購人按下列規定，繳付工業區開發管理基金：一、土地按承購價額繳付百分之三。二、標準廠房或各種建築物按承購價額繳付百分之一。」此一基金之用途依行政院八十年十月七日發布之工業區開發管理基金收支保管及運用辦法第六條之規定包括：「一、工業區開發之投資或貸款或參加投資於工業區相關之事業。二、工業主管機關依本條例第三十八條規定強制收買或收回工業區土地、標準廠房或補償興辦工業人自行興建之建築改良物所需資金。三、已開發之工業區，其土地經較長期間仍未出售，由於開發成

本利息之累積，致售價超過附近使用性質相同土地之地價時，得以本基金貸款利息補貼之。四、工業區開發相關之研究規劃、宣導經費及本基金保管運用委員會與工業區管理機構之經費。五、金融機構轉貸本基金之手續費。六、其他有關支出。」是基金係專對承購工業區土地、廠房及其他建築物興辦工業人課徵，用於挹注工業區開發及管理之所需，性質上相當於對有共同利益群體者所徵收之特別公課及使用規費，並非原購買土地或廠房等價格之一部分，該條例施行細則第九十六條：「本條例第三十八條第一項第一款所稱原購買地價及原購買價格，不包括承購時隨價繳付之工業區開發管理基金」，此對購買土地及廠房後未能於前開一年內使用而僅繳付價金者，固無不合。惟興辦工業人承購工業區土地或廠房後，工業主管機關依上開條例第三十八條之規定強制買回，若係由於非可歸責於興辦工業人之事由者，其自始既未成為特別公課徵收對象共同利益群體之成員，亦不具有繳納規費之利用關係，則課徵工業區開發管理基金之前提要件及目的均已消失，且原興辦工業人若於遭強制買回之後，另行選擇其他工業區買地設廠，並不能以前此繳納作為管理開發基金之款項抵充，仍須再次由主管機關按規定比例課徵，是以上述繳納作為基金之款項，就此而言，亦無不予返還之理由。因不可歸責之事由致興辦工業人未能於法定期間內依核定開始使用在工業區購得之土地或廠房，其課徵供作基金款項之法律上原因既已不存在，則構成公法上之不當得利，該興辦工業人自得依現行行政訴訟法提起給付訴訟。依上開細則之規定，該管機關僅須以原價買回，對已按一定比例課徵作為基金之款項，不予返還，即與憲法保障人民權利之意旨有違，該細則此部分規定，並不排除上述返還請求權之行使。至興辦工業人有無可歸責事由，是否已受領其他相當之補償，係屬事實認定問題，不在本解釋範圍，併此指明。

釋字第五一六號解釋　　（憲一五，土地二二七、二三三、二三五、二三七，土徵二二）　　　　　　　　　　　　　　　八十九年十月二十六日公布

國家因公用或其他公益目的之必要，雖得依法徵收人民之財產，但應給予合理之補償。此項補償乃因財產之徵收，對被徵收財產之所有人而言，係為公共利益所受之特別犧牲，國家自應予以補償，以填補其財產權被剝奪或其權能受限制之損失。故補償不僅需相當，更應儘速發給，方符憲法第十五條規定，人民財產權應予保障之意旨。準此，土地法第二百三十三條明定，徵收土地補償之地價及其他補償費，應於「公告期滿後十五日內」發給。此項法定期間，雖或因對徵收補償有異議，由該管地政機關提交評

定或評議而得展延,然補償費額經評定或評議後,主管地政機關仍應即行通知需用土地人,並限期繳交轉發土地所有權人,其期限亦不得超過土地法上述規定之十五日(本院院字第二七○四號、釋字第一一○號解釋參照)。倘若應增加補償之數額過於龐大,應動支預備金,或有其他特殊情事,致未能於十五日內發給者,仍應於評定或評議結果確定之日起於相當之期限內儘速發給之,否則徵收土地核准案,即應失其效力。行政法院八十五年一月十七日庭長評事聯席會議決議略謂:司法院釋字第一一○號解釋第三項,固謂徵收土地補償費額經標準地價評議委員會評定後,主管機關通知並轉發土地所有權人,不得超過土地法第二百三十三條所規定之十五日期限,然縱已逾十五日期限,無從使已確定之徵收處分溯及發生失其效力之結果云云,其與本解釋意旨不符部分,於憲法保障人民財產權之旨意有違,應不予適用。

解釋理由書

憲法第十五條規定,人民之財產權應予保障。此一規定旨在確保個人依財產之存續狀態,行使其自由使用、收益及處分之權能,並免於遭受公權力或第三人之侵害。國家因公用或因其他公益目的之必要,雖得依法徵收人民之財產,但應給予合理之補償。此項補償乃係因財產徵收,對被徵收財產之所有人而言,係為公共利益所受之特別犧牲,國家自應予以補償,以填補其財產權被剝奪或其權能受限制之損失。故補償不僅需相當,為減少財產所有人之損害,更應儘速發給,方符憲法上開保障人民財產權之意旨(本院釋字第四○○號、第四二五號解釋參照)。準此,土地法第二百三十三條前段規定:「徵收土地應補償之地價及其他補償費,應於公告期滿後十五日內發給之。」此項期間雖或因對徵收補償有異議,經該管地政機關提交評定或評議而得展延,但補償費額一經評定或評議後,主管地政機關仍應即行通知需用土地人,並限期繳交,以轉發應受補償人,其期限亦不得超過土地法第二百三十三條規定之十五日(本院院字第二七○四號、釋字第一一○號解釋參照)。上述徵收程序之嚴格要求,乃在貫徹國家因增進公共利益為公用徵收時,亦應兼顧確保人民財產權益之憲法意旨(本院釋字第四○九號解釋意旨參照)。對於土地法第二百二十七條所公告,被徵收土地應補償之費額,應受補償人有異議,而拒絕受領,依土地法第二百三十七條第一項第一款規定,得將款額提存之,但該項應補償之費額,如於提交評定或評議後,認應增加給付時,應增加發給之補償數額,倘未經依法發給,徵收處分即不得謂已因辦理上述提存而不影響其效力。此為有徵收即有補償,補償之發給與徵收土地核准處分之效力間,具有不可分之一體性所必然。觀諸土地法第二百三十五條前段規定,「被徵收土地之所有權

人，對於其土地之權利義務，於應受補償發給完竣時終止」亦明。至若應增加補償之數額過於龐大，需用土地人（機關）需動支預備金支應，或有其他特殊情事，致未能於十五日內發給者，仍應於評定或評議結果確定之日起於相當之期限內儘速發給之（依民國八十九年二月二日公布之土地徵收條例第二十二條第四項為三個月），否則徵收土地核准案，即應失其效力。行政法院八十五年一月十七日庭長評事聯席會議決議略謂：司法院釋字第一一○號解釋第三項，固謂徵收土地補償費額經標準地價評議委員會評定後，主管機關通知並轉發土地所有權人，不得超過土地法第二百三十三條所規定之十五日期限，然縱已逾十五日期限，無從使已確定之徵收處分溯及發生失其效力之結果云云，其與本解釋意旨不符部分，於憲法保障人民財產權之旨意有違，應不予適用。

釋字第五一七號解釋　（憲一○、二○、二三、一三七，妨兵六、七、一一，入出國五四、五九）　　　　　　　　八十九年十一月十日公布

人民有依法律服兵役之義務，為憲法第二十條所明定。惟兵役制度及其相關之兵員召集、徵集如何實施，憲法並無明文規定，有關人民服兵役、應召集之事項及其違背義務之制裁手段，應由立法機關衡酌國家安全、社會發展之需要，以法律定之。妨害兵役治罪條例第十一條第一項第三款規定後備軍人居住處所遷移，無故不依規定申報者，即處以刑事罰，係為確保國防兵員召集之有效實現、維護後備軍人召集制度所必要。其僅課予後備軍人申報義務，並未限制其居住遷徙之自由，與憲法第十條之規定尚無違背。同條例第十一條第三項規定後備軍人犯第一項之罪，致使召集令無法送達者，按召集種類於國防安全之重要程度分別依同條例第六條、第七條規定之刑度處罰，乃係因後備軍人違反申報義務已產生妨害召集之結果，嚴重影響國家安全，其以意圖避免召集論罪，仍屬立法機關自由形成之權限，與憲法第二十三條之規定亦無牴觸。至妨害兵役治罪條例第十一條第三項雖規定致使召集令無法送達者，以意圖避免召集論，但仍不排除責任要件之適用，乃屬當然。

解釋理由書

人民有依法律服兵役之義務，為憲法第二十條所明定。惟兵役制度及其相關之兵員召集、徵集如何實施，憲法並無明文規定。而現代國家之兵役制度乃與國防需求直接關連，國防健全，能抵禦外來之侵犯，人民之生命、身體、自由、財產等基本權利方得確保，憲法第一百三十七條第一項即規定：「中華民國之國防，以保衛國家安全，維護世界和平為目的。」因此，有關人民服兵役、應召集之事項及其違背義務之制裁手段，

應由立法機關衡酌國家安全、社會發展之需要，以法律定之。

按違反行政法上義務之制裁究採行政罰抑刑事罰，本屬立法機關衡酌事件之特性、侵害法益之輕重程度以及所欲達到之管制效果，所為立法裁量之權限，苟未逾越比例原則，要不能遽指其為違憲。即對違反法律規定之行為，立法機關本於上述之立法裁量權限，亦得規定不同之處罰，以不依規定入出境而言，入出國及移民法第五十九條固以罰鍰作為制裁方法，但同法第五十四條基於不同之規範目的，亦有刑罰之規定，並非謂對行政法上義務之違反，某法律一旦採行政罰，其他法律即不問保護法益有無不同，而不得採刑事罰。本此，關於妨害兵役之行為，立法機關自得審酌人民服兵役應召集之國防重要性、違背兵役義務之法益侵害嚴重性，以及其處罰對個人權益限制之程度，分別依現役或後備役兵員於平時或戰時之各種徵集、召集類型，為適切之規範。妨害兵役治罪條例第十一條第一項第三款規定後備軍人「居住處所遷移，無故不依規定申報者」，處一年以下有期徒刑、拘役或三百元以下罰金；同條第三項規定後備軍人犯第一項之罪，致使召集令無法送達者，以意圖避免召集論，分別依第六條、第七條科刑，乃因後備軍人於相當期間內實際居住處所與戶籍登記不符，所涉兵役法規立法目的下之公共利益，與入出國及移民法僅涉及一般國民之入出國管理部分者並不相同，故立法機關考量管制後備軍人動態之需要、違反申報義務之法益侵害，為確保國防兵員召集之有效實現，維護後備軍人召集制度之必要，採取抽象危險犯刑事制裁手段，可謂相當。且法院於個案審理中，仍得斟酌該後備軍人違反義務之各種情狀，於法定刑範圍內為適當之量刑，是無立法嚴苛情形，與憲法第二十三條規定之比例原則尚無不合。至妨害兵役治罪條例第十一條第三項雖規定致使召集令無法送達者，以意圖避免召集論，但仍不排除責任要件之適用，乃屬當然。

憲法第十條規定人民有居住遷徙之自由，旨在保障人民有自由設定住居所、遷徙、旅行，包括出境或入境之權利，業經本院釋字第四五四號解釋闡明在案。妨害兵役治罪條例第十一條第一項第三款僅就居住處所遷移，課予後備軍人依規定向相關機關為申報之義務，俾日後召集令得有效送達，並未限制其居住遷徙自由權利之行使，與憲法第十條之規定亦無牴觸。

釋字第五一八號解釋　（憲一五、二三，農田水利會組織通則一四、一五、二二、二五～二九）　　　　　　　　　　　　八十九年十二月七日公布

農田水利會為公法人，凡在農田水利會事業區域內公有、私有耕地之承租人、永佃權

人，私有耕地之所有權人、典權人或公有耕地之管理機關或使用機關之代表人或其他受益人，依農田水利會組織通則第十四條規定，均為當然之會員，其法律上之性質，與地方自治團體相當，在法律授權範圍內，享有自治之權限。同通則第十五條第一項規定：會員在各該農田水利會內，有享有水利設施及其他依法令或該會章程規定之權利，並負擔繳納會費及其他依法令或該會章程應盡之義務。第二十二條又規定：農田水利會之組織、編制、會務委員會之召開與其議事程序、各級職員之任用、待遇及管理等事項，除本通則已有規定外，由省（市）主管機關擬訂，報請中央主管機關核定之，係為增進公共利益所必要，且符合法律授權之意旨，與憲法第十五條財產權保障及第二十三條基本權利限制之規定，並無牴觸。惟農田水利會所屬水利小組成員間之掌水費及小給水路、小排水路之養護歲修費，其分擔、管理與使用，基於臺灣農田水利事業長久以來之慣行，係由各該小組成員，以互助之方式為之，並自行管理使用及決定費用之分擔，適用關於私權關係之原理，如有爭執自應循民事訴訟程序解決。因此，中華民國七十五年一月三十一日修正發布之臺灣省農田水利會組織規程第三十一條第二項雖規定掌水費用由小組會員負擔，第三十三條亦規定小給水路及小排水路之養護、歲修，由水利會儘量編列預算支應，不足部分得由受益會員出工或負擔，要屬前項慣行之確認而已，並未變更其屬性，與憲法保障財產權之意旨無違。

解釋理由書

農田水利會係秉承國家推行農田水利事業之宗旨，由法律賦與其興辦、改善、保養暨管理農田水利事業而設立之公法人。依農田水利會組織通則第十四條規定，凡在農田水利會事業區域內公有、私有耕地之承租人、永佃權人，私有耕地之所有權人、典權人或公有耕地之管理機關或使用機關之代表人或其他受益人均為當然之會員。其法律上之性質，與地方自治團體相當，在法律授權範圍內，享有自治之權限。同通則第十五條第一項規定：會員在各該農田水利會內，有享有水利設施及其他依法令或該會章程規定之權利，並負擔繳納會費及其他依法令或該會章程應盡之義務。第二十二條又規定：農田水利會之組織、編制、會務委員會之召開與其議事程序、各級職員之任用、待遇及管理等事項，除本通則已有規定外，由省（市）主管機關擬訂，報請中央主管機關核定之，係為增進公共利益所必要，且符合法律授權之意旨，與憲法第十五條財產權保障及第二十三條基本權利限制之規定，並無牴觸。

臺灣農田水利事業基於長久之慣行，設有水利小組，該水利小組係由灌溉面積五十一公頃以上一百五十公頃以下範圍，以埤圳為單位所組成，埤圳之灌溉面積較大者，得

按支分線分設二個以上水利小組，區域過小者，得合併鄰近區域聯合設置之（七十五年一月三十一日修正發布之臺灣省農田水利會組織規程第二十四條第一項參照），在此範圍內之灌溉系統稱為小給水路及小排水路，小給水路、小排水路以上之灌溉系統由農田水利會負責掌管；小給水路、小排水路以下之灌溉系統，因區域遼闊，水源有限，各會員耕作面積至有差等，為有效分配灌溉用水，維持灌溉用水秩序暨維護、修補與管理小給水路、小排水路等事務，向由水利小組之會員自行組成互助性之組織，以出工（自行擔負水利小組分配灌溉用水暨水路維修等工作）或出資方式自行處理，其由會員出資者，其負擔之額度，亦由水利小組會員自行議決後委由農田水利會代收並交由各該小組管理、支用。從而農田水利會所屬水利小組成員間之掌水費及小給水路、小排水路之養護歲修費，其分擔、管理與使用，基於慣行（參見行政院農業委員會八十七年十月十九日（八七）農林字第八七一四六二五五號函），係適用關於私權關係之原理，如有爭執自應循民事訴訟程序解決。此與農田水利會組織通則第二十五條至第二十八條所規定農田水利會應向會員徵收之會費、工程費、建造物使用費及餘水使用費等公法上之負擔並不相同，依八十四年五月二十七日修正發布之臺灣省農田水利會組織規程第二十九條規定，掌水費及小給水路、小排水路養護、歲修之費用，得委託水利會代收，尤足證明其係水利小組成員因適用私權關係之原理所成立之權利義務關係，縱經農田水利會編列專款補助，以減輕農田水利會會員之負擔，亦不因此而變更此一屬性。故臺灣省農田水利會組織規程第三十一條第二項（八十四年五月二十七日修正為第二十六條第二項）雖規定掌水費用由小組會員負擔，第三十三條亦規定小給水路及小排水路之養護、歲修，由水利會儘量編列預算支應，不足部分得由受益會員出工或負擔（八十四年五月二十七日修正為第二十八條第二項），要屬前開慣行之確認而已，與憲法保障財產權之意旨無違。

農田水利會既為公法人，其與會員間之權利義務，應屬公法關係，且控制水量及分配灌溉用水，乃至於給水路之維護、修補與管理，要皆具有公權力行使之性質，在農田水利會已由法律明定其為公法人，且於行政訴訟制度已全面變革之後，是否仍應循其長久之慣行而保留適用關於私權關係之原理，抑或應將由會員負擔之掌水費暨小給水路、小排水路養護、歲修費，歸屬為公法上之負擔而以法律明定，均應予以檢討。再者，臺灣省嘉南農田水利會水利小組會議要點第三點規定：水利小組會議出席人數非有應出席會員二分之一以上之出席不得開會，但同一案件召集二次以上（包括二次）仍未達二分之一時，不在此限；第六點規定：水利小組會議應於開會三日前，於重要

據點辦理公告通知會員，並開會當日利用基層組織或廣播方式，督促會員參加。係關於水利小組會議最低出席人數之限制及督促會員參加該項會議之方法，在憲法之民主政治原則下，各種團體內部意見之形成，固應遵守多數決之原則，惟該要點規定之事項，在性質上仍非司法院大法官審理案件法所稱之法律或命令，不得作為解釋之對象，併此指明。

釋字第五一九號解釋　　（憲一九，營業稅一、二、五、三五、四一）

　　　　　　　　　　　　　八十九年十二月二十二日公布

財政部中華民國七十六年八月三十一日臺財稅字第七六二三三〇〇號函示所稱：「免稅出口區內之外銷事業、科學工業園區內之園區事業、海關管理之保稅工廠或保稅倉庫，銷售貨物至國內課稅區，其依有關規定無須報關者，應由銷售貨物之營業人開立統一發票，並依營業稅法第三十五條之規定報繳營業稅」，係主管機關基於法定職權，為執行營業稅法關於營業稅之課徵，避免保稅區事業銷售無須報關之非保稅貨物至國內課稅區時逃漏稅捐而為之技術性補充規定，此與營業稅法第五條第二款所稱進口及第四十一條第二項前段對於進口供營業用之貨物，於進口時免徵營業稅均屬有間，符合營業稅法之意旨，尚未違背租稅法定主義，與憲法第十九條及營業稅法第二條、第五條第二款、第四十一條第一項前段規定均無牴觸。

　　解釋理由書

憲法第十九條規定，人民有依法律納稅之義務。故任何稅捐之課徵，均應有法律之依據。惟法律之規定不能鉅細靡遺，有關課稅之技術性及細節性事項，於符合法律意旨之限度內，尚非不得以行政命令為必要之釋示。營業稅法第一條規定，在中華民國境內銷售貨物或勞務及進口貨物，均應依本法規定課徵營業稅。依同法第五條第一款但書之規定，貨物自國外進入政府核定之免稅出口區內之外銷事業、科學工業園區內之園區事業及海關管理之保稅工廠或保稅倉庫者，非屬進口。該項貨物乃由海關列為保稅貨物，尚無需依關稅法及營業稅法等相關規定完納有關稅捐。即凡進入政府核定之免稅出口區內之外銷事業、科學工業園區內之園區事業及海關管理之保稅工廠或保稅倉庫之進口貨物，其所以免徵營業稅者，係以保稅貨物存放於保稅區域內，且必須將原貨加工後再行出口為要件。若該貨物由免稅出口區之外銷事業等銷售至國內其他地區時，因屬尚未繳納有關稅捐之保稅貨物，須向海關辦理報關手續，故第五條第二款乃規定此時為「進口」，並由進口人依法報關，繳納有關稅捐。其無須報關者，則已非

屬營業稅法第五條第二款所規定進口之範圍，而與一般營業人在國內銷售貨物之行為相同，此與營業稅法第四十一條第二項前段對於進口供營業用之貨物，於進口時免徵營業稅有間，自應依法開立統一發票並報繳營業稅。財政部中華民國七十六年八月三十一日臺財稅字第七六二三三〇〇號函示所稱：「免稅出口區內之外銷事業、科學工業園區內之園區事業、海關管理之保稅工廠或保稅倉庫，銷售貨物至國內課稅區，其依有關規定無須報關者，應由銷售貨物之營業人開立統一發票，並依營業稅法第三十五條之規定報繳營業稅。」係主管機關基於法定職權，為執行營業稅法關於營業稅之課徵，避免保稅區事業銷售無須報關之非保稅貨物至國內課稅區時逃漏稅捐而為之技術性補充規定，符合前述營業稅法之意旨，尚未違背租稅法定主義，與憲法第十九條及營業稅法第二條、第五條第二款、第四十一條第一項前段規定均無牴觸。

至聲請人所提科學園區管理局七十五年六月十二日園投字第六三一八號函所稱「開立統一收據」部分，僅為期按月順利徵收管理費及便利事後稽核工作之進行，為管理之內部通知，該函非屬經法律授權訂定之法規命令，且該局亦非稅捐稽徵主管機關，並無解釋或變更稅捐法令之權，應無所謂與上開財政部函示競合之問題，併此指明。

釋字第五二〇號解釋　（憲五七、六三，憲增修三，立院職權一六、一七，預算六～八、六一、六二，大法官審案五、七）　　　九十年一月十五日公布

預算案經立法院通過及公布手續為法定預算，其形式上與法律相當，因其內容、規範對象及審議方式與一般法律案不同，本院釋字第三九一號解釋曾引學術名詞稱之為措施性法律。主管機關依職權停止法定預算中部分支出項目之執行，是否當然構成違憲或違法，應分別情況而定。諸如維持法定機關正常運作及其執行法定職務之經費，倘停止執行致影響機關存續者，即非法之所許；若非屬國家重要政策之變更且符合預算法所定要件，主管機關依其合義務之裁量，自得裁減經費或變動執行。至於因施政方針或重要政策變更涉及法定預算之停止執行時，則應本行政院對立法院負責之憲法意旨暨尊重立法院對國家重要事項之參與決策權，依照憲法增修條文第三條及立法院職權行使法第十七條規定，由行政院院長或有關部會首長適時向立法院提出報告並備質詢。本件經行政院會議決議停止執行之法定預算項目，基於其對儲備能源、環境生態、產業關連之影響，並考量歷次決策過程以及一旦停止執行善後處理之複雜性，自屬國家重要政策之變更，仍須儘速補行上開程序。其由行政院提議為上述報告者，立法院有聽取之義務。行政院提出前述報告後，其政策變更若獲得多數立法委員之支持，先

前停止相關預算之執行，即可貫徹實施。倘立法院作成反對或其他決議，則應視決議之內容，由各有關機關依本解釋意旨，協商解決方案或根據憲法現有機制選擇適當途徑解決僵局，併此指明。

解釋理由書

本件行政院為決議停止興建核能第四電廠並停止執行相關預算，適用憲法發生疑義，並與立法院行使職權，發生適用憲法之爭議，及與立法院適用同一法律之見解有異，聲請解釋。關於解釋憲法部分，與司法院大法官審理案件法第五條第一項第一款中段中央機關因行使職權與其他機關之職權，發生適用憲法之爭議規定相符，應予受理；關於統一解釋部分，聲請意旨並未具體指明適用預算法何項條文與立法機關適用同一法律見解有異，與上開審理案件法第七條第一項第一款所定聲請要件尚有未合，惟此部分與已受理之憲法解釋係基於同一事實關係，不另為不受理之決議。又本件係就行政院停止執行法定預算與立法院發生適用憲法之爭議，至引發爭議之電力供應究以核能抑或其他能源為優，已屬能源政策之專業判斷問題，不應由行使司法權之釋憲機關予以裁決，不在解釋範圍，均合先敘明。

預算制度乃行政部門實現其施政方針並經立法部門參與決策之憲法建制，對預算之審議及執行之監督，屬立法機關之權限與職責。預算案經立法院審議通過及公布為法定預算，形式與法律案相當，因其內容、規範對象及審議方式與法律案不同，本院釋字第三九一號解釋曾引用學術名詞稱之為措施性法律，其故在此。法定預算及行政法規之執行，均屬行政部門之職責，其間區別在於：賦予行政機關執行權限之法規，其所規定之構成要件具備，即產生一定之法律效果，若法律本身無決策裁量或選擇裁量之授權，該管機關即有義務為符合該當法律效果之行為；立法院通過之法定預算屬於對國家機關歲出、歲入及未來承諾之授權規範（參照預算法第六條至第八條），其規範效力在於設定預算執行機關得動支之上限額度與動支目的、課予執行機關必須遵循預算法規定之會計與執行程序、並受決算程序及審計機關之監督。關於歲入之執行仍須依據各種稅法、公共債務法等相關規定，始有實現可能。而歲出法定預算之停止執行，是否當然構成違憲或違法，應分別情形而定，在未涉及國家重要政策變更且符合預算法所定條件，諸如發生特殊事故、私經濟行政因經營策略或市場因素而改變等情形，主管機關依其合義務之裁量，則尚非不得裁減經費或變動執行，是為所謂執行預算之彈性。法定預算中維持法定機關正常運作及履行其法定職務之經費，因停止執行致影響機關之存續，若仍任由主管機關裁量，即非法之所許。其因法定預算之停止執行具

有變更施政方針或重要政策之作用者，如停止執行之過程未經立法院參與，亦與立法部門參與決策之憲法意旨不符。故前述執行法定預算之彈性，並非謂行政機關得自行選擇執行之項目，而無須顧及法定預算乃經立法院通過具備規範效力之事實。預算法規中有關執行歲出分配預算應分期逐級考核執行狀況並將考核報告送立法院備查（參照預算法第六十一條），執行預算時各機關、各政事及計畫或業務科目間經費流用之明文禁止（參照同法第六十二條），又各機關執行計畫預算未達全年度百分之九十者，相關主管人員依規定議處（參照中華民國八十九年八月三日行政院修正發布之行政院暨所屬各機關計畫預算執行考核獎懲作業要點第四點第二款），凡此均屬監督執行預算之機制，貫徹財政紀律之要求。本院釋字第三九一號解釋係針對預算案之審議方式作成解釋，雖曾論列預算案與法律案性質之不同，並未否定法定預算之拘束力，僅闡明立法機關通過之預算案拘束對象非一般人民而為國家機關，若據釋字第三九一號解釋而謂行政機關不問支出之性質為何，均有權停止執行法定預算，理由並不充分。至預算法雖無停止執行法定預算之禁止明文，亦不得遽謂行政機關可任意不執行預算。刻憲法增修條文對憲法本文第五十七條行政院向立法院負責之規定雖有所修改，其第三條第二項第二款仍明定：「行政院對於立法院決議之法律案、預算案、條約案，如認為有窒礙難行時，得經總統之核可，於該決議案送達行政院十日內，移請立法院覆議。立法院對於行政院移請覆議案，應於送達十五日內作成決議。如為休會期間，立法院應於七日內自行集會，並於開議十五日內作成決議。覆議案逾期未決議者，原決議失效。覆議時，如經全體立法委員二分之一以上決議維持原案，行政院院長應即接受該決議。」從而行政院對立法院通過之預算案如認窒礙難行而不欲按其內容執行時，於預算案公布成為法定預算前，自應依上開憲法增修條文覆議程序處理。果如聲請機關所主張，執行法定預算屬於行政權之核心領域，行政機關執行與否有自由形成之空間，則遇有立法院通過之預算案不洽其意，縱有窒礙難行之情事，儘可俟其公布成為法定預算後不予執行或另作其他裁量即可，憲法何須有預算案覆議程序之設。

預算案除以具體數字載明國家機關維持其正常運作及執行法定職掌所需之經費外，尚包括推行各種施政計畫所需之財政資源。且依現代財政經濟理論，預算負有導引經濟發展、影響景氣循環之功能。在代議民主之憲政制度下，立法機關所具有審議預算權限，不僅係以民意代表之立場監督財政支出、減輕國民賦稅負擔，抑且經由預算之審議，實現參與國家政策及施政計畫之形成，學理上稱為國會之參與決策權。本件所關核能電廠預算案通過之後，立法院於八十五年五月二十四日第三屆第一會期第十五次

會議，亦係以變更行政院重要政策，依當時適用之憲法第五十七條第二款規定決議廢止核能電廠興建計畫，進行中之工程立即停工並停止動支預算，嗣行政院於同年六月十二日，亦以不同意重要政策變更而移請立法院覆議，可見基於本件核能電廠之興建對儲備能源、環境生態、產業關連之影響，並考量經費支出之龐大，以及一旦停止執行善後處理之複雜性，應認係屬國家重要政策之變更，即兩院代表到院陳述時對此亦無歧見。是本件所關核能電廠預算案自擬編、先前之停止執行，以迄再執行之覆議，既均經立法院參與或決議，則再次停止執行，立法機關自亦有參與或決議之相同機會。法定預算已涉及重要政策，其變動自與非屬國家重要政策變更之單純預算變動，顯然有別，尚不能以所謂法定預算為實質行政行為，認聲請機關有裁量餘地而逕予決定並下達實施，或援引其自行訂定未經送請立法機關審查之中央機關附屬單位預算執行要點核定停辦，相關機關立法院執此指摘為片面決策，即非全無理由。

民主政治為民意政治，總統或立法委員任期屆滿即應改選，乃實現民意政治之途徑。總統候選人於競選時提出政見，獲選民支持而當選，自得推行其競選時之承諾，從而總統經由其任命之行政院院長，變更先前存在，與其政見未洽之施政方針或政策，毋迺政黨政治之常態。惟無論執政黨更替或行政院改組，任何施政方針或重要政策之改變仍應遵循憲法秩序所賴以維繫之權力制衡設計，以及法律所定之相關程序。蓋基於法治國原則，縱令實質正當亦不可取代程序合法。憲法第五十七條即屬行政與立法兩權相互制衡之設計，其中同條第二款關於重要政策，立法院決議變更及行政院移請覆議之規定，雖經八十六年七月二十一日修正公布之憲法增修條文刪除，並於該第三條第二項第三款增設立法院對行政院院長不信任投票制度，但該第五十七條之其他制衡規定基本上仍保留於增修條文第三條第二項，至有關立法院職權之憲法第六十三條規定則未更動，故公布於八十八年一月二十五日之立法院職權行使法第十六條，仍就行政院每一會期應向立法院提出施政方針及施政報告之程序加以規定，同法第十七條則定有：「行政院遇有重要事項發生，或施政方針變更時，行政院院長或有關部會首長應向立法院院會提出報告，並備質詢。前項情事發生時，如有立法委員提議，三十人以上連署或附議，經院會議決，亦得邀請行政院院長或有關部會首長向立法院院會報告，並備質詢。」所謂重要事項發生，即係指發生憲法第六十三條之國家重要事項而言，所謂施政方針變更則包括政黨輪替後重要政策改變在內。針對所發生之重要事項或重要政策之改變，除其應修改法律者自須向立法院提出法律修正案，其應修改或新頒命令者應予發布並須送置於立法院外，上開條文復課予行政院向立法院報告並備質詢之義

務。如前所述，法定預算皆限於一定會計年度，並非反覆實施之法律可比，毋庸提案修正，遇此情形則須由行政院院長或有關部會首長向立法院院會提出報告並備質詢，立法委員亦得主動依同條第二項決議邀請行政院院長或部會首長提出報告並備質詢。上開報告因情況緊急或不能於事前預知者外，均應於事前為之。本件停止預算之執行，已涉國家重要政策之變更而未按上述程序處理，自有瑕疵，相關機關未依其行使職權之程序通知有關首長到院報告，而採取杯葛手段，亦非維護憲政運作正常處置之道。行政院應於本解釋公布之日起，儘速補行前述報告及備詢程序，相關機關亦有聽取其報告之義務。

行政院院長或有關部會首長依前述憲法增修條文第三條及立法院職權行使法第十七條向立法院提出報告之後，若獲多數立法委員之支持，基於代議民主之憲政原理，自可貫徹其政策之實施。若立法院於聽取報告後作成反對或其他決議，此一決議固屬對政策變更之異議，實具有確認法定預算效力之作用，與不具有拘束力僅屬建議性質之決議有間，應視其決議內容，由各有關機關選擇適當途徑解決：行政院同意接受立法院多數意見繼續執行法定預算，或由行政院與立法院朝野黨團協商達成解決方案。於不能協商達成解決方案時，各有關機關應循憲法現有機制為適當之處理，諸如：行政院院長以重要政策或施政方針未獲立法院支持，其施政欠缺民主正當性又無從實現總統之付託，自行辭職以示負責；立法院依憲法增修條文第三條第二項第三款對行政院院長提出不信任案，使其去職（不信任案一旦通過，立法院可能遭受解散，則朝野黨派正可藉此改選機會，直接訴諸民意，此亦為代議民主制度下解決重大政治衝突習見之途徑）；立法院通過興建電廠之相關法案，此種法律內容縱然包括對具體個案而制定之條款，亦屬特殊類型法律之一種，即所謂個別性法律，並非憲法所不許。究應採取何種途徑，則屬各有關機關應抉擇之問題，非本院所能越俎代庖予以解釋之事項。然凡此均有賴朝野雙方以增進人民福祉為先，以維護憲法秩序為念，始克回復憲政運作之常態，導引社會發展於正軌。

釋字第五二一號解釋　（憲一五、二三，兩岸人民關係三五，海關緝私一、三、四、三六、三七，貿易五、一一）　　　　　　　　九十年二月九日公布

法律明確性之要求，非僅指法律文義具體詳盡之體例而言，立法者仍得衡酌法律所規範生活事實之複雜性及適用於個案之妥當性，運用概括條款而為相應之規定，業經本院釋字第四三二號解釋闡釋在案。為確保進口人對於進口貨物之相關事項為誠實申報，

以貫徹有關法令之執行，海關緝私條例第三十七條第一項除於前三款處罰虛報所運貨物之名稱、數量及其他有關事項外，並於第四款以概括方式規定「其他違法行為」亦在處罰之列，此一概括規定，係指報運貨物進口違反法律規定而有類似同條項前三款虛報之情事而言。就中關於虛報進口貨物原產地之處罰，攸關海關緝私、貿易管制有關規定之執行，觀諸海關緝私條例第一條、第三條、第四條、貿易法第五條、第十一條及臺灣地區與大陸地區人民關係條例第三十五條之規定自明，要屬執行海關緝私及貿易管制法規所必須，符合海關緝私條例之立法意旨，在上述範圍內，與憲法第二十三條並無牴觸。至於依海關緝私條例第三十六條、第三十七條規定之處罰，仍應以行為人之故意或過失為其責任條件，本院釋字第二七五號解釋應予以適用，併此指明。

解釋理由書

法律明確性之要求，非僅指法律文義具體詳盡之體例而言，立法者於立法定制時，仍得衡酌法律所規範生活事實之複雜性及適用於個案之妥當性，從立法上適當運用不確定法律概念或概括條款而為相應之規定。有關受規範者之行為準則及處罰之立法使用抽象概念者，苟其意義非難以理解，且為受規範者所得預見，並可經由司法審查加以確認，即不得謂與前揭原則相違，業經本院釋字第四三二號解釋闡釋在案。

為確保進口人對於進口貨物之相關事項為誠實申報，以貫徹有關法令之執行，海關緝私條例第三十七條第一項除於前三款處罰虛報所運貨物之名稱、數量及其他有關事項外，並於第四款以概括方式規定「其他違法行為」亦在處罰之列，此一概括規定，係指報運貨物進口違反法律或法律明確授權之命令規定而有類似同條項前三款虛報之情事而言，此乃目的性解釋所當然。

海關緝私條例第一條、第三條、第四條，就私運貨物進口或報運貨物進口，有查緝管制之規定。貿易法第五條前段，政府基於國家安全之目的，亦得依法定程序禁止或管制與特定國家或地區之貿易；同法第十一條並授權主管機關「基於國防、治安、文化、衛生、環境與生態保護或政策需要」，得限制貨品之輸入或輸出。又臺灣地區與大陸地區人民關係條例第三十五條第二項亦明定，臺灣地區與大陸地區貿易，非經主管機關許可，不得為之。凡此均顯示，政府基於維護國家安全及經濟貿易正常發展等政策目的，得禁止或限制與特定國家或地區之貿易。上開規定之執行，均以進口貨物原產地之認定為基礎，若進口人得就貨物之原產地為不實之申報，則國家貿易管制政策勢將難以實現。是關於虛報進口貨物原產地之處罰，攸關海關緝私、貿易管制有關規定之執行，觀諸前述海關緝私條例、貿易法及臺灣地區與大陸地區人民關係條例之相關規

定，要屬執行海關緝私及貿易管制法規所必須，符合海關緝私條例之立法意旨，在上述範圍內，與憲法第二十三條並無牴觸。至於依海關緝私條例第三十六條、第三十七條規定之處罰，仍應以行為人之故意或過失為其責任條件，本院釋字第二七五號解釋應予以適用，併此指明。

釋字第五二二號解釋 　（憲二三，證交一七七）　　　　　九十年三月九日公布

對證券負責人及業務人員違反其業務上禁止、停止或限制命令之行為科處刑罰，涉及人民權利之限制，其刑罰之構成要件，應由法律定之；若法律就其構成要件，授權以命令為補充規定者，其授權之目的、內容及範圍應具體明確，而自授權之法律規定中得預見其行為之可罰，方符刑罰明確性原則。中華民國七十七年一月二十九日修正公布之證券交易法第一百七十七條第三款規定：違反主管機關其他依本法所為禁止、停止或限制命令者，處一年以下有期徒刑、拘役或科或併科十萬元以下罰金。衡諸前開說明，其所為授權有科罰行為內容不能預見，須從行政機關所訂定之行政命令中，始能確知之情形，與上述憲法保障人民權利之意旨不符，自本解釋公布日起，應停止適用。證券交易法上開規定於八十九年七月十九日經修正刪除後，有關違反主管機關依同法所為禁止、停止或限制之命令，致影響證券市場秩序之維持者，何者具有可罰性，允宜檢討為適當之規範，併此指明。

解釋理由書

立法機關得以委任立法之方式，授權行政機關發布命令，以為法律之補充，雖為憲法之所許，惟其授權之目的、內容及範圍應具體明確，始符憲法第二十三條之意旨，迭經本院解釋在案。至於授權條款之明確程度，則應與所授權訂定之法規命令對人民權利之影響相稱。刑罰法規關係人民生命、自由及財產權益至鉅，自應依循罪刑法定主義，以制定法律之方式為之，如法律授權主管機關發布命令為補充規定時，須自授權之法律規定中得預見其行為之可罰，方符刑罰明確性原則。

對證券負責人及業務人員違反其業務上禁止、停止或限制命令之行為科處刑罰，關係人民權利之保障，依前所述，其可罰行為之類型固應在證券交易法中明文規定，惟法律若就犯罪構成要件，授權以命令為補充規定時，其授權之目的、內容與範圍即應具體明確，自授權之法律規定中得預見其行為之可罰，始符首開憲法意旨。七十七年一月二十九日修正公布之證券交易法第一百七十七條第三款規定：違反主管機關其他依本法所為禁止、停止或限制命令者，處一年以下有期徒刑、拘役或科或併科十萬元以

下罰金。將科罰行為之內容委由行政機關以命令定之，有授權不明確而必須從行政機關所訂定之行政命令中，始能確知可罰行為內容之情形者，與上述憲法保障人民權利之意旨不符，自本解釋公布日起，應停止適用。惟人民之行為如依當時之法律係屬違法者，自不得依本解釋而得主張救濟，乃屬當然，爰併予敘明。

證券交易法上開規定於八十九年七月十九日經修正刪除後，有關違反主管機關依同法所為禁止、停止或限制之命令，致影響證券市場秩序之維持者，何者具有可罰性，允宜檢討為適當之規範，併此指明。

釋字第五二三號解釋　　（憲八、二三，檢肅流氓六、七、一一、二三，檢肅流氓施三三、三四，刑訴一〇一、一〇一之一）　　　　九十年三月二十二日公布

凡限制人民身體自由之處置，不問其是否屬於刑事被告之身分，國家機關所依據之程序，須依法律規定，其內容更須實質正當，並符合憲法第二十三條所定相關之條件，方符憲法第八條保障人身自由之意旨，迭經本院解釋在案。

檢肅流氓條例第十一條第一項規定：「法院對被移送裁定之人，得予留置，其期間不得逾一月。但有繼續留置之必要者，得延長一月，以一次為限。」此項留置處分，係為確保感訓處分程序順利進行，於被移送裁定之人受感訓處分確定前，拘束其身體自由於一定處所之強制處分，乃對人民人身自由所為之嚴重限制，惟同條例對於法院得裁定留置之要件並未明確規定，其中除第六條、第七條所定之事由足認其有逕行拘提之原因而得推論具備留置之正當理由外，不論被移送裁定之人是否有繼續嚴重破壞社會秩序之虞，或有逃亡、湮滅事證或對檢舉人、被害人或證人造成威脅等足以妨礙後續審理之虞，均委由法院自行裁量，逕予裁定留置被移送裁定之人，上開條例第十一條第一項之規定，就此而言已逾越必要程度，與憲法第八條、第二十三條及前揭本院解釋意旨不符，應於本解釋公布之日起一年內失其效力。於相關法律為適當修正前，法院為留置之裁定時，應依本解釋意旨妥為審酌，併予指明。

　　解釋理由書

凡限制人民身體自由之處置，不問其是否屬於刑事被告之身分，國家機關所依據之程序，須依法律規定，其內容更須實質正當，並符合憲法第二十三條所定相關之條件，方符憲法第八條保障人身自由之意旨，業經本院釋字第三八四號、第四七一號解釋等釋示在案。

檢肅流氓條例第二十三條規定：法院受理流氓案件，同條例及其他法令未規定者，準

用刑事訴訟法之規定。但法院受理流氓案件時仍應斟酌同條例與刑事法規在規範設計上之差異而為適用。同條例第十一條第一項規定:「法院對被移送裁定之人,得予留置,其期間不得逾一月。但有繼續留置之必要者,得延長一月,以一次為限。」該留置處分係法院於感訓處分裁定確定前,為確保日後審理程序之處置,與刑事訴訟法之羈押在處分目的上固有相類之處,惟同條例有意將此種處分另稱「留置」而不稱「羈押」,且其規定之要件亦不盡相同,顯見兩者立法之設計有異,自不能以彼例此。檢肅流氓條例授予法院就留置處分有較大之裁量權限,固係維護社會秩序之所必須,然其中有關限制人民權利者,應符合明確性原則,並受憲法基本權保障與比例原則之限制,則無不同(參照本院釋字第三八四號解釋)。

檢肅流氓條例第十一條第一項規定,法院得為拘束被移送裁定之人於一定處所之留置裁定,係為確保感訓處分程序順利進行,於被移送裁定之人受感訓處分確定前,拘束其身體自由於一定處所之強制處分,雖有其必要,惟此乃對人民人身自由所為之嚴重限制。同條例對於法院得裁定留置之要件並未明確規定,除被移送裁定之人係依同條例第六條、第七條之規定而為逕行拘提,法院於核發拘票時已確認被移送裁定之人具有逕行拘提之事由,因而得推論其已同時符合留置之正當理由外,不論被移送裁定之人是否有繼續嚴重破壞社會秩序之虞,或有逃亡、湮滅事證或對檢舉人、被害人或證人造成威脅等足以妨礙後續審理之虞,均委由法院自行裁量,逕予裁定留置被移送裁定之人,上開條例第十一條第一項之規定,就此而言已逾越必要程度,與憲法第八條、第二十三條及前揭本院解釋意旨不符,應於本解釋公布之日起一年內失其效力。於相關法律為適當修正前,法院為留置之裁定時,應依本解釋意旨妥為審酌,併予指明。

釋字第五二四號解釋　(健保三一、三九、四一、五〇、五一)

九十年四月二十日公布

全民健康保險為強制性之社會保險,攸關全體國民之福祉至鉅,故對於因保險所生之權利義務應有明確之規範,並有法律保留原則之適用。若法律就保險關係之內容授權以命令為補充規定者,其授權應具體明確,且須為被保險人所能預見。又法律授權主管機關依一定程序訂定法規命令以補充法律規定不足者,該機關即應予以遵守,不得捨法規命令不用,而發布規範行政體系內部事項之行政規則為之替代。倘法律並無轉委任之授權,該機關即不得委由其所屬機關逕行發布相關規章。

全民健康保險法第三十九條係就不在全民健康保險給付範圍之項目加以規定,其立法

用意即在明確規範給付範圍,是除該條第一款至第十一款已具體列舉不給付之項目外,依同條第十二款規定:「其他經主管機關公告不給付之診療服務及藥品」,主管機關自應參酌同條其他各款相類似之立法意旨,對於不給付之診療服務及藥品,事先加以公告。又同法第三十一條規定:「保險對象發生疾病、傷害或生育事故時,由保險醫事服務機構依本保險醫療辦法,給予門診或住院診療服務;醫師並得交付處方箋予保險對象至藥局調劑。」「前項醫療辦法,由主管機關擬訂,報請行政院核定後發布之。」「第一項藥品之交付,依藥事法第一百零二條之規定辦理。」內容指涉廣泛,有違法律明確性原則,其授權相關機關所訂定之健康保險醫療辦法,應屬關於門診或住院診療服務之事項,中華民國八十四年二月二十四日發布之全民健康保險醫療辦法,不僅其中有涉及主管機關片面變更保險關係之基本權利義務事項,且在法律無轉委任之授權下,該辦法第三十一條第二項,逕將高科技診療項目及審查程序,委由保險人定之,均已逾母法授權之範圍。另同法第四十一條第三款:「經保險人事前審查,非屬醫療必需之診療服務及藥品」,對保險對象所發生不予給付之個別情形,既未就應審查之項目及基準為明文規定,亦與保險對象權益應受保障之意旨有違。至同法第五十一條所謂之醫療費用支付標準及藥價基準,僅係授權主管機關對醫療費用及藥價之支出擬訂合理之審核基準,亦不得以上開基準作為不保險給付範圍之項目依據。上開法律及有關機關依各該規定所發布之函令與本解釋意旨不符部分,均應於本解釋公布之日起兩年內檢討修正。

　　解釋理由書

全民健康保險之被保險人、投保單位及保險醫事服務機構對保險人核定之案件發生爭議,應由主管機關所設置之全民健康保險爭議審議委員會先行審議,被保險人及投保單位對爭議案件之審議不服時,其救濟途徑為訴願及行政訴訟程序,此觀全民健康保險法第五條之規定甚明。本件係被保險人對保險人核定醫療給付事項發生爭議,應循上開爭議程序處理,非屬民事事件,惟事件發生於行政訴訟新制施行之前,既經民事確定終局判決,仍予受理解釋,合先說明。全民健康保險為強制性之社會保險,攸關全體國民之福祉至鉅,故對於因保險所生之權利義務應有明確之規範,並有法律保留原則之適用,與商業保險之內容主要由當事人以契約訂定者有別。若法律就保險關係之內容授權以命令為補充規定者,其授權應具體明確,且須為被保險人所能預見。又法律授權主管機關依一定程序訂定法規命令以補充法律規定不足者,該機關即應予以遵守,不得捨法規命令不用,而發布規範行政體系內部事項之行政規則為之替代。倘

法律並無轉委任之授權，該機關即不得委由其所屬機關逕行發布相關規章。

全民健康保險法第三十九條係就不在全民健康保險給付範圍之項目加以規定，其立法用意即在明確規範給付範圍，是除該條第一款至第十一款已具體列舉不給付之項目外，依同條第十二款規定：「其他經主管機關公告不給付之診療服務及藥品」，主管機關自應參酌同條其他各款相類似之立法意旨，對於不給付之診療服務及藥品，事先加以公告，尚不能捨棄該款而發布規章另作其他不為給付之除外規定。若為避免醫療資源之濫用或基於醫藥科技之發展，認上開法律第三十九條第十二款之規定仍有不足，自得於法律中增訂或另立具體明確之授權條款，以應實際需要並符法律保留原則。

全民健康保險法第三十一條規定：「保險對象發生疾病、傷害或生育事故時，由保險醫事服務機構依本保險醫療辦法，給予門診或住院診療服務；醫師並得交付處方箋予保險對象至藥局調劑。」「前項醫療辦法，由主管機關擬訂，報請行政院核定後發布之。」「第一項藥品之交付，依藥事法第一百零二條之規定辦理。」內容指涉廣泛，有違法律明確性原則，其授權相關機關所訂定之全民健康保險醫療辦法，應屬關於門診或住院診療服務之事項。行政院衛生署八十四年二月二十四日訂定發布之全民健康保險醫療辦法第三十一條第一項：「特約醫院執行高科技診療項目，應事前報經保險人審查同意，始得為之。」第二項：「前項高科技診療項目及審查程序，由保險人定之。」其第一項涉及主管機關片面變更保險關係之基本權利義務（八十九年十二月二十九日修正發布之全民健康保險醫事服務機構醫療服務審查辦法第二十條規定亦同），其第二項在法律無轉委任之授權下，逕將高科技診療項目及審查程序，委由保險人定之，均已逾越母法授權範圍。另同法第四十一條第三款：「經保險人事前審查，非屬醫療必需之診療服務及藥品」，對保險對象所發生不予給付之個別情形，既未就應審查之項目及基準為明文規定，又不問有無採取緊急救濟之必要，一律限於事前審查，亦與保險對象權益應受保障之意旨有違。至同法第五十條第一項：「保險醫事服務機構應依據醫療費用支付標準及藥價基準，向保險人申報其所提供醫療服務之點數及藥品費用。」第五十一條第一項：「醫療費用支付標準及藥價基準，由保險人及保險醫事服務機構共同擬訂，報請主管機關核定。」雖係顧及醫療資源合理分配，授予主管機關對醫療費用及藥價之支出，擬訂合理之審核基準，尚不得以上開基準作為不保險給付範圍之項目依據。按特殊診療項目及藥材，包括所謂危險性高的醫療服務、易為醫療人員不當或過度使用之醫療服務、高科技診療項目、特殊原因之醫療服務、價格昂貴或有明顯副作用之藥物，法律（醫療法、藥事法等）均有規範，主管機關已知之甚稔，不難純就全民健康保險特

殊診療項目及藥材給付範圍，諸如：醫療費用支付標準、藥事服務項目及藥價基準等，以法律或法律具體明確授權條款預為規定，並加以事前公告。若由法律籠統授權之法規命令，以高科技診療項目、高危險醫療服務等，就保險給付加以排除，已有未合，況由未經法律明確授權而任由所屬機關發布規範行政體系內部事項之行政規則，諸如：全民健康保險特殊診療項目及藥材事前審查作業要點（中央健康保險局八十六年一月十一日修正公告）、全民健康保險高科技診療項目及審查程序作業要點（中央健康保險局八十五年十一月十三日公告）為之替代，於法律保留原則尤屬有違。上開法律及有關機關依各該規定所發布之函令與本解釋意旨不符部分，均應於本解釋公布之日起兩年內檢討修正。又本院釋字第四七二號解釋所釋各項，迄今已逾二年，未見有所措置，於本次修正時，亦應一併注意及之，特此指明。

釋字第五二五號解釋　（行序一一九、一二〇、一二六，稅徵四八之三）

九十年五月四日公布

信賴保護原則攸關憲法上人民權利之保障，公權力行使涉及人民信賴利益而有保護之必要者，不限於授益行政處分之撤銷或廢止（行政程序法第一百十九條、第一百二十條及第一百二十六條參照），即行政法規之廢止或變更亦有其適用。行政法規公布施行後，制定或發布法規之機關依法定程序予以修改或廢止時，應兼顧規範對象信賴利益之保護。除法規預先定有施行期間或因情事變遷而停止適用，不生信賴保護問題外，其因公益之必要廢止法規或修改內容致人民客觀上具體表現其因信賴而生之實體法上利益受損害，應採取合理之補救措施，或訂定過渡期間之條款，俾減輕損害，方符憲法保障人民權利之意旨。至經廢止或變更之法規有重大明顯違反上位規範情形，或法規（如解釋性、裁量性之行政規則）係因主張權益受害者以不正當方法或提供不正確資料而發布者，其信賴即不值得保護；又純屬願望、期待而未有表現其已生信賴之事實者，則欠缺信賴要件，不在保護範圍。

銓敘部中華民國七十六年六月四日臺華甄四字第九七〇五五號函將後備軍人轉任公職考試比敘條例第三條第一款適用對象常備軍官，擴張及於志願服四年預備軍官現役退伍之後備軍人，有違上開條例之意旨，該部乃於八十四年六月六日以臺中審一字第一一五二二四八號函釋規定：「本部民國六十四年十一月十五日六四臺謨甄四字第三五〇六四號函暨七十六年六月四日七六臺華甄四字第九七〇五五號函，同意軍事學校專修班畢業服預備軍官役及大專畢業應召入伍復志願轉服四年制預備軍官役依法退伍者，

比照『後備軍人轉任公職考試比敘條例』比敘相當俸級之規定，自即日起停止適用」，未有過渡期間之設，可能導致服役期滿未及參加考試，比敘規定已遭取銷之情形，衡諸首開解釋意旨固有可議。惟任何行政法規皆不能預期其永久實施，受規範對象須已在因法規施行而產生信賴基礎之存續期間，對構成信賴要件之事實，有客觀上具體表現之行為，始受信賴之保護。前述銓敘部七十六年六月四日函件雖得為信賴之基礎，但並非謂凡服完四年預備軍官役者，不問上開規定是否廢止，終身享有考試、比敘之優待，是以在有關規定停止適用時，倘尚未有客觀上具體表現信賴之行為，即無主張信賴保護之餘地。就本件而言，其於比敘優待適用期間，未參與轉任公職考試或取得申請比敘資格者，與前述要件不符。主管機關八十四年六月六日之函釋停止適用後備軍人轉任公職考試比敘條例有關比敘之規定，符合該條例之意旨，不生牴觸憲法問題。

解釋理由書

法治國為憲法基本原則之一，法治國原則首重人民權利之維護、法秩序之安定及誠實信用原則之遵守。人民對公權力行使結果所生之合理信賴，法律自應予以適當保障，此乃信賴保護之法理基礎，亦為行政程序法第一百十九條、第一百二十條及第一百二十六條等相關規定之所由設。行政法規（包括法規命令、解釋性或裁量性行政規則）之廢止或變更，於人民權利之影響，並不亞於前述行政程序法所規範行政處分之撤銷或廢止，故行政法規除預先定有施行期間或經有權機關認定係因情事變遷而停止適用，不生信賴保護問題外，制定或發布法規之機關固得依法定程序予以修改或廢止，惟應兼顧規範對象值得保護之信賴利益，而給予適當保障，方符憲法保障人民權利之意旨。制定或發布法規之機關基於公益之考量，即社會整體利益優先於法規適用對象之個別利益時，自得依法定程序停止法規適用或修改其內容，若因此使人民出於信賴先前法規繼續施行，而有因信賴所生之實體法上利益受損害者，倘現有法規中無相關補救規定可資援用時（如稅捐稽徵法第四十八條之三等），基於信賴之保護，制定或發布法規之機關應採取合理之補救措施或訂定過渡期間之條款，俾減輕損害。至有下列情形之一時，則無信賴保護原則之適用：一、經廢止或變更之法規有重大明顯違反上位規範情形者；二、相關法規（如各種解釋性、裁量性之函釋）係因主張權益受害者以不正當方法或提供不正確資料而發布，其信賴顯有瑕疵不值得保護者；三、純屬法規適用對象主觀之願望或期待而未有表現已生信賴之事實者，蓋任何法規皆非永久不能改變，法規未來可能修改或廢止，受規範之對象並非毫無預見，故必須有客觀上具體表現信賴之行為，始足當之。至若並非基於公益考量，僅為行政上一時權宜之計，或出於對

部分規範對象不合理之差別對待，或其他非屬正當之動機而恣意廢止或限制法規適用者，受規範對象之信賴利益應受憲法之保障，乃屬當然。

銓敘部中華民國七十六年六月四日臺華甄四字第九七〇五五號函將後備軍人轉任公職考試比敘條例第三條第一款適用對象常備軍官，擴張及於志願服四年預備軍官現役退伍之後備軍人，有違上開條例之意旨，該部乃於八十四年六月六日以臺中審一字第一一五二二四八號函釋規定：「本部民國六十四年十一月十五日六四臺謨甄四字第三五〇六四號函暨七十六年六月四日七六臺華甄四字第九七〇五五號函，同意軍事學校專修班畢業服預備軍官役及大專畢業應召入伍復志願轉服四年制預備軍官役依法退伍者，比照『後備軍人轉任公職考試比敘條例』比敘相當俸級之規定，自即日起停止適用」。姑不論銓敘部七十六年六月四日之函件，是否牴觸前開條例規定，維護憲法所揭示公開競爭考試制度及法律所定正常文官甄補管道，其利益顯然優於對少數延長役期預備軍官賦予之特殊優待，該部八十四年六月六日之函釋停止七十六年規定之適用，未有過渡期間之設，可能導致服役期滿未及參加考試、比敘規定已遭取銷之情形，固有可議之處，要屬符合公益之措施。銓敘部七十六年六月四日發布之上開函件，雖得為信賴之基礎，惟係基於招募兵員之權宜措施，與法律之規定既不一致，自不能預期其永久實施，除已有客觀上具體表現信賴之行為者外，尚不能因比敘措施廢止即主張其有信賴利益之損失。就本件而言，參與轉任公職考試或取得申請比敘資格，乃表現其服役之初即對應考試服公職可獲優待具有信賴之客觀具體行為。是以於停止適用時，尚未應考試及格亦未取得公務人員任用資格者（本件聲請人遲至八十六年始應特種考試後備軍人轉任公務人員考試及格），難謂法規廢止時已有客觀上信賴事實之具體表現，即無主張信賴保護之餘地。主管機關八十四年六月六日之函釋停止適用後備軍人轉任公職考試比敘條例有關比敘之規定，符合該條例之意旨，不生牴觸憲法問題。

釋字第五二六號解釋　（憲七、一五、二三，公退八）　九十年六月一日公布

考試院、行政院中華民國八十四年十月十七日會同發布之公教人員退休金其他現金給與補償金發給辦法，係適用於一般公教人員之退休金補償事宜。至改制前行政院經濟建設委員會等機關之人員，其任用程序、薪給制度與行政機關之一般公務人員均有不同。是改制前之上開人員，除改制時起至八十四年六月三十日止之年資外，尚無上揭辦法之適用。銓敘部八十五年八月十五日八五臺中特二字第一三四四一七二號函，認行政院經濟建設委員會所屬人員自七十四年一月九日改制時起至八十四年六月三十日

止之年資，始得依上開辦法發給補償金；至於改制前之年資，因改制時曾領取退休金差額，且所領退休金、撫卹金基數內涵及退休金差額已高出一般公務人員甚多，基於公務人員權益整體平衡之考量，不得再核給補償金等語，符合上開辦法訂定之意旨，與憲法保障財產權之規定亦無牴觸。

解釋理由書

考試院、行政院中華民國八十四年十月十七日會同發布之公教人員退休金其他現金給與補償金發給辦法，係因政府未依八十二年一月二十日修正公布前之公務人員退休法第八條第二項規定發給其他現金給與之退休金應發給數額，及為配合自八十四年七月一日起施行修正後之公務人員退休法及公務人員撫卹法之新退撫制度，並參酌立法院八十一年十二月二十九日審議通過修正公務人員退休法時，附帶決議要求主管機關仍應依據未修正前該法第八條第二項訂定其他現金給與補償公務人員，對一般公教人員早期退休金基數計算內涵未將「其他現金給與」包含在內所為之政策性補償規定。

憲法第七條明文保障人民之平等權，惟其平等並非絕對、機械之形式上平等，而係保障人民在法律上地位實質平等，基於憲法之價值體系與立法目的，訂立法規之機關自得斟酌規範事物性質之差異而為合理之區別對待，本院釋字第四八五號解釋闡釋在案。公教人員退休金其他現金給與補償金發給辦法既為特定目的而訂定，僅適用於一般公教人員退休金補償事宜，則行政院經濟建設委員會七十四年一月九日改制前所屬人員，因其任用程序、薪給制度與行政機關之一般公務人員均有不同，在採單一俸給制度下，本無其他現金給與部分。再其任職年資含有改制前年資者，因已先由中美基金結算差額發給有案，且所領每一基數之退休金內涵亦較一般公務人員為高，基於公務人員權益整體平衡之考量，改制前之上開非一般公務人員，除改制時起至八十四年六月三十日實施退撫新制前之年資外，自無上揭辦法之適用，方符實質平等之要求。

關於行政院經濟建設委員會所屬人員之退休金其他現金給與補償金之發給，銓敘部八十五年八月十五日八五臺中特二字第一三四一七二號函，認該會所屬人員具改制前後之年資者，自改制時起至八十四年六月三十日止之年資，始得依上開辦法發給補償金；至於改制前之年資，因改制時曾領取退休金差額，且所領退休金基數內涵及退休金差額顯已高出一般公務人員甚多，不再核給補償金等語，係屬主管機關為執行未盡明確之上開辦法，依其職權所為之必要補充性規定，於原辦法之立法本意無違，與憲法保障人民財產權之規定亦無牴觸。

釋字第五二七號解釋　（憲七八，憲增修五，大法官審案五、七～九，地方二八～三〇、三八、三九、四三、五四、六二、七五、七七）

九十年六月十五日公布

一、地方自治團體在受憲法及法律規範之前提下，享有自主組織權及對自治事項制定規章並執行之權限。地方自治團體及其所屬機關之組織，應由地方立法機關依中央主管機關所擬訂之準則制度組織自治條例加以規定，復為地方制度法第二十八條第三款、第五十四條及第六十二條所明定。在該法公布施行後，凡自治團體之機關及職位，其設置自應依前述程序辦理。惟職位之設置法律已有明確規定，倘訂定相關規章須費相當時日者，先由各該地方行政機關依地方制度法相關規定設置並依法任命人員，乃為因應業務實際需要之措施，於過渡期間內，尚非法所不許。至法律規定得設置之職位，地方自治團體既有自主決定設置與否之權限，自應有組織自治條例之依據方可進用，乃屬當然。

二、地方制度法第四十三條第一項至第三項規定各級地方立法機關議決之自治事項，或依同法第三十條第一項至第四項規定之自治法規，與憲法、法律、中央法規或上級自治團體自治法規牴觸者無效。同法第四十三條第五項及第三十條第五項均有：上述各項情形有無牴觸發生疑義得聲請司法院解釋之規定，係指就相關業務有監督自治團體權限之各級主管機關對決議事項或自治法規是否牴觸憲法、法律或其他上位規範尚有疑義，而未依各該條第四項逕予函告無效，向本院大法官聲請解釋而言。地方自治團體對函告無效之內容持不同意見時，應視受函告無效者為自治條例抑自治規則，分別由該地方自治團體之立法機關或行政機關，就事件之性質聲請本院解釋憲法或統一解釋法令。有關聲請程序分別適用司法院大法官審理案件法第八條第一項、第二項之規定，於此情形，無同法第九條規定之適用。至地方行政機關對同級立法機關議決事項發生執行之爭議時，應依地方制度法第三十八條、第三十九條等相關規定處理，尚不得逕向本院聲請解釋。原通過決議事項或自治法規之各級地方立法機關，本身亦不得通過決議案又同時認該決議有牴觸憲法、法律、中央法規或上級自治團體自治法規疑義而聲請解釋。

三、有監督地方自治團體權限之各級主管機關，依地方制度法第七十五條對地方自治團體行政機關（即直轄市、縣、市政府或鄉、鎮、市公所）辦理該條第二項、第四項及第六項之自治事項，認有違背憲法、法律或其他上位規範尚有疑義，未依各該項規定予以撤銷、變更、廢止或停止其執行者，得依同條第八項規定聲請本院解釋。地方

自治團體之行政機關對上開主管機關所為處分行為，認為已涉及辦理自治事項所依據之自治法規因違反上位規範而生之效力問題，且該自治法規未經上級主管機關函告無效，無從依同法第三十條第五項聲請解釋，自治團體之行政機關亦得依同法第七十五條第八項逕向本院聲請解釋。其因處分行為而構成司法院大法官審理案件法第五條第一項第一款之疑義或爭議時，則另得直接聲請解釋憲法。如上述處分行為有損害地方自治團體之權利或法律上利益情事，其行政機關得代表地方自治團體依法提起行政訴訟，於窮盡訴訟之審級救濟後，若仍發生法律或其他上位規範違憲疑義，而合於司法院大法官審理案件法第五條第一項第二款之要件，亦非不得聲請本院解釋。至若無關地方自治團體決議事項或自治法規效力問題，亦不屬前開得提起行政訴訟之事項，而純為中央與地方自治團體間或上下級地方自治團體間之權限爭議，則應循地方制度法第七十七條規定解決之，尚不得逕向本院聲請解釋。

解釋理由書

地方自治團體享有自主組織權及對自治事項制定法規並執行之權限，業經本院釋字第四六七號解釋在案。所謂自主組織權係謂地方自治團體在憲法及法律規範之前提下，對該自治團體是否設置特定機關（或事業機構）或內部單位之相關職位、員額如何編成得視各該自治團體轄區、人口及其他情形，由該自治團體之立法機關及行政機關自行決定及執行之權限（參照地方制度法第二十八條第三款）。中華民國八十八年一月二十五日地方制度法公布實施後，各級地方自治團體之機關及職位之設置程序，應由地方立法機關依照法律及中央主管機關擬訂之組織準則，制定組織自治條例，始得辦理，此觀該法第二十八條、第五十四條及第六十二條之規定甚明。違反此一程序設立之機關及所置人員，地方立法機關自得刪除其相關預算、審計機關得依法剔除、追繳其支出。惟職位之設置法律已有明確規定，地方立法機關對於是否設置或員額多寡並無裁量之餘地，而訂定相關規章尚須相當時日者，經中央主管機關同意由各該地方行政機關先行設置並依法任命人員，係因應業務實際需要之措施，於過渡期間內，尚非法所不許。至法律規定得設置之職位，地方自治團體既有自主決定設置與否之權限，自應有組織自治條例之依據方可進用，乃屬當然。

地方制度法第四十三條第一項至第三項規定各級地方立法機關議決之自治事項，或依同法第三十條第一項至第三項決議之地方法規，與憲法、法律、中央法規或上級自治團體自治法規抵觸者無效。發生上述無效情形時，依第四十三條第四項規定，直轄市議會議決事項由行政院予以函告，縣（市）議會議決事項由中央各該主管機關予以函

告，鄉（鎮、市）民代表會議決事項由縣政府予以函告。第四十三條第五項「第一項至第三項議決自治事項與憲法、法律、中央法規、縣規章有無牴觸發生疑義時，得聲請司法院解釋之」及第三十條第五項「自治法規與憲法、法律權之法規、上級自治團體自治條例或該自治團體自治條例有無牴觸發生疑義時，得聲請司法院解釋之」之規定，均係指對相關業務有監督自治團體權限之各級主管機關，對議決事項或自治法規是否牴觸憲法、法律或其他上位規範尚有疑義，而未依相關規定逕予函告無效，向本院大法官聲請解釋而言。地方自治團體對函告內容持不同意見時，如受函告無效者為自治條例，該地方立法機關經會議決議得視其性質聲請本院解釋憲法或統一解釋法令，其聲請程式適用司法院大法官審理案件法第八條第一項或第二項之規定；如受函告無效者為自治規則由該地方自治團體最高層級之行政機關（即直轄市政府、縣、市政府、鄉、鎮、市公所）聲請本院解釋憲法或統一解釋法令，並無須經由上開審理案件法第九條之層轉程序。蓋聲請解釋之標的既係中央主管機關或上級政府函告無效，內容且涉及地方自治團體之自治權限，該中央主管機關或上級政府已成為爭議之一造，自無更由其層轉之理。如受函告之法規為委辦規則，依地方制度法第二十九條之規定，原須經上級委辦機關核定後始生效力，受函告無效之地方行政機關應即接受，尚不得聲請本院解釋。又地方行政機關對同級立法機關議決事項發生執行之爭議時，應依同法第三十八條、第三十九條等相關規定處理，亦不得逕向本院聲請解釋。又地方制度法既無與司法院大法官審理案件法第五條第一項第三款類似之規定，允許地方立法機關部分議員或代表行使職權適用憲法發生疑義或發生法律牴觸憲法之疑義，得聲請本院解釋，各級地方立法機關自不得通過決議案，一面又以決議案有牴觸憲法、法律、或其他上位規範而聲請解釋，致違禁反言之法律原則。

有監督地方自治團體權限之各級主管機關，依地方制度法第七十五條對地方自治團體之行政機關（即直轄市、縣、市政府或鄉、鎮、市公所）辦理該條第二項、第四項及第六項之自治事項，認是否違背憲法、法律或其他上位規範尚有疑義，未依各該項規定予以撤銷、變更、廢止或停止其執行者，得依同條第八項規定聲請本院解釋。其未經本院解釋而逕予撤銷、變更、廢止或停止執行之行為，受處分之地方自治團體仍持不同見解，可否聲請本院解釋，同條第八項文義有欠明確。衡諸憲法設立釋憲制度之本旨，係授予釋憲機關從事規範審查權限（參照憲法第七十八法官組成之憲法法庭審理政黨違憲解散事項外（參照憲法增修條文第五條），尚不及於具體處分行為違憲或違法之審查。從而地方自治團體依第七十五條第八項逕向本院聲請解釋，應限於上級主

管機關之處分行為已涉及辦理自治事項所依據之自治法規因違反上位規範而生之效力問題，且該自治法規未經上級主管機關函告無效，無從依同法第三十條第五項聲請解釋之情形。至於因上級主管機關之處分行為有損害地方自治團體之權利或法律上利益情事，其行政機關得代表地方自治團體依法提起行政訴訟，於窮盡訴訟之審級救濟後，若仍發生法律或其他上位規範違憲疑義，而合於司法院大法官審理案件法第五條第一項第二款之要件，亦非不得聲請本院解釋。至若無關地方自治團體決議事項或自治法規效力問題，亦不屬前開得提起行政訴訟之事項，而純為中央與地方自治團體間或上下級地方自治團體間之權限爭議，則應循地方制度法第七十七條解決之，尚不得逕向本院聲請解釋。地方自治團體行使職權，就非屬前述之事項聲請解釋憲法或統一解釋法律，其聲請程序應分別以觀：地方立法機關經各該議會之決議，得依司法院大法官審理案件法第五條第一項第一款或第七條第一項第一款，分別聲請本院為憲法解釋或統一解釋，無須經由上級機關層轉，此亦為本院受理該類案件之向例（參照釋字第二六〇號、第二九三號、第三〇七號解釋）。直轄市、縣（市）之行政機關（即各該政府）辦理自治事項，發生上開司法院大法官審理案件法第五條第一項第一款之疑義或爭議，或同法第七條第一項第一款見解歧異，且依其性質均無受中央主管機關所表示關於憲法或法令之見解拘束者，基於憲法對地方自治建立制度保障之意旨，各該地方政府亦得不經層轉逕向本院聲請解釋。直轄市、縣（市）之行政機關執行中央委辦事項，本應接受中央主管機關指揮監督，如有適用憲法發生疑義或適用法律發生見解歧異，其聲請本院解釋，仍應依司法院大法官審理案件法第九條之程序提出。又地方行政機關依職權執行中央法規，而未涉及各該地方自治團體之自治權限者亦同。均併此指明。

釋字第五二八號解釋　（憲八、二三，刑九〇，組織犯罪三，槍彈管一九）

九十年六月二十九日公布

刑事法保安處分之強制工作，旨在對有犯罪習慣或以犯罪為常業或遊蕩或怠惰成習而犯罪者，令入勞動場所，以強制從事勞動方式，培養其勤勞習慣、正確工作觀念，習得一技之長，於其日後重返社會時，能自立更生，期以達成刑法教化、矯治之目的。組織犯罪防制條例第三條第三項：「犯第一項之罪者，應於刑之執行完畢或赦免後，令入勞動場所，強制工作，其期間為三年；犯前項之罪者，其期間為五年。」該條例係以三人以上，有內部管理結構，以犯罪為宗旨或其成員從事犯罪活動，具有集團性、常習性、脅迫性或暴力性之犯罪組織為規範對象。此類犯罪組織成員間雖有發起、主持、

操縱、指揮、參與等之區分，然以組織型態從事犯罪，內部結構階層化，並有嚴密控制關係，其所造成之危害、對社會之衝擊及對民主制度之威脅，遠甚於一般之非組織性犯罪。是故組織犯罪防制條例第三條第三項乃設強制工作之規定，藉以補充刑罰之不足，協助其再社會化；此就一般預防之刑事政策目標言，並具有防制組織犯罪之功能，為維護社會秩序、保障人民權益所必要。至於針對個別受處分人之不同情狀，認無強制工作必要者，於同條第四項、第五項已有免其執行與免予繼續執行之規定，足供法院斟酌保障人權之基本原則，為適當、必要與合理之裁量，與憲法第八條人民身體自由之保障及第二十三條比例原則之意旨不相牴觸。

解釋理由書

刑事法採刑罰與保安處分雙軌之立法體制，本於特別預防之目的，針對具社會危險性之行為人所具備之危險性格，除處以刑罰外，另施以各種保安處分，以期改善、矯治行為人之偏差性格；保安處分之強制工作，旨在對有犯罪習慣或以犯罪為常業或因遊蕩或怠惰成習而犯罪者，令入勞動場所，以強制從事勞動方式，培養其勤勞習慣、正確工作觀念，習得一技之長，於其日後重返社會時，能自立更生，期以達成刑法教化、矯治之目的。為防制組織犯罪，以維護社會秩序，保障人民權益，組織犯罪防制條例對違反該條例之行為，於第三條第一項至第三項規定：「發起、主持、操縱或指揮犯罪組織者，處三年以上十年以下有期徒刑，得併科新臺幣一億元以下罰金；參與者，處六月以上五年以下有期徒刑，得併科新臺幣一千萬元以下罰金。」「犯前項之罪，受刑之執行完畢或赦免後，再犯該項之罪，其發起、主持、操縱或指揮者，處五年以上有期徒刑，得併科新臺幣二億元以下罰金；參與者，處一年以上七年以下有期徒刑，得併科新臺幣二千萬元以下罰金。」「犯第一項之罪者，應於刑之執行完畢或赦免後，令入勞動場所，強制工作，其期間為三年；犯前項之罪者，其期間為五年。」即除處以刑罰外，並予以強制工作之處分。同條例之第二條規定，係以三人以上，有內部管理結構，以犯罪為宗旨或其成員從事犯罪活動，具有集團性、常習性、脅迫性或暴力性之犯罪組織為規範對象，此與本院釋字第四七一號解釋認槍砲彈藥刀械管制條例第十九條第一項規定，不問行為人所具之犯罪習性、有無預防矯治其社會危險性之必要，均一律宣付強制工作，有違憲法保障人身自由意旨之情形有別，非可相提並論。犯罪組織成員間雖有發起、主持、操縱、指揮、參與等之區分，然犯罪組織為遂行其犯罪宗旨，乃以分工及企業化之方式從事犯罪行為，內部結構階層化，並有嚴密之控制關係，犯罪組織之成員既屬常習性並具隱密性，犯罪型態多樣化，除一般犯罪外，甚或包括

非法軍火交易、暴力控制選舉等，其對社會所造成之危害與衝擊及對民主制度之威脅，遠甚於一般之非組織性犯罪。組織犯罪防制條例第三條第三項乃設強制工作之規定，補充刑罰之不足，協助其再社會化；此就一般預防之刑事政策目標言，並具有消泯犯罪組織及有效遏阻組織犯罪發展之功能，為維護社會秩序、保障人民權益所必要。至於針對個別受處分人之不同情狀，認無強制工作必要者，於同條第四項「前項強制工作，於刑之執行完畢或赦免後，檢察官認為無執行之必要者，得檢具事證報請法院免予執行。」第五項「第三項強制工作執行已滿一年六個月，而執行機關認為無繼續執行之必要者，得檢具事證，報請檢察官聲請法院免予繼續執行。」已有免其執行與免予繼續執行之規定，檢察官自得衡量參與組織成員之各種情狀為聲請，由法院斟酌保障人權之基本原則，為適當、必要與合理之裁處，是組織犯罪防制條例第三條第三項「犯第一項之罪者，應於刑之執行完畢或赦免後，令入勞動場所，強制工作，其期間為三年；犯前項之罪者，其期間為五年。」之規定，與憲法第八條人民身體自由之保障及第二十三條比例原則之意旨不相牴觸。

釋字第五二九號解釋　（兵役施二四）　　　　　　九十年七月十三日公布

金馬地區役齡男子檢定為已訓乙種國民兵實施辦法，於中華民國八十一年十一月七日因戰地政務終止而廢止時，該地區役齡男子如已符合該辦法第二條第一項第二款及同條第二項之要件者，既得檢定為已訓乙種國民兵，按諸信賴保護原則（本院釋字第五二五號解釋參照），對於尚未及申請檢定之人，自不因其是否年滿十八歲而影響其權益。主管機關廢止該辦法時，應採取合理之補救措施，或訂定過渡期間之條款，俾免影響其依法規所取得之實體法上地位。國防部八十一年十一月五日（八一）仰依字第七五一二號函、內政部臺（八一）內役字第八一八三八三〇號函及行政院八十五年八月二十三日臺八十五內字第二八七八四號函釋，不問是否符合檢定為已訓乙種國民兵要件，而概以六十四年次男子為金馬地區開始徵兵之對象部分，應不予適用。

　　解釋理由書

行政法規公布施行後，制定或發布法規之機關依法定程序予以修改或廢止時，應兼顧規範對象信賴利益之保護。其因公益之必要廢止法規或修改內容，致人民客觀上具體表現其因信賴而生之實體法上利益受損害，應採取合理之補救措施，或訂定過渡期間之條款，俾減輕損害，方符憲法保障人民權利之意旨，業經本院釋字第五二五號解釋在案。人民因信賴於法規廢止或修改前依強制規定而取得之實體法上地位有受不利之

影響時，自亦應同受保護。八十年五月一日動員戡亂時期終止，八十一年十一月七日金馬地區戰地政務亦隨之終止。依八十九年十二月六日修正前兵役法施行法第二十四條訂定之金馬地區役齡男子檢定為已訓乙種國民兵實施辦法亦因而廢止，回歸常態法制，該地區依兵役法開始徵兵。金馬地區役齡男子如已符合廢止前該辦法第二條第一項第二款及同條第二項之要件者，原得於其他要件具備時依法請求檢定為已訓乙種國民兵，惟上開辦法經主管機關予以廢止時，對於尚未及申請檢定之人，其法律地位因而喪失，故基於此項法律地位之信賴即應予以保護。主管機關廢止該辦法，並自八十二年元月一日開始徵兵，以六十四年次役男為開始徵集之對象，致影響該役齡男子依兵役法服兵役之役種、訓練期間、應召服勤務及須否受徵召作戰等法律地位，自應採取合理之補救措施，或訂定過渡期間之條款，俾免影響其依法規所取得之實體法上地位。國防部八十一年十一月五日（八一）仰依字第七五一二號函、內政部臺（八一）內役字第八一八三八三〇號函：「主旨：金門、馬祖地區自八十二年元月一日開始實施徵兵。說明：二、金門、馬祖地區實施徵兵，以六十四年次役男為開始徵集之對象，於八十三年辦理徵兵處理，八十四年徵集入營。」及行政院八十五年八月二十三日臺八十五內字第二八七八四號函覆監察院，其中所附國防部會商內政部對監察院調查「金馬地區六十四、六十五年次役男陳情免予徵集服役案」有關調查意見之研處情形，第三項關於六十四年次役男得否檢定為乙種已訓國民兵一節，載明：「六十四年次役男，當時年僅十七歲，尚不符檢定為已訓乙種國民兵，在原檢定辦法廢止後，自應回歸兵役法相關規定，辦理徵兵事宜。似不生法規效力之溯及問題。」不問是否符合檢定為已訓乙種國民兵要件，而概以六十四年次男子為金馬地區開始徵兵之對象部分，基於信賴保護原則，應不予適用。至本件據以聲請之案件，是否符合金馬地區役齡男子檢定為已訓乙種國民兵實施辦法第二條第一項第二款及同條第二項規定，實際接受各該地區軍事訓練或民防基本訓練（自衛隊訓練）並服勤務之要件，有關機關仍應斟酌全部相關資料及調查證據之結果，予以判斷，並依本解釋意旨，而為適當之處理，併此指明。

釋字第五三〇號解釋　　（憲七七、八〇、八一，司院組四，法組六三、六四、一一一～一一三，中標三）
　　　　　　　　　　　　　　　　　　　　　　　　九十年十月五日公布

憲法第八十條規定法官須超出黨派以外，依據法律獨立審判，不受任何干涉，明文揭示法官從事審判僅受法律之拘束，不受其他任何形式之干涉；法官之身分或職位不因

審判之結果而受影響；法官唯本良知，依據法律獨立行使審判職權。審判獨立乃自由民主憲政秩序權力分立與制衡之重要原則，為實現審判獨立，司法機關應有其自主性；本於司法自主性，最高司法機關就審理事項並有發布規則之權；又基於保障人民有依法定程序提起訴訟，受充分而有效公平審判之權利，以維護人民之司法受益權，最高司法機關自有司法行政監督之權限。司法自主性與司法行政監督權之行使，均應以維護審判獨立為目標，因是最高司法機關於達成上述司法行政監督之目的範圍內，雖得發布命令，但不得違反首揭審判獨立之原則。最高司法機關依司法自主性發布之上開規則，得就審理程序有關之細節性、技術性事項為規定；本於司法行政監督權而發布之命令，除司法行政事務外，提供相關法令、有權解釋之資料或司法實務上之見解，作為所屬司法機關人員執行職務之依據，亦屬法之所許。惟各該命令之內容不得牴觸法律，非有法律具體明確之授權亦不得對人民自由權利增加法律所無之限制；若有涉及審判上之法律見解者，法官於審判案件時，並不受其拘束，業經本院釋字第二一六號解釋在案。司法院本於司法行政監督權之行使所發布之各注意事項及實施要點等，亦不得有違審判獨立之原則。

檢察官偵查刑事案件之檢察事務，依檢察一體之原則，檢察總長及檢察長有法院組織法第六十三條及第六十四條所定檢察事務指令權，是檢察官依刑事訴訟法執行職務，係受檢察總長或其所屬檢察長之指揮監督，與法官之審判獨立尚屬有間。關於各級法院檢察署之行政監督，依法院組織法第一百十一條第一款規定，法務部部長監督各級法院及分院檢察署，從而法務部部長就檢察行政監督發布命令，以貫徹刑事政策及迅速有效執行檢察事務，亦非法所不許。憲法第七十七條規定：「司法院為最高司法機關，掌理民事、刑事、行政訴訟之審判及公務員之懲戒。」惟依現行司法院組織法規定，司法院設置大法官十七人，審理解釋憲法及統一解釋法令案件，並組成憲法法庭，審理政黨違憲之解散事項；於司法院之下，設各級法院、行政法院及公務員懲戒委員會。是司法院除審理上開事項之大法官外，其本身僅具最高司法行政機關之地位，致使最高司法審判機關與最高司法行政機關分離。為期符合司法院為最高審判機關之制憲本旨，司法院組織法、法院組織法、行政法院組織法及公務員懲戒委員會組織法，應自本解釋公布之日起二年內檢討修正，以副憲政體制。

解釋理由書

憲法第八十條規定法官須超出黨派以外，依據法律獨立審判，不受任何干涉，明文揭示法官獨立審判原則，其內容可分職務獨立性及身分獨立性二者，前者指法官從事審

判僅受法律之拘束，不受其他任何形式之干涉；後者謂法官之身分或職位不因審判之結果而受影響。憲法第八十一條規定法官為終身職，非受刑事或懲戒處分或禁治產之宣告，不得免職，非依法律不得停職、轉任或減俸，即係本此意旨。審判獨立在保障法官唯本良知，依據法律獨立行使審判職權，為自由民主憲政秩序權力分立與制衡之重要機制；為實現審判獨立，司法機關應有其自主性，其內容包括立、司法行政權及規則制定權。其中規則制定權係指最高司法機關得由所屬審判成員就訴訟（或非訟）案件之審理程序有關技術性、細節性事項制訂規則，以期使訴訟程序公正、迅速進行，達成保障人民司法受益權之目的。又人民之訴訟權為憲法所保障，國家應確保人民有依法定程序提起訴訟，受充分而有效公平審判之權利，以維護人民之司法受益權，最高司法機關對於法官自有司法行政之監督權。惟司法自主權與司法行政監督權之行使，均應以維護審判獨立為目標，因是最高司法機關於達成上述司法行政監督之範圍內，雖得發布命令，但不得違反首揭審判獨立之原則。最高司法機關發布司法行政監督之命令，除司法行政事務外，提供相關法令、有權解釋之資料或司法實務上之見解，作為所屬司法機關人員執行職務之依據，亦屬法之所許。惟各該命令之內容不得牴觸法律，非有法律具體明確之授權亦不得對人民自由權利增加法律所無之限制；如有涉及審判上之法律見解者，法官於審判案件時，並不受其拘束，業經本院釋字第二一六號解釋在案。

司法行政機關為使人民之司法受益權獲得充分而有效之保障，對法官之職務於不違反審判獨立原則之範圍內，自得為必要之監督。法官於受理之案件，負有合法、公正、妥速及時處理之義務，其執行職務如有違反，或就職務之執行有所懈怠，應依法促其注意、警告或予以懲處。諸如：裁判適用已廢止之法令、於合議庭行言詞辯論時無正當理由逕行退庭致審理程序不能進行、拖延訴訟積案不結及裁判原本之製作有顯著之遲延等等。至承審法官就辦理案件遲未進行提出說明，亦屬必要之監督方式，與審判獨立原則無違。對法官之辦案績效、工作勤惰等，以一定之客觀標準予以考查，或就法官審判職務以外之司法行政事務，例如參加法院工作會報或其他事務性會議等行使監督權，均未涉審判核心之範圍，亦無妨害審判獨立問題。

依現行法制，司法院本於司法行政監督權之行使，發布「辦理民事訴訟事件應行注意事項」、「辦理強制執行事件應行注意事項」、「民事保全程序事件處理要點」、「法院辦理民事調解暨簡易訴訟事件應行注意事項」（中華民國七十九年八月二十日發布，八十九年四月八日因配合修正「辦理民事訴訟事件應行注意事項」而廢止）、「法院辦理民

事事件證人鑑定人日費旅費及鑑定費支給要點」、「法院適用鄉鎮市調解條例應行注意事項」、「法院辦理刑事訴訟案件應行注意事項」、「法院辦理刑事訴訟案件被告具保責付要點」、「法院辦理刑事訴訟簡易程序案件應行注意事項」、「各級法院辦案期限實施要點」、「法院辦理重大刑事案件速審速結注意事項」、「未繼承登記不動產辦理強制執行聯繫要點」，為各級法院及分院受理民、刑訴訟事件、非訟事件，就有關職務上之事項，發布命令，若僅係促其注意，俾業務之執行臻於適法、妥當及具有效率，避免法官因個人之認知有誤，發生偏頗之結果，於未違背法律之規定，對於人民權利未增加法律所無之限制範圍內，與憲法方無牴觸。各該命令究竟有無違背本解釋意旨，應隨時檢討修正，以維審判獨立之原則。至司法院發布「家事事件處理辦法」、「各級法院律師閱卷規則」、「臺灣地區土地房屋強制執行聯繫辦法」，如涉及人民權利之限制者，則須有法律具體明確之授權依據，並應依中央法規標準法第三條規定之程序發布，乃屬當然。檢察官偵查刑事案件之檢察事務，依檢察一體之原則，檢察總長及檢察長有法院組織法第六十三條所定指揮監督各該署及所屬檢察署檢察官之權限，同法第六十四條復規定檢察總長、檢察長得親自處理其所指揮監督之檢察官事務，並得將該事務移轉於所指揮監督之其他檢察官處理之。是檢察官依刑事訴訟法行使偵查權所關之職務，例如實施偵查、提起公訴、實行公訴、擔當自訴、執行判決等，本於檢察一體之原則，在上開規定範圍內，係受檢察總長或其所屬檢察長之指揮監督，與法官之審判獨立尚屬有間。關於各級法院檢察署之行政監督，依同法第一百十一條第一款規定，由法務部部長監督各級法院及分院檢察署。最高法院檢察署檢察總長依同條第二款規定，僅監督該檢察署，有關行政監督事項並有同法第一百十二條及第一百十三條規定之適用。至檢察行政之監督，法務部部長就行政監督事項發布注意命令，以貫徹刑事政策及迅速有效執行檢察事務，亦非法所不許。法務部發布「各級法院檢察署處理刑事案件證人鑑定人日費旅費及鑑定費支給要點」，係本於法務行政監督權之行使，於符合本解釋意旨範圍內，與憲法尚無牴觸。

憲法第七十七條規定：「司法院為最高司法機關，掌理民事、刑事、行政訴訟之審判及公務員之懲戒。」惟依現行司法院組織法規定，司法院設大法官十七人，審理解釋憲法及統一解釋法令案件，並組成憲法法庭，審理政黨違憲之解散事項；至三十六年三月三十一日公布司法院組織法第四條雖規定：「司法院分設民事庭、刑事庭、行政裁判庭及公務員懲戒委員會。」未及施行，旋於三十六年十二月二十五日修正，沿襲訓政時期之司法舊制，於司法院下設最高法院、行政法院及公務員懲戒委員會。迨六十九年六

月二十九日修正司法院組織法仍規定司法院設各級法院、行政法院及公務員懲戒委員會。是司法院除大法官職掌司法解釋及政黨違憲解散之審理外，其本身僅具最高司法行政機關之地位，致使最高司法審判機關與最高司法行政機關分離。為期符合司法院為最高審判機關之制憲本旨，司法院組織法、法院組織法、行政法院組織法及公務員懲戒委員會組織法，應自本解釋公布之日起二年內檢討修正，以副憲政體制。

釋字第五三一號解釋　（憲二三，交通處罰六二、六七）

九十年十月十九日公布

中華民國七十五年五月二十一日修正公布之道路交通管理處罰條例第六十二條第二項（本條項已於八十六年一月二十二日修正併入第六十二條第一項）規定，汽車駕駛人駕駛汽車肇事致人受傷或死亡，應即採取救護或其他必要措施，並向警察機關報告，不得逃逸，違者吊銷駕駛執照。其目的在增進行車安全，保護他人權益，以維護社會秩序，與憲法第二十三條並無牴觸（本院釋字第二八四號解釋參照）。又道路交通管理處罰條例第六十七條第一項明定，因駕車逃逸而受吊銷駕駛執照之處分者，不得再行考領駕駛執照（本條項業於九十年一月十七日修正公布為終身不得考領駕駛執照）。該規定係為維護車禍事故受害人生命安全、身體健康必要之公共政策，且在責令汽車駕駛人善盡行車安全之社會責任，屬維持社會秩序及增進公共利益所必要，與憲法第二十三條尚無違背。惟凡因而逃逸者，吊銷其駕駛執照後，對於吊銷駕駛執照之人已有回復適應社會能力或改善可能之具體事實者，是否應提供於一定條件或相當年限後，予肇事者重新考領駕駛執照之機會，有關機關應就相關規定一併儘速檢討，使其更符合憲法保障人民權益之意旨。

解釋理由書

道路交通事故發生後，有受傷或死亡之情形者，應即時救護或採取必要之措施，以防損害範圍之擴大。如駕駛人於肇事後，隨即駕車逃離現場，不僅使肇事責任認定困難，更可能使受傷之人喪失生命、求償無門，自有從嚴處理之必要。七十五年五月二十一日修正公布之道路交通管理處罰條例第六十二條第二項規定，汽車駕駛人駕駛汽車肇事致人受傷或死亡，應即採取救護或其他必要措施，並向警察機關報告，不得逃逸，違者吊銷駕駛執照（本條項已於八十六年一月二十二日修正併入第六十二條第一項）。旨在增進行車安全，保護他人權益，以維護社會秩序，與憲法第二十三條並無牴觸（本院釋字第二八四號解釋參照）。又道路交通管理處罰條例第六十七條第一項明定，因駕

車逃逸而受吊銷駕駛執照之處分者，不得再行考領駕駛執照（本條項業於九十年一月十七日修正公布為終身不得考領駕駛執照）。該規定係為維護車禍事故受害人生命安全、身體健康必要之公共政策，且在責令汽車駕駛人善盡行車安全之社會責任，屬維持社會秩序及增進公共利益所必要，與憲法第二十三條尚無違背。惟凡因而逃逸者，吊銷其駕駛執照後，對於吊銷駕駛執照之人已有回復適應社會能力或改善可能之具體事實者，是否應提供於一定條件或相當年限後，予肇事者重新考領駕駛執照之機會，有關機關應就相關規定一併儘速檢討，使其更符合憲法保障人民權益之意旨。

釋字第五三二號解釋　（憲二三，區畫一一、一三、一五，區畫施一三、一五，非都市土地使用管制規則六、一〇、一二、一七）　　九十年十一月二日公布

中華民國八十三年九月十六日發布之臺灣省非都市土地山坡地保育區、風景區、森林區丁種建築（窯業）用地申請同意變更作非工（窯）業使用審查作業要點，係臺灣省政府本於職權訂定之命令，其中第二、三點規定，山坡地保育區、風景區、森林區丁種建築（窯業）用地若具備㈠廠地位於水庫集水區或水源水質水量保護區範圍內經由政府主動輔導遷廠或㈡供作公共（用）設施使用或機關用地使用等要件之一，並檢具證明已符合前述要件之書件者，得申請同意將丁種建築（窯業）用地變更作非工（窯）業使用。其內容已逾越母法之範圍，創設區域計畫法暨非都市土地使用管制規則關於非都市土地使用分區內使用地變更編定要件之規定，違反非都市土地分區編定、限制使用並予管制之立法目的，且增加人民依法使用其土地權利之限制，與憲法第二十三條法律保留原則有違，應不予適用。

　　解釋理由書

按土地為人民生存所不可或缺，國家基於地理、人口、資源、經濟活動等相互依賴及共同利益關係，並配合國家經濟發展及環境保護之政策，應訂定符合社會需要之土地使用保育計畫，區域計畫法即係為合理調整土地上各種不同的使用需求與人民整體利益之均衡考量所制定之法律（參照本院釋字第四四四號解釋）。為貫徹非都市土地之使用管制與生態環境保育之公共政策，該法第十五條第一項規定，區域計畫公告實施後，不屬第十一條之非都市土地，應由有關直轄市或縣（市）政府，按照非都市土地分區使用計畫，製定非都市土地使用分區圖，並編定各種使用地，報經上級主管機關核備後，實施管制。變更之程序亦同。其管制規則由中央主管機關定之。內政部本此授權，並依據區域計畫法施行細則第十三條劃定各種使用區及第十五條編定各種使用地之規

定，訂定非都市土地管制規則，按土地之使用種類與性質實施管制，以促進非都市土地之合理利用。

八十三年九月十六日發布之臺灣省非都市土地山坡地保育區、風景區、森林區丁種建築（窯業）用地申請同意變更作非工（窯）業使用審查作業要點（該要點係臺灣省政府於八十三年九月十六日以八三府建一字第一六一一八四號函發布，已於八十八年八月四日經該省政府以八八府法字第一五七九二四號函示，溯自八十八年七月一日起停止適用），其第一點雖規定：本要點依據非都市土地使用管制規則第十二條、第十七條規定訂定，惟究其實質係臺灣省政府基於主管機關之權限，為執行區域計畫法及非都市土地使用管制規則等所為之補充規定，故其內容僅能就執行母法之細節性、技術性等次要事項加以規範，該審查作業要點第二、三點以：山坡地保育區、風景區、森林區丁種建築（窯業）用地，申請同意變更作非工（窯）業使用者，應符合下列各款之一：㈠廠地位於水庫集水區或水源水質水量保護區範圍內經由政府主動輔導遷廠者。㈡供作公共（用）設施使用或機關用地使用者。土地所有權人並應檢具符合以上要件之證明書件。按非都市土地應分區編定、限制使用並實施管制，為區域計畫法第十五條第一項所明定，故非都市土地使用管制規則規定：經編定為某種使用之土地，應依其容許使用之項目使用（第六條第一項）、使用分區內各種使用地應在原使用分區範圍內申請變更編定（第十條第一項）。從而除依區域計畫法第十三條第一項規定，區域計畫公告實施後，擬定計畫之機關應視實際發展情況，每五年通盤檢討一次，並作必要之變更，及依該條但書規定，發生或避免重大災害、興辦重大開發或建設事業、區域建設推行委員會之建議，得隨時檢討變更外，若擬將使用地變更為他種用途時，依非都市土地使用管制規則第十二條第一項規定，必須由申請人擬具興辦事業計畫，並經變更前、後目的事業主管機關之核准始得為之；同條第二項並規定：前項變更面積在十公頃以上者，變更後目的事業主管機關在核准興辦事業計畫前，其土地使用計畫應先徵得各該區域計畫原擬定機關之同意；第十七條第一款更規定：依目的事業主管機關核定計畫編定或變更編定之各種使用地，於該事業計畫註銷或撤銷者，其已依法變更使用部分，依其使用性質變更編定為適當使用地；其餘土地依變更編定前原編定使用地類別變更編定。前述審查作業要點創設區域計畫法暨非都市土地使用管制規則關於非都市土地使用分區內使用地變更編定之要件，不僅違反非都市土地分區編定、限制使用並予管制之立法目的，更增加人民依法使用其土地權利之限制，已非純屬執行母法有關細節性與技術性之補充規定，與憲法第二十三條法律保留原則有違，應不予適用。

釋字第五三三號解釋　　（憲一六，行訴二、三、八，健保一～三、五、六、三一、五五，行序一三七）　　　　　　　　　九十年十一月十六日公布

憲法第十六條規定，人民之訴訟權應予保障，旨在確保人民於其權利受侵害時，得依法定程序提起訴訟以求救濟。中央健康保險局依其組織法規係國家機關，為執行其法定之職權，就辦理全民健康保險醫療服務有關事項，與各醫事服務機構締結全民健康保險特約醫事服務機構合約，約定由特約醫事服務機構提供被保險人醫療保健服務，以達促進國民健康、增進公共利益之行政目的，故此項合約具有行政契約之性質。締約雙方如對契約內容發生爭議，屬於公法上爭訟事件，依中華民國八十七年十月二十八日修正公布之行政訴訟法第二條：「公法上之爭議，除法律別有規定外，得依本法提起行政訴訟。」第八條第一項：「人民與中央或地方機關間，因公法上原因發生財產上之給付或請求作成行政處分以外之其他非財產上之給付，得提起給付訴訟。因公法上契約發生之給付，亦同。」規定，應循行政訴訟途徑尋求救濟。保險醫事服務機構與中央健康保險局締結前述合約，如因而發生履約爭議，經該醫事服務機構依全民健康保險法第五條第一項所定程序提請審議，對審議結果仍有不服，自得依法提起行政爭訟。

解釋理由書

憲法第十六條規定，人民之訴訟權應予保障，旨在確保人民於其權利受侵害時，得依法定程序提起訴訟並受公平審判，以獲得適當之救濟。具體案件之訴訟，究應循普通訴訟程序抑或依行政訴訟程序為之，應由立法機關衡酌訴訟案件之性質及既有訴訟制度之功能等而為設計。我國關於民事訴訟與行政訴訟之審判，依現行法律之規定，分由不同性質之法院審理，係採二元訴訟制度。除法律別有規定外，關於因私法關係所生之爭執，由普通法院審判；因公法關係所生之爭議，則由行政法院審判之（本院釋字第四六六號解釋參照）。

行政機關基於法定職權，為達成行政目的，得以行政契約與人民約定由對造為特定用途之給付，俾有助於該行政機關執行其職務，而行政機關亦負相對之給付義務（行政程序法第一百三十七條第一項第一款及第二款參照）。國家為辦理全民健康保險，提供醫療保健服務，以增進國民健康（全民健康保險法第一條參照），依全民健康保險法第三條、第六條規定，由行政院衛生署設中央健康保險局為保險人，以辦理全民健康保險業務，並由中央健康保險局依全民健康保險法第五十五條規定，與保險醫事服務機

構締結全民健康保險特約醫事服務機構合約，於保險對象在保險有效期間，發生疾病、傷害、生育事故時，由特約保險醫事服務機構依全民健康保險法第三十一條及全民健康保險醫療辦法，給予門診或住院診療服務，以為中央健康保險局之保險給付（全民健康保險法第二條）。按全民健康保險為強制性之社會保險，攸關全體國民福祉至鉅，具公法之性質，業經本院釋字第五二四號、第四七三號、第四七二號解釋闡釋甚明。中央健康保險局與保險醫事服務機構締結之全民健康保險特約醫事服務機構合約，該合約既係由一方特約醫事服務機構提供就醫之保險對象醫療服務，而他方中央健康保險局支付其核定之醫療費用為主要內容，且依全民健康保險特約醫事服務機構合約第一條之規定意旨，中央健康保險局之費用給付目的，乃在使特約醫事服務機構依照全民健康保險法暨施行細則、全民健康保險醫事服務機構特約及管理辦法、全民健康保險醫療辦法等公法性質之法規提供醫療服務，以達成促進國民健康、增進公共利益之行政目的。又為擔保特約醫事服務機構確實履行其提供醫療服務之義務，以及協助中央健康保險局辦理各項保險行政業務，除於合約中訂定中央健康保險局得為履約必要之指導外，並為貫徹行政目的，全民健康保險法復規定中央健康保險局得對特約醫事服務機構處以罰鍰之權限，使合約當事人一方之中央健康保險局享有優勢之地位，故此項合約具有行政契約之性質。締約雙方如對契約內容發生爭議，自屬公法上爭訟事件。依八十七年十月二十八日修正公布之行政訴訟法第二條：「公法上之爭議，除法律別有規定外，得依本法提起行政訴訟。」第三條：「前條所稱之行政訴訟，指撤銷訴訟、確認訴訟及給付訴訟。」第八條第一項：「人民與中央或地方機關間，因公法上原因發生財產上之給付或請求作成行政處分以外之其他非財產上之給付，得提起給付訴訟。因公法上契約發生之給付，亦同。」等規定，訴訟制度已臻完備，本件聲請人特約醫事服務機構，如對其與中央健康保險局所締結之合約內容發生爭議，既屬公法上事件，經該特約醫事服務機構依全民健康保險法第五條第一項所定程序提請審議，對審議結果仍有不服時，自得依法提起行政爭訟。

全民健康保險法制定於八十三年八月九日，其第五條第一項規定：「為審議本保險被保險人、投保單位及保險醫事服務機構對於保險人核定之案件發生爭議事項，應設全民健康保險爭議審議委員會。」第三項規定：「被保險人及投保單位對爭議案件之審議不服時，得依法提起訴願及行政訴訟。」就保險醫事服務機構，於不服全民健康保險爭議審議委員會審議結果，應循何種訴訟途徑救濟未設規定，中央健康保險局於前開全民健康保險特約醫事服務機構合約中與特約醫事服務機構合意定民事訴訟管轄法院（本

院釋字第四六六號解釋參照），固非可議，惟行政訴訟新制實施之後，自應循行政爭訟
程序解決。

釋字第五三四號解釋　（憲一五、二三、一四三，土地二一五、二一九、二二二、
二二四、二三八）　　　　　　　　　　　　　　九十年十一月三十日公布

人民依法取得之土地所有權，應受法律之保障與限制，為憲法第一百四十三條第一項
所明定。土地徵收係國家因公共事業之需要，對人民受憲法保障之財產權，經由法定
程序予以強制取得之謂，相關法律所規定之徵收要件及程序，應符合憲法第二十三條
所定必要性之原則。土地法第二百十九條第一項第一款規定，私有土地經徵收後，自
徵收補償發給完竣屆滿一年，未依徵收計畫開始使用者，原土地所有權人得於徵收補
償發給完竣屆滿一年之次日起五年內，向該管市、縣地政機關（中華民國八十九年一
月二十六日修正為「直轄市或縣（市）地政機關」，下同）聲請照徵收價額收回其土地，
原係防止徵收機關為不必要之徵收，或遷延興辦公共事業，特為原土地所有權人保留
收回權。是以需用土地機關未於上開期限內，依徵收計畫開始使用徵收之土地者，如
係因可歸責於原土地所有權人或為其占有該土地之使用人之事由所致，即不得將遷延
使用徵收土地之責任，歸由徵收有關機關負擔；其不能開始使用係因可歸責於其他土
地使用人之事由所致，而與原土地所有權人無涉者，若市、縣地政機關未會同有關機
關於徵收補償發給完竣一年內，依土地法第二百十五條第三項規定逕行除去改良物，
亦未依同法第二百三十八條規定代為遷移改良物，開始使用土地；需用土地人於上開
期間內復未依徵收計畫之使用目的提起必要之訴訟，以求救濟，應不妨礙原土地所有
權人聲請收回其土地。土地法第二百十九條第三項規定之適用，於上開意旨範圍內，
不生牴觸憲法之問題。

　　解釋理由書

人民依法取得之土地所有權，應受法律之保障與限制，為憲法第一百四十三條第一項
所明定。土地徵收係國家因公共事業之需要，對人民受憲法保障之財產權，經由法定
程序予以強制取得之謂，相關法律所規定之徵收要件及程序，應符合憲法第二十三條
所定必要性之原則。需用土地人依土地法所定徵收程序辦理徵收時，應預先依土地法
第二百二十四條規定擬具詳細徵收計畫書，附具相關文書，依同法第二百二十二條規
定聲請核辦，於合法取得人民之私有土地所有權後，即應按照徵收計畫開始使用，以
實現公用需要之徵收目的。土地法第二百十九條第一項第一款規定，私有土地經徵收

後，自徵收補償發給完竣屆滿一年，未依徵收計畫開始使用者，原土地所有權人得於徵收補償發給完竣屆滿一年之次日起五年內，向該管市、縣地政機關聲請照徵收價額收回其土地，即係防止徵收機關對不必要之徵收或未盡周詳之徵收計畫率行核准、或需用土地人遷延興辦公共事業，致有違徵收之正當性或必要性，因而特為原所有權人保留收回權。

需用土地人未於上開一年期限內，依徵收計畫開始使用徵收之土地，如係因可歸責於原土地所有權人或為其占有該土地之使用人之事由所致，即不得將遷延使用徵收土地之責任，歸由需用土地人負擔；其不能開始使用係因可歸責於其他土地使用人之事由所致，而與原土地所有權人無涉者，若市、縣地政機關未會同有關機關於徵收補償發給完竣一年內，依土地法第二百十五條第三項規定逕行除去改良物，亦未依同法第二百三十八條規定代為遷移，開始使用土地；需用土地人於市、縣地政機關在上開期間內急於行使公權力而為強制執行時，復未依徵收計畫之使用目的提起必要之訴訟，以求救濟，是以市、縣地政機關既未積極推行計畫內容，需用土地人又急於行使權利，此際原土地所有權人若不得聲請收回土地，不啻將此不利益歸由原土地所有權人負擔，自應不妨礙收回權之行使。土地法第二百十九條第三項規定之適用，於上開意旨範圍內不生牴觸憲法問題。又本件聲請人據以聲請解釋涉及之土地經徵收後，如依本解釋意旨，得聲請收回其土地時，若在本解釋公布前，其土地已開始使用，闢為公用財產而為不融通物者，倘其收回於公益有重大損害，原土地所有權人即不得聲請收回土地，惟得比照開始使用時之徵收價額，依法請求補償相當之金額，併此說明。

釋字第五三五號解釋　（警察勤務三～一一，大法官審案五，警察二、三，刑訴一二八、一二八之一）　　　　　　　　九十年十二月十四日公布

警察勤務條例規定警察機關執行勤務之編組及分工，並對執行勤務得採取之方式加以列舉，已非單純之組織法，實兼有行為法之性質。依該條例第十一條第三款，臨檢自屬警察執行勤務方式之一種。臨檢實施之手段：檢查、路檢、取締或盤查等不問其名稱為何，均屬對人或物之查驗、干預，影響人民行動自由、財產權及隱私權等甚鉅，應恪遵法治國家警察執勤之原則。實施臨檢之要件、程序及對違法臨檢行為之救濟，均應有法律之明確規範，方符憲法保障人民自由權利之意旨。

上開條例有關臨檢之規定，並無授權警察人員得不顧時間、地點及對象任意臨檢、取締或隨機檢查、盤查之立法本意。除法律另有規定外，警察人員執行場所之臨檢勤務，

應限於已發生危害或依客觀、合理判斷易生危害之處所、交通工具或公共場所為之，其中處所為私人居住之空間者，並應受住宅相同之保障；對人實施之臨檢則須以有相當理由足認其行為已構成或即將發生危害者為限，且均應遵守比例原則，不得逾越必要程度。臨檢進行前應對在場者告以實施之事由，並出示證件表明其為執行人員之身分。臨檢應於現場實施，非經受臨檢人同意或無從確定其身分或現場為之對該受臨檢人將有不利影響或妨礙交通、安寧者，不得要求其同行至警察局、所進行盤查。其因發現違法事實，應依法定程序處理者外，身分一經查明，即應任其離去，不得稽延。前述條例第十一條第三款之規定，於符合上開解釋意旨範圍內，予以適用，始無悖於維護人權之憲法意旨。現行警察執行職務法規有欠完備，有關機關應於本解釋公布之日起二年內依解釋意旨，且參酌社會實際狀況，賦予警察人員執行勤務時應付突發事故之權限，俾對人民自由與警察自身安全之維護兼籌並顧，通盤檢討訂定，併此指明。

　　解釋理由書

按人民於其憲法上所保障之權利，遭受不法侵害，經依法定程序提起訴訟，對於確定終局裁判所適用之法律或命令發生有牴觸憲法之疑義者，得聲請解釋憲法，司法院大法官審理案件法第五條第一項第二款定有明文。所謂裁判所適用之法律或命令，係指法令之違憲與否與該裁判有重要關聯性而言。以刑事判決為例，並不限於判決中據以論罪科刑之實體法及訴訟法之規定，包括作為判斷行為違法性依據之法令在內，均得為聲請釋憲之對象。就本聲請案所涉之刑事判決而論，聲請人（即該刑事判決之被告）是否成立於公務員依法執行職務時當場侮辱罪，係以該受侮辱之公務員當時是否依法執行職務為前提，是該判決認定其係依法執行職務所依據之法律——警察勤務條例相關規定，即與該判決有重要關聯性，而得為聲請釋憲之客體，合先說明。

警察法第二條規定警察之任務為依法維持公共秩序，保護社會安全，防止一切危害，促進人民福利。第三條關於警察之勤務制度定為中央立法事項。警察勤務條例第三條至第十條乃就警察執行勤務之編組、責任劃分、指揮系統加以規範，第十一條則對執行勤務得採取之方式予以列舉，除有組織法之性質外，實兼具行為法之功能。查行政機關行使職權，固不應僅以組織法有無相關職掌規定為準，更應以行為法（作用法）之授權為依據，始符合依法行政之原則，警察勤務條例既有行為法之功能，尚非不得作為警察執行勤務之行為規範。依該條例第十一條第三款：「臨檢：於公共場所或指定處所、路段，由服勤人員擔任臨場檢查或路檢，執行取締、盤查及有關法令賦予之勤務」，臨檢自屬警察執行勤務方式之一種。惟臨檢實施之手段：檢查、路檢、取締或盤

查等不問其名稱為何，均屬對人或物之查驗、干預，影響人民行動自由、財產權及隱私權等甚鉅。人民之有犯罪嫌疑而須以搜索為蒐集犯罪證據之手段者，依法尚須經該管法院審核為原則（參照刑事訴訟法第一百二十八條、第一百二十八條之一），其僅維持公共秩序、防止危害發生為目的之臨檢，立法者當無授權警察人員得任意實施之本意。是執行各種臨檢應恪遵法治國家警察執勤之原則，實施臨檢之要件、程序及對違法臨檢行為之救濟，均應有法律之明確規範，方符憲法保障人民自由權利之意旨。

上開條例有關臨檢之規定，既無授權警察人員得不顧時間、地點及對象任意臨檢、取締或隨機檢查、盤查之立法本意。除法律另有規定（諸如刑事訴訟法、行政執行法、社會秩序維護法等）外，警察人員執行場所之臨檢勤務，應限於已發生危害或依客觀、合理判斷易生危害之處所、交通工具或公共場所為之，其中處所為私人居住之空間者，並應受住宅相同之保障；對人實施之臨檢則須以有相當理由足認其行為已構成或即將發生危害者為限，且均應遵守比例原則，不得逾越必要程度，儘量避免造成財物損失、干擾正當營業及生活作息。至於因預防將來可能之危害，則應採其他適當方式，諸如：設置警告標誌、隔離活動空間、建立戒備措施及加強可能遭受侵害客體之保護等，尚不能逕予檢查、盤查。臨檢進行前應對受臨檢人、公共場所、交通工具或處所之所有人、使用人等在場者告以實施之事由，並出示證件表明其為執行人員之身分。臨檢應於現場實施，非經受臨檢人同意或無從確定其身分或現場為之對該受臨檢人將有不利影響或妨礙交通、安寧者，不得要求其同行至警察局、所進行盤查。其因發現違法事實，應依法定程序處理者外，身分一經查明，即應任其離去，不得稽延。前述條例第十一條第三款於符合上開解釋意旨範圍內，予以適用，始無悖於維護人權之憲法意旨。又對違法、逾越權限或濫用權力之臨檢行為，應於現行法律救濟機制內，提供訴訟救濟（包括賠償損害）之途徑：在法律未為完備之設計前，應許受臨檢人、利害關係人對執行臨檢之命令、方法、應遵守之程序或其他侵害利益情事，於臨檢程序終結前，向執行人員提出異議，認異議有理由者，在場執行人員中職位最高者應即為停止臨檢之決定，認其無理由者，得續行臨檢，經受臨檢人請求時，並應給予載明臨檢過程之書面。上開書面具有行政處分之性質，異議人得依法提起行政爭訟。現行警察執行職務法規有欠完備，有關機關應於本解釋公布之日起二年內依解釋意旨，且參酌社會實際狀況，賦予警察人員執行勤務時應付突發事故之權限，俾對人民自由與警察自身安全之維護兼籌並顧，通盤檢討訂定，併此指明。

釋字第五三六號解釋 （憲一五、一九，遺贈稅四、一○，遺贈稅施二八、二九）

九十年十二月二十八日公布

遺產及贈與稅法第十條第一項規定：「遺產及贈與財產價值之計算，以被繼承人死亡時或贈與人贈與時之時價為準。」為執行上開條文所定時價之必要，同法施行細則第二十八條第一項乃明定：「凡已在證券交易所上市（以下稱上市）或證券商營業處所買賣（以下稱上櫃）之有價證券，依繼承開始日或贈與日該項證券之收盤價估定之。」又同細則第二十九條第一項：「未上市或上櫃之股份有限公司股票，除前條第二項規定情形外，應以繼承開始日或贈與日該公司之資產淨值估定之」，係因未上市或未上櫃公司股票，於繼承或贈與日常無交易紀錄，或縱有交易紀錄，因非屬公開市場之買賣，難以認定其客觀市場價值而設之規定。是於計算未上市或上櫃公司之資產時，就其持有之上市股票，因有公開市場之交易，自得按收盤價格調整上市股票價值，而再計算其資產淨值。財政部中華民國七十九年九月六日臺財稅字第七九○二○一八三三號函：「遺產及贈與稅法施行細則第二十九條規定『未公開上市之公司股票，以繼承開始日或贈與日該公司之資產淨值估定之』。稽徵機關於核算該法條所稱之資產淨值時，對於公司轉投資持有之上市公司股票價值，應依遺產及贈與稅法施行細則第二十八條規定計算」，乃在闡明遺產及贈與稅法施行細則第二十九條規定，符合遺產及贈與稅法第十條第一項之立法意旨，與憲法第十九條所定租稅法律主義及第十五條所保障人民財產權，尚無牴觸。惟未上市或上櫃公司之股票價值之估算方法涉及人民之租稅負擔，仍應由法律規定或依法律授權於施行細則訂定，以貫徹上揭憲法所規定之意旨。

解釋理由書

人民有依法納稅之義務，為憲法第十九條所明定。主管機關為執行母法有關事項之必要，得依法律之授權訂定施行細則，或對母法及施行細則之規定為闡明其規範意旨之釋示。遺產及贈與稅法第四條第一項規定：「本法稱財產，指動產、不動產及其他一切有財產價值之權利。」關於財產價值之計算，同法第十條第一項規定：「遺產及贈與財產價值之計算，以被繼承人死亡時或贈與人贈與時之時價為準；被繼承人如係受死亡之宣告者，以法院宣告死亡判決內所確定死亡日之時價為準。」為執行上開條文所定時價之必要，同法施行細則第二十八條乃明定：「凡已在證券交易所上市（以下稱上市）或證券商營業處所買賣（以下稱上櫃）之有價證券，依繼承開始日或贈與日該項證券之收盤價估定之。但當日無買賣價格者，依繼承開始日或贈與日前最後一日收盤價估定之，其價格有劇烈變動者，則依其繼承開始日或贈與日前一個月內各日收盤價格之

平均價格估定之。有價證券初次上市或上櫃者，於其契約經證券主管機關核准後，至掛牌買賣前，應依繼承開始日或贈與日該項證券之承銷價格或推薦證券商認購之價格估定之。」又依同細則第二十九條第一項：「未上市或上櫃之股份有限公司股票，除前條第二項規定情形外，應以繼承開始日或贈與日該公司之資產淨值估定之。非股份有限公司組織之事業，其出資價值之估價準用前項規定。」之所以設此規定，係因未上市或未上櫃公司股票，於繼承或贈與日常無交易紀錄，或縱有交易紀錄，因非屬公開市場之買賣，難以認定其客觀之市場價值。是於計算未上市或上櫃公司之資產時，就其持有之上市股票，因有公開市場之交易，自得按收盤價格調整上市股票價值，而再計算其資產淨值。對未上市或上櫃公司持有之上市公司之股票，若僅依原公司帳載成本計算，則不同之未上市或上櫃公司持有相同之上市股票，將因不同時點購買成本之不同而產生不同之估價，有違課稅公平原則。財政部中華民國七十九年九月六日臺財稅字第七九○二○一八三三號函：「遺產及贈與稅法施行細則第二十九條規定『未公開上市之公司股票，以繼承開始日或贈與日該公司之資產淨值估定之』。稽徵機關於核算該法條所稱之資產淨值時，對於公司轉投資持有之上市公司股票價值，應依遺產及贈與稅法施行細則第二十八條規定計算」，乃在闡明遺產及贈與稅法施行細則第二十九條之規定，符合遺產及贈與稅法第十條第一項之立法意旨，與憲法第十九條所定租稅法律主義及第十五條所保障人民財產權，尚無抵觸。惟未上市或上櫃公司之股票價值之估算方法涉及人民之租稅負擔，仍應由法律規定或依法律授權於施行細則訂定，以貫徹上揭憲法所規定之意旨。聲請人以其課稅事實發生於七十九年四月及八月間，而主管稽徵機關竟引用財政部同年九月六日前開函釋為計算方法，指摘其有違法令不溯及既往原則乙節，查行政主管機關就行政法規所為之釋示，係闡明法規之原意者，應自法規生效之日起有其適用，業經本院釋字第二八七號解釋釋示在案，自不生抵觸憲法之問題，併此指明。

釋字第五三七號解釋　（憲一九，房屋稅七、一五，稅徵三○，土稅一七、四一，土稅減則二四）　九十一年一月十一日公布

合法登記之工廠供直接生產使用之自有房屋，依中華民國八十二年七月三十日修正公布施行之房屋稅條例第十五條第二項第二款規定，其房屋稅有減半徵收之租稅優惠。同條例第七條復規定：「納稅義務人應於房屋建造完成之日起三十日內，向當地主管稽徵機關申報房屋現值及使用情形；其有增建、改建、變更使用或移轉承典時亦同」。此

因租稅稽徵程序，稅捐稽徵機關雖依職權調查原則而進行，惟有關課稅要件事實，多發生於納稅義務人所得支配之範圍，稅捐稽徵機關掌握困難，為貫徹公平合法課稅之目的，因而課納稅義務人申報協力義務。財政部七十一年九月九日臺財稅第三六七一二號函所稱：「依房屋稅條例第七條之規定，納稅義務人所有之房屋如符合減免規定，應將符合減免之使用情形並檢附有關證件（如工廠登記證等）向當地主管稽徵機關申報，申報前已按營業用稅率繳納之房屋稅，自不得依第十五條第二項第二款減半徵收房屋稅」，與上開法條規定意旨相符，於憲法上租稅法律主義尚無牴觸。

　　解釋理由書

合法登記之工廠，供直接生產使用之自有房屋，依八十二年七月三十日修正公布施行之房屋稅條例第十五條第二項第二款規定（九十年六月二十日修正公布，同年七月一日施行之現行法同條項規定不變），其房屋稅有減半徵收之租稅優惠。同條例第七條復規定：「納稅義務人應於房屋建造完成之日起三十日內，向當地主管稽徵機關申報房屋現值及使用情形；其有增建、改建、變更使用或移轉承典時亦同」（現行法同條規定意旨亦同）。此因稅捐稽徵機關依稅捐稽徵法第三十條之規定，為調查課稅資料，得向有關機關、團體或個人進行調查，且受調查者不得拒絕。於稽徵程序中，本得依職權調查原則進行，應運用一切闡明事實所必要以及可獲致之資料，以認定真正之事實課徵租稅。惟稅捐稽徵機關所須處理之案件多而繁雜，且有關課稅要件事實，類皆發生於納稅義務人所得支配之範圍，其中得減免事項，納稅義務人知之最詳，若有租稅減免或其他優惠情形，仍須由稅捐稽徵機關不待申請一一依職權為之查核，將倍增稽徵成本。因此，依憲法第十九條「人民有依法律納稅之義務」規定意旨，納稅義務人依個別稅捐法規之規定，負有稽徵程序之申報協力義務，實係貫徹公平及合法課稅所必要。觀諸土地稅法第四十一條、土地稅減免規則第二十四條相關土地稅減免優惠規定，亦均以納稅義務人之申請為必要，且未在期限前申請者，僅能於申請之次年適用特別稅率。而現行房屋稅條例第十五條第三項修正為「依第一項第一款至第八款、第十款、第十一款及第二項規定減免房屋稅者，應由納稅義務人於減免原因、事實發生之日起三十日內申報當地主管稽徵機關調查核定之；逾期申報者，自申報日當月份起減免。」亦同此意旨，此一納稅義務人之申報義務實為適用優惠稅率規定所必要之稽徵程序。財政部七十一年九月九日臺財稅第三六七一二號函所稱：「依房屋稅條例第七條之規定，納稅義務人所有之房屋如符合減免規定，應將符合減免之使用情形並檢附有關證件（如工廠登記證等）向當地主管稽徵機關申報，申報前已按營業用稅率繳納之房屋

稅，自不得依第十五條第二項第二款減半徵收房屋稅」，符合前述法條之立法意旨，於憲法上租稅法律主義尚無抵觸。

釋字第五三八號解釋　（憲七、一五、二三，建築一五，營造業管理規則七～九、一六、四五之一）　　　　　　　　　　　　九十一年一月二十二日公布

建築法第十五條第二項規定：「營造業之管理規則，由內政部定之」，概括授權訂定營造業管理規則。此項授權條款雖未就授權之內容與範圍為規定，惟依法律整體解釋，應可推知立法者有意授權主管機關，就營造業登記之要件、營造業及其從業人員準則、主管機關之考核管理等事項，依其行政專業之考量，訂定法規命令，以資規範（本院釋字第三九四號解釋參照）。內政部於中華民國八十二年六月一日修正公布之營造業管理規則第七條、第八條與第九條，對於申請登記之營造業，依資本額之大小、專業工程人員之員額，以及工程實績多寡等條件，核發甲、乙、丙三等級之登記證書，並按登記等級分別限制其得承攬工程之限額（同規則第十六條參照），係對人民營業自由所設之規範，目的在提高營造業技術水準，確保營繕工程施工品質，以維護人民生命、身體及財產安全，為增進公共利益所必要。又同規則增訂之第四十五條之一規定：「福建省金門縣、連江縣依金門戰地政務委員會管理營造業實施規定、連江縣營造業管理暫行規定登記之營造業，應於中華民國八十二年六月一日本規則修正施行日起三年內，依同日修正施行之第七條至第九條之規定辦理換領登記證書，逾期未辦理換領者，按其與本規則相符之等級予以降等或撤銷其登記證書」，乃因八十一年十一月七日福建省金門縣及連江縣戰地政務解除後，營造業原依金門戰地政務委員會管理營造業實施規定及連江縣營造業管理暫行規定，領有之登記證書，已失法令依據，故須因應此項法規之變更而設。上開規定為實施營造業之分級管理，謀全國營造業之一致性所必要，且就原登記證書准依營造業管理規則第七條至第九條規定換領登記證書，並設有過渡期間，以為緩衝，已兼顧信賴利益之保護，並係就福建省金門、連江縣之營造業一律適用，尚未違反建築法第十五條第二項之意旨，於憲法第七條、第二十三條及有關人民權利保障之規定，亦無違背。惟營造業之分級條件及其得承攬工程之限額等相關事項，涉及人民營業自由之重大限制，為促進營造業之健全發展並貫徹憲法關於人民權利之保障，仍應由法律或依法律明確授權之法規命令規定為妥。

　　解釋理由書

建築法第十五條第二項規定：「營造業之管理規則，由內政部定之」，概括授權訂定營

造業管理規則。此項授權條款雖未就授權之內容與範圍為規定，惟依法律整體解釋，應可推知立法者有意授權主管機關，就營造業登記之要件、營造業及其從業人員準則、主管機關之考核管理等事項，依其行政專業之考量，訂定法規命令，以資規範（本院釋字第三九四號解釋參照）。內政部於八十二年六月一日修正公布之營造業管理規則第七條至第九條、第十六條對於申請登記之營造業，依資本額之大小、專業工程人員之員額，以及工程實績多寡等條件，核發甲、乙、丙三等級之登記證書，並按登記等級分別限制其得承攬工程之限額，係對人民營業自由之限制，然因營造業需具專門技術與工作機具，直接影響人民生命、身體與財產之安全，主管機關乃依建築法第十五條第二項規定之授權，本其行政專業之考量，就營造業之分級登記及其考核管理等事項而為規定，以提高營造業技術水準，確保營繕工程之專業技能及施工品質，尚符憲法第二十三條規定之意旨，與憲法有關人民權利應予保障之規定，亦無違背。

行政法規公布施行後，制定或發布法規之機關依法定程序予以修改或廢止時，應兼顧規範對象信賴利益之保護。除法規預先定有施行期間或因情事變遷而停止適用，不生信賴保護問題外，其因公益之必要廢止法規或修改內容致人民客觀上具體表現其因信賴而生之實體法上利益受損害，如已採取合理之補救措施，或訂定過渡期間之條款，即屬符合憲法保障人民權利之意旨（本院釋字第五二五號解釋參照）。金門戰地政務委員會為符合戰地政務需要，原於福建省金門縣、連江縣頒布管理營造業實施規定及連江縣營造業管理暫行規定，就該地區營造業之分級登記與管理等事項作特別之處理。惟該地區戰地政務於八十一年十一月七日解除後，營造業依上述規定領取之登記證書即失法令依據，為因應此項變更，主管機關乃於八十二年六月一日增訂營造業管理規則第四十五條之一明定：「福建省金門縣、連江縣依金門戰地政務委員會管理營造業實施規定、連江縣營造業管理暫行規定登記之營造業，應於中華民國八十二年六月一日本規則修正施行日起三年內，依同日修正施行之第七條至第九條之規定辦理換領登記證書，逾期未辦理換領者，按其與本規則相符之等級予以降等或撤銷其登記證書。」於福建省金門、連江縣之營造業一律適用，嗣後就其管理考核與全國各地區之營造業，受現行相同法令之規範，為實施營造業分級管理，以增進公共利益，並謀全國營造業法令適用之一致性所必要。又該項規定不僅設有適用營造業管理規則之過渡期間，以為緩衝，並准予依該管理規則規定換領登記證書之方式辦理，所定過渡期間復無恣意裁量或顯非合理之情形，已兼顧此等營造業信賴利益之保護。上開第四十五條之一之規定尚未違反建築法第十五條第二項之授權意旨，於憲法第七條、第二十三條及有關

人民權利保障之規定，亦無抵觸。

惟營造業之分級條件及其得承攬工程之限額等，涉及人民營業自由之重大限制，諸如營造業之分級條件、專業人員之設置、公會之設立及營造業之分級條件或其他改進等重要事項如何由有學識經驗之專家、營造業人士參與諮詢等，為促進營造業之健全發展並貫徹憲法關於人民權利之保障，仍應由法律或依法律明確授權之法規命令規定為妥。

釋字第五三九號解釋　（憲八〇～八二，法組一五、一六、三四、三六、五一、七八，行法院組九、一〇、一四、三〇，公陞四，公陞施二，高等法院以下各級法院及其分院、高等行政法院法官兼庭長職期調任實施要點二）

九十一年二月八日公布

憲法第八十條規定：「法官須超出黨派以外，依據法律獨立審判，不受任何干涉。」除揭示司法權獨立之原則外，並有要求國家建立完備之維護審判獨立制度保障之作用。又憲法第八十一條明定：「法官為終身職，非受刑事或懲戒處分或禁治產之宣告，不得免職，非依法律，不得停職、轉任或減俸。」旨在藉法官之身分保障，以維護審判獨立。凡足以影響因法官身分及其所應享有權利或法律上利益之人事行政行為，固須依據法律始得為之，惟不以憲法明定者為限。若未涉及法官身分及其應有權益之人事行政行為，於不違反審判獨立原則範圍內，尚非不得以司法行政監督權而為合理之措置。依法院組織法及行政法院組織法有關之規定，各級法院所設之庭長，除由兼任院長之法官兼任者外，餘由各該審級法官兼任。法院組織法第十五條、第十六條等規定庭長監督各該庭（處）之事務，係指為審判之順利進行所必要之輔助性司法行政事務而言。庭長於合議審判時雖得充任審判長，但無庭長或庭長有事故時，以庭員中資深者充任之。充任審判長之法官與充當庭員之法官共同組成合議庭時，審判長除指揮訴訟外，於審判權之行使，及對案件之評決，其權限與庭員並無不同。審判長係合議審判時為統一指揮訴訟程序所設之機制，與庭長職務之屬於行政性質者有別，足見庭長與審判長乃不同功能之兩種職務。憲法第八十一條所保障之身分對象，應限於職司獨立審判之法官，而不及於監督司法行政事務之庭長。又兼任庭長之法官固比其他未兼行政職務之法官具有較多之職責，兼任庭長者之職等起敘雖亦較法官為高，然二者就法官本職所得晉敘之最高職等並無軒輊，其在法律上得享有之權利及利益皆無差異。司法院以中華民國八十四年五月五日（八四）院臺人一字第〇八七八七號函訂定發布

之「高等法院以下各級法院及其分院法官兼庭長職期調任實施要點」（八十九年七月二十八日（八九）院臺人二字第一八三一九號函修正為「高等法院以下各級法院及其分院、高等行政法院法官兼庭長職期調任實施要點」），其中第二點或第三點規定於庭長之任期屆滿後，令免兼庭長之人事行政行為，僅免除庭長之行政兼職，於其擔任法官職司審判之本職無損，對其既有之官等、職等、俸給亦無不利之影響，故性質上僅屬機關行政業務之調整。司法行政機關就此本其組織法上之職權為必要裁量並發布命令，與憲法第八十一條法官身分保障之意旨尚無牴觸。

健全之審判周邊制度，乃審判公平有效遂行之必要條件，有關審判事務之司法行政即為其中一環。庭長於各該庭行政事務之監督及處理，均有積極輔助之功能。為貫徹憲法第八十二條法院組織之法律保留原則，建立審判獨立之完備司法體制，有關庭長之遴選及任免等相關人事行政事項，仍以本於維護審判獨立之司法自主性（本院釋字第五三〇號解釋參照），作通盤規劃，以法律規定為宜，併此指明。

解釋理由書

憲法第八十條規定：「法官須超出黨派以外，依據法律獨立審判，不受任何干涉。」係指法官應本諸自己之法律判斷為裁判，不僅不受任何外來指示、命令，亦不受司法行政機關或上級法院內部之指示與命令，此即審判獨立之原則。基於此一原則，並有要求國家建立完備制度保障之作用。又憲法第八十一條明定：「法官為終身職，非受刑事或懲戒處分或禁治產之宣告，不得免職，非依法律，不得停職、轉任或減俸。」旨在藉法官之身分保障，而維護審判獨立。凡足以影響因法官身分及其所應享有權利或法律上利益之人事行政行為，固須依據法律始得為之，且不以憲法上揭明定者為限，惟若未涉及法官身分及其應有權益之行為，於不違反審判獨立原則範圍內，尚非不得以司法行政監督權而為合理之措置。

依法院組織法第十五條第一項、第十六條、第三十六條、第五十一條及行政法院組織法第四條、第九條、第十四條等有關之規定，各級法院所設之庭長除由兼任院長之法官兼任者外，餘由各該審級法官兼任，是為庭長由法官兼任之依據。法院組織法及行政法院組織法規定之庭長監督各該庭（處）事務，係指為審判之順利進行所必要之輔助性司法行政事務而言，此有法院組織法第七十八條、行政法院組織法第三十條授權司法院訂定各級法院及分院處務規程可資參照。庭長之職務主要係監督各該庭行政事務，於審判事務雖充任合議庭審判長，但無庭長或庭長有事故時，仍以庭員中資深者充任之。擔任司法行政事務之庭長與充當庭員之法官共同組成合議庭時，充任審判長

乃為統一指揮訴訟程序所設之機制，庭長充任之審判長除指揮訴訟外，於審判權之行使，及對案件之評決，其權限與庭員相同。是二者僅有職務之分工，就發現真實，作成裁判而言，均係秉持法官之本職為之。原兼庭長之法官，一旦免兼庭長，其因而充任審判長職務亦隨之更動，惟其法官身分及所應享之權益並無損害。依法院組織法第三十四條第一項、第三十六條、行政法院組織法第九條、第十條之規定，兼任庭長者其職等起敘雖較法官為高，亦比其他法官具有較多之職責，但依法院組織法第三十四條第二項、行政法院組織法第十條第二項之規定，二者就法官本職所得晉敘之最高職等並無不同，因任職者年資深淺有別，法官職等未必較庭長為低，其在法律上得享有之權利及利益亦皆無差異。是以法官免兼庭長既非所謂降調，法官派兼庭長亦非公務人員陞遷法第四條及同法施行細則第二條所稱陞任職等較高之職務，更非行政機關之非主管職務陞任主管職務可比，況有關法官之任用、遷調，法院組織法、行政法院組織法及司法人員人事條例另有規定，並無公務人員陞遷法之適用（參照該法第一條）。綜上所述，庭長與審判長係屬不同功能之兩種職務，從而憲法第八十一條所保障身分之對象，應限於職司獨立審判之法官，而不及於監督司法行政事務之庭長。司法院以八十四年五月五日（八四）院臺人一字第○八七八七號函訂定發布之「高等法院以下各級法院及其分院法官兼庭長職期調任實施要點」第二點或第三點（現修正為「高等法院以下各級法院及其分院、高等行政法院法官兼庭長職期調任實施要點」第二點、第四點）規定，於庭長之任期屆滿後，未因業務需要酌予延長職期，令免兼庭長之人事行政行為，僅免除庭長之行政兼職，於其擔任法官職司審判之本職無損，對其既有之官等、職等、俸給亦無不利之影響，故性質上僅屬機關行政業務之調整。司法行政機關就此本其組織法上之職權為必要裁量並發布命令，與憲法第八十一條法官身分保障之意旨尚無抵觸。

健全之審判周邊制度，乃審判公平有效遂行之必要條件，有關審判事務之司法行政即為其中一環。庭長於民、刑事庭、民事執行處監督各庭、處行政事務，於專業法庭及普通庭、簡易庭則綜理全庭行政事務，於民、刑事審判、民事執行與其他各類案件之處理，均有積極輔助之功能。於行政法院之庭長亦同。庭長若經由適當程序遴選學養才能俱優，審判經驗豐富之法官兼任，當有助於審判品質之提昇。憲法第八十二條規定：「司法院及各級法院之組織以法律定之。」為貫徹法院組織之法律保留原則，建立審判獨立之完備司法體制，有關庭長之遴選及任免等相關人事行政事項，仍以本諸維護審判獨立之司法自主性（本院釋字第五三○號解釋參照），作通盤規劃，以法律規定

為宜，併此指明。

釋字第五四○號解釋　（國宅二、六、一四、一六、二一、二三、三○，國民住宅出售、出租及商業服務設施暨其他建築物標售標租辦法四，行訴一七八，健保五，公職選罷一○一，交通處罰八八、八九，社維五五～六二）

九十一年三月十五日公布

國家為達成行政上之任務，得選擇以公法上行為或私法上行為作為實施之手段。其因各該行為所生爭執之審理，屬於公法性質者歸行政法院，私法性質者歸普通法院。惟立法機關亦得依職權衡酌事件之性質、既有訴訟制度之功能及公益之考量，就審判權歸屬或解決紛爭程序另為適當之設計。此種情形一經定為法律，即有拘束全國機關及人民之效力，各級審判機關自亦有遵循之義務。

中華民國七十一年七月三十日制定公布之國民住宅條例，對興建國民住宅解決收入較低家庭居住問題，採取由政府主管機關興建住宅以上述家庭為對象，辦理出售、出租、貸款自建或獎勵民間投資興建等方式為之。其中除民間投資興建者外，凡經主管機關核准出售、出租或貸款自建，並已由該機關代表國家或地方自治團體與承購人、承租人或貸款人分別訂立買賣、租賃或借貸契約者，此等契約即非行使公權力而生之公法上法律關係。上開條例第二十一條第一項規定：國民住宅出售後有該條所列之違法情事者，「國民住宅主管機關得收回該住宅及基地，並得移送法院裁定後強制執行」，乃針對特定違約行為之效果賦予執行力之特別規定，此等涉及私權法律關係之事件為民事事件，該條所稱之法院係指普通法院而言。對此類事件，有管轄權之普通法院民事庭不得以行政訴訟新制實施，另有行政法院可資受理為理由，而裁定駁回強制執行之聲請。

事件經本院解釋係民事事件，認提起聲請之行政法院無審判權者，該法院除裁定駁回外，並依職權移送有審判權限之普通法院，受移送之法院應依本院解釋對審判權認定之意旨，回復事件之繫屬，依法審判，俾保障人民憲法上之訴訟權。

　　解釋理由書

國家為達成行政上之任務，得選擇以公法上行為或私法上行為作為實施之手段。其因各該行為所生爭執之審理，屬於公法性質者歸行政法院，私法性質者歸普通法院。惟立法機關亦得依職權衡酌事件之性質、既有訴訟制度之功能及公益之考量，就審判權歸屬或解決紛爭程序另為適當之設計。此種情形一經定為法律，縱事件屬性在學理上

容有推求餘地，其拘束全國機關及人民之效力，並不受影響，各級審判機關自亦有遵循之義務，本院釋字第四六六號解釋亦同此意旨。

國民住宅條例係為統籌興建及管理國民住宅，以安定國民生活及增進社會福祉之目的而制定（該條例第一條），並由政府機關取得土地興建及分配住宅，以解決收入較低家庭之居住問題（同條例第二條、第六條），其具體之方法係由政府主管機關取得土地、籌措資金並興建住宅，以收入較低家庭為對象辦理出售、出租、貸款自行建築或獎勵民間投資興建（同條例第二條、第六條、第十四條、第十六條、第二十三條及第三十條等參照）。除其中獎勵民間投資興建之國民住宅，承購人與住宅興建業者屬於單純之私法關係，並無疑義外，主管機關直接興建及分配之住宅，先由有承購、承租或貸款需求者，向主管機關提出申請，經主管機關認定其申請合於法定要件，再由主管機關與申請人訂立私法上之買賣、租賃或借貸契約。此等契約係為推行社會福利並照顧收入較低國民生活之行政目的，所採之私經濟措施，並無若何之權力服從關係。性質上相當於各級政府之主管機關代表國家或地方自治團體與人民發生私法上各該法律關係，尚難逕謂政府機關直接興建國民住宅並參與分配及管理，即為公權力之行使。至於申請承購、承租或貸款者，經主管機關認為依相關法規或行使裁量權之結果（參照國民住宅出售、出租及商業服務設施暨其他建築物標售標租辦法第四條）不符合該當要件，而未能進入訂約程序之情形，既未成立任何私法關係，此等申請人如有不服，須依法提起行政爭訟，係另一問題。

在八十九年七月一日行政訴訟法新制實施前，若干性質上屬於公法之事件，因行政訴訟欠缺適當之訴訟種類，而法律又未就其另行設計其他訴訟救濟途徑，遂長期以來均循民事訴訟解決，例如公務人員保險給付事件（參照本院釋字第四六六號解釋）、釋字第五二四號解釋公布前之全民健康保險法第五條被保險人與保險醫事服務機構間之爭議事件等，均其適例，此類事件嗣後自無再由民事法院審理之理由。若雖具公法性質，但法律已明確規定其歸屬於其他審判權時，不因行政訴訟改制擴張訴訟種類，而成為行政法院管轄之公法事件，例如選舉無效事件、當選無效事件（公職人員選舉罷免法第一百零一條）、交通違規事件（道路交通管理處罰條例第八十八條、第八十九條）、行政罰事件（社會秩序維護法第五十五條以下）等，除仍分別由民事法院及刑事法院審判外，其審級及救濟程序與通常民、刑事案件，亦不盡相同。此類事件即行政訴訟法第二條所稱公法事件法律別有規定，而不屬於行政法院審判之情形。如前所述，本件國民住宅之買賣既屬私法關係，國民住宅之所有人或居住人有國民住宅條例第二十

一條第一項所列各款:「一、作非法使用者。二、積欠貸款本息三個月,經催告仍不清償者。三、出售、出典、贈與或交換未經國民住宅主管機關同意者。四、同一家庭有政府直接興建或貸款自建之國民住宅超過一戶者。五、變更為非居住使用或出租,經通知後逾三十日未予回復或退租者。六、承購後滿三個月經催告仍未進住者。七、積欠管理費達六個月者。」依同條項前段規定:「國民住宅主管機關得收回該住宅及基地,並得移送法院裁定後強制執行」,乃針對特定違約行為之效果賦予執行力之特別規定,此等涉及私權法律關係之事件為民事事件,該條所稱之法院係指普通法院而言。對此類事件有管轄權之普通法院民事庭不得以行政訴訟新制實施,另有行政法院可資受理,而裁定駁回強制執行之聲請。

本件係行政法院就繫屬中個案之受理權限問題,依行政訴訟法第一百七十八條向本院聲請解釋,為貫徹法律規定之意旨,本院解釋對該個案審判權歸屬所為之認定,應視為既判事項,各該法院均須遵守,自不得於後續程序中再行審究。而事件經本院解釋係民事事件,普通法院先前以無審判權為由駁回之裁定,係屬對受理事件之權限認定有誤,其裁判顯有瑕疵,應不生拘束力(參照本院釋字第一一五號解釋)。向本院聲請解釋之行政法院除裁定駁回外,並依職權將該民事事件移送有審判權限之普通法院,受移送之法院應遵照本院解釋對審判權認定之意旨,回復事件之繫屬,依法審判,俾保障人民憲法上之訴訟權。又普通法院就受理訴訟之權限與行政法院之見解有異時,相關法律並無相當於前述行政訴訟法第一百七十八條解決審判權衝突之規定,有關機關應依本解釋之釋示,通盤檢討妥為設計,均併此指明。

釋字第五四一號解釋 (憲增修五~七,憲七九,大法官審案五)

九十一年四月四日公布

中華民國八十九年四月二十五日修正公布之憲法增修條文第五條第一項前段規定,司法院設大法官十五人,並以其中一人為院長、一人為副院長,由總統提名,經立法院同意任命之,自中華民國九十二年起實施,不適用憲法第七十九條之規定。關於司法院第六屆大法官於九十二年任期屆滿前,大法官及司法院院長、副院長出缺時,其任命之程序,現行憲法增修條文未設規定。惟司法院院長、副院長及大法官係憲法所設置,並賦予一定之職權,乃憲政體制之一環,為維護其機制之完整,其任命程序如何,自不能無所依循。司法院院長、副院長及大法官由總統提名,經民意機關同意後任命之,係憲法及其增修條文之一貫意旨,亦為民意政治基本理念之所在。現行憲法增修

條文既已將司法、考試、監察三院人事之任命程序改由總統提名，經立法院同意任命，基於憲法及其歷次增修條文之一貫意旨與其規範整體性之考量，人事同意權制度設計之民意政治原理，司法院第六屆大法官於九十二年任期屆滿前，大法官及司法院院長、副院長出缺時，其任命之程序，應由總統提名，經立法院同意任命之。

　　解釋理由書

本件聲請係總統府秘書長經呈奉總統核示：「應依司法院大法官審理案件法第五條第一項第一款之規定，送請司法院大法官解釋」，乃代函請本院解釋，是本件聲請人係總統而非總統府秘書長，合先敘明。

中華民國八十九年四月二十五日修正公布之憲法增修條文第五條第一項前段規定，司法院設大法官十五人，並以其中一人為院長、一人為副院長，由總統提名，經立法院同意任命之，自中華民國九十二年起實施，不適用憲法第七十九條之規定。關於司法院第六屆大法官於九十二年任期屆滿前，大法官及司法院院長、副院長出缺時，其任命程序，現行憲法增修條文未設規定。惟司法院院長、副院長及大法官係憲法及其增修條文所設置，並經賦予一定之職權（憲法第七十八條、現行憲法增修條文第五條、司法院組織法第三條及第八條參照），乃憲政體制之一環，為維護其體制之完整，其任命程序，自不能無所依循。本院大法官職司憲法疑義之解釋（司法院大法官審理案件法第五條第一項第一款前段參照），對於憲法增修條文之上述情形，自應為合於憲法整體規範設計之填補。

憲法第七十九條規定，司法院院長、副院長及大法官由總統提名，經監察院同意任命之，是時監察院亦屬民意機關而行使人事同意權，嗣第二屆國民大會於八十一年五月二十八日修正公布之憲法增修條文第十三條第一項規定，司法院院長、副院長及大法官由總統提名，經國民大會同意任命之，不適用憲法第七十九條之規定。自此項規定實施後，監察院對總統提名之司法院院長、副院長及大法官已無同意任命之權限。同屆國民大會於八十三年八月一日復將上述第十三條第一項調整為第四條第一項。第三屆國民大會又於八十六年七月二十一日將該條內容修正，並變動條次為第五條第一項：「司法院設大法官十五人，並以其中一人為院長、一人為副院長，由總統提名，經國民大會同意任命之，自中華民國九十二年起實施，不適用憲法第七十九條之有關規定。」繼於八十九年四月二十五日再將該條由國民大會同意任命之規定，修正為由立法院同意任命之。自憲法與其增修條文之上述歷次增修規定可知，司法院院長、副院長及大法官之提名、任命權屬總統之權限，而其同意權則係由具有民意基礎之民意機關行使。

此乃憲法及其增修條文之一貫意旨。

第三屆國民大會於八十九年四月二十五日修正公布之憲法增修條文已將國民大會之設置及職權作重大調整，除將國民大會之職權明列於第一條，國民大會代表之選舉與集會，亦以行使該條所定之職權為限，並將總統提名之司法院院長、副院長、大法官，考試院院長、副院長、考試委員及監察院院長、副院長、監察委員之任命同意權，均改由立法院行使（上開增修條文第五條第一項、第六條第二項、第七條第二項參照）。是自現行憲法增修條文施行後，國民大會已無司法院院長、副院長及大法官之同意任命權，國民大會代表亦無從為此而選舉與集會。基於憲法及其增修條文規範整體性之要求，司法院院長、副院長及第六屆大法官出缺時，總統對缺額補行提名，應由立法院行使同意權，以符民主政治應以民意為基礎始具正當性之基本理念。憲法與其增修條文之上開各項人事任命同意權制度，應係本此意旨所為之設計。對總統之司法院院長、副院長及大法官提名，於國民大會已無任命同意權後，其任命同意權即應由民意機關之立法院行使。是以司法院第六屆大法官於九十二年任期屆滿前，大法官及司法院院長、副院長出缺而影響司法院職權之正常運作時，其任命之程序，應由總統提名，經立法院同意任命之。

釋字第五四二號解釋 （憲一〇、二三，自來水一一） 九十一年四月四日公布

人民有居住及遷徙之自由，憲法第十條設有明文。對此自由之限制，不得逾憲法第二十三條所定必要之程度，且須有法律之明文依據，業經本院作成釋字第四四三號、第四五四號等解釋在案。自來水法第十一條授權行政機關得為「劃定公布水質水量保護區域，禁止在該區域內一切賠害水質與水量之行為」，主管機關依此授權訂定公告「翡翠水庫集水區石碇鄉碧山、永安、格頭三村遷村作業實施計畫」，雖對人民居住遷徙自由有所限制，惟計畫遷村之手段與水資源之保護目的間尚符合比例原則，要難謂其有違憲法第十條之規定。

行政機關訂定之行政命令，其屬給付性之行政措施具授與人民利益之效果者，亦應受相關憲法原則，尤其是平等原則之拘束。系爭作業實施計畫中關於安遷救濟金之發放，係屬授與人民利益之給付行政，並以補助集水區內居民遷村所需費用為目的，既在排除村民之繼續居住，自應以有居住事實為前提，其認定之依據，設籍僅係其一而已，上開計畫竟以設籍與否作為認定是否居住於該水源區之唯一標準，雖不能謂有違平等原則，但未顧及其他居住事實之證明方法，有欠周延。相關領取安遷救濟金之規定應

依本解釋意旨儘速檢討改進。

解釋理由書

行政機關內部作業計畫，經公告或發布實施，性質上為法規之一種；其未經公告或發布，但具有規制不特定人權利義務關係之效用，並已為具體行政措施之依據者，則屬對外生效之規範，與法規命令或行政規則相當，亦得為本院審查對象。本件系爭之「翡翠水庫集水區石碇鄉碧山、永安、格頭三村遷村作業實施計畫」，係先經行政院核定，並由臺北水源特定區管理委員會八十五年三月六日八五北水一字第一八五五號公告，應屬行政命令而予以審查，合先敘明。

按人民有居住及遷徙之自由，憲法第十條設有明文。政府為興建水庫，得徵收人民之財產，並給予補償，而於水庫興建後，為維護集水區之水源、水質、水量之潔淨與安全，行政機關固得限制人民於該特定區域內之居住、遷徙等活動，惟該等居住遷徙自由之限制，不得逾憲法第二十三條所定之必要程度，且須有法律之明文依據，業經本院作成釋字第四四三號、第四五四號等解釋在案。自來水法第十一條授權行政機關得為「劃定公布水質水量保護區域，禁止在該區域內一切貽害水質與水量之行為」，故翡翠水庫興建後，主管機關依此授權訂定「翡翠水庫集水區石碇鄉碧山、永安、格頭三村遷村作業實施計畫」，係以保護水源區內之水質、水量為目的，其所使用之手段非僅有助於上述目的之達成且屬客觀上所必要，雖對人民居住遷徙自由有所限制，惟遷村計畫之手段與水資源之保護目的間尚符比例原則，要難謂有違憲法第十條之規定。

行政機關訂定之行政命令，其屬給付性之行政措施具授與人民利益之效果者，亦應受相關憲法原則，尤其是平等原則之拘束。按關於社會政策之立法，依本院釋字第四八五號解釋之意旨，在目的上須具資源有效利用、妥善分配之正當性，在手段上須有助於目的之達成且屬客觀上所必要，亦即須考量手段與目的達成間之有效性及合比例性。查上開作業實施計畫中關於安遷救濟金發放之規定，係屬授與人民利益之給付行政，為補助居民遷離集水區，停止區域內之居住、作息等生活活動，以維持集水區內水源、水質、水量之潔淨與安全，自有其目的上正當性。是其既在排除村民之繼續居住，自應以有居住事實為前提，而其認定之依據，設籍僅係其中之一種方法而已，前開計畫竟以設籍與否作為認定是否居住於該水源區之唯一判斷標準，將使部分原事實上居住於集水區內之遷移戶，僅因未設籍而不符發放安遷救濟金之規定，其雖不能謂有違於平等原則，但未顧及其他居住事實之證明方法，有欠周延。按戶籍僅係基於特定目的所為之行政管制措施，如行政機關基於行政上之便利將戶籍為超出該特定目的範圍之

使用,而以設籍與否為管制之要件,固非法所不許,但仍應遵循憲法第七條之平等原則。凡能以其他方式舉證證明其於上揭公告所示日期(中華民國六十九年一月一日)以前有於集水區內長期居住之事實者,縱未設籍,行政機關仍應為安遷救濟金之發給。系爭作業實施計畫中關於認定有無居住事實之規定,應依本解釋意旨儘速檢討改進。

釋字第五四三號解釋 (憲二三、四三,憲增修二,緊急命令(九二一震災)一,緊急命令執行要點一,立院職權一五、六〇,中標七)九十一年五月三日公布

憲法增修條文第二條第三項規定:「總統為避免國家或人民遭遇緊急危難或應付財政經濟上重大變故,得經行政院會議之決議發布緊急命令,為必要之處置,不受憲法第四十三條之限制。但須於發布命令後十日內提交立法院追認,如立法院不同意時,該緊急命令立即失效。」由此可知,緊急命令係總統為應付緊急危難或重大變故,直接依憲法授權所發布,具有暫時替代或變更法律效力之命令,其內容應力求周延,以不得再授權為補充規定即可逕予執行為原則。若因事起倉促,一時之間不能就相關細節性、技術性事項鉅細靡遺添加規範,而有待執行機關以命令補充,方能有效達成緊急命令之目的者,則應於緊急命令中明文規定其意旨,於立法院完成追認程序後,再行發布。此種補充規定應依行政命令之審查程序送交立法院審查,以符憲政秩序。又補充規定應隨緊急命令有效期限屆滿而失其效力,乃屬當然。

解釋理由書

臺灣地區於中華民國八十八年九月二十一日遭遇罕見之強烈地震,經總統於同年九月二十五日發布緊急命令。行政院為執行緊急命令,特訂「中華民國八十八年九月二十五日緊急命令執行要點」(以下簡稱執行要點),以察知案方式函送立法院。立法院陳其邁等七十八位立法委員對於該執行要點是否合憲,以及立法院有無審查之職權發生適用憲法之疑義,聲請解釋。核與司法院大法官審理案件法第五條第一項第三款規定相符,合先說明。

憲法上緊急命令之發布,係國家處於緊急狀態,依現有法制不足以排除危難或應付重大變故之際,為維護國家存立,儘速恢復憲政秩序之目的,循合憲程序所採取之必要性措施。故憲法就發布緊急命令之要件、程序及監督機制定有明確規範,以避免國家機關濫用權力,期以保障人民權益,並維護自由民主基本秩序。憲法增修條文第二條第三項規定:「總統為避免國家或人民遭遇緊急危難或應付財政經濟上重大變故,得經行政院會議之決議發布緊急命令,為必要之處置,不受憲法第四十三條之限制。但須

於發布命令後十日內提交立法院追認，如立法院不同意時，該緊急命令立即失效。」由此可知，緊急命令係為避免國家或人民遭遇緊急危難或應付財政經濟上重大變故，於國家不能依現有法制，亦不及依循正常立法程序採取必要對策因應之緊急情況下，由總統經行政院會議之決議發布之不得已措施，其適用僅限於處置一定期間或地點發生之緊急事故，具有暫時替代法律、變更法律效力之功能。故緊急命令乃對立法部門代表國民制定法律、行政部門負責執行法律之憲法原則特設之例外，以不得再授權為補充規定即可逕予執行為原則，其內容應力求詳盡而周延。若因事起倉促，一時之間不能就相關細節性、技術性事項鉅細靡遺悉加規範，而有待執行機關以命令補充者，則應於緊急命令中明文規定其意旨，並於立法院完成追認程序後，由執行機關再行發布。又此種補充規定無論其使用何種名稱均應依行政命令之審查程序送交立法院審查，以符憲政秩序。緊急命令之發布，雖不受憲法第二十三條所揭示法律保留原則之限制，惟仍應遵守比例原則。至上開憲法增修條文規定，緊急命令應於發布後十日內提交立法院追認，則係對此種緊急措施所設之民意監督機制。立法院就緊急命令行使追認權，僅得就其當否為決議，不得逕予變更其內容，如認部分內容雖有不當，然其餘部分對於緊急命令之整體應變措施尚無影響而有必要之情形時，得為部分追認。

總統依上開增修條文規定發布緊急命令後，應於十日內送立法院依立法院職權行使法第十五條第一項及第二項追認。若適逢立法院解散，則依同條第三項規定，已遭解散的立法委員應於三日內自行集會，並在七日內追認。又行政院依緊急命令發布之補充規定應隨緊急命令有效期限屆滿而失其效力；立法院如經制定相關因應措施之法律以取代緊急命令之規範內容時，緊急命令應於此範圍內失效，乃屬當然。

緊急命令發布後，執行命令之行政機關得否為補充規定，又此項規定應否送請立法機關審查，於本解釋公布前，現行法制規範未臻明確，是總統於八十八年九月二十五日發布前揭緊急命令，行政院就此訂定之執行要點，應遵循之程序，與上開意旨，雖有未合，尚不生違憲問題。

釋字第五四四號解釋　（憲八、二三，管制藥品四、一六、三七、三九，刑二，毒品危害一〇、二〇、二一、二二、二三、二四、二五、三五）

　　　　　　　　　　　　　　　　　九十一年五月十七日公布

國家對個人之刑罰，屬不得已之強制手段，選擇以何種刑罰處罰個人之反社會性行為，乃立法自由形成之範圍。就特定事項以特別刑法規定特別罪刑，倘與憲法第二十三條

所要求之目的正當性、手段必要性、限制妥當性符合者,即無乖於比例原則,業經本院釋字第四七六號解釋闡釋在案。

自由刑涉及對人民身體自由之嚴重限制,除非必須對其採強制隔離施以矯治,方能維護社會秩序時,其科處始屬正當合理,而刑度之制定尤應顧及行為之侵害性與法益保護之重要性。施用毒品,足以戕害身心,滋生其他犯罪,惡化治安,嚴重損及公益,立法者自得於抽象危險階段即加以規範。中華民國八十一年七月二十七日修正公布肅清煙毒條例第九條第一項規定,對於施用毒品或鴉片者,處三年以上七年以下有期徒刑,及八十四年一月十三日修正公布之麻醉藥品管理條例第十三條之一第二項第四款規定,非法施打吸用麻醉藥品者,處三年以下有期徒刑、拘役或一萬元以下罰金,雖以所施用之毒品屬煙毒或麻醉藥品為其規範對象,未按行為人是否業已成癮為類型化之區分,就行為對法益危害之程度亦未盡顧及,但究其目的,無非在運用刑罰之一般預防功能以嚇阻毒品之施用,挽社會於頹廢,與首揭意旨尚屬相符,於憲法第八條、第二十三條規定並無牴觸。前開肅清煙毒條例及麻醉藥品管理條例於八十七年及八十八年相繼修正,對經勒戒而無繼續施用毒品傾向者,改採除刑不除罪,對初犯者以保安處分替代刑罰,已更能符合首揭意旨。由肅清煙毒條例修正之毒品危害防制條例第三十五條第四款,將判決確定尚未執行或執行中之案件排除其適用,此固與刑法第二條第三項無乖離之處,惟為深化新制所揭櫫之刑事政策,允宜檢討及之。

解釋理由書

國家對個人之刑罰,屬不得已之強制手段,選擇以刑罰處罰個人之反社會性行為,須刑事立法之目的具有正當性,施以刑罰有助於立法目的之達成,且別無其他侵害較小亦能達成相同目的之手段可資運用時,始得為之;而刑罰對基本權利之限制與立法者所欲維護法益之重要性及行為對法益危害之程度,尚須處於合乎比例之關係。至何種行為構成犯罪,應處以何種刑罰,刑罰是否為達成立法目的之適當且必要手段,以及判斷相關行為對個人或社會是否造成危害,乃立法者自由形成之範圍。就特定事項經評價為刑事不法行為,以特別刑法規定特別罪刑,倘與憲法第二十三條所要求之目的正當性、手段必要性、限制妥當性符合者,即無乖於比例原則,業經本院釋字第四七六號解釋闡釋在案。

自由刑涉及對人民身體自由之嚴重限制,除非必須對其採強制隔離施以矯治,方能維護社會秩序時,其科處始屬正當合理,而刑度之制定尤應顧及行為之侵害性與法益保護之重要性。施用毒品,或得視為自傷行為,然其影響施用者之中樞神經系統,導致

神智不清，產生心理上及生理上之依賴性，積習成癮，禁斷困難，輕則個人沈淪、家庭破毀，失去正常生活及工作能力，成為家庭或社會之負擔；重則可能與其他犯罪行為相結合，滋生重大刑事案件，惡化治安，嚴重損及公益。鑒於煙毒對國計民生所造成之戕害，立法者自得採取必要手段，於抽象危險階段即以刑罰規範，對施用毒品者之人身自由為適當限制。八十一年七月二十七日修正公布之肅清煙毒條例第九條第一項規定，對於施用毒品或鴉片者，處三年以上七年以下有期徒刑，及八十四年一月十三日修正公布之麻醉藥品管理條例第十三條之一第二項第四款規定，非法施打吸用麻醉藥品者，處三年以下有期徒刑、拘役或一萬元以下罰金，雖以所施用之毒品屬煙毒或麻醉藥品為其規範對象，未按行為人是否業已成癮為類型化之區分，就行為對法益危害之程度亦未盡顧及，但究其目的，無非在運用刑罰之一般預防功能以嚇阻毒品之施用，補偏救弊，導正社會於頹廢，與首揭意旨尚屬相符，於憲法第八條、第二十三條規定並無牴觸。茲肅清煙毒條例於八十七年五月二十日修正為毒品危害防制條例，前開第九條第一項改列為第十條；麻醉藥品管理條例於八十八年六月二日修正為管制藥品管理條例，將前開第十三條之一之規定一併改列於該防制條例第十條。復於第二十條按毒品之危害性加以分級，並就施用毒品為初犯、再犯或三犯以上，區分為不同之行為型態而予不同之法律效果，並施予勒戒、戒治、保護管束等保安處分措施；對於初犯及再犯經勒戒而無繼續施用毒品傾向者，改採除刑不除罪，已更能符合首揭意旨。

毒品危害防制條例第三十五條第四款規定：「判決確定尚未執行或執行中之案件，適用修正前之規定。」對依前開肅清煙毒條例及麻醉藥品管理條例判刑確定尚未執行或執行中之人排除前開防制條例第二十條以保安處分替代刑罰規定之適用，此固與刑法第二條第三項無乖離之處，惟為深化新制所揭櫫之刑事政策，允宜檢討及之。

釋字第五四五號解釋　（憲二三，醫師二五、二五之一、二五之二、二八之四）

九十一年五月十七日公布

中華民國七十五年十二月二十六日公布之醫師法第二十五條規定：「醫師於業務上如有違法或不正當行為，得處一個月以上一年以下停業處分或撤銷其執業執照。」所謂「業務上之違法行為」係指醫師於醫療業務，依專業知識，客觀上得理解不為法令許可之行為，此既限於執行醫療業務相關之行為而違背法令之規定，並非泛指醫師之一切違法行為，其範圍應屬可得確定；所謂「業務上之不正當行為」則指醫療業務行為雖未

達違法之程度，但有悖於醫學學理及醫學倫理上之要求而不具正當性應予避免之行為。法律就前揭違法或不正當行為無從鉅細靡遺悉加規定，因以不確定法律概念予以規範，惟其涵義於個案中並非不能經由適當組成之機構依其專業知識及社會通念加以認定及判斷，並可由司法審查予以確認，則與法律明確性原則尚無不合，於憲法保障人民權利之意旨亦無牴觸。首揭規定就醫師違背職業上應遵守之行為規範，授權主管機關得於前開法定行政罰範圍內，斟酌醫師醫療業務上違法或不正當行為之於醫療安全、國民健康及全民健康保險對象暨財務制度之危害程度，而為如何懲處之決定，係為維護醫師之職業倫理，維持社會秩序，增進公共利益所必要，與憲法第二十三條規定之意旨無違。

解釋理由書

專門職業人員違背其職業上應遵守之義務，而依法應受懲戒處分者，對於該處分之構成要件，立法者衡酌法律所規範生活事實之複雜性及適用於個案之妥當性，使用不確定法律概念或概括條款而為相應之規定者，苟其意義非難以理解，且為受規範者所能預見其何種作為或不作為構成義務之違反及所應受之懲戒，並可由司法審查加以確認，即不得謂與法律明確性原則相違（本院釋字第四三二號解釋參照）。

七十五年十二月二十六日修正公布之醫師法第二十五條規定：「醫師於業務上如有違法或不正當行為，得處一個月以上一年以下停業處分或撤銷其執業執照。」所謂「業務上之違法行為」，係指醫師於醫療業務，依專業知識，客觀上得理解不為法令許可之行為，此既限於執行醫療業務相關之行為而違背法令之規定，並非泛指醫師之一切違法行為，其範圍應屬可得確定；所謂「業務上之不正當行為」則指醫療業務行為雖未達違法之程度，但有悖於醫學學理及醫學倫理上之要求而不具正當性應予避免之行為，尤以涉及醫德者為然。法律就前揭違法或不正當行為無從鉅細加規定，因以不確定法律概念予以規範，惟其涵義於個案中並非不能經由適當組成之機構依其專業知識及社會通念加以認定及判斷，最後可由司法審查予以確認，則與法律明確性原則尚無不合，於憲法保障人民權利之意旨亦無牴觸。醫師法第二十五條已於九十一年一月十六日修正公布，該條除同法第二十八條之四所列舉具體違規事實，授權由主管機關直接依情節輕重處以罰鍰、限制執業範圍、停業、廢止其執業執照或醫師證書外，就屬醫學倫理層次之業務上違法或不正當行為分列四款例示，仍於第五款以概括條款規定：「前四款及第二十八條之四各款以外之業務上不正當行為」，並將修正前法律授權訂定醫師懲戒辦法所規定之各種懲戒處分具體明定於醫師法第二十五條之一。至於懲戒程序之發動，

則由醫師公會或主管機關移付懲戒。良以不正當行為無從詳予規範，確有必要由專業團體或主管機關於個案判斷是否移送懲戒。

醫師於醫療、全民健康保險特約事項，提供病患或被保險人醫療保健及其他相關服務，如有違法或不正當行為，將危害醫療安全、國民健康，若同時因其個人謀取健康保險之不當醫療費用，則將侵蝕全民健康保險財務，致影響全民保費負擔，危及全民健康保險制度之健全發展。醫師法首揭規定修正前，就醫師違背職業上應遵守之行為，授權主管機關視違法或不正當行為之危害程度，「得於一個月以上一年以下停業處分或撤銷其執業執照」決定其懲處，乃為維護醫師職業倫理，促進國民健康、提昇醫療服務品質，維持社會秩序，增進公共利益所必要，與憲法第二十三條亦無違背。

釋字第五四六號解釋　　（憲一六～一八、二三，訴願一、七九，公職選罷三五）
九十一年五月三十一日公布

本院院字第二八一〇號解釋：「依考試法舉行之考試，對於應考資格體格試驗，或檢覈經決定不及格者，此項決定，自屬行政處分。其處分違法或不當者，依訴願法第一條之規定，應考人得提起訴願。惟為訴願決定時，已屬無法補救者，其訴願為無實益，應不受理，依訴願法第七條應予駁回。」旨在闡釋提起行政爭訟，須其爭訟有權利保護必要，即具有爭訟之利益為前提，倘對於當事人被侵害之權利或法律上利益，縱經審議或審判之結果，亦無從補救，或無法回復其法律上之地位或其他利益者，即無進行爭訟而為實質審查之實益。惟所謂被侵害之權利或利益，經審議或審判結果，無從補救或無法回復者，並不包括依國家制度設計，性質上屬於重複發生之權利或法律上利益，人民因參與或分享，得反覆行使之情形。是人民申請為公職人員選舉候選人時，因主管機關認其資格與規定不合，而予以核駁，申請人不服提起行政爭訟，雖選舉已辦理完畢，但人民之被選舉權，既為憲法所保障，且性質上得反覆行使，若該項選舉制度繼續存在，則審議或審判結果對其參與另次選舉成為候選人資格之權利仍具實益者，並非無權利保護必要者可比，此類訴訟相關法院自應予以受理，本院上開解釋，應予補充。

　　解釋理由書

人民依憲法規定有應考試、服公職之權。其中應考試之權，係指具備一定資格之人民有報考國家所舉辦公務人員任用資格暨專門職業及技術人員執業資格考試之權利；服公職之權，則指人民享有擔任依法進用或選舉產生之各種公職、貢獻能力服務公眾之

權利。人民倘主張上開權利遭受公權力之侵害，自應許其提起爭訟，由法院依法審判，方符有權利即有救濟之法理。

本院院字第二八一〇號解釋：「依考試法舉行之考試，對於應考資格體格試驗，或檢覈經決定不及格者，此項決定，自屬行政處分。其處分違法或不當者，依訴願法第一條之規定，應考人得提起訴願。惟為訴願決定時，已屬無法補救者，其訴願為無實益，應不受理，依訴願法第七條應予駁回。」旨在闡釋提起行政爭訟，須其爭訟有權利保護必要，即具有爭訟之利益為前提，倘對於當事人被侵害之權利或法律上利益，縱經審議或審判結果，亦無從補救，或無法回復其法律上之地位或其他利益者，即無進行爭訟而為實質審查之實益。惟所謂被侵害之權利或利益，經審議或審判結果，無從補救或無法回復者，並不包括依國家制度設計，性質上屬於重複發生之權利或法律上利益，諸如參加選舉、考試等，人民因參與或分享，得反覆行使之情形。是當事人所提出之爭訟事件，縱因時間之經過，無從回復權利被侵害前之狀態，然基於合理之期待，未來仍有同類情事發生之可能時，即非無權利保護必要，自應予以救濟，以保障其權益。人民申請為公職人員選舉候選人，因主管機關認其資格與規定不合而予核駁處分，申請人不服而提起行政爭訟時，雖選舉已辦理完畢，但其經由選舉而擔任公職乃憲法所保障之權利，且性質上得反覆行使，除非該項選舉已不復存在，則審議或審判結果對其參與另次選舉成為候選人資格之權利仍具實益，並非無權利保護必要者可比。受理爭訟之該管機關或法院，仍應為實質審查，若原處分對申請人參選資格認定有違法或不當情事，應撤銷原處分或訴願決定，俾其後申請為同類選舉時，不致再遭核駁處分。至本件聲請人認公職人員選舉罷免法第三十五條第一項第二款規定，以及行政院暨所屬各行政機關訴願審議委員會審議規則第十三條第一項規定，有違憲疑義部分，因非確定終局裁判所適用之法令，依司法院大法官審理案件法第五條第一項第二款規定，應不予受理，併此指明。

釋字第五四七號解釋 （憲七、八六，中醫師檢覈辦法六、一〇，醫師一、三，專技考試一、四，中標一三）　　　　　　九十一年六月二十八日公布

憲法第八十六條第二款規定，專門職業及技術人員執業資格，應經考試院依法考選銓定之。醫師從事醫療行為，不僅涉及病患個人之權益，更影響國民健康之公共利益，自須具備專門之醫學知識與技能，醫師既屬專門職業人員，其執業資格即應按首開規定取得。中華民國三十二年九月二十二日公布之醫師法第一條明定：「中華民國人民經

醫師考試及格者，得充醫師」（八十一年七月二十九日修正為：「中華民國人民經醫師考試及格並依本法領有醫師證書者，得充醫師」）。第醫師應如何考試，涉及醫學上之專門知識，醫師法已就應考資格等重要事項予以規定，其屬細節性與技術性事項，自得授權考試機關及業務主管機關發布命令為之補充。關於中醫師考試，醫師法對其應考資格已定有明文，至於中醫師檢覈之科目、方法、程序等事項，則授權考試院會同行政院依其專業考量及斟酌中醫之傳統醫學特性，訂定中醫師檢覈辦法以資規範，符合醫師法與專門職業及技術人員考試法之意旨，與授權明確性原則無違。

考試院會同行政院於七十一年八月三十一日修正發布之中醫師檢覈辦法第八條第一項規定：「中醫師檢覈除審查證件外，得舉行面試或實地考試。但以第二條第三款之資格應檢覈者，一律予以面試」，同條第二項又規定：「華僑聲請中醫師檢覈依前項規定應予面試者，回國執業時應行補試」。嗣因配合七十五年一月二十四日專門職業及技術人員考試法之公布，考試院乃重新訂定，於七十七年八月二十二日會同行政院發布中醫師檢覈辦法，其第六條規定申請中醫師檢覈者，予以筆試，並於第十條規定：「已持有『僑』字中醫師考試及格證書者，回國執業時，仍應依照第六條之規定補行筆試」。此一規定，依法律整體規定之關聯意義為綜合判斷，僅屬專門職業及技術人員考試法暨醫師法所授權訂定之中醫師檢覈辦法中關於考試技術之變更，並不影響華僑依中醫師檢覈辦法所已取得「僑」字中醫師及格證書及「僑中」字中醫師證書之效力，更無逾越前開法律授權之範圍或增加母法所無之限制，與憲法保障人民權利之意旨並無違背。次按憲法上所謂平等原則，係指實質上之平等而言，若為因應事實上之需要及舉辦考試之目的，就有關事項，依法自得酌為適當之限制。華僑申請中醫師檢覈，其未回國參加面試者，於審查證件合格後，即發給「僑」字中醫師考試及格證書及「僑中」字中醫師證書，此種證書之發給性質上為具體行政行為，惟其適用地之效力受到限制。其既未依中醫師檢覈辦法回國參加面試或筆試，即不得主張取得與參加面試或筆試及格者所得享有在國內執行中醫師業務之權利，否則反而造成得以規避面試或筆試而取得回國執行中醫師業務之資格，導致實質上之不平等。是上開中醫師檢覈辦法將中醫師檢覈分成兩種類別而異其規定，並未違背憲法平等原則及本院歷來解釋之旨意。又「面試」包括一、筆試，二、筆試及口試，是考試之方法雖有面試、筆試、口試等之區別，但無非均為拔擢人才、銓定資格之方式，苟能在執行上力求客觀公平，並不影響當事人之權益或法律上地位，其領有「僑中」字中醫師證書者，本未取得在國內執業之資格，尚無值得保護之信賴利益可言。則前開辦法重新訂定發布後，即依中央法

規標準法第十三條規定，自發布日起算至第三日起發生效力而無過渡期間之規定，並無違背信賴保護原則。至九十一年一月十六日修正之醫師法第三條第四項：「已領有僑中字中醫師證書者，應於中華民國九十四年十二月三十一日前經中醫師檢覈筆試及格，取得臺中字中醫師證書，始得回國執業」，亦係為配合八十八年十二月二十九日修正公布之專門職業及技術人員考試法已廢止檢覈制度所為之過渡規定，對其依法所已取得之權利，並無影響，與憲法保障人民權利之意旨亦無違背，併此指明。

解釋理由書

憲法第八十六條第二款規定，專門職業及技術人員執業資格，應經考試院依法考選銓定之。醫師從事醫療行為，不僅涉及病患個人之權益，更影響國民健康之公共利益，自須具備專門之醫學知識與技能，醫師既屬專門職業人員（七十五年五月二日發布之專門職業及技術人員考試法施行細則第二條第三、四款規定參照，現行法第二條第三、四款規定亦同），其執業資格即應按首開規定取得。三十二年九月二十二日公布之醫師法第一條明定：「中華民國人民經醫師考試及格者，得充醫師」（八十一年七月二十九日修正為：「中華民國人民經醫師考試及格並依本法領有醫師證書者，得充醫師」）。第醫師應如何考試，涉及醫學上之專門知識，醫師法已就應考資格等重要事項予以規定，其屬細節性與技術性事項，自得授權考試機關及業務主管機關發布命令為之補充。關於中醫師考試，醫師法對其應考資格已定有明文，至於中醫師檢覈之科目、方法、程序等事項，則授權考試院會同行政院依其專業考量及斟酌中醫之傳統醫學特性，訂定中醫師檢覈辦法以資規範，符合醫師法與專門職業及技術人員考試法之意旨，與授權明確性原則無違。

考試院會同行政院於七十一年八月三十一日修正發布之中醫師檢覈辦法第八條第一項規定：「中醫師檢覈除審查證件外，得舉行面試或實地考試。但以第二條第三款之資格（曾執行中醫業務五年以上卓著聲望者）應檢覈者，一律予以面試」，同條第二項又規定「華僑聲請中醫師檢覈依前項規定應予面試者，回國執業時應行補試」。其所以規定華僑申請中醫師檢覈依規定應予面試，回國執業時，應行補試者，乃係政府當年為照顧華僑，對於華僑申請中醫師檢覈，其未回國參加面試者，僅採書面審查證件方式為之，即發給「僑」字中醫師考試及格證書及「僑中」字中醫師證書，此種證書之發給性質上為具體行政行為，惟其適用地之效力受到限制。故為與其他經由面試及格而取得中醫師資格者有所區分，暨為防止取得「僑中」字之中醫師以規避面試之方法，達到回國執行中醫師業務，造成對在國內參加中醫師檢覈，必須經由面試及格始能取得

中醫師資格之不公平現象以及為提昇中醫師素質，確保中醫師之醫療品質，乃於該辦法中明定華僑申請中醫師檢覈，依規定應予面試者，回國執業時，應行補試，並非得免除其補行面試，即可憑證件審查而當然取得回國執業之資格，此有考選部函覆本院九十年八月十六日選專字第○九○三三○一八三四號函可據。又中醫師檢覈辦法中所稱面試，依考試院三十四年五月二十二日發布（四十六年十二月二十七日廢止）之中醫師檢覈面試辦法第五條規定：「面試分左列兩種：㈠筆試㈡口試或實地考試」，嗣考試院於四十六年十二月二十七日發布（五十五年七月十一日及五十七年四月三十日先後修正）之專門職業及技術人員檢覈面試及實地考試辦法第四條第一項及第二項規定：「面試分左列兩種方式行之：一、筆試。二、筆試及口試」「實地考試方法與面試科目由考選部定之」。則所謂「面試」者，自始即非僅指「口試」之義。七十五年一月二十四日公布之專門職業及技術人員考試法，其第一條規定：「專門職業及技術人員之執業，依本法以考試定其資格」。第五條規定：「各種考試，得採筆試、口試、測驗、實地考試、審查著作或發明或所需知能有關學歷、經歷證件及論文等方式行之。除筆試外，其他應採二種以上方式……」（八十八年十二月二十九日修正改列第四條），已不採「面試」之用語。原專門職業技術人員檢覈面試及實地考試辦法遂於七十五年七月一日明令廢止，同日訂定發布專門職業及技術人員檢覈筆試口試及實地考試辦法。為配合前開法規之修正，考試院乃重新於七十七年八月二十二日會同行政院發布中醫師檢覈辦法（八十二年三月十七日修正），其第六條規定申請中醫師檢覈者，予以筆試，並將原第八條第二項移至第十條規定：「已持有『僑』字中醫師考試及格證書者，回國執業時，仍應依照第六條之規定補行筆試」。據此，則上開已持有「僑」字中醫師及格證書者，其回國執業時應行之補試方式雖由面試改為筆試，惟依法律整體規定之關聯意義為綜合判斷，僅屬專門職業及技術人員考試法暨醫師法所授權訂定之中醫師檢覈辦法中關於考試技術之變更而已，並不影響華僑依中醫師檢覈辦法所已取得「僑」字中醫師考試及格證書及「僑中」字中醫師證書之效力，更無逾越前開法律授權之範圍或增加母法所無之限制，與憲法保障人民權利之意旨並無違背。

次按憲法第七條平等原則並非絕對、機械之形式上平等，而係保障人民在法律上地位之實質平等，若為因應事實上之需要及舉辦考試之目的，訂立法規之機關自得斟酌規範事物性質之差異而為合理之區別對待（本院釋字第四八五號解釋參照）。華僑申請中醫師檢覈，其未回國參加面試者，於審查證件合格後，即發給「僑」字中醫師考試及格證書及「僑中」字中醫師證書，其既未於七十七年八月二十二日中醫師檢覈辦法修

法前回國參加面試，或於修法後參加筆試，即不得主張取得與參加面試或筆試及格者所得享有在國內執行中醫師業務之權利，否則反而造成得以規避面試或筆試而取得回國執行中醫師業務之資格，導致實質上之不平等。是上開辦法以申請檢覈者是否具備特定身分作為區別對待之依據，符合公平取才之考銓目的，並未違背憲法平等原則及本院歷來解釋之旨意。又「面試」，原即包括一、筆試，二、筆試及口試等方式，是考試之方法雖有面試、筆試、口試等之區別，但無非均為拔擢人才、銓定資格之方式，苟能在執行上力求客觀公平，並不影響當事人之權益或法律上地位，其領有「僑中」字中醫師證書者，本未取得在國內執業之資格，尚無值得保護之信賴利益可言。則前開辦法重新訂定發布後，即依中央法規標準法第十三條規定，自發布日起算至第三日起發生效力而無過渡期間之規定，並無違背信賴保護原則。至九十一年一月十六日修正之醫師法第三條第四項：「已領有僑中字中醫師證書者，應於中華民國九十四年十二月三十一日前經中醫師檢覈筆試及格，取得臺中字中醫師證書，始得回國執業」，亦係為配合八十八年十二月二十九日修正公布之專門職業及技術人員考試法已廢止檢覈制度所為之過渡規定，對其依法所已取得之權利，並無影響，與憲法保障人民權利之意旨亦無違背，併此指明。

釋字第五四八號解釋　（公平交易一九、二一、二二、二四、四五，專利八八，行政院公平交易委員會審理事業發侵害著作權、商標權或專利權警告函案件處理原則三、四）　　　　　　　　　九十一年七月十二日公布

主管機關基於職權因執行特定法律之規定，得為必要之釋示，以供本機關或下級機關所屬公務員行使職權時之依據，業經本院釋字第四○七號解釋在案。行政院公平交易委員會中華民國八十六年五月十四日（八六）公法字第○一六七二號函發布之「審理事業發侵害著作權、商標權或專利權警告函案件處理原則」，係該會本於公平交易法第四十五條規定所為之解釋性行政規則，用以處理事業對他人散發侵害智慧財產權警告函之行為，有無濫用權利，致生公平交易法第十九條、第二十一條、第二十二條、第二十四條等規定所禁止之不公平競爭行為。前揭處理原則第三點、第四點規定，事業對他人散發侵害各類智慧財產權警告函時，倘已取得法院一審判決或公正客觀鑑定機構鑑定報告，並事先通知可能侵害該事業權利之製造商等人，請求其排除侵害，形式上即視為權利之正當行使，認定其不違公平交易法之規定；其未附法院判決或前開侵害鑑定報告之警告函者，若已據實敘明各類智慧財產權明確內容、範圍及受侵害之具

體事實，且無公平交易法各項禁止規定之違反情事，亦屬權利之正當行使。事業對他人散發侵害專利權警告函之行為，雖係行使專利法第八十八條所賦予之侵害排除與防止請求權，惟權利不得濫用，乃法律之基本原則，權利人應遵守之此項義務，並非前揭處理原則所增。該處理原則第三點、第四點係行政院公平交易委員會為審理事業對他人散發侵害智慧財產權警告函案件，是否符合公平交易法第四十五條行使權利之正當行為所為之例示性函釋，未對人民權利之行使增加法律所無之限制，於法律保留原則無違，亦不生授權是否明確問題，與憲法尚無牴觸。

解釋理由書

主管機關基於職權因執行特定法律之規定，得為必要之釋示，以供本機關或下級機關所屬公務員行使職權時之依據，業經本院釋字第四〇七號解釋在案，此項釋示亦屬行政程序法第一百五十九條明定之行政規則之一種。公平交易法乃規範事業市場競爭行為之經濟法規，由於社會及經濟之變化演進，各式交易行為及限制競爭、妨礙公平競爭行為態樣亦隨之日新月異，勢難針對各類行為態樣一一規範。因此，立法者即在法律中以不確定之法律概念加以規定，而主管機關基於執行法律之職權，就此等概念，自得訂定必要之解釋性行政規則，以為行使職權、認定事實、適用法律之準據。

公平交易法第四十五條規定：「依照著作權法、商標法或專利法行使權利之正當行為，不適用本法之規定。」係為調和智慧財產權人之保障與公平交易秩序之維護二者間所生之衝突。因此，主管機關基於職權認定何謂「行使權利之正當行為」，不但須考量智慧財產權人之利益，亦須顧及自由公平競爭環境之維護與社會公益之平衡。行政院公平交易委員會本於公平交易法第四十五條，於八十六年五月十四日以（八六）公法字第〇一六七二號函發布之「審理事業發侵害著作權、商標權或專利權警告函案件處理原則」，用以判斷事業對他人散發侵害智慧財產權警告函之行為，有無濫用權利，致生公平交易法第十九條、第二十一條、第二十二條、第二十四條等規定所禁止之不公平競爭行為。前揭處理原則第三點、第四點規定（八十八年十一月九日以（八八）公法字第〇三二三九號函修正發布），事業對他人散發侵害各類智慧財產權警告函時，倘已取得法院一審判決或公正客觀鑑定機構鑑定報告，並事先通知可能侵害該事業權利之製造商等人，請求其排除侵害，形式上即視為權利之正當行使，認定其不違公平交易法之規定；其未附法院判決或前開侵害鑑定報告之警告函者，若已據實敘明各類智慧財產權明確內容、範圍及受侵害之具體事實，且無公平交易法各項禁止規定之違反情事，亦屬權利之正當行使，均係依職權對法律條文之不確定概念所作之合理詮釋。

事業對他人散發侵害專利權警告函之行為，雖係行使專利法第八十八條所賦予之侵害排除與防止請求權，惟權利不得濫用，乃法律之基本原則，權利人應遵守之此項義務，並非前揭處理原則所增。如事業係為競爭之目的，濫用專利法所賦予之權利，任意對競爭者之交易相對人或潛在交易相對人散發侵害專利權警告函，函中又未陳明專利權內容、範圍、及受侵害之具體事實，造成相對人收受警告函後，為避免因購買競爭者商品或服務而涉入無謂之訟累，心生疑懼，或拒與交易，形成不公平競爭，則非專利法所保障之權利正當行使，乃屬於公平交易法規範市場競爭行為之範疇。前揭處理原則係行政院公平交易委員會為審理事業對他人散發侵害智慧財產權警告函案件，是否符合公平交易法第四十五條行使權利之正當行為所為之例示性函釋，未對人民權利之行使增加法律所無之限制，於法律保留原則無違，亦不生授權是否明確問題，與憲法尚無牴觸。

釋字第五四九號解釋 （憲一五三、一五五，憲增修一○，民一一三八，勞保一五、二七、六二、六三、六四、六五、六六，勞保施八九、九○、九一）

九十一年八月二日公布

勞工保險係國家為實現憲法第一百五十三條保護勞工及第一百五十五條、憲法增修條文第十條第八項實施社會保險制度之基本國策而建立之社會安全措施。保險基金係由被保險人繳納之保險費、政府之補助及雇主之分擔額所形成，並非被保險人之私產。被保險人死亡，其遺屬所得領取之津貼，性質上係所得替代，用以避免遺屬生活無依，故應以遺屬需受扶養為基礎，自有別於依法所得繼承之遺產。勞工保險條例第二十七條規定：「被保險人之養子女戶籍登記未滿六個月者，不得享有保險給付之權利。」固有推行社會安全暨防止詐領保險給付之意，而同條例第六十三條至第六十五條有關遺屬津貼之規定，雖係基於倫常關係及照護扶養遺屬之原則，惟為貫徹國家負生存照顧義務之憲法意旨，並兼顧養子女及其他遺屬確受被保險人生前扶養暨無謀生能力之事實，勞工保險條例第二十七條及第六十三條至第六十五條規定應於本解釋公布之日起二年內予以修正，並依前述解釋意旨就遺屬津貼等保險給付及與此相關事項，參酌有關國際勞工公約及社會安全如年金制度等通盤檢討設計。

解釋理由書

勞工保險係國家為實現憲法第一百五十三條保護勞工及第一百五十五條、憲法增修條文第十條第八項實施社會保險制度之基本國策而建立之社會福利措施，為社會保險之

一種，旨在保障勞工生活，促進社會安全。社會保險所提供之保障，依國際公約及各國制度，通常分為兩類：金錢補助及福利服務。金錢補助係為補償被保險人因為老年、殘障、死亡、疾病、生育、工作傷害或面臨失業情況喪失所得時所為之金錢給付，此類金錢給付分別具有所得維持、所得替代之功能；社會福利服務則指直接提供諸如住院照護、醫療服務、復健扶助等，學理上稱為「實物給付」。負擔上述各項給付及服務之社會保險基金，其來源初不限於被保險人所繳納之保險費，我國現行勞工保險制度亦同。依勞工保險條例第四章規定對於被保險人或其受益人所提供之保險給付，計有生育、傷病、醫療、殘廢、老年、死亡等項，勞工保險之保險費，則依同條例第十五條所定之比例，由被保險人、投保單位分擔及中央政府與直轄市政府補助。

保險事故發生時被保險人或其受益人所受領之保險給付，係由勞工保險創立時政府一次撥付之金額、當年度保險費及其孳息之收入與保險給付支出之結餘、保險費滯納金、基金運用之收益等所形成之勞工保險基金支付之（勞工保險條例第六十六條參照），可知保險給付所由來之保險基金並非被保險人私有之財產。被保險人死亡，同條例第六十三條規定之遺屬所得領取之津貼，乃勞工保險機構出於照護各該遺屬所為之設計，用以避免其生活無依，故遺屬津貼有別於依法所得繼承之遺產，上開遺屬之範圍與民法第一千一百三十八條所定遺產繼承人亦有不同。

勞工保險條例第二十七條規定：「被保險人之養子女，其收養登記在保險事故發生時未滿六個月者，不得享有領取保險給付之權利。」以養子女收養登記滿六個月為領取保險給付之限制，雖含有防止詐領保險給付之意，惟為貫徹國家對人民無力生活者負扶助與救濟義務之憲法意旨，以收養子女經法院認可後，確有受被保險人生前扶養暨其本身無謀生能力之事實為請領遺屬津貼之要件，更能符合勞工保險條例關於遺屬津貼之制度設計。又同條例第六十三條及第六十四條之遺屬津貼，於配偶、子女、父母、祖父母係基於倫常關係，一律得依同條例第六十五條順序受領。至其餘孫子女與兄弟姊妹則須有專受被保險人扶養之事實，始能受領給付，係基於應受照護扶養遺屬之原則而為之規定。然鑑於上開規定之遺屬得受領遺屬津貼，原為補貼被保險人生前所扶養該遺屬之生活費用而設，以免流離失所，生活陷於絕境，從而其請領遺屬津貼亦應同以受被保險人生前扶養暨無謀生能力之事實為要件，始符前開憲法旨意。勞工保險條例第二十七條及第六十三條至第六十五條規定應於本解釋公布之日起二年內予以修正，並依前述解釋意旨就遺屬津貼等保險給付及與此相關事項，參酌有關國際勞工公約及社會安全如年金制度等通盤檢討設計。

釋字第五五〇號解釋 （憲一〇九、一一〇、一五五、一五七，憲增修一〇，健保二七、六八，財劃四、三七、三八之一，地制一八，健保二七）

九十一年十月四日公布

國家為謀社會福利，應實施社會保險制度；國家為增進民族健康，應普遍推行衛生保健事業及公醫制度，憲法第一百五十五條、第一百五十七條分別定有明文。國家應推行全民健康保險，重視社會救助、福利服務、社會保險及醫療保健等社會福利工作，復為憲法增修條文第十條第五項、第八項所明定。國家推行全民健康保險之義務，係兼指中央與地方而言。又依憲法規定各地方自治團體有辦理衛生、慈善公益事項等照顧其行政區域內居民生活之義務，亦得經由全民健康保險之實施，而獲得部分實現。中華民國八十三年八月九日公布、八十四年三月一日施行之全民健康保險法，係中央立法並執行之事項。有關執行全民健康保險制度之行政經費，固應由中央負擔，本案爭執之同法第二十七條責由地方自治團體補助之保險費，非指實施全民健康保險法之執行費用，而係指保險對象獲取保障之對價，除由雇主負擔及中央補助部分保險費外，地方政府予以補助，符合憲法首開規定意旨。

地方自治團體受憲法制度保障，其施政所需之經費負擔乃涉及財政自主權之事項，固有法律保留原則之適用，但於不侵害其自主權核心領域之限度內，基於國家整體施政之需要，對地方負有協力義務之全民健康保險事項，中央依據法律使地方分擔保險費之補助，尚非憲法所不許。關於中央與地方辦理事項之財政責任分配，憲法並無明文。財政收支劃分法第三十七條第一項第一款雖規定，各級政府支出之劃分，由中央立法並執行者，歸中央負擔，固非專指執行事項之行政經費而言，惟法律於符合上開條件下，尚非不得為特別之規定，就此而言，全民健康保險法第二十七條即屬此種特別規定。至全民健康保險法該條所定之補助各類被保險人保險費之比例屬於立法裁量事項，除顯有不當者外，不生牴觸憲法之問題。

法律之實施須由地方負擔經費者，如本案所涉全民健康保險法第二十七條第一款第一、二目及第二、三、五款關於保險費補助比例之規定，於制定過程中應予地方政府充分之參與。行政主管機關草擬此類法律，應與地方政府協商，以避免有片面決策可能造成之不合理情形，並就法案實施所需財源事前妥為規劃；立法機關於修訂相關法律時，應予地方政府人員列席此類立法程序表示意見之機會。

解釋理由書

國家為謀社會福利，應實施社會保險制度；國家為增進民族健康，應普遍推行衛生保

健事業及公醫制度；國家應推行全民健康保險及國家應重視社會救助、福利服務、國民就業、社會保險及醫療保健等社會福利工作，對於社會救助和國民就業等救濟性支出應優先編列，乃憲法第一百五十五條、第一百五十七條暨憲法增修條文第十條第五項、第八項所明定之基本國策。憲法條文中使用國家一語者，在所多有，其涵義究專指中央抑兼指地方在內，應視條文規律事項性質而定，非可一概而論。憲法基本國策條款乃指導國家政策及整體國家發展之方針，不以中央應受其規範為限，憲法第一百五十五條所稱國家為謀社會福利，應實施社會保險制度，係以實施社會保險制度作為謀社會福利之主要手段。而社會福利之事項，乃國家實現人民享有人性尊嚴之生活所應盡之照顧義務，除中央外，與居民生活關係更為密切之地方自治團體自亦應共同負擔（參照地方制度法第十八條第三款第一目之規定），難謂地方自治團體對社會安全之基本國策實現無協力義務，因之國家推行全民健康保險之義務，係兼指中央與地方而言。八十三年八月九日公布、八十四年三月一日施行之全民健康保險法，係中央立法並執行之事項。有關執行全民健康保險制度之行政經費，依同法第六十八條全民健康保險所需之設備費用及週轉金（並人事、行政管理經費），固應由中央撥付，依憲法第一百零九條第一項第一款、第十一款暨第一百十條第一項第一款、第十款，各地方自治團體尚有辦理衛生、慈善公益事項等照顧其行政區域內居民生活之責任，此等義務雖不因全民健康保險之實施而免除，但其中部分亦得經由全民健康保險獲得實現。本案爭執之全民健康保險法第二十七條責由地方自治團體按一定比例計算，補助各該類被保險人負擔之保險費，非屬實施全民健康保險法之執行費用，乃指保險對象獲取保障之對價，而成為提供保險給付之財源。此項保險費除由雇主負擔及中央補助部分外，地方政府予以補助，合於憲法要求由中央與地方共同建立社會安全制度之意旨，與首揭憲法條文尚無牴觸。本院釋字第二七九號解釋亦本此意旨，認省（市）政府負擔勞工保險補助費乃其在勞工福利上應負之義務而釋示在案。

地方自治團體受憲法制度保障，其施政所需之經費負擔乃涉及財政自主權之事項，固有法律保留原則之適用，於不侵害其自主權核心領域之限度內，基於國家整體施政需要，中央依據法律使地方分擔保險費之補助，尚非憲法所不許。前述所謂核心領域之侵害，指不得侵害地方自治團體自主權之本質內容，致地方自治團體之制度保障虛有化，諸如中央代替地方編製預算或將與地方政府職掌全然無關之外交、國防等事務之經費支出，規定由地方負擔等情形而言。至於在權限劃分上依法互有協力義務，或由地方自治團體分擔經費符合事物之本質者，尚不能指為侵害財政自主權之核心領域。

關於中央與地方辦理事項之財政責任分配，憲法並無明文。財政收支劃分法第三十七條第一項就各級政府支出之劃分，於第一款雖規定「由中央立法並執行者，歸中央」，固非專指執行事項之行政經費而言，然法律於符合首開條件時，尚得就此事項之財政責任分配為特別規定，如該法第四條附表二、丙、直轄市支出項目，第十目明定社會福利支出，包括「辦理社會保險、社會救助、福利服務、國民就業、醫療保健等事業及補助之支出均屬之」。本案爭執之全民健康保險法第二十七條即屬此種特別規定，其支出之項目與上開財政收支劃分法附表之內容，亦相符合。至該條各款所定補助各類被保險人保險費之比例屬立法裁量事項，除顯有不當者外，尚不生牴觸憲法問題。

法律之實施須由地方負擔經費者，即如本案所涉全民健康保險法第二十七條第一款第一、二目及第二、三、五款關於保險費補助比例之規定，於制定過程中應予地方政府充分之參與，俾利維繫地方自治團體自我負責之機制。行政主管機關草擬此類法律，應與地方政府協商，並視對其財政影響程度，賦予適當之參與地位，以避免有片面決策可能造成之不合理情形，且應就法案實施所需財源，於事前妥為規劃，自應遵守財政收支劃分法第三十八條之一之規定。立法機關於修訂相關法律時，應予地方政府人員列席此類立法程序表示意見之機會。

法規簡稱索引

筆畫	字	簡　　稱	法　規　全　稱	筆畫	字	簡　　稱	法　規　全　稱
四	公	公　　任	公務人員任用法	四		公　　營	公營事業移轉民營條例
		公　任　施	公務人員任用法施行細則			公　營　施	公營事業移轉民營條例施行細則
		公　　考	公務人員考績法			公職選罷	公職人員選舉罷免法
		公　考　施	公務人員考績法施行細則			公職選罷施	公職人員選舉罷免法施行細則
		公　　投	公民投票法			公　　懲	公務員懲戒法
		公　投　施	公民投票法施行細則			公　　證	公證法
		公　　服	公務員服務法			公　證　施	公證法施行細則
		公　　保	公教人員保險法			公　　辯	公設辯護人條例
		公害處理	公害糾紛處理法		少	少年事件	少年事件處理法
		公害處理施	公害糾紛處理法施行細則			少年事件施	少年事件處理法施行細則
		公　　庫	公庫法			少保審細	少年保護事件審理細則
		公　　俸	公務人員俸給法			少童保執	少年及兒童保護事件執行辦法
		公　俸　施	公務人員俸給法施行細則		引	引　　水	引水法
		公　　退	公務人員退休法			引　　渡	引渡法
		公　退　施	公務人員退休法施行細則		戶	戶　　籍	戶籍法
		公　務　考	公務人員考試法			戶　籍　施	戶籍法施行細則
		公　務考施	公務人員考試法施行細則		化	化粧品管理	化粧品衛生管理條例
		公　務保障	公務人員保障法		水	水　污　染	水污染防治法
		公　　陞	公務人員陞遷法			水污染施	水污染防治法施行細則
		公　　登	公司之登記及認許辦法			水　　利	水利法
		公　　路	公路法			水　利　施	水利法施行細則
		公　路使用	公路用地使用規則			水　　保	水土保持法
		公　　債	公共債務法		文	文化保存	文化資產保存法
		公　　電	公共電視法			文化保存施	文化資產保存法施行細則
		公　　撫	公務人員撫卹法				
畫		公　撫　施	公務人員撫卹法施行細則	畫			

筆畫	字	簡　　　稱	法　規　全　稱	筆畫	字	簡　　稱	法　規　全　稱
六	刑	刑	中華民國刑法	六	在	在途期間標準	法院訴訟當事人在途期間標準
		刑　　　施	中華民國刑法施行法	畫	安	安緩醫療	安寧緩和醫療條例
		刑　　　訴	刑事訴訟法	七	更	更　　生	更生保護法
		刑　訴　施	刑事訴訟法施行法			更　生　施	更生保護法施行細則
		刑訴須知	法院刑事訴訟須知				
		刑　訴　事　項	法院辦理刑事訴訟案件應行注意事項		妨	妨　　兵	妨害兵役治罪條例
	企	企業併購	企業併購法		估	估　價　師	不動產估價師法
	合	合　作　社	合作社法		戒	戒　　嚴	戒嚴法
		合作社施	合作社法施行細則		兵	兵　　役	兵役法
	地	地　　　方	地方制度法			兵　役　施	兵役法施行法
		地　方　稅	地方稅法通則		役	役男出境	役男出境處理辦法
		地　政　士	地政士法		助	助　產　人　員	助產人員法
	印	印　花　稅	印花稅法		技	技　　師	技師法
		印　花　稅　施	印花稅法施行細則			技　師　施	技師法施行細則
	有	有　線　電　視	有線廣播電視法		社	社　工　師	社會工作師法
	自	自　來　水	自來水法			社　　維	社會秩序維護法
	存	存　　　保	存款保險條例			社　　救	社會救助法
		存　保　施	存款保險條例施行細則			社　救　施	社會救助法施行細則
						社　　教	社會教育法
	多	多層次傳銷	多層次傳銷管理辦法（廢）		汽	汽　車　運　輸	汽車運輸業管理規則
	仲	仲　　　裁	仲裁法		決	決　　算	決算法
	扣	扣　押　物	法院處理扣押物應行注意事項		私	私　　校	私立學校法
						私　校　施	私立學校法施行細則
	交	交　通　安　全	道路交通安全規則		志	志　願　服　役	志願士兵服役條例
		交　通　事　故	道路交通事故處理辦法		身	身　　障	身心障礙者權益保障法
		交　通　案　件	道路交通案件處理辦法			身　障　施	身心障礙者權益保障法施行細則
		交　通　處　罰	道路交通管理處罰條例		災	災　害　防　救	災害防救法
畫				罕	罕　病　防　制	罕見疾病防治及藥物法
				畫			

筆畫	字	簡　　稱	法　規　全　稱	筆畫	字	簡　　稱	法　規　全　稱
九		保業管	保險業務員管理規則	九		食衛施	食品安全衛生管理法施行細則
	重	重大刑案速審	法院辦理重大刑事案件速審速結注意事項		看	看所組	看守所組織通則
					要	要塞	要塞堡壘地帶法
	軍	軍刑	陸海空軍刑法		洗	洗錢防制	洗錢防制法
		軍保	軍人保險條例		科	科技	科學技術基本法
		軍撫	軍人撫卹條例		音	音樂強制授權	音樂著作強制授權申請許可及使用報酬辦法
		軍撫施	軍人撫卹條例施行細則	畫			
		軍審	軍事審判法	十	海	海捕	海上捕獲條例
		軍審施	軍事審判法施行法			海商	海商法
		軍懲	陸海空軍懲罰法			海巡	海岸巡防法
		軍屬優待	軍人及其家屬優待條例			海污防治	海洋污染防治法
						海關緝私	海關緝私條例
	建	建築	建築法		涉	涉外民事	涉外民事法律適用法
		建築師	建築師法		個	個資保護	個人資料保護法
	信	信合	信用合作社法			個資保護施	個人資料保護法施行細則
		信合施	信用合作社法施行細則		航	航業	航業法
		信託	信託法		破	破產	破產法
		信託業	信託業法			破產施	破產法施行法
	契	契稅	契稅條例		財	財劃	財政收支劃分法
	度	度量衡	度量衡法			財產申報	公職人員財產申報法
	律	律師	律師法			財產申報施	公職人員財產申報法施行細則
		律師施	律師法施行細則		高	高中	高級中學法
		律師倫理	律師倫理規範		消	消防	消防法
		律師懲	律師懲戒規則			消防施	消防法施行細則
	政	政府採購	政府採購法			消保	消費者保護法
		政府採購施	政府採購法施行細則			消保施	消費者保護法施行細則
	派	派用	派用人員派用條例		氣	氣象	氣象法
	飛	飛事故	飛航事故調查法		師	師培	師資培育法
	食	食衛	食品安全衛生管理法				
畫				畫			

筆畫	字	簡　　稱	法　規　全　稱	筆畫	字	簡　　稱	法　規　全　稱
十		國　　庫	國庫法	十		商　　團	商業團體法
		國　　教	國民教育法			商　　標	商標法
		國　教　施	國民教育法施行細則			商　標　施	商標法施行細則
						商　　檢	商品檢驗法
		國　　產	國有財產法		專	專　　利	專利法
		國　產　施	國有財產法施行細則			專　利　施	專利法施行細則
						專　利　師	專利師法
		國　　賠	國家賠償法			專　　校	專科學校法
		國　賠　施	國家賠償法施行細則			專技考試	專門職業及技術人員考試法
		國賠注意	法院辦理國家賠償事件應行注意事項			專技考試施	專門職業及技術人員考試法施行細則
		國際金融	國際金融業務條例		港	港澳入臺許可	香港澳門居民進入臺灣地區及居留定居許可辦法
		國　　營	國營事業管理法				
		國　　籍	國籍法				
		國　籍　施	國籍法施行細則		貨	貨　　物　稅	貨物稅條例
一		國　　宅	國民住宅條例（廢）	一	船	船　　員	船員法
		國　宅　施	國民住宅條例施行細則（廢）			船　　舶	船舶法
						船　　登	船舶登記法
	通	通　　保	通訊保障及監察法		產	產業升級	促進產業升級條例（廢）
		通　保　施	通訊保障及監察法施行細則			產業升級施	促進產業升級條例施行細則（廢）
		通傳基本	通訊傳播基本法			產　　創	產業創新條例
	票	票　　券	票券金融管理法		強	強　入　學	強迫入學條例
		票　　據	票據法			強制車險	強制汽車責任保險法
		票　據　施	票據法施行細則				
		票　止　規	票據掛失止付處理規範			強　　執	強制執行法
	商	商品標示	商品標示法			強執須知	強制執行須知
		商　　港	商港法		基	基本稅額	所得基本稅額條例
		商　　登	商業登記法		赦	赦　　免	赦免法
		商　登　施	商業登記法施行細則		教	教育基本	教育基本法
						教　　師	教師法
畫		商　　會	商業會計法	畫		教　師　施	教師法施行細則

筆畫	字	簡　　稱	法　規　全　稱	筆畫	字	簡　　稱	法　規　全　稱
十		教　　休	學校教職員退休條例	十		勞資爭議注意	法院辦理勞資爭議事件應行注意事項
		教　　撫	學校教職員撫恤條例			勞請假	勞工請假規則
		教員任用	教育人員任用條例			勞　檢	勞動檢查法
	眷	眷村改建	國軍老舊眷村改建條例		就	就業服務	就業服務法
一		眷村改建施	國軍老舊眷村改建條例施行細則			就業服務施	就業服務法施行細則
						就業保險	就業保險法
	都	都市更新	都市更新條例			就業保險施	就業保險法施行細則
		都市更新施	都市更新條例施行細則		森	森　林	森林法
		都市計畫	都市計畫法			森林施	森林法施行細則
	貪	貪　　污	貪污治罪條例		華	華僑投資	華僑回國投資條例
	組	組織犯罪	組織犯罪防制條例		訴	訴　　願	訴願法
畫	規	規　　費	規費法			訴願在途期間	訴願扣除在途期間辦法
十	提	提　　存	提存法	二	鄉	鄉　　調	鄉鎮市調解條例
		提　存　施	提存法施行細則		稅	稅　　徵	稅捐稽徵法
		提　　審	提審法			稅　徵　施	稅捐稽徵法施行細則
	郵	郵　　政	郵政法		補	補　　教	補習及進修教育法
	集	集　　遊	集會遊行法		貿	貿　　易	貿易法
	勞	勞　安　衛	職業安全衛生法			貿　易　施	貿易法施行細則
		勞安衛施	職業安全衛生法施行細則		著	著　　作	著作權法
二		勞　　保	勞工保險條例			著作仲介	著作權法仲介團體條例
		勞　保　施	勞工保險條例施行細則		菸	菸害防制	菸害防制法
		勞　　退	勞工退休金條例			菸害防制施	菸害防制法施行細則
		勞　退　施	勞工退休金條例施行細則			菸　酒　稅	菸酒稅法
		勞　　基	勞動基準法			菸酒管理	菸酒管理法
		勞　基　施	勞動基準法施行細則		發	發展運輸	發展大眾運輸條例
		勞　　資	勞資爭議處理法		期	期　　貨	期貨交易法
畫				畫		期　貨　稅	期貨交易稅條例

筆畫	字	簡　　　稱	法　規　全　稱	筆畫	字	簡　　　稱	法　規　全　稱
十	港	港 澳 關 係	香港澳門關係條例	十	違	違 維 護 法	違反社會秩序維護
		港 澳 關 係 施	香港澳門關係條例				法案件處理辦法
			施行細則		傳	傳 染 病	傳染病防治法
二	替	替 代 役	替代役實施條例	三		傳 染 病 施	傳染病防治法施行
		替 代 役 施	替代役實施條例施				細則
			行細則		牌	牌 照 稅	使用牌照稅法
畫	植	植 物 防 疫	植物防疫檢疫法	新	新 市 鎮	新市鎮開發條例
十	會	會 　 計	會計法	畫		新 市 鎮 施	新市鎮開發條例施
		會 計 師	會計師法				行細則
	當	當 舖 業	當舖業法	十	銀	銀 　 行	銀行法
	聘	聘 　 用	聘用人員聘用條例			銀 行 施	銀行法施行細則
	溫	溫 　 泉	溫泉法		管	管 理 外 匯	管理外匯條例
	農	農 　 再	農村再生條例			管 　 收	管收條例
		農 　 保	農民健康保險條例			管 制 藥 品	管制藥品管理條例
		農 保 施	農民健康保險條例		精	精 神 衛 生	精神衛生法
			施行細則			精 神 衛 生 施	精神衛生法施行細
		農 　 金	農業金融法				則
		農 產 交 易	農產品市場交易法		漁	漁 　 港	漁港法
		農 產 交 易 施	農產品市場交易法			漁 　 業	漁業法
			施行細則			漁 業 施	漁業法施行細則
		農 產 驗 證	農產品生產及驗證			漁 　 會	漁會法
			管理法			漁 會 施	漁會法施行細則
三		農 　 發	農業發展條例	四	製	製 　 劑	血液製劑條例
		農 發 施	農業發展條例施行		監	監 　 刑	監獄行刑法
			細則			監 刑 施	監獄行刑法施行細
		農 　 會	農會法				則
		農 會 施	農會法施行細則			監 院 組	監察院組織法
		農 　 藥	農藥管理法			監 　 組	監獄組織通則
		農 藥 施	農藥管理法施行細			監 　 試	監試法
			則			監 　 察	監察法
	資	資 訊 公 開	政府資訊公開法			監 察 施	監察法施行細則
	預	預 　 算	預算法		槍	槍 彈 管	槍砲彈藥刀械管制
	電	電 　 信	電信法				條例
		電 　 業	電業法			槍 彈 許	槍砲彈藥刀械許可
畫		電 　 影	電影法	畫			及管理辦法

筆畫	字	簡　　稱	法　規　全　稱	筆畫	字	簡　　稱	法　規　全　稱
十四畫	臺	臺陸貿易	臺灣地區與大陸地區貿易許可辦法	十六畫		積體電路施	積體電路電路布局保護法施行細則
		臺灣關係	美國臺灣關係法		錄	錄影要點	法院使用錄影實施要點
	圖	圖書館	圖書館法				
	團	團體協約	團體協約法	十畫	檢	檢肅流氓	檢肅流氓條例（廢）
十五畫	調	調警	調度司法警察條例			檢肅流氓施	檢肅流氓條例施行細則（廢）
	審	審計	審計法				
		審計施	審計法施行細則			檢驗師	醫事檢驗師法
	標	標準	標準法		營	營利登記	營利事業登記規則
	請	請願	請願法			營師	營養師法
	廢	廢棄物	廢棄物清理法			營業稅	加值型及非加值型營業稅法
	衛	衛星電視	衛星廣播電視法			營業稅施	加值型及非加值型營業稅法施行細則
	廣	廣電	廣播電視法				
		廣電施	廣播電視法施行細則			營業登記	營業登記規則
十六畫	憲	憲	中華民國憲法			營造業	營造業法
		憲增修	中華民國憲法增修條文			營秘	營業秘密法
	遺	遺贈稅	遺產及贈與稅法	十七畫	優	優生	優生保健法
		遺贈稅施	遺產及贈與稅法施行細則			優生施	優生保健法施行細則
	噪	噪音	噪音管制法		檔	檔案	檔案法
		噪音施	噪音管制法施行細則		總	總統府組	中華民國總統府組織法
	學	學位	學位授予法			總統選罷	總統副總統選舉罷免法
		學校衛生	學校衛生法				
	器	器官移植	人體器官移植條例			總統選罷施	總統副總統選舉罷免法施行細則
		器官移植施	人體器官移植條例施行細則			總統禮遇	卸任總統副總統禮遇條例
	戰	戰士授田	戰士授田憑據處理條例		擴	擴大公設	擴大公共建設投資特別條例
	辦	辦理強執注意	辦理強制執行事件應行注意事項		環	環境影響	環境影響評估法
	積	積體電路	積體電路電路布局保護法			環境影響施	環境影響評估法施行細則

筆畫	字	簡　　　稱	法　規　全　稱	筆畫	字	簡　　稱	法　規　全　稱
十	醫	醫 事 放 射	醫事放射師法	十		藥　　　師	藥師法
		醫　　　師	醫師法			藥 害 救 濟	藥害救濟法
		醫 師 施	醫師法施行細則		簽	簽　　　章	電子簽章法
		醫 檢 師	醫事檢驗師法			簽 章 施	電子簽章法施行細則
		醫　　　療	醫療法	九	關	關　　　稅	關稅法
		醫 療 施	醫療法施行細則			關 稅 施	關稅法施行細則
		醫 療 救 護	緊急醫療救護法		獸	獸 醫 師	獸醫師法
八	職	職　　　校	職業學校法		藝	藝　　　教	藝術教育法
		職 災 保 護	職業災害勞工保護法		懲	懲　　　私	懲治走私條例
		職災保護施	職業災害勞工保護法施行細則	畫	離	離 島 建 設	離島建設條例
		職　　　訓	職業訓練法	二	礦	礦　　　安	礦場安全法
		職 訓 施	職業訓練法施行細則			礦　　　業	礦業法
畫	糧	糧　　　管	糧食管理法		警	警　　　械	警械使用條例
十	證	證 人 保 護	證人保護法	十		警 員 人 事	警察人員人事條例
		證人保護施	證人保護法施行細則			警　　　察	警察法
		證　　　交	證券交易法			警 察 施	警察法施行細則
		證 交 施	證券交易法施行細則	畫		警 察 職 權	警察職權行使法
		證 交 稅	證券交易稅條例	二	護	護 理 人 員	護理人員法
九		證 券 投 顧	證券投資信託及顧問法	一		護　　　照	護照條例
		證期交易人保護	證券投資人及期貨交易人保護法			護 照 施	護照條例施行細則
	爆	爆 竹 煙 火	爆竹煙火管理條例	畫	鐵	鐵　　　路	鐵路法
	藥	藥　　　事	藥事法	二三畫	竊	竊 贓 保 安	竊盜犯贓物犯保安處分條例
畫		藥 事 施	藥事法施行細則	二四畫	羈	羈　　　押	羈押法
						羈 押 施	羈押法施行細則
				二五畫	觀	觀　　　光	發展觀光條例

Administrative Law
法學啟蒙 行政法系列

行政命令　　　　　　　　　　　　　　　黃舒芃／著

　　本書旨在說明行政命令於整個國家法秩序體系中扮演的角色，協助建立讀者對行政命令的基本概念。本書特別著眼於行政命令概念發展的來龍去脈，藉此凸顯相關爭議的問題核心與解決途徑。本書先介紹行政命令在德國憲法與行政法秩序中的發展脈絡，並在此基礎上，回歸探討我國對德國行政命令概念體系的繼受，以及這些繼受引發的種種問題。最後，本書針對我國行政命令規範體制進行檢討，從中歸納、解析出行政命令爭議核心，以及成功發展行政命令體系的關鍵。

地方自治法　　　　　　　　　　　　　　蔡秀卿／著

　　本書內容大致上分為三大部分，一為地方自治之基礎概念，包括地方自治的基本概念、我國地方自治法制之歷史、地方自治之國際保障及地方自治團體。二為住民自治部分，即住民之權利義務。三為團體自治部分，包括地方自治團體之事務、地方自治團體之自治立法權、地方自治團體之自治組織權及中央與地方及地方間之關係。本書除以法理論為重外，並具歷史性、前瞻性及國際性之特色。

行政罰法釋義與運用解說　　　　　　　　蔡志方／著

　　由於行政罰法的內容繁雜，因此需要有一部專業性但不會過於艱澀難懂的「解說書」，來協助大多數的人，去真正認識和理解這一部法規「在什麼地方適用」和「如何適用」。本書針對「行政罰法」逐條就它的意義、可能存在的疑義、不同條文規定間的關係和與其它法規規定的關係，以及實際上要如何運用，用淺顯易懂的白話和輕鬆的口吻，就各條規定所根據的嚴肅法理，作了徹底的解說，適合所有需要認識、理解和適用這一部法規的法律人與一般民眾參考。